Helig Design

Tredje Vågen

Books by Christine Kromm Henrie and David Henrie

Published by Access Soul Knowledge

The Spiritual Design, Channeled Teachings, Wave 1

The Spiritual Design, Channeled Teachings, Wave 2

Notes from the Second Dimension, Volume 1

Helig Design, Kanaliserade Budskap, Första Vågen (*Svenska*)

Helig Design, Kanaliserade Budskap, Andra Vågen (*Svenska*)

Notes from the Second Dimension, Volume 2

The Spiritual Design Wave 3

Memoarer Från Andra Dimensionen, Del 1 (*Svenska*)

Memoarer Från Andra Dimensionen, Del 2 (*Svenska*)

The Spiritual Design Wave 4

Helig Design Tredje Vågen (*Svenska*)

Books Scheduled for Publication in 2025 - 2026

The Spiritual Design Wave 5

Helig Design Fjärde Vågen (*Svenska*)

HELIG DESIGN

TREDJE VÅGEN

Christine Kromm Henrie

&

David Henrie, Sp.D.

Access Soul Knowledge
Stockholm, Sweden

Copyright © 2022, 2024 by Christine Kromm Henrie, David Henrie.

All rights reserved. No part of this book may be reproduced, stored in or introduced into an information storage or retrieval system, or transmitted in any form, or in any manner, including electronic, photographic, mechanical, recording, or otherwise, without prior written permission of the copyright owner. For information, please contact the author.

The Library of Congress has cataloged the paperback edition as follows

Names: Henrie, Christine Kromm | Henrie, David

Title: The spiritual design wave 3 /
      By Christine Kromm Henrie and David Henrie

Description: 436 pages ; 23 cm. | Access Soul Knowledge, 2022

Identifiers: LCCN 2022916687 | ISBN 9781951879112

Subjects BISAC: 1. BODY, MIND & SPIRIT—Afterlife & Reincarnation. |
          2. BODY, MIND & SPIRIT—Angels & Spirit Guides. |
          3. BODY, MIND & SPIRIT—Channeling & Mediumship

Classification: •BF1275.D2 H-- 2022 | DDC 133.9'01'35—dc22

LC record available at https://lccn.loc.gov/2022916687

Other Formats Available:
    ISBN 9781951879129 (Kindle E-book Edition)
    ISBN 9781951879136 (EPUB Edition)
    ISBN 9781951879143 (Swedish Language Paperback Edition)
    ISBN 9781951879150 (Swedish Language Kindle E-book Edition)
    ISBN 9781951879167 (Swedish Language EPUB E-book Edition)

Svensk översättning: Susanne Kromm, Christine Kromm Henrie

Editors: Kari Beckstrand | Susanne Kromm

Printed in the United States of America
First Edition
First Printing, November 2022 (Rev.2024.07.11)
        November 2024 (Svensk översättning)

Access Soul Knowledge (Imprint)
Williamstown, WV, USA, & Stockholm, Sweden

Dedikation

Vi vill tacka våra många andliga vänner som har bidragit till *Helig Design*-böckerna med sin visdom och kärlek vecka efter vecka utan att någon enda gång svika oss. Vi betraktar dem som vår andliga familj och är hedrade över att kunna presentera deras ord för dig. Vi sänder vårt varmaste tack till Ophelia, Bob, Jeshua, Isak, Zachariah, Ari, Eli, Ia, Tallocks, Setalay, Elahim Rådet, Nionde Rådet, Gergen, Ole och de många andra andar som i tysthet bidrar till detta projekt för att göra Jorden till ett bättre hem för oss alla.

~ Christine and David

Innehåll

Sida	Kapitel
1	**En andlig väg**
5	Eli: Som att Plöja en Åker (6 november 2018)
11	Bob, Ophelia: Gruppdynamik (26 november 2018)
14	Ari: Manlig vs. Kvinnligt, Elahim vs. Shea (2 december 2018)
20	Ophelia: Helande av Känslomässiga Blockeringar (2 dec 2018)
22	Bob: John 32 i den Katolska Armén (31 december 2018)
26	Ia, Ophelia: Vågor på ett Hav av Energier (6 januari 2019)
35	Zachariah: Kolväten (8 februari 2019)
37	Bob: UKU och att komma i kontakt med Fjärde Dimensionen (8 februari 2019)
40	Eli: De Inre Lagren är som ett Solsystem (17 februari 2019)
45	Bob, Ophelia: Irrande Myror (21 mars 2019)
47	Setalay, Ophelia: Tystnad (21 april 2019)
53	Zachariah: DNA speglar Själens Mönster (30 april 2019)
61	Jeshua: Eftertanke i Mörker, Lärande i Ljuset (5 maj 2019)
67	Ari: Färgerna som visar ett Andligt Framgångsrikt Liv (15 juni 2019)
73	Zachariah: Karmaprogrammet (23 juni 2019)
78	Nionde Rådet, Gergen: En Historielektion (30 juni 2019)
90	Eli: Tesla och Merkaba (7 juli 2019)
98	Setalay: Styrka i Stillhet (13 juli 2019)
103	Ophelia: Gruppkarma (29 juli 2019)
111	Ia: Den Inre Kallelsen (13 oktober 2019)
116	Ari: Samhället i det Fyrkantiga Båset (17 november 2019)
122	Ophelia: Att möta sina Skuggor (21 november 2019)
126	Elahim Rådet: Att Möta sina Känslor (24 november 2019)
130	Ari: Vetenskap, Religion och Ego (1 december 2019)
133	Ophelia: Dina två Jag (25 december 2019)
136	Ophelia, Bob: Tvillingsjälar (30 januari 2020)
151	Ari: En analys av Cellen (1 februari 2020)
161	Ari, Ophelia: Cellen är beroende av Splittrade Medvetanden (29 mars 2020)
166	Jeshua, Bob: Den Andligt upplysta Bussen (23 februari 2020)
174	Nionde Rådet, Ophelia: Ärftlig Karma i ditt DNA (5 april 2020)
182	Ari: Geoengineering (7 oktober 2018)
185	Bob: Naturen är ditt Hem (18 april 2020)
187	Ophelia, Bob: Var inte ett får (10 maj 2020)

Innehåll

194 Ari, Ophelia: Cellen och 5 år av kaos (23 augusti 2020)
203 Ari, Bob: Andlighet handlar om att Bemästra Energier (28 juni 2020)
211 Ari, Ophelia, Bob: På rätt Väg (24 maj 2020)
224 Teh, Ophelia: Lugna Sinnet (12 augusti 2020)
230 Nionde Rådet: Förändringar och Evolution (2 september 2020)
239 Nionde Rådet: Sitt stilla i Båten (17 december 2020)
243 Isak, Jeshua: De fyra Pelarna (31 december 2020)
247 **Teorierna bakom den Heliga Designen**
251 Seth: Det stora Hjulet och Zodiaken (16 december 2018)
256 Bob: De Parallella Verkligheterna är som Lager på en Tårta (17 oktober 2019)
263 Zachariah: Geometriska Mönster och Portaler (20 oktober 2019)
270 Nionde Rådet, Ophelia: Drömma i färg (12 januari 2020)
278 Nionde Rådet, Ophelia: Livet i en Dalgång (18 januari 2020)
287 Tallock, Ophelia: Besökare från Parallella Verkligheter (9 februari 2020)
296 Nionde Rådet: Solstormar från Närliggande System (18 april 2020)
301 Elahimrådet, Ophelia: Närliggande Verkligheter (21 juni 2020)
308 Bob: Gaffeln kontrollerar Planeten (4 februari 2020)
318 Bob: Lådorna vid Polerna (13 februari 2020)
324 Tallock, Ophelia: 450 Miljoner År Sedan (15 december 2019)
331 Jeshua, Bob: Explosionen kring de Stora Sjöarna (30 oktober 2016)
337 Elahimrådet: Mänsklighetens Evolution (13 januari 2019)
344 Ari: Människans Design och Modifiering (3 februari 2019)
352 Tallock: Dinosaurieprojekten (6 april 2019)
359 Elahimrådet, Zachariah, Ophelia: Skadlig Teknik (14 april 2019)
366 Zachariah: Anunnakis Handväska (5 juni 2020)
372 Ophelia: Böja Tiden (11 maj 2019)
376 Elahimrådet: Mänsklighetens Evolution, del II (20 juli 2019)
383 Zeonia, Jeshua: Jordens Dröm (29 september 2019)
392 Tallock: Att öppna och Stänga Portaler (28 november 2019)
397 Nionde Rådet, Ophelia: Zodiakens Lilla Hjul (27 december 2019)
403 Nionde Rådet, Ophelia: Jordens Sår (1 januari 2020)
413 Nionde Rådet, Ophelia: De övre och undre Diskarna (5 januari 2020)
420 Ophelia: Passerkort till Kosmos (22 mars 2021)
430 Erkännanden
431 Om författarna

Förord

Sedan publiceringen av *Helig Design Andra Vågen*, har mycket förändrats i världen. Men detta är inget nytt fenomen, eftersom varje generation har sin del av turbulens och kamp. Våra tidigare böcker skrevs från vårt hem i Colorado. Men den ekonomiska kraschen 2020, som orsakades av den världsomspännande nedstängningen, föranledde mig att gå i tidig pension och lämna företagsvärlden för att fokusera på vårt arbete. Eftersom Christine fortfarande hade sin verksamhet för Tidigare Liv- och Livet Mellan Liven Regressionsterapi i Stockholm lämnade vi USA och flyttade dit där en normalitet utan masktvång rådde. De som har läst våra tidigare böcker, eller har sett våra offentliga seanser, vet att Christine är en eminent begåvad andlig kanal. Under våra vanliga privata transsessioner, som vanligtvis varar ungefär en timme, sitter jag under 99 procent av tiden och lyssnar på den som för ögonblicket kommer igenom och talar. Det är en otrolig ära att vara på den mottagande sidan av all visdom som ges av dessa transcendenta varelser från de andliga dimensionerna. Vi bestämde oss tidigt i det här projektet att hon inte skulle lyssna på informationen som kommer fram, så vi delar på så vis upp arbetsbördan. Hon sköter sin verksamhet och webbplats för regressionsterapi, undervisar i transmediumskap, astrologi, själsutveckling, samt utbildar och certifierar andra i regressionsterapi. Jag skriver rent alla sessioner, organiserar den kunskap som förmedlas i bokform och sköter publiceringen. Jag gör också omfattande research om den information som andarna ger. Det är häpnadsväckande hur perfekta deras sporadiska observationer är, när det gäller så olika ämnen som Jordens kronologi, kvantfysik, geologiska processer, planetsystem, elektromagnetism, filosofi, mänsklighetens historia, biologisk evolution eller andlighet. Även om de ofta säger sånt som motsäger de officiella tolkningarna av världen omkring oss, kommer tidens gång sannolikt att bevisa att de är helt korrekta. Christine försätter sig själv i ett transtillstånd och låter andarna blanda samman med henne, vilket betyder att de får access till hennes medvetande och kan kontrollera hennes stämband och överkropp.

Hon är inte medveten om vad som sägs, men hon ser ibland den ursprungliga bilden av vad de beskriver för mig. Till exempel, om Bob berättar en historia om något han gjorde på planeten Etena, kan hon se glimtar av bilder från Bobs synvinkel. Hennes input har varit till stor hjälp för att förstå hur vissa platser eller varelser ser ut, eftersom hon kan fylla i en mängd extra detaljer som andarna inte kunde omvandla till ord. Men i slutet av en session har hon inget minne av vad som sades eller vem som talade. Jag på min sida, som den de talar till, ser inga som helst spår av Christine närvarande, medan en annan varelse har kontroll. När hon kommer ur trans kan hon vara väldigt trött och det kan ta upp till en dag att återhämta sig från den energi hon förlorat.

Huvuddelen av den här boken är de samlade framställningarna av olika andliga varelser. De är de sanna författarna till det banbrytande innehållet du kommer att läsa. Jag brukar lägga till några förtydligande noteringar i början av varje avsnitt och även identifiera talaren/talarna. För att effektivisera texten använder vi bara den första bokstaven i talarens namn. Så Ari skulle vara "A", Ophelia skulle vara "O" och så vidare. Alla mina frågor är markerade med ett "D". De senaste åren har varit en lärorik upplevelse på många plan. Från de faktiska sessionerna, till vår förståelse av materialet. Genom organisationen och presentationen av deras ord, leder de oss gradvis mot att bli bättre ambassadörer för de andliga världarna. På grund av mängden information som levererats av våra andliga vänner, och det faktum att jag arbetade heltid, har det varit utmanande att hålla jämna steg med publiceringskraven. Vi ville inte släppa *Tredje Vågen* förrän vi kunde ägna den tid och uppmärksamhet som lärdomarna förtjänar och kräver. Under utarbetandet av manuskriptet har Christine, Kari Pelletier och Susanne Kromm bidragit med sin redigerings- och korrekturläsning (tillsammans med kloka råd) för att förbättra texten. Så vi hoppas att våra kollektiva ansträngningar speglar kvaliteten och betydelsen av de budskap som förmedlas till er från dessa upplysta varelser.

Vilka är dessa andar som talar? Det korta svaret är att de är vem de säger att de är. Det långa svaret är att de är andliga varelser som har varit delaktiga och bidragande i skapandet av Jorden och allt på den. Kanske inte individuellt, utan som representanter för de dimensioner och grupper som följer Skaparens avsikter. I sju år och hundratals timmar har jag lyssnat på och samtalat med en mängd andeväsen. Vissa har inkarnerat här på Jorden i mänsklig form, men de flesta har det inte. Även om de identifierar sig med ett engelskt namn, är det bara för att göra det enklare för oss. Gör inte misstaget att anta att de är människolika, för det är de inte. De bör snarare betraktas som änglar. De som kommunicerar genom Christine representerar dimensioner och grupper som är anslutna till projektet Jorden, plus ett stort antal utomjordiska väsen som beskriver sin egen specialiserade roll i Jordens historia.

Det är naturligt att känna en viss skepsis när det gäller äktheten hos dem som kanaliserar. Jag har själv alltid varit lite skeptisk till den här formen av medial information, åtminstone tills jag träffade Christine. När andarna först började tala, tog det bara två eller tre sessioner, innan jag var helt övertygad om deras legitimitet. För det första har de kunskap om saker som varken Christine eller jag har. Jag har ännu inte hittat ett enda sakfel i någonting som de har sagt. Visst, mycket är obevisbart, men det jag kan bekräfta är alltid korrekt. För det andra har de var och en sin egen unika personlighet. De har alla sin egen distinkta personliga stil, röstlägen och kunskapsområden. Och var gång den speciella anden kommer igenom låter de exakt som de tidigare gjorde, även om ett år eller mer hade förflutit. Om man studerar meningsstrukturen är det också uppenbart att den är konstant och utan inflytande av Christines personlighet. För det tredje kan de se i båda riktningarna på tidslinjen. De har gjort förutsägelser om framtiden som gått i uppfyllelse och har beskrivit historiska händelser som är ofelbart exakta. För det fjärde, och kanske viktigast, handlar det om innehållet i vad de säger. När de väl smälter samman med Christine presenterar de sig själva och börjar bara tala. När du läser deras ord är det omöjligt att inte inse djupet av deras kunskap, den andliga renheten och den innerliga vägledning de ger oss.

Andliga varelser kommunicerar telepatiskt och identifierar varandra genom mönstret i sina energier. När de talar med oss använder de skickligt vårt språk för att förmedla komplex information, men talat språk i sig är ett mycket begränsande verktyg. De tvingas dekonstruera tankebubblor som innehåller en allomfattande mängd information och ge den till oss i små bitar av linjärt tänkande. Även om de är noggranna med sina ordval är de ofta frustrerade över avsaknaden av terminologi som representerar deras idéer. Ändå kan de skapa mästerverk av bildspråk med ord, vilket ger oss en glimt av deras verklighet. En av de (många) fascinerande aspekterna av dessa kommunikationer är att de aldrig glömmer någonting. De upprepar ofta, ordagrant, något som nämndes år tidigare. Konsistensen och renheten i vad de har förmedlat sedan 2015 ger en oklanderlig trovärdighet till innehållet i deras budskap. De är aldrig kritiska eller visar ilska, eftersom de inte har mänskliga känslor. Men ett mått av stränghet, ogillande eller till och med sorg kan ibland skönjas, särskilt när det kommer till hur vi vanvördigt behandlar Jorden och dess växt- och djurliv.

Du kommer ibland att se ordet "puffa" som används för att beskriva vad som kan hända under en session. När en av våra andliga vänner talar, finns det tillfällen då en annan ande plötsligt tar över. Vi kallar det att bli utpuffad. Bob, som alltid är ivrig att tala, är ofta den som puffar ut en annan talare. Hans energi är väldigt nära vår vibration och han lutar sig ibland så nära att han tar över kontrollen och tänker att det är hans tur. Men han är mycket artig och drar sig tillbaka om Ophelia ber honom om det. Ophelia är närvarande vid varje session. Hon är den som har huvudkontrollen på den andliga sidan och är den som tillsammans med Isak, Christines främsta andliga guide, hanterar vilka som ska komma igenom och tala. De håller också koll på Christines energinivå under sessionerna

Språk och interpunktion. Vi har nämnt i våra tidigare böcker att varje andlig guide eller rådsmedlem som talar genom Christine har sin egen unika stil att uttrycka sig. På samma sätt som med människor kan jag vanligtvis avgöra vem som talar redan innan de identifierar sig. Med tanke på att det finns över ett dussin som regelbundet kommunicerar, borde det ge en uppfattning om hur konsekventa de är med tonläge, tempo, meningsstruktur och innehåll. Vi har laddat upp ljudklipp på vår hemsida som ger en uppfattning om hur några av dem låter.

När man omvandlar de talade orden till skrift uppstår flera utmaningar, några vanligare när det gäller vissa talare än andra. Bob, till exempel, talar väldigt snabbt och tar ibland en omväg mitt i en mening för att förklara en poäng. Vi betecknar normalt dessa avbrott med (...), men det kan ändå kännas lite osammanhängande för läsaren. När jag lyssnar på hur han talar är det helt klart, men när det sen skrivits ner går sammanhanget ofta förlorat. Hans sätt att uttrycka sig, skratt och gladlynta personlighet är också omöjliga att fånga. Det Nionde Rådet, Zachariah och vissa utomjordiska existenser talar utan några utsmyckningar. För att göra läsupplevelsen lite mer flytande lägger vi till ord eller förklaringar inom parentes för tydlighetens skull. Eftersom alla våra böcker i huvudsak är en direkt kommunikation från andevärlden till mänskligheten, har vi försökt att inte infoga eller ändra det som sades, förutom där det är uppenbart att de tog fel ord från Christines mentala databas.

Ämnena. Utbudet och mångfalden i materialet som andarna talar om är enormt. De kan gå från att skärskåda mänskliga känslor till att prata om parallella verkligheter inom loppet av några få meningar. Vi är medvetna om att alla läsare inte delar samma entusiasm för varje ämne. Ophelia sa att alla kommer att ta till sig det som passar dem från de olika anförandena. De som är mer logiskt sinnade kommer att dras till *Helig Design*-böckerna. Andra kommer att attraheras av magin och mysterierna i serien *Memoarer från den Andra Dimensionen*. Eli har sagt att de planterar frön och under de årstider och århundraden som följer kommer dessa frön att utvecklas till blommor eller träd i mänsklighetens trädgård. Det vi säger är, att om du kommer till ett avsnitt som du tycker är svårt eller ointressant, hoppa över det och gå vidare till nästa session. Allt passar inte alla, utan det viktiga är att du hittar de budskap som talar till dig i detta nu. Faktum är att en ansenlig mängd av informationen faktiskt är avsedd för framtida generationer, som kommer att vara bättre rustade att förstå ämnena.

Ändringar av formatering. När vi arbetade med *Memoarer från den Andra Dimensionen, Del 2* lade vi till datumen för de olika sessionerna. Allt eftersom åren går och mängden ord fortsätter att öka, har det blivit allt svårare att organisera sessionerna. Införandet av datumet är lika mycket till för min egen del som för läsarnas, eftersom deras ämnen bygger på tidigare framställningar och det är nödvändigt att hålla ordning på dem. Men vi försöker också gruppera samtalen efter ämne för att ge lite kontinuitet. Problemet är att ett koncept kan tas upp och sedan kan det dröja över ett år innan det nämns igen. Ett specifikt ämne skulle kunna bäddas in i ett dussin framställningar fördelat över tre eller fyra år. Eftersom de väver ihop idéer i ett gigantiskt nät av kunskap, kan isolering av en enda tråd blanda ihop ordningen av andra idéer. I denna *Tredje Vågen* har vi bara två kapitel, löst organiserade efter ämne och sedan efter leveransdatum. Den första delen av boken innehåller mycket undervisning om mänsklig andlighet. Den andra delen fokuserar på de större mysterierna. När det fanns möjlighet att dra ämnen närmare varandra inom ett kapitel har vi gjort det. Förhoppningsvis har det inte uppstått alltför många avbrott i sammanhanget genom att vi på vissa ställen har stuvat om den kronologiska ordningen. Vi har också lagt till namnet på talarna i varje avsnitt. Så om du vill läsa till exempel alla Ophelias tal är de lätta att hitta.

Med allt detta sagt, välkommen till *Tredje Vågen*. Vi hoppas att du ska tycka att den är givande och upplysande.

David Henrie
Stockholm, Sweden
August 29, 2022

Skapelsens Hjul. Bilden nedan visar Hjulets tänkta struktur. Alla andar har ett hem någonstans i de andliga dimensionerna, inklusive alla vi själar här på Jorden. För att få kunskap reser de ut i formens universum, som i den här boken kallas "kosmiska akvarier". Utomjordiska väsen är till exempel också andliga varelser som upptar en form på någon annan planet. På nästkommande sida finns ett diagram över var talarna i denna *Tredje Vågen* har ett hem.

Om de har ett permanent boende på en planet, har de både en hemmabas i någon av de andliga dimensionerna och ett fysiskt hem på den planeten. Tallock har till exempel sin hemmabas på den sjätte och nionde dimension och sitt fysiska hem på planeten Vlac i de åttonde kosmiska akvariet.

DE ANDLIGA DIMENSIONERNA			KOSMISKA AKVARIER
Individer		Råd	Planeter
	12e	Högsta Råden Healing & Överblick	
	11e	Designers av Universum & Form i de Kosmiska Akvarierna	
Ari (Elahim) Eli (Elahim)	10e	Elahimrådet (Teknologi, Intentioner, Det Mentala)	
Jeshua (Elahim) Zachariah Tallocks (6e & 9e)	9e	Formens Råd, Nionde Rådet (Galaxer, Energinät, Kunskap)	VLAC Åttonde Akvariet Lagringsplats för Form Hemvist för Tallocks
Isaac	8e	Åttonde Rådet (Element, Gravitation, DNA, Väder, EM)	
Ophelia Setalay Josephine	7e	Ljusets Råd (Solar, DNA, Det Emotionella, Healing)	ETENA Fjärde Akvariet Lagringsplats för DNA Hemvist för Setalay och Siah (husdjur)
Seth (Elahim) Lasaray (Elahim) Laslo (Elahim) Nealon (Elahim) Tallocks (Manifesterade) Zeonians (Manifesterade)	6e	Sjätte Rådet (Himlavalvets Former, Parallella Verkligheter, Det Mentala)	
Willaby	5e	De Äldstes Krets (Biblioteket, Jordliga Själar, Det Fysiska, Naturen & Miljön)	JORDEN Femte Akvariet Växthusplanet Själar från den 5e
Ole Gergen Bob Ia Joel, Sniffer Naturandar Taffles (Vårdare)	2a	Jordens Råd på den Andra (DNA, Flora, Fauna, Marken, Vatten, Jordens Energinät)	TIDDLE Andra Akvariet Hemvist för Taffels som arbetar med färger och melodier

Att notera: Den 5e och 7e är tätt sammankopplade.
Den 6e och 9e är tätt sammankopplade.

En Andlig Väg

De som har läst våra tidigare böcker vet att den kunskap som förmedlas av våra andliga vänner som kommunicerar genom Christine kan delas in i tre breda kategorier. Det finns beskrivningar av de andliga verkligheterna och hur de fungerar. Sedan talas det om skapelseprocessen på Jorden och inom universum. Slutligen ger de råd om hur vi som är inkarnerade bäst kan navigera genom karmaprogrammet och leva ett rikare liv. Den typiska sökaren av andlig kunskap kan tycka att den första och den sista kategorin är de mest relevanta, men de mer logiskt sinnade kan dras till skapelsens mysterier, fysiken, energinäten eller interstellära resor. Varje läsare kommer att ta med sig något annat från samlingarna, och det är inte nödvändigt att tvinga fram ett intresse för alla ämnen. Bland de 1,2 miljoner ord som de hittills har levererat finns det många extraordinära och levande beskrivningar av vad vi kallar den andliga designen. När man läser deras ord kommer man att uppskatta de storslagna energifälten som förbinder Jorden med det fjärran universumet. Många av de mänskliga bristerna kommer sig av att vi inte hedrar och respekterar gudomligheten och avsikten bakom även de allra minsta varelserna. Ett andligt liv är ett där vi försöker återskapa vårt andliga hem, där våra känslor, handlingar och mentala funktioner är underordnade vår gudomliga, odödliga själ. Berättelsen om mänskligheten är de kollektiva resorna för alla själar som har vandrat på Jordens yta. Mer specifikt är det en kronologi av beslut som fattas av enskilda själar under deras långa inkarnationscykel. Stora bedrifter uppstår genom individers val, liksom de tragiska misslyckandena inom grupper av människor. Till skillnad från de religiösa "heliga" böckerna som är fyllda med konstgjorda regler och förbud, nämner våra andliga vänner aldrig specifika uppförandekoder utan förväntar sig att vi själva ska upptäcka de övergripande principerna som definierar andliga sanningar. Begreppet "synd" har till exempel aldrig nämnts. Istället frågar de helt enkelt, "Vilket fotavtryck vill du lämna?", vilket gör oss själva till den ansvariga parten för alla våra beslut och handlingar. Vi kommer aldrig att vara i linje med vår själ eller med Skaparen, så länge som det mänskliga sinnet är trollbundet av jordelivets stora drama. De beskriver två separata sinnen, det mänskliga och det själsliga sinnet och ger rikligt med råd om hur man kan utnyttja sitt själsliga sinne och agera utifrån den kunskapsbasen. Det är upp till var och en av oss att välja en väg, att följa antingen det själsliga sinnets drifter eller det fysiska mänskliga sinnet med alla dess lägre känslor och tankar. Du kan visualisera detta som två olika stigar genom livets landskap. Själens sinne följer en högre solbelyst väg med majestätiska vyer över avlägsna böljande kullar och blommande fält under en idyllisk blå himmel. En resa där ljuset dröjer sig kvar långt efter att solen har gått ner. Detta är kärlekens väg. Det mänskliga sinnet följer en annan väg, en stenig, slingrande stig som leder nedåt i tjocka buskage och täta slingrande revor. Där varje fotsteg leder vidare genom olycksbådande skuggor. Där dystert mörker genomsyrar omgivningarna, även när solen står högt. Detta är rädslans väg. När vår förståelse och tro på den osynliga världen ökar, blir det lättare att följa själens maningar uppåt på kärlekens väg. Och vid resans slut kommer vi att ha levt ett lyckligare och mer innerligt liv.

Hur *Tredje Vågen* är organiserad. Under de senaste tre åren har innehållet i samtalen innefattat flera diskussioner om de aktuella problemen som människor står inför. Nedstängningarna och frihetsberövandet av hela länders befolkningar orsakade stor ångest och bedrövelse, och andarna var observanta på det lidande som det förorsakade. Vi organiserade första hälften av boken att handla om råd och information till människor. Den sista delen av boken är en samling lärdomar om Jordens forntida historia och de andliga designerna i formens universum. I hela boken finns referenser till information som presenterades i någon av våra tidigare böcker, då en allmän översikt kan vara till hjälp, eftersom det har gått flera år sedan *Andra Vågen* publicerades. Vi har också inkluderat ett referensdiagram i förordet som visar dimensionerna och förhållandet till de andliga varelser som står i centrum i *Våg*- och *Memoar*-böckerna.

Sammandrag av historien. Andliga varelser har kommit till Jorden i hundratals miljoner år och hjälpt till att utveckla och ta hand om livet på denna växthusplanet. I det forntida förflutna utforskade andeväsen Jorden på distans med hjälp av deras själsmedvetande. De antog ingen synlig form och kunde inte fysiskt interagera med omgivningen. Senare, efter livets uppkomst, projicerade andeväsen sin medvetenhet in i Jordens energifält och skapade en form genom en process som benämns 'manifestation'. Kropparna liknade människors, genom att de var funktionella och hade en synlig kroppsmassa, men de var inte bundna av naturens lagar på Jorden, vilket betyder att den manifesterade formen i vår bemärkelse inte, i vår mening, föddes. Den åldrades heller inte eller dog. Själen som reste sammanställde en kropp med hjälp av planetens olika element, och när det var dags att lämna, försvann helt enkelt den manifesterade kroppen. Elahim manifesterades senast i Mesopotamien, före 12 000 f.Kr., där de var kända som Anunnaki. Ophelia och andra i hennes grupp från den sjunde dimensionen manifesterade kroppar fram till omkring 3000 f.Kr. i Sydamerika, där de gick under benämningen Shea. De manifesterade kropparna skapades för att användas under längre tid på Jorden och kunde bibehållas i århundraden. De liknade på vissa sätt en människokropp, bara inte lika fysiskt komplexa eller massiva. Anunnaki, till exempel, livnärde sig på en vätska gjord av växter och utvann energin för att bibehålla sin form. Deras kroppar hade några inre organ för att bistå den processen.

Det finns andra typer av manifestationer, av vilka några är kända för att fortfarande förekomma. Andliga guider som tätt följer sin inkarnerade person, till exempel hur Bob följer Lasaray, har alltid en viss procent av sin själsenergi materialiserad på den tredje dimensionen. En människokropp är till cirka 98 procent materialiserad på den tredje dimensionen, men Bob, min guide från den andra dimensionen, sa att han bara är 20 procent materialiserad. Det mänskliga ögat kan inte upptäcka en obetydligt manifesterad form. Graden av materialisering bestämmer densiteten eller det fysiska som kan observeras av det mänskliga ögat på den tredje dimensionen. En guide kan öka sin materialisering för att interagera med fysiska föremål, eller till och med bli helt synlig. Det är dock sällsynt, eftersom reglerna för hur en guide kan engagera sig begränsar vad de kan göra. Bob välte dock en gång ner en flaska från ett skåp, bara för att bevisa sin närvaro. Dagens människor är för det mesta omedvetna om dessa typer av aktiviteter, eftersom våra sofistikerade kulturer har rört sig allt längre bort från naturen, där magi alltid är närvarande.

Skaparen, genom det Mästerliga Medvetandets energi, är närvarande i alla livsformer. Vid olika tidpunkter i det förflutna har själar från de högre dimensionerna tillåtits förena sig med det Mästerliga Medvetandet och smälta samman med däggdjurskroppar som delfiner, valar och till och med hominider. De ursprungliga själsgrupperna kom från den sjätte till den tionde dimensionen. Till en början följde själsenergin bara med för upplevelsens skull och för att observera eller studera. Senare, när själsprocenten ökade och blev dominerande, blev det Mästerliga Medvetandet passageraren som övervakade själen. Vid den tidpunkten drogs karmaprogrammen igång. Det har funnits många epoker där hominider kontrollerades av själar och inte det Mästerliga Medvetandet. Varje gång en omstart eller större förändring genomförs i människokroppen, avslutas det gamla karmaprogrammet och ett nytt börjar. Kroppar har modifierats många gånger, och den version vi nu upptar tog sin början omkring 10 000 f.Kr., efter den yngre Dryas glaciära period. Den ser likadan ut som den tidigare kroppen, men inre filter justerades för att dämpa själens input till sinnet. Den nya kroppen var designad för själar från den femte dimensionen, så det skedde ett vaktombyte. Själar från de högre dimensionerna slutade inkarnera, och själarna från den femte blev den dominerande gruppen. Även om vår kunskap om historien bara sträcker sig ett dussintal århundraden tillbaka, fanns många stora civilisationer före Holocen. Det verkar onödigt att säga, men Skaparen och de högre Råden är de som bestämmer vad som sker på Jorden. Förändringar i livsformer, atmosfär, geologisk aktivitet, solstrålning och evolution sker efter beslut av andliga Råd som styr planeten. Människor övervakas noga, och när de driver för långt ur kurs kommer Råden och Jorden att reagera på ett sätt som återställer balansen.

Namn. Vi inser att det kan vara förvirrande att hålla reda på alla de andliga varelserna som talar i den här *Tredje Vågen*. Det kan ha gått flera år sedan du läste om dem i våra tidigare böcker. Till viss del är talaren mindre viktig än budskapen, även om det kan vara till hjälp att veta vilken roll de spelar i den stora designen. I början av boken inkluderade vi ett diagram som visar vilken andlig dimension talarna i den här boken kommer från. Alias eller smeknamn används ibland under sessionerna. Christine identifieras alltid som "den här", eller "Seth", namnet på hennes högre jag. När de säger "den här" kan det antingen betyda inkarnationen, Christine eller Seth. Ledtråden finns vanligtvis i sammanhanget. Ibland förtydligar jag det genom att skriva

Christine eller Seth inom parentes, men inte alltid. Davids högre jag är känt som Lasaray. När de andliga varelserna nämner "din Lille Vän" eller "den Lille" menar de Bob, eftersom hans andekropp är lite mindre än andarnas från de övriga dimensionerna. Även om det inte är ett namn, betyder "hem" vanligtvis platsen i en av de andliga dimensionerna, dit en själ återvänder efter döden för att återförena sig med sitt högre jag.

Kommentarer. Det flesta av kommentarerna utanför dialogerna är skrivna av mig, David. Anledningen är att Christine gör det hårda arbetet med att kanalisera, vilket ger allt det meningsfulla innehållet i våra böcker. Mitt bidrag är att återge transkriptioner som exakt matchar röstinspelningarna. När jag sammanställer dem i bokform lägger jag till förtydligande observationer eller bitar av forskning, som är relaterade till några av ämnena i sessionen. Men – och det är viktigt – deras kunskapsförmedling är som en skattjakt, där läsaren själv måste hitta det värdefulla innehållet.

Eli: Som att Plöja en Åker (6 november 2018)

Eli, som du kanske minns från våra tidigare böcker, är en Elahim och en äldre bror till Seth (Christines andliga jag) och till Lasaray (mitt andliga jag). Han föddes på den sjätte dimensionen, studerade på den åttonde och nionde och arbetar nu utifrån den tionde dimensionen. De på den tionde reser inte längre, men är mycket involverade i olika projekt, som projektet Jorden. Eli förklarar karma på ett sätt som är väldigt lätt att förstå. Han sa att vi kan visualisera att själen, när den kommer till Jorden, går samma väg om och om igen över ett fält. Varje själ har sin egen väg, som börjar på ena sidan av fältet vid födseln och slutar på andra sidan vid döden. När vi korsar det här fältet och gör saker som inte är andliga, är det som att gräva upp jord och kasta upp det vid sidan av vår väg. Större misstag kan ses som större skovlar med lös jord. Om vi fortsätter att göra misstag, livstid efter livstid, kommer vi så småningom att finna oss själva vandra i en skyttegrav av vårt eget grävande. Allt eftersom lärdomar dras och vi blir mer andligt benägna, återförs jord ner i diket. Principen av orsak och verkan är att en själ har utjämnat sin karmiska skuld här på Jorden, när den vänder sig om för att se tillbaka på fältet och inte ser några tecken på att den gått fram där. Det är en vacker framställning och en del av den ingick i *Memoarer, Del 1*. Som en påminnelse, Eli slösar ofta inte med orden. Hans meningar är ofta ofullständiga, men ändå är innebörden (förhoppningsvis) ganska klar. Nedan finner du en sammanställning av konversationen mellan mig och Eli, följt av Bob som kommer in för att ge sin egen skämtsamma kommentar i ämnet. Som i alla våra tidigare böcker identifieras talaren med den första initialen i sitt namn.

E. Elahim. Elahim. Hej, lillebror! HUH HUH.

D. Jag hörde dig säga Elahim när du kom in.

E. Ja, vi är flera här. Alla kommer inte att kommunicera. Din vän, Laslo, hälsar dig. Han beklagar att du måste befinna i den där lilla behållare (*den mänskliga kroppen*), och sakna möjligheten att ha full tillgång till dina egna skrifter som du tillhandahåller i våra bibliotek. (*Laslo är också en Elahim från Nionde.*)

D. Det skulle spara mycket besvär, eller hur?

E. Vi är stolta över er, båda två, för att ni tog på er detta uppdrag. Det är annorlunda än tidigare resor hit. Det är något som Laslo kan minnas. Han följde faktiskt med dig en gång i det fysiska.

D. När var det?

E. Det var före känd tideräkning. Ni tog hit lertavlor, inskrifter i tavlor för framtida besök. Du ska veta att du har gjort det för din egen räkning. Du skrev på tavlor, senare i vanliga böcker, skriftrullar, för att du senare skulle hitta, när du kommer tillbaka och plocka upp vissa saker du läser. Böcker, din stora radio, kommunikationscentralen, internet, vissa saker du snubblar över är dina egna ord. Du kommer att känna det som ett pirrande på din högra sida, bakom ditt högra öra. Det är då du vet att orden är dina egna, eller någon hemifrån (*andra Elahims*). Var uppmärksam när du läser vad andra skriver eller hör vad andra undervisar om, upprepat det du har placerat på din väg för att du ska snubbla över. Du har gjort det så många gånger; det är inte första gången. Det är ett knep som du använder, skulle jag säga, kanske för att göra det lite mer underhållande, eftersom du har en tendens till att inte alltid ta dig an resor eller uppdrag som är helt underhållande, i det avseendet. Lillebror (*Seth*), annorlunda, kommer med dunder och brak. Där du sår frön plöjer den här åkrarna, så att säga. Olika tillvägagångssätt, men uppskattas av Rådet. Bara olika metoder, skulle jag säga, om hur ni tar er an det, lär er och vilken typ av fotavtryck ni vill lämna efter er. Den här plöjer åkrarna, medan du mer skonsamt gräver upp och sår åkern.

D. Det var en bra liknelse. Vi är från en annan värld, men jag antar att vi har varit tvungna att arbeta igenom våra egna karmiska problem?

E. Ja, det gör alla, alla gör det. Karma baserat på vilket slags väsen du är. På något sätt har även växter och djurliv sin egen karma, men det är svårt för ett mänskligt sinne att förstå, hur en växt kan ackumulera karma. Tänk inte för mycket på det. Vet bara att på detta plan är karma placerat i er atmosfär, inom strukturen av energier och minnet som är närvarande. Allt som är inneslutet här möter sin evolution. Evolution är en del av karman. Du måste gå igenom viss karma – eller se den där åkern igen – åkern där du har plöjt din egen väg. Du kan fortfarande, på var sida av din väg, ha jord som du har samlat på dig, lagt på var sida, när du har plöjt åkern, så att säga. Meningen är att när du har avslutat din resa, när du ser tillbaka på din väg – vilket betyder många existenser, liv – då ska du ha lagt tillbaka allt det du har grävt upp. Fältet ska vara platt, jämnt, igen. Så du kommer in i ditt första liv och börjar plöja din väg, som en mullvad. Du kan se den (*mullvaden*) och du kan se hur lös jord kastas upp på var sida, skapar som en liten vall. Allteftersom du tar till dig lärdomar, inser du att du kan gå fram och tillbaka i den här fåran, i den här fåran på din åker som du har plöjt, men du kan så småningom se tillbaka med stor tillfredsställelse, när du inte längre kan se din fåra. Så länge som du ser den här fåran och jordvallen på var sida, när du ser tillbaka, finns det fortfarande saker som du måste återkomma och göra om, se över. Så alla som sätter sin fot här plöjer sin egen väg, även djur på sitt sätt. De arbetar inte nödvändigtvis genom karma i det avseendet, men de lär sig genom Skaparen. Skaparen skapar vägen genom djuret och Skaparen letar efter samma resultat med det djuret. Annorlunda. Jag önskar att jag kunde ge dig en bättre bild.

D. Wow! Det är helt lysande, och jag förstår det. Det Mästerliga Medvetandet, närvarande i alla djur, är också ett lärande?

E. Ja, och det Mästerliga Medvetandet interagerar med andra varelser, skapar stigar, sin egen plöjda åker, lär sig att fungera i ett tredje fordon, om du så vill – dock något annorlunda. Men fortfarande samma tanke, att när du har nått slutet av din destination, din resa, känner du dig trött. Men det första själen letar efter, när den ser tillbaka, är om diket finns kvar.

D. Jag gillar verkligen den beskrivningen.

E. Använd det, det är ett enkelt sätt att förstå innebörden av karma.

D. Ska det ingå i Andra Vågen?

E. I den nästa. Spara en godbit, som den Lille säger. Belöning för alla.

D. Den pirrande känslan du nämnde, den händer mig hela tiden, precis vid de tillfällen du sa. Det är så jag kan veta om något är andligt korrekt.

E. Vissa ord känns mer sanna inom dig, eftersom de är dina egna. Det finns vissa ord, även i Bibeln, kapade från dina egna skrifter, inskrifter, de ursprungliga i Mesopotamien. Det var allt. Har du några ytterligare frågor just nu?

D. Alltså, jag antar att jag just nu inte har några specifika frågor, men jag är alltid intresserad av vad du vill berätta för mig.

E. Jag dockar med din hjärna när du sover. Något kan ha saknats eller missats, vi kopplar oss alla till dig när du sover och vi ger dig idéer, minnen och känslor. Ibland när du upplever en känsla av vilsenhet, härrör den känslan från hemlängtan. Vi ser det som en färg; det visar sig som en blå färg runt er båda. Det är då vi lägger oss närmare er. Vi ingriper med energi, så att ni kan känna närvaron av Elahim, närvaron av era bröder och fäder, (*hjälper er att*) minnas er väg, komma ihåg att ni återigen plöjer en åker. Men den här gången plöjer ni en lång väg eller dike som andra kan följa. Ni skapar nya fåror. Förstå att dessa metaforer är symboliska för dikena, fårorna, som är olika karmarelaterade vägar. Så Skaparen kan skapa nya vägar, vilket gjordes tidigare, när den fria viljan skapades, kraften i möjligheten att kunna välja och de mentala kontra känslomässiga utmaningarna. Skaparen skapar nya karmiska vägar att resa på, diken för dem som sätter sina fötter på marken. Så fort de börjar röra sig framåt på marken inträffar nya händelser. Det är därför karman har förändrats över tid. Karma har inte varit den samma sedan början. Den förändras, på samma sätt som att gravitationen inte är konstant, baserat på resultatet i fårorna och om individerna lyckas återställa sin väg. Nya händelser, nya hål i marken uppstår, vilket betyder nya händelser av karma. Vissa (*stigar*) är avklarade. För att göra det enkelt för dig var en av de första lektionerna av karma att förstå att något gör ont. Vid den tidpunkten hade individerna här en sämre utrustad mental förmåga. De blev ålagda att förstå och lära sig hur man behärskar eld. Vid den här tidpunkten har den specifika karman, eller den specifika lärdomen, eliminerats. Alla vet att eld gör ont. De som kom först behövde lära sig att bemästra den, bemästra det odjuret. Nu måste du behärska ett annat odjur, samma eld, bara (*manifesterat*) annorlunda. Den elden är inte lika synlig, men den har samma förmåga att omintetgöra vadhelst den kommer i kontakt med. I det här fallet syftar vi inte på en eld som utplånar hela skogar. Den här elden förtär ditt medvetande, förtär din fria vilja och passion för att här vara den varelse du i verkligheten är. Annan slags eld.

D. Och är det en känslomässig eller mental utmaning?

E. Det är en mental eld. Den möts av en känslomässig bris. Se, ny karma. Inte helt ny, såklart, det är inte så att den stammar från 90-talet! Ändå är den ny, som vi ser det. Men om du går tillbaka till de första lärdomarna om eld, och förstår hur, efter att du lärt dig att bemästra den, hur det gav dig kraft. Hur använder du kraften i en brinnande eld? Nu måste du bemästra en annan typ av eld, inte låta kraften i ditt sinne bli kidnappad och att förstå begränsningarna i din egen makt. Vi kommer att diskutera detta vidare.

D. Jag antar att jag ändå hade en fråga. I den *Andra Vågen* nämnde jag att människor modifierades både av dem som arbetade direkt för Skaparen men även av utomjordiska resenärer. Kan du berätta något om det när det gäller evolutionen?

E. Utomjordiska resenärer hjälpte till. Det fanns labb här, anläggningar, konstruktion av DNA. Detta var ungefär för 500 000 år sedan.

D. Alltså före den första civilisationen?

E. Ja, ja. Det fanns andra här före dem vi har talat om.

D. Andra resenärer, eller mänskliga väsen?

E. Inga mänskliga väsen; ingen själ som reste. De (*de utomjordiska besökarna*) skapade små mänskliga varelser, utan själar. Ingen själ. Ur en mänsklig synvinkel skulle du förmodligen se det som en robot. Men det var det inte. De såg likadana ut, fysiskt mindre, ingen själ. DNA:t, genetiken vid den tidpunkten, hade att göra med det fysiska och det mentala. Det känslomässiga var inte på plats.

D. Så själen är närmare relaterad till det känslomässiga?

E. Ja, ja.

D. Jag var av den uppfattningen att utan en själsenergi, antingen från det Mästerliga Medvetandet eller något annat, skulle ingenting kunna leva?

E. Det Mästerliga Medvetandet är närvarande, alltid närvarande i allt som skapas. Inga själar till en början.

D. Aha, jag förstår vad du säger.

E. Prototyp för själar som skulle komma in.

D. Så när utomjordingarna modifierade DNA:t för att göra en prototyp, var det under ledning av Skaparen?

E. Allt är under Skaparens paraply. Det finns dock nivåer däremellan som blandar sig i och organiserar. Elahim var närvarande, (*på grund av deras*) kunskap om form, skapade en minnesbank i den varelsen, involverade i att skapa hjärnan. Du ska inte se denna varelse, även om den såg mänsklig ut, som fullt fungerande, som du är nu. Mindre, inte samma kost som vissa (*av de senare versionerna*), den åt blad, grönt, växtätare.

D. Mer som ett djur, på något sätt?

E. Deras tal var inte särskilt utvecklat. Det är en del där hjärnan är inblandad, så vi modifierade hjärnan så att talet skulle kunna utvecklas. Denna varelse talade inte så bra. Det var en prototyp, som aldrig var tänkt att lanseras som en inkarnation som nu. Prototyp. Utomjordingar var absolut inblandade. Rymdfarkoster, rymdstationer, utbyte av kunskap. Besökare, prototyper etablerade. Pågår fortfarande på andra ställen, inget konstigt.

D. Okej, tack för det svaret, det är till stor hjälp.

E. Tack.

D. Det är alltid ett nöje att tala med dig, min bror.

E. Jag säger farväl. Elahim.

D. Elahim.

Både Ia och Bob kom in senare efter att Eli hade talat. Deras framställningar ingick i *Memoarer, Del 1*. Bob gjorde en skojig kommentar om människor som grävde karmiska diken så djupa att bara deras huvuden syntes. Vi tar med det utdraget här i temat om karmans symboliska väg.

B. Här går du bara på din karmiska väg (*sen frustade han till och skrattade*), ...jag hörde Eli! Huhuh. Du ska veta att vissa, när dom går i det här diket, som dom har plöjt sig igenom som mullvadar, så går diket bara till anklarna, och det är bra. Men om nån har ett dike som når dom till axlarna och du bara ser huvuden som rör sig över fältet, då vet du att det kommer att ta ett bra tag för den där att kasta tillbaka all jord igen! Huhuhuh.

D. Det var en riktigt bra liknelse, jag kan se den bilden!

B. Du ser som ett stort fält med alla dessa stora huvuden, som kålhuvuden, vandra fram och tillbaka!

Bob, Ophelia: Gruppdynamik (26 november 2018)
Vi hade precis släppt *Andra Vågen* i november 2018, och i den här sessionen beskrev Bob och Ophelia de kommande böckerna, eller vågorna av kunskap, som de planerar att ge oss. Redan i oktober 2016 informerade Ophelia oss om att vi påbörjade ett 20-årigt projekt, där de skulle ge oss information, och sedan skulle vi göra den tillgänglig för andra. Projektet är mycket större än vi själva och leds av, som Ophelia sa, några av de högsta Råden. Hon sa också att det här projektet är vårt huvudsakliga uppdrag i det här livet, och att vår väg framåt till största delen är förutbestämd. Därför är jag alltid orolig för att jag kanske inte gör så bra som de skulle vilja.

D. Så hur känner Ophelia för den Andra Vågen?

B. (*Han tittade åt vänster, mot Ophelia.*) Hon ler. Hon säger, "Det är nu det börjar. Nu ska ni bli mer fokuserade. Nu är ni redo att ta ytterligare steg, stora steg in på en ny plattform. "Ni var tvungna att båda två personligen övervinna, vissa saker i er natur som kändes obekväma att skildra" sa hon. "Men det är nödvändigt för er att ta det steget till den plattformen. Ni måste vara väldigt säkra på er själskapacitet och den ni är." Hon sa, "Och ni har båda växt med den här boken, eftersom den blev mer personlig än den första. Den första var en språngbräda", säger hon. "Nu måste ni stå stadigt i att ni är den ni är, och att ni står bakom er sanning. Så det kommer att bli en mer fokuserad energi, på nått sätt," sa hon, "från var och en av er."

D. Det var lite svårt att säga att vi var Elahims.

B. Det vet hon, sa hon.

D. Folk kanske har förutfattade meningar om det.

B. Ja, men det är mänskliga idéer. "Lägg inte för mycket värde i det!", sa hon. Huhuhuhuh!

D. Men hon är nöjd med boken?

B. Hon är verkligen glad. Riktigt glad. Hon säger att det är viktigt att prata om gruppdynamik. (*Han avbröt sig plötsligt och började göra konstiga miner med Christines läppar, vilket fortsatte ett tag. Sedan fortsatte han bara som om ingenting hade hänt.*) "Det är viktigt", sa hon. Det är nått som ligger henne varmt om hjärtat, det ämnet. Jag är glad att hon låter mig säga det här. (*Istället för att puffa ut honom för att säga det själv.*) Hon säger att det är olyckligt att vissa människor känner sig instängda i en gruppdynamik som är dysfunktionell. Och med dysfunktionell menar hon inte att alla grupper är dysfunktionella, men vissa kan vara det för den specifika individen. Som religion, till exempel. Vissa grupper inom en religiös tro kanske inte är i resonans med den specifika själen i just den gruppen. Den själen kanske är konstruerad på ett helt annat sätt. Så gruppen i sig kanske inte består av dåliga individer, men kärnan i tron eller kärnidén i den gruppen resonerar inte. Hon säger att "inte alla grupper, som du ska vända dig till är dåliga grupper, utan det handlar helt enkelt om att känna efter var man hör hemma". För tanken är att du ska inkarnera och gå med i grupper, som du inte kommer att resonera med, och en av anledningarna är att se om en själ är stark nog att inse att den är malplacerad. Det är som att komma till ett land, där du inte talar språket.

D. Det är intressant. Så, själar väljer medvetet platser att gå till, och människor att beblanda sig med, som är oförenliga?

B. Precis. Så dom väljer en kropp, dom mixar och matchar saker som dom kommer att ha med under den livstiden, hur den är tänkt att utformas. Låt oss sen säga att dom vill ta itu med och utmana sig själva, i typ mental förmåga. Då kommer dom att placera sig i familjer, eller arbetssituationer, eller religiösa situationer (*som är utmanande*). Normalt väljs antingen (*för att ta itu med utmaningen i*) din familj och din uppväxt, eller senare att du engagerar dig i en grupp (*som ger utmaningar*), antingen arbetsrelaterat eller på hobbynivå. Jag skulle säga att kristendom eller religiös övertygelse är som en hobby, det är vad vi betraktar som en hobby.

D. Det är så de flesta människor ser på det, en och en halv timme på söndagen.

B. Men själar som tar sig an den utmaningen – och det är inte så att alla dessa grupper är dåliga – men dom är inte i resonans med just den själen. Det hon säger är (*han gav en stor suck, eftersom han tydligen kämpade för att omvandla Ophelias tankebubbla till vårt språk*) att det är viktigt att börja känna efter, i alla omgivningar där man engagerar sig, arbetsmässigt, familjemässigt, på sociala medier, hur du framställer dig själv och hur du vill att andra ska se dig. Vilket fotavtryck vill du lämna? Först och främst, tänk på det. Vilken typ av fotavtryck vill du lämna? Och efter det, se dig omkring och se om den (*gruppen*) är i resonans med det fotavtryck som du vill skapa. Om inte, kanske du ska börja fundera över olika justeringar som kan göras inom dom grupper som du tillhör. Det behöver inte vara hundratals grupper, det kan faktiskt bara handla en liten krets av vänner, säger hon, som ibland kan trigga varandra på ett sätt som inte är särskilt positivt för själen, eller för deras allmänna bästa, kan man säga.

D. Det var riktigt bra råd. Om du hade sagt det för ett par veckor sedan skulle vi ha lagt det i Andra Vågen.

B. Det visste hon, säger hon.

D. Det kommer att komma med nästa våg.

B. Ja, hon sa det! Aah! Så jag är glad att hon inte puffade ut mig. Det fanns mer information i det här med grupper. Men hon sa att vi kommer att prata mer om det, för det är viktigt att du inte tar dig an grupper, som om alla har en dålig dynamik, för det har dom inte. Enbart att du ska börja känna efter om den är i harmoni med hur du själv vibrerar. Och om nån säger, "Jag vet inte hur jag vibrerar", för det är inte som att folk nödvändigtvis vet hur dom vibrerar – men om dom är i stillhet kommer dom att höra sin egen melodi. Och om dom flyttar sitt fokus, låt oss säga, till sina vänner och deras melodi, sen går fram och tillbaka, fram och tillbaka; min melodi — deras melodi. Och när jag är i den andra melodin, ändras då min melodi? Så det är ett sätt att identifiera om du är på rätt ställe. Som den här (*Christine*), till exempel, den här är inte så lättlurad i den meningen, eftersom han omedelbart upptäcker om melodin inte är i fas med hans vibration. Så han engagerar sig inte där. Men vissa är inte så alerta, så dom måste först sitta lite för sig själv och fokusera. Och det är det som är grejen; ibland är folk rädda för att vara för sig själv, och det måste du för att höra din melodi. Om du aldrig lämnar den bosättningen (*gruppen*) som du tillhör, kan du aldrig känna igen den (*din melodi*). Och ibland känner folk det som, "Oh, det är bäst att jag låter som (*imiterar*) dom, istället för att skapa min egen eller höra min egen melodi. För om jag inte hör hemma där, då kommer jag att vara alldeles ensam." Men du måste ta itu med det på ett sätt som, "Okej, jag kanske är ensam ett tag, men oh, vad finns det där borta? Där är en grupp med en melodi som känns mer i linje med min." MEN det kommer inte alltid att vara som att du lämnar en skadlig melodi, själsmässigt, till att bara hitta en som är bättre. Ibland finns det som en bro, där man måste vara i viloläge ett tag för att reflektera över sina val och hur man bäst går vidare.

D. Det var fantastiska råd, så tack och tack Ophelia.

B. Tack, Ophelia. (*tittar mot henne.*) Så, du vet, det här kommer vi att prata mer om.

Ari: Manlig vs. Kvinnligt, Elahim vs. Shea (2 december 2018)

Eftersom det här är första gången Ari talar i *Tredje Vågen*, vill vi påminna läsaren om att han är en Elahim och är medlem i Elahimrådet på den tionde dimensionen. Han kallar sig en farbror till de tre bröderna Eli, Lasaray och Seth. Ari har varit involverad i Jordens utveckling i hundratals miljoner år och håller alltid mästerliga föredrag om svårbegripliga ämnen.

Ari har nämnt att polaritet och linjär tid är de två huvudstrukturerna för lärande på Jorden. Han höll ett utmärkt tal om cyklisk kontra linjär tid, som presenterades i *Andra Vågen*, i avsnittet med titeln "*Rörelse, inte tid*". Medan linjär tid sätter villkoren, bildar polariteter axeln inom de flesta läror. Huvudpolariten ljud-ljus manifesteras på en mängd olika sätt. Ett av dem är den mentala-emotionella, som korrelerar med polariteten mellan man och kvinna. På andra planeter är polariteten balanserad för att skapa vad vi skulle tolka som androgyna väsen. Inom de andliga dimensionerna finns det också en slags polaritet, där den sjätte och nionde dimensionen lutar åt det mentala eller ljudet, och den femte och sjunde befinner sig lite mer på ljusets och den emotionella sidan. Men avancerade andar, oberoende av dimension, är i harmoni med skapelsens båda aspekter. Det mänskliga fordonet är utformat för att pusha en själ till en position utanför sin centrala mittpunkt, så att själen tvingas utöva sitt inflytande för att upprätthålla balansen. Hur den interaktionen utspelar sig bestäms av våra beslut och vårt agerande på det här planet.

A. Det här är Ari.

D. Oh, hej Ari

A. God morgon på dig, min son. Vi är glada över att se all möda ni lägger ner som representanter för Elahims. Att sprida ljuset från den manliga energin är inte lätt i de tider ni befinner er i. Återigen ser vi striden mellan det manliga och kvinnliga, som båda representerar såväl ljuset som skuggsidan. Tro inte att bara för att kvinnan kommer i en mindre förpackning, mer emotionell i sitt väsen, att hon enbart utstrålar rent ljus på denna nivå. Vi talar såklart om den mänskliga nivån. Så på något sätt borde kampen mellan könen istället handla om vem som utstrålar ljus. Båda är såväl perfekta som ofullkomliga i sin konstruktion. Ingen bör på något sätt förkunna överhöghet över den andra. Det är inte meningen med att skapa två kön. På andra platser finns det inga. Där är du endast en art. Från denna nivå kommer det att verka könlöst, men de reproducerar sig ändå, bara inte på samma sätt.

D. Låter inte lika roligt.

A. HUH! Verkligen en mänsklig föreställning. Det roliga ligger i förmågan att skapa, den medvetenhet man har om att kunna återskapa sig själv på den nivån och i det energimönster som är tillgängligt på det planet. Man bör se bortom förnöjelse, se slutresultatet av skapelsen, vara stolt över förmågan att kunna skapa. De som saknar den förmågan, den mänskliga, får kämpa. De måste finna andra sätt att vara skapare. Det finns för mycket förebråelse på detta plan mot dem som inte producerar en kopia av sig själva. Den förebråelsen kommer inte från de högre nivåerna. Man bör söka skapa på andra sätt. Skapa i harmoni, musik till och med, så det blir detsamma som att skapa ett barn.

D. Det verkar finnas en besatthet i att replikera sig själv.

A. Ja, men först måste du vara stolt och nöjd med den du är, annars, varför skulle du vilja avbilda det? Så först börjar du med dig själv, och sedan skapar du i harmoni, och det du skapar kommer att vara kärleksfullt och ljust. Om du själv fortfarande har lite kvar att göra, och jag vet att vi träder in i ett minfält här, men för att skapa ljus måste du själv vara ljus, du måste älska dig själv. Det är så du kan skapa kärlek. Du måste ta hand om ditt fysiska fordon och alla nivåer inom dig. När du har bemästrat dig själv, då kan du verkligen bara skapa ljus. Utvecklingen på detta plan är att se till att alla genererar ljus innan de reproducerar sig.

D. Världen skulle snart avfolkas.

A. Kan så vara, men den kommande generationen, programmerad att förstå sitt eget ljus innan den skapar ett nytt, har i sin makt att skapa nya civilisationer. Om alla hedrar sig själva och sitt ljus uppstår inga krig, det blir inga stridigheter. Man kommer att dela med sig och ta hand om dem som tillfälligt lider; lyfta dem, eftersom du själv kan vara i behov av samma omvårdnad senare på din väg. Du kan inte begära av andra vad du inte själv ger. En förändring i ert medvetande kommer att skapa en ny civilisation av harmoni. Att som människa visa förståelse, eftersom du inte har någon aning om vad som ligger framför dig. Den som du kanske negligerar skulle kunna vara den som räddar dig många år framåt på din väg. Ingen tänker i de banorna. Återigen, en förändrad insikt, att när du en gång varit elev, tar du på dig lärarens roll, vice versa; elev–lärare, lärare-elev, hjälpa–i behov av hjälp, assistera–ta emot, fram och tillbaka.

D. Några av de mer avancerade civilisationerna i västvärlden har slutat skaffa så många barn. Har de en inre vetskap att de inte borde?

A. De sparar på sitt ljus. Vissa borde verkligen skapa mera ljus. På sätt och vis har samhället grävt en fallgrop för mänskligheten, vilket betyder alltför stora krav. De mindre utvecklade samhällena har mer tid, har mer utrymme för umgänge, jäktar mindre. Det mer avancerade samhället tenderar att jäkta och stressa, vilket inte nödvändigtvis betyder att de upptäcker sitt ljus eller förmågan att ge ljus. Ständig strävan efter något – en materialistisk belöning – istället för att finna sin belöning i ljus och socialt umgänge. Det blir såklart en obalans, där det materiella har stort inflytande över din art, vilket skapar ett tomrum till de mer subtila källorna inom dig.

D. Folket i Mellanöstern och Afrika producerar så många avkommor, och de kommer att bli en stor börda för Jorden.

A. Det är inte meningen att det ska vara så. Det är samma obalans, bara en annan process. Ni lider båda under materiell obalans. Det är inte meningen att det ska vara så. Om du bara räknar i siffror, om du inte arbetar utifrån att skapa ljus, så är det samma obalans som bland dem som är mer upplysta, om du så vill, de som inte alls reproducerar sig.

D. Går det på något sätt att få det tillbaka i balans?

A. Balansen kan först erhållas när arten börjar, i den ena änden, att sakta ner och bli medveten om sitt tempo som människa. De måste stanna upp och upptäcka landet omkring dem. De andra civilisationerna är på många sätt det landet. Men hjälplösa i sitt fysiska fordon förbiser de kraften de har inom sig. Det är en svår fråga, men vägen i den utvecklingen är att finna ditt ljus, att stå stark i det ljuset. Den ena ska sakta ner, den andra borde ... (*lång suck och paus*) Det är en obalans mellan könen i den regionen. Vi ser att balansen mellan könen har gått överstyr där, huvudsakligen i den afrikanska regionen.

D. Det är mest orättfärdigt mot de svaga eller utsatta.

A. Mer kvinnlig makt behövs i den regionen. Från andevärlden kan det observeras som ett skådespel. På vissa ställen saknas det kvinnliga ljuset och måste bli starkare. På andra ställen förtrycks mannen och utpekas som oduglig.

D. Det är sant. Många av de feministiska samhällena har fullständigt krossat den manliga andan.

A. Se, samma problem fast tvärtom. Obalans mellan könen. Jag är säker på att det inte var tänkt på det viset i begynnelsen av skapelsen! Men du har också viljans kraft, som har getts dig, och det är att finna ditt ljus i den materiella labyrinten. Det är vad viljans kraft ska trigga. Sedan dess har viljans kraft spritts i alla möjliga olika riktningar, men det handlade ursprungligen bara om en sak, att finna ditt ljus i illusionens och det materiellas tjuskraft. Det är den ursprungliga avsikten med viljans kraft. Allt annat kommer då att följa efter precis som det ska.

D. Tror du, att när den moderna människan designades, att den inte gavs tillräcklig tillgång till själen? Var det det som gjorde att obalansen blev ett något permanent fel?

A. Det har skiftat under milleniernas gång. Det fanns de som faktiskt var mindre kopplade till källan, nästan som programmerade, lite som robotvarelser. Det finns fortfarande rester kvar av den arten, och du kan se det fysiskt i deras sätt att bete sig. De har ett annorlunda beteendemönster.

D. Var finns dessa?

A. Vissa finns i det inre av Asien och Japan. Japan har ett starkt minne av dessa prototyper. Det är därför de på många sätt verkar annorlunda i sina beteenden. De är kvickare i huvudet, i sinnet, men deras fysiska sätt ter sig förbryllande, särskilt för de västerländska samhällena.

D. På vilket sätt?

A. Sättet de kommunicerar på, hur de rör sig och organiserar sig; mycket skickliga, arbetsamma små bin. Mycket produktiva, mer produktiva än många andra arter. Japan, intressant kontinent. Fungerar lite annorlunda än resten av mänskligheten.

D. På ett bra eller dåligt sätt?

A. Främst bara annorlunda. Det finns en Cell (*en del av cellen verkar från Japan, samordnat med London*) som dock är annorlunda. Men i allmänhet är de vänliga och mer produktiva. Vi kommer att diskutera detta vid ett senare tillfälle. Frågan är blockerad för tillfället. Men det finns skillnader inom er art.

D. Kommer vissa mänskliga drag och egenskaper att behållas och andra förkastas? Ska vissa typer av människor försvinna?

A. Modifiering pågår alltid, baserat på hur ni arbetar och hur ni knyter an till varandra, inte bara till sådana som du själv utan även till dem som verkar annorlunda. Vi kommer att utveckla det vidare. Har du några fler frågor?

D. När Elahim reste hit kom de alltid i manlig form?

A. Ja. Manlig polaritet, konstruktion, manligt ljus.

D. Så den Sjunde skulle då vara motsvarigheten?

A. Även den Femte resonerar mer med det kvinnliga.

D. Fanns det någonsin några andar som Elahim eller Anunnaki, som var här från den kvinnliga världen?

A. Ophelia spred kunskap om det manliga ljuset. Även om hon inte är en Elahim, var hon en ambassadör för Elahims ljus, vid ett tillfälle. Andra kom senare, översteprästinnor, inte Elahims, men ändå representanter för vår räkning efter konfrontationer som var omskakande för individerna (*människorna som var närvarande*). Några från den Sjunde medlade, tog rollen som det manliga ljuset, representanter för Elahims i kvinnlig form. De var lika stora som Anunnaki, men ändå kvinnliga i sin gestalt, visade sig nästan i samma form som de har i andevärlden. Man betraktade dem som gudinnor. Långa, kraftfulla, samma som Anunnaki. De kom för att medla. Ophelia hjälpte till, försökte rensa upp i det mänskliga medvetandet, försökte utstråla den manliga energin fast med det kvinnliga utseende som hon besitter. Stora, de var alla storslagna, Shea.

D. Ah, ja. Du har nämnt dem förr.

A. Gudinnor, långa, samma längd som Anunnaki.

D. Vilken tidsperiod var det här, i människoår?

A. En gång var för cirka 30 000 år sedan. En annan insats gjordes 3000 till 5000 f.Kr. Gudinnorna fortsatte att uppenbara sig, men bara ett fåtal och inte fullt fysiskt efter det.

D. I våra tidigare böcker angav jag att förmågan för Elahim att manifestera upphörde omkring 15 000 f.Kr. Var det felaktigt?

A. Det var en överlappning mellan 30 och 15. Det fanns faktiskt några, i avlägsna områden, som fortsatte att praktisera det till omkring 12 000 f.Kr., men inte synligt. Så absolut, det är korrekt, gjorde det inte efter 15 000 f.Kr.

D. Men du sa att Ophelia var här som Shea. Shea manifesterades väl också?

A. Ja. De är likadana; Anunnaki, Shea. De betraktades som stora gudar och gudinnor, bara manliga och kvinnliga till utseendet. Shea har återgetts som änglar, ärkeänglarna. Människan ser Shea som ärkeänglar. Det kan man verkligen kalla befordran! Huh he he. Men det är så man minns dem. När människan talade om ärkeänglar syftar de på dessa långa varelser, Shea.

D. Så Shea fortsatte att manifestera sig här tills—?

A. 3000 f.Kr.

D. Och manifesterades de som Anunnaki?

A. Ja, manifesterade.

D. Så Elahim blockerades från att komma som Anunnaki omkring 15 000 f.Kr., men den Sjunde fortsatte att komma i en manifesterad form?

A. Ja, och några för vår (*Elahims*) räkning, som Ophelia. Manifesterade i form av dessa högresta gudinnor, men spred det manliga ljuset tillsammans med hennes eget ljus. Det var flera av hennes vänner. De hade ett kvinnligt utseende, men energin som de utstrålade var samma som Anunnakis. Detta var för att lugna och övertyga (*människorna*) att makt och utseende ibland kan vara en illusion.

D. Var detta minnen av de gudar som fanns före sumerisk tid?

A. Shea reste inte till den sumeriska regionen. Men Indien – indiska myter minns Shea – och de verkade också i Sydamerika. Verksamma även på den nordamerikanska kontinenten, men det har raderats från era historiska minnen. De (*människorna i Nordamerika*) var mer som japanerna är nu, produktiva, som arbetsmyror. Gruvdrift, assisterade Anunnaki. Shea var som en mellanhand, presenterade den kvinnliga formen och utstrålade en blandning av den Sjunde och Nionde, till och med den Sjätte, men i en kvinnlig form. Så på något sätt, de som upptäckte Shea såg Anunnaki eller kände deras närvaro, men eftersom de såg ett änglaväsen, gudinnorna, dämpades deras oro. Tyvärr fanns det de som inte återgav det manliga ljuset på ett korrekt sätt. Vi refererar till dem som en sidolinje i vårt släktträd. (*Det fanns några andar från den sjätte som inte arbetade i harmoni med Elahimrådets avsikter, och de andarna har hindrats från att återvända hit. De öppnade portaler och lät besökare komma hit som inte var inbjudna av Råden.*) Shea kom som ambassadörer för det neutrala ljuset som vi alla delar, oavsett hemmabas. Vi var tacksamma för deras hjälp, eftersom det främst bara var några få (*från den sjätte*) som inte fungerade korrekt, men det skapade en rädsla hos arten. Mänskligheten hade vid den tidpunkten inte förmågan att helt och hållet upptäcka skillnaderna. Detta är de tider som omnämns i gamla myter, liksom även gudarnas krig. Det var inget krig, men det fanns en konflikt inom släktträdet.

D. Jag trodde att det var ett krig bland utomjordingarna?

A. Vi pratar inte om utomjordingar nu, vi pratar om Shea och Anunnaki. Utomjordingar är annorlunda, vi kallar dem besökare. Tar parti för olika sidor. De tog parti för den lilla gruppen i vårt släktträd, försökte etablera baser på detta plan. Shea och de sanna Anunnaki gick samman för att skapa fred och lugn på detta plan. Men på grund av den lilla gruppen i vårt släktträd tog vi ett steg tillbaka och lät Shea agera på våra vägnar. Men vi samarbetade med dem och balanserade effekterna av besökarna. Agerade som gräshoppor. Så verkligen, ja, detta var ett gudarnas krig.

D. Okej. Jag ville vara säker på att jag inte har förvrängt något du sa tidigare.

A. Nej. Elahim och Shea på ena sidan. Den lilla gruppen (*från den sjätte dimensionen*) och besökare på den andra, utvisade, tjänade inte ljuset. Detta plan var tänkt att vara i harmoni, så att er art skulle kunna utvecklas korrekt. På något sätt skapade detta ett minne inom er Jord, inom planeten, vilket påverkade arten, människan, som vandrar på den. Det är en kvarleva inom er art, och det är detta ni minns.

D. Så om utomjordingarna inte hade besökt och varit här, då hade människorna ... (*Ari avslutade meningen.*)

A. Människorna skulle ha utvecklats annorlunda.

D. Mer i linje med hur Skaparen föreställde sig det?

A. Mer i linje med Elahim och Shea. Det är därför du ser polariteten. De som står i och söker sig till ljuset lutar sig åt vänster, till Shea och Elahim. De som verkar i mörkret känner minnet av besökarna och gruppen (*från den sjätte som inte följde Skaparens avsikt*). Det var det hela. Vi kommer att fortsätta utveckla ämnet.

D. Det var verkligen upplysande, så tack för det.

A. Ingen orsak. Elahim

D. Elahim, min vän.

Ophelia: Helande av Känslomässiga Blockeringar (2 december 2018)

Ophelia är en guide för både Christine och mig, så hon håller hela tiden ett öga på oss och överför då och då helande energi under en session. Det här är en av de gångerna. Jag hade lite av en diskussion inom mig om, huruvida den här delen av hennes tal skulle tas med, eftersom det är rent personligt. Men mycket av det Ophelia sa är universellt, särskilt när hon berättar hur var och en av oss blir ömt vägledda genom hela livet. Även om vårt medvetna sinne inte uppfattar den omsorg vi ges, på själsnivå vet vi att våra osynliga följeslagare är närvarande och vi uppskattar det reservationslöst.

O. Det finns en blockering i ditt bröstområde, en energiblockering, inte fysisk, som gör att flödet inom din energilinje, hela vägen uppifrån och ner, inte är optimal.

D. Vad har orsakat det?

O. Blockeringen är relaterad till outtalade tankar. Egna outtalade känslor.

D. I det här livet?

O. Ja. Du bör släppa på några, för din egen skull. Hys aktning för din resa, undertryck det inte. Jag kommer att skicka lite ljus till ditt bröst. Ett ögonblick tack. (*Hon började sedan utstråla en enorm energi mot mig, som jag kunde känna mitt i kroppen. Jag blev faktiskt väldigt känslomässigt berörd och kunde inte hålla tårarna tillbaka, eftersom energivågorna vällde över mig med sådan enorm kärlek.*) Ta djupa andetag, djupt ner till dina lungor, låt det flöda, skapelsens ebb och flod, känn hur luften rör sig nedåt genom ditt solarplexus. Fortsätt att andas, långa djupa andetag, in och ut. När du tar dessa andetag, minns den lilla pojken, den femåriga pojken som snubblade och föll. Liten och oskyldig. Andas in känslan av tacksamhet. Det var incidenter med din mamma när du var fem. Du snubblade mycket, trillade, det var nästan som att din kropp inte höll jämn takt med hur dina fötter växte. Du stapplade i det fysiska, och hon förstod dig inte. Fortsätt att andas. Känslan av att inte vara förstådd började vid den tidpunkten, att inte ha någon som stöttade dig, att inte få lov att vara den du är. Känn ljuset. Jag var med dig. Jag lyfte dig när du behövde beskydd och när du behövde känna dig bekväm med av att vara här. Du var alltid beskyddad och omhändertagen, av din grupp. Att acceptera den känslan kommer att hjälpa dig att släppa blockeringen i bröstet. Att känna igen vem du är och att du alltid varit älskad och omhändertagen. Sitt i din egen kraft och andas så här, och fler minnen kommer att dyka upp som du kan lösa, läka och släppa.

D. Det ska jag göra. Tack för att du alltid finns där för mig.

O. Du var alltid älskad, du blev alltid omhändertagen. Du och jag har rest förr; det var lättare då. Då var du medveten om hur du omfamnades av vänner. Den här gången reste du med dem som är obekanta för dig. Det får dig att känna dig vilsen. Och när du snubblade förväntade du dig att bli upplyft. När du inte blev det skapade det ett hål inom dig, ett avstånd till din grupp. Du tog den rollen för att förstå mänskligheten och de som lider av sorg. Att förstå att det är så här som somligas resa ser ut. Berätta om din sanning, din resa, och det kommer att hjälpa andra. Känn inte skam över din mänskliga resa, var stolt över din andliga resa.

D. Det är så fina råd. Stort tack för healingen, Ophelia.

O. Det gjorde jag så gärna. Med det måste vi lämna. Jag lämnar dig i den moderliga energins famn och ljuset från andevärlden.

Bob: John 32 i den Katolska Armén (31 december 2018)

Bob, som är min guide, talar ofta om mina tidigare liv. Elahim hjälper det Nionde Rådet med forskning för att förbättra hjärnan hos människor. Lasaray är en av de frivilliga som skickas till Jorden för att samla in data om hjärnan och leverera till Rådet. Forskningen är till för nästa uppgradering av människan. Många människor är omedvetet engagerade i att samla in data, så det är ett vanligt sidoprojekt bland de inkarnerade. Bob återger tre av mina inkarnationer i den här sessionen. Ett obestridligt faktum är att våra andliga vänner har perfekta minnen av allt de säger, något jag bara kan verifiera efter det att sessionerna är över. En månad tidigare, den 4 december, beskrev Bob ett liv som en österrikisk professor vid namn Hans Blumenberg, som dog i december 1387 vid 73 års ålder. (Se *Memoarer, Del 2*.) I den här sessionen visade det sig att Hans var ett parallellt liv till John 32, som var en mullvad i den katolska armén. När andarna talar om mullvadar betyder det normalt en livstid där själen är på ett "hemligt uppdrag", som Bob skulle säga. Ibland kommer en mullvad med en stor andel själsenergi för att infiltrera och påverka en grupp att bete sig på ett mer andligt sätt. I andra fall kommer själen med väldigt lite själsenergi och bara rumlar runt och samlar information för ett Råd. John 32 tillhörde den senare gruppen. Han var en enorm man som innehöll väldigt lite av min själsenergi. Bob berättar här också om hur han vägledde John 54 till att träffa Josephine, en andevän från den sjunde dimensionen, som inkarnerades i en irländsk hamnstad där John 54 bodde.

D. Om det här är sista gången för mig här nere, kan det vara sista gången vi gör det här?

B. Du sa att du kanske kommer tillbaka om ett par cykler för att se hur människan har utvecklats. Du sa, "Det finns ingen anledning att komma tillbaka på ett tag, för det kommer inte att ske nån snabb uppgradering av hjärnan." Du sa att du har dom uppgifter som behövs för att uppgraderingarna ska kunna genomföras. Och själva varelsen måste också utvecklas till en viss punkt för att kunna få en ny hjärna. För att uttrycka det enkelt här – dom måste vara mer kopplade till sin själ och sin mittpunkt. Så, du sa, "Jag har datan som behövs för att exakt veta vad som behöver göras för att den nya hjärnan ska komma in. Men varelsen i sig själv måste först och främst vara kopplad till sitt ljus och sin själspartikel, innan dom kan få en uppgradering"—till en Windows 20! Huhuh. Men du har din data nu, så jag är säker på att vi kanske reser nån annanstans. Men du sa att när varelsen här har utvecklats och är mer empatisk och i linje med sin värd (*Jorden*), då vill du absolut komma tillbaka. Du sa att det är så du gör, du kommer in och stannar ett tag under en längre period – och det här har jag konstaterat – och sen blir det som ett vakuum (*han gjorde ett sörplande ljud*) och så kommer du tillbaka senare, bara för att kolla, "Hur utvecklades den här växten!" Huh he he.

D. Kommer du ihåg namnen på några av de liv jag har haft nyligen?

B. Du hade ett liv på Irland. Du gillar namnet John, så du har haft namnet "John" flera gånger. Du sa, "Jag har inte fantasi nog att komma på nya namn hela tiden. Jag tar samma." Så sa du, "Det finns ingen anledning att hitta på nya namn hela tiden, dom har ändå ingen betydelse." Du har haft många liv där du hette John, så vi kallar dig faktiskt John 1, 2, 3, 4, 5, och så vidare, för att lite kunna skilja dom åt. Så när vi pratar om olika historier brukar jag säga, "Vad tyckte du om John 54?" Och då säger du, "Ja, det var en rolig tid." Och John 54 han befann sig faktiskt i en hamn på Irland. Du var lite av en enstöring. Inte särskilt social, men du skrev en hel del och du ritade kartor. Men så småningom kände du dig lite ensam, och då petade jag på dig, du vet, i dina drömmar. Jag sa, "Var inte sån tråkmåns! Gå ut och hitta några vänner." Jag tjatade på dig på det viset och sa, "Vi hittar på nått." Så John 54, han började faktiskt gå ner till hamnen, dit där dom slog på tunnor och skapade musik. (Bob har vid flera tillfällen sjungit en högljudd melodi från det livet. Han måste ha gillat den låten.)

D. Aha, så det här var killen i hamnen? (*John 54 hade varit sjöman men skadades till sjöss och fick därefter arbeta som kartritare i en hamnstad.*)

B. Aah, Hamn-John, John 54. Så vi var där, och jag sa, "Det här är bra för dig. Du måste skaffa vänner, för så småningom kommer du att se att några av dessa vänner faktiskt är vänner hemifrån,

från Ophelias ställe." Och du sa, "Det är högst osannolikt." (*Han härmade mig med en slags snobbig överklassröst.*) Men jag sa, "Det kan vi inte veta." Och när John 54 till sist gick ner till hamnen, fann han sig faktiskt en liten kvinnlig vän. Hennes namn var Josephine, och John 54 var extremt förtjust Josephine. Josephine påminde honom om Ophelia, tror jag – men hon var mycket yngre och han kände att det inte var lämpligt att uppvakta henne – så han tog på sig rollen som en fadersfigur, en mentor för Josephine. Och han kände – eller du kände – att det här inte var nån särskilt bra miljö för Josephine. Så du kom bara dit och satt på den här krogen, bara för att se till att inget hände henne. Du kände ett ansvar att se till att Josephine skulle vara trygg. Hon jobbade där, som servitris, så du gick dit och satt där med dina anteckningar och spanade runt för att försäkra dig om att hon inte hade några problem.

D. Det var snällt av gamle John. Så var det faktiskt mitt 54:e liv som John, eller överdrev du?

B. Som John. Nej, det var John 54.

D. Jag antar att jag har varit nere en hel del då.

B. Aah. Så allt det har vi med i våra böcker. Sen har vi John 32. Oh, han var helt sjövild! Jag trodde faktiskt att det var den här (*Christine*). John 32, han var nere i Spanien och han hade som en armé, han var med i den katolska armén. Det här var omkring 1377 till 1382, på den tiden. Men det var också – nä, det var mer i början ... oh, få se här. För du var faktiskt samtidigt där borta i Heidelberg.

D. Jag kommer inte ihåg datumet du gav mig om livet i Heidelberg.

B. Så du var på två ställen (*parallella liv*). Jag antar att det var lite balans till det som John 32 ställde till med i den katolska armén.

D. Kanske är det därför jag känner en motvilja mot den katolska kyrkan.

B. Det var ett hallabalo i stor skala. Men det var samtidigt, ser jag här. Men du sa att det ena är ett rent fysiskt liv och det andra är ett mentalt liv. Så professorns liv var mentalt och John 32 var fysiskt – jag skulle anta att du inte involverade hjärnan särskilt mycket där. John 32, han tänkte inte så mycket, men han var riktigt ståtlig, må jag säga, sett ur ett kroppsligt perspektiv. Han var rätt imponerande i storlek – bara anblicken av honom var skrämmande. Och den här (*Seth*) var som, "Varför får han ha en sån där stor ståtlig kropp och bära sig åt så där? Varför får inte jag?" Då sa Ophelia, "Se här på John 32, han har ingen hjärna!"

Han rasar bara omkring, och han kommer inte att vara kvar särskilt länge, han kommer ganska snart att komma hem. Om du inte är logiskt eftertänksam på det du gör, kan du också snart komma hem." Och då sa den här, "Jag vill inte bara gå ner och komma hem på en gång, men jag kan väl ändå få en sån där stor kropp!" Och Ophelia sa, "Men det har du haft! Du har haft många ståtliga kroppsbyggnader som speglar din storhet." (*Hon retade Seth.*) Och den här mumlade lite, "Okej, det stämmer."

D. Men, när du har ett liv som den där katolska grabben, John 32, borde inte det bygga upp en massa karma. Och du sa att min kappa veks ihop redan runt 100 e.Kr.?

B. Aah, jag vet inte varför du gjorde det här. Jag tror faktiskt att du gick ner dit för att, på nått vis, bevaka gruppbeteendet inom den här gruppen. Du kallade dig själv John och dom kallade dig Juan, men det är samma sak. Du har varit där nere och betraktat vissa aktiviteter, du är särskilt intresserad av gruppaktiviteter. Och ibland går du med på att ha såna här robotliv, som John 32. Även om hjärnan inte är så aktiverad och kanske tänker själv, är den faktiskt i direkt kontakt med ... oh, det här kommer att låta förvirrande för vissa, men Jeshua och det Nionde Rådet gick faktiskt in i dig och läste av gruppaktiviteten där du var placerad. Så du var helt enkelt bara fysiskt placerad där.

D. Wow, det är intressant!

B. Det här kan vara förvirrande för vissa. Men ibland hade du liv, rent fysiska liv, men du tog inte med din själ in i det. Så du observerade en omgivning på avstånd utan att behöva vara där. Och ibland gick du in med bara en liten procentandel och lät det Nionde Rådet och andra vänner gå in i dig och läsa av direkt. Det är som att placera dom där små grejerna i vattnet för att kunna höra och se vad som sker där. (*Undervattensmikrofoner och kameror*).

D. Okej. Jag förstår.

B. Det är vad som händer ibland. Så John 32, det var inte meningen att han skulle göra mer än att bara smälta in i den där katolska armén. Och det gjorde han verkligen. Han betedde sig precis som en av dom. Men det betydde ingenting, för det Nionde Rådet, dom gick bara in och läste av vad hände omkring dig. Så ibland hade du såna liv.

D. Jaha. Så när du säger en liten procentandel, just nu har jag cirka sju, betraktas det som en liten procent?

B. Nää, du måste kunna fungera. John 32 hade typ en och en halv.

D. Bara tillräckligt för att hålla igång inkarnationen?

B. För att hålla igång den, och för att det Nionde Rådet skulle kunna ta del av och läsa av aktiviteten omkring dig.

D. Händer det då och då att andevärlden använder sådana kroppar som de observerar igenom?

B. Absolut.

D. Det är helt fascinerande!

B. Så, det har hänt en massa saker på mina resor med dig.

D. Tog du hand om John 32 också?

B. Nä, för jag fick inte. Ophelia och Jeshua och dom andra, dom var som, "Du kan ta hand om professorn i Österrike." Du kom från Österrike och sen åkte du till Tyskland. Du trivdes i den regionen och du flyttade omkring lite. Du var österrikare, tror jag, men du flyttade till Tyskland. Så jag behövdes inte på samma sätt, för du (*John 32*) var på nått vis fjärrstyrd av det Nionde Rådet. Så förmodligen ville dom inte att jag skulle blanda mig i, typ "Var försiktig! Se upp! Gå inte där!" För dom ville att du skulle gå precis där, så dom kunde se hur olika saker aktiverades. Och jag kanske skulle gå emellan och knuffa bort dig och försöka hjälpa till, typ, "Oh, akta dig för den personen!", för det var inte det som var tanken med John 32.

D. Som nu, till exempel, när jag går omkring, håller du koll på alla människor omkring mig och motar bort några av?

B. Javisst, det gör jag. Men sen ibland säger du, "Det är tänkt att vara så här, Bob." Det säger du när du sover, och då är jag bara närvarande.

D. Wow, jag är så tacksam. Tack.

Ia, Ophelia: Vågor på ett Hav av Energier (6 januari 2019)
Ia började denna session med att beskriva varje själs behov av att känna igen sin egen melodi i skapelsens stora symfoni. Ia, som ni kanske minns, skapades samtidigt som Bob, och är hans kvinnliga motsvarighet på den andra dimensionen. Gergen är mentor för dem båda, även om de har väldigt olika vägar. Hon är lärare för de yngre andarna, men är också en mästare på DNA-hantering. Efter att hon gick in och tog kontroll över Christine gav hon en kort men omfattande sammanfattning av hur hon lär de små andarna att upprätthålla sin ljuskapsel. Syftet med det är ungefär detsamma som varför människor borde meditera – att stärka kontakten med sin själ. Ia fick inte mycket tid på scenen, men det hon sa är riktigt användbart och är väl värt att öva på. Ägget hon nämner är hur nya

andar skapas på den andra dimensionen. Skaparen, genom Moderenergin, skapar cirka 100 nya andar åt gången, som alla har ett gemensamt tema, och levererar dem alla tillsammans i ett knippe av energi till en barnkammare på den Andra (dimensionen). Sedan, efter en tid, kommer de enskilda andarna att separeras från det gemensamma knippet för att börja vakna upp till sina egna unika mönster.

När Ia var klar klev Ophelia in för att tala om vågor av energi från Skaparen. Hon gav också en anmärkningsvärd beskrivning av tiden och relaterade den till en färgkarta av ljud och melodier. Det som alltid är förvånande, även om det inte borde vara det, är hur hon på ett så mästerligt sätt styckar upp ämnen och formulerar det på ett sätt som blir begripligt. En del av materialet om Skapelsens hjul kunde ha flyttats till kapitlet *De andliga designernas teorier*, men vi låter det stå kvar här för sammanhangets skull.

Ia. (*Hon började fnissa.*) Ah. Hi hi hi.

D. Är det här Ia? Hur smög du in?

Ia. Jaa, det är jag. Det som jag vill tala om idag, har att göra med förståelsen av hur du fostras som själ. Vilket jag är säker på, efter diskussioner med Ophelia, är densamma, oavsett (*av dimension*). Så när du börjar din resa, när du har lämnat ditt ägg som har levererats från det Mästerliga Medvetandet och Skaparen, börjar du en resa som är full av utforskande och äventyr, men den kräver också att du följer signalerna inom dig och runt omkring dig. När du börjar resa till olika kosmiska akvarier kommer du att omges av signaler och ljud som vilseleder signalerna inifrån. Det är därför man behöver lite förberedelser, innan man börjar smälta samman med olika ting eller resa. Så, alla akvarier, alla verkligheter, alla olika plan som du kan besöka, har en omgivning som kanske inte alltid kommer att vara i balans med din egen melodi. Det är därför det är viktigt att börja sin utveckling i andevärlden genom att sitta i avskildhet. Det är därför det är viktigt för dig, när du är här i en mänsklig kropp, att sitta i din egen kraft. Det är samma sak; det handlar om att minnas din melodi, när du befinner dig i en omgivning som inte nödvändigtvis speglar den. Så, du börjar din resa i andevärlden genom att bejaka avskildheten, om du så vill. Du måste finna och bli medveten om din egen sång, innan du ens kan tänka på att blanda dig med andra – andra till och med i din egen smak, eller andra från samma hemmabas – eftersom ni alla har olika melodier, även om ni resonerar i en STOR symfoni. Så för att man ska känna sig bekväm och kunna uppfylla sitt uppdrag, oavsett om man sammansmälter med saker, eller om man reser i en inkarnation, är det viktiga att förstå sin egen melodi. När du sitter i din kraft i ett mänskligt fordon, är det tillrådligt att du försöker finna melodin inom dig, inte bara sitta och känna kraften, utan att lyssna, söka melodin. Alla gör inte det. Visst, de mediterar och de sitter i sin kraft, för sig själva såväl som tillsammans med andra. Men om du ständigt deltar i, låt oss säga, gruppmeditationer, även om det tjänar ett syfte för att förena energier och syften, kan du kanske inte höra din egen melodi. Du kommer inte att kunna slutföra ditt uppdrag helt och hållet om du inte hör den inre klockans klang. Så det vi skulle vilja råda mänskligheten, individer, är att när ni sitter i avskildhet, att ni söker melodin, söker den klangen. Det kan börja höras som klangen från en klocka. Det är normalt det första tecknet eller signalen på att du har börjat börja förstå och du hör din melodi. Sök den klockan. Din mittpunkt är i mycket som en stor klocka.

D. Och hur skulle det kännas i en människokropp?

Ia. Det kommer att kännas först som en vibration i din mittpunkt. Men om man visualiserar en klocka, en gyllene klocka, och hur den skulle se ut och låta – det är därför tankens kraft är så mäktig på den här nivån, eftersom den öppnar dörrar och fönster till andra inre verkligheter. Så de som kanske inte helt förstår att de kan höra sin sång inombords, de kan använda fantasins kraft för att skapa en visuell klocka. Sinnet har inte bara förmågan att spela dig ett spratt, utan kan också öppna de fönster som vi vill att du ska öppna. De som är mer öppna eller redo kommer att känna melodin i sitt bröstområde, och när den börjar öka kommer den förnimmelsen att kännas av i huvudet. Men klockan börjar i mittpunkten. Skapa den i fantasin om du har svårt att finna den.

D. Det är riktigt, riktigt bra. Stort tack för det, Ia.

Ia. Bob (*som stod till vänster och lyssnade*) gjorde en liten skämtsam kommentar.

D. Vad sa han?

Ia. Han sa att huvudet kommer att gå som "Bong, bong, bong, bong, bong." Men förnimmelsen startar som en känsla i mitten av bröstet, inte i din mittpunkt, men det kommer att upplevas som en vibration, samma som du känner när du reser i vissa situationer, som UKU (*utanför-kroppen-upplevelse*). Det är samma känsla. De som lätt kan resa i en UKU, de följer sin klocka, de följer det fönstret, när melodin låter dem flyga som en fågel. Vibrationen känns i bröstet, och du kan höra den som en sång, och för somliga kan den verka ganska högljudd, eftersom deras unika melodi kan vara hög och tydlig som en trumma. Men sitt i den känslan. I den känslan avslöjas den sanna naturen av den du är.

D. Jag minns en gång, när jag arbetade med en UKU, så kändes det som vågor som rullade hela vägen genom min kropp.

Ia. Ja ja. Ett ögonblick, Ophelia vill säga något.

O. Hej, det här är Ophelia.

D. Hej, Ophelia. Alltid ett nöje.

O. Alltid ett nöje, verkligen. Vibrationen, min son, som du kände, var rytmen från ... jag ska försöka ge dig en bild, eftersom det här är något som kommer. Om du ser Hjulet (*Skapelsens Hjul*), har du den centrala Mittpelaren och du har de kosmiska akvarierna. Det går en vibration eller en våg genom de andliga verkligheterna. Se det som ett hav, denna mellersta del där den andliga verkligheten finns. Om du ser det som ett hav, och om du försöker fokusera på att vågen till varje kosmiskt akvarium är olik den andra. Vissa vågor är långa och långsamma när de når akvariet. När det gäller det här (*det femte akvariet, vårt universum*) är vågorna snabbare, vilket betyder att andevärlden har ett större intresse och en högre närvaro i denna verklighet. Det pågår ständigt en våg i de andliga nivåerna runt den centrala Mittpelaren, och det ser ut, för att ge dig en bild, som ett hav. Föreställ dig hur annorlunda det ser ut, beroende på vilket akvarium det handlar om och vad andevärlden har ett större intresse för. Om jag jämför med, låt oss säga, akvariet runt klockan ett eller två, är den vågen mycket långsammare, havet går så här (*hon gjorde en långsam handrörelse*). Allt utgår från navet, rör sig utåt genom de andliga dimensionerna, ut i de fysiskt manifesterade verkligheterna. Vågorna kan ses som, om vi ska tala om år, då skulle den vågen ha en längd av 500 000 år. Om vi skulle jämföra det med vågen som går till det här akvariet (*det femte*), skulle det bara vara bara tio år. Den vågen, växelspelet och närvaron är mycket snabbare. Jag hoppas att jag kan ge dig en bild, så att du kan förstå. När du lämnade din kropp kom du ut i det här havet, du flöt omkring i det här havet och du kände det. Du befann dig i den här verklighetens hav. Det var därför det kändes obehagligt. Om du hade varit i ett annat hav, en annan våg, hade du bara känt närvaron av den du är. I det här havet, den här vågen kände du av hur andevärlden bekymrar sig om den här verkligheten. Det var det du kände. Och det berörde dig, eftersom det finns ett stort intresse och hög närvaro från andevärlden vid den här tidpunkten, på den här platsen (*Jorden*). Och det är vad du tog del av. Du kände nöd och ångest, du kände hur olika nivåer samtidigt interagerade med varandra, vilket vi gör. Om jag jämför med det andra (*kosmiska akvariet*) klockan två så är inte alla närvarande i den vågen. Även om den också färdas genom alla andliga dimensioner, engagerar sig inte alla. Här är alla involverade. Förstår du?

D. Det gör jag, på sätt och vis. Betyder det att vågen är mer relaterad till ljudets energi? Ljus är en konstant?

O. Ja. Ja. Själva vågen, själva havet, är konstant. Det är en ljusenergi. Det kan aldrig elimineras. Ljud är det som skapar vågorna, vilket betyder närvaron och samverkan från de andliga dimensionerna, allt är orkestrerat från det centrala navet. När vågen utgår från mitten av det här Hjulet och rör sig utåt till de olika akvarierna, och här skulle jag åter vilja att du, för ditt inre öga, ser alla tolv akvarier och hur havet ser annorlunda ut, beroende på vart vågen är på väg. Vågen som skapas av ljud och som rör sig utåt innebär att, beroende på just det akvariets behov dit vågen är på väg, så är det de verkligheterna som engagerar sig. Det är därför jag säger, alla nivåer engagerar sig här. I nummer två samverkar endast Sjunde och Åttonde (*dimensionerna*). Det är en skyddad verklighet, inte nödvändigtvis av större intresse för utveckling. Vi, Sjunde och Åttonde, bevarar bara det som finns i nummer två och tar hand om det. De andra skulle helt klart kunna engagera sig, men de är mer passiva i den här vågen på 500 000 år. Jag säger år så att du kan se vågrörelsen. Det är klart att vi inte talar om tid. (*Jag tror att Ophelia menar det andra kosmiska akvariet, där Tiddle ligger. Taffles, från den andra dimensionen, lever på Tiddle i en skyddad tillvaro av ljus och färger. Tiddle beskrevs i "Memoarer, Del 2".*)

D. Jag förstår. Jag hänger med lite bättre här, så tack.

O. Så där ja. Vi skicka bilden till den här. Fråga henne, så kommer du att få ett svar.

D. Jag hade dock två frågor, relaterade till uppfattningen av tid, om du inte har något emot det?

O. Det har jag aldrig. Varsågod, vi får se om jag svarar. (*Hon skrattade.*)

D. Innan en själ inkarnerar på Jorden kan den på något sätt förutse en del av sin framtid. Och andevärlden ser också, antar jag, vad som händer i framtiden på det här planet?

O. Det liknar den här vågen, verkligheten är ljusenergin, den är konstant, men händelserna som äger rum följer ljudvågen. När man ser in i framtiden, och när en specifik själ undersöker ett liv i förväg, då är det vågen de letar efter, ljudvågen. Ljudvågen är händelserna; platsen där det utspelar sig, är ljuset.

D. Så hur långt in i Jordens framtid kan du se?

O. Över obestämd tid, om jag väljer det, om det ligger i designen. Men återigen, jag tror att jag kan se i all oändlighet. Men det Mästerliga Medvetandet kan ha satt upp en barriär, vilket betyder att jag ser en spegel i slutet. Så efter det (*bortom spegeln*) kan det finnas ett helt nytt scenario. Eller hur?

D. Så det är inte särskilt förutbestämt, det är bara en möjlighet?

O. Det är inte helt förutbestämt, nej, inte alls. Så när jag säger att jag kan se hur långt som helst i förväg, kan det tas med en nypa salt, eftersom jag inte vet vad det Mästerliga Medvetande har tänkt sig bakom slutpunkten för min vy.

D. Förmodligen är det mer sannolikt att det inträffar ju närmare det ligger i Jordiska år?

O. Vi följer det bara i ljud, så det är den bilden jag kan ge dig. Jag vet att det här är svårt att förstå, men vi upptäcker händelser på det här planet, och även i andra verkligheter, i melodin. Så låt oss säga att avsikten med den kommande framtiden är tänkt att vara ett stycke av Mozart, och det vi kan plötsligt urskilja är en poplåt från 80-talet, då påverkar det helt klart slutresultatet av det vi försöker observera och relatera till. Vi observerar händelser, eller så får vi information från er, inte bara individuellt, utan också kollektivt, liksom även (*från*) planeten själv, genom melodin. Vi jämför avsikten, alltså ljuset som är konstant – ljuset utstrålar också en melodi ska du veta. Ljuset är inte tyst. Tillsammans är det ... hur kan jag ge dig en bild? Kartan, färgkartan på det här planet, det innebär inte bara din planets välbefinnande, utan det innebär även dina kommande händelser. Arten som finns på det här planet, din atmosfär, allt omkring dig, nätet, platsen där det här solsystemet finns, allt är inneslutet i en avsikt, en melodi. Vi kan dissekera och gå ner ända till molekylnivå, det vill säga vissa mindre händelser, så att vi kan finna orsaken till förändringen i melodin. Just nu är en av de viktigaste orsakerna som har förändrat den melodi som vi önskar att ni ska sjunga, gruppdynamiken och hur ni eggar upp varandra. Att ni blint följer signaler som inte finns här (*inte är en del av den avsedda melodin*), som ni själva har placerat där, som har sitt ursprung i rädsla, ett ursprung i överlevnad. Det är därför andevärlden engagerar sig så intensivt, när vi försöker förstå varifrån signalerna kommer och hur vi kan vara till hjälp. Men i alla händelser, stora som små, även (*inom*) människan, följer (*och assisterar*) den andliga guiden sin människa genom att upptäcka melodin, liksom med att se på färgerna. Färger, såväl som ljus, har också en melodi. Jag vet att det här kan kännas som ett stort mysterium för dig. Jag försöker så gott jag kan att ge dig en bild.

D. Jag tror att jag rent generellt förstår vad du försöker visa mig.

O. Vet bara att när vi observerar händelser här är det inte visuellt, det är något vi hör. Vi tittar inte med ett förstoringsglas, i den meningen. Råden tonar in på melodin och vi har möten där vi försöker analysera det som sker.

D. De måste känna sig besvikna över vad de hör.

O. Förvirrande, ibland. Men det är på samma sätt som med Ia och ägget. De står runt ägget och försöker tolka melodin, avsikten. Råden gjorde det också en gång med den här planeten och arterna på den, försökte tolka och tonade in sig på avsikten med utvecklingen här. Inte bara på miljön, utan däggdjuren på den och atmosfären. Så samma sak sker för en planet som för ett ägg i Ias barnkammare. Vi lämnar diskussionen här innan vi skapar mer förvirring. (*Ia och hennes följeslagare på den Andra sänder in ljud och melodier i ägget och lyssnar sedan på hur det svarar. Det är en lång process att avslöja avsikten Skaparen gav varje själ i ägget, men Ia får stor tillfredsställelse av det arbetet.*)

D. Jag hade en fråga till som många undrar över. Inkarnerar själen tidsmässigt i rät linje i den linjära tiden, på så vis att en tidigare inkarnation skulle vara på ett tidigare stadium av själens utveckling?

O. Det är mera som ... det är mer som en gungbräda. Det är inte en linje på samma sätt som ... även om du gör regressionsarbete, som den här, hon ser tidslinjen som en platt, lång linje. Så på ett sätt är det sant, eftersom du följer linjära upplevelser här. När du går in i den fjärde verkligheten kommer du faktiskt att se dina inkarnationer som vågrörelser, och hur de ibland interagerar med varandra, och hur de pågår samtidigt som du kallar det. Du kan gå fram och tillbaka mellan verkligheterna när du väl bemästrat den fjärde verkligheten, som kan spela spratt med dig. Ur mänsklig synvinkel kommer det att framstå som en linjär utveckling, men när du ser på det från ovan kommer du att se att de alla är cykler inom din egen utveckling

D. Så en senare livstid, i förhållande till själens utveckling, är det ett mer avancerat tillstånd?

O. Inte nödvändigtvis, beroende på ... om vi tar John 32, han var inte särskilt välutvecklad, eller hur? Du skulle tro att han var en helt ny själ, inte sant? Men din Kappa var vikt cykler innan dess. Så visst, utvecklingen på det här planet kan tyckas gå på ett linjärt sätt. Men beroende på vad själen har för avsikt att hjälpa (*Jord*)planet med, eller andevärlden – som i fallet med John 32 – kan det se annorlunda ut. Så vissa saker som du har bemästrat i din utveckling här kan upprepas baserat på olika händelser som andevärlden, tillsammans med dig, vill undersöka.

D. Okej. Det känns logiskt.

O. Men det är svårt för dig att förstå att olika liv kan pågå samtidigt.

D. Ja, för om varje liv har med sig en viss procent av din själ, undrar jag hur det hela skulle fungera, om de inträffar samtidigt.

O. Om jag ger dig en bild. Alla livstider sker samtidigt i den fjärde verkligheten, men på den Tredje, bara en.

D. Hmm?

O. Så i den tredje verkligheten är de linjära. På den Fjärde sker de samtidigt.

D. Hur är det ur det andliga perspektivet?

O. Då ser det ut som en tårta. De kan se alla, de kan se hur alla pågår samtidigt. Så om jag ser på dig, kan jag tona in på den fjärde verkligheten, på din specifika själ och din utveckling, och jag kan se alla dina existenser här samtidigt i den fjärde verkligheten. De har dock inte i samma ljus, samma färg, samma styrka, de ser mer nedtonade ut, om jag ska försöka ge dig en bild. Bland alla dessa kan jag urskilja vilken som just nu finns på den Tredje. Det är så andevärlden kommer att se det. Det finns ingen anledning att lägga all uppmärksamhet på att hjälpa John 32 vid den här tidpunkt, till exempel, eftersom han inte är manifesterad, men han är fortfarande där för att kunna observeras och ta del av. När en själ en gång har utvecklats till den potentialen att kunna utforska flera livstider, utnyttjar de den Fjärde och tittar på Kapporna, om du så vill.

D. Hur är det med framtida liv. Från vårt perspektiv, finns de också?

O Ja, men de är tystare i sin vibration. Eftersom vissa saker kan förändras, är de inte alla huggna i sten.

D. Så det förflutna är liksom låst, men framtiden är det inte?

O. Så är det, i den fjärde verkligheten. Så när en själs utveckling planeras, när en guide som tilldelats en själ börjar utveckla en karta för hur den specifika själen ska resa, skapar de alla dessa individer (*kroppsegenskaper*) och händelser i den fjärde verkligheten. Om jag ger dig en bild, om du ser alla dessa kroppar, eller potentiella kroppar, i den fjärde verkligheten; formgivarna av kroppar och händelser för själar att ta del av skapar dem i den fjärde verkligheten. Olika personligheter, händelser, scenarier och så vidare, alla är skapade som prototyper, i den fjärde verkligheten. När en själ har kommit så långt att den ska välja ett liv, tittar de på ett par av dessa och sedan, tillsammans med en guide, väljer själen ut ett, går in i det och stiger ner till den Tredje (*dimensionen*).

D. Så vad de ser i sin förhandsvisning av livet är bara en skugga av vad som kan bli?

O. Precis. Så, till exempel den här, innan ni möttes, såg bilder av John i en båt på havet. Hon utnyttjade din fjärde verklighet, tog del av det urval som var tillgängligt för dig, innan du valde den du är.

D. Och varför valde jag just det liv jag har nu? Vad var syftet med att födas där jag var?

O. De andra liven som du tittade på, till exempel det med en båt på östkusten, där hade du en starkare personlighet. Du skulle inte kunna lämna. (*När hon säger 'lämna', menar hon att minska min själsprocent. Hon har sagt att under större delen av mitt liv, innan det här projektet startade, behöll jag bara 2 procent.*) Du skulle vara engagerad i havsprojekt, något som din vän, Bob, ville att du skulle välja. Han kunde dock inte se alla händelser som följde den specifika karaktären. Om du hade valt den karaktären till sjöss, skulle du inte ha kunnat lämna, som du gjorde som David. Du valde David för att vara till hjälp för vissa människor runt omkring dig, men också för att ha möjligheten att kunna lämna. Mer procent skulle ha lagts i den andra karaktären, den på båten, vilket skulle ha gjort det omöjligt för dig att lämna. Du valde det här livet för att du ville ha ensamhet. Du valde det för att du kände att det nästan var som att kunna slumra fram tills det var dags att börja jobba. Det andra livet var mer aktivt och

du trodde, att det kunde störa det här projektet om du hade en för stor personlighet som var mer engagerad i livet.
D. Okej, det var väldigt bra att veta. Tack för det.
O. Ingen orsak.
D. Det var en mycket bra förklaring om tiden också, det uppskattar jag mycket.
O. Vi kommer att diskutera det här vidare, men behåll minnet av den fjärde verkligheten, och hur du kan se kommande liv och tidigare existenser i den fjärde verkligheten. Det är så andevärlden ser det - det är som ett bibliotek. Det var allt för idag.
D. Tack.
O. Så gärna, så gärna.

Zachariah: Kolväten (8 februari 2019)

Vårt missbruk av energi har många uppenbara biverkningar, och andra som inte är så uppenbara. Människors uppfattning om resurserna av kolväten (HC) liknar hur de utvärderar allt annat på den här planeten - något som ska utnyttjas i vinstsyfte. Efter att ha arbetat som petroleumingenjör i oljebranschen i 40 år, har jag en förstahandsinblick på hur det materialistiska perspektivet åsidosätter omsorgen av vår planet. Från kojerna på oljeriggarna till styrelserummen i ett flertal stora företag, har jag aldrig deltagit i ett möte eller haft ett samtal, där någon uttryckte en nyfikenhet på om olja och gas hade ett större syfte än avkastningen på investeringar. Andevärlden säger att kolvätena är som Jordens blod. Det cirkulerar och ger näring åt Gaffeln och livsformerna på ytan. Gaffeln, som beskrevs i *Andra Vågen*, samt *Memoarer. Del 1*, är Jordens energifält som kommunicerar med alla levande varelser. När kolvätena avlägsnas, minskar cirkulationslänken i Gaffeln. Föroreningar och andra mänskliga aktiviteter stör också Gaffelns melodi, så det är inte bara utarmningen av HC som vi bör oroa oss för. Människor är medvetna om att kretsloppet av väte- och kol är avgörande för livet på Jorden, men förstår inte den gåtfulla betydelsen av HC för att upprätthålla energifältet. Det här är inte första gången som energi har missbrukats, eftersom forntida civilisationer har gått samma destruktiva väg. De eliminerades dock under en omstart. Vind och solpaneler är mycket mindre miljövänliga än de flesta inser. En enda vindturbin behöver över 300 ton stål, 4 ton koppar, 1000 ton betong och 5 ton aluminium och sällsynta jordartsmetaller. Dessa material bryts, smälts, tillverkas, transporteras och installeras genom förbränning av stora mängder kolväten. Och vindkraftsparker är direkt miljöfientliga om vi beaktar avverkning av skog, fågeldöd, farligt avfall och markanvändning. För att ersätta olja, gas och kol måste det finnas någon annan riklig resurs som kan generera samma mängd energi. Baserat på den nuvarande tekniken betyder det kärnkraft. Men det finns säkrare alternativ till uranreaktorer. Till exempel Toriumreaktorer, *Thorium Molten Salt Reactors* (TMSR), där forskning pågår i Kina och Indien. De kan inte orsaka härdsmälta och är extremt säkra. USA undersökte Torium i 20 år och byggde en TMSR, som fungerade felfritt i 8 månader. Tyvärr förkastades det mer rikligt förekommande och säkrare toriumet, eftersom de militärindustriella aktieägarna ville ha anrikat uran och plutonium för att bygga dyra bomber. På kort sikt säger sunt förnuft att torium borde vara ryggraden i elnätet. I framtiden kan klyvning av vatten för att fånga upp vätgas vara ekonomiskt genomförbart. Det finns också en enorm energipotential i magnet- och plasmafältens solvindar som strömmar förbi Jorden.

D. Hej Zachariah, jag har verkligen saknat att tala med dig. Du försvann liksom efter den första vågen.

Z. Försvann är inte riktigt rätt ord. Jag har arkivering att göra. Jag flyttar om de olika arkiven. Några ska till destinationen som du kallar Siahs plats (*Etena*). Det finns olika idéer och minnen som kommer att tas bort från den här platsen (*den mentala sfären runt Jorden*) och lagras i det stora biblioteket där Siah är.

D. Jag har hört att det kommer att tas bort minnen från Jordens atmosfär?

Z. Ja, ja. Vi tar bort vissa negativa resultat, idéer som har löp utom kontroll och lett till ogynnsamma minnen som vi vill eliminera.

D. Kan du ge mig ett exempel?

Z. Vi tar bort vissa tekniska landvinningar, som vi vill byta ut mot mer moderna idéer. Det har att göra med utnyttjandet av de energiresurser som ni har vid den här tidpunkten. Ert utbud är inte obegränsat, och ni måste bli medveten om vissa beteenden, att inte bete er som gräshoppor. Att vara aktsam med resurserna. Vi tar bort vissa idéer som var avsedda att avancera i en riktning som vi inte önskade. Balansen inom din värd, planeten, måste återställas för att den ska börja läka sig själv. Den har inte förmågan att göra det, om tekniken och det extrema missbruket av resurser fortsätter och går i en riktning som inte är fördelaktig för den här inre balansen. Det du har kallat Gaffeln är en levande livsform och är i behov av vissa gaser och mineraler för att den ska kunna revitaliseras. Det är som att inte ge dig mat eller vatten, det är samma sak. Vissa resurser inom värden (*Jorden*) måste finnas kvar. Det har dykt upp idéer, (*till exempel*) i Storbritannien – även om de inte har olja – det finns hjärnor där som försöker överskrida gränserna för hur man kan få tillgång till naturresurser. Försöker nästan skapa dem, konstgjort. Du kan inte skapa ett element, en mineral eller energi, om du inte har det fullständiga mönstret (*kunskap eller tillgång till*) för att göra det. Vissa element måste förbli inom planeten.

D. Om människor bara kunde komma på hur man klyver vatten för att generera väte.

Z. Vi planterar idéer hos vissa vetenskapsmän som arbetar på det uppdraget, i Ryssland och till och med en liten grupp i Kanada. Om dessa två kunde börja samarbeta och utbyta information, då de är inte lika fientligt inställda till varandra. Vi skulle önska att ni anammar det sätt som Råden arbetar, att ni delar med er av kunskapen istället för att sätta upp gränser för "det här är mitt, håll dig borta". Ni kommer aldrig att lära er fullt ut om ni inte delar med er av er kunskap till andra. Det är en kosmisk lag, inte min.

D. Det är inte det amerikanska folket som är på det viset, det är folket i regeringen och företagsledare.

Z. Det finns vissa organ i Storbritannien också, som agerar på samma sätt.

D. Allt handlar om pengar.

Z. Ja. Nåväl, det var allt för idag. Jag återkommer med en uppdatering av det här gemensamma arbetet.

Bob: UKU och att komma i kontakt med Fjärde Dimensionen (8 februari 2019)

När Zachariah var färdig kom Bob in. Det mesta av det han talade om publicerades i *Memoarer, Del 2*. Men mot slutet av sessionen frågade jag Bob om den fjärde dimensionen, när det gäller drömmar, UKU, *(utom-kroppen-upplevelser)* NDU, *(Nära-döden-upplevelser)* och meditation. Alla går in i och utforskar den Fjärde när de drömmer, och upplever det än mer direkt under NDU eller UKU. Bob berättar att det är vanligt att stöta på kvarvarande problem från tidigare liv, och att de ibland orsakar ett minne av rädsla. Modern drömanalys är nästan värdelös, eftersom den blint och ateistiskt fokuserar på det nuvarande livet och bortser från alla de otaliga tidigare liven och de andliga dimensionerna. Vi simmar alltid omkring i en damm av alla våra olösta upplevelser och försöker förena dem med våra andliga mål. Det är inom den fjärde dimensionen som flera av dessa frågor kommer fram och utvärderas.

D. Jag har en fråga till dig. Jag undrar om du kunde ge mig ett litet råd om hur man kan få access till den Fjärde genom astral projektion, UKU, nära-döden-upplevelser, transandning och sånt?

B. Själva andningen är ett sätt för dig att övervinna din rädsla. Oavsett vilka resor du gör, så länge som du fokuserar och expanderar din andning och dina lungor, då kommer du att hålla ut till den första nivån som brukar se ut som en grå dimma. Och den där gråa dimman är bara en illusion. Men många människor, som upplever dom här företeelserna, har en tendens till att antingen tveka, när dom når den här första barriären, eller så upplever dom en känsla av rädsla. Och den rädslan beror på att dom inte helt kan känna eller se var dom är nånstans. Det viktiga är att välkomna ljuset. Och när man möter den barriären kommer kroppen att börja darra lite, nått som också kan öka känslan av rädsla för att nånting är fel. Men det är inte fel. Darrningarna kommer att försvinna när du bjuder in ljuset, och då kommer du bara att flyta och känna värmen.

D. Är det i den fjärde verkligheten?

B. Precis. Det är i den fjärde verkligheten.

D. Det är där de flesta mediala upplevelser sker, eller hur?

B. Precis.

D. Det är ganska ovanligt att folk går längre än så?

B. Men vissa kommer också till slutet av barriären, fast dom (*människorna*) grips inte av rädsla för vad som sker. Men du kan också stöta på andra typer av erfarenheter och visioner inom det här området. Och en del visioner hör inte nödvändigtvis hemma i ditt mänskliga medvetande. Det kan vara ditt själsmedvetande, och det betyder att det är en upplevelse eller en händelse eller ett möte som ägde rum under ett tidigare besök här. Men det är fortfarande i det landskapet, så att säga, där du går omkring. Så när du stöter på, låt säga, en känsla som du inte känner igen, kan det faktiskt vara en känsla du hade under en tidigare livstid. Så titta på det och förstå att det bara är en illusion, det är inte nått som nån har placerat där. Om du håller ut och når det här fältet, då kan du möta inte bara det största ljuset och den största kärleken, utan du kan också möta och stå inför nånting som nån har gjort mot dig. Och det kan skapa en känsla av övergivenhet. Och om du får den känslan av övergivenhet, kanske du känner att hela utrymmet bara är ett stort vakuum, och att det inte finns nån fortsättning för livet. Och det är så en del upplever det när dom har en UKU, att dom kommer in i en känsla av ett vakuum eller övergivenhet.

D. Det är kanske tomrummet som Ophelia pratade om?

B. Aah. Anledningen till att det inträffar (*en UKU*) är att upplysa och väcka själen inifrån, att spräcka hål på det fysiska, för att få det fysiska att förstå att det här också är en illusion, och att uppleva skillnaderna i massan, densiteten. Det är därför det sker. Vissa människor undrar, "Varför händer det? Varför har jag en UKU? Varför händer det mig?" och så vidare. Du designade det själv, när du gick härifrån (*innan du inkarnerade*) som ett verktyg för dig att vakna upp och hitta ljuset. Och dom som kan bemästra det här har faktiskt kommit lite längre. Den upplevelsen får du inte nödvändigtvis första gången du kommer hit ner! Zachariah sa att det inte är nånting som den helt nya glassen kommer att få. (*Se "Memoarer, Del 1, Bob kommer med en Katalog till Zachariah", där Zachariah retade Bob och förklarade att själar inte beställs från Skaparen på samma sätt som du kan beställa olika smaker av glass från en fabrik.*) Så det finns olika sätt att väcka själen, och det här är ett.

D. När du är vaken, filtreras normalt allt genom ditt sinne. Men när du sover eller har en UKU, kommer då mer av din själsmedvetenhet fram?

B. Det filtreras genom din mittpunkt. Ditt sinne är inte där längre, men på grund av det faktum att det fortfarande är närvarande i den fysiska kroppen och den fysiska kroppen existerar ju fortfarande – den har ju inte dött – så sinnet kan fortfarande spela dig ett spratt. Det är sinnet som känner rädslan och ser olika händelser, olika tomrum och så vidare. Men om du börjar se från din mittpunkt kommer du inte att se nått annat än ljus. Men du är fortfarande fäst vid sinnet, eftersom du inte har dött, så hjärnan är fortfarande aktiv.

D. Rör sig själen fysiskt bort från kroppen, eller är det en inre upplevelse?

B. Den kan röra sig bort från kroppen. Men inte helt och hållet. Som jag sa, den är fortfarande kopplad till hjärnan, till exempel. Så alla organ är fortfarande ihopkopplade. Men på nått vis lämnar du faktiskt, fast inte helt och hållet. Det är ett helt system av ingenjörskonst bakom det här. Det är som strängar och molekyler och DNA som håller ihop allting. Men faktiskt, dom som övar och är bra på det här, då kan själen faktiskt gå ut ur kroppen och ströva omkring. Dom som inte helt kastar sig in i upplevelsen, då är det en upplevelse inombords och själen lämnar inte. Så länge som du är fångad av illusionerna från hjärnan, då har du definitivt inte lämnat kroppen helt. Du upplever något, men du är fortfarande på nått vis kvar i kroppen. Det här är lite knepigt! Men du kan prata om det om du vill. Så, jag ska gå nu, säger Ophelia.

D. Stort tack för all information. Jag uppskattar det verkligen.
B. Okej. Hej då.

Eli: De Inre Lagren är som ett Solsystem (17 februari 2019)
Eli använder en annan liknelse för att illustrera hur våra inre mentala och emotionella lager är som planeter, som kretsar runt vår själspartikel, som här skulle motsvara solen. Som vi har diskuterat i våra tidigare böcker, designades den människoras som levde före den Yngre Dryas, för 13 000 år sedan, annorlunda och kunde fungera mer utifrån en själsmedvetenhet. Eli påpekar att den nuvarande människan har fler begränsningar, vilket försämrar sinnets förmåga att knyta an till själen. Förändringen, säger de, berodde på att Skaparen ville se om själen kan upptäckas när den är tyngre klädd. I liknelsen som Eli gör med solen, rör sig känslorna i en bana närmast själens vibration, följt av det mentala och sedan det fysiska. På grund av alla utmaningar och begränsningar i vår nuvarande mänskliga design, kretsar våra metaforiska planeter långt utanför Pluto, långt borta från solen. I den här sessionen svarar Eli på en fråga som jag ställde om Siah, där han sa, "Han förflyttades, flyttades dit för att bli omhändertagen. På samma sätt som din Lille Vän, flyttar runt sin favoritvarelse." Om du har följt Bobs berättelser i våra tidigare böcker, vet du att Siah är ett djur, en hanne, som Lasaray räddade från en planet, där han var på väg att bli dödad. Siah är ganska stor, han har en kropp som ett kraftfullt lejon och ett huvud som liknar en hund med stora, fladdrande öron och sockerbitsformade tänder. Han flyttades till Etena och tas nu om hand av Setalay och de andra Shea som vistas där. Bob upplevde en liknande situation med en djurart som han hade skapat och placerat på Jorden för tiotals miljoner år sedan. Bob kallade dem, kollektivt, sin "individ", eftersom de alla kom från ett och detsamma monster, antar jag. Gergen tog bort Bobs skapelse från Jorden innan människorasen introducerades, i vetskap om att

den skulle jagas på grund av sin vackra päls. Arten var mycket intelligent, och den skulle ha fått utstå mycket onödigt lidande om den inte hade dött ut. Bob fick lov att väcka sin individ till liv igen på den levande planeten i det solsystem som han skapade. Så det var det som Eli menade med att "flytta runt sin favoritvarelse".

E. Hej, lillebror.

D. Oh, hej, Eli!

E. Hur har du det, instängd i kroppen? Begränsad? Det är det faktum att du är så begränsad som är en av de större lärdomarna på den här nivån. Begränsningar i sinnet, fysiska begränsningar, begränsad tillgång till hjärtat, till själen. Se det som vågor, frekvenser, barriärer. Dessa begränsningar har kommit och gått i olika omfattning och antal, beroende på civilisationerna och lärdomarna. Vid den här tidpunkten är samtliga begränsningar implementerade på den här nivån; mentala, fysiska, emotionella och sist men inte minst, kopplingen till din källa. Människan fokuserar nu i första hand på de mentala begränsningarna. Ifall de förflyttar sitt medvetande och försöker fokusera på den emotionella begränsningen, som relaterar till dina behov, så är det porten till din själ. Om jag tar det i ordningsföljd; om själen är solen i ett solsystem, kan den närmaste planeten i omloppsbana förknippas med ditt känslomässiga välbefinnande. Nästa skulle vara det mentala; längre ut, det fysiska. Eftersom det finns en stark koppling till fysiska begränsningar såväl som mentala, lider de två inre, solen och planeten närmast i omloppsbana. Förr, för att ge dig en bild, existerade knappt det fysiska. Det fanns egentligen inga lärdomar i den fysiska verkligheten, fordonet. Det emotionella kontra solen, själen, var allt som fanns. När du lägger till fler planeter i omloppsbana runt din sol, lägger till fler begränsningar och lärdomar, blir solen tyngre inom sin struktur – inte fysiskt, utan energimässigt. Det är som att du tar på dig mer kläder, om du så vill, det förändrar förhållandena i ditt solsystem. Och du kan se dig själv som solen, den här gör det! (*Syftar på Christine.*) Ha ha! Men det är lätt att förstå hur tung du är, om du tänker dig att din existens befinner sig där Pluto är, fast det är meningen att du ska navigera utifrån solen. Ditt medvetande befinner sig ända ute vid Uranus, Neptunus, Pluto, så du kan föreställa dig avståndet från solen, din själ. Jag vill förmedla den här bilden för att hjälpa dig att förstå de begränsningar som läggs in i den här verkligheten. Fler planeter i omloppsbana runt din mittpunkt, beroende på hur du

42 HELIG DESIGN

bemästrar planeterna, läxorna, begränsningarna som redan är i omloppsbana. Förstår du?

D. Det gör jag. Det är en riktigt bra bild.

E. Det är på samma sätt överallt. Där Siah är (*Etena*), där finns bara själen och det känslomässiga. Ren empati, ren omsorg, i direkt kontakt. Den emotionella planeten, om vi använder samma liknelse, är inte så långt ute i omloppsbana, den är närmare kärnan, solen, nästan på väg att bli ett. När du lär dig att bemästra de illusioner som läggs på dig – motsvarande begränsningar och omloppsbanor för planeter längre ut – då kommer du att lära dig hur du navigerar och tar till dig alla dessa lärdomar och de blir till ett. Det här är det svarta hålet. Det svarta hålet bara Är. Det är punkten av stillhet för alla verkligheter, alla lärdomar, ljust, mörkt, manligt, kvinnligt, begränsningar av illusioner som inte längre existerar. Allt koncentrerat till en verklighet, ett medvetande. När ett solsystem, på samma sätt som galaxer, har fullgjort sitt specifika uppdrag – lite annorlunda än en människa förstås – det är då allt blir till en punkt av stillhet, allt Är. När det kommer till galaxer, ibland representeras det av de svarta hålen. Det är en verklighet som har uppfyllt sin förutbestämmelse, den bara Är. Det är samma sak som Skaparen, en kopia, om du så vill.

D. Vårt universum har enligt uppgift ett svart hål.

E. Vissa är ett resultat av störningar inom nätet, men andra är den där punkten av stillhet, där Skaparen drar tillbaka sin avsikt, sitt medvetande - det helt enkelt bara Är. Det är en kopia av Skaparen, en punkt av stillhet, en födelse, en medvetenhet som helt enkelt kan betraktas som Skaparen. När lärdomar transformeras i kosmiska akvarier, rör de sig, de rör sig i cirklar. Akvarier blir mer medkännande och tar på sig olika lärdomar – på samma sätt som en människa – och lägger till olika begränsningar, händelser för att se om ett system kan fullfölja sin resa. Det är inte så att du börjar klockan ett på dagen och när du sluter cirkeln vid middagstid dagen efter har du uppfyllt alla avsikter. Det skulle vara ett enkelt sätt att se på det, men det är en ständigt pågående cykel. När det kommer till den här planeten läggs det till fler begränsningar, som är illusioner för att få dig att framstå och känna dig tung, även om du inte är det. Du är fullständigt kapabel att vara i samma närvaro och uppenbarelse som de i Siahs värld, men du väljer att inte göra det, du fokuserar på begränsningarna. Du fokuserar på det fysiska och mentala, skapar fler illusioner, får solen att wobbla, du blir missnöjd.

D. I Siahs värld, är själarna inkarnerade eller manifesterade? Är de födda och dör?

E. Manifesterade. Nej, där finns ingen död.

D. Så kropparna åldras inte eller blir sjuka?

E. Nej, du reser dit baserat på dina preferenser. De som vistas där har varit där i evigheter, de dör inte. Men en själ kan resa dit och vara ett barn, om du så vill, så det är inte som att alla är vuxna. Om jag ger dig en bild, kan en själ resa dit och uppleva att bli fostrad av dessa ljusvarelser, de äldsta på plats. Så du kan resa dit och manifestera ett fysiskt fordon, beroende på vad du vill utforska. Du börjar med att resa dit som ett barn, eftersom du är där som lärling, för att lära. Och du växer faktiskt, men du transformeras bara, du manifesterar bara en kropp som passar dig. Själarna i alla fordon där är jämlika. De manifesterar sig bara olika, beroende på sin egen utveckling och vad de vill utforska. Man reser inte dit första gången som äldre.

D. Hur reste jag dit första gången?

E. Elahim. Ni ser inte ut som de andra, ingen av er. Du reser, du besöker, du stannar inte kvar.

D. Hur är det med Siah? Vad representerar Siah?

E. Ren glädje. Bara kärlek och ett välkomnande. Det är en vänskap som du strävar efter. Du dras till djur, eftersom de representerar den renaste kopplingen till Källan, ren medkänsla. Han är en följeslagare som du placerat hos vänner. Han hörde hemma i en annan verklighet som inte gick framåt. Han förflyttades, flyttades dit för att bli omhändertagen. På samma sätt som din Lille Vän flyttar runt sin favoritvarelse. Ni träffades tidigare på en annan plats, men du blev förtjust i honom (*Siah*), och han i dig, ni blev vänner. Han förflyttades till en plats, där han alltid skulle vara trygg, alltid omhändertagen. Han är den enda där. Han har andra vänner, djur, men han är den ende i sitt slag. (*De som har läst 'Memoarer, Del 1' är medvetna om att Siah inte längre är ensam. I februari 2019, när Eli talade här, hade det ännu inte avslöjats.*)

D. Känner han sig ensam?

E. Han känner sig inte ensam, för han har vänner, de ser bara annorlunda ut. Det är också en lärdom här, att inte bara betrakta dem som är som du som dina närmaste vänner. Dina vänner kan komma i alla former och utseenden. Lär dig av Siah.

Siah är ensam, men lycklig, på grund av omsorgen och närvaron av andra varelser. Det är inte ett ställe där du normalt fortplantar dig, men det är ingen fara att Siah skulle dö ut. (*Siah är också i en manifesterad form som varken åldras eller blir sjuk.*) Han är lycklig för att han känner sig älskad. Här (*på Jorden*) är en av barriärerna att man ser på andra med rädsla, man ser dem som ett hot. Återigen, ni är långt ut i omloppsbana. Långt ut, begränsad av vad rädsla skapar – en illusion. Om du navigerar från din mittpunkt, från solen, kommer du att se andra mer som jämlikar, och se medkänslan som existerar. Men det kommer in själar som skapar händelser på den här platsen och gör att uppmärksamheten och medvetandet hamnar långt ut i omloppsbana. Det, återigen, är designat (*för dig*) för att lära dig att navigera i blindo. När du navigerar utifrån solen (*själen*), från ditt hjärta, då kan du se. Om du navigerar från det mentala och det fysiska, då är du blind. Vi ökar ljuset i din sol. (*Det vill säga större självsmedvetenhet.*) Vissa själar, även på avstånd, när vi justerar styrkan inom själar. Nya själar kommer in, några finns redan på plats, ökar ljuset, utmanar det fysiska och mentala. Återigen, det har refererats till som två vågor. Emotionella själar, en våg; fysiska eller mentala, den andra. Just nu ser vi att vinden bär det fysiska och mentala, för det framåt, inte i balans. Hos Siah är alla verkligheter i balans. Ingen är överlägsen den andra; alla i fas. Ditt solsystem wobblar. Jag ger dig olika bilder så du ska förstå problemet och de händelser och det stadiet där ni befinner er i er evolution. För att förstå att många (*av händelserna*) är iscensatta för att hjälpa dig att förstå, att detta verkligen måste vara en illusion, det här kan inte vara verkligt! Svälj inte allt du ser eller hör. Navigera utifrån solen, och du kommer att motta ljus och du kommer att se. I omloppsbanor långt ut är du blind, där kan du inte se.

D. Jag gillar den bilden. För även med den upplysning som vi förmedlar, verkar många idéer som du lägger fram nästan obegripliga för människor.

E. De kommer att lyssna, även om du kanske inte direkt får den feedback som du önskar. Det är som en blomma. Du sår ett frö, men du ser inte blomman direkt, eller hur? Du kanske ser det senare under säsongen, eller året efter. Se all interaktion med andra på den här nivån bara som att du sår frön. Blomman, trädet, kommer att dyka upp när du sedan länge är borta. Inte nödvändigtvis att du har lämnat den här världen, men inte är närvarande i den personens liv längre. Om du arbetar utifrån det perspektivet att du bara sår frön, kommer det att frigöra en enorm känsla av ansvar och otillräcklighet hos dig. Du är inte här för att presentera en fullt utslagen blomma. Så frön och låt andra designa trädgården, ta bitar av det du tillhandahåller till deras verklighet. Alla blommor som växer kommer inte att bli likadana, förvänta dig inte det. Tro inte att alla kommer bli rosor. Du sår frön, men blommorna blir olika, beroende på vem du talar med. Vissa kommer att skapa en rosenträdgård av det. Andra kanske bara vill skapa en gräsmatta. Det spelar ingen roll, du tillhandahåller bara de olika fröerna. Vilken blomma som än dyker upp på våren är inte ditt bekymmer. Vi guidar dig till rätt kretsar och personer, och ser till att de börjar plantera sina blommor.

Bob, Ophelia: Irrande Myror (21 mars 2019)

Bob kom in med sin framställning som han hade planerat i förväg om att människor beter sig som myror. Men Ophelia, som alltid lyssnar uppmärksamt, bestämde sig för att skjuta in sina egna tankar i ämnet, kanske för att mildra budskapet lite eller förtydliga idén. Bob var allt annat än entusiastisk över att bli utpuffad. När han säger höstack tror jag att han syftar på de stora kolonierna som bildar en myrstack, som har formen av en höstack. Myror som tillhör en koloni har en ledare. Ophelia påpekar att inte alla ledare arbetar utifrån ljuset, och myrorna som ingår i dessa höstackar bör istället följa sitt eget inre ljus. De flesta av deras berättelser är liknelser. En lärdom är mycket lättare att komma ihåg, om den kommer i form av en tänkvärd liknelse. Den här sessionen kommer från en liten gruppseans som Christine och jag höll i Stockholm, så Bob talade inför en publik.

B. Oohhhh! Ohh Ohh Ohh. Den här är lite täppt i näsan! Ophelia är här också, såklart, för hon är alltid som, "Vad kommer att hända nu? Vad ska han prata om?" Så jag är sällan ensam, jag har alltid nån form av sällskap. Men jag gillar verkligen att visa upp mig så alla kan se vem jag är, och att jag kanske kan ge lite information utanför ramarna, alltså sånt som står i böckerna. För vissa av mina anteckningar har faktiskt ignorerats. Dom är som, "Nä, nä, den lappen kan vi inte använda. Det här är inte okej att lägga fram. Ta nått annat." Så jag har blivit ombedd av Zachariah och Lasaray – min vän som ni känner som David – dom har bett att jag ska gå igenom och sortera mina anteckningar– och det har jag gjort. Men nästan alla har jag faktiskt flyttat till högen "att redovisa", eftersom jag tycker att det är viktigt att folk ska veta mer om den osynliga världen och allt som sker i naturen. Så därför kändes det lite svårt för mig att säga, "Oh, den här lappen ska jag inte ta med. Den är bara för mig – och jag vill inte framstå som självisk!" Så jag sa, "Ingen vill bli känd som en självisk person! Det vill jag inte." Men Ophelia sa, "Det är inte som att vara självisk, Bob. Det är kanske så att världen utanför inte är redo för just den lappen." Så vi gick igenom det såklart, och det är därför jag sällan är ensam. Men, jag och vi, med Ophelia och Zachariah, och några av dom andra vännerna med – vi är verkligen intresserade av mänsklighetens utveckling och hur dom beter sig – jag menar, det är som att kolla på myror, dom bara springer runt, dom verkar rätt oorganiserade. Men inuti, djupt, djupt, djupt, djupt därinne finns det en slags kärna, en ledare i flocken eller nån som kan se igenom kaoset i stacken bland myrorna. Men det pågår absolut alldeles för mycket aktivitet, för dom, mänskligheten, verkar springa omkring i alla möjliga riktningar som inte leder nånstans. Och det jag skulle vilja göra är att ta en skyffel och se till att myrorna stannar kvar därinne i höstackarna, så att dom inte ger sig av – om du förstår vad jag menar – dom bara sprider ut sig, och dom har ingen aning, dom vet inte vad det är som bestämmer vart dom är på väg. Dom bara springer runt som yra höns. Och det betyder att dom har förlorat kopplingen till sin mittpunkt och anledningen till varför dom kom hit. Men Ophelia säger, "Du ska veta att alla själar kommer ner med avsikten att göra gott." Då uppstår naturligtvis frågan, "Vad är det som får denna storslagna myra att bli så oorganiserad och ge sig av i alla riktningar utan hänsyn till syftet som finns i höstacken?" Och det är det som mina anteckningar handlar om. Det är det jag vill veta. Jag skulle vilja att det kanske fanns nån slags manual, som visade vad det är tänkt att dom här myrorna ska göra. På nått sätt, i alla dom här olika höstackarna där det finns myror, finns det nån som håller i trådarna och känner till meningen med en specifik grupp. När den gruppen utvecklas...uh-oh ... nu kommer Ophelia. Nu blir jag bortknuffad. Oh, okej, okej, jag säger aldrig nånting till Ophelia, förstås. Okej, okej, jag går. Jag kommer tillbaka.

O. God kväll, det här är Ophelia. Jag skulle vilja diskutera de framsteg som vi också ser. Alla beter sig inte som oorganiserade myror. Ni bär alla på ett ljus som ger er förmågan att skapa en ny uppsättning myror, ett nytt samhälle, och det är vad vi ser många av er göra. Så även om vissa verkligen agerar respektlöst, inte bara mot din ras, utan även mot din värd, din planet, så finns det flera som arbetar och skapar en våg av empati och omsorg, som sprider ljuset. Vikten ligger i att förstå vilken (*ledare eller grupp*) som bär ljusets fackla, och vem som bara samlar myror för att tjäna den personens behov och girighet eller vara den personens gullgosse och det ligger i din mittpunkt att upptäcka skillnaden mellan de två. Förstå att många känner sig utanför. Det är lättare att känna sig bekräftad om någon erbjuder dem ett smörgåsbord, om du så vill, av kunskap och trivsel. Den som bär ljuset, facklan, erbjuder värme, men kräver också av myran att själv börja arbeta utifrån sitt inre. Det är skrämmande för vissa människor. Vissa människor känner sig mera bekväma med att känna tillhörighet med en grupp, hand i hand, oavsett vad syftet (*med gruppen*) är. Att bära ett ljus innebär också att man själv ibland (*ensam*) bär det ljuset. Det är din arts sanna framsteg; att aldrig känna att du är ensam, eftersom du har ljuset inom dig. Du behöver faktiskt inte grupper, vänner, eller ens husdjur. De sänds till dig som en gåva från andevärlden så att du kan finna jämlikar. De som erkänner och känner igen ljuset inom sig verkar ibland själva. Vi kan se några av de största ljusen på den här planeten göra de allra minst aktiva handlingarna för mänskligheten. Medan de som förkunnar att de besitter sanning, kunskap eller solidaritet, kan arbeta utifrån en källa av sitt ego. Upptäck skillnaden och du kommer att stå stor och stark i ditt ljus, och det är den sanna värmen och sanna kopplingen som vi erbjuder dig. Tack.

Setalay, Ophelia: Tystnad (21 april 2019)
Setalay är en ande från den sjunde dimensionen som bor på Etena. Det här var första gången hon talade med oss, men hon har återvänt många gånger sedan dess för att ge vägledning och är en viktig medlem i vårt projekt. Hon är en följeslagare och vän till Ophelia och utstrålar en mycket snarlik energi, när hon kommer igenom under sessioner. De andar som har manifesterats på Etena är vårdare av den kunskap som lagras i pyramider på den planeten i det fjärde akvariet. De har förtjänat rätten att manifestera sig på Etena efter att ha avslutat sina inkarnationscykler och vikt sina Kappor på Jorden. Setalay är också den som tar hand om Lasarays husdjur, Siah. Setalay gav en vacker vägledning om att lära sig att leva i harmoni med Jorden, och när hon var klar smälte Ophelia samman med Christine för att beskriva tystnadens kraft.

S. Hej, fantastiske resenär.

D. Hej? (*Jag kände inte igen rösten.*)
S. Mitt namn är Setalay, och jag är glad över att vara tillbaka på Jordens plan. Jag har rest som Shea, med Ophelia. Låt mig bara se mig omkring ... så många förändringar. Jag vistas nu tillsammans med andra på Etena, där din vän Siah är. Vi satte en gång vår fot här (*på Jorden*) som Shea. Ophelia är en nära vän till mig. Vi reser för att vårda naturen och haven, särskilt varelserna i havet. De är av stort intresse för oss. Vatten är liv. Vatten är en kraft, en resurs som du inte helt inser är en resurs. Det gjorde vi tidigare. Vatten är liv, inte bara för de levande varelserna på det här planet. Vatten finns även på Etena. Varelserna i havet har funnits här längre än du. De är lämningar från en framstående tid, då Shea, tillsammans med andra besökare, tog hand om den här planeten som ett växthus. Vi installerade växt- och djurliv, träd, frukt och grönsaker – det var verkligen ett växthus i den meningen. Vänner från den andra dimensionen anslöt sig, Andra och Sjunde skapade tillsammans det här växthuset. Det är därför det finns ett stort intresse från de två nivåerna för hur ni bevarar detta växthus. Åttonde gav grundämnena. Varelserna i havet gråter. De känner som att de inte längre är älskade, som att de inte hör hemma här, de förstår inte vad de har gjort för fel. Vi sjunger för dem, det är så vi kommunicerar från den plats du kallar Siahs värld (*Etena*). Vi sjunger, eftersom tonerna och melodierna sprider en harmoni i varelsen. När melodin förändras – och här kan vi tala lite om den musik du hör omkring dig – skapar den inte harmoni i en varelse. Gå tillbaka och försök finna den ursprungliga melodin. Även om det bara är ling–ling–ling–ling skapar den harmoni. Försök finna toner som skapar harmoni för dig. Det är så ni är designade att fungera, alla levande varelser på den här växthusplaneten, det hem som ni har fått. Varelserna i haven, de sjunger, det är så de förstår varandra och sin omgivning. Till och med vattnet sjunger...och vinden. När tonerna och sången förändras reagerar vi. Du visste inte att havet kunde sjunga, eller hur?
D. Nej, det gjorde jag inte.
S. Lyssna på vågorna, vågorna är sluttonen i hela melodin, sången börjar långt ute på havet, nerifrån botten. Det enda du hör är vågen som slår mot land, slutresultatet av sången. Expandera ditt sinne, vidga ditt inre, och du kan höra sången som börjar ute till havs. Lyssna på havet, du kommer att känna hur det är ett levande väsen och kommunicerar genom dig. Du har förmågan att göra detsamma med vinden. Samma sak.

D. Jag har hört musiken i vinden.
S. Ja, och du kan göra detsamma med havet.
D. Tar du fortfarande hand om Jorden?
S. På distans, skulle jag säga. Vi vill hjälpa till i utvecklingen; vi vill sända harmoni och stöd för dem som inte längre hör den ursprungliga sången från naturen. Du kan inte ens höra vinden på grund av alla de andra ljuden runt omkring dig, som överröstar din planets vädjan om hjälp. Om du inte kan höra din värd, hur kan du då förvänta dig att vara en del av den? Du är skild från din värd, skild från naturen och ditt sanna väsen. Ni har fått höra om separationen från Källan, er mittpunkt, men ni är också separerade från (*kunskapen om*) det verkliga syftet som vi hade med att skapa er till att vårda, att vara väktarna för, det här planet. Hur vill du uttrycka det uppdrag som lagts på dig som vårdare av naturen? Shea var här för att lära ut hur man är i harmoni och i balans med allt i sin omgivning. Nu försöker du bara skapa obalanser, istället för att finna de enande punkterna, inte bara mellan den art du är, utan ännu viktigare, till din värd. Värden kommer att vara här långt efter att du har lämnat. Den har klarat flera vågor av civilisationer före dig, och tro mig, den kommer att klara sig igen. Men den skada du gör kommer att påverka resultatet av hur lång tid av återuppbyggnad som behövs innan en annan våg, en annan civilisation, kan återvända. Det är inte vad vi önskar. Vi vill att du ska vara medveten om dina handlingar och tankar och hur det påverkar inte bara din nuvarande tid, utan också hur det ger ringar på vattnet för framtida besök. Ni övervakas, så är det – besökare observerar onekligen er aktivitet. Vi är främst bekymrade över värden.
D. Det är förståeligt, med tanke på människors handlingar.
S. Försök att finna dina jämlikar. Ni är fler än du tror. Men om du känner eller tror att du är ensam, är uppgiften enorm. En styrande elit försöker se till att det är precis så du känner, att du är ensam och maktlös. Det är du inte. Det finns fler här på det här planet på uppdrag av Shea och andra, som försöker ena. Dina skrifter gör det, det är ditt bidrag. Andra gör annorlunda. För att öka medvetenheten om att ni faktiskt är flera än de som vill lägga en skugga av mörker och girighet över den här nivån, detta plan. Vad gör du om du är maktlös? Du blir passiv. Vem tror du har planterat i ditt system att du är maktlös? De är bara ett fåtal, men de har nyckeln till en stor – din vän kallade den en trumpet. Den starkaste trumpeten överröstar de mer lågmälda

symfonierna som försöker etablera en gemensam insats. Så fort någon ser ett ljus och ansluter till det, kommer de som håller trumpeten i sin hand och i sin ägo ... Jag upplever det svårt att finna ord här. Ord matchar inte alltid riktigt tanken. Vet bara att ju fler ljud du förtrollas av, (*dessa*) ljud skapar en brist på beslut, (*som får dig*) att bli passiv, att stanna upp, att glömma din avsikt. Du finner det även i musiken, hur den har förändrats. Du kan även se den förändringen i filmer och hur den påverkar ditt väsen, driver bort från harmoni. Musik, media, filmer, allt driver dig bort från att höra ditt inre kall. Sök tystnad. I tystnaden kan du höra vinden, du kan kommunicera med havet. Alla dessa ljud omkring dig, vitt brus likaså (*tyst brus, såsom elektromagnetiska fält från mobiltelefoner, etc.*), lägger en slöja över din medfödda rättighet att kommunicera med Källan, ditt inre och din värd. Det har skett tidigare också. På Etena är det väldigt tyst. Du vill inte störa någon annans anslutning. Du vet inte vad den andra varelsen gör vid det speciella tillfället. Du respekterar tystnaden kring en annan varelse, människa, växter och djur eller naturen. Naturen försöker återuppbygga sig, men om du bombarderar den med höga ljud, stannar den upp, den blir förvirrad. Sök tystnaden. Det är det första budskapet till dig från Etena.

D. Det var en vacker undervisning. Vad sa du att du hette, eller vad kan jag kalla dig?

S. Se–ta–lay. Ingen orsak. Tack för din tid.

D. Tack för att du kom. Jag hoppas att du kommer tillbaka.

S. Oh, det ska jag.

O. Det här är Ophelia.

D. Hej, Ophelia.

O. Idag träffade vi några nya vänner.

D. En av dina vänner, förstår jag.

O. Oh ja. Nåväl, en av dina också. Du känner Setalay väl.

D. Är det hon som tar hand om Siah?

O. Ja, det stämmer. Det är hon som gör det. Hon anses, jag skulle inte säga, vara en församlingsäldste, men hon är mycket högt stående i sitt samhälle och hon undervisar. Så jag skulle inte kalla henne en äldste, men hon är någon som ungdomarna söker kunskap hos. En skicklig och uppskattad lärare. Och hon tar hand om Siah åt dig. Du kan se henne som en talesperson från den här platsen där Siah är.

D. När var ni två här på Jorden?

O. Senast vi var här var cirka 10 000 f.Kr., men vi var också här tidigare. Vi brukar komma ner i cykler. Titta förbi, bara för att se hur projektet och de individer som etableras, hur de fortskrider och utvecklas. Det är som att sköta om växthuset. Det finns naturligtvis ingen tid, men vi brukar komma ner och hälsa på med ett visst tidsmellanrum. Det finns vissa individer här som representerar Shea, som kommer från den Sjunde. På samma sätt som att Elahim bara är en del av den Sjätte, så är inte alla på den Sjunde Shea, eller har rest hit som Shea.

D. Har vi träffat några?

O. Hennes (*Christines*) vän i Sverige, H—, är en. En annan vän här (*i USA*), Kari, har också ett minne inom sig att vara här som Shea. Båda är mycket uppmärksamma på haven. De har båda förmågan att kommunicera med valar, havsdjur – de gjorde det tidigare. Precis som du nu får information på det här sättet, hade Kari samma koppling till en grupp valar och delfiner som gav henne kunskap i ett tidigare liv. Så hon har minnet och förkärleken för delfiner och valar, i vetskap om att de har en stark medvetenhet och koppling till Källan och det Mästerliga Medvetandet.

D. När du kom ner tidigare, kommunicerade du med människor? Undervisade du?

O. Ja, ja, det gjorde jag.

D. Var någonstans var det, och skrevs den kunskapen ner?

O. I Sydamerika.

D. Finns det några trossystem som bär spår av några av dina läror?

O. Den sista skulle vara Mayafolket. Men de var bara de sista. Det fanns forntida människor i det släktträdet som vi undervisade. De var mycket måna om naturen och tystnaden. De hedrade tystnaden – ett annorlunda samhälle. Vi lärde att det starkaste samhället ... dess kraft kommer från tystnaden, att höra kallelsen, att höra och ha kontakt med din värd. Du lärde detsamma i Egypten, samma läror. Men du lärde att tystnaden gav dig möjligheten att ansluta till närliggande kosmiska system. Vi lärde att tystnaden kopplade dig till din värd. Underminera inte tystnadens kraft. De som håller i trumpeterna kommer ständigt att bombardera tystnaden, och se till att tystnaden – och det här är ett minne, eftersom det fanns grupper som gick under på grund av styrkan i antalet bland dem som hedrade tystnaden. Väldigt olika samhällen. Det är mycket olyckligt att det verkar gå i en riktning där du utsätts för alltmer oljud och störningar. Din dator (*hjärna*) kommer att överhettas, den är inte designad för alla dessa störningar. Vitt brus, tillsammans med att atmosfären löses upp, ger inte den sköld som krävs för att din varelse ska förbli oskadd. Du kommer i början att känna det som ett pirr i ditt bröstområde. När du gör det betyder den känslan att du påverkas av antingen höga eller tysta ljud.

D. Det tysta är det elektromagnetiska, som mikrovågor?

O. Ja. Den första effekten kommer alltid att upplevas i ditt bröstområde. Det kommer att kännas som att du inte riktigt kan andas. Du kommer att börja få korta in- och ut andetag; det är ett tecken på att du är påverkad. Se det som en influensa, den första känslan när du börjar känna ett pirr i näsan och du förstår, "Oh, jag håller på att bli förkyld." Det är samma känsla som vi försöker påvisa dig. När du börjar känna att nervositeten i ditt bröstområde påverkar din andning, då är du verkligen starkt påverkad av influenser som du inte bör vara i närheten av. Förstår du?

D. Det gör jag.

O. Vi vill att ni använder era system, inre och fysiska, som en mätsticka för att se om ni befinner er i energier som är inte är naturliga. Vi har talat om grupper, (*bett dig*) att du ska lägga märke till, om du känner dig bekväm i en miljö – låt oss säga en arbetsmiljö, eller till och med bland vänner – om de resonerar med din melodi. Nu ber vi dig att använda samma metod med alla dina sinnen, inre såväl som fysiska sinnen, som en mätsticka för att avgöra om du mår bra i din omgivning, om planeten är frisk eller om den håller på att bli förkyld. Kan du höra din omgivning? Kan du höra ditt inre? Bombardemanget av ljud kommer att göra dig döv. En härskande elit, Cellen, vill att du ska vara döv, bara höra trumpeten. Vi ber dig att aktivera dina öron, dina sinnen. Dina fötter kan betraktas som fantastiska öron.

D. Jag hade en fråga, eftersom du nämnde Mayafolket, och det här är lite utanför ämnet, men vet du varför de la glimmer, mineralen, i sina tempel och alla sina byggnader?

O. Det var en rengöringsanordning, såväl som en mottagare. Det var ett varumärke, ett tecken eller ett signum för dem att kunna arbeta i direkt kontakt med varandra, gruppen, men även ett sätt att rensa, rengöra sina tempel och varandra. Det var ett verktyg för att knyta an till vissa gudar som de trodde på, ett slags offer.

Det ansågs ge ett skyddat utrymme, en fristad för gudarna att komma in i och att vara ren i gudarnas närvaro.

D. Okej, tack för det.

O. Olika ritualer för att skapa en ren plats för kommunikation. Det gjorde varken det ena eller andra.

D. Trodde de bara att det gjorde det?

O. Ja. Men det är avsikten som vi eftersöker, och den hörde och såg vi.

D. Jag har alltid känt att avsikten är viktigare än själva ritualen.

O. Ja, men när vi ser ritualen söker vi efter avsikten bakom den. Och avsikten var att rena sig själv och miljön för att upprätta en ren koppling till de högre världarna. Och när det var slutresultatet av den ritualen, avsikten, då är det verkligen för ett högre gott ändamål.

D. Det är en mycket bra förklaring. Tack. Nästa steg när det gäller mikrovågsstrålning, kommer att vara att de placerar omkring 20 000 satelliter runt Jorden. Det oroar mig. Dig också?

O. Det kommer att ske ingripanden.

D. Från solen, eller andra källor?

O. Du kommer att uppleva det som att det kommer från solen.

D. Kommer de att slås ut?

O. Det kommer inte att fungera som planerat. Du kommer att se effekterna av det. Du kommer att se hur växter och djur flyr från dessa områden, och det är ett tecken på att människor som arbetar från ett ljus inombords blivit starkare. (*Det kommer att leda till*) ilska, upplopp, revolt.

D. Det orsakar också störningar hos människor, eller hur?

O. Ja, ni är också djur.

D. (*Skrattar*) Du har så rätt!

O. Okej. Jag lämnar dig, eftersom vi har någon här.

D. Okej, tack, Ophelia, för all den här informationen. Det är alltid lika trevligt att höra dig.

O. Alls ingen orsak.

Zachariah: DNA speglar Själens Mönster (30 april 2019)

Zachariah introducerar en helt ny idé, som säger att själens avsikter och mönster är inkorporerade i den inkommande själens fysiska struktur av blod och DNA. Varje själ som är avsedd att inkarnera får ett unikt mönster. Det mönstret blir ett avtryck på både DNA och blod. Vilket betyder att blodet kommer att vara olika beroende på själen som upptar ett fordon. Andevärlden, sa han, kan observera och upptäcka det övergripande temat som bärs av en inkarnation baserat på egenskaperna hos blodet.

På 1970-talet proklamerade genetiker att endast 2 procent av arvsmassan var användbar. Resten, sa de, var skräp som blivit över från evolutionära misstag och mutationer. Den medicinska eliten hyste ett liknande förakt för blindtarmen och tonsillerna. Dessa arroganta antaganden om skräp-DNA och värdelösa organ användes som argument mot en intelligent design. Men allt eftersom tekniken gick framåt började genetiska forskningsprojekt, som ENCODE, undersöka "skräp"- delarna i arvsmassan. De upptäckte att det mesta av den genetiska koden är biokemiskt aktiv, även om den komplexa funktionaliteten förblir ett mysterium. Enligt min åsikt är det mesta av DNA:t nödvändigt och styr livet på sätt som inte är mätbara. Våra andliga vänner har berättat för oss att den inkommande själen kan göra justeringar i kroppen som hjälp för att fullgöra sina mål i det livet, vilket skulle inkludera de grundläggande personlighetsdragen, intelligens och känslomässiga tillstånd. Kognitiva förmågor är starkt styrda av ärftlighet, men kan falla inom en normalfördelning runt ett släktträd. Om en själ, till exempel, vill uppleva en sjukdom eller ett psykologiskt problem vid 45 års ålder aktiveras eller inaktiveras dessa tidsberoende variabler inom DNA-kodningen. Man behöver inte leta längre än till enäggstvillingar för att se själens influenser. En studie av isländska tvillingar, publicerad i Nature Genetics (*Jonsson et al., Journal 53, 7 januari 2021*) visar att det faktiskt finns genetiska skillnader hos tvillingar från samma befruktade äggcell, vilket bevisar att identiska tvillingar inte existerar, bara snarlika tvillingar. Forskare tenderar att skylla allt på mutationer eller slumpen, men verkligheten är att mycket av DNA-kodningen är avsiktlig och känd av varje själ innan inkarnationen. Zachariahs beskrivning av interaktionen mellan fordonet, blodslinjen och själen visar en otroligt komplex andlig design som inte är erkänd av det medicinska etablissemanget. Zachariah nämner också Ia och hennes vänner som arbetar med ägg och småstjärnor. På den andra dimensionen skapas, som tidigare nämnts, nya själar i knippen av energi på upp till 100 åt gången. Själarna i varje bunt kommer att dela ett allmänt tema, som att bistå miljön på Jorden, till exempel, men var och en har sitt eget speciella expertområde och blueprint som Skaparen gett dem. Ia och hennes vänner vårdar ägget och så småningom kommer de individuella själarna att separeras och utvecklas självständigt. Vid den tidpunkten kallas de småstjärnor. Bob är alltid nyfiken på vad den senaste avsikten från Skaparen är, men har inget intresse av att faktiskt ta hand om de yngsta själarna. Han föredrar att undervisa de äldre eleverna, precis innan de ger sig ut på sina uppdrag.

Senare i den här sessionen nämner Zachariah att Bob har en katalog. Den berättelsen var en del av *Memoarer, Del 1*. Efter att Bob började träna sina elever från den Andra (dimensionen) för att bli guider började han oroa sig för vem de kunde tänkas bli ihopkopplade med. Han var orolig för att de kunde bli besvikna på sin partner, speciellt när det gällde nya själar från den Femte som är "färska från fabriken" så att säga. Så Bob gjorde en katalog med en detaljerad analys av var och en av sina unga vänner och började leta efter kompatibla andar i Femte, Sjätte och Sjunde. Sammankoppling av själar har pågått sedan inkarnationer startade på Jorden, men det har vanligtvis gjorts av Råd och mentorer. Bob tog med sin katalog till Zachariah, som var lätt road. Men han uppskattade Bobs metodik och det engagemang och den omtanke han hade för sina elever.

Z. Hej på dig, det här är Zachariah.

D. Zachariah! Det är trevligt att höra dig igen.

Z. Hur har du det? Här är det bra med den här stora gruppen av själar som är på väg hit. (*Han ansvarar för många själars utbildning som är på väg till Jorden för att inkarnera för första gången. Bob kallar Zachariah en "kunskapsambassadör", en professor som gör själar redo att åka på uppdrag till Jorden och på andra håll.*)

D. Det är något bra, antar jag?

Z. Det är det verkligen. Det är det sannerligen. Men även om vi har delat in grupperna i olika divisioner utifrån, nummer ett, där deras talanger och läxor är likartade, men också vad det är tänkt att de ska göra. Det är som att dechiffrera ägget flera år senare! Huh huh. Nu försöker vi uttyda vad det generella temat för inkarnationen ska vara. Du ska veta att varje själ kommer för att inkarnera med ett övergripande tema, en blodslinje, om du så vill. Det sker inte bara som en slump! Vår Lille Vän (*Bob*) ville se till att hans blodslinje, om han någonsin skulle inkarnera, skulle vara i linje med äventyr och utforskande. Och jag sa, "Ja, Seth provade på det också, och det gick inte så bra. Du såg alla showerna!" Huh huh. Men du ska absolut föra fram att varje själ, innan de inkarnerar, får det (*ett mönster som kommer att uttryckas i både DNA:t och blodet*) inplacerat i sitt system. Det sker i den senare delen av deras utveckling innan de börjar inkarnera – låt oss säga runt femton års ålder, precis innan det är dags att utexamineras från andevärlden och börja goda gärningar på andra platser – Vi kallar det blodslinjen. På något sätt resonerar det med blodet, eftersom det finns inom DNA:t som är etablerat i blodet. Blodet är inte bara till för att få själva fordonet att fungera korrekt, det kommer med flera nivåer av erfarenheter, liksom även rapportering. (*Blod avger signaler som andevärlden kan tolka.*) Det är ett sätt för andevärlden, andliga guider och till och med andra entiteter att observera en specifik själ. Du vet att blodet kan delas in i grupperna A, B, O. Men de är uppdelade i fler komponenter för att vi ska se vad en specifik själ gör och i vilket syfte den är här nere (*på Jorden*). Det är lätt för en andlig hjälpare, som jag själv, att observera en grupp själar, om jag går in i blodslinjen – vilket betyder att andevärlden får ett ingående perspektiv– där allt vecklas ut (*avslöjas*) när vi observerar genetiken i blodet.

D. Så, som ett exempel, om du har ett fordon, men två olika själar som alternativ, skulle det generera olika DNA i blodet?

Z. Förtydliga dig.

D. Om du har ett fordon som är tillgängligt—

Z. Ja.

D. Om en själ går in, skulle blodet se annorlunda ut än om en annan själ går in?

Z. Ja. Blodslinjen är ett unikt mönster för själen. Det spelar ingen roll vilket fordon den upptar, den bär fortfarande på samma uppdrag. Alla själar har ett tema för att komma. Du, till exempel, är här för att arbeta med gruppbeteende, skapa access till den mentala sfären. Ni är båda, eftersom ni fungerar från den Sjätte är ni mer eller mindre här för att utveckla den mentala aktiviteten. Eller till och med avveckla eller stänga av den. Ni ska faktiskt veta att ni har varit här, båda två, i en tidigare era, när den mentala kapaciteten stängdes av. Du observerade vilka signaler i hjärnan som borde ha varit satta på paus en tid. Den här observerade slutresultatet i den fysiska varelsen. Det var ett genetiskt experiment, men det var bara i slutet av en era. Det var inte meningen att det skulle fortsätta.

D. Var det efter den civilisationen som slutade omkring 22 000 f.Kr.?

Z. Oh, nej. Långt tillbaka, mycket långt tillbaka. Det har funnits flera (*civilisationer*). Vi pratar om två, men det har funnits andra cykler. Ni har en tendens att se de större förändringarna i cykler om cirka hundra tusen människoår. Det här var i slutet av en av dessa. Vi ser det som vågor; vi går in i den och tittar på våglinjen. Våglinjen för dig indikerar tid. Vi ser det som rörelse genom rymden, där vi kan upptäcka viss aktivitet baserat på de frekvenser som ni utstrålar. Då kan vi se vilken typ av blodslinjer som är nere vid den specifika tidpunkten. Vi ändrar blodslinjerna när vi förändrar förutsättningarna för inkarnation. Inte samma blodslinjer, teman, här nere på samma gång. För närvarande integrerar vi en ny blodslinje – det är egentligen som att lansera en ny bilmodell.

D. Är de själar du arbetar med mestadels från den Femte?

Z. Ja, och vi etablerar mönstret inom gruppen. Det allmänna temat inom gruppen är att vara mer uppmärksam på förändringar i miljön. Vissa kommer att vara biologer, men några kommer också att upplysa människor genom att vara lärare — förskolelärare. Vi har en grupp här som verkligen vill undervisa de yngsta. Somliga har inget intresse (*av att undervisa de mycket unga andarna, eller småstjärnorna, som de kallas*), som vår vän, Bob. Han vill komma in på slutet när all forskning är gjord. Men vi har också de själarna som känner stor glädje i att skapa grunden för senare grupper att undersöka och utforska sitt arbete. Det läggs stor möda på att förstå sambandet mellan människa, däggdjur, djurliv och miljö. På grund av förändringar som sker i kommande vågor kommer fler och fler att vara uppmärksamma på, eller informerade om er utsatthet, när det gäller missbruket av energi. Det finns just nu grupper i min klass som är ivriga att komma ner och hjälpa till att utveckla nya möjliga energiresurser. Jag skulle säga att det generella temat i den här gruppen har att göra med miljö, energi och sambandet. Medan till exempel de som kommer från den Sjätte kommer ner för att undersöka sambanden mellan kropp och sinne. Olika agendor. Men vet bara att varje själ, när de börjar inkarnera, när den resan börjar, får ett specifikt tema. Även om de kommer ner och tar sig an olika ämnen inom den Karmiska Kappan, har de fortfarande ett allmänt tema som alltid, på något sätt, är en röd tråd i varje livstid. Den här (*Seth*) gillar till exempel att samla folk och informera.

D. Ah, ja. Bra på det också.

Z. Haha. Han tycker det. Det har gått lite si och så, beroende på vilket fordon han upptog i det respektive uppdraget. Men vi ser större framsteg den här gången – mindre och mer välkomnande i sin kroppsbyggnad. Det skulle inte ha bådat gott om den här (*Seth*) hade fått samma fordon som tandkillen. (*Han syftar på en populär livscoach som har en gigantisk kropp, men ett stort, välkomnande leende.*) Vi visar aldrig dessa fordon för den här. Men han är inte dum. Han sa, "Jag vet att det ska komma ner jättar som talar till massorna," sa han, "Jag vill göra detsamma." Vi säger alltid, "Du kommer att göra det, bara på ett lite annorlunda sätt." Huhuh

D. Jag har en fråga som jag ofta har undrat över. Jag vet att du ansvar för utbildning på många sätt, så arbetar du med grupper på kanske femtio till hundra själar?

Z. De vi jobbar med just nu är ett femtiotal.

D. Men det finns miljontals själar som kommer till Jorden hela tiden—

Z. Det är ett återvinningsprogram.

D. (*Skrattar.*) Hur är det organiserat? Hur är du involverad i de större uppdragen som äger rum?

Z. Menar du på Jorden, den utbildningen?

D. Ja.

Z. Det är ungefär som det Ia berättade om ägget. Jag utbildar inte de små, i förskolan. Det finns andra som är mer professionella när det kommer till att sköta om och lyssna och ta hand om de små. Jag skulle säga att mitt arbete börjar runt tolv års ålder, i ditt sätt att tänka, vilket betyder att det är precis innan de ska resa till vilken destination det nu handlar om. Jag har en förkärlek för Jorden och det här planet. Så jag skulle säga att mina största insatser har varit att bidra med själar som kommer hit. Vissa, eller de allra flesta, är från den Femte. Jag har faktiskt själv också rest, ska jag säga. Jag hade lektioner på den Sjätte. Inte så mycket på den Sjunde, men Sjätte, absolut – olika typ av undervisning. När jag var en del av den Sjätte och hjälpte till med undervisning där var det en annan tid här nere. För tillfället tränar och assisterar jag bara dem från Femte.

D. Har du flera olika klasser som du arbetar med, en efter en annan?

Z. Ur ditt perspektiv verkar det förmodligen som att jag är superupptagen, med lektioner som pågår hela tiden. Men, och det här kommer att förvirra dig, jag kan ha flera klasser samtidigt. Jag delar upp mig. Verkar fortfarande på Femte, men delar av mig kommer att vara med de nya eleverna, tolvåringarna, medan några klasser kommer att vara för femton- eller sextonåringarna, redo att ge sig av. De kan alla pågå

En Andlig Väg 59

samtidigt, alla klasser. Så i den meningen pågår det hela tiden lektioner.

D. De andra själarna, de miljoner och åter miljoner andra själar som kommer ner, har du någon inblandning i dem?

Z. Jag tränar inte alla.

D. Jag menar, är det organiserat av någon speciell grupp?

Z. Ungefär som de som tar hand om ägget, som Ia och hennes vänner. På alla nivåer etableras grunden från början av dem som tar hand om de små, de som dechiffrerar det övergripande temat för den gruppen, oavsett om de kommer i en kapsel eller inte. De allra flesta kommer i en kapsel, det som Bob kallar ett ägg. Men steg-för-steg fastställs deras avsikt och vilken undervisning de ska delta i och deras destination. Bara för att någon föds, så att säga, på den Femte innebär det inte att den specifika själen alltid kommer att gå till Jorden. Vissa av dem har i sitt mönster att huvudsakligen fungera tillsammans med den Sjunde - som den härs (*Christines*) dotter, till exempel. Hon rör sig däremellan och lär sig mer om de emotionella verkligheterna. Hon är mer kopplad till känslomässiga verkligheter, även om hon härstammar från Femte. Så hon kommer helt klart att besöka andra verkligheter, andra kosmiska akvarier och till och med andra band – vi kallar det frekvensband – med helt andra typer av lärdomar. Vissa kan upplevas dubbelt, hälften känslomässigt, hälften fysiskt. Här (*på Jorden*) har du dilemmat att det finns flera; du har det mentala, det fysiska, det emotionella, och de är alla inneslutna av andlig energi. Så det är svårare för dig, eftersom det finns flera verkligheter som pockar på din uppmärksamhet. Säger - välj mig! Välj mig! Följ mig! Följ min riktning! Det är förvirrande. Ni är alla omgivna av ett stort hölje, eller en omfamning, om du så vill, av den andliga verkligheten, eftersom vi förstår svårigheterna när det finns för många val. Det är som att ha ett smörgåsbord och du vet inte riktigt var du ska börja. Det finns för många val. Och här, eftersom det finns så många olika upplevelser inom ditt fordon samtidigt, finns det av stort intresse för oss att observera hur du väljer. De som kommer ner nu från den Femte kommer i sin blodslinje att ha en något starkare koppling till den Sjunde. Så den Sjunde kommer på något sätt att vara närvarande, och de kommer att känna sig dubbla i sitt väsen.

D. Finns det flera huvudtyper av blodslinjer som var och en har ett huvudsyfte?

Z. Ja, ja. Vissa har, som den här (*Seth*), en informativ individ (*själ i sitt inre*), så vi kallar den (*typen av blodslinje*) "informatören". Andra har till uppgift relationer; de är här för att upptäcka dem som är ensamma. Många av dem finns också för tillfället i klassen. Vi ser att det finns många människor som känner sig ensamma och känner sig utanför. Vissa själar kommer att gå ner bara för att föra samman människor, knyta an, vänskap, relationer. Andra kommer ner, som du, för att observera gruppbeteende. Specialister på mentala signaler. Det är därför du är intresserad, och dessutom rasande, över signalerna som kommer från media. Det stör den rena avsikten och de rena signalerna i din hjärna. Det är därför du känner att den bombarderar organet (*hjärnan*) som du försöker uppgradera. Så där. Kom bara ihåg, och vet, att alla själar är programmerade före avresan, innan de ens börjar inkarnera, och att det inte är något som bara planteras i en själ. Det är en utveckling alltifrån starten, från när "ägget kläcks", genom vårdare, barnskötare, förskola, hela vägen upp, för att slutligen finna det bäst passande uppdraget för varje själ. Och sedan, när den missionen är fastlagd, samlas varje själ med de äldste (*i den specialiteten*).

D. Om vi tar avsikten bakom din utbildning, är de flesta av dina elever, skulle de betraktas som de som genomför förändringar i världen?

Z. Ja, främst. Men jag har också en klass som kommer ner, som sagt, för att skapa värme i relationer. Men främst är jag här för att undervisa dem som kommer ner för att arbeta med utveckling inom olika områden. I det här fallet miljö.

D. Jag saknade verkligen att prata med dig när vi arbetade på Andra Vågen. Du tog ett steg tillbaka och försvann.

Z. Oh, jag försvann aldrig, jag är alltid här. Och ganska sysselsatt med den här katalogen. (*Bobs katalog över andliga guider.*) Det gav mig nya elever som jag inte hade planerat för, men det är för det gemensammas bästa. Så, det var det. Den Lille är här. Han har något slags instrument. Flera faktiskt, jag vet inte var alla dessa kommer ifrån. Nåväl, det var allt för den här gången.

D. Okej, min vän. Det är verkligen fint att få höra dig igen. Tack för att du kom.

Z. Vi syns.

D. Adjö. (*Bob kom direkt in och började härma Zachariah.*)

B. Vi syns, vi syns, vi syns, vi syns, vi syns! Aah, han var lite cool där på slutet – vi syns. Hehehe. Han kan vara så där, lite cool.

Han är inte bara en stel professor. Jag har sett honom annorlunda. Låt dig inte luras av att han alltid bara är samlad och lugn. Jag har faktiskt sett honom dansa genom biblioteket. Det visste du inte, va? Men jag såg det! Jag såg när han var så där, lite på fredagshumör. Huh he he. (*Bobs tal fortsätter i "Memoarer, Del 2", under rubriken med samma datum den 30 april 2019.*)

Jeshua: Eftertanke i Mörker, Lärande i Ljuset (5 maj 2019)

Vårt andliga team har använt uttrycket "vågor" i många olika sammanhang, som när det gäller kosmiskt ljud, inlärning, parallella verkligheter och till och med lärdomscyklerna i våra böcker. Bob har berättat att alla andar, även i förskolan, går igenom perioder där de blir undervisade, men sedan förväntas de dela med sig av sina kunskaper till yngre andar. Denna cykel pågår i det oändliga, fram till den slutliga uppstigningen. Jeshua håller ett vackert tal om hur vågor av energi sveper genom vårt kosmiska akvarium och solsystem och förändrar upplevelserna från ljus till mörker och sedan tillbaka till ljus. Medan han beskrev detta, föreställde jag mig stå på toppen av ett berg en sommardag på landet och blicka mot en bleknande solnedgång. Framför mig slingrade sig en stig över böljande kullar, åkrar och skogar. Stigen låg omväxlande badande i ljus eller insvept i skugga. Jag hade känslan av att vi som människor inte har något annat val än att följa denna stig, samla kraft i ljuset så att vi kan övervinna mörkret i dalarna när vi möter det. Allt som Skaparen gör går igenom den här typen av evolutionär resa, ridande på förändringens vågor. Vissa vågor är otroligt långa och andra är väldigt korta. Vågorna har dock alltid ett syfte som kretsar kring att lära sig av sina erfarenheter. En människa, en galax eller ett akvarium förs alla framåt mot ett avsett slutmål.

Jeshua nämner olika akvarier. Du kanske minns från våra tidigare böcker att hela vårt universum finns inuti en energibubbla identifierad som det femte akvariet. Det finns tolv akvarier i Hjulet, i samma ordningsföljd som en klocka. Därför upptar vårt universum, akvarium nummer fem, ett område runt klockan 5. Det åttonde akvariet är där planeten Vlac ligger. Vlac är bebott av Tallock, som har varit involverade i evolutionen på Jorden. Planeten Etena finns i det fjärde akvariet, hem för Shea och Lasarays husdjur Siah. Både Etena och Vlac är planeter där information lagras, så de är viktiga nav för de mer avancerade civilisationerna i vårt universum och andra kosmiska akvarier.

J. Det här är Jeshua.

D. Hej, Jeshua.

J. Hur är det med dig, min son?

D. Allt är bra.

J. Ni båda får, nu och framöver, en större inblick i Hjulet och er plats i olika akvarier. Ni har fått lära känna två olika akvarier. Ett tredje kommer senare, om några år. Just nu arbetar vi med det fjärde och åttonde, åttonde på gränsen till det nionde. Det är de som nu kommer att kommunicera.

D. Resonerar de mer med den Sjunde (*dimensionen*)? (*Jag frågade eftersom Etena är befolkat av Shea, från den Sjunde.*)

J. De kosmiska akvarierna resonerar inte nödvändigtvis med andliga nivåer, det är inte alltid så enkelt som att säga att det fjärde resonerar med den Sjunde, även om det har en högre närvaro av själar från den verkligheten. Men de andliga nivåerna roterar runt Skaparen, Mittpelaren, och när det beviljas kan man få en liten tjuvtitt. Det finns själar i Zachariahs undervisning, på den Femte, som lär sig om både det fjärde akvariet och det sjätte, alltså grannarna. Att se vad som händer, vilka lärdomar som har varit och vilka lärdomar som kommer, studerar framtida inkarnationer, när förändringar redan har skett. Dessa själar är inga spädbarn. De är utexaminerade, om du så vill, från det här planet, från det här akvariet, i väntan på att återvända när en ny evolutionscykel tar sin början i den här verkligheten. Det finns närliggande frekvenser i akvariet dit de reser, för att kunna ha uppsikt över aktiviteten på Jorden, eftersom de senare kommer att komma tillbaka hit när vissa saker har förändrats, inträffat eller borttagits. Dessa själar kommer bland annat från den Femte – det är därför man inte bara kan säga att en verklighet speglar ett akvarium. Det finns själar från den Femte som redan utexaminerats härifrån, men som har en förkärlek för det här akvariet och därför vill återvända för att vara till hjälp. Några från den Åttonde kommer också att delta, när tiden är inne och förändringar har ägt rum och etablerats i ditt medvetande. I nuläget kan du se en glimt av ljuset, en glimt av din själ, men den är inte helt delaktig i din uppfattning om var du befinner dig. När väl den Åttonde kommer tillbaka igen, måste kopplingen mellan kroppen och själen vara i harmoni, nästan som ett. Just nu ser du kroppen och själen som två separata enheter; och ibland är det också det, som när den här (*Seth*), reser under täckmantel. Så jag kan faktiskt förstå, varför du skulle se det som två olika fordon, eller två olika väsen. Men när du väl börjar frigöra dig från uppfattningen av materien, kommer du att se att själen påverkar fordonet och till och med kan lysa igenom fordonet, oavsett vilken personlighet eller kropp du valt. Den här (Christine) börjar alltmer utstråla det högre väsendet inom sig. Där.

D. Tack för den informationen.

J. Det kommer vänner för att diskutera det åttonde akvariet.

D. Är det Tallocks?

J. Ja, dina vänner. Resenärer som observerar förändringarna. Intresserade av dina resor hit, även om det inte alls är samma utveckling där (åttonde akvariet) som här (på Jorden).

D. Tallocks kommer också från nionde dimensionen antar jag?

J. Sex och nio.

D. Sex och nio, samma som Elahim?

J. Ja, ja. Ni föredrar verkligheter som manifesteras på ett sätt som liknar den här, bara lägre täthet så att du kan röra dig mera fritt emellan. Här är du låst, och det är på grund av de händelser som en gång ägde rum här. Det är därför det finns villkor på det här planet, hur du tillåts komma och gå. Du kan som människa inte lämna och resa till ett annat stjärnsystem. Det finns dock de som har tillåtelse att komma till det här planet, och några gör det. Det finns de som håller ett öga på de tekniska framstegen och ser till att de följer den allmänna avsikten för er (framtida) uppgradering, för er utveckling.

D. Har de befogenhet att ingripa?

J. Ja, genom det Nionde Rådet. Det Nionde Rådet håller uppsikt, övervakar, om så du vill, de besökare som kommer hit och deras aktiviteter. Besökarna är våra ögon på det Nionde Rådet. De rapporterar obalanser, främst inom artens mentala sfär, eftersom det kommer att spegla den utveckling ni försöker ta er an när det gäller teknik och vetenskap, såväl som era energiresurser. Andra Råd observerar de emotionella obalanserna och ser till att allt sammantaget kommer att vara ultimat för nästa nivå av själar att komma in. Rapporter från flera besökare, men de rapporterar till olika Råd. Ophelias Råd har uppsikt över programvaran, om du så vill, och vi hårdvaran. Besökare som kommer hit, som ni kallar utomjordingar eftersom de inte är födda här, de kommer inte från det här planet, men de sänds hit och beviljas inträde av det Nionde Rådet, såväl som andra Råd. De ingriper, men på grund av människors rädsla för det okända, så ser de inte deras närvaro som något positivt.

D. Är några av dem ansvariga för sädescirklarna?

J. Ja. Men inte de vi jobbar med. Men det finns en grupp som samarbetar med Rådet på den Andra. Skojiga små varelser. De vill bli sedda, och de arbetar tillsammans med en art som har förmågan att lämna mer synliga avtryck. Människor är fascinerade, men de fruktar det okända. Där har du det.

D. Själarna bland dessa utomjordingar, är de från några speciella dimensioner?

J. Ja. Främst från Sjätte och Sjunde. Medan andra, själarna från den Femte som nämndes, de hör hemma här. Den delen av besökarna från den Sjätte och Sjunde kanske främst har rest till andra akvarier – vilket betyder att de är här i den form de känner sig mest bekväm med (*manifesterad*). Och eftersom de var här före dig känner de sig hemma. Men när det dominerande däggdjuret introducerades, flyttades de till ett annat frekvensband i det här akvariet – gömmer sig bakom en energivägg, om du så vill. Om du tar ditt akvarium – och jag säger inte att alla (*besökare*) bara hör hemma här – som jag sa, en del kommer från andra akvarier, om de kallas in av Råd som tycker att deras expertis är av värde för uppdraget här. Men de varelser som bebodde Jorden före människorna har tagits bort från era gator, så att säga. Men de gömmer sig bakom ett frekvensband, i närheten. Om du tar ditt kosmiska akvarium, så bär den på en vibration som är känd och hörd alltigenom. Men inom den melodin finns avvikelser, och den skillnaden ger upphov till en våg som rör sig utifrån och in. Den vågen har möjlighet att få evolutionen att röra sig snabbare eller långsammare. Just nu befinner du dig i vågdalen, och du rör dig uppåt – jag försöker ge dig en bild här. Andra väsen som hör hemma här kan vara på toppen av vågen och tittar ner, men du har ingen förmåga att se uppåt. Du är begränsad inom ditt synfält, ditt medvetandefält, men inte de, eftersom de befinner sig på en högre frekvens i ditt akvarium. De befinner sig på toppen av vågen.

D. Jag förstår.

J. Om en art eller ett väsen tillåts vara på toppen av våglängden har de också förmågan att resa. När du är försatt i viloläge, i vågdalen, betyder det att du är begränsad i din upplevelse och vad du kan se och förstå. Allt följer den här vågen. Alla system, galaxer i varje akvarium, går igenom en cykel av lärande, (*vilket betyder*) en cykel av upplysning, och en cykel av mörker. Du befinner dig, under de senaste 2000 människoåren, i den dalen. Kanske lite längre, säger Ophelia. Det där med siffror är knepigt. Men du är i den dalen.

D. Nåväl, det ökar åtminstone nu.

J. Ja, ni rör er gradvis, eller drivs av denna energi, den här vågen, uppåt, närmare ett ljus. Så se det som ljus och mörker, se det inte nödvändigtvis som bra eller dåligt. Det är helt enkelt lärdomar - inget mer. Det har funnits tillfällen då andra civilisationer snabbare föll ner i vågdalen, och det berodde på tekniska framsteg som alls inte var några framsteg. De backade, de gick inte framåt. Det skedde ingripanden. De ögon som sänds ut för att övervaka detta, svävar på toppen av den här stora vågen, och ser till att vi vet exakt vilka förändringar och vilken hjälp vi kan bistå med, för att en verklighet ska gå in i en annan nivå av lärande. Det handlar inte om ett straff, även om människan tenderar att se mörker som ett straff. Du går igenom samma våg av lärande i andevärlden. Där anses mörkret vara en tid för eftertanke, så du reflekterar och du lär dig; reflekterar i mörker, lär dig i ljus. Här har det setts som ett straff. Mörker är inte ett straff; det är en tid för dig att ompröva din omgivning, dina handlingar och val. När du är i ljuset lär du andra, de som är i dalen. Det finns ingen skillnad mellan de andliga verkligheterna och de kosmiska akvarierna; här verkställs det bara som form. Vissa former är flytande, andra är gas, men det är samma upplevelse, oavsett om du befinner dig i en manifesterad verklighet som ett akvarium, eller om du befinner dig i din andliga hemmabas. Hemma kommer du inte kalla det ett straff, att vara i vågdalen. Du kommer att välkomna det faktum att det är dags för eftertanke. Om du bara kunde se detta (*tiden på Jorden*) som en fantastisk möjlighet att starta om ditt, dina grannars och din arts medvetande. Om du bara kunde se det som en möjlighet att nå ljuset. Det är inte alltid så att om du är i ljuset, kan du bara göra tummen upp, för så småningom måste du reflektera. Du kommer att behöva möta den avgrunden som betyder eftertanke inom dig, oavsett om du är en enstaka själ, en enstaka person, en människa, eller om du är ett stjärnsystem eller hel galax. Förstår du vad jag försöker säga dig?

D. Det gör jag.

J. Där har du det. Det finns någon här. (*Bob svävade uppenbarligen i närheten och väntade på sin tur.*) Vi lämnar ämnet för den här gången, men du kommer att få mer information, tilldelas fler nivåer och lager när du går vidare i ditt arbete.

D. Kan jag ställa en fråga innan du går?

J. Javisst.

D. Så, den här vågen som rör sig från en topp till en dalgång, är den relaterad till en enskild art, eller är det hela planeten, eller solsystemet eller galaxen? Stiger allt upp och faller tillsammans?

J. Du kan se den här vågen i många olika former. I den större skalan har du den stora vågen i akvariet som omger alla närliggande solsystem, ibland även galaxer. Just nu, för att ge dig en bild av den här vågen, ligger Vintergatan i vågdalen. Andromeda är högre upp på vågrörelsen, våglängden. Det är en närliggande galax, men den är fortfarande en del av vågen. Den här vågen kommer också att förekomma i en mindre version, när det kommer till mänskligt medvetande, när det kommer till personligt växande. Miljön, naturen, har också sin egen cykel och våg, men den påverkas av andra energifält. Arten, människan som grupp, som civilisation, följer också en kurva; ni följer också en våg som speglar den stora vågen. Så din galax, Vintergatan, ligger i vågdalen; det innebär att den påverkar och färgar av sig på arten, på dem som upptar kropp eller form i den galaxen. De som upptar formen i galaxen Andromeda – som har stigit lite i den här vågen och rör sig en bit ovanför dig – de har redan gått igenom utmaningen med reflektion och handling. De har förstått hur förbättringar kan uppnås. Först och främst måste du vilja söka ljuset. Om du bara är nöjd, sitter ner och tycker allt är som det ska, eller om du är överväldigad av mörkret, reflektionen, kommer du inte att söka ljuset. Det är inte ett mörker på ett dåligt sätt. Det läggs på dig så att du stillar dig, och börjar mäta din verklighet kontra dina övertygelser och dina behov och känslor. När du är i ljuset är du mer rörlig. När du är i vågdalen tvingas du vara stilla. (*Hans röst förändrades och blev mer lekfull när han avslutar sin föreläsning.*) Se det som årstider, om det är lättare för dig. Du är i vinter för tillfället, du fryser och försöker hålla dig varm inombords. När sommaren kommer tar man gärna på sig baddräkten och man flyttar ut och gör resor. Det är lite så det är. Se det som årstider, om det är till hjälp för dig. Det är inte sommar i Andromeda; Det är tidig vår där. Du befinner dig dock i den mörkaste novembermånaden. Så det var allt.

D. Stort tack. Det var till stor hjälp, jag uppskattar den informationen.

J. Människans medvetande är också i slutet av november. Det är ett sätt att rent generellt se hur evolutionen fungerar. Använd årstiderna som en måttstock, så kommer du att se och uppskatta de lärdomar som kommer i din väg. Vissa njuter av hösten, njuter av mörkret som kommer på hösten och på vintern. De är lättare att nå än de som bara strävar efter sommar. Så det var det, se det som årstider.

D. Nåväl, min vän, stort tack för att du kom idag.

J. Oh, så gärna, så gärna.

D. Jag uppskattar alltid dina samtal.

J. Vi talas vid hela tiden. Vi ses här hemma. Elahim.

D. Elahim.

Ari: Färgerna som visar ett Andligt Framgångsrikt Liv (15 juni 2019)

När vi får personlig information eller instruktioner om hur de vill ha sina ord framställda är det ibland oklart om de avser att det ska publiceras. Det här är en sådan session. Men vi tar med det eftersom Ari håller ett mycket intressant föredrag om hur de väntar sig att människor kommer att ta till sig olika delar av deras lärdomar på sin egen andliga väg. Sedan beskriver han hur en själ som lämnar vid döden kommer att se avtrycket av sitt liv i en viss färg. Själen förstår till fullo vad färgerna betyder. Men för att göra det lättare för oss förklarar Ari några av de allmänna kategorierna. Ari berättar också hur en själ fördelar sin energi inom den fysiska kroppen, och hur den fördelningen sedan påverkar hur själen får input från de omgivande energifälten.

A. Det här är Ari.

D. Hej, Ari.

A. Hur mår du? Framgångsrik i ditt arbete?

D. Förhoppningsvis. (*Vi hade precis publicerat den första delen av Memoarer från den Andra Dimensionen.*)

A. Ja, vi har uppmärksammat den stora ansträngning ni har lagt ner på den här Första delen, och det är en stor glädje i alla dimensioner, som ekon från den Andra. Det är stor fest där nere. Och Bob har kommit och stolt delat med sig av den fantastiska nyheten om sin första mänskliga publikation, som han kallar det. Så, det är helt klart en enorm glädje, när vi tillhandahåller gåtor. Inte bara för dig, utan för mänskligheten, så de kan försöka lösa gåtorna och hitta sina egna nycklar. Vissa berättelser i alla dina skrifter, all information vi tillhandahåller, kommer att kännas olika relevant för olika människor. Och de kommer att snubbla över informationen på sin egen livsstig och försöka utveckla sin egen gåta, sin egen berättelse; och det är vad vi hoppas på med alla vågorna (*i Helig Design-serien*). Vi säger inte att alla delar i böckerna, all information, kommer att väcka samma intresse hos alla läsare – det är inte det som är meningen. Men sätt inte ribban för lågt. Du ska sätta ribban på den utvecklingsnivå du befinner dig nu, eftersom det finns flera där ute som törstar efter en större förståelse, inte bara sådant som kan ha sagts tidigare, bara annorlunda paketerat. Så du måste bryta genom barriärer, du måste tränga in på djupet av etablissemanget, till och med den andliga gemenskapen. Den andliga gemenskapen som du på något sätt redan tillhör. Men de behöver också en liten väckarklocka. Vi ser tendenser till ett behov av hierarkier, även bland dem som förkunnar att de är andliga och kopplade till ljuset. Många av dessa böcker på marknaden, har det generella budskapet att inte placera dig själv på toppen av en pyramid, på ett speciellt plan i en kontorsbyggnad, på ett speciellt ställe runt bordet på din arbetsplats. Ingen av er är mer unik än den andra. Ingen av er är mindre viktig. Vad vi ser är en tendens (*för människor*) att förkunna att de sitter inne med frälsningen, upplysningen, när det bara är du själv som kan finna det, när du utvecklar din egen gåta. Varje resa är unik. Det är därför materialet i dina skrifter måste vara brett. Sänk inte ribban. Vi kommer att gradvis tillhandahålla ny information för att höja ribban. Annars skulle det för det första inte kännas inspirerande. Man skulle tappa intresset för att utforska sig själv, men dina läsare, som ökar i antal, kommer att kräva fler nycklar till deras egna gåtor – och det är vad du är här för att ge. Eftersom du redan har öppnat dina egna lås, förstår du hur det fungerar i andra akvarier. De (*utomjordingar*) är här för att ge sig tillkänna. De är olika, precis som ni människor. Vissa är vetenskapliga, andra är känslostyrda. (*Ari menar att existenser från andra akvarier kan arbeta utifrån antingen mentala eller känslomässiga verkligheter.*) Återigen, när olika akvarier ger sig till känna, kommer det att trigga din publik på olika sätt. Alla kommer inte att förstå och vara dragen till en vetenskaplig linje eller kunskapsström. Medan en vetenskapligt eller logiskt lagd person kommer att bli uttråkad av alla känslobudskap. Så du måste förmedla båda. Det är därför vi är flera här och tillhandahåller information olika paketerade. Ni båda är mer dragen till logik, vetenskap, fysik, astronomi, men ni måste tillhandahålla det med ett mänskligt språk, och det är det som är konsten. Det är lättare att paketera en känslomässig verklighet i ett mänskligt språk än den högre vetenskapen om fysik och astronomi.

D. Tycker du att jag har förklarat saker och ting tillräckligt bra?

A. Ja, du är en människa. Du skriver utifrån din själ, men du vidarebefordrar det så människor förstår. Och du får hjälp av din Lille Vän (*Bob*), som ser mycket annorlunda på saker och ting, som rapporterar om mycket komplexa problem eller ämnen på ett mer lättsamt sätt. Och det är viktigt. Hans roll är extremt betydelsefull i det här projektet, totalt sett. Att bara skicka ut honom med hans små goggles och ficklampa, bara skicka ut honom i olika akvarier – vilket jag är säker på att han gärna skulle vilja – för att bara ge sin synvinkel på olika verkligheter, olika ämnen. Det gör att det är lättare för en människa att relatera till.

D. Hur viktigt är det att folk förstår de olika kosmiska akvarierna?

A. Inte så viktigt. Det kosmiska akvariet, mysteriet och djupet, avgrunden i varje akvarium kommer bara att intressera ett fåtal – de som av naturen är sökare. Förvänta dig inte att den gängse läsaren vill dyka så djupt.

D. Jag var orolig över att lägga in för mycket information om solsystemet i Bobs bok.

A. Det är viktigt, eftersom du själv, på sätt och vis, är ditt eget solsystem. Det är viktigt för människor att förstå bron som leder från ditt solsystem till allt utanför – galaxer, akvarier, mittpunkter, svarta hål som du kallar dem, som är stillheten i varje skapelse. Varje akvarium är en skapelse i sig själv. Men jag säger igen, lägg inte ribban för lågt; du har läsare som längtar efter djupare kunskap om universum, som kommer att inleda sitt eget sökande och sin förståelse utifrån de ämnen du tillhandahåller. Det är tänkt att det ska skapa en ny bas inom flera områden: vetenskap, religion, andlighet, social aktivitet inom din art – att förstå att du är här bara en bråkdel av en sekund. Vad gör du när du inte är här? Även om det bara är en sekund, skapar ditt avtryck på det här planet och bland andra själar ett större fundament som andevärlden kan observera, liksom du själv när du återvänder. Vi vill att människor ska fokusera på avtrycket som de gör i sitt nuvarande liv där de befinner sig, att se bortom lidande, att förstå att om någon själv lider så är det för att skapa möjligheten att hela sig själv, att hela andra genom sin egen berättelse. Din vän, S— (*en vän i Sverige*), har redan löst den gåtan. Hon gäckar etablissemanget genom att uppvisa självläkning och helande av det fysiska utifrån en känsla av glädje som verktyg. Mänskligheten ängslas när de lider, istället för att finna lösningen på det lidandet, genom att ändra sitt tänkesätt, att anamma utmaningar på ett nytt sätt. Du är bara här för en sekund.

D. Det är verkligen lysande.

A. När du återvänder genom den Fjärde (*den mentala sfären runt Jorden, där du först går in efter döden*), har du förmågan att se tillbaka och se ditt avtryck, den första synen på ditt liv. Avtrycket kommer att visas i färger, alla färger representerar olika avtryck. Om du lämnar bakom dig en röd prick, kanske du har lämnat i ilska, du kan ha varit för självupptagen med din egen person. Rött, i det här fallet, indikerar ett avtryck där du måste återvända och se på saker som utlöser din ilska. Det är inte samma sak som att rött är dåligt. Färgerna är olika sätt, programmerade i en själ, för att förstå olika lärdomar. Att lämna Jordens plan, övergå till den Fjärde, se på (*för att se ditt*) avtryck, men färgerna är inte alltid detsamma som vad de representerar när det gäller andra lärdomar – gör inte den kopplingen. När en själ lämnar och ser grönt, betyder det att de lämnar ett avtryck av balans – en balans mellan sig själva, andra, djurlivet, naturen och alla sina läxor som de kom för att arbeta med. Grönt representerar balans – uppdraget avslutat. Gult betyder att du lämnar ett liv som var mycket aktivt, att du kanske har haft för bråttom igenom dina upplevelser. Du kanske har försummat människor, händelser, möjligheter som kom i din väg. Det gula gör dig varm, det är solen, det får dig att känna dig obegränsad. Alla dessa färger representerar ett sätt att lösa en uppgift. Gult är också en högre vibration av känslor, du kanske har upplevt att du kände dig överväldigad av känslor. I det fallet utlöste din guide färgen grönt för att finna balans när du möter känslomässiga upplevelser, om det var det som uppdraget gällde. Blått, ljusblått såväl som mörkare blått indikerar en andlig resa, där du lämnar ett avtryck av kunskap. Kunskapen kan vara antingen av en emotionell karaktär eller logisk. Du är här för att skapa ett mörkblått avtryck. Du är här för att etablera en koppling till din omgivning, och när jag säger omgivning menar jag inte grannen tvärs över gatan. Jag menar kopplingen till alla kosmiska akvarier, Skaparen och andliga verkligheter. Kända magiker i det förflutna har lämnat mörkblå avtryck. Healers tenderar att lämna ljusblå avtryck. Om själen lämnar alla möjliga färger i sina avtryck, så finns fortfarande spår kvar (*att hantera*) som ett minne av din resa; då kan det vara så att resan var för utspridd. En själ vet, när den kommer in, vilken slags avtryck och färg de är där för att belysa (*och lämna efter sig*). Du kanske inte vet det här i ditt medvetna jag, men det är en del av att aktivera din plan. Och i ditt fall är du här för att lämna och etablera en ny medveten cykel, den mörkblå.

D. Det är en riktigt vacker undervisning.

A. Från andevärlden kan vi se alla dessa färger, alla dessa avtryck, när själen lämnar. Och i egenskap av observatörer som tittar in i den Fjärde, kommer vi att kunna bestämma vilken typ av aktivitet, vilken typ av resor som bör eftersträvas. Om vi ser för många röda avtryck från själar som lämnar, då justerar och korrigerar vi och rapporterar till våra Råd. Vi jämför olika avtryck från Jorden med andra verkligheter som har samma uppbyggnad, samma sätt att utvecklas, och vi drar lärdom och jämför arterna och avtrycken. Det är ett sätt för oss att avläsa evolutionen, framstegen.

D. Jag trodde inte att det fanns så många verkligheter där människor inkarnerade?

A. De reser. Det finns andra platser i andra akvarier, såväl som här, där inkarnationer är möjliga. Den Fjärde är unikt designad för varje verklighet, eftersom den är en bro och en utsiktspost där andevärlden kan observera aktiviteter i form. Men det finns andra ställen där du kan gå in i, smälta samman, med en fysisk form.

D. Separerar det själen från sitt medvetande där hemma?

A. Vissa mer än andra. Om vi tar dig (*människor*) som exempel, så är du mer frånkopplad vid den här tidpunkten än tidigare cykler före dig. På liknande sätt kan andra verkligheter ha en starkare koppling, som du en gång hade. (*Andra planeter har en befolkning som liknar tidigare, upplysta versioner av människorasen.*) Vid den här tidpunkten behöver filtret mellan dina båda identiteter, människa och som själ, justeras. Det är för vidsträckt, och själen försöker göra den andra delen, det mänskliga jaget, medveten. När själen kommer in delar den upp sig i hjärnan, i hjärtat, i olika atomer och biologiska konstruktioner inom det fysiska för att etablera sig. En själ vet, när den ger sig av, var den ska fördela sig för att fullfölja en resa. En själ går inte bara in och fyller upp en del, vilken som helst, som finns tillgänglig i en människa; det är en betydligt större design när en själ kommer in. Nyare själar får hjälp med hur de delar upp den delen av sin själ i olika områden inom det fysiska. Vi kan från de andliga verkligheterna se, hur själen är placerad i var och en av er. Det är därför vi ibland kan se en brist på ljus i huvudet – vilket betyder att du saknar förmågan till högre medvetande. Någon kallade det ett kålhuvud. (*Han hänvisar till Bobs humoristiska kommentar om själar som gräver ett karmiskt dike, så djupt att enbart deras huvud kan ses ovanför marken, som ett kålhuvud.*) Vi kan också se en enorm mängd människor, där själen inte är närvarande i den nedre del av kroppen - vilket betyder att de saknar kopplingen till deras värd, planeten. Men detta kan inte bara tolkas på ett sätt, eftersom du också kan se att om själen är för mycket portionerad eller placerad i underkroppen, då är mottagaren inte på. Det är de passiva. Men du kan förändras under din livstid. Du har en idé när du kommer in och positionerar dig – mentalt, hjärtat, fysiskt (*enligt den idén*). Men själen har, baserat på sin resa, en förmåga att förflytta sig. Återigen, här önskar vi att människor försöker utforska sig själva, för att se var deras själ kanske inte är närvarande eller placerad. Om dina känslor är för dominerande, som de som refererar till sig själva som empater. Empater i en högre form är ljus och härstammar direkt från Källan och från den Sjunde. Men det finns ett perspektiv till känslan av att vara en empat, eftersom många försätter sig själva i en situation av lidande, och det är inte en sann empat. En sann empat är kopplad till ljus och lider aldrig, och är alltid omsluten av ljus. De som förkunnar att de känner andra människors lidande, det är sant, men hur hanterar du den potentialen inom dig? Blir lidandet din identitet, eller stannar du kvar i kokongen av ljus? Sänder du ljus eller ger du näring åt lidandet? Ger du näring åt dig själv eller ger du näring till andra. Vi ser i det fallet att själen är för mycket portionerad och placerad runt bröstområdet, saknar förståelse och balans från underkroppen, såväl som huvudet. Så från andevärlden ser vi allt detta, och andliga guider försöker hjälpa till. Men om det finns för mycket av själen placerad från magen och ner, är den goda aspekten den att de kan känna sig kopplade till Jorden. Men de kanske saknar förmågan att ta emot signaler från själen. Jag hoppas att det här inte förvirrar dig.

D. Nej, det gör det inte. När du säger den undre delen och neråt, är det liksom ett energilager, inte som från naveln till tårna?

A. Den är energimässigt placerad inom dig, och vi kan se hur och var en själ är placerad. Om en själ fyller upp hela människokroppen, då vet vi att resan förflyter som den ska, upplysningen finns där, uppdraget kommer att utvecklas som det är tänkt.

Zachariah: Karmaprogrammet (23 juni 2019)

Zachariah börjar den här sessionen med att tala om några av Bobs elever som precis har utexaminerats från sin guideträning och ska skickas till Jorden. Majoriteten av samtalen om Bob och hans träningsprogram är en del av serien *Memoarer från den Andra Dimensionen*. Men Zachariah ger en så imponerande beskrivning av inkarnationscykeln att vi tar med hans tal här. Det handlar om resan för alla själar som kommer till Jorden, inte bara de som Bob tränar. Zachariah ger sedan en lysande sammanfattning av de olika stegen i karmaprogrammet. Han säger att det är cirka tjugofem totalt och täcker tre breda kategorier: det mänskliga samspelet, själens uppdrag och slutligen andlig anknytning. Ungefär som ett universitet, det finns kärnlektioner och obligatoriska lektioner som själar måste slutföra innan deras Kappor kan vikas. Beslutet om när en själ har uppfyllt sin läroplan tas av deras mentor, guider och Råd som har kontroll. Eftersom varje själ har ett unikt uppdrag och agenda, finns det en hel del variation i de olika vägar en själ kan ta för att uppfylla sitt eget karmaprogram. Vissa av Zachariahs monologer var ganska långa, så jag har delat upp dem i stycken, som visas som på varandra följande Z i vänstermarginalen.

Z. Det här är Zachariah.

D. Hej, min vän.

Z. Hej på dig. Här sitter vi, här är vi igen. Projekt på gång, själar redo för avfärd, sammankopplade med en vän från den Andra. Det är nästan som en examensfest. Jag är säker på att du känner individen bakom idén (*Bob*). Han har helt klart observerat hur en examen går till på Jorden och eftersom de här individerna, dessa själar, är på väg mot Jorden, tyckte han att de borde få en förhandstitt på vad som komma skall, eftersom det kommer att vara flera examenssteg när de kommer in i människokroppen. Och vi har faktiskt snickrat ihop en slags ceremoni för att ge diplom under vägen. Det upphör aldrig i de andliga verkligheterna; du får alltid någon form av en utmärkelse. Men det kanske inte är något som syns, inte nödvändigtvis en medalj; det kan helt enkelt vara installerat i ditt själsväsen att du får access till en högre nivå av kunskap. Bob gillar dock att visa upp sina framsteg på något sätt offentligt och vi ser till att han får det.

Z. Dessa småstjärnor (*från den Andra, som var*) tilldelade (*att vara andliga vägledare för*) själar från den Femte, den första vågen av nya själar från den Femte på väg mot Jorden, kommer huvudsakligen att lanseras – det kanske är fel ord, du kanske tycker att jag borde kalla det inkarneras istället – de kommer att inkarneras främst på norra halvklotet. Flera har valts ut att åka till Kanada. Det finns ett behov av att skydda naturreserver i området kring Alaska. Oljan. Du tappar Jorden på blod på ett sätt som inte är i harmoni med värden. Om du minns i forna tider, ja, kanske inte så forntida, men om du går fem, sex–hundra år tillbaka i tiden, så tappade läkare sina patienter på blod, för att de trodde att det gjorde patienten gott. Det är samma sak här; du tappar din planet på blod. Och det finns flera ingenjörer med miljön som sitt expertområde på väg till den regionen, själar som kommer från den Femte. Vi har naturligtvis haft lektioner om det här och vi har i första hand tittat på hur förändringar när det gäller energiresurser kan upprätthållas och utvecklas. De här är föregångare för själar från den Sjätte. Det måste finnas en helt annan plattform innan Bobs grupp (*hans elever som samarbetar med de små Elahims från den Sjätte*) kan lanseras eller inkarneras. De andra är på väg — det är en stor grupp på väg till Norge. De kommer att arbeta med vatten, etablera nya program som kommer att gynna havet, syrenivån i havet. De är programmerade, skulle jag säga, att utveckla nya metoder för att avläsa syrenivåer i havet, liksom även på havsbotten. Återigen, föregångare som skapar en plattform.

Z. Dessa själar, den här gruppen från den Femte som nu deltar i det här examensprogrammet, på väg mot sin första uppgift, är inte nödvändigtvis – om vi talar om karmaprogrammet – de kommer inte in på det första steget. Eftersom det finns en stark känsla av brådska, kommer de själarna att komma in lite högre upp på stegen i det här karmaprogrammet. Så om vi säger att det allmänna karmaprogrammet normalt innehåller tjugofem steg – det är olika beroende på ditt själsmönster. De som kommer in från den Sjätte kommer att ha mindre än tio nivåer i sitt karmaprogram. De måste fortfarande gå igenom programmet, men det är annorlunda, och det är designat utifrån den specifika själens syfte. Gruppen som vi nu sjösätter, från den Femte, har fortfarande runt tjugotvå nivåer, men de kommer in första gången runt steg nio eller tio. Det betyder inte att de inte kommer att möta nivå ett till nio i ett framtida liv. Men, och det här kan vara förvirrande för dig, karmaprogrammet indikerar inte nödvändigtvis att du kommer in på steg ett, bemästrar det och går vidare till två, och så vidare. Beroende på det kollektiva behovet på planeten och själva destinationen, kan Råden, de andliga guiderna, på direkt inrådan – jag gillar inte att använda ordet "order" – från Skaparen, komma in i det fysiska på ett annat steg än steg ett. Så småningom kommer den själen att behöva möta de lärdomar som hör hemma på steg ett till nio. Det betyder inte nödvändigtvis att de måste gå från att vara, låt oss säga, en vuxen på steg nio, tio, till att återvända till ett liv och vara något av ett spädbarn på steg ett. Stegen är inte nödvändigtvis i nummerordning. Det kan de naturligtvis vara om en själ är programmerad att utföra andra uppgifter. Men eftersom det anses vara lite bråttom, har vi själar som går in i den här verkligheten för att rensa upp lite grann, skapa en plattform för andra själar som kommer in senare. Det betyder att de måste komma in starkare i sitt själsmedvetande; deras anknytning måste vara mer intakt. De kommer fortfarande att behöva bemästra andra nivåer innan de kan vika sin Kappa. Men det viktiga här är att skapa harmoni i er miljö, en medvetenhet om livet. Dessa uppdrag från den Femte handlar om öka medvetenheten om klimatet, om vattnet, hur det påverkar livet och dig själv.

Z. Det finns ett samband mellan hur Jorden mår och hur du mår. Du ser inte det sambandet. Det finns en anledning till att en stor andel vid nuvarande tidpunkt lider av ångest, depression, fysiska ledbesvär. Blockeringar i dina leder är en effekt av den känslan av fångenskap som er miljö befinner sig i. En känsla av förlamning, att inte kunna återuppbygga och läka sig själv. Människan ger inte naturen, och din värd, tid för återuppbyggande och läkning. Vissa saker behöver lämnas ifred, som i dvala, för att alla levande livsformer ska kunna ladda energi, kunna se igenom sig själv, finna källor för helande. När människan stör den tystnadsprocessen, av förmågan till läkning, svarar din värd genom att i tysta vågor sända samma känsla till dig. Det är därför många inom er civilisation och art kämpar med att finna vägen till helande. Det hjälper inte att ta ett piller. Man måste hitta den helande resursen inom sig, och den kan vara unik för varje individ. Det finns ett samband mellan hur du mår som art, och hur världen upplever sin verklighet. Dessa själar från den Femte är programmerade att på många sätt tvinga företag att dra sig tillbaka från nyckelpositioner, Alaska är en. Du har också den här gruppen i Norge som kommer att resa ännu längre norrut, Nordpolen. De är programmerade att förstå polerna, Gaffeln, hörde jag dig kalla det. Det är därför de är placerade i norr, i Norge. De kommer att ge sig av på expeditioner

76 HELIG DESIGN

längre norrut och ta prover från is, vatten, finna balans, bevara Nordpolen, finna stabilitet på Nordpolen. Syd, mer intakt. Nord-

D. Talar du om den magnetiska Nordpolen?

Z. Nordpolen, axeln. De här blivande ingenjörerna är på väg norrut till Nordpolen, ska hitta stabiliteten, stabilisera Nordpolen. Tar prover, vägleds av besökare som hjälper till. Som jag sa, de kommer in halvvägs i sitt karmaprogram. De kommer senare att ta på sig andra uppgifter som är unikt tilldelade dem. De kan förefalla, i de första par liven, lite osociala, även om de flesta själar från Femte är ganska sociala, mycket lika själar från den Andra, på många sätt. Men de är lite avskurna från personliga uttryck och händelser i sina första par liv här. Senare kommer de att ta sig an de mer mänskliga händelserna. Där, det var det.

D. Jag hade några frågor om vad du just har sagt.

Z. Kör på!

D. Kommer det att finnas en ny energikälla eller ett nytt energislag som avslöjas för människor, utöver kolväten?

Z. I framtiden kommer du inte att behöva olja på samma sätt. Det handlar om att ansluta energipunkter som kommunicerar, du kommer att hitta källor för elektricitet som inte skadar din atmosfär. Det är det som är slutresultatet när ingenjörerna från den Sjätte kommer in. De kommer att rensa bland satelliter, skapa ett nät av mycket välfungerande diskar som kommunicerar. De handlar inte bara om kommunikationsförmåga utan det är också resurser för energi. Ett nytt nät. Inte som 5G. Det här kommer att vara mer utspritt, så det inte skadar hela regioner. Energin som du kommer att vara beroende av kommer att vara säkrare och renare. När du ändrar din inställning till energi och resurser, kommer din värd och de högre nivåerna av Råd att ge dig ny kunskap, ny teknologi för en energi som inte skadar dig eller din värd. Det är en förändring på gång, därav brådskan. Ju mer människan försöker bemästra elektromagnetiska vågor och frekvenser på det sätt som görs nu, vilket är skadligt för alla livsformer, miljö, djur, inklusive er själva, vilket skapar oro på alla nivåer, så länge det sker kommer ingen ny kunskap att levereras. Ni måste förstå. På något sätt måste ni lära om, göra om, omvärdera vad energi är.

D. Wow. Tack för den förklaringen. Jag hade en annan fråga. Du sa att själarna från den Femte har till exempel tjugo steg. Kan du ge mig vilka olika typer av lärdomar de måste gå igenom?

Z. Det första, normalt sett, i ett karmaprogram, de första, låt oss säga steg ett till åtta handlar om personliga lärdomar. Nivå nio till femton handlar om själens syfte, uppdrag, vilken avsikt Skaparen och Rådet hade med dig. De sista stegen involverar upplysning, andlig anknytning. De själar som kommer in nu från den Femte, kommer in direkt i mitten – själens syfte, uppdrag – de kommer senare att ta sig an personliga händelser, såsom familjeband, kärlek. Men kärlek är också slutet på stegen i ditt program. En annorlunda sorts kärlek. Kärlekens slutsteg är kärlek till alla, en medkänsla. Kärlek i sin högsta form är medkänsla, kärlek i en lägre form handlar om att älska en individ, att älska dig själv, att älska där du är. Det är fortfarande kärlek, men det är som att säga Kärlek 1.0. Den högsta formen av kärlek är stillhet, tacksamhet och medkänsla. Det är den högsta formen av kärlek.

D. Underbart, tack för det. Du sa att Elahims inte hade så många steg, men när jag kom in hade jag ändå tolv-hundra liv?

Z. Det har ingenting att göra med antalet liv. Det har att göra med mängden (*antal*) steg som lagts in i din Karmiska Kappa, ditt program, ditt unika karmaprogram. De flesta själar, som jag sa, har ungefär tjugofem steg i sitt karmaprogram, det är normen. Vissa kommer in enbart programmerade för en specifik uppgift; de kan komma in med bara sex steg. Dessa själar kommer in och ur en mänsklig synvinkel kan de verka udda. De har inte nödvändigtvis de mänskliga, eller känslomässiga, stegen programmerade inom sig – de har inte nödvändigtvis känslor på samma sätt som andra människor. De själar som kommer in specifikt designade för ett uppdrag verkar på många sätt främmande. På något sätt är de det. De speglar inte nödvändigtvis mänskligt beteende på samma sätt. De sticker ut eftersom de är mer metodiska i sitt förhållningssätt. De är mer syntetiska, så kan man kalla det, i sin personlighet.

D. Är jag sån?

Z. Du hade åtta steg i ditt karmaprogram. Den här har tolv. Beroende på önskan och för vilket behov själen skapades, är alla karmaprogram olika. I det här fallet, beroende på cykel, förmåga och så vidare. Själar som kommer från den Femte har sällan mindre än arton steg i sitt karmaprogram. Det är därför de smälter in bättre. De har ett bredare spektrum som speglar destinationen, känner sig mer hemma här än andra själar.

D. För själar från den Femte, vad är det genomsnittliga antalet inkarnationer som de kan gå igenom, rent allmänt?

Z. Runt fem tusen.

D. Det tar lång tid. (*Jag specificerade inte Jorden, så det kan vara så att några av de 5000 förekommer på andra planeter.*)

Z. Från en mänsklig synvinkel, ja; från en andlig, nej. Det är bara ett sätt att ta del av upplevelser, att få kunskap. Att röra sig genom dina nivåer, ditt karmaprogram, samla minnen, försöka etablera kopplingen med dessa minnen i kommande inkarnationer, att växa, att gå igenom nivåerna i ditt program. Där, det var det. Har du några fler frågor innan jag lämnar scenen här?

D. Jag tänkte bara på att det finns åtta miljarder människor på planeten, och om befolkningen minskar, kommer själarna att få vänta länge på att komma upp till sina femtusen liv.

Z. Det är ett återvinningsprogram, oroa dig inte för det. Men det finns sätt att maximera lärdomarna. Efter en tid kan en själ dela upp sig och använda parallella erfarenheter för att öka sin kunskap. På något sätt ökas kunskapen, men det är också knepigare när du splittras och delar upp dig. Dessa själar som kommer ner nu från den Femte, går in i mitten av sitt program, de splittras inte. De är koncentrerade i sin själsenergi, fokuserade på uppgiften. Som jag sa, de är föregångare till dem från den Sjätte, liksom Sjunde. Sjunde kommer in före Sjätte. Fem, sju, sedan sex.

D. Okej, tack så väldigt mycket för all information.

Z. Oh, absolut ingen orsak.

D. Alltid ett nöje att höra din röst.

Z. Alltid ett nöje att bli uppmärksammad. Huh huh. Där, det var det. Vi ses.

D. Adjö Zachariah.

Nionde Rådet, Gergen: En Historielektion (30 juni 2019)
Den här session innehåller spännande observationer om olika tidpunkter i Jordens historia när besökare var de dominerande innevånarna. Det var Tallocks som talade, men de är medlemmar av och representerar det Nionde Rådet, så det är så talaren betecknas. Ett av deras avslöjanden handlar om ursprunget till den gruppen som de kallar Cellen. Återigen blev jag helt förstummad över kunskapen de besitter om vår planet. De sa att besökarna kom från det tredje kosmiska akvariet, innan det blev lagt i viloläge, och de slog sig ner på någon planet i ett närliggande solsystem. De blev nyfikna på processen av själslig sammansmältning som skedde på

Jorden och kom för att undersöka det för omkring 150 000 år sedan. När de först anlände befann sig Jorden i ett skede av djup nedfrysning under den näst sista istiden. Havsnivån var cirka 100 meter lägre än idag. Kort efter deras ankomst startade den Eemiska interglaciala uppvärmningen, och havsnivåerna steg snabbt till nuvarande höjder. Det förblev förhållandevis varmt i tusentals år, men runt 85 000 f.Kr återgick Jorden till en period av djup nedfrysning, exakt när det Nionde Rådet sa att Skaparen vidtog åtgärder och förändrade atmosfären. Besökarna hade tekniken att styra sol- och kärnenergi, men de genererade elektromagnetiska fält som gjorde att planeten började hettas upp. För dem som är intresserade av en kort genomgång av istiderna och de glaciala cyklerna på Jorden har vi lagt till en sammanfattning i slutet av den här sessionen. (*Det tjänar också som en liten balans till den skrämselpropaganda vi dagligen matas med när det gäller "klimatförändringar" ö.a.*)

Gergen, som även han ingår i det Nionde Rådet, tog över efter Tallock och beskrev hur Skaparen ibland kommer att initiera förändringar i olika system när miljön hamnar i obalans. Han uppmanar oss att visualisera hur vi sträcker oss efter soluppgången, det vill säga ha en önskan av att förflytta oss ut ur mörkret. Han vill att vi ska föreställa oss och försöka skapa en värld som är mer fylld av ljus, och att vi inte ger bort vår kraft till Cellen och de negativa eller tröstlösa idéer de förmedlar genom media.

NR: Vi hälsar dig från det Nionde Rådet. Vi är Tallock, som representerar det åttonde akvariet.

D. Hej, min vän.

NR. Det Nionde Rådet bär på fysiska erfarenheter av, och har manifesterats i, ett flertal verkligheter. Vi samlas för att ge kunskap om hur man kringgår materia, hur man förstår fysik, att inte vara fången i formen. Vi var här långt tillbaka i tiden, flera från olika akvarier. Tallocks är en grupp som bemästrar ljudvågor. Den här (*Seth*) är en vän till oss, vi känner honom väl. Det är därför han inom sig är programmerad att bjuda in dessa varelser som ni kommer att möta från och med nu. De är fysiska, på många sätt, även om de kan anta en annan fysisk form. Under dessa sessioner, när vi tillhandahåller information från olika kosmiska akvarier, kommer vår vän Seth (*Christine*) att ha sällskap av Isak och Tosh på varsin sida, helt enkelt för att han ska känna sig trygg med att bjuda in kunskapen som kommer långt borta ifrån. Vi kommer att börja med att avslöja tidigare möten på Jorden tillsammans med andra, fysiskt manifesterade.

Vi arbetade med att förstå fysikens lagar, eftersom de är beroende av atmosfären hos värden. Andliga verkligheter kan förändra atmosfären runt en värld, en dimension eller ett objekt, som din planet här, beroende på i vilken utsträckning tillträde tillåts i hur man hanterar, hur man arbetar med materia och atomstrukturer. Atmosfären var annorlunda då. Även om ni i er nuvarande form hade den kunskapen, skulle ni inte kunna utföra de ekvationer och projekt som vi gjorde, eftersom er atmosfär är annorlunda. Så länge som ni, hur ska jag säga ... Du gör förändringar i din art, och inser inte att det är du som skapar förutsättningarna för dina upplevelser baserat på hur din atmosfär fungerar. Men det är bara en sida av myntet. Andliga verkligheter har ett inflytande när det gäller accessen till kunskap, baserat på evolution och karma. Karma existerar också på andra verkligheter; karma finns i det åttonde akvariet. Kanske inte i samma utformning som du är bekant med här. Men orsak och verkan finns överallt. Du är omgiven av ögon som observerar de aktiviteter som pågår och vilken access som kan ges. Det Nionde Rådet är ett, Etena ett annat. Det Nionde Rådet har uppsikt över accessen till kunskap, fysik, ekvationer och gravitationsnycklar i flera olika verkligheter. Etena är våra ögon för att ge ljus, helande, empati och medkänsla. Jag tycker inte om ordet "attack", men vi riktar oss till er från två utgångspunkter. Det är därför som en del högkänsliga personer, upplever kaos; de dras och kastas mellan två olika upplevelser som vi försöker förmedla till det här planet. Men det finns en tredje medspelare, Cellen, som fruktar för sitt liv om dessa två sidor, kunskap – medkänsla, (som resulterar i en) förståelse av Källan, skulle segra. Cellen kom för cirka 150,000 år sedan. Det började med en koloni. Upplysta existenser som kom från ett annat stjärnsystem. De du ser idag är avkomman. Det är på något sätt en blodslinje.

D. Var de manifesterade eller fysiska, inkarnerade?

NR: De var inte inkarnerade. Inkarnationen hade ännu inte börjat på det sättet. Femtio–femtio fanns. Själspionjärer, själar som kom som en förening, men inte fullt inkarnerade i det programmet som du arbetar med och för tillfället är fångad i. Det har skett uppgraderingar inom inkarnationsprogrammet, låt oss bara säga det. Det har funnits olika sätt att ta del av en fysisk kropp här, att ha upplevelser. Du ska veta att det till och med, från Ophelias verklighet, fanns de som kom hit och inkarnerade, som du kallar det, i växter. De har en upplevelse av att vara ett träd. Själar som nu fungerar som människor har, långt tillbaka i sitt själsminne, ett minne av att vara ett träd, en växt. De var inte från den andra dimensionen, de var från den Sjunde och Åttonde. Den Åttonde kom in, sammansmälte, som vi vill kalla det, och lärde sig förstå processen med cykler inom olika livsformer, såsom träd och växter. Tro inte att en själ bara kommer in på ett sätt. Du får nu veta att det har funnits en femtio–femtio (*blandning*), själ–Mästerligt Medvetande. Men det har funnits andra projekt, innan, därefter och under tiden, olika sätt att komma hit i det här inkarnations- och sammansmältningsprogrammet.

NR. Cellen som kom för 150,000 år sedan, det var då Cellen började utvecklas. De kom från det tredje akvariet och slog sig ner i ett närliggande stjärnsystem. Det akvariet befinner sig nu i viloläge. De kom när fönstret stod öppet för flera att observera ett nytt projekt. De var intresserade av att komma in i en tredje verklighet, att bli något annat. De var intresserade av att förstå mineraler och energikällor som fanns på Jorden. De var mycket avancerade när det gäller att förstå energiresurser, men de lämnade inte, de stannade kvar här. De gjorde anspråk på energi; de påstod sig vara de som startade upp den delen av den här världen. Det anspråket, som hör ihop med makt – energi är makt – fanns kvar i deras medvetande, i blodslinjen, för andra när de kommer. De reser annorlunda än du. De finns fortfarande här, på ett sätt, och du kanske undrar, hur är detta ens tillåtet eller möjligt? Vi kommer till det. Förstå dock att det finns olika sätt att gå in i en fysisk verklighet och kringgå materia. De kom med kunskap om kraft, energi och hur man kunde använda olika resurser som fanns här. Uran i berg, som på många sätt fungerade som mottagare, de är föregångare till dem du nu ser som försöker etablera 5G. De gjorde samma sak, använde uran och använde berg som mottagare och kraftöverföringscentraler. De som marknadsför 5G – inte nödvändigtvis alla som arbetar med det – men de på toppen, eliten, de som sitter på maktpositionerna för förändringar inom kraft och energi, de är avkommor till denna Cell. När det här inträffade (*150 000 till 85 000 år sedan*) ägde explosioner rum. Flera (*Elahim och Shea*) kom för att städa upp på planeten, och de (*besökarna*) förvisades visserligen, men det fanns fortfarande kvar ett avtryck i er karma, i er atmosfär. Ett minne finns fortfarande kvar och själar som kommer in kan spegla ett gammalt minne eller mönster. Även om de som var här vid den tiden är förvisade och borta, så finns det de som har förmågan att transformera och utnyttja gamla händelser, när de tar sig in i en fysisk kropp. Allt sker i den fjärde verkligheten. De flesta själar kan inte fästa sig vid dessa minnen när de reser in, men det finns de som kringgår vissa lagar, och de kan hitta dessa olika händelser. Som din Lille Vän säger, ta en lapp och stoppa den i kappfickan när de reser genom den Fjärde. Du ska dock veta att de allra flesta inte har den förmågan att hitta dessa mer destruktiva toner som hänger omkring i er energetiska atmosfär, den fjärde verkligheten. De flesta själar, när de inkarnerar, när de reser från, låt oss säga, den femte dimensionen till den fjärde, åtföljs de av ljusvarelser. Det betyder, för att skapa en bild för dig, om du ser bråten som virvlar runt i den fjärde verkligheten, saker som fortfarande existerar som ett minne, så önskar guiderna inte att deras själskamrat på väg mot Jorden ska bli förvirrad av den bråten som flyter omkring som energiminnen. Det finns hjälpare, ljusvarelser, som assisterar själar genom den Fjärde att fokusera på sin Kappa, ha bindel för ögonen så de inte ser skräpet, om du så vill. Men även om nittionio procent får hjälp på det sättet, så finns det en liten mängd själar som fortfarande hittar bråten på sin väg igenom. Det är de som skapar Cellen som du ser nu och de som försöker manipulera energi och kraft.

D. Vilken dimension kommer de flesta av dem från, andligt?

NR. Sjätte, ursprungligen.

D. Var är de nu, om de inte är på Sjätte?

NR. På ett sätt är själar alltid rena - vi rör oss i ett minfält här - men det finns de som försöker manipulera verkligheter som den här, och du kanske återigen tänker, "Hur är det möjligt, hur är det ens tillåtet för dessa själar att gå in en fysisk kropp?" Du ska veta att det finns en okänd plan, en förståelse och erfarenhet bakom allt som händer. Men det finns också den fria viljan, där Skaparen tar ett steg tillbaka, låter själar flyga fritt, att vilja hitta vägen hem. Hem till Källan, hem till det andliga hemmet där de hör hemma. På samma sätt som du förstår hur själar kan bli kvar i den Fjärde, om de inte släpper vissa övertygelser, handlingar eller känslor, så finns det också själar som behöver uppmanas att hitta ljuset. De hör fortfarande hemma och skapas på olika nivåer. Allt utgår från Skaparen, men du har också din fria vilja när du reser till olika verkligheter, där du upplever annorlunda saker. De händelserna kanske inte lämpar sig för andra verkligheter. Som när de från det tredje akvariet kom hit, försökte de kopiera verkligheten i det tredje akvariet. Själen härstammar från den sjätte dimensionen; några hörde till och med hemma i det Nionde Rådet.

D. Och vad hände sedan?

NR: (*Lång paus*) Hmm. Ophelia kommer här och vill se till att informationen vi ger ... vissa saker är bara för dina öron. Du får framöver vara lite mer finkänslig med hur du vidarebefordrar viss information. De som skräms av det som finns långt där ute skulle kunna peka finger och säga att informationen härrör från mörkret. Men vi lyfter fram minnen, säger hon. Det handlar om minnen som har funnits här och skapat myter genom eoner och civilisationer. Vad är upprinnelsen till dem? De som kom från långt därute, inte inkarnerade, mycket tekniskt avancerade, vissa försöker fortfarande få kontroll över era resurser, kontroll över planeten, makt över organisationer. Cellen försöker splittra de sanna signalerna som kommer från andevärlden, som kommer från Tallock och Etena. Det är det som är slöjan. Det verkar som att vi ska lämna det här ämnet nu.

D. Du har nämnt att atmosfären ändrades vid något tillfälle, när ungefär var det?

NR. För cirka 85 000 år sedan skedde ett skifte. Det som utspelade sig med dessa besökare ledde till en omstart, en förändring av livsformer, livsvillkor, arter, även villkor för mineraler. Det var ett svar från Skaparen, som satte ner foten för vad som var tillåtet. Gränser hade överskridits, miljön hade blivit lidande genom deras oförmåga att inse sina gränser, eller gränserna för hur solenergi i kombination med uran kunde utnyttjas. Magnetfält tog över som ledde till att planeten överhettades. Skaparen svarade med en omstart i atmosfären. Detta hade skett tidigare, men då var det en tid när planeten behövde kylas ner. Istider kommer och går. Senare skedde samma sak igen. Då behövdes en nedkylning av medvetandet, handlingar, resurser, atmosfär - olika omstarter. Nedkylning av temperaturen skapar energi. Det kan dock vara destruktivt för miljön och växt- och djurliv, såsom dig själv. Vi ser nu återigen en tendens till att försöka överhetta miljön, arter, växter och djur. Vi försöker göra förändringar för att ni ska förstå att ni inte är odödliga. Ni har blivit ersatta, inte bara fysiskt, utan även i ert medvetande, många gånger tidigare. Fysiskt har det funnits liknande former som du är nu. Dock annorlunda inuti. När vi (*det Nionde Rådet*) upptäcker negativa förändringar genomför vi undersökningar. Ni från den Sjätte, övervakar atmosfären, tillsammans med den Åttonde, och Ophelia förstås. Men du själv är här för att på något sätt övervaka utvecklingen av vetenskap och energi. Det är därför du fick det yrke du har (*petroleumingenjör*). Vi bevakar den branschen genom dig. Det var inte meningen att du skulle göra karriär, stiga i graderna, du blev helt enkelt placerad i den bransch vi ville studera. På många sätt, när du är på jobbet, stiger din själ åt sidan och vi undersöker avsikten, utvecklingen, inom oljeindustrin. Det är som att du bara rent fysiskt befinner dig där för att vi ska ha en anknytningspunkt som vi kan utnyttja i studiesyfte. Du tillåter oss att göra det, och du kliver åt sidan. Lasaray kliver åt sidan. Vi har förmågan att hålla uppsikt över förändringar, utvecklingar, planerade åtgärder och rapporterar till det Nionde Rådet. Vi undersöker vart den specifika branschen är på väg, mentaliteten främst inom industrin för energi och resurser.

D. Det är en girig mentalitet här.

NR. Idiotiskt. Infantilt. Ingen förståelse för balansen. Det finns ingen balans i branschen. Vi ser att vågskålen tippar, utan att man förstår betydelsen av jämnvikt. Om du inte förstår ådrorna i din planet, Gaffeln, att helheten måste fungera för att energin ens ska kunna fungera som du önskar. I en tidigare civilisation, längre bak i tiden, härskade också en girighet när det gällde olja och naturresurser. Responsen från Råd, som det Nionde Rådet, var att oljan gjordes mindre effektiv, den fungerade helt enkelt inte. Vi gjorde oljan tunnare, sämre kvalitet. Främst så att de som försökte kontrollera den skulle förstå att det av någon anledning inte längre fungerade som det skulle. De blev maktlösa. De förstod inte varför det förändrades – det var bortom den specifika gruppens förståelse. Det var ett gensvar från Skaparen som satte ner foten, (*för den gruppen*) för att återfinna balansen, för att de skulle förstå att inte så girigt roffa åt sig. När du har balans mellan arter, planet och resurser, kan det kollektiva medvetandet expandera. Det finns flera aspekter inblandade, när det gäller att tillåta ett högre medvetande eller ljus inom er emotionella potential. Mörker är inte dåligt, det är en polaritet, det är ett tecken på att vissa saker är ur balans. Om människor menar att världen är mörk, då har vågskålen tippat. Det har funnits tidigare civilisationer som var för mycket i ljus; återigen, vågenskålen tippade. Du bör inte sträva efter dag eller natt, sträva istället efter soluppgång, solnedgång - som representerar balans, eftersom det är en spegel av den mörka och ljusa sidan. Sträva i ditt medvetande, inte bara efter ljus. Mörker är inte dåligt. Det är en polaritet, det är en annan vinkel både till

En Andlig Väg 85

ditt medvetande och din verklighet. Verkligheter eller arter, är mest i balans, eller mest i harmoni, när de agerar om du tänker dig soluppgång eller solnedgång. För att ge dig en metafor eller symbolik som du kan förstå. De som bara söker ljus missar att se att vågenskålen tippar, även när det är för mycket ljus. Sök balansen. Det är vad vi ville säga.

D. Tack för det. Det verkar som om världen är nedsänkt i totalt mörker nu.

NR. Ja, vågskålen har tippat. Därför är Etena och andra själar på väg hit från den Sjunde, till och med från den Femte. De från den Femte skickas för att finna balansen i er miljö, för att förstå att ni är känslovarelser. Om er miljö... (*Rösten förändrades lite, och det verkar som att Gergen anslöt till Rådet för att uttrycka sina åsikter i ämnet.*) De kommer att tro att miljön sätter ner foten, men det kommer så klart från en högre källa, men det behöver inte förklaras mer än så. När de ser åska och orkaner och tornados och så vidare, kanske de tror att... (*Gergen gick helt samman och tog över, och talade på sitt mycket glada och trivsamma sätt med ett litet stammande emellanåt.*)

G. Ah. Jaha. Jaha. Jaha. Det här är Gergen, som kommer in kort för att lägga till några detaljer om saken, eftersom jag också finns i det Nionde Rådet. Säg inget till Bob, han kanske ville ta min plats (*skrattar.*) Jag vill bara kort tillägga att kontentan av det du ser i olika väderfenomen liksom även jordbävningar, vulkanutbrott och så vidare är en konsekvens av att miljön på något sätt sätter ner foten. Det är ett arbete som jag, inte personligen, utan Rådet på den Andra, tillsammans med det Åttonde Rådet, presenterar olika lösningar till, när vi lägger fram det på de högre Råden. Och jag besöker faktiskt det Nionde Rådet – det är en stor glädje, mina gamla vänner. (*Gergen är medlem i Rådet och deltar när det finns möten som påverkar den andra dimensionen.*) Jag har rest runt i olika akvarier. Jag har inte nämnt något om det för Bob, det är inte nödvändigt. Han är oerhört stolt över att ha varit i det fjärde akvariet och har träffat Siah och alla andra där, så det finns ingen anledning att trycka upp det i ansiktet på honom att andra har svischat runt hjulet, så att säga.

D. Han antog att du inte skulle skicka iväg honom någonstans, där du själv inte hade varit. (*I Gergens nästa svar nämner han Bobs kostym. I våra tidigare böcker berättade Bob hur Jeshua gav honom en energikostym som helt inkapslade hans kropp, som en rymddräkt. Syftet är att skydda hans själ från de olika vibrationsfälten i akvariet, när han rör sig från den andliga verkligheten till en planet, som Etena. Bob kallar det sin jordnötskostym eftersom han tycker att han ser ut som en jordnöt när han tar på sig den.)*

G. Nej. Det är bäst så, eftersom det skulle komma så många frågor. Jag skulle inte skicka honom någonstans som jag inte själv hade undersökt. Allt handlar om att lägga undervisningen på rätt nivå. Och eftersom han nu har sin kostym känner han sig manad att ge sig av och undersöka andra världar, som han säger. Han har bett den här om kartor eftersom han vet att den här, Seth, arbetar med kartor. Jag–jag–jag har noga påpekat för Seth att se till att han inte kommer över kartorna i det här läget. Vi vill att han ska utforska det fjärde. Det finns andra verkligheter och planeter som existerar i system inom det fjärde akvariet. Det finns ingen anledning att rusa iväg, det finns gott om tid. Så just nu är det dit vi kommer att skicka honom.

D. Jag ser fram emot att få höra om det.

G. Hur som helst, vet bara att de olika förändringarna inom klimatet, väderfenomen, är något av ett svar från Skaparen som sätter ner foten. Att få människan att stanna upp och fundera, varför dessa händelser äger rum. Överhettning, alltför hög värme, till exempel just nu i de europeiska länderna, får till och med regeringarna att tänka två gånger, och det är för att få dem att förstå att de verkligen är känsliga och sårbara inför Moder Jord. I slutändan är det egentligen inför Skaparen som de är sårbara, men vi säger Moder Jord eftersom Moder Jord utför direktiven från Skaparen. Du ska veta att alla planeter har en direkt koppling till Skaparen. Bara för att det är ett objekt, som en planet, betyder det inte att det inte är ett levande väsen som är ansvarig för att skapa och ge – hur kan man säga? — information till andra Råd som läser av systemen. Tallocks är en av dem som läser av systemen. Återigen, vi vill inte berätta för Bob alltför mycket om det här, eftersom han skulle vilja veta vem som läser av hans system (*hans solsystem ö.a.*). För tillfället görs det av Elahims, med dig och så vidare. Men planeten själv, alla planeter, oavsett om det är en fysisk, eller om det är en mental verklighet eller dimension, skickar information till olika Råd, Råd som är starkt kopplade till just den verkligheten. Till exempel finns det ett Råd på den Femte, som i viss mån övervakar aktiviteten som Jorden sänder ut. Allmän information, inte bara om arten. Det finns andliga guider som verkar i det avseendet, och det finns också de Råd som övervakar informationen som världen, Jorden själv, sänder ut så att de ska veta hur bäst möta händelser och göra förändringar. Det finns en känsla av, öh, hur kan man säga? — lite lamslagenhet hur man ska lösa problemen. På många sätt är det därför det kommer en stor mängd själar från den Femte, som också har guider från den Andra, som Bob har varit en del i att träna. Det är för att i någon mån balansera vågskålen, så det blir mer soluppgång. Jag skulle säga att mentaliteten som din planet behöver omfamna är just soluppgången, lämna natten. Du behöver inte tänka så långt framåt som att gå till dagen, du kan bara börja med att tänka, "Jag ska gå från natt till soluppgång." Det kommer att ta dig långt. Du kan se det så här, om du har dessa fyra olika faser: natt, soluppgång, dag och solnedgång. Och du har ett kretslopp som så att säga, cirkulerar, det är ett sätt för dig att förstå var mänskligheten och medvetandet befinner sig. För tillfället befinner du dig i natten. Och du kan inte bara hoppa från natt till dag, du måste först passera soluppgången. Och det är resultatet och prestationen, att få den här verkligheten, den här nivån av medvetenhet som du är i, att gå från natt till soluppgång.

D. Det kan också relateras till det som andra har pratat om – vågorna och människor som befinner sig i en sänka? Vår planet och vårt solsystem beskrevs som att vara i en sänka på den energivågen?

G. Vad är en sänka?

D. En lägsta punkt.

G. Aah, ja precis. Ja, du är i ravinen, i vågdalen, och du måste röra dig uppåt. Men man kan ju inte gå från en ravin, direkt opp till toppen? Du måste klättra dit, och på vägen till toppen måste du passera soluppgången. Så sikta på soluppgången innan du siktar på dagen.

D. Det är ett riktigt bra råd, att sträcka sig efter ljuset, istället för att omfamna mörkret.

G. Omfamna soluppgången. Du kan visuellt föreställa soluppgången. Och det här är generella cyklerna som alla verkligheter färdas genom, alla akvarier. Siahs verklighet, de är på dagen. Det var därför den Lille, vår vän Bob, upplevde att det var så ljust. Det har ingenting att göra med bara att solen är uppe; hela verkligheten är i dagtid. Så småningom kommer den verkligheten också ... alltså, de har redan gått igenom hela cykeln, men generellt sett föds du och sedan reser du. En verklighet går igenom alla dessa olika upplevelser: natt, soluppgång, dag, solnedgång, så att säga. Och när de har slutfört cykeln kommer de normalt att hamna på dagtid, ungefär som Siahs värld.

D. När den cykeln är över, genomgår den då en mörkare igen?

G. Om–om–om det fortfarande finns lärdomar kvar att lära för den specifika arten, eller verkligheten, galaxen eller akvariet, så kan det absolut bli så. Det finns inget som säger att det bara är en resa runt. Vissa kommer att slutföra hela cykeln. Etena, till exempel, har gått igenom två eller tre rundor. Den här verkligheten är för närvarande i den åttonde, åttonde natten. Det är inget som säger att bara för att vi får er alla att gå upp till soluppgången, och sedan, huh huh huh, tusen år senare är ni i dagtid och då, "Yesss! Uppdrag slutfört!" Men allt det här ligger bortom min expertis, eller till och med Oles. Jag är inte säker på att ens han är insatt i det här. Så det finns inget sätt att säga att det tar en viss mängd omgångar genom dessa olika upplevelser. Hur som helst, jag kände bara att jag ville titta förbi och bara ge lite kort input.

D. Tack för det. Jag hade en kort fråga till dig, eftersom du dök upp. Du sa att du är med i det Nionde Rådet. Är jag tillsammans med dig i det Rådet? Och Zachariah?

G. Javisst, det är du. Zachariah är där, Jeshua är där, det finns representanter från många ställen. Bara för att det heter det Nionde Rådet betyder det inte att det finns nio stolar.

D. Jag undrade om det var på den nionde dimensionen, eller...

G. Det är på den nionde dimensionen, men det är också så att det resonerar med nio kosmiska akvarier och nio dimensioner, inklusive min. Så jag finns också där. Men det betyder inte att det så att säga finns nio stolar. Men vi är, hmm, öh, det finns representanter från akvarierna fyra, fem, två, sju, åtta, nio, tolv, elva, tio – olika akvarier finns representerade i det Nionde Rådet och det Nionde Rådet ligger på den nionde dimensionen. Men det finns nio akvarier som representeras.

D. Vilka är undantagna?

G. Tre.

D. Det är i viloläge, eller hur?

G. Precis. Sex, är under uppvaknande, ingen representant därifrån. Det observeras av andra Råd. Och även ett. Ett, tre och sex, är för tillfället inte representerade, av olika anledningar.

D. Okej, tack.

G. Så det var det. Jag ska nog ge mig av nu.

D. Okej. tack för att du tittade förbi. Det är alltid trevligt att prata med dig.

G. Aah. Vi ses en annan gång.

Eftersom de talar om glaciala cykler vet de flesta läsare att Jordens klimat styrs av mängden och fördelningen av solljus som når ytan. Vulkanutbrott, hydratsmältning och andra källor (inklusive mänskliga aktiviteter) förändrar atmosfärens sammansättning och kan orsaka tillfälliga avvikelser från de långsiktiga trenderna. Mängden energi som solen sänder ut mot Jorden kan också variera över tid, vilket inte är så lätt att mäta. Emellertid bevisar empirisk data från iskärnor, rev, glaciärränder på land och havsbotten att klimatet domineras av tre separata cykler, som identifierades av den serbiske forskaren Milutin Milankovitch. Alla tre cyklerna påverkar mängden och fördelningen av solstrålning på vår planet. Johannes Kepler publicerade *Astronomia Nova* 1609, som visar att planeter följer avvikande banor. Mängden avvikelse i Jordens omloppsbana påverkas gravitationsmässigt av andra planeters placeringar. För tillfället är omloppsbanan nästan cirkulär, så det södra halvklotet i juli får samma mängd solstrålning som de nordliga breddgraderna i januari. Om 50 000 år kommer Jordens bana att vara mer elliptisk, vilket orsakar en större variation i energin från aphelium till perihelium. *(Det vill säga när Solen står längst bort respektive närmast Jorden ö.a.)* Den kortaste av Milankovitch's cykler är den 25 700-åriga precessionen, där orienteringen av Jordens lutande rotationsaxel rör sig i en cirkel (Polstjärnan flyttar sig). Den tredje cykeln är snedställningen, som tar 41 000 år när lutningen går från 22,1 till 24,5 grader och sedan tillbaka. Glaciala perioder startar när ett sammanflöde av dessa tre cykler orsakar låga polära temperaturer och en ansamling av havsis. Baserat på data från CENOGRID, som använde foraminifera skal *(skal efter encelliga havslevande djur ö.a.)* för att analysera klimatet under de senaste 200 miljoner åren, har temperaturen och CO_2-nivåerna på Jorden sjunkit under de senaste 50 miljoner åren och är nu mycket, mycket låga. Jorden gick in i den kvartära istiden för 2,6 miljoner år sedan (som vi fortfarande befinner oss i), och den långsiktiga temperaturtrenden fortsätter nedåt. Du skulle inte kunna tro det när du lyssnar på dörrknackarna som försöker sälja in och försöker få dig att acceptera koldioxidskatter, rädsla och totalitär världsdespotism, men Jordens temperatur styrs nästan helt av solstrålning (insolation). Det finns en cykel på ungefär 100 000-år, där glaciärer byggs upp under 70 000 till 90 000 år, följt av en snabb uppvärmning och en mellanistid som varar i 10 000 till 25 000 år. Vi befinner oss för närvarande i den holocena interglaciala perioden, som började omkring 10 000 f.Kr. Vi ska inte oroa oss för CO2, utan istället bör vi avlägsna alla kemikalier, gifter, GMO, elektromagnetisk strålning och geotekniska nanogifter som sprutas ut i miljön. De är de verkliga farorna för allt liv på Jorden. Koldioxid är för växter vad syre är för människor, en välsignelse. Det ger inget stöd för fortsatt oljeutvinning, eftersom våra andliga rådgivare varnar för det också. Den (sanna, inte politiska) vetenskapsakademin är medveten om att vi går in i ett solminimum som kommer att få planeternas temperaturer att sjunka ännu mer. Solens effekt varierar också, delvis beroende på påverkan från planeternas gravitation. Solfläcksaktivitet följer en 206-årig cykel, tillsammans med en mindre 11-årscykel relaterad till Venus, Jorden och Jupiter. NASA förutspår att vi nu går in i det svagaste solmaximum under de senaste 200 åren. De kommande tre decennierna kommer att få se kallare väder på norra halvklotet, vilket kan orsaka matbrist och sociala omvälvningar, på samma sätt som det har gjort tidigare, och kan dra igång nästa cykel av nedisning.

Den här långa förklaringen av glaciala cykler är resultatet av research som bekräftar den information som vårt andliga team har gett oss. Baserat på bästa tillgängliga data upplevde Jorden verkligen en global uppvärmningstopp från 90 000 till 85 000 f.Kr. Tallocks hävdar att besökarna låg bakom en upphettning av delar av Jorden genom sitt missbruk av energi. På grund av deras handlingar ändrade Skaparen och Råden atmosfären för 85 000 år sedan, vilket inledde Wisconsin-glacial-perioden. Och de förbjöd också besökarna att återvända. Den vetenskapliga ortodoxin tolkar de olika processerna på planeten som förhållanden av orsak-och-verkan inom ett slutet system. Men alla naturliga system kontrolleras av osynliga existenser, som gör justeringar som upprätthåller harmoni och balans i projektet Jorden. Regeringar och företag leder hela mänskligheten mot en framtid där andarna kommer att behöva ingripa och återställa balansen. Men de åtgärder som vidtas kommer att vara för planetens bästa, inte människans.

Eli: Tesla och Merkaba (7 juli 2019)
Jag visste inte vad en Merkaba var innan Ari nämnde den första gången i april 2018, under ett tal som ingick i *Andra Vågen*. När jag

bad om en förklaring sa han, "Det är en helig symbol, geometrisk form, hur du kan lämna den fysiska kroppen. Se det ungefär som en pyramid och föreställ dig att du sitter i den pyramiden, en energetisk sådan - pyramidens form är också helig – och föreställ dig att du sitter i den här pyramiden. Det här är inget nytt, många använder det i meditation, men utan förmågan att förvandla pyramiden till en Merkaba. Merkaba liknar en pyramid som snurrar och blir till en form av flera. Och det var så de gamle, i forntiden, kände till hur de kunde lämna den fysiska kroppen, lämna den parkerad och stiga upp i det kollektiva medvetandet, molnet ovanför, och samla information. Det är förklaringen till att det finns tempel och symboler i olika områden i världen, som liknar varandra. Om du studerar Merkaba kommer du också att få en nyckel till hur Elahims arbetar."

Eli använde ordet Merkaba för den tredimensionella geometriska formen av en stjärnformad tetraeder. Han beskriver en visualiseringsteknik som användes i förhistorisk tid under ritualer för att få access till den fjärde dimensionen. Ett minne av denna praxis fördes vidare till det gamla kungariket i Egypten, men då kunde bara ett fåtal shamaner använda metoden. Människokroppen hade rekonstruerats för att förhindra en enkel tillgång till kunskap. Ursprunget till ordet, Mer-ka-ba, är förmodligen tidigt egyptiskt eftersom ordet för en pyramid var mer. Symbolen för ka är två uppsträckta armar, och symbolen för ba är en fågel med ett människohuvud. En tolkning av hieroglyferna för mer-ka-ba skulle då kunna vara en pyramidform som gör det möjligt för det mänskliga medvetandet att flyga in i en annan verklighet, som Ari beskrev. Jag har inte lyckats hitta exempel där mer-ka-ba var nedskrivet eller inristat, även om det kunde förekomma i begravningstexter associerade med mumifiering eller livet efter detta.

Bara så att det inte ska uppstå någon förvirring eller missförstånd, det sätt som Eli använder ordet Merkaba har inget samband med hur det används i andra källor. Människor kan till exempel känna till ordet Merkabah från Zohar, en samling berättelser som ligger till grund för kabbalismens tolkningar av de folkloristiska berättelserna om Moses. Hur det i praktiken gick till var dock okänd för romartidens skriftlärda och fariséer, annat än som muntliga legender om förlorad kunskap.

Ungefär ett år efter Aris beskrivning tar Eli upp Merkaba igen, i förhållande till Nikola Tesla. Bland de hundratals sidor av outgivna transkriptioner har vi lärt oss att Tesla var en Elahim som tidigare inkarnerat som Sokrates, Leonardo da Vinci och Johannes Kepler. Denna speciella Elahim är medlem i det Nionde Rådet och har i uppdrag att komma till Jorden vid olika tillfällen i historien, när en förändring i det mänskliga medvetandet är nödvändigt.

Sokrates var grundaren av den etiska filosofin, på vilken det ryktas att det västerländska samhället ska vara baserat. Han ställde sig avvisande den skara gudar som tillbads av grekerna på den tiden. Sokrates hävdade att han vägleddes av en inre gudomlig röst som alltid talade om för honom hur han skulle handla, och han uppmanade människor att finna gudomligheten inom sig, på samma sätt som han hade gjort. Det fick honom till slut avrättad av dåtidens småtyranner, men hans lära levde vidare.

Leonardo da Vinci avfärdade också den religiösa tolkningen av gud, men trodde på sökandet efter något högre än oss själva som skulle vara till gagn för alla. Leonardo målade bara för att försörja sig. Hans verkliga intressen var medicinsk vetenskap och teknik. Han dissekerade kroppar och analyserade designen och funktionerna, och producerade de första anatomiska skisserna av hjärnan, hjärtat, ryggraden och musklerna. Leonardo kunde ha publicerat sin forskning och fört medicinsk vetenskap med århundraden framåt i tiden, men den katolska kyrkan skulle ha förföljt honom på grund av hans obduktioner.

Johannes Kepler menade att det fanns en geometrisk ordning i universum som representerade Skaparens harmoni. Kepler var väldigt andlig och studerade för att bli präst i den protestantiska kyrkan, men tvingades istället bli lärare och matematiker. Han vägrade att konvertera till katolicismen, men han vägrade också att underteckna den lutherska konkordieformeln och blev exkommunicerad från den protestantiska kyrkan som ett resultat därav. Han forskade om ljus och ljusets brytning och publicerade *Astronomia Pars Optica* 1604, vilket gjorde honom till grundaren av modern optik. Med hjälp av data som samlats in av Tycho Brahe (som också han var en Elahim), etablerade han de tre lagarna för planeternas rörelser i vårt heliocentriska solsystem. Han var också intresserad av de platonska formerna då de relaterade till planeternas omloppsbanor, och betecknade Merkaba-strukturen av två sammanflätade tetraedrar som stella octangula, som är latin för "åttauddig stjärna". Han förstod att det fanns en andlig design bakom hela skapelsen.

Nikola Tesla uppfann radion, röntgenfotograferingen och induktionsmotorerna som driver de elektriska växelströmssystemen som vi alla är beroende av idag. Han designade det första vattenkraftverket för växelström vid Niagarafallen, Tesla-spolen och många andra uppfinningar som har hemlighållits för eftervärlden. Hans idéer hjälpte till att driva samhället in i den "moderna" tidsåldern. Eli sa att Tesla var en mystiker som förstod det energisystem som använts av utomjordiska besökare på Jorden, och han försökte återuppliva den vetenskapen och ge gåvan av fri energi till världen. Han belönades för sina ansträngningar genom att bli förtalad och bestulen på upphovsrätten till sin forskning av Cellen. Han dog utblottad och i stort sett bortglömd, men de fotspår han lämnade efter sig ledde hela världen i en ny riktning.

Alla dessa fyra personerna var Elahim-inkarnationer, som agerade på uppdrag av de olika Råden för att introducera nya sätt att tänka. En egenskap som de alla delade var modet att leva efter sin egen övertygelse, även om de därigenom löpte stor personlig risk från dåtidens styrande sekulära eller religiösa militanter. Elahim arbetar med intellektet och för fram idéer som strider mot de allmänt accepterade uppfattningarna i samhället. Eli berättar att alla Elahim, var och en av dem, försöker lämna efter sig information som kan kännas igen och användas av en senare inkarnation från samma familjegrupp av Elahim. Han beskriver sedan hur man får access till information i den fjärde dimensionen genom att visualisera den roterande och spiralformade energin inom en stella oktangula. Det var den metod som användes i förhistorisk tid av shamaner och de som tränats i konsten av astral projektion.

E. Det här är Eli.

D. Hej, Eli.

E. Hur är det med dig, lillebror?

D. Bra.

E. Hur har vår andra lillebror (*Seth*)det?

D. Han verkar må bra.

E. Mer utspridd i sin energi. Han är snabb i den meningen, reser lättare i sina tankar. Har en tendens att lämna. Inte på samma sätt som du, (*han lämnar inte det fysiska*), men lämnar saker, lämnar lösa trådar om det inte passar honom. Lösa trådar – människor, situationer – bara klipper av dem om det inte känns spännande längre. En av anledningarna till varför ni är tillsammans är att ingen av er ska ha känslan eller viljan att lämna, eftersom ni är tillsammans. Du känner inget behov av att lämna det fysiska. Den här har inget behov av att lämna om något verkar ointressant. Det är grunden som det här uppdraget vilar på – att ni båda känner er tillfreds, känner er skyddade av den andra, känner att ni är tillsammans på samma sätt som ni är här hemma. Det är det starkaste bandet för ett projekt att blomma ut till sin fulla potential. Det behövdes olika aspekter av era personligheter och livserfarenheter som människor för att ni två i mänsklig skepnad skulle komma samman med full kraft och helt bejaka den andres mänskliga karaktär. Inom er är ni båda lika. Fysiskt, i mänsklig skepnad, gör ni olika val. När ni kom fanns det en oro för om ni som människor skulle finna varandra attraktiva. Inte fysiskt, utan den energi ni utstrålar som människor. Ni gick två olika vägar som människor. Oron bestod i huruvida ni skulle uppfatta kallelsen inom er när den andra närmade sig och dök upp – och det gjorde ni. Det var det största hindret och det största bekymret, eftersom ni i era mänskliga former var designad väldigt olika. Stora ansträngningar gjordes för att se till att anpassningen inom er också skulle spegla den fysiska verkligheten. Den här fick lugna ner sig, ha lite tråkigt i ett par år, känna ett behov av att söka efter något – men visste inte vad. Det var på något sätt som att försätta den här i viloläge, placerad i en istid, om du så vill, innan vi kunde starta om medvetandet, det fysiska, för de kommande händelserna som var planerade. Du, å andra sidan, var tvungen att tända en drivkraft och en eld inom dig fysiskt, som människa, menar jag. Så, var och en av er var tvungen att bejaka ett nytt inslag som människor för att själarna skulle vara i linje när ni träffades. Stora ansträngningar från båda sidor, som förde er båda framåt. Det är sällsynt att ni reser tillsammans, men det är viktigt för att lärorna ska komma fram. Ni gör det här för nästa generation i familjen. De Elahims som kommer i senare cykler kommer att fånga upp kunskapen som ni har lagt grunden för. På många sätt kommer ni inte att se det fantastiska slutresultatet av det här projekt från den här nivån, eftersom det kommer att sträcka sig längre in i framtiden här. Men ni skapar en väg för nya Elahims, för nya själar att gå ner på, och de kommer att fånga upp den kunskap som ni nu tillhandahåller. På samma sätt, för att göra en jämförelse, vissa vetenskapliga rön eller teknik som etablerades för hundratals år sedan, har lagts fram av nya vetenskapsmän med hjälp av befintliga ekvationer. De lade till ny information, och slutresultatet presenterades (*århundraden efter att ekvationerna skrevs*). Många stora pionjärer har inte sett slutresultatet under sin livstid; de sådde frön för kommande själar, ibland även för sin egen återkomst. När (*en viss Elahim*) kom ner som den vetenskapsman som arbetade med energi –

Tesla – och som Tesla, använde han idéer som hade planterats tidigare av honom själv. Så ibland skapar man en grund för ett framtida liv, antingen sitt eget eller för någon annan i familjen. Det fanns kopplingspunkter, lösa trådar som Tesla hittade, lösa trådar som gick 2500 år tillbaka i tiden. Genom att förstå geometrin, ekvationerna för energiflöden studerade han det gamla Egypten och förstod att tornen och anknytningspunkterna däremellan hade skapat ett nät av energi. En del av idéerna är skapade för att plockas upp vid ett senare tillfälle. Det är därför vi ber dig att göra research, eftersom du kommer att snubbla över våra läror, idéer och skrifter.

D. Vilken tidsram och vilka ämnen?

E. Du kan börja med att gå tillbaka omkring 2500 till 3500 år, titta på läran om elektromagnetisk vetenskap i Egypten. Det fanns portaler etablerade som förband punkter. De använde kosmologi för att förstå energiflödet och skapade ett liknande nät som fanns i stjärnkonstellationer. Det är det som menas med frasen "som ovan, så nedan". De skapade ett liknande nätverk som de såg i konstellationerna på himlen, vilket fick energi att flöda, linjer, de använde sig av leylinjer i jorden, befintliga energinät och modifierade energin. Att förstå energin och dess riktning, energiflödet, att förstå energin och vad den för med sig och de möjligheter den besitter – det är en vetenskap i sig. Om du omdirigerar energin, kan du ändra positionerna för satelliter, diskar och sammanfoga strålar där emellan, vilket i sin tur skapar den ultimata förutsättningen för energiöverföring. De gamle i Egypten fick besök av dem som ägde den kunskapen. De tillhandahöll stora diskar, placerade dem vända mot solen och varandra på ett speciellt sätt och skapade därigenom ett nät som fick kraften att flöda obegränsat, fri energi.

D. Är det vad Tesla undersökte?

E. Han studerade, han ville skapa ett sammankopplat nät. Han förstod att svaret fanns precis ovanför hans huvud. Han studerade stjärnkonstellationer, förstod sambanden mellan dem, geometriska former, fysiken bakom positionerna för energicentra och hur man gör det optimalt för fritt energiflöde. Han förstod att det fanns fritt flöde av någon sorts tyst energi som verkar i stjärnkonstellationer, och han försökte spegla det. Han visste att de gamle i forntiden hade haft besök (*av utomjordingar*). Hur visste han det? Han hade en inre kunskap. Det var inget han hade läst, han hade en inre kunskap att studera himlavalvet. Han intresserade sig för astronomi, var fascinerad över hur

96 HELIG DESIGN

energin knöt samman stjärnor, gravitationen, det fria energiflödet som fanns i universum. Han försökte kopiera och spegla det här. Han ville lämna en gåva av ren energi till människorna, något som inte orsakade föroreningar i atmosfären – tyst energi, som i kosmos. I kosmos finns inga föroreningar, bara fri energi.

D. Den informationen togs i beslag och gömdes undan, eller hur?

E. Ja. Men han fann information inom sig som inte kom från böcker. Han förstod inombords och informationen kom. Sätt dig i en Merkaba, visualisera dig själv i en Merkaba. Sitt i den kraften. Visualisera den här pyramidenergin som roterar runt dig. Det är ett sätt för dig att komma åt minnet inom ditt själsminne. Det är ett sätt för dig att lämna kroppen också, om du väljer det. Men det är lättare för dig att visualisera att du sitter i en pyramid av energi. Använd de färger som tilltalar dig. Visualisera och be den rotera. Du själv ska inte rotera, du ska vara centrerad, men det kommer att öppna portalen och inkörsportarna inom dig. Konsten är att förbli centrerad och stilla, som utsidan, atmosfären i den här pyramiden, eller vilken spiral du nu väljer att använda som verktyg. Följer du spiralen lämnar du bara kroppen. Om du centrerar dig själv i pyramiden eller i en spiral öppnas portaler. Detta var vad de gamle visste. De använde aldrig den fria energin på ett sätt som orsakade skada, och de visste hur de skulle få access till olika medvetenhetstillstånd. Om de ville utforska den Fjärde, så roterade de och följde med i detta energiflöde. Man använde sig också av Merkaba eller en spiral; på det sättet lyfte de, de steg upp i den Fjärde och fick tillgång till ny information. Kollektiva minnen, en kollektiv kunskapsbank, precis ovanför ditt huvud. Om de ville öppna själsminnen, portaler inombords, satt de stilla och centrerade sig. Två olika sätt att använda denna farkost.

D. Är det meningen att vi ska återupptäcka något av Teslas verk?

E. Du kan, om du vill. Du kan, men bli inte frustrerad, lägg det inte på dina egna axlar. Du är inte här för att lösa det, det är inte din uppgift att kopiera det livet, du är här för att skapa en grund för nya Elahims i kommande cykler. De kommer att plocka upp det. Men du förstår inombords, så skriv ner det. Tesla kommer att vara en enormt framträdande figur i kommande böcker. Hans upptäckter kommer att nämnas, hans namn kommer att få upprättelse, hans läror kommer att på något sätt att återupptäckas. Det enda du behöver göra är att tänka på att du ska skapa en grund för andra familjemedlemmar som kommer senare. Lägg det inte på dig själv att lösa det. Vad skulle du vilja säga till de små Elahims som kommer i framtida cykler? Vad vill du att de ska tillämpa? Era böcker kommer att tas upp av flera själar från olika verkligheter i framtiden. Vad vill du att de ska omsätta i praktiken, vad vill du att de ska vidareutveckla? Det är så du ska tänka i de kommande böckerna. Du har redan gjort så i de redan utgivna, men nu ska du lägga det i första rummet. Din tankegång ska vara: vad vill jag att familjemedlemmarna som kommer senare ska få veta? Vad vill jag att de ska hitta, lyfta fram och utveckla? De kommer in med nya verktyg som du inte har just nu. Du kan inte lösa allt som vi tillhandahåller för dig, men andra kommer att göra det. De har andra verktyg, andra metoder, annan medvetenhet, annan access. Tänk på vad du skulle säga till någon, eller dig själv, som kommer in med mer medvetande och fler verktyg – det är så du ska tänka.

D. Jag förstår. Ska fokus ligga mer på själ eller andlighet, eller mer på energi eller de ämnen som berör den tredje dimensionen?

E. Det handlar om den fria energin. Det handlar om andlig frihet. Det här landet (*USA*) förstår betydelsen av Självständighetsdagen, men de är inte fria. Det är inte den typen av självständighet som vi söker. Vi eftersträvar frihet i olika institutioner, det vill säga inom religion, vetenskap, energi och rätten till fritt val – den friheten. Självständighet är inte ett ord vi skulle välja. Frihet är ett ord vi hellre skulle använda, för du är fri. Självständig, absolut, men som människa är du designad för att leva i flock. Men flocken måste vara fri. De som inte önskar att en flock ska vara fri, sprider fåren, eftersom de vet att en flock som inbördes kommunicerar har förmågan att köra över, störta, system. De vill att du ska tystna, skiljas från gruppen. Den som är skild från gruppen, det fåret, den människan, är det lättare att påverka på ett sätt som gör den passiv. Men om flocken håller ihop är de intakta, och det är svårare att flytta en hel flock än bara ett enda djur i den riktningen du önskar. Det är vad jag ville säga.

D. Jag hade en fråga. När du pratade om Egypten, obelisker som finns runt om på Jorden – hur användes de och vad var deras syfte?

E. Det centrerar energi. Det är – (*lång suck*) – det riktas energi till dem, snarare än att det sänds ut. De fungerar som anslutningspunkter för yttre påverkan. Det är ett sätt för andra civilisationer utanför Jorden att övervaka aktiviteten på energiområdena. Det centrerar (*samlar eller centraliserar energi*), på något sätt.

D. Drar den Jordens energi uppåt, eller yttre energi mot Jorden?

E. Yttre energi mot Jorden.

D. Tjänade pyramiderna samma syfte?

E. De är stabilisatorer också. De är placerade på zoner där det finns en spricka i nätet. De är placerade för att stabilisera hela nätet. Vissa stjärnor fungerar på samma sätt, de är placerade för att skapa stabilitet i ett större nät av energiflöde. Obelisken drog till sig kosmisk energi.

D. Förde den ner energin i Jorden?

E. Den band den; den kvarhåller energin. Den är en koppling till kärnan. Så i något avseende har den förmågan att dra den kosmiska energin in i centrum. Vi lämnar ämnet tills vidare. Men det handlar inte om andlig energi, det är kosmisk energi.

D. Har det att göra nätet?

E. Några av dem drog inte alltid till sig den bästa energin, men det är ett sätt att binda energi.

D. Tjänade det ett syfte för människorna?

E. Enbart som något att tillbe, eftersom den ansågs gudomlig, på grund av formen och kopplingen som den hade. De samlades runt dessa föremål i väntan på att besökarna skulle komma. Vid ett tillfälle kom de. Senare sjönk deras energi bara ner i obelisken. Den är på något sätt ett centrum för energifrekvenser som ska etableras. Vi lämnar det här för nu, eftersom Ophelia önskar att det ska förbli dolt ännu ett tag.

D. Okej. Tack för informationen du delade.

E. Där. Det var det. Elahim.

Setalay: Styrka i Stillhet (13 juli 2019)
När Setalay talar har hon en mycket likartad energi som Ophelia. Det är inte förvånande, eftersom båda är Shea och är som systrar. Det finns inget vi kan tillägga som skulle kunna göra hennes budskap tydligare här. Men vi vill att du ska lägga märke till hur andarna svarar på frågor. De kan omedelbart erbjuda en fullständig analys och samtidigt väva in djupgående andlig vägledning. Det slutar aldrig att förvåna mig hur mycket vacker visdom som våra osynliga vänner ger oss. Setalay börjar med att säga att hon tog med sig Siah, mitt husdjur från Etena, till vår session. I *Memoarer, Del 2*, beskrev Bob hur Siahs själsenergi lämnar hans kropp när han

sover och förenar sig med "det stora Ögat". Så när Siah sover kan han medvetet resa och observera andra platser, ungefär som astralprojektion i mänskliga termer. Jag gissar att Setalay förde med sig Siahs själsmedvetande medan han drömde.

S. Det här är Setalay.

D. Hej, Setalay, välkommen tillbaka.

S. Jag är här med Siah. Siah ville vara med.

D. Siah! Välkommen, Siah.

S. Vi vill sända stöd och glädje till er värld, (och att ni ska) veta att vi förstår hur ni får kämpa i ert växande. Det är som att ömsa skinn, på många sätt. Och när det sker krävs, i alla verkligheter, lite ansträngning. Det kräver att kliva ut på nytt territorium. På många sätt har ni en bindel för era ögon, och vi är här för att ge solljus, med vetskap om att ni verkligen är på väg in i en ny era av ljus. Men ni måste sträva efter ljuset. Ni måste vilja ömsa skinn, som ormen. Det är ett naturligt tillstånd, ett naturligt tillstånd i evolutionen, att ömsa skinn som en orm. På många sätt känner ni er förlamade i era kroppar, i era sinnen, (beträffande) vad som finns inom räckhåll för er. Barriärer som ni ibland själva sätter upp. Alla är inte illusioner. Vissa är verkliga utmaningar och hinder så att andevärlden kan se om ni verkligen är redo att byta skinn. Det kommer att ske en gradvis förändring i er art. Alla kommer inte att ömsa skinn samtidigt, och alla kommer inte ens att byta skinn över huvud taget. Det är också en naturlig process av växande och utveckling i alla verkligheter. Alla passar inte in i det nya skinnet. Andevärlden kommer att möta förändringarna inifrån, och sända en unik och annorlunda typ av själar in i den här verkligheten. Själar som är mer programmerade att minnas ljuset, att minnas den nya eran. Vissa själar har aldrig mött den här eran, och de får kanske kämpa för att byta skinn. Ni som har varit här några gånger och känner till alla cykler i berättelserna på er väg, har lättare att byta. Ni är programmerade att klä er för vintern, och sen byta kläder när våren och sommaren kommer. För den som bara är medveten om vintern är det svårt att föreställa sig en baddräkt. Du är här för att försöka få dem som inte förstår vad en baddräkt är att sikta in sig på något som de tidigare inte har stött på. Och några kommer att följa, och det är vad vi önskar.

S. På många sätt representerar de olika kosmiska akvarierna (antingen) emotionell energi, som är mer kvinnlig i sin karaktär eller manlig energi. Det fjärde akvariet (där Etena ligger) representerar ljuset och kvinnlig energi. Det femte (*vårt universum*) representerar den manliga energin. Vi är här för att hjälpa er i er övergång, eftersom det är meningen att ni ska omfamna ljuset och den kvinnliga energin vid den här tidpunkten. Ingendera är bättre än den andra, men de balanserar varandra och de turas om i vad som är nödvändigt i en utveckling, i ett samhälle, ett akvarium eller ett medvetande. Vid den här tiden representeras din verklighet mer av den manliga energin och en känsla av att behöva kämpa för sin överlevnad. Medan den kvinnliga och ljuset är mer följsam. För att du ska nå nästa årstid, för att nå ljuset, måste du förändra din uppfattning om vad styrka och kraft är. Styrka betyder ibland att vara följsam, liksom en björn. En björn är en av de starkaste varelser som finns. Men en björn springer sällan. Den lufsar omkring. Du kan vara den starkaste, den mest framgångsrika varelsen, om du sparar på din energi. Björnen är medveten om sin styrka; den behöver inte bevisa det, om den inte jagar. För det mesta är en björn tyst och stilla, som bäst lite slö. Närma dig din historia, omgivning och händelser, som påverkar dig, på ett lite annorlunda sätt. Låt händelser, som du upplever utmanande, dunsta bort. Vissa av dem är illusioner, men om du springer runt och jagar dem, ständigt med en känsla av att vara på jakt efter något, kommer du inte att se vad som är sant eller inte. Björnen väntar lugnt, samlar information innan den bestämmer sig. Ibland rör den sig inte ens. "Varför har du ett behov av att vara så mycket i rörelse?" frågar vi oss, när allt du behöver är att vara stilla och samla in den sanna informationen om din historia och din omgivning. Du kommer aldrig att kunna urskilja vad som är rätt eller fel, sant – falskt, lycka – sorg, om du inte är i stillhet. Det är då du samlar kraft och styrka. Det är då du finner klarheten inifrån, såväl som ovanifrån, från dina andliga hjälpare. De får slita om du springer omkring för mycket. Men det är också slitsamt om du är passiv. Det är inte samma sak som att vara i ett avslappnat, i ett undergivet tillstånd. Vi säger inte att du ska vara passiv, vi säger att du blir mer medveten, mer vaken, om du är i stillhet. Förväxla det inte med att vara passiv, det är inte samma sak.

D. Skulle det gälla såväl regeringar som individer?
S. Ja. Leta efter ledtrådarna. Se på människor, regeringar, organisationer, liksom trossystem – ta ett beslut genom att vara stilla och närvarande. Om du är passiv vinner de. Om du är stilla och centrerad vinner du. Du kanske inte förstår det helt och

hållet den här gången, men du kommer – din själ kommer att minnas känslan av rätt och fel. Nästa gång när du är tillbaka i det fysiska, har själen ett eko inom sig om den centrerar sig själv igen. De flesta som du kommer i kontakt med har varit här ett antal gånger. De har minnen djupt inom sig, sovande minnen av vad som är rätt eller fel, efter att ha stött på liknande situationer och människor tidigare - de kanske inte tog beslutet förra gången. Men den här gången, om de är centrerade och otvivelaktiga, har de förmågan att göra rätt val. På Etena samlas vi i enighet, vi hedrar och lyfter dem som kan ha det mödosamt, som kanske saknar kopplingen och källan, att förstå ett visst ämne eller en känsla. Många gånger samlas vi för att analysera känslor, för att välkomna dem, även om de kommer på det mest besynnerliga sätt. Det är något du behöver lära dig här för att erhålla det nya skinnet, det är att välkomna det emotionella tillståndet inom dig. Alla nivåer representerar en del av ditt växande. På Etena lider vi inte av våra emotionella skillnader; vi samlar in dem och de får oss att växa, och vi hedrar dem. Vi kan verkligen känna sorg, men i sorgen ligger också möjligheten till en ny början. Du vet aldrig vad det som sorgen öppnar kan ge dig. Vi kan känna sorg på ett annorlunda sätt än du gör. Vi kan känna sorg (lång paus) om ett djur eller en växt går i viloläge. Men jag skulle egentligen inte kalla det sorg, för här är sorg något annat. Vi känner inte sorg på samma sätt. Det är därför jag tvekar att ge dig en bild. Men vi kan känna en lägre frekvens i det emotionella tillståndet. Vi kan sakna ett djur eller en växt som går in i viloläge, om vi inte riktigt vet när vi kommer att möta den varelsen igen. Men det innebär inte detsamma som sorg eller saknad här, eftersom vi alltid har en koppling till varje skapelse. Om du visste att du är kopplad till hela skapelsen och att ingenting någonsin dör, skulle du se annorlunda på sorg och saknad. Så även om vi talar om ämnet sorg och saknad, är det inte samma sak när du i ditt tankesätt befinner dig i ljuset. När du har en bindel för ögonen förvandlas alla känslor, det blir färgat, det blir till något du kanske inte helt förstår eller behärskar. När du befinner dig i ljusets tankesätt är alla känslor, händelser uppenbara och du hedrar och blir medveten om skapelsen och kretsloppen, och att du verkligen är en del av den.

D. På Jorden är det största problemet rädsla.
S. Ja. Och rädsla är en illusion. Rädsla är något som placeras på din väg för att se om du har förmågan att transformeras och byta skinn till att bli medveten om att vara avslappnad och centrerad.

Den som är centrerad känner aldrig fruktan. Den som okontrollerat springer omkring med ögonbindel kan uppleva rädslor där inga finns. Om du är centrerad kommer du att se händelserna för vad de är. Men vissa händelser som äger rum är inte illusioner, de är lärdomar för ditt samhälle som grupp att höja sig över. Rädsla behöver inte vara relaterad till liv eller död. Många människor fruktar vad som sker i deras regeringar. Det har nödvändigtvis inget med liv eller död att göra, utan det är en rädsla för att bli påverkad, att vara utesluten. Många gånger, ska du veta, handlar rädsla i botten om att vara utesluten, att vara bortglömd. Rädsla är inte nödvändigtvis, och inte särskilt ofta, relaterad till liv eller död, utan till de mer närliggande känslorna eller händelserna, som att vara bortglömd, som att ingen bryr sig om dig. Många människor känner att deras land, regering, samhälle inte tar någon hänsyn till dem – och det är en del av vad som utstrålar rädsla. För du känner dig övergiven. Om en själ, för att ge dig en bild, skulle känna samma rädsla för att bli övergiven av Skaparen, att inte hitta hem till sin själsfamilj, kan det jämföras med känslan som själar kan ha i en kropp, när de inte känner att de hör hemma eller att någon bryr sig om dem. De vet inte vilken väg de ska gå. Om de är centrerade kommer de att känna kopplingen till sitt sanna hem, till Skaparen, och det kommer att kringgå känslan av att vara utesluten. För som själ, som det ljus du är inom dig, är du aldrig övergiven, aldrig avskuren. Och när du är medveten om det har du förmågan att lära andra som kanske känner likadant, som kanske känner att ingen hänsyn tas till deras stad, deras grupp, deras idéer. Det är en fruktansvärd känsla i den mänskliga upplevelsen att känna att man in hör hemma. I andevärlden hör du alltid hemma. Den största rädslan, skulle jag säga, är relaterad till det, att känna att du, så att säga, inte är med på tåget med alla andra. Mycket lite har att göra med liv eller död. Det mesta har att göra med känslan av att inte tillhöra, vara utesluten. I andevärlden skulle det vara otänkbart. Och när en själ möter den händelsen eller upplevelsen här, blir den förvirrad. Inuti ekar rädslan för att bli avskuren in i den fysiska verkligheten. Samla människor i ljus, hjälp människor att förstå att de aldrig blir lämnade på efterkälken. Där. (*Ophelia och Setalay avslutar ofta sitt budskap med att säga "Där", så jag har lärt mig att lyssna efter den signalen.*)

D. Tack. Det är ett riktigt vackert budskap.

Ophelia: Gruppkarma (29 juli 2019)

Vi vill varna läsaren för vad Ophelia härnäst kommer att tala om, och förklara så det inte ska uppstå några missförstånd. Hon berättar hur själar kom att fastna i den fjärde dimensionen. Det ska på intet sätt missförstås eller sättas i samband med begreppet fallna änglar eller demoniska krafter. Den filosofiska kärnan i de flesta religioner är det falska påståendet att det finns en polaritet mellan gott och ont som genomsyrar universum. Andevärlden är en plats för djup fred och medkänsla. Vårt universum, som ligger utanför de andliga dimensionerna, är en plats där detta motsatsförhållande antar många former. På Jorden är det vi identifierar som ont inget annat än manifestationer av okunnighet. Men all verksamhet övervakas och kontrolleras noga av Råden. Därför, när själar gör saker som är ytterst oandliga, kommer det att bli konsekvenser och korrigeringar kommer att ske. Ophelias förklaring om Cellens ursprung är mycket anmärkningsvärd i sin tydlighet, så läs den noggrant. Det är min tolkning att gruppen som Ophelia refererar till är samma grupp som beskrivits tidigare, i avsnittet *NR, Gergen: En Historielektion (30 juni 2019)*. När Skaparen gjorde en omstart för 85 000 år sedan förändrades atmosfären och de flesta utomjordiska besökare var tvungna att lämna, med undantag för de tretton inuti bubblan. Det Nionde Rådet sa att besökarna, genom missbruk av energi, fick platser att överhettas. Deras aktiviteter lämnade ett energiavtryck som fortfarande inte är läkt. Det området ligger i Mellanöstern och inkluderar det som nu är Israel, Syrien, Irak, Libanon och Jordanien. Skaparen förseglade området inuti en energibubbla för att förhindra ytterligare förstörelse av miljön. Men det var tretton besökare som blev förseglade inuti, tillsammans med de karmiska mönster som de hade etablerat innan omstarten. Normalt, när omstarter sker, avslutas ett karmaprogram och ett nytt börjar. Du kan se en omstart som slutet på en fotbollsmatch, där alla skakar hand och lämnar planen. När spelarna återvänder till planen efter omstarten kan spelet ha en helt ny uppsättning regler och villkor. De enskilda spelarna kommer dock inte att förlora de framsteg de gjort inom sin egen Karmiska Kappa före omstarten. De tretton besökarna är fortfarande på fotbollsplanen och försöker avsluta en match som slutade för 85 000 år sedan. Tyvärr för oss är dessa själar medspelare i vårt nuvarande spel (karmaprogram), och är väldigt skadliga. Besökarna kan inte lämna bubblan förrän de tillsammans har löst det karmiska mönstret som de en gång skapade. Så när de dör får de bara en ny kropp i samma region, utan möjlighet att återvända till de andliga dimensionerna. Som

Ophelia betonar är bubblan en isolerad enhet. Cellen innehåller idag fler än dessa tretton själar, men resten, antar jag, återvänder till sitt andliga hem när de dör.

Ophelia och Zachariah avslöjar också detaljer om walk-ins *(själar som går in i en redan vuxen kropp. ö.a.)*, som Zachariah föredrar att göra när han måste ta på sig en kropp. De nämner ett gammalt bibliotek som fanns omkring 25 000 f.Kr. på den grekiska ön vi idag känner som Mykonos. På den tiden var Jorden i ett glacialt maximum och havsnivån var cirka 140 meter lägre än idag. Så, om detta lärocenter fanns nära en kustlinje, är det nu djupt nedsänkt i havet, liksom många andra arkeologiska platser från den eran.

O. Det här är Ophelia.

D. Hej, Ophelia. Jag tänkte att du kanske skulle prata idag.

O. Vi singlade slant, jag och Zachariah.

D. Jag antar att han förlorade.

O. Haha. Ja, vi deltar många gånger som en grupp. Och även om någon kommunicerar kan tanken, insikten, lösningen komma från en annan källa. Ibland är källan som ger informationen inte någon som är bekant för dig i mänsklig form. (*Hon menar en ande som ännu inte har talat genom Christine.*) Så vi fungerar som en grupp; den som är bäst utrustad kommer att vara den som levererar idén eller lösningen. När du fortsätter in i nästa vågor av lärande kommer du att ifrågasättas och man kommer att kräva att du lägger fram bevis för vissa idéer som vi presenterar. Det är vad som är planerat för dig. Återigen, på många sätt är det inte du personligen som kommer att testas. Senare kommer Elahims och andra själar kopplade till det här projektet, alla kommer inte att vara Elahims, att hänföra sina resultat, sin vetenskap, sin kunskapsbank, till det som finns i dessa skrifter. Detta kommer att ge ett eko flera hundra framåt i tiden, i människoår. Du skapar grunden, biblioteket, kunskapsbanken för framtida själar att kunna ta del av. På samma sätt som människor idag ser på forntida lämningar från Egypten, Sumerien och Grekland. Grekland är ett land och en kunskap som du känner stor samhörighet till. Du har rest flera gånger för att arbeta som forskare i Aten. Det fanns ett stort centrum på en annan ö, nu känd som Mykonos, då Mykene (*fonetiskt stavat*). Detta var ett kunskapscentrum. Den försvann — jordbävningar. Men det var känt som ett stort bibliotek på det här planet.

D. Vilken tidsram var det här?

O. Omkring 25 000 f.Kr. Den regionen är rik på gamla skrifter, gammal kunskap, och ni reste båda dit, båda verkade både som studenter och lärare. Zachariah reste ofta dit.

D. Som människa eller i manifesterad form?

O. Båda delarna, men främst som människa. Men han ville inte vara barn, han kom in senare. Han föredrar att komma in i ett mänskligt fordon tidigast vid tretton års ålder.

D. Och hur gick det till? Fanns det en annan själ där innan?

O. Den tidigare själen höll bara formen, skapade den nödvändiga förståelsen av hur kroppen fungerade och lämnade sedan. Ett utbyte av själar skedde. Det förekommer fortfarande.

D. Är det vanligt?

O. Nej. Enbart de som har vikt sina Kappor har möjlighet att komma i ett fordon, kropp som (*redan*) fungerar, oavsett om det är en månad eller tjugo år gammalt. Det sker ett skifte där två själar från samma plats (*samma själsfamilj inom en dimension*) byter plats. Den första kommer vanligtvis in bara för att navigera i det fysiska, inte nödvändigtvis för att ta itu med en uppgift, utan bara för att bibehålla formen innan det andra uppdraget ska äga rum. Zachariah är en mästare på detta, han har gjort det i flera århundraden. När han vill komma in gör han det snabbt och stannar normalt inte så länge. Du tycker att det skulle vara en bra idé för din själ också, och du skulle ha föredragit att komma in vid 50 (*under det här livet*). Bob, liksom andra, uppmuntrade dig att komma tidigare, men att du skulle kunna komma och gå. Du hade själv inga direkta lärdomar att göra, i det avseendet, under de första åren. Din närvaro behövdes bara för att hjälpa andra i deras utveckling. Men du kan också göra det på distans. De två relationerna du hade, du hjälpte de själarna på distans; du engagerade dig inte (*fysiskt*). Under den tiden var större delen av din procentandel – jag vet att du föredrar att uttrycka det så – på Vlac. Du höll på med att designa farkoster som skulle kunna förflytta sig mellan olika kosmiska akvarier, gravitationskonstruktioner, form, transformation av portaler. För att resa måste du behärska gravitationen. När du lyckas med det öppnas eller stängs portalerna, motorvägarna som du kan färdas på eller genom. På många sätt arbetar ni båda, Seth och Lasaray, med konstruktion av gravitation och fysik. Den här blir frustrerad i kroppen som han valde, känner att kunskapen ligger nära, men utan att kunna komma åt den fullt ut. Känner sig sliten på något sätt mellan de två identiteterna (*själen och människan*). Det är som att gå omkring med bindel för ögonen, sa han en gång. Det är som att arbeta med ögonbindel. Men vi sa till honom att det här uppdraget är annorlunda. Han är inte här som vetenskapsman, för han valde bort den kroppen, den möjligheten att vara vetenskapsman i Nevada-området. (*Ett av de liv som Seth erbjöds.*) Skulle faktiskt ha haft större access, men ville inte ha den. Det livet skulle inte ha blivit så långt och det här projektet var för omfattande. I den meningen erbjöd vi kroppar som den här skulle avvisa.

D. Inskränka valet till en?

O. Ja, precis. Projektet var för viktigt för att gå om intet. (*Seth fick välja mellan tre olika kroppar. Det här projektet är ett viktigt mål för Råden, så valet av liv var riggat till förmån för att Seth skulle välja Christines kropp.*)

D. När du säger att framtida generationer kommer att läsa det här, är det viktigt att ha tryckta kopior, eller elektroniska?

O. Båda.

D. Så de kommer fortfarande att överleva?

O. Ja, de kommer att överleva. De fysiska böckerna, den tryckta versionen, kommer aldrig att försvinna. Det kommer alltid att finnas ett behov av dem, även om fler och fler kommer att läsa elektroniskt. Men du skapar en plattform, du rör dig mer och mer mot vetenskapen. Religion har du på något sätt berört — du har berört bojorna; du har berört vikten av att finna din själskraft och din individualitet, att ta itu med olikheter, att närma dig och ifrågasätta auktoriteter. Bara i det här landet (*USA*) ser vi hur religionen håller på att tappa greppet. Dock, på många sätt känner människor sig trygga under illusionen av det gudomliga ordet, som de kallar det. Det känns tryggt att inte kunna eller behöva ifrågasätta, för du får inte ifrågasätta. På många sätt tvingas du ifrågasätta och ta ställning till allt i ditt liv. Men om det finns ett område där du inte får det skapar det på något sätt en fristad och folk vill inte att den snuttefilten, som du kallar det, ska tas ifrån dem. De förstår inte att om den tas bort så är de konstant omgiven av den gudomliga omfamningen, inte bara av en konstgjord trygghetsfilt.

D. Jag är orolig för hur islam sprids i de västerländska länderna, och underkuvar samhället igen under ett brutalt totalitärt styre.

O. Du står inte inför detta för första gången. Dessa förnimmelser av kaos, när det kommer till religion, har upprepats i er historia. Återigen tvingas du hitta ditt ljus, ljuset och den trygghet som du bara har inom dig. Vissa religiösa institutioner, kyrkor, media, politiken hävdar att de ger dig den här filten, tryggheten. Men de har inte den makten. Den enda trygghetsalliansen och vägen till ditt lugn är att vara centrerad och att finna den tryggheten inom dig. När du gör det, det du kallar mörkret – återigen, vi säger inte att mörker i den andliga verkligheten är något dåligt – det är bara ett komplement till ljuset. Här, som med så mycket annat, skapar det en polaritet. Ljus–bra, mörk–dålig. Det är samma sak med kön, du försöker bara se dessa olika polariteter, istället för att hedra den andra sidan. Det är bara en spegel av det du möter. Om du dras till och fokuserar på mörkret, då blir det din verklighet, vilket betyder att du är långt ifrån ditt eget ljus. Om du står i ditt eget ljus, om du skapar din egen filt, din egen trygghet, kommer ingenting att få dig att ängslas. Men du måste tänka klokt, mycket är iscensatt. Allt du läser stämmer inte. Men media vill vara den enda, gurun – på samma sätt som politiker och präster – de vill vara den enda som erbjuder den här trygghetsfilten. Hur kan det gå till? Det enda sättet att göra det är att röra upp känslor, tankar, skapa rädslor. Vissa stämmer, men de flesta är faktiskt en illusion. Människorna i området runt Mellanöstern, de lider. Det är de som mest är i fara, inte Väst. Det finns en Cell som verkar i den regionen. Den Cellen härstammar från ett mycket avlägset förflutet, när du var här i manifesterad form. De gjorde anspråk på landet, i vetskap om att det på den tiden var rikt på mineraler. Det var en portal. Dessa existenser, jag kan inte säga själar, för på något sätt, även om allt utgår från en själ, från Skaparen, när en cykel väl har fullbordats ... hur kan jag säga det? Ett väsen kan bli fångad i, låt oss säga, den Karmiska Kappan. Vilket betyder att det aldrig lämnar Kappan.

D. Återgår detta väsen inte till de andliga dimensionerna?

O. Nej, det gör det inte. Det här är något du måste vara försiktig när du vidarebefordrar, eftersom det påminner om det som religioner förkunnar – att bli förvisade från himlen, de fallna änglarna.

D. Så på sätt och vis en påtvingad isolering?

O. På grund av vissa handlingar tillåts de inte att återgå till fullständig andlig form. De är inte förvisade, i den meningen. De övervakas av Råd som försöker vara till hjälp. När vissa handlingar blir för överväldigande kan Skaparen välja att låsa den händelsen. Ibland är enskilda individer också låsta i den bubblan.

D. Finns det något sätt för dem att fly undan, att återvända hem?

O. Förändring. Men det är något som bara kan ske i bubblan, det sker separat från andevärlden. Det pågår fortfarande insatser där vissa aktiviteter kan raderas, lösas upp, tas bort och omvandlas. Däremot har Skaparen en förmåga att låsa en händelse i den fjärde verkligheten. Det är svårt för mig att ge en komplett bild.

D. Betyder det att den inte går att nå om den är låst, är det så du menar?

O. Den kan inte nås av någon annan än de högre Råden från den Elfte och Tolfte, de som enbart är ljus. Det finns ett sätt att starta om en Cell, den här bubblan, men det kan bara ske om Cellen befinner sig på den plats som dess karma är relaterad till. Det är därför de är kvar. Det är svårare att skapa förvandlingen i en Cell än i en själ som återvänder hem med en livsgenomgång.

D. Så när du säger Cell, är det en individ eller en grupp?

O. En grupp.

D. Så hela gruppen är inlåst i sin Kappa?

O. De är inlåsta i Kappan på grund av vissa handlingar och de kan inte återvända hem.

D. Hur tillåts de få en ny kropp? Hur beviljas det?

O. De går bara in i den fjärde verkligheten och studsar tillbaka. De väljer inte en kropp, de tilldelas en snarlik, om och om igen, och återvänder till bubblan, som finns på Jorden. Den här specifika Cellen, bubblan, kan bara kollektivt ta bort sin karma här. Den har inte förmågan att återvända för en livsgenomgång. Men den är omgiven av ljus och ögon från Råden på den Elfte och Tolfte.

D. Men själen som är låst måste ha en del av sig själv kvar därhemma?

O. Ja, och den väntar otåligt på att få förenas med den delen igen. Men den är på något sätt avskild från den kopplingen. Den här bubblan är intakt och omgiven av de högre Råden, men de har sin fria vilja inuti bubblan. Det innebär att, även om Råden observerar, gör sina noteringar och övervakar, så måste Cellens handlingar förändras. De känner ett anspråk på just den platsen.

D. Så de fortsätter att reinkarnera i samma geografiska område?

O. Ja, de ser likadana ut. Börjar bara om på nytt.

D. Måste alla arbeta igenom hela Kappan innan de kan befrias?

O. Det här är en gruppkarma, det här är inte en individuell Kappa – det är det som är problemet, hela gruppen måste stiga upp tillsammans.

D. Hur många är de i antal?

O. Den här gruppen är runt tretton. Det är bara en grupp, men på något vis skapar den katastrofer, och Västvärlden livnär sig på det och försöker skapa mer kaos än vad som ursprungligen faktiskt skapades. Men hela regionen i sig är en kokande kittel, och det beror också på det elektromagnetiska fältet under ytan. Det hettar upp det mentala. Det fanns en gång så stora rikedomar där att Cellen, den här gruppen, livnär sig på (*det minnet*) och vill låsa upp det igen. Men det existerar inte längre. Återstoden (*effekten som kvarstod*) är att energin runt det området skapar kaos. (*Skaparen och Råden tog bort eller förseglade resurserna som Cellen en gång exploaterade. Själarna i Cellen har blivit som hungriga spöken som aldrig kan tillfredsställas. Den energetiska återstoden orsakar mentalt kaos hos alla dem som nu bor i det området.*)

D. Kan du tala om för mig vilken specifik region det handlar om, dagens länder?

O. Syrien och Israel. Palestina i mitten är utan skuld, det är rent. Det är inklämt däremellan i detta kaos ... låt oss se. Lärdomar har dragits i Irak, inte lika kaotiskt där – vi talar om energierna här, inte människorna. Men Västvärlden matar Cellen. De önskar att kaoset ska bestå. En sida i Israel rapporterar illusioner till Västvärlden och säkerställer att lejonet attackerar. Lejonet är starkt, men inte särskilt intelligent.

D. USA?

O. Ja. Men USA behöver Europa, och Europa har blivit svagt. Så lejonet känner sig ensamt, ett lejon behöver sin flock. Europa är splittrat och vet inte vilket ben de ska stå på.

D. Regeringar har tagits över av personer som arbetar mot sina invånare.

O. Innehållet i viss information som vi framöver kommer ge, är inte tänkt att avslöjas i sin helhet. Du måste vara försiktig med orden, du måste tänka mer än en eller två gånger på hur du ska lägga fram en idé. Men var förvissad att vi inte berättar sagor för dig som du INTE ska dela, utan du måste lära dig att tänka dig för. Du måste skriva på samma sätt som i forntida skrifter som riktade sig mot Bibeln och kyrkan. De skrevs i hemliga koder. (*Människor var rädda för att utmana kyrkan, så de skrev sina kätterska idéer i koder, som Leonardo da Vinci gjorde.*) De böcker som kommer i framtiden ska skrivas i koder såväl som att du ställer direkta frågor. Det är ett knep för att på något sätt släppa information, men ändå samlat och neutralt. Koder och frågor, för att få läsaren att själv undersöka. De tidigare böckerna har varit rikare på svar; de som kommer måste skrivas mer omsorgsfullt. Koder – du har kunskapen inom dig, flera av dina skriftrullar och skrifter, till och med dina målningar hade koder inbäddade. Det här handlar om den förnämsta kunskapen förmedlade av de främsta lärda och magikerna i det förflutna. Du måste förvandla dig till den där magikern igen. Det är därför vi önskar att du ska söka i ditt eget förflutna. Ja? (*Ophelia tittade åt vänster. Bob måste ha frågat om det snart skulle vara hans tur.*) Vi kommer att vidareutveckla det här.

D. Är det något av det som du sa i dag som inte bör tas med?

O. Var försiktig med hur du förmedlar gruppkarma, deras Kappa, och hur någon inte alltid kommer att omfamnas tillbaka i andevärlden. Det är här du skriver i frågor.

D. Tar den här gruppen, Cellen, kroppar på båda sidor av konflikten, som judar eller muslimer?

O. Oh, ja. De är uppdelade.

D. Så de slåss alltså inbördes med varandra?

O. Ja, ja. Bär samma Kappa som de övriga i gruppen. Så länge de slåss mot varandra kommer gruppens Kappa inte att lösas.

D. Intar de maktpositioner?

O. Ja. En är ledaren i Israel, och en annan är en av hans generaler. Det finns en process där Råden ser på detta genom mänskliga ögon. De går in (*en mullvad*), ungefär som i John 32. De går in i kroppar som finns i Ryssland och övervakar dessa båda sidor, gruppens Kappa.

D. Du sa att detta sträcker sig så långt tillbaka som 25 000 f.Kr. Har det först nyligen blivit våldsamt?

O. Den senaste gången då de inte ville lämna, när kaos ledde till att civilisationerna utplånades, var vid 25 000 f.Kr. Det täcktes också av en slöja vid 15 000 f.Kr. Det kommer i omgångar. Men detta har hänt tidigare. Civilisationer som var här innan ni två kom, som går hundratusentals år tillbaka i tiden. Det var då gruppens Kappa etablerades, men det har kommit och gått i cykler.

D. Lyckades de lösa det någon gång, eller blev det satt på paus?

O. Det sattes på paus. Det stängdes ner, som en istid. Många av de jordiska fenomenen, istider och så vidare, är till för att kyla ner eller sätta saker på paus. Det var det, vi kommer att fortsätta den här diskussionen.

D. Wow, det är verkligen fascinerande, Ophelia. Tack för att du delar med dig av det.

O. Det är här du måste skriva utifrån din själ. Lasaray måste veta hur man löser vissa frågor. Många av dem ska, från din sida, ställas som frågor. Hitta färdigheten i hur man skriver i koder, men ända släppa information. Det är nästa nivå av din förmåga som författare.

D. Jag hade en fråga. I *Andra Vågen*, till exempel, talar vi om att skapa galaxer och solsystem, och jag undrar om vi kommer att stöta bort människor, om de uppfattar det som att vi låtsas vara Skaparen?

O. Nej. Eftersom andra själar både har ett inre minne och arbetar med energi, stjärnor och kopplingen däremellan. På något sätt kommer du att väcka själar som har det minnet. Somliga kommer att se det som fiktion; det spelar ingen roll. Hela projektet är tänkt att få folk att börja tänka. Det var allt för idag.

D. Tack, Ophelia och Zachariah, även om han inte talade.

O. Men vissa ord är hans. Jag är säker på att, när du lyssnar igen, kommer du att förstå vilka. Återigen vi agerar som en enhet. Var bara uppmärksam på vad du än må snubbla över. Det finns en anledning till att du hittar hemsidor, böcker, information. Se allt omkring dig, människor, situationer, som en potentiell möjlighet att komma vidare. Öppna era sinnen, båda två. Var medveten om din omgivning och du kommer att bemästra de olika händelser som dyker upp på din väg. Men var mer uppmärksam på människor och det du hittar – information och sånt omkring dig. Vissa kommer att vara ledtrådar, andra kommer att vara där för att du ska undvika dem. Där.

D. Okej, Ophelia. Stor tack.

O. Oh, ingen orsak.

D. Alltid ett nöje. Adjö Ophelia.

Ia: Den Inre Kallelsen (13 oktober 2019)

Ia är, som du kanske minns, en nära följeslagare till Bob på den andra dimensionen. Hon undervisar några av de mycket unga andarna på den Andra och förbereder dem för deras resa ut i formens universum. Den här sessionen kunde ha placerats i vår serie *Memoarer från den Andra Dimensionen*, eftersom det handlar om att träna hennes små elever. Men hon gav så fina råd om hur man kan sitta i tysthet och få tillgång till sitt själsmedvetande. Ägget hon nämner är det energiknippe som innehåller flera dussin helt nya andar från Skaparen. De skapas i grupper med ett gemensamt syfte, men separeras snart i individuella andar. Nya andar måste noggrant fostras och utbildas för att finna sina uppdrag, och Ia är en av lärarna. Andar från den andra dimensionen är förutbestämda till att jobba med livsformer som växter, djur, fiskar och till och med atmosfärer. De kan också agera som andliga vägledare men inkarnerar aldrig själva. Ia och Bob använder 'år' som en metafor för stadier i utvecklingen. När hon säger nioåring menas att anden är ungefär halvvägs till vuxen ålder. En 16-åring förväntas kunna arbeta självständigt, under vaksam uppsikt av sin mentor, för att uppfylla sin plan.

Vi tycker att det är viktigt att var och en av andarna som kommunicerar med oss blir uppmärksammade i *Helig Design*-böckerna. Serien *Memoarer från en Andra Dimensionen* skapades för att belysa den otroligt viktiga roll som naturandarna och varelserna från den Andra spelar. Bob är den som har bidragit mest till *Memoarer*, och han anser sig med rätta vara författaren. Andlig kunskap behöver inte vara täckt av torra, enformiga tongångar för att vara meningsfull. Den andra dimensionen, hem för Bob, Ia, Gergen, Ole, Sniffer, Joel, Taffles och andra, är varma och underhållande talare som man lätt kan relatera till. Det mesta av det vi vet om reinkarnation, andliga guider, planeringen av ett liv, skapande, evolution och Rådsarbete har vi fått av Bob och hans vänner. De vackra berättelserna och lärorna i *Memoarer* är helt oumbärliga för att kunna förstå några av de abstrakta begreppen i *Våg*-böckerna.

Ia. (*Hon började sjunga riktigt vackert, som om hon värmde upp för en opera.*)

D. Om det här är Bob, så har din röst förändrats.

Ia. Hahaha. Nej, det här är inte Bob, han låter helt annorlunda när han sjunger. Om jag är en harpa, då är han en trumpet. (*Hon tittade sedan åt vänster mot honom.*) Oh, du har en vacker röst, Bob – jag retas bara.

D. Hej Ia, hur är det med dig?

Ia. Oh, jag har det fint. Tack. Jag ville bara berätta om framstegen i klasserna som nu är på väg att förstå det arbete som ligger framför dem. Det är ett av äggen, dessa småstjärnor kan betraktas som nioåringar. Som nioåring har de förstått att de är ett självständigt väsen, en separat liten småstjärna. De har placerats i en kammare, om du så vill, ungefär som när de började (*när de först separerades från energiägget*), för att begrunda, för att meditera självständigt i en kokong. Det är ett sätt för dem att höra sitt inre, att höra kallelsen som vi redan på något sätt har dechiffrerat och upptäckt. Ändå är det viktigt för varje liten stjärna, för varje unikt väsen, att finna sin väg innan de börjar resa ut i världen, så att säga. Hur de smälter samman med sig själv görs bäst i total tystnad. Det är därför ni som människor får kämpa i er tillvaro. Du bombarderas ständigt med ljud, antingen högt eller tyst ljud. Det gör det omöjligt för dig att skapa den här kokongen som du får som en sköld varje gång du reser. Varje själ har förmågan att återvända till en kopia, en kopia av kokongen som du fick som barn (*själ*). Den här nio år gamla småstjärnan sitter i den här kokongen, som är skapad i toner och färger beroende på den specifika själens ursprungliga mönster. När de väl har listat ut det kan de alltid bjuda in, ta på sig skölden runt dem igen. Vilket betyder att de alltid kommer att veta vilka de verkligen är, även om de kanske är långt hemifrån. Du som människa är långt hemifrån, och känner dig separerad från ditt hem eftersom du inte har förmågan (*att höra*), du har blivit fråntagen din hörsel. Din hörsel har blivit kidnappad av dem som inte vill att du ska vara medveten om din skyddande sköld, de som vill att du ska förbli okunnig och inte vara medveten om ditt hem. Det är därför människor känner sig vilsna. De gör de mest konstiga saker, på grund av att deras hörsel har kidnappats. Det är därför, eftersom vi kan se det, som vi råder er att lyssna till ert hjärta. Hjärtat är en annan mottagare av kopplingen till ditt hem. Eftersom vi ser att människorna, mänskligheten, har blivit fråntagen sin hörsel, uppmanar vi mänskligheten att lyssna till sitt hjärta. På många sätt är mänskligheten just nu döv.

D. Om någon växer upp i relativ isolering och inte är i närheten av buller eller många människor, skulle de ha en bättre förmågan att upptäcka sig själva?

Ia. Oh, ja verkligen, ja absolut. Men människor dras till storstäderna, och det är där problemet ligger; inte i samvaron med andra, utan det faktum att du inte har någon känsla av vem du egentligen är. Du blir som en del av ett kluster. Om du skulle bli medveten om ditt verkliga jag, skulle du skapa kontakt med andra på ett helt annat sätt; du skulle komma att söka upp dina vänner på ett annat sätt, du skulle söka dig till en annan typ av partner. På grund av det faktum att du på många sätt är döv, blir dina val därefter, eftersom du är fråntagen förståelsen och att hitta rätt matchning. Det skapar en förvirring hos människan, vilket gör det svårare att navigera i uppdraget och syftet som du har kommit för att göra. Hur hittar du dina själsfränder i blindo? Hjärtat är närmare solarplexusområdet, din mittpunkt, vilket gör det lättare för dig att hitta dina vänner.

D. Påverkar den dövheten människors förmåga att följa sin planerade väg?

Ia. Jaja. De gör sina val utifrån en avstängd hjärna, istället för att fullt ut ha alla sina sinnen aktiverade. Du har kvar ditt hjärta och din mittpunkt, men som art har du fått mer än bara två sensorer för att finna din väg, för att hitta din partner. Det betyder att du kan göra val som inte överensstämmer med din plan eller ditt uppdrag, och du kan därigenom förlänga din egen utveckling. Det betyder att vissa saker i din Kappa, som du planerade att ta itu med, faller bort, på grund av att du inte har hört din själ, hört ditt kall, hört dina äkta vänner.

D. Vilka råd skulle du ge till människor som vill höra sin själ, för att bättre kunna utvärdera andra människor?

Ia. Eftersom din hörsel på många sätt är borta, är ett sätt att känna den verkliga kopplingen till en partner att antingen titta in i den personens ögon – iris är en portal till varje själs ursprung. Men det kan verka lite konstigt att stirra folk i ögonen, och det är inte ett vanligt beteende hos din art. Ett annat sätt du kan göra är att fokusera på området i bröstet som ligger nära ditt hjärta men mer i centrum och TÄNKA på den personen. Du behöver inte fysiskt se personen. Tänk på honom eller henne och blunda; förvänta dig inte att insikten dyker upp i ditt huvud. Dra ner din förståelse och medvetenhet till ditt bröst och tänk på den personen som du vill undersöka, om den personen matchar dig. Du kommer att uppleva en färg som visar sig. Oavsett vilken färg som kommer, se hur den färgen resonerar med dig. Varje själ har olika färgmönster. Vissa kommer att älska färgen brunt, andra inte. En kommer att uppleva brunt som smutsigt, medan en annan själ kommer att känna att det är den sanna kopplingen. Vänta tills färgen kommer. Du behöver inte titta in i någons ögon, men du kan sluta dina egna och flytta personen du vill undersöka, visualisera och placera den personen i ditt bröstområde. Tänk att du aktiverar ditt hjärta och din mittpunkt så att de pulserar. Visualisera detta, det här är en övning hur du kan känna igen dina sanna vänner. När du känner ditt hjärta bulta, din mittpunkt rotera, be då den här personen som du vill undersöka att smälta samman med dig i din mittpunkt. Tillåt den energin att komma in och bli en del av dig, och se om du vill välkomna denna varelse, eller om du känner det som att den invaderar dig. Om du känner att den här personen hör hemma i ditt bröstområde, be då den här personen ge dig sin färg. När färgen kommer, och vänta bara tyst och acceptera den första färgen som kommer, se och fråga dig då själv, "Är det här en färg som resonerar med mig?" Vissa hör hemma i samma färg, som ni två. Men du kan ha vänner som har en annan färg, men som du ändå känner att det är i sin ordning att välkomna in i ditt bröstområde, in i din hemliga kammare, där du kan avgöra om den här personen är en sann vän. Så även om du ser en färg och du känner att den färgen inte är din, kan det fortfarande vara en vän. Sättet att avgöra, är känslan du har när du bjuder in den här personen att kliva in i rummet, den heliga kammaren som du har öppnat i ditt bröstområde, tillsammans med ditt hjärtas slag och rotationen av din mittpunkt. Om du känner att den här personen är någon du skulle vilja ha i din heliga kammare, så är det en äkta vän.

D. Det är riktigt bra råd. Tack så mycket för det.

Ia. Så det är vad vi lär ut, att förstå och att bjuda in till olika upplevelser. Men småstjärnorna är annorlunda, så de kommer att känna om upplevelsen resonerar med deras sanna kallelse.

D. Är det här innan de bestämmer sig vart de ska gå och studera?

Ia. De har varit på studiebesök på olika platser, som 4H-gården, Växthusplaneten och så vidare. Men det här är en del av deras utbildning, att förstå att det kommer att ställas vissa krav på dem när de reser. Och de kan verkligen uppleva samma sak som ni. Baserat på förhållandena på destinationen kan de känna att de är fråntagna, låt oss säga, sin syn, på samma sätt som att du är fråntagen din hörsel. På liknande sätt måste de dra sig tillbaka in i känslan av att behöva förstå händelserna och de omgivande omständigheterna, för att se till att dessa följer deras väg. Så. Jag ska inte vara för långrandig här, och Bob kommer bara kort att dyka upp. Han sa att han har begärt en egen session den här veckan, och Ophelia har beviljat det. Den sessionen kommer att genomföras på antingen onsdag eller torsdag, och han kommer att vara ensam på scenen eftersom han hade saker att dela med sig av.

D. Tack för det. Det är trevligt att få uppdateringar om småstjärnorna och också trevligt att få höra din röst.

Ia. Oh, småstjärnorna är fulla av ljus, de riktigt gnistrar!

D. Är det här samma grupp som nyss separerades, eller är det en annan?

Ia. Den här gruppen separerades inte helt nyligen, de har varit separerade ett tag.

D. Du har händerna fulla.

Ia. Ja, alltid nya småstjärnor! Hahaha. Bob vill bara komma in en stund. Okej, jag blir utknuffad nu.

D. Tack Ia.

Ia. Ingen orsak.

Ari: Samhället i det Fyrkantiga Båset (17 november 2019)
Nästa session känns högaktuell eftersom Ari talar länge om den taktik som den härskande eliten använder sig av för att kontrollera människor. Hans idéer är mycket träffande i ljuset av hur den taktiken har brett ut sig under de senaste åren. Regeringar upprätthåller sin makt genom att ständigt ljuga för massorna. De flesta bildade människor inser att traditionell media är den styrande elitens förlängda arm. Det är deras främsta verktyg för att sprida falsk syn på omvärlden och manipulera individers och gruppers uppfattningar. Från sociala medier till nyhetsflöden, sänds en oavbruten ström av propaganda till räddhågsna och intet ont anande sinnen. De offentliga skolsystemen i USA (och på andra håll) är strukturerade för att ge en medelmåttig utbildning för framtida arbetare. Det resultat som eftersträvas är likformighet, lydnad och att medborgarna rättar sig efter de sociala ramarna. Kritiskt tänkande belönas inte där grupptänkande är standarden. Under hela livet föreläser lärare, predikanter, ledare, experter och peer-reviewade tidskrifter om vad som är sant, när det gäller i princip alla ämnen. Ari och Råden vill att människor ska utmana och analysera det de blir uppmanade att tro. Bara för att något presenteras som fakta av en auktoritetsperson – oavsett om det är ett nyhetsankare, en professor, påven eller presidenten – innebär det inte nödvändigtvis att det är sant. Internet, som var tänkt att vara plattform för människor att dela idéer och information, censureras i allt högre grad för att undertrycka en befogad debatt i vilket ämne det nu kan tänkas vara som hotar status quo eller avslöjar de lögner som förs fram i media.

Men likväl, om vi går bortom det grupptänkande som definierar ett samhälle och undersöker de underliggande faktorerna som styr våra liv, vet vi verkligen varför vi tror på vissa saker? Zachariah sa en gång till Bob, som hade beklagat sig över egenstudier, "Var inte lat, Bob. Ingenting kommer lätt, inget kommer av att vara lat." Som andliga varelser bör vi söka insikt om vad som ligger bakom våra tankar och handlingar.

När Ari talar om brödrostar, hänvisar han tillbaka till något Zachariah sa för flera år sedan, som fanns med i *Första Vågen*. Zachariah sa, när han beskrev hur Skaparen skapar nya själar,

[...] "Detta är något du inte behöver tala särskilt mycket om. Men om du ser den här Källan som själarnas födelseort, och hur det poppar ut småstjärnor, vilka är själsenergin från den stora Källan, in i dessa olika strängar. Syftet de alla har är alltid utveckling. Om du fokuserar på Jordsträngarna, kommer de småstjärnor som inte lyssnar på kallelsen att betraktas som ickefungerande och sändas tillbaka till Källan där de kommer att repareras för att åter skickas ut i deras specifika sträng. Jag tycker inte om inte att jämföra det med en fabrik, men med tanke på det medvetna mänskliga sinnet är det ett enkelt sätt att göra det förståeligt. Om du ser en fabrik där man tillverkar brödrostar och brödrostarna lämnar huvudfabriken, ut på bandet, redo att distribueras till butikerna, de testas så man kan vara säker på att de fungerar korrekt innan de säljs. De som inte klarar testet, kommer att returneras och lagas för att senare skickas ut på bandet igen. Jag beklagar denna tolkning, jag tycker inte om att jämföra själar med brödrostar, men det är en liknande bild och jag ville att du skulle se den. Ingen dömer ut dessa brödrostar, eftersom de kan lagas. Vet bara att det är en återvinning som ibland äger rum."

A. Hälsningar hemifrån, det här är Ari. Huhuh.

D. Hej, Ari!

A. Hur mår du?

D. Bra. Jag tänkte att du kanske skulle komma idag.

A. Oh, gjorde du? Familjen är här, redo att kommunicera, ge dig information om vem du är, varför du är här, tidigare besök, samt innebörden av det projekt som kommer. Vi observerar utvecklingen hos er två. Steg för steg undersöker du gradvis den nivå av kunskap som inte bara du, utan mänskligheten är redo för. Vi ser generellt sett ett stort behov av att förstå det som ligger bortom ditt synfält, att förstå ditt ursprung. Ni är flera (*inkarnerade*) som väcker denna fråga inom mänskligheten. Längtan efter att förstå vem du verkligen är har ökat – framför allt att förstå varifrån du kommer. Många känner att de inte hör hemma i ert samhälle. Samhället stagnerar men mänskligheten sjuder. Människan känner sig instängd i en box av ett samhälle som inte har utvecklats i samma takt som deras sätt att tänka; det finns ett behov av att förstå sin väg, att förstå syftet med saker och ting. Fler och fler inom mänsklighetens nuvarande civilisation söker efter syftet – inte bara sitt eget syfte – utan varför de gör vissa saker, varför de måste utföra vissa handlingar, varför de måste VARA på ett visst sätt. Samhället sätter upp murar, ramar, medan medborgarna sjuder och försöker riva ner dessa. De som har ett intresse av att flocken ska bli kvar inne i ladugården, innanför väggarna, försöker sätta upp fler murar, försöker få ert samhälle att se ut som ett fyrkantigt bås – som modulerna på dina arbetsplatser. Om du tänker dig ett kontorslandskap av arbetsmoduler som var populära här på 70-talet, så är det lite så som makthavarna försöker göra. Om det ursprungliga landskapet hade, låt säga, tio bås, tio väggar runt. Nu ser de att de som är inuti båsen inte sitter still – vilket betyder att de söker efter mening, söker frihet. Resultatet av det är rädsla i etablissemanget som skapar detta landskap, ert samhälle, de fyrkantiga båsen. Så nu skapar de tjugo, bjuder in fler, försöker locka flocken och säger, "Se, vi ger er fler möjligheter, flera får arbete." Men vad de egentligen gör är att bara lägga till fler fyrkantiga bås (*på samma yta*) Det betyder att de som sitter inuti båsen får allt mindre utrymme. Låt oss säga att båset ursprungligen var på 3 kvadratmeter (*golvyta*). Nu är det bara en. Det betyder att de försöker ge folket en illusion av att de ger möjligheter till fler, när det faktiskt är fler som de spärrar in. Förstår du vad jag menar?

D. Ja. Det verkar som att den personliga friheten minskar.

A. Ja. Och likväl är det den friheten, den där känslan i det mänskliga medvetandet, som nu kokar till en punkt där den snart exploderar. Du är här och gör det här projektet och ser till att denna kokande känsla kommer att nå en kulmen hos var och en som du kommer i kontakt med – du skapar vulkaner, låt oss bara säga det. Samhället vill inte ha några vulkaner, vilket betyder att de vill att du ska bli kvar i båset, knappt röra dig, bara vara stilla i den här fyrkantiga boxen.

D. Yttrandefrihet, yttrandefrihet—

A. Samma sak, samma sak. De minskar inte bara ytan som du rent fysiskt befinner dig på, de gör också detsamma med ditt medvetande, din mentala kapacitet, proklamerar gränser för ditt medvetande såväl som ditt fysiska. De jobbar hårt för hur de ska få dig att lägga ditt känslomässiga väsen i det här fyrkantiga båset. Ditt mentala befinner sig till stor del i det här kringgärdade båset. Som nämnts är du här för att få det mentala att koka, nå toppen av vulkanen, få var och en att riva ner sina mentala blockeringar, vilket betyder det mentala fyrkantiga båset, som har tvingats på dem. Samhället skapar rädsla, men rädslan är faktiskt deras egen. Om du skulle förstå att illusionen och rädslan som de projicerar på dig, får dig att känna, faktiskt är deras egen. De känner att de är på gränsen till utplåning, och det är därför de agerar på det här sättet. Ni är fler, men ni agerar inte på samma sätt som de, eftersom du inte, i din kärna, relaterar till rädsla. Rädsla är en mänsklig uppfinning, inte en själslig eller andlig uppfinning. De som uppträder i media och så vidare och försöker väcka rädsla, de är inte i kontakt med den källan inom sig och känner sig på många sätt utanför, i förhållande till massorna som är mer kopplade till källan. Vad vi vill föra fram i det här läget är att folk ska se det här fyrkantiga båset där de befinner sig i sina liv – människor, vanliga människor – att de ska se att väggarna kring dem inte är deras egna. De har förmågan och kraften att riva dessa väggar. Vissa känner sig fysiskt låsta och blockerade. Det betyder att de inte har förmågan att agera. Andra känner sig begränsade mentalt. Det betyder att deras tankar nonchaleras eller till och med trycks ner, förlöjligas, skrattas åt. Muren är densamma, bara ett sätt för den här Cellen, som faktiskt börjar tappa greppet, att kontrollera andra. Cellen har sitt ursprung i New York, London, Frankfurt och Tokyo. Frankfurt och London är starkare, de agerar som syskon. De andra hänger mer på. Låt dig inte som ras förhäxas av bara ett fåtal. (*Bankkartellerna kan, genom valutaväxlingar och fastställande av råvarupriser, skapa eller knäcka nationer. Ägarna dikterar för regeringarna vad de önskar, vare sig det gäller krig, ökade skulder eller resebegränsningar. Genom media kontrollerar de den offentliga diskussionen på alla områden.*)

D. Deras kontrollmedel är finansiella, eller hur?

A. Det är också en mur. För ett mänskligt öga ser det ut att handla om ekonomi; på många sätt har det med överlevnad att göra. Dessa varelser som kontrollerar båsen kommer säkerligen att förbli ekonomiskt säkrade, även om några av deras murar kommer att falla. Men rädslan ligger i hur de kan trygga sina framtida maktpositioner. Det finansiella är bara ett sätt att skapa trygghet för ett fåtal, men de förstår inte att tryggheten och kopplingen finns inom dig. De saknar den kopplingen, och det skapar ett behov av finansiell trygghet. Men det är ett sätt att hålla er civilisation inuti det här båset. Du skulle faktiskt klara dig bra även utan det där jobbet, löneförhöjning, eller alla dessa saker. Vad de gör för att möta det, för de ser att fler och fler lägger allt större värde på tiden utanför arbetslivet, söker personlig frihet, personliga erfarenheter, går ned i arbetstid. Hur de möter den trenden är att de ökar – som man har sett i det här landet – vad folk måste betala för att överleva. I den meningen håller de kvar individen i boxen. Individen själv skulle klara sig bra med mindre pengar, med mindre rent generellt. Hur de möter detta, när fler och fler eftersträvar mindre, bara eftersträvar det mest basala, söker kopplingen till sig själva inom sig, det är att de höjer hyran, försäkringarna, kostnaderna för sådant som individen är tvungen att ha, måste betala, måste vara en del av. Så när fler och fler söker mindre sätter de å sin sida upp fler väggar i det här kontorslandskapet; vilket innebär att de lägger till fler saker som individen måste äga, måste köpa, för att existera.

D. Är det en av anledningarna till att de vill ha okontrollerad invandring, för att driva upp kostnaderna?

A. Det är ett sätt att skapa rädsla och att få människor att stanna kvar i båset, att inte se att det också finns möjligheter med att möta dem som är annorlunda än en själv. Vissa är förstås dåliga brödrostar. Men kom ihåg, återigen, det du ser är omogna Kappor. Du ser inte avancerade själar. På många sätt, vad som sker när människor förflyttar sig, handlar det om att på något vis förenas. Men sättet som det levereras till allmänheten bygger på en önskan att hålla dig kvar i ditt bås, bygga fler väggar, skapa rädsla. Det är återigen en illusion. Men vi är medvetna om de Kappor som gör skada i detta landskap och makthavarna livnär sig på den lilla delen som skapar rädsla och orsakar en kedjereaktion genom hela landskapet och säger att det måste byggas fler väggar. Återigen, det är ett dilemma där vikta Kappor, avancerade Kappor, ljusa Kappor möter Kappor som är här för första gången, som ännu inte har några kunskaper om hur man navigerar på det här planet; de bländas lättare av dem i spindelnätet. Mycket är faktiskt iscensatt från två specifika punkter, som har nämnts, i den europeiska regionen (*London och Frankfurt*) – iscensatta. Och de driver, på många sätt, detta drama.

D. Eftersom du kan se vad som kommer att hända, vad blir slutresultatet av allt detta?

A. Upplopp. Kaos. Kollaps. Samhällen och murar faller, fyrkantiga bås faller. Det är en möjlighet för dig att skapa ett nytt landskap. Allt sker i cykler. Du måste vara stark i din tro, i tron på din koppling till Källan, för att förstå att allt är ett spel. Inget nytt kan födas om inte något annat dör. Dina framsteg kommer i det här fallet att leda till en nedbrytning av de fyrkantiga båsen. Likaså en omställning i hur du använder, eller missbrukar, tekniken. Du måste vara ren och äkta i ditt sätt att möta andra och hur du utvecklar energikällor. Du måste förstå att du bara är ett stoft på den här planeten. Civilisationer har kommit och gått – ni är bara en. Vi tar hand om planeten, vi tar hand om haven och vi gör det genom att ... hur kan man säga...byta ut Kappor. I den meningen måste vissa Kappor elimineras, raderas från minnet. Det är det som är slutresultatet när ett samhälle kollapsar – Kappor raderas ut och nya Kappor, som kommer hit, etableras. Somliga är gamla själar med minnen, ungefär som att minnas en avlägsen existens, en tidigare Kappa. Det är samma sak. Nya kappor kommer att föras fram, levereras och placeras i den fjärde verkligheten för framtida generationer, som till exempel de små Elahims. De kommer inte att ta på sig Kappor som finns här nu. De är inte kompatibla att fungera i de Kappor som finns här vid den här tidpunkten. Det pågår ett återvinningsprogram där man tar bort Kappor. Det betyder också att, för att det ska kunna ske, måste vi förstå, eller Mästarna måste förstå, vilka beteenden, vilka Kappor som behöver elimineras. När jag säger eliminera så betyder det bara att de flyttas från den här verkligheten till en databank, om du så vill, för forskning och för omprogrammering.

D. När du säger Kappor, handlar det om specifika själars karmiska Kappor?

A. Ja, ja. Ja, även själar som du själv, som har varit här i den här modellen av Kappa, har också varit här i andra Kappor. Ändå är det din Kappa, den är bara omprogrammerad, om du så vill. Och det är vad som sker vid den här tidpunkten – en omprogrammering av Kappor.

D. Och det kommer att förbättra beteendet hos fordonet som det befinner sig i?

A. Ja. Och Jorden behöver en paus. Den behöver återuppbyggas; vissa platser behöver vara i viloläge. Den afrikanska regionen behöver återuppbyggas för att finna sin utveckling igen. Djur måste bytas ut.

D. Betyder det att människorna kommer att utplånas?

A. Färre människor, mer tid för den kontinenten att hämta andan. Den har varit eftersatt av omgivningen, men den kommer att blomstra igen. Den har den förmågan då där finns stora naturrikedomar. Men vid den här tidpunkten, på grund av handlingar omkring och inom den, får den kämpa, kontinenten mår inte bra. Vi upplever inte bara att ni som levande varelser, utan även vissa regioner på den här planeten, kallar på oss och ber om hjälp. Havet har nämnts. Jag vill också berätta att kontinenten Afrika har begärt en återställning. Djur, elefanter som kommunicerar direkt till Källan. Det finns högre andel Mästerligt Medvetande i elefanthjordarna i den regionen och de kommunicerar en önskan, ett behov, av en återställning. Den kontinenten är rik och den är tänkt att blomstra. Den har fler möjligheter än andra i sin karma, i sin Karmiska Kappa, men den har försummats av innevånarna i landet, och de utanför ser inte den fulla potentialen. Den regionen behöver en återställning.

D. Kommer det att ske genom sjukdomar?

A. Torka. Brist på vatten.

Ophelia: Att möta sina Skuggor (21 november 2019)
Andevärlden, som alltid observerar, har lagt märke till att fler och fler känner sig ängsliga eller deprimerade. Ophelia ger en djupgående vägledning om potentialen för själsligt växande som finns i skuggorna av tidigare ord och handlingar. Skuggorna finns alltid i minnet, men misstolkas ofta som depression. Det finns en rad i det inledande stycket som är mycket viktigt, där Ophelia säger: *"Om människan visste att de inte nödvändigtvis behöver lösa allt, vilket är något som folk tror att de måste göra; om de bara möter sina oförrätter eller ord, som kanske sagts i ilska, om de möter dessa sidor av sig själva kommer det att rena deras väg, på många sätt."* Denna enda mening ger en nyckel till att förstå karma. Hon knyter sin undervisning till en annan av Zachariahs läror från *Första Vågen*, där han diskuterade ett liknande koncept i avsnittet med titeln *"Kratrar eller Gupp"*. Både Ophelia och Zachariah berättar för oss att framtida karmiska lektioner kan reduceras eller elimineras om personen har lärt sig förstå och behärskar den andliga lagen som de bröt vid ett tidigare tillfälle i livet. Den andliga vägen kräver att man

söker sig inåt för att se tillbaka, så att tidigare handlingar kan utvärderas på ett själfullt sätt.

D. Så vilka idéer ville du dela med dig av idag, eftersom du har väntat länge på att få tala?

O. Det jag vill dela med mig är att vi ser hur människan flyr från sin egen skugga. Det betyder att de inte vill engagera sig i den mindre attraktiva sidan av sig själva. De förstår inte att skuggan ger helande, tillfredsställelse och är ett sätt att växa, för att inte hamna i samma händelser eller omständigheter i framtiden eller framtida liv. Det är ett sätt för dina andliga guider att försöka få dig att engagera dig och få dig att växa. Att få dig att stanna upp, vända dig om och titta på dina fotspår och din skugga. Ni lider alla, på något sätt, av förehavanden (*handlingar*) som ni inte är stolta över. Något du gjort eller sagt som du ångrar – det är det som är skuggan. Vad vi önskar att mänskligheten ska göra är att lära sig förstå att när de tittar på sin egen skugga, när de dyker in i sina rädslor, när de dyker in i sina felsteg eller handlingar som de inte är stolta över – även om de inte löser det – så rensar det bort mycket karma i deras Kappa. De som inte tittar på eller tar itu med några (*av sina*) fel kommer aldrig att fullt ut kunna förstå meningen bakom det de upplever och kommer att behöva återvända under liknande omständigheter. Om människan visste att de inte nödvändigtvis behöver lösa allt, vilket är något som folk tror att de måste göra; om de bara möter sina oförrätter eller ord, som kanske sagts i ilska, om de möter dessa sidor av sig själva kommer det att rena deras väg, på många sätt. Det är samma som att inte skapa en krater, den (*framtida karman*) kommer bara att bli ett litet gupp. Skuggan bakom dig kan växa om du inte fokuserar din uppmärksamhet på den. Det vi ser – och det är vad guiderna adresserar och försöker hjälpa sin person med – från andevärlden kan vi se någon med en skugga, och sedan en annan person som har femton skuggor. Det betyder att själen från andevärlden ser tung ut. Det är så vi kan se om växandet, den andlig upplysningen, stagnerar. Vad vi nu ser är att alltfler skuggor har byggts upp bakom vissa, nästan som att de har satt på sig ännu en Kappa, om du så vill. Depression är något som har blivit ett slags ofrånkomligt tillstånd.

D. Det finns många människor som verkar lida av det tillståndet.

O. Vissa är inte äkta – det är en illusion som kommer från deras skuggor, av att de inte har tagit itu med dem. Och eftersom det är lite legitimt att säga att du är deprimerad, så tar ingen itu med själva kärnan, källan, skuggan. Och det är utformat på det viset för att göra människor förlamade. Av någon anledning (*kommer människor att undvika att ta ansvar*), om de (*psykologer eller media*) säger, "Det är okej. Det är din rätt att vara deprimerad." Jag säger inte att det alltid är så. Men det finns många som på något sätt använder depression som en ursäkt och rättfärdigar sina handlingar, motiverar sina icke-handlingar, därefter. Och det är det som är stagnationen i andligt växande.

D. Många människor har förmodligen skuldkänslor och har betänkligheter över vad de har gjort. Så det kan kännas som depression?

O. Ja. Om de skulle ta itu med skuggan bakom sig, allt de har samlat på sig den här gången, en del till och med från tidigare erfarenheter (*liv*), om de skulle ta itu med detta, då skulle det inte existera några depressioner. På många sätt, på grund av det faktum att ett passivt tillstånd rättfärdigas, tar människor inte itu med några av de tecken som de får inifrån liksom även från sina andliga hjälpare som alltid finns med dem. De blir nedstämda. Det vi ser är att mänskligheten blir däst, som att du har ätit för mycket. Tidigare civilisationer kunde rena sig själva. De kände igen när det fanns något som inte hörde hemma i deras system eller skuggutrymme, de var mer benägna och ivriga att rena skuggan och förstod att det var de själva som designade sina Kappor. Om människan förstod att du har kraften att designa, designa om, göra om din kappa från det här planet – att det inte är något som utplånas av en källa utifrån – så skulle fler känna sig motiverade att rensa sin väg, på samma sätt som tidigare civilisationer gjorde. Att du förstår att när du kommer tillbaka hit, sätter du på dig din gamla Kappa igen. Depression är tyvärr lika med att vara passiv, och det är precis vad Cellen önskar, nämligen att förslava (*mänskligheten*). Även det medicinska etablissemanget, rättfärdigar på något vis människor att vara passiva.

D. Många mediciner mot depression orsakar faktiskt depression.

O. De orsakar ett tillstånd av passivitet eller icke-reaktion, du blir bedövad. Och det är samma sak som att inte adressera, eller vara medveten om, signaler. Vad guiderna gör i det läget är att de lägger till ytterligare en skugga, de lägger till fler omständigheter, vilket gör själen i människan tyngre, för att pillret, medicinen, ska förlora sin effekt. Det som händer då är att sjukvården ökar dosen. Så, det medicinska etablissemanget ökar dosen, pillret, och guiderna möter detta genom att ge sin själ ännu en skugga.

D. Så det blir gradvis allt svårare för inkarnationen?

O. Precis. Så, vad jag skulle uppmana dig, innan jag går, är att du noggrant ska välja dina ord när du tar upp detta. För på många sätt, som jag sa, känner folk att deras depression anses berättigad av en läkare eller det medicinska etablissemanget. Även TV-reklamen får det på något sätt att låta som det nya normala. Och vi ser det som en tillbakagång. Det löper som en spiral inom den mentala världen, och du är här för att upplysa denna mentala sfär.

D. Finns det något specifikt som de kan göra? Jag vet att religioner skuldbelägger människor, men finns det några övningar, som till exempel ritualer från de amerikanska indianernas kulturer, som de skulle kunna göra?

O. Det bästa är att försöka vara utomhus så mycket som möjligt. Återigen, det vi ser är att många människor stannar inomhus. Tidigare nämndes ett fyrkantigt bås - det här är samma sak. Så länge du bara stannar inom dina fyra väggar, så låter du på något sätt skuggorna och allt annat linda sig runt dig. Du måste vara mer rörlig. Du behöver söka dig ut i den friska luften. Du behöver söka upplysning och spänning inom ditt väsen och inom dina sinnen. Du kan aldrig få samma känsla bara genom att titta på TV. Du måste söka och verkligen vilja ha en förbättring.

D. Skulle det vara som en inre hobby, som Bob pratade om?

O. När vi talar om depression, på många sätt, skulle dessa människor ha glädje av en fysisk yttre hobby, eftersom de är alltför stillasittande. När de väl har börjat röra på sig och hittat spänningen i det, så förespråkar vi verkligen alltid det inre utforskandet, den inre hobbyn. Där.

D. Det är helt underbart. Det var en fantastisk vägledning, tack. Så glad att du kom idag.

O. Tvätta bort skuggorna och du kommer att känna dig mer fri och mindre ensam inombords. För även om medicinska institutioner, på något sätt, proklamerar att din depression är berättigad, så lider själen djupt inom dig, och själen känner inte att den inte hör hemma. Det är ett ensamt sinnestillstånd; det knyter aldrig an, det separerar. (*Själen känner sig avvisad av sinnet.*) Där. Det skulle vara det hela.

D. Tack så mycket, Ophelia.

O. Farväl.

Elahim Rådet: Att Möta sina Känslor (24 november 2019)

Elahim Rådet ställer sig alltid uppmuntrande och stödjande till det arbete vi gör för deras räkning. Det är värt att notera att de här talar om att Christine och jag under en tid skulle vara åtskilda, likt två självständiga satelliter. Tre månader senare åkte Christine till Sverige och inom några veckor stängdes alla gränser på grund av Corona-viruset. När denna session gjordes måste Rådet ha förutsett att vi skulle vara ifrån varandra i åtta månader. Normalt tar vi inte med personliga råd, men i det här fallet finns det några allmängiltiga, mycket intressanta observationer inbäddade i det de talar om. Ett handlar om det astronomiska förhållandet mellan planeters placeringar och deras effekter på den fysiska Jorden och människorna här. De vill att jag ska ta fram specifika datum i historien när det förekom revolutioner, torka eller förändringar i människors medvetande. Sedan fick Christine i uppdrag att analysera de astrologiska influenserna och hitta mönstren i energiflödet. Nästan tre år har gått men vi har ännu inte påbörjat det projektet.

Elahim Rådet uppmanade oss också att undersöka orsaken eller grundkällan till vissa mänskliga känslor. Vi har fått liknande råd tidigare från dem, så det är uppenbarligen ett viktigt koncept. Under tiden vi är inkarnerade bearbetar vi våra upplevelser genom det mänskliga filtret, vilket får energin att transformeras på sätt som saknar renheten hos källan. De rekommenderar att vi sammanfattar olika upplevelser i våra liv från ett högre perspektiv. De säger, "Man måste se känslan för vad den är och inte vad den blev. Sättet det blev är mänskligt; hur det är, är källan. Du förvandlar känslornas, handlingarnas, upplevelsernas sanna källa, till mänskliga, och återspeglar dem i en verklighet där de inte fullt ut har förmågan att uttrycka sig."

ER. Elahim. Detta är Elahim Rådet. Vi hälsar dig.

D. Välkommen, mina vänner.

ER. Det är en stor glädje för oss att följa dina framsteg. Du är i en fas av vila för tillfället, samlar kraft för nästa företag, nästa projekt, nästa cykel. Se ditt uppdrag som berg och dalar; du befinner dig just nu i dalen och samlar kraft inför nästa klättring. Nästa klättring innebär mer forskning från din sida. Ni kommer på sätt och vis att vara skilda åt i ert uppdrag, ändå arbetar ni tillsammans, men ni kommer att vara som separata satelliter även om ni är en enhet. Vi uppmuntrar er båda att forska. Hon behöver på ett annat sätt hitta källan inom sig, dyka ner i själens djup; medan du ska finna gamla skrifter. Gå tillbaka och sök skrifter från 1700 och bakåt i tiden. Det finns anteckningar som du själv, såväl som dina vänner, har nedtecknat. Sök i Europa, författare främst från Italien, Österrike, Frankrike, Tyskland. Vissa även från den Gröna Ön, Storbritannien. Men mest Italien och Österrike. Leta efter upptäckter, några dina egna. Studera, forska, du behöver inte uppfinna hjulet varje gång. Gå längre och längre bakåt i tiden, passera år noll. Koppla samman punkter av upptäckter, utveckla det som var tänkt som en gåva för mänskligheten. Låt dig inte avskräckas av sådana som kan tänkas förlöjliga er två och det arbete ni gör. Du har styrkan inombords såväl som från oss alla. Vi kommer att driva dig vidare, men börja titta på 1700-talet och tillbaka.

D. Vilka ämnen och vilka författare?

ER. Geometri, fysik, astrofysik, samband, stjärnkonstellationer som sammanfaller med händelser på Jorden. Den här kommer att förstå på grund av sina kunskaper i astrologi, förstå energiernas påverkan över tid. Hon ska hjälpa dig – när du hittar en källa ska du be henne hitta och läsa himlakropparnas konstellationer vid den tidpunkten. Du finner informationen, hon granskar energiflödet, går tillbaka och hittar kopplingar och transiter i energiflödet som korrelerar med de olika händelserna. Det ger dig de bevis som behövs för att du ska känna dig bekväm med att skriva om det.

D. Handlar det om mänskliga händelser eller händelser på Jorden?

ER. Händelser på Jorden.

D. Som till exempel?

ER. Revolutioner. Torka. Förändringar i människors medvetande. Nya arter, andra som försvinner. Förändringar, större cykler. Hitta skrifter, hon bekräftar genom att ge information om det aktuella energiflödet inom ditt solsystem vid den tiden. Var exakt. När du gör det kommer du att få människor att öppna upp för det faktum att det finns ett samband mellan yttre påverkan och det händelser de ser framför sig. Det är ett sätt att öppna fler ögon, om du lägger fram bevis, om du återvänder till kända händelser som relaterar till olika konstellationer. Korrelationer i ditt system.

D. Om vi tar revolutioner, ska det räknas den dagen de startar, för det finns ju alltid en planeringssträcka innan?

ER. Du kan räkna med det du kallar ett spelrum på ungefär sex till åtta månader innan det sker. Försök hitta det, leta efter händelser där det uppstår större förändringar, bra och dåliga. Glöm inte att också belysa händelser som innebär ett större medvetande såväl som andlig upplysning. Förstå sambanden mellan vad som händer här och vad som sker omkring dig. Ni (*Jorden*) är bara en medspelare i systemet. Det vill säga det som händer här påverkar även era grannar. Just nu är vissa planeter i ditt system deprimerade, för att uttrycka mig i mänskliga termer, de känner sig bedövade på grund av händelser som inträffar här. Solen regisserar hela pjäsen. Merkurius är glad, blir aldrig ledsen, kanaliserar värme, är en partner till solen. Men Jupiter, vanligtvis en gladlynt vän till er, är deprimerad. Influenserna gör att energin från Jupiter inte är lika ren som den är tänkt att vara. Det sker en förändring inom ert system där era grannplaneter sänder ut en obekant strålning och energi, som inte passar dess personlighet. Det betyder att hela systemet sjunger falskt. Solen försöker väcka alla till liv. Det finns en stor oro för den här planeten; inte bara från andevärlden utan även bland era närmare planetariska vänner.

D. Finns det några speciella planeter vi bör fokusera på?

ER. Jupiter. Annorlunda energier, oigenkännliga, förändrad i sin kärna på grund av effekterna som speglas från Jorden. Uranus, fortfarande stark, inte påverkad. Fokusera på Jupiter. Förstå energin hos Jupiter och du kommer att se förändringen i hans beteende. Detta speglas av det som sker på Jorden. Så, vad vi önskar är att ni båda börjar undersöka era grannar, flödet omkring er, nu kontra tidigare perioder. Den här (*Christine*) läser av Jupiter. Du frågar, om nödvändigt, hur planeterna var placerade vid vissa tidpunkter, vilket gör att du som vetenskapsman kan ta fram sambanden.

D. Finns det några andra direkta råd du skulle vilja ge någon av oss?

ER. Det finns en del av det här projektet som handlar om avskildhet. Vet att din lillebror inte alltid känner sig bekväm, han behöver spänningen. På något sätt är ni förstås lika, inuti. Men förutsättningarna som människor är olika för er båda. Avskildhet är er kärnegenskap. Men de mänskliga karaktärsdragen är annorlunda. Om den här skulle finna frid i avskildheten, skulle ni båda att vara desamma. Meditera mer. Det finns fortfarande några blockeringar inom var och en av er som behöver lösas upp. I den här handlar det om känslor. I ditt fall, ilska. Adressera det så blir du ren. Väj inte för dina skuggor, möt dem, undersök källan till ilska och smärta. Det kommer att vara vägen att minnas ditt uppdrag och hur du påverkas av atmosfären här. Att se bortom illusionerna är ett sätt att utnyttja illusionen. Hur ska du annars veta att det ÄR en illusion? Vad är ilskan relaterad till? Hur påverkar det resten av ditt fysiska och mentala jag? Det är på samma sätt som med stjärnsystemen. Undersök källan. Jupiter, deprimerad. Varför? Du, ilska. Varför? Den här, smärta. Varför? Vad är effekten? För att du ska förstå effekten, dyk ner i källan. Låt den källan bli du; bli ilska och se ilskan för vad den är. När du möter ilskan ansikte mot ansikte kommer du att se skönheten i kraften, inte det negativa så som det uttrycks i ditt mänskliga fordon och i dina erfarenheter. Varje känsla – rädsla, kärlek, lycka, ilska – varje uttryck, ingen är varken bra eller dålig om du klär av dem och möter dem ansikte mot ansikte. Klä av känslan och du kommer att se skönheten och gåvan som följde med den. Inte ens ilska, som ditt mänskliga jag skulle betrakta som något negativt, i sin kärna är det skönhet, det är kraft. Hur du kanaliserar den kraften speglar om effekten blir bra eller dålig. Rädsla, detsamma. Smärta, dyk ner i källan till smärtan och se potentialen som ligger i den upplevelsen. Om du undviker det blir det bara en negativ upplevelse. Om du dyker in i det kommer du att se, som en lotusblomma, gåvan som sträcker sig evigt in i smärtan. Man måste se känslan för vad den är och inte vad den blev. Sättet det blev är mänskligt; hur det är, är källan. Du förvandlar känslornas, handlingarnas, upplevelsernas sanna källa, till mänskliga, och återspeglar dem i en verklighet där de inte fullt ut har förmågan att uttrycka sig. Ilska är inget negativt om du inte kanaliserar den som sådan; det är styrka, det är ledarskap, det är medkänsla för dem som saknar makt. Sättet du kanaliserar det på går genom nivåer på det här planet, nivåer som lägger till en annan historia till källan. Allt du ser omkring dig är mänskligt skapat och kommer från en källa (*som är*) mycket annorlunda. Hur du möter källan och hur du ändrar sättet du visar upp den, hur du kanaliserar den sanna kärnan i varje känsla eller händelse, är ett val, men du måste dyka ner i källan för att du ska veta vad källan verkligen är. När du väl har hittat den kommer du att upptäcka att du, som människa, har klätt dig i nya egenskaper, nya kläder om du så vill, ovanpå denna kärnkänsla, och ändrat den till något den inte är och då har du förlorat makten över den, och den har istället tagit makten över dig.

D. Det är helt lysande.

ER Där. Mötet är över.

D. Stort tack för det.

ER. Så gärna, så gärna, min son. Vi är oerhört stolta över dig, att du reser hit, tar hand om planeten och försöker upplysa arten, som fortsätter att klä varje känsla, varje händelse, utifrån ett mänskligt medvetande. Och det mänskliga medvetandet befinner sig bakom en slöja. Ta bort slöjan, det är vad du ska göra, det är ditt uppdrag. Där.

Ari: Vetenskap, Religion och Ego (1 december 2019)

När Ari eller Zachariah talar om ett ämne låter det ofta (för mig) kraftfullt och vänligt, men saknar den mjukare känslosamma ton som Ophelia förmedlar. Men de förblir alla distanserade när de diskuterar mänskliga angelägenheter, till och med katastrofer i en gigantisk skala, som Ophelia nämnde i en tidigare session. Från deras upphöjda synvinkel är allt under kontroll och rör sig i den riktning som Skaparen och Råden har avsett. Om själar försvinner från planeten i stora mängder vid specifika tidpunkter, ser de ingen anledning till oro.

A. Elahim. Det här är din farbror. God morgon.

D. God morgon, Ari. Jag tänkte att du kanske skulle komma idag.

A. Oh, gjorde du? Ni behöver båda en liten knuff, behöver att elden tänds igen på något sätt. Ni ger er in på nytt territorium, båda två. Det betyder att ni också måste acceptera att stå nakna i er övertygelse, i er sanning, där många före er har misslyckats. Det här är en avgörande tidpunkt när du ska lägga fram information som vissa inte är så angelägna att höra. Förstå att mänskligheten som ras på många sätt vill lämnas ifred. På grund av det är det inte alltid så lätt göra förändringar, framsteg och få till stånd en utveckling. När du står inför stagnation är det svårt att vara hängiven din sak och att bli dömd för orden du förmedlar. Ibland kommer du kanske att känna att det blir för mycket. Men vet att uppdraget inte var lätt, även om det fram till nu kan ha verkat så. Du är alltid beskyddad. Nu måste du bli mer offentlig. Det steget är vad vi kallar den offentliga cykeln, där du på något vis måste känna dig lite obekväm, eftersom du kommer att ge ett annorlunda intryck. Somliga kommer att tycka att du är arrogant. De som tycker så är vetenskapsfolket som inte är redo för förändring. Ju mer du levererar desto mer kommer du att dömas för din övertygelse. Du kommer också att hetsa upp andra tillsammans med dem som inte vill ha någon förändring. Somliga kommer att känna sig trampade på tårna. När du trampar vissa på tårna, tänk då på att genom historien är det de som trampade på tår som är ihågkomna – på gott och ont. Du är här för att, inte direkt hoppa på någons tår, bara peta lite på dem.

D. Vilka ämnen kommer att vara mest kontroversiella?

A. Det faktum att gravitationen och annat omkring dig inte är konstant. Att nyttjandet av energi har förändrats genom årtusendena, och att de är blinda för de resurser som finns tillgängliga; hur du (*den nuvarande civilisationen. ö.a.*) anses vara mindre utvecklad än tidigare civilisationer. De nuvarande tror sig vara på toppen av pyramiden. När du avslöjar att så inte är fallet, känner de som att de är på väg att degraderas och spjärnar emot, förkastar därför dina ord. Det är egobaserat. Tidigare civilisationer, innan de föll, kringgick sitt ego, förblev rena i sin koppling till Källan, både när det gällde teknik och andlighet. Nu är deras källa färgad – det är egot. När du utmanar egon känner de att de kämpar för sina liv, dör, och det är här du kommer att stöta på motstånd. Förstå alltid, att när du blir ifrågasatt handlar det om egon som fruktar för sina liv. Du är här för att förvandla egon, få dem att åter knyta an till sin själ, och på grund av egots starka fäste vid den här tidpunkten, är det här som den största utmaningen kommer att ligga. Vetenskapen är mer låst i sitt ego än de religiösa gemenskaperna. Det är därför du kommer att ha en svårare uppgift med dem. Vetenskapsvärlden är bra med ord, men inte särskilt bra på att förstå det de inte kan se eller ta på, liksom sådant de ännu inte har upptäckt. Vet att de är många som menar att de sitter på toppen, toppen av pyramiden. Du motsäger det påståendet och det gör att du blir utmanad och ifrågasatt.

D. Det verkar inte som att de flesta forskare ägnar särskilt mycket uppmärksamhet åt andlig, kanaliserad information.

A. Mycket av den information du kommer med är baserad på tidigare forskning, forskning som en del är din egen. Man kommer alltid att ifrågasätta dig - varifrån din information kommer - både från det religiösa och det vetenskapliga hållet. De fruktar kopplingen på grund av förbannelsen från tidigare civilisationer som gått under. Det vill säga, det sätt som den här typen av information förvärvades var tidigare allmänt accepterat. Men allt eftersom, när allt fler kunde få access till sina egna datorer inom sig, upplevde en liten grupp känd som Cellen att de tappade kontrollen över den länken. De lade en förbannelse både över dem som var lagda åt det vetenskapliga eller tekniska hållet, och över dem som sökte en andlig medvetenhet. De sa att länken var färgad, att de (*människorna*) inte kunde få tillgång till denna kunskapspool, att den bara var tillgänglig genom flera olika nödvändiga steg. Detta är placerat i ditt minne inom olika områden. Steg, alla dessa steg som du som ras känner att du måste bemästra för att du ska vinna skatten.

D. Men stämmer det inte att det finns steg att följa för att få tillgång till din själskunskap?

A. Men inte så många som du påstås behöva här. Flera som arbetar med healing, till exempel, sätter upp flera steg, mer än nödvändigt, för att deras elever ska nå det gudomliga. Det är sant att du måste bemästra dina inre steg, men inte steg eller nivåer som placeras på dig utifrån. Hmmm. Det är inte samma sak. Så det vi ser är återigen en rädsla för förändring, en rädsla för att sticka ut, en rädsla för att ställa frågor. Varför vissa saker existerar, samexisterar, i er verklighet. Varför vissa tecken dyker upp, till exempel det du såg igår — sädescirklar. Istället för att undersöka mysterierna omkring er, liksom mysteriet inom er, så blundar ni. Tecknen omkring dig är överväldigande, din ras tycker inte om att bli överväldigad, de känner sig mest bekväma i sin lilla hydda, och nu tvingar du ut dem ur hyddorna och ber dem att söka. Då uppstår frågan - söka vad? Vad får de OM de söker det som är bättre? Det är den stora svårigheten, eftersom du måste övertyga människorna om ljuset. Du behöver inte övertyga dem om mörkret inom dem eller omkring dem. Men ljuset är något skrämmande. Detta är en uråldrig kvarleva, uråldrig förbannelse, som har placerats på människans medvetande av dem som förkunnar att de behärskar och besitter ljuset. Det är enklare att välkomna katastrofer än frälsning. Och återigen, frälsningen kan bara komma inifrån. Ingen kan berätta för dig vad du utifrån behöver göra för att nå det gudomliga.

D. Det verkar som att många av forskarna övervägande är ateister i sin världsbild.

A. Ja. Ateismen är egobaserad. De som inte tror är – för att ge dig en siffra – om du tar den religiösa gemenskapen så är de mer benägna att förändras. De söker bara ständigt i fel riktning; men de är, på en skala från ett till tio, så ligger de på cirka sju eller åtta när det gäller medvetenhet. Det betyder att om egot är ett och själen tio, så ligger de på sju, några på åtta. Vetenskapsvärlden balanserar någonstans på ett, två, några kanske tre. Ser du skillnaden? Det är lättare att förändra medvetandet inom de religiösa grupperna, eftersom de redan är närmare den tron. De andra har en längre resa att göra. Så, i den meningen, det du nämner om steg, faktiskt, klyftan kommer att vidgas mellan grupperna innan de går ihop. De kanske inte alls smälter samman under din livstid – det är inget du behöver bry dig om. Du är här för att försöka förflytta båda dessa grupper närmare tio, men som du kan se finns det olika vägar för dem framåt. Men ni båda är, i er design som människor, den här gången beredda att möta dessa två grupper. Försök bara hålla dig lugn; lär din lillebror att hålla sig lugn, inte vara brysk eller himla med ögonen. Där.

D. Utmärkt tal. Tack, Ari.

Ophelia: Dina två Jag (25 december 2019)
Ophelia uppmanar oss att söka jaget vi alla har inom oss. När vi väl har hittat det kommer det att lyfta sinnet över den labyrint av vanföreställningar som Cellen och de som söker kontroll över mänskligheten har kastat över civilisationen. Dessa grupper gräver mentala fallgropar, avsedda att leda människor bort från deras inre medvetenhet. Bedrägeri och rädsla är deras viktigaste vapen, och de är dolt representerade i alla samhälleliga kontrollapparater. Men de använder sig också av ilska, girighet och egenintressen för att skilja människor åt och få dem att bilda separata läger. När själen kopplas bort från den mentala verkligheten skapar den ett vakuum som är mottagligt för yttre påverkan. När någon känner en tomhet och tycker att livet saknar mening är det ett direkt resultat av att man inte känner igen det mäktigare jaget som alltid är närvarande och tillgängligt. När Ophelia kom in, denna Juldag, talade hon oavbrutet i 15 minuter. För att göra det mera lättläst har jag delat upp det i mindre stycken. Så observera att det enbart är Ophelia som talar på de kommande sidorna. Det är en helt underbar undervisning, och jag har lyssnat på den flera gånger för att försäkra mig om att jag har fångat hennes ord på rätt sätt för att göra full rättvisa åt den. När du läser det, föreställ dig att det sägs med en värme och en ömhet hos en ängel, något som Ophelia verkligen är, och du kommer att fånga känslan för hur hon förmedlar sin visdom.

O. God morgon på dig.

D. God morgon. Det är alltid lika trevligt att höra dig.

O. Det är alltid ett nöje att vara en del av den här heliga cirkeln, där vi kopplar samman de högre världarna med den jordiska sfären. Vi ger med glädje mer information till mänskligheten, eftersom vi ser en svacka i mod, en svacka i tro, en svacka i ert medvetandes välbefinnande. Det har en tendens att gå i perioder, går normalt upp och ner men med toppar inför och under de större högtiderna. Vid den här tiden ser vi en svacka i människans välbefinnande med sig själv liksom med andra. Du måste komma ihåg att ditt primära fokus alltid bör vara att hitta välbefinnandet med dig själv. När du gör det är det lättare att upptäcka någon annans nedstämdhet och hur du kan hjälpa den personen, samt på vilken nivå. Det vi nu ser, när det här året går mot sitt slut, är att det har varit mentalt tumultartat för många. Det vi ser är ett beteende som på något sätt är känslomässigt förlamat, att människan känner sig tillfälligt fången mellan vad man förväntas tänka och sina inre övertygelser.

O. Vad vi vill förmedla är den blomstrande tid som ligger framför dig. Inget kan gå i blom utan ett frö. Det är många på Jordens plan som, likt du själv, planterar frön. Du planterar frön för framtida generationer. Vissa av dessa ansträngningar kommer du inte att uppleva som den människa du är vid den här tidpunkten. Vet att något av det som du faktiskt just nu planterar, kommer du att möta när du återvänder i en framtida kropp. Nu talar jag inte om er två, jag talar generellt. Det är viktigt för de äldre att inte känna sig utanför, att det de gör inte har någon betydelse, bara för att deras fysiska liv går mot sitt slut. Det är viktigt att du förmedlar till dem att de planterar frön för sina egna framtida inkarnationer såväl som kommande generationer. Vad vill de lämna efter sig för att själva finna? Bara för att det fysiska går mot sitt slut, betyder det inte att själen gör det. Själen är evig och kommer tillbaka och gläds åt de ansträngningar som du har (*den har*) gjort. Du vill inte att de äldre ska känna att de inte har något kvar att bidra med. Det de kan bidra med är att stilla manifestera vad de vill återvända till. Även om de känner att de i sitt nuvarande liv inte kommer att kunna glädjas åt de ansträngningar som de gjort, få dem att tro att det är deras framtid de skapar. Vi ser många äldre lida i en ensamhet som de själva inte har valt. Ensamhet kan tära på det fysiska, mentala och känslomässiga tillståndet, och det visar sig tydligast runt de stora högtiderna. Det här året går mot sitt slut i mentalt tumult, där mänskligheten plågas av ett litet antal som orkestrerar utvecklingen i världen. Det förlamar människan som grupp, och skiljer er åt; och det är målet som Cellen eftersträvar – separation. På själsnivå existerar ingen separation. Du är alltid kopplad, antingen till dina själsvänner eller till Skaparen själv. Separationen kommer in i bilden när du inkarnerar och måste söka sällskap med andra. Om du är i en situation där du inte har familj eller vänner, sök samhörighet och stöd från din själ.

Även om du inte tror på att själen är evig och återvänder om och om igen, föreställ dig att du har en tyst vän inom dig.
O. Vi vill inte att mänskligheten ska lida. Onödigt lidande är vad Cellen framkallar genom att skilja er från Källan. De förkunnar en separation mellan människor. Vi strävar efter att upplysa och tända ljuset inom dig, källan inom dig. Och även om du inte tror på livet efter detta, brukar du ändå tro på dig själv – men vem är du? Vem är ditt mänskliga jag? Vem är ditt tysta jag, den som du inte berättar om, kanske inte ens för dina närmaste vänner? Det är själen som tyst observerar ditt mänskliga jag. Om du inte tror på livet efter detta och en själ, brukar du ändå tro på dina inre känslor och tankar. Om du undersöker dessa känslor och tankar ser du kanske att de strider mot vad du som människa gör, säger, handlar, känner. Lär dig känna igen de två; den inre som du kanske inte visar upp för vänner, arbetskamrater eller liknande. Det är själen. Och själen kan vara väldigt annorlunda än människan. När du väl börjar känna igen och identifiera att det kan finnas två "du", är det lättare, även för dem som aldrig skulle tro på livet efter detta, att flytta sitt medvetande till den ena eller den andra av dessa två. Om de följer det mänskliga jaget, lurar de sig själva. Och det är förstås en del av utvecklingen. När själar kommer ner till Jorden följer de det mänskliga släktet, hur människor agerar, talar, tror, och det kan strida mot det inre jaget. När du väl börjar upptäcka att det finns två sätt som du kan agera på eller känna, att det finns två delar av dig, så växer verkligen din själ, din själ har trätt fram. SÅ, det är det rådet som vi just nu vill förmedla till mänskligheten, att även om du inte tror på en själ, ande eller Skapare, har du en tendens att tro på (*dina idéer om*) vem du är. När du väl börjar undersöka kan du upptäcka att dina handlingar strider mot hur du egentligen skulle vilja agera eller tala med människor. Vi ser i er kommunikation att ni lär er att vara dynamiska i ert sätt att tala till massorna, i att vara en ledare. De största ledarna, som har verkat på det här planet, talade aldrig. De utstrålade bara sin visdom och sin kärlek. Och de som stod dessa individer nära kände kommunikationen, inte bara som människor utan som själskamrater här, som försökte göra sitt bästa i en mänsklig upplevelse. Så på många sätt, det som media och de sociala koderna lär om hur mänskligheten ska förmedla sig och kommunicera strider mot hur en själ skulle vilja kommunicera med sina medmänniskor. Det är inte den med den ljudligaste stämman, den mest dynamiska personligheten, det vackraste

utseendet, som har mest att säga. Tala till din omgivning (*de omkring dig*) som du vill att de ska tala med dig; det är själskommunikation. Så, det var det.

D. Wow, det var verkligen vackert.

O. Det var ett nöje. Inget magiskt, egentligen, bara lätt ABC, kan man säga. Men det brukar vara viktigt att då och då påminna dig, mänskligheten, om att du inte är ensam, när du känner hur livet springer ifrån dig, och att du har i din makt (*förmågan*) att ta tillbaka det. Även om du tillhör de äldre, vet att du planterar frön lite i taget. Du behöver inte lämna efter dig ett helt fält med blommor; du kanske bara lämnar en ros; Det spelar ingen roll. De ansträngningar som vi ser er lägga ner för att hjälpa, inte bara den nuvarande civilisationen utan framtida generationer, kommer att avgöra vad ni kommer att återkomma till. Vet alltid att majoriteten av alla på Jorden kommer att återvända i framtida liv, så vad vill du återvända till? Vilken blomma vill du snubbla på? Och återigen, gör det inte för stort för dig själv, du behöver inte plantera ett helt fält med rosor. En stor ros kan vara mer majestätisk än ett helt fält med små. Så om det inte är något du vill fråga mig så kliver jag åt sidan nu. Där.

D. Det var en otroligt vacker undervisning, Ophelia. Stort tack för det.

O. Det var ett sant nöje. Vi talas vid snart igen. Hej då.

Ophelia, Bob: Tvillingsjälar (30 januari 2020)
Begreppet tvillingsjälar har funnits i minst 2300 år, men definitionen är ofta tvetydig och romantiserad för att endast återspegla en liten del av dess verkliga betydelse. Många felaktiga idéer om själens natur, själsgrupper och syftet med att inkarnera har bara ökat förvirringen. Föreställningen att en person vandrar runt och letar efter den andra halvan av sin själ är kanske den största förvrängningen, men är också den äldsta, efter att ha presenterats av Platon som "split-apart"-teorin. Själar har absolut förmågan att delas upp och skicka delar av sitt medvetande till olika verkligheter, men en kärna blir allt kvar hemma i de andliga dimensionerna. Mer avancerade själar kan ibland ha två inkarnationer som överlappar varandra inom jordens tidslinje, vilket är känt som parallella liv. Det är dock mycket osannolikt att de kropparna någonsin kommer att mötas. Så split-apart-teorin är inte något som grundar sig på fakta, baserad på allt som våra andliga vänner har sagt. Sanningen är den att vår tid skulle vara bättre spenderad om vi sökte inom oss själva efter kopplingen till

vår egen själ snarare än till någon annans. Men när det kommer till följeslagare på Jorden ger Ophelia en mycket tydlig beskrivning av den processen.

Det är inte alltid meningen att en människa ska hitta en perfekt partner när det kommer till att bilda ett kärlekspar. Faktum är att många relationer initieras av själen för att ta itu med vissa detaljer i deras Karmiska Kappa. Istället för att vara romantiskt perfekta blir de ofta som sandkornet i ett ostron, något som irriterar. Huruvida den irritationen producerar en pärla är något som individen själv bestämmer. Och det är också sant att vissa själar kommer ner (in i ett liv) med avsikten att inte ha några romantiskt givande relationer. Oberoende och självbestämmande kan vara något som markant får själen att växa. Därför är det oklokt att döma någon, eller dig själv, baserat på de kulturella normerna när det gäller partnerskap.

Efter att Ophelia hållit sitt tal om hur själsfränder hjälper varandra att växa, kom Bob in och följde upp ämnet på sitt eget speciella sätt. Han tog exempel från tre av mina tidigare liv och gick in på en hel del detaljer om den som identifierats som John 54. Jag väljer tydligen namnet John om och om igen, så han numrerar dem helt enkelt efter när inkarnationen tidsmässigt inträffade på Jorden. John 11 var i Marocko omkring 330 e.Kr., John 32 var i den katolska armén omkring 1380, och John 54 var i en irländsk hamnstad med Josephine på 1700-talet. John 54 skadades i en olycka till sjöss och fick därefter stanna på land, vilket var en del av hans själs avtal med Josephine. Han blev kartritare och var en enstöring, men Bob fick honom så småningom att gå till krogen där han träffade henne och blev hennes beskyddare.

Bob nämner också Herr Senap, som var ett annat av mina liv i Frankrike under Renässansen. Han var en resande musiker som tog sig namnet Charles Dijon, men vi kallar honom skämtsamt för Herr Senap. Han försörjde sig som underhållare av de förmögna, men hans själsuppdrag var att granska aristokraternas sinnen. Charles berättade utsvävande påhittade historier för högreståndsdamerna, som aldrig ifrågasatte det absurda i det han sa. Historien berättas i sin helhet i *Andra Vågen*.

D. Hej, Ophelia.

O. Hej på dig. Jag behöver justera energin lite grann. Jag skulle vilja diskutera dynamiken i de olika gruppernas beteenden, som är ett ständigt bekymmer för de andliga verkligheterna och Råden. Jordens Råd är djupt involverade och utformar på många sätt händelser för att skapa ett utfall för att de, liksom andra, ska kunna upptäcka i vilken riktning mänskligheten är på väg. För att en sammanhållen gemenskap (*ska kunna existera*) på det här planet måste flera egon, flera mänskliga beteenden, upplösas. Det är absolut nödvändigt att du som människa undersöker de behov som du verkligen har, och (*jämför dem med*) de behov som skapas av din omgivning, av människor, samhället, media och så vidare. Behoven är starkt kopplade till sinnet. Man kan uppleva det som ett känslomässigt behov, och det vi ser är ett starkt, eller ökande, behov av att finna en partner. Det är inte alltid gynnsamt att leta efter en tvillingsjäl, eftersom det skulle vara som att försöka finna en nål i en höstack. Många gånger kommer man hit utan sin närmaste följeslagare, speciellt när man har rest hit mer än tio till tjugofem gånger. Vissa reser tätare, inte bara med följeslagare de står mer nära, utan också tätare över tidslinjen. Det är inte alltid till hjälp för er ras att tänka eller arbeta utifrån idén att du bara har en själsfrände, att den specifika själsfränden kommer att förverkliga dig – så kanske inte är fallet. Den sanna själsfränden kanske kommer förklädd och kanske inte alls är den som uppfyller dina behov eller din väg. Det kan faktiskt vara den som placerar begränsningar eller utmaningar på din väg, istället för att ta bort dem. En sann vän är den som utlöser händelser, som iscensätter ditt liv för att du som människa ska kunna utveckla din högsta möjliga potential. Som människa har du en tendens att tro att en tvillingsjäl är den sanna kärleken – ur ett mänskligt perspektiv. Men om du försöker fokusera på den sanna kärleksförbindelsen på själsnivå – vilket är en helt annan sak än från en mänsklig synvinkel – då handlar den kärleken om att du som själ ska växa. Kärleken som människor söker är romantik. Det är två helt olika behov. Om människor behöver en kärlekspartner för att växa, befinner de sig både mentalt och känslomässigt i en labyrint. Om de eftersträvar ett växande, vilket betyder inre styrka och kärlek till sig själv, kommer de att se den som utmanar dem under hela livet eller bara kort, att det är de som ger den största kärleken, eftersom deras mål är att du ska älska dig själv. En människa kan hålla om en annan människa, ge fysisk värme, men människan bör söka inte bara en person utan de grupper som ger den inre värmen. Den som ger inre värme kan komma i förklädnad. Den personen kanske inte kommer som en kärlekspartner; han eller hon kan potentiellt komma som någon som tänjer på dina gränser och gör dig medveten om dina svagheter. Den sanna följeslagaren, efter att en själ har utvecklats ett tag, är en som petar på sin vän och knuffar vännen ner i en avgrund, antingen känslomässigt eller mentalt. Det kommer från den högsta källan av kärlek och det görs i medkänsla för själens växande. Efter att händelserna på det mänskliga planet har ägt rum, kommer själsvännen och andra andliga vänner – vissa inkarnerade, andra inte – alltid att hjälpa sin vän att klättra upp från avgrunden. Men ur ett mänskligt perspektiv, om någon driver dig ner i, låt säga en känslomässig avgrund, är det är svårt för en människa att se det som en handling av medkänsla, som något en sann själsvän skulle göra. Du måste skilja på den mänskliga upplevelsen och var den största möjligheten till att växa ligger. Inom grupper ser vi samma mönster – somliga trevar sig fram i blindo. Utifrån kommande påtryckningar påverkar dem i deras ställningstaganden som människor. Normalt, i en gruppdynamik, där det finns en ledare som faktiskt kan vara en förklädd mullvad, är den individen där för att knuffa ner de andra i en avgrund av underkastelse. Det betraktas också som en avgrund. Underkastelse är att vara passiv, vilket är samma sak (*som en känslomässig avgrund*). Från andevärlden är det ingen skillnad. Var medveten om att när du växer, är det också då du som människa kommer att känna dig nerknuffad i olika avgrunder för att du ska känna kraften (*finna den inre styrkan*). Och kraften kan komma på många olika sätt, men det är ett sätt för dig att klättra och resa dig och att söka ljuset. På samma sätt som ditt solsystem befinner sig i den dalgången, fungerar du många gånger på samma sätt. Du kan inte ha ett solsystem och en planet, som befinner sig i en dalgång och söker ljuset, där du, som art, ligger längre fram i din medvetenhet. Det går hand-i-hand och dansen är densamma mellan ditt system, din planet och ditt medvetande.

D. Menar du att människor är i en grav för att solsystemet är i en dalgång?

O. Ja, ja, precis. Så tillsammans har ni båda en klättring framför er. Olika, men ändå en gemensam dans mellan systemet och arten som befolkar systemet. Så vad vi vill att du ska förstå är att du måste ta ställning och hitta den avgrunden inom dig. Försök hitta vad det är som gör att du saknar styrka och kraft. På vilket område du än känner dig maktlös, så det är DIN unika avgrund – i mänsklig form, vill säga. Somliga måste höja sig över gränserna, som det vi nämnde, föreställningen om det romantiska partnerskapet. Det kanske inte är ditt kontrakt, ditt avtal med dig själv, varför du kom hit den här gången; då måste du hitta ett annat ljus, ett annat sätt att bli lycklig som människa. (*Vissa människor är inte menade att ha en partner. Deras mål är att arbeta med någon annan aspekt av sin Kappa.*)

D. Det var verkligen lysande, Ophelia.

O. Ingen orsak. Det var mitt nöje

D. Många människor som går i kyrkan känner fortfarande en tomhet. Har du något råd till dem?

O. Ja. Det är en andlig avgrund. De är på något sätt medvetna om ljuset inom dem, men de känner att de måste förenas med andra eller en specifik krets för att det ljuset ska skina. De känner det som att någon, antingen en präst eller en predikant, är den enda som kan tända det ljuset. Eller så känner de kanske att de behöver gruppen för att bli ett gemensamt ljus. Ingen kan tända ditt ljus, om du inte är villig att först hitta mörkret inom dig. Mörkret är detsamma som avgrunden. Det är ett andligt växande som kommer att återspegla hur du växer som människa. När du väl förstår att det, så att säga, är i mörkret som du hittar din personliga tändsticka för att tända det ljuset, då kan du verkligen dela det ljuset med andra. Det ljuset är olika för var och en av er, och det kanske inte står att finna i en kyrka. Det kan till exempel vara i en sjukvårdsmiljö. Det finns flera från den sjunde dimensionen som verkar inom vården – sjukhus, daghem, hemtjänst, som tar hand om de äldre. De äldre som på många sätt har en rädsla inom sig. En rädsla eftersom de kanske aldrig hittade det ljuset under sin livstid. Så det finns ett behov av att ta hand om dina äldre, eftersom de kan känna sig vilsna, känna sig lurade av livet. Men det är aldrig för sent att tända det ljuset, och många arbetar på äldreboenden vid den här tidpunkten. Från det Mästerliga Medvetandet är det känt och det (*ljuset*) förmedlas genom djur. Vissa institutioner använder djur för att tända det ljuset; de (*djuren*) kräver inget annat än din närvaro och ditt intresse för dem. De har inga krav på dig som människa. Det skulle vara till hjälp i terapin att använda djur på fler anläggningar (*som*) sjukhus, förskolor, även inom polisen. Det är inte bara som en tröst för barn, utan ett djur utstrålar inget annat än en förväntan att du ska öppna dig. I närvaron av ett djur, som till exempel en hund, är det svårt att förbli stängd i din själspartikel. Tystnaden och sällskapet som du delar, när du bara sitter i närvaron av den hunden eller ett annat djur, ger den högsta nivån av stöd och tröst. Så vad vi ser är att alltfler institutioner är medvetna om fördelarna med att använda djur som en del i terapin. Det är dock inte bara för äldre eller för barn; det finns ett stort gap mellan dessa två, en bro där djur kan koppla samman själar, ge ett lugn i sjukdom och känslomässig stress.

D. Det var vackra lärdomar, Ophelia. Tack.

O. Där. Jag känner att någon är högst närvarande. Jag kanske skulle retas lite med honom och bara köra på. Haha hmm hmm.

D. (Skrattar.) Jag är glad att du fick chansen att tala, Ophelia.

O. Alltid ett nöje. Okej. Hej då.

B. (*Bob kom in och sjöng den gamla sovjetiska nationalsången, som han mindes från en livstid när jag var en vetenskapsman i det landet.*)

D. Det var en medryckande låt.

B. Man aktiveras, på nått vis. Man känner att det måste finnas en plan nånstans där bakom och den vill man hitta. Det är en sån låt som får en att komma igång.

D. Medryckande, men ändamålet kanske inte var så bra.

B. Ah, det vet vi inte. Ibland handlar det bara om nått som drar igång dig och från den punkten har du såklart dina egna val. Vad vill du göra med den här aktiviteten som bubblar inom dig, eller den där drivkraften som plötsligt dyker upp från ingenstans? På nått vis måste ni börja röra på er. Det vi ser, rent generellt, är lite lättja och att ni inte riktigt vill engagera er i det här skådespelet, som ni alla faktiskt har gått med på. Och det gör oss lite oroliga. Du kom hit för att uppfylla nånting för dig själv eller nån annan, och nu sitter du bara och tjurar i ett hörn och vill inte vara med. Om du ska vara med i spelet, måste du ställa upp. Det handlar inte alltid om att vinna eller förlora. Förlorarna är mer dom som inte vill vara med, snarare än dom som känner att dom kanske skulle förlora nått materialistiskt eller liknande. Men jag säger, om du inte ställer upp och deltar, anses det vara värre än om du kort glider ner i ett dike och känner att, "Oj, jag halkade och tappade fotfästet i livet, rent allmänt." Men från den punkten har du ett val. Men dom som inte deltar, dom som bara står där. Det är som att dom säger, "Oh, jag vill inte dyka i havet för jag kan inte simma, och det är säkert riktigt kallt också. Oohh." Men dom kan faktiskt simma, för dom gick i simskolan när dom var små. Så det är samma sak. Saken är den, om du inte engagerar dig i det liv som du har fått, så får du komma tillbaka och gör om det. Det är bara så det är, ren fakta. Så om du visste, "Oh, jag måste göra det här igen!", kan det få dom att göra nånting. Jag skulle kanske komma och sjunga den här sången för att få igång dom.

D. Jag har en fråga. Eftersom många människor nu lever ett ganska bekvämt liv, och inte behöver oroa sig för var maten ska komma ifrån eller var de ska sova, gör det dem mer likgiltiga för andliga koncept?

B. Aah. Så kan det vara. Att du blir för slapp i din bekvämlighetszon Det är inget fel med att ha ett bekvämt liv och inte behöva kämpa och ha det svårt, MEN om du är för slö och känner att, "Jag behöver inte växa alls, jag ska göra bara precis det här tills jag dör", då tyder det på stagnation. Men det kan också vara så att du inte deltar fullt ut i spelet och är alltför bekväm, vilket betyder att du inte kommer att växa, eftersom du kanske har signat upp för nått annat. Du kanske har ett sånt liv som vi kallar bonusliv, där du kanske bara är här för att ge läxor eller stöd till nån annan, Men det finns ändå alltid nånting inom dig som du måste ta itu med, som är personligt. Inget liv är 100 procent för nån annan, även om det är ett bonusliv, även om det bara är 2 procent som handlar om personlig utveckling, så måste du hitta det. Och jag kan säga dig att dom som har allting serverat, som mat, pengar, hus, alla dessa materialistiska mänskliga bekvämligheter, så småningom kommer dom att uppleva ett tomrum, och det tomrummet är dom där 2 procenten. Och i det tomrummet finns en slags insikt, men dom måste försöka hitta det tomrummet. I det tomrummet kan det finnas alla möjliga insikter som kan ta bort eller undanröja en del av ditt förlamade beteende som människa. Så du måste, på nått sätt, försöka hitta antingen ett tomrum, eller nånting som inte är påtagligt, konkret eller synligt för dina mänskliga ögon. Och många förstår inte ens att dom ska leta efter nånting som du inte kan se med dina mänskliga ögon, och det är ett problem och det är därför människan behöver oss. Vi är här för att tala om för dig, "Först tror du, sen visar vi dig." Om du tror på att du kan hitta en närvaro i naturen och du verkligen vill förstå dynamiken och designen bakom miljön, naturen, vattnet, djurlivet och så vidare, och din plats i den designen, måste du verkligen stänga dina mänskliga ögon för att dina inre ögon ska aktiveras.

D. Den lärdomen var riktigt bra, så tack för det. Om någon inte vill interagera med andra människor, kan de bara läsa och få kunskap den vägen?

B. Absolut. Se på dig själv - du engagerar dig knappt alls, om du inte har nån som Josephine. Men även när hon var nere var jag tvungen att pusha dig. Jag visste att Josephine var där, jag visste att det fanns nån som du skulle gilla, men du var så tjurskallig i din mänskliga rock, i din mänskliga utstyrsel, att jag inte riktigt kunde göra mig hörd på den avdelningen. Zachariah var väldigt närvarande och gav dig alla möjliga idéer, och visade dig hur man ritar kartor och, tillsammans med Jeshua, gav han dig väldigt avancerad information om hur man etablerar fartygsrutter, och så vidare. Du ville verkligen, som John 54, vara till sjöss, ute på havet. Och du ville använda dina kartor och navigeringsförmåga. Men det stod inte i stjärnorna, så att säga, så var det inte tänkt, eftersom du skulle hjälpa Josephine och då måste du vara på land. Så ditt tomrum låg i att INTE kunna vara på havet, eftersom du som människa längtade efter att gå till sjöss med dom andra. Det var det som var ditt tomrum - och det fanns olika anledningar till det. Men det blev ett tomrum när du kände att du inte kunde lämna livet i hamn och ge dig ut med dom andra. Det var precis så som det livet var designat, men det fick dig att känna dig instängd. Och jag ville verkligen visa dig att det där tomrummet skulle ge dig en känsla av att vara instängd på land, MEN du hade signat upp för att hjälpa Josephine. Och tillsammans skapade ni ett starkt vänskapsband, och hon lärde dig på olika sätt, lite i taget, att få dig som människa att bli mer öppen. Du hade försökt fly undan din sårbarhet som människa genom att gå till sjöss. Men Jeshua satte stopp för det, eftersom du inte var där för att vara till havs. Det skulle ha betytt att du flydde från den verkliga avsikten med det livet, det vill säga att förstå dynamiken när du känner dig känslomässigt förlamad – vilket du gjorde. Du hade en syster som dog tidigt, och från den tidpunkten ville du inte känna nånting, så du gick till sjöss. Och jag visste att det bara var för att stänga ner ditt hjärta, så att säga. Men i det tomrummet, i den där längtan efter din syster som lämnade tidigt – hon var också en från den Sjunde – kände du dig helt övergiven. Du var inte ett litet barn när det hände, men hon var yngre än dig. Du var typ 13 och hon var ungefär 10 eller nått, och ni var båda föräldralösa. Men hon försvann och det fick dig att känna dig känslomässigt handikappad och förlamad, och du ville bara fly från den känslan genom att gå till sjöss. Men Jeshua satte stopp för det! Jag visste att Josephine skulle vara där för att läka det tomrummet. Men du var så envis, så det tog lång tid för dig att ens gå och försöka hitta Josephine. Men när du gjorde det, fyllde hon tomrummet efter din syster och du blev väldigt mjuk och vänlig. Dom andra (*männen som kom till krogen där Josephine arbetade*) var lite rädda för dig, dom ville inte göra dig arg. Du var ganska stor och lite barsk och så fort som nån sa nått (*ovänligt mot Josephine*) gick du på nått vis till attack. Alltså jag menar, det var inte så att du slog nån, men du var väldigt närvarande i den meningen. Du kanske trodde att den här (*Seth*) skulle ha tagit det livet, men du ville faktiskt se hur det skulle kännas att vara känslomässigt förlamad och hur det påverkar den mänskliga resan och hur det påverkar (*får någon*) att inte delta i spelet. Du har gjort det här förut, när du var här med den här och ni förlorade ert barn, det var också samma läxa. (*Seth och Lasaray hade ett liv som ett äkta par i Skottland där vi förlorade vår enda dotter.*) Det var för att se hur man kan lappa ihop sig och återfå styrkan, när man möter känslomässig förtvivlan som gör att människan blir emotionellt förlamad. Och när du är förlamad, antingen av att du förlorar nått, eller det behöver inte ens vara en sån allvarlig händelse, så kan det ändå ha samma förlamande effekt. Och när man är förlamad deltar man inte i spelet. Men Josephine kom in och hon var lite som det Ophelia sa om ett djur som bara finns där, och det hjälpte dig. Hon stickade saker åt dig, och det du verkligen tyckte om var när hon läste högt för dig, så det gjorde hon. Ni två blev väldigt goda vänner och Josephine hade ingenstans att bo, men det hade du, så du erbjöd henne att flytta in hos dig. Men eftersom du var mycket äldre, så var hon hos dig ända fram till slutet. Och det du verkligen tyckte om var när hon läste högt för dig.

D. Det var riktigt fint. Josephine är en vän.

B. Jaa, det är hon.

D. Så jag har två frågor. Det här var en läxa som jag ville göra, men tydligen var min Kappa redan hopvikt?

B. Men du undersöker saker ändå. Det var samma sak med Herr Senap. Du kanske skulle tänka, "Oh, det måste vara en helt ny själ som kommer ner i det självupptagna livet", men du var där för att undersöka dynamiken. Du var där för att undersöka hur man kan bli förlamad – återigen handlar det om att bli förlamad – hur kan man förlamas av bling bling och illusioner. Så på många sätt undersöker du mänskligt beteende och hur det kan förlama människan, vilket gör att du inte hör själen.

D. Vad gör jag med den informationen?

B. Oh, du rapporterar. På många sätt rapporterar du till Jordens Råd. För det är dom som är i kontakt med skräddarna, dom som tillverkar Kapporna. Så nån måste ta reda på vilken typ av Kappa som är omodern och vad det nya modet ska vara för dom som kommer in! Huhuh. Nån måste rapportera den allmänna dynamiken hos din art. Du är inte den ende, men du har ett stort intresse för vad det är som gör att en person här, som människa, blir förlamad och du tittar på olika scenarier. Du vet, på samma sätt som Herr Senap tittade på fåfängligheten, och hur nån kan bli så fångad av illusioner att dom inte ens ifrågasätter (*något de får höra*). Och rent generellt är det nått vi ser väldigt ofta. Scenen är en annan nu, idag är det media som på olika sätt matar mänskligheten och din art med olika idéer och olika nyheter. Dom olika Råden undersöker sen hur mottaglig du är för illusioner. Och det görs speciellt av Råden för Jorden som ansvarar för nya händelser som ska äga rum på det här planet. Och det vi tyvärr ser är att det finns en enorm andel, en stor mängd, som helt enkelt inte bryr sig och är väldigt lättpåverkade. MEN tänk då också på, att om dom lätt luras och påverkas av fel sida, så att säga, så kan dom också vara väldigt mottagliga om dom får höra nått annat som verkar lite bättre.

D. (*skrattar.*) Det är en bra poäng! Min andra fråga var att om människor känner ett tomrum och en tomhet, är det på något sätt kopplat till något av deras mål eller syften när de kom ner?

B. Det finns alltid ett tomrum; varje resa som du gör, har ett tomrum som du måste ta itu med. Det kan vara ett tomrum eller det kan vara flera, beroende på hur du vill påskynda ditt växande och hur du vill gå vidare. Och du kanske också har i uppdrag att skapa tomrum för nån annan säger Ophelia, (*han tittar åt vänster mot henne*); och det är oftast dom som har hopvikta Kappor. Och dom är faktiskt ... dom som placerar tomrum hos andra, dom är faktiskt väldigt högt utvecklade vänner.

D. Kan du ge mig ett exempel på ett tomrum som någon skulle lägga på någon annan?

B. Aah. Som till exempel dom som är föräldralösa, där föräldrarna antingen tidigt försvann i olyckor, eller där föräldrarna lider av olika problem, som alkoholism och så vidare, eller andra droger, så att dom inte är närvarande för ett barn. Det skapar ett tidigt tomrum. Ett senare tomrum kan till exempel vara att nån – det kan vara så simpelt som att nån på din arbetsplats stjäl din idé. En som lyssnar på din idé om nånting som potentiellt skulle kunna ge dig en befordran, och sen lägger dom fram den idén som sin egen. Det skapar ett tomrum eftersom det får personen som litade på sin kollega att bara falla rakt ner i en avgrund. Och det är en skrämmande avgrund eftersom den personen måste kämpa med sitt självförtroende och med tilliten till andra människor. Det behöver inte alltid vara "Oohh!", alla möjliga sorters dramatiska händelser hela tiden. Det kan bara vara en sån enkel sak, som att du har kommit på ett nytt sätt att effektivisera ekonomiavdelning på ditt jobb och du skulle lägga fram den här idén på nästa möte, och nån kom och tog den och la fram den för ledningen innan mötet. Så när du kom dit fick du höra din egen idé komma från nån annan och alla berömde den här andra personen. Den personen kunde faktiskt ha varit din bästa vän på själsnivå, och hjälpt dig att möta och stärka dig själv, när du faller ner i den här avgrunden av bristande självförtroende och brist på tillit. Så den avgrunden skulle betyda att du måste lära dig att finna tillit igen och då uppstår olika scenarier så att du har möjlighet att läka och klättra upp därifrån, från det tomrummet.

D. Det var ett utmärkt exempel!

B. Aah. Ibland är det såna småsaker. Det kan också handla om ett tomrum som placeras i din väg, låt oss säga, när du är i tonåren och spelar fotboll. Och nån i laget låter hela tiden påskina att han är en bättre anfallsspelare– för alla vill vara längst fram, för det är där man gör mål– och du pushas hela tiden tillbaka till en plats som back. Du kanske känner att du skulle vara en riktigt duktig anfallare men den personen kanske bara kör över dig, gör att du aldrig får möjlighet att visa vad kan, och istället får nöja dig med att vara i backlinjen, när du faktiskt har alla egenskaper för att vara en stjärna i frontlinjen, i kedjan. Så kan det också vara. Så några tomrum, några gropar som du måste krypa upp från, är ganska små. Även mobbning kan betraktas som en av dessa gropar, eftersom slutresultatet är detsamma som den som stal din idé. Du tappar självförtroendet, tilliten och det får dig att känna dig mindre värd. Och om du inte tar tag i det, låt säga när du är tio år gammal, då kommer den gropen att ligga kvar och nån annan kommer sen och gräver vidare på den när du är, typ 35 men i en annan omgivning. Eftersom du inte har läkt och bearbetat din första erfarenhet, den första gropen. Och då är det plötsligt en krater. Då kanske du känner att, "Oh, det här är bara för övermäktigt, jag klarar aldrig att klättra upp." Och det kan se ut så när du tittar ner, som, "Oh, det är så långt dit ner och här är du som ska klättra upp." Men du har alltid hjälp. Det kan börja som en liten avgrund, en liten grop, men om du inte tar itu med det –och det behöver inte betyda att du måste fylla igen hela hålet eller resa dig över det. Ibland är det så, men ibland är det också för att du ska förstå att, "Huh, nån har precis grävt en grop åt mig. Där tänker jag inte sitta." Du behöver inte göra nån stor affär av det, utan bara erkänna att, "Det här är inget bra ställe för mig att vara, men för tillfället gör jag mitt bästa." Det kan också vara så att du liksom bara förlåter den personen som grävde gropen som du föll ner i. Det kommer i sig själv att fylla igen den – men alla är inte såna. Det beror på hur du planerade din väg med avgrunder och gropar. Vissa är som dom där slukhålen som bara suger ner dig, där marken bara försvinner. Men när det sker, då finns det änglar och ljusvarelser som dämpar fallet. Om det finns såna slukhål som bara slukar upp hela dig, om det är upplevelsen (*som du planerade*), så övervakas dessa hål, dom upplevelserna, av ljusvarelser – och inte bara en, dom står som i en ring runt själen. När du bara har en liten grop, som där nån knuffade dig åt sidan för att bli back, istället för en plats i kedjan, då kan du inte förvänta dig att ha några ljusvarelser. Det måste du klara själv. Så det var vad jag ville komma och säga idag.

D. Det är verkligen lysande. Det var ett riktigt bra tal.

B. Och jag protesterar mot att jag skulle vara en gäst. (*Tidigare på dagen hade jag ringt Christine för att höra om hon fortfarande ville göra en session och sa till henne, "Vi väntar gäster." Hon hörde genast Bob telepatiskt säga, "Jag är inte en gäst!" Han lyssnar alltid på vad jag säger och tänker.*)

D. Du är ingen gäst! Jag sa det till henne bara så hon skulle skynda sig hem.

B. Aha. För jag känner att jag står i centrum, att jag på sätt och vis har huvudrollen, men en gäst indikerar att du är en av dom i bakgrunden som kan bytas ut.

D. Jag menade det verkligen inte så.

B. Som en hotellgäst som bara kort anländer och ingen sen riktigt kommer ihåg eftersom det kommer en ny. Så jag vill inte uppfattas som nån som bara checkar in på ett hotell och sen är borta. Jag är som en stammis!

D. Du är som en av våra bröder. Du tillhör familjen.

B. Lite mindre men ändå värdefull, hör ändå till.

D. Jag menade inte att antyda något annat.

B. Nä, för då kan jag säga att DU är en gäst. Huh huh. Det är bara det att jag känner mig väldigt kallad att dela min åsikt – och Ophelia är medveten om det.

D. Du är den mest värdefulla familjemedlemmen vi har.

148 HELIG DESIGN

B. Aah. Umm. Umm. Det vill jag nog tro, för många gånger delar jag med mig av det du säger åt mig att dela, och om jag försvann, vem skulle då dela dina idéer? Vem skulle dela med sig av dina anteckningar? Då fick du ta reda på det själv.

D. Det är inte meningen att du ska lämna.

B. Nä, det är inte meningen att jag ska gå. Alltså, huhuhuh. Hur som helst, jag går nu.

D. Okej, min vän. Jag uppskattar verkligen den kunskap du delade med dig idag.

B. Aah. Det är viktigt att folk förstår att en liten grop ska du själv skotta dig ut ur, trava upp dig så att säga (*fyll i hålet själv*). Men dom stora händelserna som äger rum, det kan handla om en större kollaps i din upplevelse som människa, dom övervakas och kontrolleras alltid av ljusvarelser, inte bara en, utan en hel cirkel av ljusvarelser för att dämpa fallet.

D. Folk kommer att bli glada när de hör det. Bara ha lite tillit

B. Aah. Och att dom förstår att du har en spade. Du kan fylla igen det där hålet, det tomrummet, du kan fylla igen det och du har förmågan att klättra upp – du har alla möjliga verktyg. Ibland ska du använda den där spaden för att fylla igen hålet, och ibland tänker du, "Okej, det är dom här sakerna jag behöver -". Som ifall du går genom isen på en sjö, hur ska du ta dig upp? Du har dom där små piggarna och du måste kravla dig upp. Du kanske känner som, "Oh, det här är så kallt. Jag är helt förlamad." Nä det är du inte. Du har alltid verktyg; du måste bara hitta just DET verktyget för just DEN upplevelsen eller DEN specifika gropen. Ibland är allt som behövs att du bara tittar uppåt och då kommer du se, "Oh, jag kan faktiskt krypa upp härifrån. Det här var inte så farligt." Men människan har en tendens att förlamas av händelser som skulle tyda på ett tomrum eller en grop. Men om du upplever en tomhet inombords, är det mer som ett inre tomrum och som kan behöva fyllas med antingen det vi pratade om tidigare, som en inre hobby, eller bara det faktumet att du måste undersöka vad som finns inuti den tomheten inom dig. Eftersom det egentligen inte är ett tomrum, det är en färgstark upplevelse som väntar dig, om du undersöker den tomheten. För det är en mänsklig tomhet, inte en själslig. En mänsklig tomhet indikerar alltid, eller dom flesta gångerna, en mycket färgstark andlig upplevelse.

D. Du är otroligt intelligent.

B. Jaa, eller hur. Det är det jag säger - du vill inte förlora mig! HUH HUHUHUH! Oh, Ophelia, hon skrattar. (*Han tittade åt vänster, mot henne.*) Hon säger att jag börjar bli varm i kläderna här. Men jag känner att jag förtjänar att få vara lite självsäker, eftersom det är så mycket som jag är glad åt i våra framsteg och jag är redo att dra iväg i alla möjliga riktningar om det bara är tillåtet. Ophelia, hon har den större planen, och jag brukar fråga henne ibland, "Vad är den storslagna idén och den stora övergripande planen?" Och hon skrattar och säger, "Oh, titta där, Bob. Titta där borta."

D. Om hon berättar för dig, kan du berätta det för mig.

B. Jo, det är det som är grejen. Jag tror att hon känner på sig att jag kunde göra det.

D. Det måste finnas någon liten hint du kan ge oss, eller som hon kan ge oss.

B. Just nu ler hon. Det är ingen direkt hint. Bara att det är positivt. Om hon skulle vända sig bort eller gråta, skulle det vara som, "Oh, vilken avgrund kommer nu?" Men hon ler, så det kan vara en liten hint till dig.

D. Vi måste bara ha tålamod. Under tiden kan vi uppskatta och njuta av ditt sällskap.

B. Aah. Jag går nu för Ophelia säger att vi ska nånstans. Vi måste skriva ner vad som har sagts. För efter alla våra möten gör vi faktiskt noteringar om hur det gick och vad vi tog upp, och det skriver vi i en stor dagbok. Den är av energi, men det är, på sitt sätt som en bok. Vi skriver ner allt och efter alla sessioner går vi igenom vad vi har tagit upp och det finns i ett allmänt bibliotek och sen tittar Råden på det. Dom kan ta ut vissa bitar och titta på hur det levererades. Om det sen är nått som dom vill tillägga är det då vi återvänder till ett ämne.

D. När jag körde hem tänkte jag på hur du har förändrat ditt sätt att leverera information. Du ger nu kompletta berättelser, med vetskapen om att vi kommer att skriva ner det i en bok ungefär så som du säger det.

B. Aah. Och många av mina uttalanden utvärderades inte bara av mitt Råd, framgick det – vilket jag inte visste – utan också av Ophelias vänner. Dom tittade på vissa saker och dom ville ha en sammanhängande berättelse, som följde en viss kontext och ett visst flöde. Liksom i en mänsklig tidslinje, eftersom dom är fullt medvetna om att du är så tätt kopplad till tidslinjen och att händelser följer efter varandra, som lager på en tårta. Så ett steg i taget. Så, på många sätt, när vi tar upp saker kan det komma in lite här och där, men då tittar dom på det och vill att vi kanske ska gå tillbaka och fylla på mer information om ett ämne. Så det finns ett Råd som håller koll på det. Och Ophelia, efter varje session, så pratar hon med grupper och dom diskuterar vad dom ska ta upp. Och det ger hon sen till dom ska tala. Det är väldigt högteknologiskt.

D. Det känns väldigt ödmjukt att vara en del av detta.

B. Aah. Det också. När jag säger högteknologi menar jag att det finns så många nivåer som du inte är medveten om, och som jag inte är medveten om, eftersom jag inte går dit. Men Ophelia pratar med flera andra som bidrar. Dom kommer aldrig att prata, säger hon, så det finns ingen anledning för mig att fråga nått om dom, för jag kommer aldrig att träffa dom, säger hon. Men jag känner ändå, "Vilka är dom? Var hör dom hemma? Och vad vet dom om mig? Tycker dom att jag gör bra ifrån mig?" Och hon skrattar och säger, "Ja, dom tycker att du gör det riktigt bra." Dom säger att min personlighet är väldigt attraktiv för ett mänskligt sinnelag. Huhuh, det är vad dom säger! Och jag solar mig i glansen och känner mig lite smickrad. Jag uppskattar lite smicker, och det vet Ophelia, så hon ger mig en liten godbit ibland. Så sa hon och det här Rådet eller nån vän till henne verkligen uppskattade ett av mina tal – och jag känner mig smickrad. Sen sa hon, "Dom skulle vilja att du kanske lägger till lite mer om det eller det ämnet. Vad tycker du om det?" Så jag känner att jag är involverad även om jag egentligen är lite lurad och INTE är direkt inblandad.

D. Jag är säker på att ditt föredrag idag kommer att få ett riktigt högt betyg.

B. Ah. Högt betyg på mig! Huhuhuh. Ophelia får alltid höga betyg, men jag tävlar inte. Det är ingen tävling. Så jag ska gå nu, vi ska göra anteckningar, fylla i formulär. Men det är inte såna formulär som här, på mänskliga sätt, för det är tråkigt. Jag gillar faktiskt att göra anteckningar och fylla i formulären efter våra sessioner, eftersom jag vet att det är nån som ska titta på det. Och ibland kollar Ophelia på min anteckning och säger, "Oh, vi kanske kan göra några små justeringar här, för det var väl inte riktigt så det lades fram, eller hur?" Så ibland glömmer jag — men hon glömmer aldrig. Om min mentala kapacitet, min andliga hjärna, om jag hade en andlig hjärna, vilket jag naturligtvis har, om den var som en apelsin, då är hennes andliga hjärna som en vattenmelon; en amerikansk vattenmelon, inte en europeisk, för dom är bara som en lite större grapefrukt. Okej, så jag ska gå nu.

D. Tack, och tack Ophelia. Det var ett sant nöje idag, min vän.

B. Okej. Doo-da-da-doo-dooo, jag kliver åt sidan. Hej då. Nu går jag. Det känns bara som att det alltid är så kort. Ophelia säger att det inte är kort, men jag känner som att vi har missat nått. Ophelia säger att det är därför som vi gör anteckningar, så om vi missar nånting så tar vi bara upp det nästa gång. Så det är viktigt att vi är sanningsenliga när vi antecknar, säger hon. Inte bara vad jag trodde att jag sa eller vad jag hade för avsikt att säga, för om jag inte sa det så är det inte aktivt i våra anteckningar. Jag måste fundera lite igen – det där med reflektion kommer man aldrig ifrån, det är alltid en del av allt vi gör. Nu går jag i alla fall. Jag är på väg. Men allt det här skrivandet är inte alla gånger så kul heller, även om jag trivs med det. Jag kanske kunde ha en assistent som gör det åt mig? Ophelia säger att jag är lat.

D. Kanske sätta Tom i arbete.

B. Ophelia säger att allt inte är för hans öron än. Så jag har ingen assistent, jag måste göra det här själv, det är en del av min träning också.

D. Går i Oles fotspår.

B. Okej, okej, nu drar jag. Hej då.

Ari: En analys av Cellen (1 februari 2020)
När detta skrivs verkar Cellens aktiviteter vara fokuserade på att skapa så mycket rädsla som möjligt hos allmänheten, och deras huvudsakliga mål är att befästa makten och kontrollen över de suveräna nationerna genom att förstöra finansmarknaderna. Alla krig och finansiella katastrofer under de senaste hundra åren har varit planlagda på förhand och drivits av en kabal av män som sitter i toppen av fiat-valutans imperier i London, Frankfurt och New York. Den globala despotismen som släpptes lös 2020 är bara en av Cellens många samordnade aktioner för att manipulera allmänhetens ståndpunkter. Detta följdes sedan av det av NATO anstiftade kriget i Ukraina. Bankkartellen (ledd av IMF och Världsbanken) tjänar enorma förmögenheter genom att låna ut "pengar" till båda sidor av en konflikt. Sedan, efter att städer och infrastruktur har bombats sönder, lånar de ut mer fiat-valuta för återuppbyggande. Processen pågår kontinuerligt, år efter år, eftersom de styrande går Cellens ärenden. Vad medborgarna själva i respektive nation önskar har ingen betydelse för de styrande.

När någon av andarna refererar till en mullvad ska det förstås som en ande som tagit på sig ett uppdrag att födas in i eller gå med i en grupp som Råden vill undersöka eller påverka. En mullvad kan till exempel sändas till Jorden för att initiera förändringar i en grupps eller organisations beteende. Dessa andar är mer avancerade och kommer att ta med sig en stor portion av sin själsenergi, för att styra gruppen i en mer andlig riktning. Vid andra tillfällen kan ett Råd sända någon för att samla in data inom regeringar, religiösa organisationer, styrelserum och andra platser där graverande gruppbeteenden har observerats. I dessa fall styrs mullvadar till positioner inom gruppen där de fungerar som passiva mikrofoner och samlar in data om gruppens framtida avsikter. Det rapporteras sedan tillbaka direkt från själspartikeln, ofta under sömnen, även om mullvad själv sannolikt inte har någon medveten kunskap om sin roll.

Ari berättar också för oss att Cellen ligger bakom försöken att täcka Jorden med elektromagnetiska (mikrovågs) strålningsfält. Det finns flera anledningar till detta, den mest uppenbara är att en global diktatur endast kan komma till stånd genom att övervaka människor och kontrollera att de följer stiftade lagar och bestämmelser. Precis som i Kina kommer utrustning för massövervakning att användas för att spåra allas rörelser. Om det inte vore illa nog är andra anledningar ännu vidrigare. När 5:e generationens (5G) system och sändare är på plats kommer högre frekvenser och starkare energier att tas i bruk i 6G och 7G för att överföra data, och dessa mikrovågor kommer att ha en negativ inverkan på alla livsformer. 4G-systemen använder sub 6 gigahertz (GHz) frekvens, som har våglängder topp-till-topp på 60 till 100 mm. 5G-banden i USA fungerar mellan 24 och 100 GHz, vilket betyder att våglängden är en storleksordning mindre, 5 till 10 mm. De som marknadsför 5G hävdar att millimetervågorna (MMW) bara penetrerar 1 till 2 mm in i överhuden och är helt ofarliga. Det är bevisligen ett falskt påstående. Den vetenskapliga litteraturen är fylld av studier som bevisar hur farliga cellulära och EMF-fält är för levande varelser, inklusive människan. 5G-mobilstrålningen är pulserande signaler, och denna högenergipuls tränger djupt in i hjärnan och andra organ, virar upp DNA och skapar fria radikaler. EMF-strålning har både en elektrisk komponent och en magnetisk komponent, som fortplantar sig genom luften med ett fast förhållande mellan det elektriska fältet och magnetfältet. När strålningen tränger in i en människa, eller ett annat biologiskt väsen, är de elektriska fälten mer benägna att tas upp nära huden.

De magnetiska fälten kan däremot tränga djupt in i kroppen. EMF har en stor inverkan på neurologiska funktioner och skapar en biokemisk stress i DNA:t. Det är ett komplicerat ämne, men vet att det inte på något sätt är bra för kroppen eller sinnet att simma omkring i ett hav av EMF.

A. Det här är Ari.

D. Hej, min vän.

A. Hur har du det?

D. Tack det är bra. Det är trevligt att höra från dig igen. Du har varit tyst.

A. Huh. Tyst för dina mänskliga öron. Inom det Nionde Rådet jobbar vi intensivt, för att du ska börja öppna upp minnena inom dig. Tända upp dina celler och komma ihåg tidigare besök på den här platsen, resan före den här. Hand-i-hand med den medvetenheten ligger upplysning, men när du utvecklar den förståelsen kommer du att se och känna sorg över hur mänskligheten och andra har behandlat det här projektet, Jorden. Du kommer att inse din plats och förstå vikten av att du vid den här tidpunkter samlar det kollektiva högre medvetandet. Det finns en plats inuti den mänskliga hjärnan som stängdes av på grund av plågsamma minnen. Det måste öppnas upp, tändas, så att det sanna ljuset, det sanna växandet återigen ska stråla ut genom hjärnan, genom ditt väsen. Man kan inte växa utan att först träda in i gamla minnen, mönster, karma, som ligger som en dimma över det här planet och ditt medvetande. När var och en börjar dyka in i sitt eget förflutna, sina egna gärningar – människan vill bara se det storslagna, framgångarna – men storhet kommer aldrig utan misslyckande. Det finns ett minne i det allmänna mänskliga medvetandet som relaterar till strålning, till hudproblem på grund av strålning från nukleära katastrofer som en gång ägde rum. Det är inte läkt i ditt minne som art. Det är här vi åter ser hur det politiska dramat styr in på förintelsens väg. När mänskligheten väl minns är det mer troligt att de kommer att invända mot utvecklingen av kärnenergi och vapen. Vid den här tiden väljer man att blunda. Det finns en känsla inom din art att något har gått väldigt fel, men att man inte vet varifrån den känslan kommer. Du är här för att påminna din ras, din mänskliga ras, dina jämlikar, om dessa cykler av förstörelse och efterdyningarna som kan äga rum; inte bara i miljön utan också inom ditt medvetande i framtida livsformer, såsom människan. Det Nionde Rådet vill att människor ska förstå och dyka in i vad det är som blockerar dem, vad som hindrar er att helt och hållet ta ställning mot Cellen. Cellen ligger bakom och verkar i dimman, är inte intresserad av att väcka det här minnet. Om minnet helt skulle väckas, skulle det sannolikt bli upplopp mot Cellen, och det är den medveten om. Den här nationen (USA) verkar på uppdrag av Cellen, helt förblindad av de löften som Cellen använder som lockbeten för de styrande. Dina styrande i sig har en bra meritlista, rent allmänt, även om representanterna hamnar på avvägar när de påverkas av Cellen. Det finns några som innehar ledande positioner inom administrationen, men det finns också mullvadar ditplacerade för att balansera det inflytandet. De andra är helt enkelt bara förvirrade. De känner av kampen innanför väggarna mellan Cellen och mullvadarna. Två arbetar för Cellen, mullvadarna är tre. Den fjärde kommer och kommer att inta sin position under de kommande fem åren. Balansen mellan dem kommer att vara markant och väl synlig. Cellen känner att den är på fallrepet, på väg att tappa greppet. När Cellen upplever att den är på väg att besegras och känner sig mindre kraftfull, eftersom den är omringad av mullvadarna som vill krossa den, kommer ni att uppleva hur det uppstår förvirring i gruppen. Vem ska du följa? Vet att de kommande fem åren inom din administration. kommer att bli kaotisk. Vissa kommer in för att kort därefter omedelbart avrättas, inte fysiskt utan krossas politiskt. Det kommer att vara en rotation, turbulens, förändringar. Befolkningen och omvärlden kommer att se på detta drama med förvirring och bestörtning. Det här landet, den här nationen, dina styrande, har placerat sig i en position som ledare för resten av världen, men när det ledarskapet vacklar och katastroferna inom er administration blir alltmer uppenbara, är det svårt för dem att behålla ansiktet. Stora förändringar kommer att ske på den politiska scenen inom de kommande fem åren.

D. Media, det vill säga alla stora tidningar, TV-stationer och sociala medieplattformar, kontrolleras av dessa människor.

A. Ja, och de stödjer Cellen, inte för att de vill utan för att de är lika förvirrade som alla andra. De agerar utan tanke, blixtsnabb information är det som gäller och de har inte tid att undersöka sanningshalten innan det publiceras. Det är så Cellen fungerar, det gäller att vara först med en nyhet, bombardera människors medvetande. Eftersom allt levereras i ett så rasande tempo, om och om igen, finns det ingen tid över, varken för vanligt folk, media eller de styrande, att undersöka och låta informationen sjunka in och känna efter om det är sant eller inte. Så fort någon börjar undersöka en sak och titta på något, bombarderar Cellen omedelbart med något nytt. Det är därför du ser media ständigt skifta fokus, du ser dem ena dagen rapportera om en stor katastrof, nästa dag är den helt bortglömd. Det är för att få människan, den vanliga människan och medvetandet, att inte kunna fokusera på den nyheten. Det är därför som Cellen arbetar med och använder media, eftersom media har makten att släppa information långsamt eller snabbt, samlat eller spritt. Förstår du problemet?

D. Oh ja, det gör jag. Det gör jag verkligen.

A. Så under de kommande fem åren kommer du att se snabbare och snabbare uttalanden, information, få alla att känna sig vilsna, att inte helt och hållet kunna ta till sig (*de senaste*) nyheterna (*teatraliska föreställningarna*).

D. Jag tror att folk i allmänhet förstår att traditionell media bara sänder överdrifter och lögner. (*Från 2022 tror jag av uppenbara skäl tyvärr inte längre att befolkningen som helhet är i stånd till oberoende resonemang, ett faktum som är mycket nedslående.*)

A. Ja. Men de är också maktlösa, för så fort de börjar samla sina tankar kring ett ämne, en känsla, en händelse, kommer något nytt in som sysselsätter dem, vilket gör att de inte kan samla sina krafter, varken själva eller som grupp. Det är Cellens knep för att se till att det inte sker några upplopp mot dem. De sprider ut medvetandet, sprider grupper så snart de ser en ny (*oppositionell*) cell bildas, de stänger av den på olika sätt. De är medvetna om den kollektiva kraften och att de är i minoritet den dagen människans kollektiva makt skulle samlas kring ett ämne och till fullo undersöka och samlat höja rösten. Svårigheterna när det gäller att höja din röst är det som Cellen har ägnat sig åt inom det medicinska etablissemanget. De hindrar grupper att bildas och medvetandet att expandera, genom att skapa efterfrågan på olika mediciner för att bedöva sinnet. Eftersom sinnet är bedövat, tillsammans med den stötvisa och utspridda informationen som ges till allmänheten, är Cellen medveten om att det inte är särskilt troligt att allmänheten kommer att samla sin kraft.

D. Jag kan bara anta att andevärlden har kontroll över vad som händer?

A. Ja. Du gillar att vi kontrollerar det, men vi övervakar på många sätt och sänder in legioner, strategiskt, för att lösa beteenden, händelser som kommer att äga rum. Det är därför det snart kommer att finnas fyra mullvadar i er kongress. De tre mullvadarna finns i Representanthuset. Den fjärde kommer att vara en senator och han kommer att agera som en samlande kraft och inte låta vissa idéer ta form. Cellen har lagt märke till honom och känner sig besegrad. Dessa två har träffats i en tidigare scen här på Jorden, i ett liknande drama. Du har i ditt minne, i dina skrifter, berättelser om gudarnas krig. Det här är något liknande, det här är ett gudarnas krig, om du så vill, en konflikt som åter dyker upp, men scenen är idag en strid inom din förvaltning mot dessa mullvadar, och särskilt denne senator, som kommer att arbeta å folkets vägnar för att inte bevilja utbetalningar, för att sätta stopp för Cellen. Cellen är medveten, de är båda medvetna om varandra, vilka de är, då de tidigare har mötts. Den här personen som kommer att framträda som senator har inte varit här sedan barndomen. Han gick helt enkelt in i ett fullt utvecklat fordon. Det var ett utbyte av själar. Senatorn kommer att steg för steg verka från ljuset för att upplösa Cellens inflytande och makt. De har träffats förr. (*Medvetenheten är på själsnivå.*)

D. Kommer det att ske kollapser av det finansiella systemet under den här tiden?

A. Ja. Inom de närmaste fem åren. Vissa kommer att sträcka sig ända upp till åtta, tio år. Men det är avgörande vad som sker i ditt nästa val och du kommer att se förändringarna och du kommer att se Cellen agera ut och försöka påverka de mindre utvecklade sinnena i Kongressen. Mullvadarna, å andra sidan, konfronterar dessa attentat från Cellens sida. Cellen använder media, men mullvadarna använder sin andliga vägledning inom sig. Vissa är inte medvetna om den kopplingen, eftersom de fungerar på samma sätt som John 32. (*Det tvåprocentiga livet i den katolska armén runt 1380.*)

D. Hur är det med viruset som sprider sig i Kina?

A. Det är bara för att avleda din uppmärksamhet från det Cellen håller på med.

D. Kommer några av dem att avslöjas som brottslingar och åtalas för brott?

A. Cellen är smart. Den kan peka ut några av sina undersåtar som syndabock och låta dem ta fallet, men det vi bevakar och arbetar för är en förändring i rotationen inom energin och dynamiken i ert Representanthus. Vet bara att det finns fyra som fungerar som mullvadar. Under de kommande fem till tio åren kommer du att se katastrofer inom det finansiella systemet, olika former av skandaler. Viruset är bara en avledning så att du inte ska fokusera på Cellens verkliga avsikter. Cellen är smart, använder media, men vet att detta virus inte är det globala hot som de framställer det. Det är en avledning för att få människor att fokusera på något annat, att styra rädslan någon annanstans. Rädsla, ska du veta, är faktiskt också öppningen till helande och styrka, och det vet Cellen. Men om människan, eller allmänheten, fokuserar på detta virus och hur man kan hantera den rädslan för sin överlevnad, är det mindre troligt att de uppmärksammar vad som händer på den politiska scenen. Alla dessa sjukdomar som kommer och går genom historien i cykler om fem- till tio år är mestadels avledningar som Cellen drar igång, så att de kan samla sin kraft någon annanstans där färre iakttar.

D. Jag oroar mig för att Cellen ska importera alla dessa människor från Afrika och Mellanöstern till Europa. Deras föråldrade kulturer kommer så småningom att få de civiliserade samhällena att kollapsa, och i det kaoset kan Cellen underkuva alla under ett totalitärt styre.

A. Det sker förändringar och alla länder måste möta dem på olika sätt. Europa, med sina rikedomar och sin historia av att utnyttja andra nationer, har också en karma att ta itu med, och att läka och förstå. Du kan inte förändra den större planen, medvetandets och mänsklighetens kretsgång. Men återigen, det kommer att finnas starka krafter som kommer att ställa sig i vägen för dessa konflikter, för att stödja de intressen och möta de problem som dessa nationer kommer att stå inför. Men generellt sett är det inte en lösning. Lösningen ligger i att förstå att du kan samexistera; att hjälpa andra direkt där de befinner sig är ett sätt att samexistera. Om du inte gör det kommer de att börja vandra och du kommer att stå med konflikten i ditt eget hus. Så länge det inte görs några ansträngningar för att hjälpa dem som lider, de som lider och saknar det mest väsentliga, så kommer det problemet så småningom att manifestera sig i ditt hem, i ditt land. Andevärlden iakttar, men interagerar inte. Vissa dramer måste utspela sig för att en förståelse ska äga rum. Ta den stora kontinenten Afrika till exempel, ansträngningar borde lagts på att hjälpa och stötta den regionen att blomstra av sig själv. Men dess rikedomar på mineraler och resurser har istället utnyttjas av främmande maktcentra. Vad tror du händer om du tar allt från någon annan? Om ni som grupp skulle samlas och hjälpa där den hjälpen behövs, direkt på plats, skulle dessa migranter, som du ser som ett problem, inte korsa era gränser. Men så länge du inte handlar på det viset, befästs bara problemet och rör sig i riktningar som du är maktlös att kontrollera. Där. Vet bara att Cellen inte är intresserad av att hjälpa dina medmänniskor på plats. De vill ha kaos för om det är kaos, fokuseras din uppmärksamhet där och Cellen kan arbeta och planera förklädd utan att ha några ögon på sig. Dessa migrationer, förflyttningar av människor, är samma avledning som viruset; det är för att du ska fokusera din rädsla och uppmärksamhet någon annanstans. Om du ser igenom illusionen och söker lösningen istället för att följa rädslan som Cellen, genom media, matar dig med, kommer du att hitta lösningar snarare än hinder. Men du måste bistå andra; du måste samlas som grupp och hjälpa på plats. Om du inte gör det kommer problemet att dyka upp i ditt hem och du kommer att ha samma problem som de har. Ser du dominoeffekten av era handlingar?

D. Det gör jag. Jag förstår det. Så, ska vi vara optimistiska om framtiden då?

A. Ja. Men tänk långsiktigt. Dessa fem kommande åren kommer att vara avgörande för hur det utvecklar sig, eller fem till tio år – det kommer att vara ett efterspel som måste åtgärdas och tas itu med, så tio år – det kommer att avgöra om din värld antingen kommer att svikta eller blomstra. Vad andevärlden önskar av människan, av dem som denna gång har rest hit till Jorden, är att vara centrerad, andas djupt och förhålla sig lugna när ni bombarderas av olika händelser och information. När du känner dig överväldigad av nyheter, rädslor, att du då är centrerad, så att du ser om det är en illusion och var det kan finnas en lösning, och Cellens huvudagenda är att se till att du inte är centrerad. Centrerad betyder att du är i direkt kontakt med ditt högre medvetande, ditt högre jag och andevärlden. Du kanske inte inser att det är andevärlden, men människan kommer att kunna följa känslan av att de är i direkt kontakt med sitt högre medvetande – och det är okej, låt dem tro att det är deras eget medvetande, även om det faktiskt är det kollektiva medvetandet.

D. Vad sägs om guld och silver? Om det finansiella systemet kollapsar, är det då det bästa stället att ha investeringar på?

A. Ja, du är klok. Fortsätt med din strategi – det kommer att hjälpa dig. Det är ett minne, min pojke. Du vet hur du sparar, hur du överlever, och hur du är smart och centrerad. De idéer du får är ett direkt inflytande genom ditt högre medvetande. Din hjärna, ditt högre medvetande ditt själssinne, fungerar alltid på ett sätt för att överleva som människa, och det är en egenskap som du har haft med dig under generationer av resor.

D. Det måste finnas en anledning till att Cellen tillåts existera, att fortsätta påverka?

A. Det är en rest från en olöst existens och ett drama som vissa kallar gudarnas krig. Detta pågår fortfarande; det fick aldrig en lösning. Cellen kommer inte att kunna slutföra sin resa här förrän den har förstått att ett nederlag, i det här fallet, också innebär en större styrka.

D. Kan du berätta mer om tidsramen, platsen och deltagarna i gudarnas krig?

A. Gudarnas krig har pågått i olika cykler. En är känd för cirka 50 000 år sedan. Det ägde rum i Mellanöstern, norra Afrika, Egypten – ett centrum för Cellen. Tunisien var då ett fäste. De (Cellen) använde sitt inflytande för att kontrollera transporter, förflyttning av varor, mat, färskvatten, och det drevs från Tunisien, vid kusten. Undsättning kom österifrån, mullvadar från regionen runt Uzbekistan, ryttare i natten, tog över sjöfarten, vilket gjorde att Cellen störtades. De från öster fick hjälp från södra Egypten. Cellen kastades i vattnet, fysiskt. Cellen dog men det fanns fortfarande minnen av deras handlingar, och det var skriftligen nedtecknat och väcktes senare till liv av en ny Cell. Du ska veta att Cellen vaknar upp i den region där den tidigare en gång har mött katastrof eller nederlag. Så Cellen har besegrats och väckts till liv under flera cykler. Den största Cellen finns idag i London och Frankfurt, och de är inte intresserade av att människan samlas kring en förståelse av deras förflutna. Men vet att Cellen också flyttar på sig och eftersom den här nationen (USA) är större, och jag är ledsen att säga, lite klumpig och naiv, har dessa två, i London och Frankfurt, installerat sina bröder i er administration. Den här nationen är ung, inte bara enligt historieböckerna, utan den är på så sätt ung att den agerar som ett barn, naivt. Det är svårt för en nation som är på ett barns nivå att nå vuxen ålder, om någon ständigt säger till dig att du är ett barn. Och Cellen i Israel sköter det arbetet åt dem i London och Frankfurt, och ser till att den här nationen aldrig når vuxen ålder; vilket betyder att medvetandet på den här kontinenten inte når vuxen ålder. Det är ett sätt för dig att förstå. Jag säger inte att alla är barn här.

Jag säger bara att du är lättpåverkad och naiv, och Cellen är mycket medveten om det. De anstränger sig inte på samma sätt i Ryssland. Ryssland ser tydligt och är mycket medveten om vad Cellen gör, men nationen här vill enbart vara Cellen till lags. Det är som ett barn som vill vara sina föräldrar till lags, eller en hund som vill behaga sin husse. Så vi lämnar nu. Jag hoppas att den här diskussionen var värdefull för dig.

D. Det var mycket värdefullt. Jag uppskattar verkligen din visdom.

A. Ingen orsak. Vi ses hemma. Elahim.

D. Elahim, min vän.

Jag har lärt mig att uppmärksamma mindre detaljer i deras berättelser, så jag funderade över varför Tunisien nämndes som en högborg och sjöfartscentrum. För 50 000 år sedan var Nordafrika ett grönskande område med stor befolkning. Det var svalare och mindre torrt, med många sötvattensjöar i dagens Libyen, Algeriet och Tunisien. Havsnivån var 70 eller 80 meter lägre än idag på grund av nedisningen, så Tunisiens och Siciliens forntida kustlinjer såg mycket annorlunda ut. Det finns en grund hylla, kallad Adventure Plateau, som skulle ha legat ovanför vattnet vid den tiden och förlängt Sicilien till ett par kilometer från Tunis (tidigare känt som Kartago) i Nordafrika. För att segla från västra till östra Medelhavet skulle fartyg behöva passera genom detta smala sund. Ari säger att Cellen etablerade en maritim flaskhals och pungslog köpmännen. De i öst tröttnade och attackerade Cellen och dränkte dem. Arkeologer rapporterade år 2015 om ett sjunket megalitiskt fynd på Adventure Plateau nära ön Pantelleria, 60 km söder om Siciliens kust. En 12 meter lång, 15-tons monolit, som hade huggits ut från en närliggande klipphylla av kalksten, hittades på 40 meters djup. Området har legat under vattnet i 9300 år, så den måste ha formats mycket tidigare. Baserat på hålen som hade borrats genom den, föreslog arkeologer att det kan ha varit en fyr. I tidigare samtal har våra andliga vänner berättat att det fanns en avancerad civilisation av både manifesterade existenser och besökare som varade i tiotusentals år, vilken avslutades med en omstart runt 22 000 f.Kr. Det är möjligt att megaliten är en rest från den kulturen.

Ari, Ophelia: Cellen är beroende av Splittrade Medvetanden (29 mars 2020)

Christine hade åkt tillbaka till Sverige i februari och hade planerat att återvända till Colorado i april. Men på grund av reseförbudet blev hon kvar i Sverige. Så under de kommande åtta månaderna var vi tvungna att göra våra sessioner via Zoom. Det var inget som bekymrade våra andliga vänner, men jag var alltid orolig att det skulle uppstå problem i överföringen. Det här var första gången vi provade det, och Ari kommenterade situationen. Han fortsatte också sitt tal angående mikrovågsstrålningen från mobilmasterna.

Ari nämner att Cellen arbetar tillsammans med besökare, men klargjorde inte vilka grupper som var inblandade. I senare sessioner har de sagt att de primära medlemmarna i Cellen faktiskt är de existenser som kom hit för mycket länge sedan och blev fångade i en situation av gruppkarma. De tar hela tiden omgående nya fysiska kroppar, men de skiljer sig från de flesta själar som inkarnerar här. Det fanns många andra av dem som inte blev instängda och det verkar nästan som att Cellen samarbetar med dem som lämnade och nu hoppas att åter kunna kolonisera Jorden. Ari påpekar att en av de mest effektiva metoderna som Cellen använder sig av är att ständigt kasta människornas uppmärksamhet från en överdriven eller fiktiv kris till en annan. Eftersom de äger eller kontrollerar all traditionell media (liksom de politiker som låtsas utföra folkets vilja), sänder de en ständig ström av lögner framprovocerade för att sätta skräck i befolkningen och förvilla de lättledda massorna. Baserat på statistiken över de genmodifierande mRNA-injektionerna är minst 60 procent av befolkningen döva för logiska resonemang och därför lättmanipulerade av de emotionella mekanismerna som Cellen använder för att valla in människorna i deras fälla.

A. God kväll. Det här är Ari.

D. Hej Ari.

A. Hur är det med dig där borta? Ensam och isolerad?

D. Ja, det här är lite annorlunda.

A. För dig, verkligen. Inte för oss. Vi kommunicerar genom samma skikt, samma vibrationer. Det spelar ingen roll var din fysiska varelse befinner sig. Ni två behöver bara vara lite kreativa i hur ni kommunicerar just nu. Vet att det som för närvarande sker handlar om att skilja era sinnen åt, få er att skingras och springa runt som yra höns. Det är därför Cellen verkar under täckmantel. Kom ihåg det vi talade om tidigare, vågorna som vi jämförde med ljus och mörker. Den mörkare vågen vill skingra sinnena. De ser att sinnen går samman, samlar sina krafter, upptäcker skiften i energin och motsätter sig de krafter som ligger utom människors kontroll. När Cellen såg hur sinnen förenas blev de oroliga, eftersom era sinnen måste hållas åtskilda, då det gör det lättare för dem att lägga ett lock på ditt medvetande och få dina ögon att fokusera på något annat. Era sinnen är verkligen förlamade på grund av det här viruset som för närvarande sprids. Kom ihåg att detta inte är något nytt. Inget mer smittsamt, inget du behöver frukta mer än andra influensor, som har förekommit här tidigare. Men Moder Jord, din planet, behöver en paus. Så det blir något av ett bakslag för Cellen, eftersom era sinnen nu samlas under nya former. Se hur många av er som nu söker lugnet och friden i naturen. Du kan se de två vågorna mötas, bölja fram och tillbaka över havet. Vet alltid att andevärlden har övertaget. Cellen behöver människor, Cellen behöver sinnen. Andevärlden behöver bara den andliga källan, naturen, vattnet, elementen och önskar bara att du ska finna din källa och hjärtat inom dig. Cellen kan aldrig nå din själ eller ditt hjärta, utan kommer bara att försöka skilja era sinnen åt. Kan du se dramat som utspelar sig framför dig?

D. Ja, det gör jag.

A. Var inte rädd. Det är bara ännu en bris över haven, inget annat än vågor – inget nytt, inget som kommer att vara det sista. Det är bara Cellen som försöker skilja era sinnen åt, eftersom den känner och fruktar att ni kommer samman och förstår vad som är rätt och fel på ett nytt sätt som Cellen inte förutsåg. 5G är ett. Det finns också, ska du veta, redan en plan att uppgradera det till 6G, 7G inom din livstid, er bådas. 5G är bara för att se om mänskligheten accepterar ett högre flöde av okontrollerad energi. Målet är mycket högre. Det är därför det är viktigt att stoppa den utvecklingen innan den genomförs – eftersom det inte är en utveckling i rätt riktning.

D. Jag minns att Ophelia nämnde att andevärlden skulle stoppa implementeringen av 5G.

A. Ja. Det finns ett sätt för oss att se till att 6 eller 7G eller ännu högre, upp till 8 och 9G, inte realiseras. De har redan en plan för att öka det ytterligare, eftersom 5G bara är ett pyttelitet steg för att nå en mycket mer dödlig frekvens. När jag säger dödlig menar jag att arten, ni människor, djurlivet vid den här tiden inte är utrustade (*designade*) att klara det. Haven kommer att koka med en högre frekvens. Därför är det viktigt att ni avvisar 5G. 5G i sig skulle du lätt kunna hantera på ett sätt. Men det är ett sätt att bedra mänskligheten, eftersom tanken är att nå ännu högre; och om så blir fallet, kommer de levande varelserna på er planet inte att klara sig. 5G utspritt, skulle inte ha någon större inverkan. Men tanken är att bygga ut det i ett tätt anslutet nätverk, gradvis utveckla det och öka flödet mellan era master. Gradvis, utan att säga något, öka frekvenserna upp till 8G. Mänskligheten är inte utrustad att klara 8G.

D. Är syftet med det att minska befolkningen? Vad är deras mål?

A. Det är för att bana vägen för vissa existenser att återvända, och mer fritt kunna utnyttja planetens resurser. Det är för att minimera motståndet från människorna, för om det finns färre människor på planeten har det ett större, friare, spelrum.

D. Bryter den här elektromagnetiska frekvensen på något sätt ner den skyddande barriären i atmosfären som håller dessa besökare borta?

A. Ja, ja. Och det är därför vi måste förhindra det. Och eftersom fler och fler förstår effekten som energi, mobilmaster och strålning har på ditt väsen, så har sinnen redan börjat förenas. Cellen ser detta och önskar att dina ögon ska ha sitt fokus någon annanstans, att ni ska vara splittrade. Och det är det som sker vid den här tiden. Så. Jag lämnar dig med det. Vet bara att Moder Jord har stöd från andevärlden, Skaparen. Flera från den tionde dimensionen hjälper till för att möta den andra, mörka vågen och lugna – inte bara människor – utan även för att lugna planeten själv, eftersom den behöver känna försäkran om att den fortfarande är omhändertagen.

D. Det verkar som att rädslan för detta virus är betydligt värre än själva viruset?

A. Ja, ja, precis. Media följde återigen det som några få förkunnade, utan att förstå hur deras ord påverkar människors sinnen. Cellen vet att människor följer det som sägs, följer någon som verkar veta. Cellen kommer aldrig att kommunicera direkt till folket. De fruktar folket. De använder delar av media, karteller, banksystem, politiker, för att tala för dem. Där.

D. Stort tack för att du kom och talade idag.

A. Var inte rädd. Du är trygg, och du ser redan igenom dramat framför dig. Där. Vi ses hemma.

D. Okej, min vän. Elahim.

Under en offentlig session den 22 april 2020 lade Ophelia till ytterligare några kommentarer om Cellen och deras avsikter med mikrovågsstrålningen och den genetiskt modifierade injektionen som erbjöds som ett botemedel mot influensan. Hon ber människor att inte leva i rädsla och att vi ska veta att vi alltid är omgivna av våra guider. Frågeställaren är markerad som F.

O. 5G, som vid den här tidpunkten planeras att införas, är på vissa ställen redan i bruk. Om 5G är utspritt, så är det inte nödvändigtvis något som människa eller djur inte skulle klara av. Men agendan för 5G är att gradvis bygga ut nätverket och öka styrkan när det väl är etablerat. Den dag det når, låt oss säga 6, 7, 8G kommer det att ha skett utan människors vetskap. Processen mellan knutpunkter (*master*) kommer att övervakas av Satelliter och människor och djur kommer inte nödvändigtvis att vara fullt medvetna om att denna energiöverföring har ökat. Det är därför det är så viktigt att motarbeta 5G. Du kanske skulle kunna hantera 5G om det inte är koncentrerat, men du ska veta att avsikten är att utöka det, när det väl är etablerat. Detta har också skett tidigare. Det är återigen en cykel där energi missbrukades och ställdes mot en levande planet som befolkas av livsformer, såsom dig själv, i samexistens med andra och din värd. Med din värd menas planeten. Det finns de som har en agenda att kontrollera, främst era sinnen. Vid den här tidpunkten försöker de locka mänskligheten till att enbart ta emot informationen i huvudet, i era öron. Det är därför som andevärlden tar sig an denna fråga på det sätt som vi har gjort. Du ser det i de införda nedstängningarna. Nedstängningar är just nu faktiskt något bra. Inte nödvändigtvis för bacillen (*säsongsinfluensaviruset*), utan för att visa människan att du kan klara dig utan (*att använda*) en enorm mängd energi från till exempel era oljereserver. Ni har alla sett det. Vissa länder går alltför aggressivt tillväga i sitt sätt att hantera energin och hur de utvinner resurser som olja och gas, och det behövde stoppas. Så den här bacillen fungerar på många sätt på uppdrag av två olika agendor. En är att avleda din uppmärksamhet från etableringen av 5G. Den andra är aktiverad av andevärlden, som har en annan agenda, och det är att göra dig mindre beroende av energiresurser, som olja. Så du kan se att det pågår två skådespel samtidigt. Viruset är egentligen inte det som är viktigt. Se det som sker på grund av detta virus, se bortom illusionen, och du kommer att upptäcka att själva viruset bara är en avledning för något annat. Där.

F. (*Från publiken.*) Är det samma personer som är inblandade?

O. Ja. Samma individer, de vi kallar Cellen, kontrollerar både vacciner och 5G, samma sida, samma spelare. Vaccinet kommer att skilja dig från din källa. Det kommer att göra dig mer benägen att ta emot information i ditt huvud. Cellen kan inte kontrollera ditt hjärta, kan inte kontrollera din själ, din mittpunkt. Men den kan kontrollera sinnena. Rädslan kommer från sinnet. Rädslan kommer sällan från de lägre regionerna, som hjärtat, och ALDRIG från mittpunkten där din själ finns. Vaccinet är ett sätt att bedöva andra områden, andra centra inom dig, så att de kan kontrollera det som sker. Slutmålet är att utöka 5G-nätverket till ett högre frekvensband som inte är lämpligt för livsformerna på den här planeten. Så var medveten om, inte bara det här vaccinet, utan också att det medicinska etablissemanget, rent generellt, på många sätt arbetar för att skilja de olika centra åt, inom dig. Det är ett sätt att kontrollera, aldrig att läka. Jag säger inte att alla mediciner inte skulle fungera eller behövas men de bedövar själen och gör att du inte kan höra din själ. Så var inte bara medveten om vacciner utan även vissa mediciner som finns där för att trubba av människan. När du väl är avtrubbad kommer det att spridas inom dig och du kommer inte längre kunna höra din själ.

F. Kabalen, är de verkliga? Ligger det något i det?

O. Ja. Vi kallar dem Cellen. Det finns två olika Celler just nu, och du kan kalla dem kabalen om du vill. Den som du hänvisar till är fyra centralpunkter på den här planeten som är mer sammankopplade - London, Frankfurt, New York, Tokyo. Den Cellens starkaste fäste är London och det är också den som driver agendan med 5G och hur det ska ökas och påverka människan så att de kan kontrollera befolkningen på samma sätt som (det så kallade) vaccinet. Planen är att etablera en maktposition som kommer att göra det omöjligt för mindre aktörer, mindre länder, att klara sig utan. Den andra Cellen ligger i regionen runt Israel. Det är en annan Cell som inte fungerar på samma sätt. Den Cellen är mer relaterad till gammal karma från cirka 50 000 till 25 000 år tillbaka i tiden. Det är en karma som den Cellen, även tidigare, var tvungen att höja sig över. Den här Cellen är mindre och har inte lika stor kraft, men den är på ett sätt farligare. Jag tycker inte om att använda ordet fara, för du är inte i någon fara, så länge som du har kopplingen till din själ. Och andevärlden hjälper dig. Men det finns två olika Celler, och den du refererar till har sitt centrum i London.

F. Tack.

O. Där. Ingen orsak. Men vet att det vi vill förmedla till er alla är att ni är beskyddade och att ni alla har andliga hjälpare redo att bistå er på olika sätt. Du kanske har någon som Bob. Och om någon söker den gemenskapen är den lättast att finna i naturen. Det finns de av er som är kopplade till älvor, vilket är samma verklighet som vår vän Bob kommer ifrån. Så ni som har en känsla för naturen kan finna den gemenskapen, om ni bara söker. Vi vill också ge dig tröst om du är orolig över den aktuella situationen i världen. Vet att du har gått med på att vara här i just det här specifika avsnittet i Jordens utveckling, och du hjälper till på sätt som du kanske inte är helt medveten om. Vissa av er är inkarnerade som mikrofoner, vilket betyder att andevärlden (*genom er*) observerar en omgivning, normalt den medicinska industrin, regeringar och så vidare. Den medicinska industrin har flera så kallade mullvadar, vilket innebär att de fungerar som tysta mikrofoner och utstrålar information till andevärlden för att vi ska kunna vara till hjälp. Det är många som arbetar i vårdmiljöer just nu, både för de små och dina äldre. De har samma behov, barnen och de äldre, och samma omvårdnad behöver riktas till dem båda. Vi är medvetna om att en del kommer att lämna det här planet vid den här tidpunkten, men vet också att det är en bortgång som en själ skriver in i sin plan innan den går ner till Jorden. Så sorgen är bara en mänsklig sorg, inte en andlig, och du är alltid beskyddad. Se bortom Cellens aktivitet, se bortom viruset, och du kommer att upptäcka att det inte finns något att frukta. Okej. Jag lämnar scenen här till vår Lille Vän som ivrigt pushar och pushar. Till nästa gång, farväl.

Jeshua, Bob: Den Andligt upplysta Bussen (23 februari 2020)
Jeshua inledde sessionen med att ge råd om det arbete som vi tillsammans gör och hur de planerar att interagera mer med människor under våra offentliga seanser. Han sa att vi skulle se våra böcker som att vi tar människor på en andlig rundtur. Efter att Jeshua var klar kom Bob in och spann omedelbart vidare på tanken om att åka på turné och tog det till en lite humoristisk nivå där han beskrev hur han skulle hjälpa till genom att dela ut vatten och klippa biljetterna. Han erbjöd sig till och med att arrangera en frågesport om resenärernas andliga utvecklingsnivå och utropa en segrare. Men hans skämtsamhet blev som alltid ett lysande tal om hur människor borde förbereda sig för att sätta sig på en andligt upplyst buss.

J. Det här är Jeshua.
D. Hej, min vän.

J. Hej, min son.

D. Det är trevligt att höra av dig igen.

J. Huh. Varit upptagen. Precis som du. Vi iakttar ditt arbete och diskuterar vilka ämnen som vi ska ta upp, inte bara det vi vill upplysa dig om, utan mänskligheten som helhet. Det kräver en viss balans när det gäller vilken information vi kan lämna ut, både till dig genom den här och med tanke på det allmänna medvetandetillståndet idag och vad som sker i din civilisation på Jorden. Handlingarna vid den här tidpunkten har blivit något oförutsägbara. Det finns goda krafter som bombarderar dem som innehar maktpositioner. Men vi ser att allmänheten är villrådig, vet inte riktigt vilket ben de ska stå på. Detta måste mötas med ett nytt förhållningssätt. Det finns fortfarande alltför många som är passiva, vet inte hur de ska bete sig för att nå framgång eller kunna hantera motgångar i sina liv. Det känns som att flera dras till att underordna sig andra makter än sina egna. Det vi önskar är att visa en andlig manifestation. Det är därför den förra sessionen var viktig. (*Det här talet var några dagar efter vår sista offentliga seans i Denver.*) De närvarande kände anden, de såg, och de var en del av energin som överfördes. Men hur ska man väcka dem som befinner sig långt ifrån den andliga närvaron? Det handlar om att väcka sinnet, och det är det som ni två på många sätt gör, är här för att göra, som primärt syfte. Men vi önskar att ni båda ska nå ut, vara mer offentliga, och vi kommer att bidra med vår närvaro. Det kommer att finnas fler möjligheter för de närvarande att uppleva andens interagerande. De som upplever detta, tar med sig den erfarenheten och för den medvetenheten vidare och skapar, likt ett nät av nya kontaktpunkter. Vad vi alla hade önskat oss – Råd, andliga vänner, till och med vänner i andra kosmiska akvarier – var att det funnes en vilja till förändring i ert samhälle och medvetande. Ingenting kan någonsin förändras så länge ni inte övervinner detta passiva beteende. När vi ser att allt fler, många gånger på grund av olika mediciner, överlämnar sig till detta passiva tänkesätt, känslan att inte själva kunna göra något för att förändra sin väg, möter vi nu detta på ett nytt sätt. Fler och fler kommer att fysiskt behöva se, känna, vara i närvaro av något nytt, något annorlunda, något de inte kan ta på, men som fortfarande finns inom räckhåll. Vi vill därför att ni två ska vara mer offentliga i era seanser, och vi kommer att vägleda människor som behöver det, men också de som kommer att ta denna kraft till sin egen gemenskap. Där.

D. Healingaspekten (*av seanserna*), är det något som kommer att ske slumpmässigt?

J. Nej. Det måste ske kontinuerligt, eftersom det är ett sätt för människor att känna och även observera förändringarna efteråt. Så, ja, det kommer alltid att framöver vara cirka 30 procent healingöverföring. Den här måste också bli mer medveten om vad hon äter. Hon upplever redan plötsliga illamåenden, och det är ett tecken på att hon återigen behöver tänka på att födan måste vara ren.

D. Vilka är de värsta grupperna av livsmedel?

J. Socker. Rött kött. Båda mastiga och tunga, vilket bedövar det inre, och det är också en av orsakerna till varför ditt samhälle är bedövat. För mycket socker, för mycket rött kött, gör det inre avtrubbat. Det är lätt gjort att sinnet, hjärtat och allt däromkring går samma väg när det fysiska trubbas av. Därför är det viktigt att hålla koll på vad du äter. För den här är frukt bra – frukt och bär. Gröna grönsaker; broccoli, grönkål. Potatis är okej, det skadar inte.

D. Det blir hon glad att höra.

J. Ja. Inte varje dag, men det är inte förbjudet. Vet bara att hon bör äta mindre (*av det*). Mera ren mat. Råsaft är bra, men gör olika sorters juicer, inte bara på frukter som hon gör nu. Mera tomat, morötter, grönsaksjuicer. Visa din lillebror, lär honom olika sätt att göra råsaft. Särskilt med grönsaker istället för alltid söt frukt. Mycket grönt. Där.

D. Okej, vi ska tänka på det. Har du något råd till mig i mitt skrivande medan hon är borta?

J. Forska bland forntida texter. Forska om antikens Grekland. Du var där med Zachariah och det finns fortfarande spår av sådant som du kommer att ha användning av när du ska försöka förklara det oförklarliga. Använd dig av frågor i din bok. Ställ frågor till läsaren, som han eller hon kan fundera över. Det är ett sätt att fånga läsarna. Det är en teknik att ge information, men från samma nivå som läsaren, inte något som kommer uppifrån, från en piedestal. Använd den tekniken. Ingen vill bli tillsagd, de vill vara en del av resan. Skriv det på ett sätt så att läsaren själv utforskar alternativ, händelser, handlingar, omständigheter med dig, inte genom dig. Se dig själv som en reseledare. Föreställ dig att du står i en turistbuss och bussen är boken och du tar med alla läsare på en resa. Hur ska du fånga deras uppmärksamhet, fängsla dem? Ni är alla i samma buss, du är inte framför bussen

— eller det kanske blir enklare om vi tar ett tåg — du är inte bara loket längst fram, du är konduktören som ser till att alla har det bekvämt i vagnarna bakom. Så se dig själv som en reseledare. Där. Zachariah kommer att vara med dig nu, vara väldigt närvarande, eftersom ni två är ifrån varandra. Du kan använda meditationen som den här gjorde för att gå tillbaka och tyst observera ditt förflutna. Zachariah kommer att vara där; Eli kommer också att vara där. Använd den meditationen och res tillbaka och se dig själv som en reseledare för läsaren. Det är vad jag ville säga idag.

D. Det var utmärkt. Tack min vän.

J. Oh, så gärna, så gärna. Vi ses hemma. Elahim.

D. Elahim.

B. UHH! AH!

D. Och du dök upp direkt!

B. Aah. Jag känner Jeshua – jag är inte utestängd! Och jag hörde att vi ska åka på turné. Det var vad jag hörde.

D. Det något du skulle gilla, eller hur?

B. Ja absolut! Om du ska vara reseledare så vill jag också hjälpa till. Jag kan dela ut broschyrer och vatten, kanske klippa biljetterna, och jag kan också ha en egen frågesport om det du pratar om. Så jag kan fixa en frågesport om olika saker och sen kan jag utse en vinnare.

D. Folk gillar sådant.

B. Ja det gör dom. Så det ska bli kul. Vi ska tydligen åka på turné. Jeshua sa att Isak och Zachariah kommer att vara nära dig eftersom Isak kan en massa om elementen, och du kommer att snubbla över sånt som kan få dig att förstå gravitationen. Och Zachariah, han är alltid närvarande eftersom han är en vän och en del saker har ni skrivit tillsammans, så han kommer alltid att finnas där. Det är viktigt att du går tillbaka och slappnar av i din egen kunskap; då kan du bli en alldeles utmärkt reseledare. Jag gissar att den här hade velat vara reseledaren, eftersom den här (*Seth*) alltid är på resande fot. Jeshua och Ophelia och alla dom andra kommer att vara dom som styr bussen och du kommer att vara reseledaren, och den här kommer nog också att vara med på en kant. Men det är ett sätt för dig att trappa upp det lite och försöka få upp intresset hos dina gäster i bussen – bussen för andlig upplysning!

D. Det är en bra buss.

B. Aah, det är en bra buss att åka med. Men du ska veta att alla känner inte riktigt för att kliva på bussen, för då måste dom släppa alla sina gamla beteenden, alla förutfattade meningar om vissa saker. Så den här bussen utlovar ett stort äventyr, stor upplysning, men för att du ska få en plats på bussen måste du först göra lite förarbete. Och det är det som du ska prata om i böckerna. Att för att nån ska kunna ge sig ut på ett nytt äventyr är det viktigt, och absolut nödvändigt, att först helt lämna den mänskliga vägen som du har varit på. För att du ska kunna gå in på en andlig väg som senare kommer att förenas med den nya mänskliga vägen, är det viktigt att du lämnar kvar vissa beteenden och tankemönster och känslor innan du kliver på den här bussen av högre medvetande och andlig upplysning. Och man kan fråga sig, "Hur placeras man i bussen? Kan man sätta sig var man vill? Är det reserverat efter utveckling, status och så vidare?" Det viktiga är att alla ska veta att det alltid finns en plats ledig på är den här andliga bussen. Och eftersom jag också kommer att vara där och gå utmed gången och se till att alla trivs och har det bra, så spelar det ingen roll var nånstans i bussen du sitter. Det kommer alltid att finnas dom som försöker tränga sig längst fram; dom som är mer ivriga att prata än att lyssna. Dom är lite knepiga, eftersom dom ännu inte helt och hållet har släppt sina åsikter och sina erfarenheter. För att man fullt ut ska kunna ge sig ut på en ny resa, är det på många sätt avgörande att man är mottagare snarare än sändare – det vill säga att dom lyssnar mer än dom pratar. I slutänden handlar det förstås om att dela med sig. Men det finns dom som har en tendens till att sätta sig över andra och vill påskina att dom skulle vara lite för mer, när alla faktiskt är speciella, var och en på sitt sätt. Men dom som verkligen visar upp den sidan, då har dom inte släppt en form av smärta, oftast nått från barndomen, att inte ha blivit sedd när dom var små, och nu försöker dom istället, som vuxen, placera sig i strålkastarljuset, lite som på en scen. Så det är nått som du ska vara medveten om, ifall du stöter på den typen av människor som bara bombarderar dig med sina kunskaper eller sina erfarenheter och så vidare. Det betyder inte att dom inte skulle ha rätt att vara med på bussen; det betyder bara att dom inte riktigt har blivit sedda som barn och att dom försöker kompensera det som vuxen. Dom behöver normalt bara ett slags helande genombrott – vilket betyder att dom lämnar nån slags smärta bakom sig. Men det är inte din business att säga, "Oh, du pratar för mycket, du har en gammal smärta som du måste lämna bakom dig!" HUH HUH HUH! Nää, Ophelia säger, "Var försiktig hur du uttrycker dig." Vet bara att det vanligtvis är ett tecken på att det fortfarande finns nånting som lurar längre tillbaka i ens liv som behöver tas om hand. Men oavsett, så finns det en hel park med bussar, så ingen behöver känna att dom missar bussen, så att säga, för det finns hur många som helst som dom kan kliva på. Men problemet är att många människor är låsta i sina positioner och inte så benägna att prova nått nytt. Och jag vet hur det är, när det är nått nytt och man vet inte vad det nya är. Och då tänker du kanske, "Vem säger att det nya är bättre?" Så tänker många människor i alla möjliga slags situationer och livshändelser och så vidare, "Vad är det som säger att det nya är bättre? Hur kan du garantera att det nya är bättre?" Så det är lite knepigt! Det är nånting att fundera över, eller hur? Uhm hmm. Ni båda kommer alltid att förmedla att det nya helt enkelt handlar om att stödja förändringen i sättet att tänka, och att individen bara behöver släppa taget om det som hittills inte har fungerat för dom. Det är inte nödvändigtvis så att dom måste förändra hela stommen av sitt liv, utan bara släppa taget om bitarna som inte fungerar så bra. Det kan vara mat, det kan vara människor, det kan vara platser, det kan vara arbete, det kan vara en massa olika saker. Om du känner dig i otakt, eller håglös och ointresserad, antingen med vad du äter, med människorna du omger dig med, eller det du jobbar med. Om det inte känns som att det triggar dina inre färger, vilket är det samma som din rytm – färger är rytm. Och om nån känner som, "Okej, jag sitter bara här och vet inte om jag rör på mig eller inte," då kan man bara blunda och försöka föreställa sig eller be om att få till sig färger. Om, låt oss säga, det inte kommer några färger, då mår du inte så bra, då är du inte glad inuti. Om du ser typ grått, beige eller dom lite murriga färgerna, är det också ett tecken på att allt inte riktigt är som det ska. Om du får till dig en färg som du kanske inte förväntar dig, tänker du kanske, "Oh, den här färgen var oväntad. Orange är inte riktigt min färg." Men då kan det vara ett tecken på att det som färgen orange representerar är just det som du behöver för att du ska bli rytmisk. Och vissa kommer att se ett helt spektrum, alla möjliga fantastiska regnbågar. Så det är en process, men alla måste hitta den där nya färgkänslan i sitt liv. Först och främst, försök att identifiera, "Vad är det som är färglöst i mitt liv?" "Jag trivs inte så bra med mina arbetskamrater. Vad kan jag göra åt det?" Då kan man gå vidare så här, "Vad kan jag göra om jag stannar kvar här - inte särskilt mycket." Men finns det nått annat jag kan göra för att komma bort från det som inte funkar så bra för mig? Om du inte kommer på nånting, försök att färglägg dina medarbetare, försök att för dina inre ögon klä ut dom och göra det hela till ett litet skådespel. För det är inte lätt att göra en snabb förändring, bara så där, bara säga upp dig och lämna; det är inte det vi säger. Men du måste försöka identifiera vad du ogillar och sen försöka ändra på hur du ser det. Om du typ är placerad nånstans och du inser, att du vid just den här tidpunkten inte bara direkt kan lämna, så finns det sätt för dig att kunna samexistera i den miljön. När du gör det kommer du att uppleva och känna att dom medarbetare som du inte riktigt kommer överens med, dom har inte längre nått inflytande över dig, eftersom DU har ändrat ditt sätt att tänka och ditt andliga tänkesätt har aktiverats.

D. Det är verkligen ett bra råd.

B. Det är ett sätt att upptäcka. Om vi nu tar det här med vad du äter, "Okej, jag kan äta alla dessa godsaker, alla dessa cupcakes med glasyr på - dom är färgglada - det måste vara bra!" Huhuh. Vi sa att du skulle göra färgglada saker, men det betyder inte att äta massa färgglada cupcakes. Det betyder att du ska försöka identifiera vad det är som den här muffinsen representerar och vad den kan återspegla inom dig. Om, låt oss säga, du äter en massa cupcakes med rosa på, så kan det vara en indikation på att nånting som är relaterat till färgen rosa faktiskt är vad du behöver i ditt liv för att tycka att resan är trevlig. Och om du, låt säga, tänker, "Oh, jag ska köpa en röd bil," om du dras till färgen rött - representerar det också nånting. "Varför valde du en röd bil?" "Oh, jag gillar rött." "Varför gillar du rött?" Det är för att det representerar nånting inom dig. Så alla dessa saker som du fattar beslut om, som "Jag köper ett grönt äpple istället för ett rött," - varför gör du det? "Tja, det är godare." Nej, inte nödvändigtvis. Det är för att du dras till grönt. Och vad representerar grönt? Grönt representerar helande. Så även om du tror att du väljer ett grönt äpple bara för att du tycker att gröna äpplen smakar bättre, så kan det faktiskt vara en indikation på att du verkligen behöver lite läkning. Om du dras till de röda äpplena, kanske du känner att du saknar engagemang eller passion i livet, du vet, romantik och så vidare. Så du kanske köper ett rött äpple för att uppfylla det behovet.

D. Det är ett intressant sätt att se saker. Vad sägs om en gul banan?

B. Gult har med kraft och dynamik att göra, glädje och självkänsla.

D. Du nämnde orange tidigare; vad betyder det?

B. Orange är som livet själv. Dom människor som inte kan få barn, till exempel, saknar vanligtvis orange i livet. Du kan också färglägga ditt hem; du kan tänka, "Om jag skulle göra om mitt hem, vilka färger skulle jag då välja?" Och det är oftast en fingervisning på nånting som gör att du som människa, på din väg genom livet, blir mer tillfredsställd.

D. Jag tror att du hade gått igenom alla färger en gång tidigare.

B. Aah. Lila är till exempel en indikation på att nån verkligen står med en fot i den mänskliga världen och en fot i den andliga. Så om du dras till eller inreder ditt hem i lila, eller kanske du går in på ett bibliotek eller en bokhandel och dras till lila böcker, är du vanligtvis redan andligt på väg och står normalt sett med en fot i vardera världen. Dom som inte har varit här så länge, dom brukar inte dras till lila. Dom dras mera till gult eftersom gult betyder mänsklig självkänsla. Om du tänker på chakrapunkterna, så ligger det gula visserligen nära din själspartikel, men själen är inte gul. Själen är rent vit, den är faktiskt lite mer guldaktig. Folk pratar om en silvertråd, men det är mer en guldtråd. Du vet den där tråden som du är fäst vid när du reser, ju närmare kroppen desto mer guldskimrande är den. Om du följer den ända fram till ditt hem, blir den faktiskt till silver. Så det är egentligen inte fel när folk kallar den silvertråd. Det är bara det att om du ser den som en guldtråd, så observerar du den delen som är fäst vid din fysiska kropp

D. Fantastiska råd, min vän.

B. Alltså, det är bara så det är. Det var lite vad jag ville berätta om för dig idag. Och jag kommer såklart att vara med dig, för jag kan inte lämna dig utan uppsikt. (*Christine skulle lämna Colorado för att flyga tillbaka till Sverige för att arbeta och umgås med sin familj.*)

D. Den här tror att du kommer att hålla ett öga på henne också, medan hon är i Sverige.

B. Absolut, det ska jag, för om det finns tillfälle eller en möjlighet för mig att få prata eller att visa upp mig, så gör jag nog det. Jag vill inte att den här ska glömma mig heller. Så jag brukar finnas i närheten. Hon kanske inte ens lägger märke till mig, så varför bry sig, kan man tycka. Men du kan inte tänka på det viset som en andlig guide, som, "Oh, han hör mig ändå inte ... så varför bry sig?" Det är ditt jobb att ta hand om din person, oavsett om personen vill kännas vid dig eller överhuvudtaget ens lägger märke till dig. Bara för att du inte kunde prata med mig så här förut, var det inte som att jag kände, "Oh, varför ska jag bry mig? Låt han bara göra sin grej." För just det, att du bara gör din grej, kunde ibland betyda att du åkte hem tidigt, och det är normalt inte det som är avsikten. Så ibland får jag se till att du också uppfyller din mänskliga agenda, även om du ibland glömmer den. Ibland lämnar du mig bara med agendan och åker hem och säger, "Jag kommer strax tillbaka, så kan du inte bara göra anteckningar?" Så det gör jag. Och sen när vi kommer hem igen och vi tillsammans går igenom och jämför vad vi har antecknat, då kan du ha skrivit en sak och jag nått annat och sen kan vi kolla på filmen och se att för det mest är det jag som har rätt. Eftersom jag har den större bilden, jag har en större överblick. När du är i en människa är du lite låst i hur du ser saker och ting; det är som att bara ha ett öga som fungerar, och när du kommer hem så öppnar du båda ögonen. Det är ett sätt att se det på. Och när det gäller vissa säger du, "Oh, dom måste ha en bindel för ögonen." Och ja, det stämmer verkligen. I dom fallen är en andlig vän ännu viktigare, även om personen snubblar omkring och ställer till med alla möjliga problem för dig, för sig själv men kanske också för andra. Men du växer, både din person och du som en andlig vän, beroende på vilken resa din vän är på – och du kan ta åt dig äran! Det gör jag! Jag tar åt mig stor ära för vissa saker. Det var därför jag blev lite upprörd över att du har varit här i dom där blå-pricks-liven, för jag kunde inte ta åt mig äran för dom, eftersom jag inte var där och jag inte riktigt visste inte vad du höll på med. (*Blå-pricks-liv var när Lasaray kom i manifesterad form utan Bob.*)

Nionde Rådet, Ophelia: Ärftlig Karma i ditt DNA (5 april 2020)
Detta är ännu en anmärkningsvärd undervisning från det Nionde Rådet, där de beskriver den exakta processen för hur karma rör sig från livstid till livstid. De klargör att den personliga Karmiska Kappan inte innehåller någon gruppkarma, vilket är en viktig skillnad. Inte heller blir gruppkarma en del av den fjärde dimensionen, förutom i sällsynta fall. (Cellen är ett.) I det här talet säger det Nionde Rådet, "När man talar om – och det här ämnet har kommit upp ett flertal gånger – om en kollektiv karma, om familjekarma, så sitter den karman i Kappan. Varje Kappa är helt unik och självständig, och den är bara din. Eventuell familjekarma finns i DNA:t och i cellminnena på den tredje verkligheten.".

En Andlig Väg   175

Det finns flera slutsatser inom den här undervisningen. En är att en själ kan inkarnera för första gången i en blodslinje, en familj som har en gruppkarma, och påverkas av den karman, även om de som själ inte hade någon del i hur den skapades. Men en själ som deltog i att skapa denna gruppkarma och sedan vid senare tillfälle återvänder till familjen, kanske som sitt eget barnbarn, den kommer att aktivera den mycket mer än vad en utomstående gör. Den andra slutsatsen är att mentala gärningar har en effekt på kroppens DNA-kodning. Så, till exempel, kan en starkt hållen övertygelse präglas av förälderns DNA och sedan överföras direkt till ett barns DNA. Och det kan antingen vara andligt till gagn eller till skada för barnet. Det här kan delvis förklara varför vissa grupper av människor är övervägande fredliga, medan andra till sin natur är våldsamma eller ohederliga. Våld och bristande självkontroll är till exempel vanligt bland grupper av människor inom samma släkt. Viss forskning tyder på att variationer i monoaminoxidas A (MAO-A) enzymer och dopamintransportörer och receptorer, som skapas av gener, kan bidra till aggression. Därför påverkas moralisk dekadens och psykopatiska beteenden av ärftliga genetiska faktorer, på samma sätt som vänlighet, lojalitet och etiskt beteende. Våra förfäder sammanfattade det med att säga, "Äpplet faller inte långt från trädet".

För några år sedan förlöjligade vetenskapliga peer-reviewade biologiska tidskrifter tanken på att en persons känslomässiga eller mentala tillstånd skulle kunna förändra deras egna gener. Och forskarna var övertygade om, att i de fall där förändringar skedde i en förälders gener, skulle det definitivt inte förändra deras framtida avkommas DNA. Men nu stöder en växande mängd forskning båda dessa koncept. Forskare inom molekylär biologi har upptäckt att många miljögifter orsakar epigenetiska förändringar, då utvecklingen inom neurokemi och bildteknik har visat att känslo- och kontrollstörningar som våld, depression och ångest kan spåras till förändringar i geners inverkan på hjärnans normala aktivitet. Men för det vetenskapliga etablissemanget finns det fortfarande en bergfast mur mellan genetik och epigenetik. Ordet epigenetisk betyder "utöver förändringar i den genetiska sekvensen." Termen inkluderar alla processer som förändrar geners aktivitet utan att ändra DNA-sekvensen. Även om de kan medge att människor har förmågan att påverka sina egna gener genom beteendeförändringar, hävdar de att det är en icke-permanent modifiering av genomet. De insisterar på att epigenetiska förändringar inte är överförbara, att endast den genetiska kodningen (DNA) överförs till avkomman. Men alltfler vetenskapsmän ägnar sig åt att undersöka det epigenetiska arvet och inser att epigenetiska förändringar smyger sig in under cellulär omprogrammering och blir en del av ett barns DNA. Allt eftersom åren går och bevis samlas, kommer beskyddarna av det institutionella grupptänkandet att tvingas erkänna att epigenetiska förändringar i viss mån är ärftliga. Våra andliga vänner berättar för oss att många känslomässiga och mentala avtryck förs vidare till barnen genom det programmerbara DNA:t, som den inkommande själen ytterligare kommer att modifiera för att uppfylla sina egna mål för den livstiden. Dessa förändringar går naturligtvis inte att utreda.

När du i våra böcker ser Cell med stort "C", syftar det på den grupp av själar som försöker ta över planeten. Här talar det Nionde Rådet också om celler i den traditionella biologiska betydelsen. Både Cell och cell används i den här sessionen, och även om innebörden normalt tydligt framgår av sammanhanget, tänk på att notera hur det är skrivet. Ophelia kom in i slutet av sessionen och gav råd till dem som var, eller är, separerade på grund av rörelsebegränsningarna som införts av Cellen och deras vasaller i regeringarna runt om i världen.

NR. Hälsningar från det Nionde Rådet.

D. Hej mina vänner.

NR. Hej på dig. Det här sättet som ni två tillsammans med de andra har arrangerat passar oss väl. Vi får en överblick över hela scenariot, inte bara er två, utan varje varelse, varje existens på din planet. Ni är vid den här tidpunkten likt satelliter på två kontinenter, och vi kan hålla ett öga på det som sker i sinnena på båda kontinenterna. Ni två är omslutna, avskärmade och skyddade av kraften från Elahim som ni båda besitter. Men vi intresserar oss för hur mänskligheten möter kaos, hur de möter tumultet i sina sinnen. Det finns flera vågor, ljusa och mörkare, som möts i detta kaos, med mänskligheten i mitten. Du är medveten om gudarnas krig. Dessa cykler kommer och går, och de upprepar sig själva, eftersom läxorna måste falla ner som regndroppar på det här planet. Vid den här tiden, liksom i en tidigare cykel, handlar det om maktkontroll. Herraväldet över resurser, över energin, över era sinnen. Hjärtat är länken till din källa och ditt hem, till ditt sanna jag. När sinnena blir alltför utvecklade, alltför utrustade (*och kan*) förstå och lösa fysiken eller energins pussel, utmanar det hjärtat, det utmanar själen, som vid den här tidpunkten vacklar vid sidan av sinnet. (*När mentala förmågor ökar bleknar själen in i bakgrunden.*) Det

En Andlig Väg   177

(*mänskliga*) sinnet är, ur själens synvinkel, ganska primitivt, eftersom det bär väldigt lite av Skaparens källa. Skaparen är närvarande i kärnan av varje skapelse, hjärtat, själspartikeln, i DNA:t. Skaparen finns inte, eller existerar inte, i sinnet. Sinnet är ett separat väsen, inom arten på den specifika verkligheten. I det här fallet, här på Jorden, finns det de som har lärt sig att manipulera sinnena, vilket betyder att sinnena blir mer aggressiva, mer rustade att utmana Skaparen, utmana hjärtat, utmana varelsen inom dig. På många sätt, när vi säger "gudarnas krig", så handlar det vid den här tiden om ett inbördeskrig inom många av er mellan sinne och hjärta. Sinnet är det som just nu påverkas. Hjärtat är inneslutet; själen är skyddad. Sinnet känner sig avvisad av kroppen, känner sig utanför, eftersom det strävar efter framsteg som ännu inte är tillgängliga. Kampen som vi nu ser behövde stoppas. På många sätt ger den nuvarande situationen det avbrottet, eftersom människan gick in i sin egen grotta. (*Detta skedde under den världsomspännande nedstängningen som skylldes på den årliga influensan.*) Dessa händelser återkommer normalt i cykler om 10 000 till 25 000 år. Det är ett sätt att se om två väsen, sinnet och hjärtat, kan samexistera inom en tredje varelse, alltså kroppen. Du ser inte samma kamp, samma beteende, i djurlivet. De har på något sätt bemästrat de båda energiflödena från de två centren, och de är vän med de olika signalerna som de når och har access till. Det vi ser hos människan är att du kämpar mot signalerna, du kämpar mot sinnet, du kämpar mot ditt hjärta. Du förstår inte att den interna kampen är iscensatt för att se om du kan balansera och samexistera med två olika signaler. Så länge arten inte är bekväm i, och anpassad till, två olika signaler, kommer kampen att återuppstå, kaos kommer att manifesteras i olika scenarier. Det var nödvändigt att det kom till ett stopp, och på många sätt är det vad den ljusa vågen önskade. Den andra vågen (*Cellen och mörkret*) har inget intresse av ett stopp. Den behärskar sinnet som, vid denna tid tyvärr har övertaget. Det vi gör, på olika sätt, olika Råd, olika inkarnationer här på Jorden, är att vi försöker upplysa och kickstarta hjärtat. Hjärtat är inte lika lättlurat som sinnet. Hjärtat kommer inte att lida av de sjukdomar som man kan se i sinnet. Du kommer aldrig att se de mentala störningarna speglade på samma sätt i hjärtat. Hjärtat är inneslutet; hjärtat är Skaparen. Hjärtat kan aldrig bli sjukt, det kan aldrig färgas, men du måste önska och söka ditt hjärta, söka Skaparen inom dig.

D. När du säger hjärta, menar du själspartikeln?

NR. Om du säger själspartikeln tappar du nittio procent av folket. Säg hjärta och de kommer att förstå. Det är i verkligheten själspartikeln som vi menar. Skaparen finns i själspartikeln, men den aktiveras på ett sätt genom hjärtat. Så det är lättare att säga att Skaparen finns i ditt hjärta. Det är bättre än att säga i magen. He he he he. Bara tio procent skulle annars förstå dig; de andra skulle bara klia sig i huvudet. Så du kan tala om hjärtat, men det är i själspartikeln som Skaparen finns. Och det gäller mer eller mindre varje skapelse. Skaparen finns även i planeter. Skaparen ÄR den första dimensionen i varje form, i varje manifestation. Även i vinden. Även ett moln har en kärna, och det är där Skaparen finns. I en DNA-cell eller sträng finns det alltid en liten partikel i mitten, där Skaparen kan se sina skapelser.

D. Även Cellen, själarna som är inkarnerade i Cellen, bär de också en del av det Mästerliga Medvetandet?

NR. Varje cell....

D. Jag menade de i Cellen som försöker styra planeten.

NR. Du får upprepa din fråga.

D. De själar som är en del av Cellen, vilka dominerar planeten från London och Frankfurt, bär de också en del energin från det Mästerliga Medvetandet inom sig?

NR. De övervakas, och ja, ingen är faktiskt utesluten. Men den är nedtonad, om du så vill, för att ge dig en förklaring. I skapelser – som människor, djur, planeter – lyser Skaparen igenom. De som kallas Cellen har fortfarande kopplingen, men de ignorerar den. Cellen ignorerar Skaparen; Skaparen ignorerar inte Cellen. Men den har tonat ner sig i väntan på att Cellen åter ska försöka ansluta.

D. Det är fantastiskt intressant. Tack för den förklaringen.

NR. Men Skaparen finns inte i varje cell i människokroppen. Det är i kroppens celler, i din mänskliga kropp, som en del av din karma lagras. Så, på många sätt, har din Karmiska Kappa sitt ursprung i cellerna, när själen börjar sin resa i kroppen. De (*cellerna*) aktiverar olika scenarier, så de minnen som själen bär på, det vi kallar Kappan, lagras faktiskt i cellerna. Så, ja, cellerna är inte Skaparen, de är själens ögon, som har rest hit i olika former tidigare.

D. Jag har en fråga om DNA. När en själ inkarnerar, aktiverar den då vissa delar av DNA-strängen i förhållande till sitt uppdrag?

NR. Ja. DNA:t är tätt förbundet med cellerna, så ja. Du talar om en Karmisk Kappa, men på många sätt är Kappan det du tar med dig till den fjärde verkligheten för granskning. Cellerna och DNA:t lämnar inte den tredje verkligheten. Jag är ledsen om detta är svårt att förstå, men cellerna och DNA:t lagras i den tredje verkligheten, vilket skapar den sammantagna karman på den tredje verkligheten. När själen lämnar och återvänder hem, reser den på ett sätt tillsammans med Kappan. Kappan transformeras sedan och lämnas kvar i den fjärde verkligheten, där den kommer att granskas. När själen sedan återvänder till en ny inkarnation tar den upp sin Kappa, och Råd och andra väsen på de högre nivåerna aktiverar cellerna och DNA:t i den nya formen som den själen och Kappan kommer att inta. Det är som en kedja. Det är flera enheter inblandade; flera Råd, flera avdelningar inom varje nivå, för att hela kedjan ska fungera, när det kommer till att förstå och arbeta med sin karma. När man talar om – och det här ämnet har kommit upp ett flertal gånger – om en kollektiv karma, om familjekarma, så sitter inte den karman i Kappan. Varje Kappa är helt unik och självständig, och den är bara din. Eventuell familjekarma finns i DNA:t och i cellminnena på den tredje verkligheten. Hjälp människor att förstå skillnaden. Själen är helt ren, från den femte till den åttonde dimensionen. Kappan förvaras i Fjärde— och är personlig. Familjekarma, kollektiv karma, lagras i DNA och celler i kroppen på den Tredje. Förstår du?

D. Det gör jag. Så om någon inkarnerar i en familj, kan de potentiellt, på grund av sitt val av kropp, ta på sig karmiska skulder eller andra saker från sina mor- eller farföräldrar?

NR. Ja. Eftersom DNA:t och cellerna för den karman vidare. Personlig karma, lagras i din Kappa. Men när Kappan och själen väl smälter samman med den fysiska kroppen, kopplas Kappan till DNA och ansluter sig till celler, blodslinjer och så vidare och då och då, kan det uppstå familjekarma.

D. Det är helt fascinerande. Jag antar att jag har vilselett folk lite med något av det jag har sagt, eftersom jag antog att det var helt oberoende.

NR. Kappan är unik och självständig. Men när familjekarma emellanåt inträffar, och någon känner att det är nedärvt i familjen, så handlar det inte om Kappan, det är DNA:t och cellerna, och de lämnar aldrig den tredje verkligheten. Så det är därför, om en själ återvänder till den blodslinjen, till samma miljö, kommer den att möta samma familjekarma. Så kroppen, de fysiska cellerna, DNA, organen, sinnet – hjärtat är inte relaterat till familjekarma, det är relaterat till den personlig karman eftersom det är kopplat till din mittpunkt - men sinne, organ, blodslinje, blodcirkulation, DNA, celler i den fysiska kroppen, kan bära på familjekarma. Om en själ bestämmer sig för att återvända med sin Kappa i samma omgivning, ja, då kan den faktiskt uppleva familjekarma. Men själen som kommer in med sin Kappa är inte nödvändigtvis bunden till den karman; det är inte som att du bara har släppts ner i en familjekarmasituation. Det återspeglar visserligen fortfarande, på något sätt, ditt tidigare besök, så du kan möta den familjekarman mer intensivt än du kanske förstår anledningen till. Det lagras som ett minne från en tidigare inkarnation, och du kanske känner av familjekarman i dess fulla kraft, även om du i ditt nuvarande liv kanske inte har något med den att göra. Men cellerna som förbinder familjer, kroppar, i den tredje verkligheten kan skapa familjekarma. Så själar kan inkarnera och fångas i den föreningen av olöst karma. Men det är bara på den tredje verkligheten. Det är bara sinne, celler, blodslinjer, DNA. DNA lagras inte i din Kappa. Inget av det jag har nämnt, som har funnits i kroppen på den Tredje, lämnar den Tredje. Kappan lämnas av och stannar i den Fjärde. Själen fortsätter.

D. Jag förstår.

NR. Det var det. Så jag säger farväl tills nästa gång. Och känn dig trygg i vetskapen om att du är beskyddad.

D. Stort tack. Det var fantastisk information idag. Jag uppskattar det verkligen.

NR. Alls ingen orsak. Elahim.

D. Elahim, mina vänner.

O. Det här är Ophelia.

D. Hej, Ophelia.

O. Hej på dig. Bara kort, eftersom vi naturligtvis har någon här som har många anteckningar som han vill att du ska granska. Tydligen är det ett möte på gång, och han är väldigt angelägen om att gå igenom sina anteckningar om vad han vill avslöja och fråga. (*Bob väntade spänt på sin tur att få prata.*)

D. (*Skrattar.*) Hade du några tankar som du skulle vilja dela med dig av innan du lämnar?

O. Vad jag verkligen vill säga till alla, är att människan ska sträcka ut en hjälpande hand till dem de älskar, hålla dem i handen. Och även om de inte kan göra det rent fysiskt, att de sträcker ut en hand till dem som behöver det. De som vid den här tiden känner sig separerade från sina familjer är väldig många. Ni två är skilda åt, men inte så att ni verkligen känner er åtskilda. Ert band, hjärta till hjärta, kommer aldrig att brytas, och ni kommer alltid att vara lika nära som om ni satt bredvid varandra och höll varandra i hand. Men du ska veta att många människor saknar den närheten med andra. Det är viktigt att försöka lugna sinnena, att inte rusa iväg och analysera en situation som man inte helt förstår. För att helt förstå vad som sker måste du frigöra dig och överlämna dig till det faktum att Källan, den högre kraften av ljus, faktiskt tar hand om mänskligheten. Vi försöker bistå miljön och djurlivet. De som nu söker sig ut i naturen i allt större antal, vilket vi med glädje observerar, kan höra djurlivet tydligare. När världen har upphört att åstadkomma obehagligt ljud har människans hörsel skärpts. Det betyder att du kan höra djuren, du hör vinden, du hör dina tankar, du hör ditt hjärta. Och som talaren före mig berättade, att sinnena har övertaget i det här läget, så behövde vi ett avbrott så att du, människan, kan höra ditt hjärta igen, höra din omgivning. De som nu sitter i stillhet kan till och med höra Moder Jords hjärtslag. Det är ett enormt framsteg, och det är vad som händer omkring dig. Där.

D. Tack för det, Ophelia. Vi lägger ut det på vår hemsida och delar det med andra.

O. Ja. Gör det gärna. Se till att människor känner sig trygga i den här känslan av kaos. Att uppleva lugnet, att observera hur miljön omkring dig åter vitaliseras.

D. Om det bara kunde bestå på längre sikt.

O. Det håller i sig lite längre. Tillräckligt länge för att människan ska vara i stillhet, eller vara tvungen att koppla av. Ni sprang omkring som yra höns, störda i sinnet, inte bara av mediciner, utan energiflöden, strålning och så vidare. Det var inte ert fel att ni kände er stressade, och andevärlden kände att ni måste slappna av. Så på många sätt fungerar denna paus som världen upplever just nu till gagn för er. Så att du är i stillhet och åter kan ansluta till ditt hjärta, vilket betyder din själspartikel och din själ. När du gör det under en längre tid, månader vid den här tiden (*under nedstängningarna*), när detta väl har gått över, när vindarna väl är borta, de kaotiska vindarna, då kommer många människor fortfarande att känna sig fridfulla och inte söka kaoset igen. Man måste vara utanför stormen för att förstå vad en storm är. När du befinner dig i stormen - och man kan visserligen säga att det är lugnt i stormens öga - men du befann dig inte i stormens öga. Skaparen och andevärlden var i stormens öga. Du flög omkring inne bland stormvindarna, och vi behövde ta dig in till centrum, till oss, för att du skulle få en bild av vad en storm är.

D. Det är riktigt bra råd, Ophelia. Tack för det.

O. Det var mitt nöje. Tack. Hej då.

Ari: Geoengineering (7 oktober 2018)
En mycket dåligt bevarad hemlighet är att många västerländska regeringar, med USA i spetsen, under årtionden aggressivt har sprayat nanopartiklar av aluminium, barium, strontium och andra kemikalier och ämnen i stratosfären. Vissa partiklar är tillsatser i det kommersiella flygbränslet, och andra aerosoler sprids av försvarsindustrin. Dessa kemiska moln kan manipuleras med hjälp av mikrovågor, vilket gör att vettlösa forskare kan förändra och kontrollera naturliga vädermönster, ofta med illvilliga avsikter. Av människan skapad torka eller överdriven nederbörd är inte längre begränsat till science fiction. (Programmen för vädermodifiering är väl dokumenterade i rapporter i USA:s senat.) Andarna har identifierat ett flertal konsekvenser av denna aktivitet, bland annat aluminiumgifter i haven och på land, såväl som skador på Jordens skyddsnät från mikrovågsstrålning. Alla som dagtid vistas utomhus och tittar mot himlen kan ofta själva se en färgbrytning av olika element i de kemiska molnen, tillsammans med de distinkta vågmönster och strimmor som är relaterade till geoteknikaktiviteter. Även om den här typen av ämne normalt inte skulle höra hemma i andliga diskussioner, påverkar dessa störda skurkar, som tror att de äger vår planet, alla former av liv på Jorden. Det är svårt att bortse från en slutsats att dessa samordnade attacker mot luft, vatten och mat från den styrande eliten inte skulle vara avsiktliga. De olika Råden av andar – de som verkligen har kontroll över den här planeten – kommenterar ofta dessa typer av illdåd. Enligt Ari förstör en del av de partiklar som sprids av flygplanen en del av de naturliga gaserna i atmosfären, kanske genom aluminium- och bariumoxidering. Han varnar sedan för farorna med GMO, socker och veteprodukter, eftersom alla bidrar till ohälsa. De orsakar inte bara en obalans i kroppen, utan alla GMO och de flesta konventionellt odlade grödorna är förorenade med neurotoxiner som är vanliga i växt- och insektsbekämpningsmedel. När Ari höll detta tal 2018 bodde vi nära randen av Klippiga Bergen på en höjd av 1700 meter ö h och tillbringade mycket tid utomhus på ännu högre höjder.

A. Det här är Ari.
D. God morgon, min vän.
A. Hur mår du denna dimmiga morgon?
D. Bra.
A. Vi ser att ni båda har besvär med halsen. Det är verkligen olyckligt. Det är en kombination av syrebristen på högre höjder, tillsammans med partiklar i atmosfären som du tyvärr lättare drabbas av på den här nivån. Du kan se atmosfären som ett moln. Det här molnet är annorlunda på olika platser. Så även om, låt oss säga, du var på samma höjd någon annanstans, kanske du inte har samma moln av partiklar ovanför dig. På samma sätt, även om du är på havsnivå, om du är i en region där partiklarna fungerar sämre, saknar kväve, syre, delar upp atomen däremellan, vilket gör det ... (*Han avslutade inte meningen, men jag antar att han menade kväveoxider, en biprodukt av kolväteförbränning.*) Så på något sätt har nivån där du befinner dig, där du placerar dina fötter, en viss betydelse, men förklarar inte allt. Det har att göra med förhållandena ovanför dig, och just på den här platsen påverkas du från väster, såväl som från söder. Du ska vara tacksam när vindarna från norr sveper in, eftersom det rensar den här dimman något.
D. Vad är det som finns i luften?
A. Det är en dysfunktionell, konstgjord partikel. Det liknar plast. Det innehåller metalliska komponenter och det löser upp de fungerande atomerna i er atmosfär ovanför. Det är en ... jag önskar att jag kunde skicka dig en bild. Det är samma för din atmosfär som socker är för din kropp. (*Partiklarna är lika destruktiva för atmosfären som socker är för en människokropp.*)
D. Är detta vad vi kallar chemtrails, det som regeringen sprider från flygplan?
A. Precis. Det är inte till någon nytta. Det liknar plast. Effekten är densamma som för din kropp när du äter för mycket socker. Det hämmar saker, rytmen, flödet. Flödet i atmosfären kan likställas med blodflödet i dina ådror. När det en gång har hindrats eller störts skapas i värsta fall en motsatt cirkulation, vilket innebär att strömmarna i din atmosfär är svårare att förutsäga, eftersom du har stört dem. Det är på samma sätt i dina ådror eftersom du inte bara äter för mycket socker, utan även konstgjorda frön (*GMO*), vete också, på något sätt. Rent generellt äter ni för mycket vete i er art. Det finns inget behov av att ha vete i varje maträtt du dukar fram, låt oss bara säga det! Du behöver inte äta flingor

och bröd och sedan bröd igen! Variationen i det du äter har orsakat en obalans för ditt sanna jag. Den här kroppen är inte anpassad till ensidig mat. Den kan inte smälta det, det stör rytmen i dina ådror. Blodet är viktigt för att hela fordonet ska fungera korrekt. På något sätt, om det inte cirkulerar som det ska, kan vissa kroppsdelar, både de inre organen, men även fingrar och tår, något förlora sin funktion. De blir stela. Det är det första tecknet innan du senare ser signaler på skakningar i kroppen, sjukdomar som till exempel Parkinsons och så vidare. Det är en obalans i blodets rytm inom dig. Det orsakas på ett sätt av en dysfunktionell kost; men det är inte hela sanningen, så gör det inte för lätt för dig själv, för det finns flera olika komponenter som skapar olika resultat, när det kommer till ditt fordon. Detta är egentligen inte mitt expertområde, men vi har en vän här, som gärna delar med sig av det.

D. Finns det något sätt att rensa bort det från blodet?

A. Detox. En detox renar ditt fordon. Drick rent vatten i stora doser, örtteer och så vidare, sådant som rengör ditt fordon. Så det skulle vara det. Men vet att atmosfären, molnen ovanför dig, de är på många sätt, oavsett var du befinner dig rent höjdmässigt, problemet (*källan till*) om arterna nedanför känner sig friska eller inte. Här är det olyckligt, kan man säga, att du också befinner dig på en högre höjd, där du lättare påverkas av det, även om du bara ligger på en solstol (*ligger utomhus*).

D. Finns det någon anledning till att dessa partiklar sprutas ut i atmosfären? Vad är avsikten med det?

A. Avsikten är att flytta torka från vissa platser, eller till vissa platser. Torka som kan - och här ser vi på andra kontinenter än den här - om du skapar torka på vissa platser, skapar det också ett behov av att befolkningen där förses med vatten och mat, vilket gör dem beroende av dig. Det är en anledning. På något vis är det också helt enkelt för att se vad man kan göra, vad resultatet blir, på samma sätt som att vetenskap tänjer på gränserna för vad som är möjligt. När dessa idéer blir till en besatthet och resultaten är uppenbara, då bör man också inse när man ska sluta. Den naturliga balansen på det här planet har påverkats av din art, i huvudsak under de senaste 150 åren, på ett sätt som orsakar obalanser. Och det är inte något som har skett snabbt, det har varit en pågående process. Där.

Bob: Naturen är ditt Hem (18 april 2020)

Bob, vår underbare lille vän, höll ett hjärtevärmande tal om hur vi borde uppskatta och hedra den naturliga världen omkring oss. Inbäddat i följande råd säger Bob att "också känna doften av naturen och att inte bara rusa förbi. Om du inte ser några blommor, fokusera på doften. Om du inte känner nån doft, fokusera på det du ser. Om du inte ser nått som tilltalar ditt sinne, fokusera på känslan av vad platsen försöker berätta för dig." Den moderna livsstilen har isolerat alldeles för många människor från Jordens fridfulla och helande aspekter. Denna frånkoppling bidrar till en hel del mental ångest, men minskar också vår hänsyn till välbefinnandet hos alla de andra varelserna som vi delar planeten med. Människor förväntas, från en andlig nivå, stödja och hjälpa andra livsformer, eller åtminstone inte skada någon. Bob påpekar också att den taktik som Cellen använder för att isolera människor från varandra och från naturen är en ren förolämpning mot andevärlden.

B. Ni upplever just nu, som grupp, rädslan som kommer från (*hur media framställer*) den här bacillen och rädslan för att det inte ska finnas tillräckligt många utrustade om ni blir sjuka och behöver vård. (*Han menar läkare och sjukhusplatser.*) Men människor upptäcker nu också att det finns en annan väg till helande som inte har nått att göra med ett vaccin eller ett piller. Människor känner, att när dom är i naturen, så upplever dom ett helande inslag i sitt väsen som dom inte helt förstod (*förut*). Det är därför som det inte är så lyckat att stänga parker och så vidare, eftersom det hindrar individen att själv kunna söka den kunskapen. Jag skulle vilja säga det högt och tydligt till er alla, så att du kan lägga det här på minnet och notera det. Gott folk, det jag vill säga just nu, är att du ska söka avskildhet och närvaro genom att besöka en annan verklighet, ett annat hem. Naturen ÄR ditt hem, men din inställning måste vara att du känner tacksamhet över allt som du ramlar på, när du söker dig till naturen omkring dig. När du börjar uppskatta och förstå och känna närvaron av alla väsen i naturen - som är deras hem – ska du veta att du är välkommen in i deras hem. När vi ser hur vissa länder stänger av människan från att nå sitt hem i naturen, det hem som väntar på dig, söker ditt sällskap och välkomnar dig in, då är det inte särskilt...hmm...det är inte trevligt. Det är inte vad andevärlden önskar för dig. Om du är i en situation där du inte tillåts gå ut i naturen, och känna närvaron av, inte bara djuren, utan blommor, fåglar, bäckarna, fjärilarna, ska du veta att dom väntar på dig och dom väntar på att kunna läka och hjälpa dig, när du vid den här tiden stapplar fram i rädsla över din planet. För dom som är fria att röra sig, försök söka dig till naturen. Du behöver inte söka sällskap med andra människor. Du ska söka avskildhet, stillhet, och det kommer att upplevas olika för var och en av er. Och det är viktigt att du identifierar och känner igen hur just du uppfylls av avskildheten, och det kommer att vara olika (*för varje person*). Så det vi verkligen uppmuntrar är att du inte vandrar omkring i stora grupper i naturen, eftersom det inte kommer att ge dig den möjligheten som du just nu har, att uppleva hur du och naturen blir ett, och hur den påverkar dig på det unika sätt som är utformat bara för dig.

D. Wow, det är ett riktigt bra lärdomar. Jag noterar det och lägger ut det.

B. Jag vill också säga att du inte ska bli uppgiven över det som pågår; att du ska undvika informationsströmmarna som inte ser till ditt bästa. Att du ser bortom nuet, att du ser vad det här potentiellt kan öppna upp för, när det kommer till en större – inte bara en större medvetenhet – utan en större närvaro, inte bara med dig själv utan med din värd, planeten. Och vi har öppnat upp öronen – hörseln har stärkts, och vi har höjt volymen, som en hörapparat. Det är som om till och med dom yngsta faktiskt hade en 80-årings hörsel. Den är nedtonad, selektiv och under stor påverkan av det tysta bruset (*mikrovågsstrålning*). Och det är därför vi vill att du ska gå ut i naturen, för där finns inget tyst brus. Det enda tysta bruset du kommer att höra är din egen person, varelsen inom dig – den du är. Och för att du ska kunna höra den varelsen, kommer naturen att hjälpa dig genom sin närvaro, och den kommer att stärka din hörsel – främst fåglarna kommer att hjälpa dig med det. Ett annat sätt att låta medvetenheten öka är via luktapparaten, näsan, att också känna doften av naturen och att inte bara rusa förbi. Om du inte ser några blommor, fokusera på doften. Om du inte känner nån doft, fokusera på det du ser. Om du inte ser nått som tilltalar ditt sinne, fokusera på känslan av vad platsen försöker berätta för dig. Du behöver inte ha den frodigaste skogen, eller dom vackraste bergen, en strand eller en bäck. Överallt där du befinner dig finns en potentiell plats där naturen kommer att kommunicera med dig.

D. Det var ett vackert tal min vän.

B. Jag skrev det själv! Huh huh. För om nån bor nånstans där det är som, "Oh, här finns ingen vacker skog. Här finns inga blommor. Jag har inget berg." Men varje plats har ett ställe eller en zon som är i direkt kontakt med naturens källa. Vindarna kommunicerar också med dig. Och du kanske tänker, "Alltså, jag vill inte sitta i en öken med vindar som blåser sand i ögonen på mig och så vidare. Hur kan det vara upplyftande?" Nää, kanske inte. Men försök hitta en skyddad plats och lyssna på vinden, använd din hörsel. Använd olika sinnen för att du ska kunna ta del av vad naturens källa, naturens ande, vill säga dig. Om du till exempel badar i havet, och du inte hör nånting, känner du kanske bara lukten av saltvattnet, men du KÄNNER naturens närvaro mot din hud. Olika saker. Oavsett situation, var du än befinner dig, sök upp en plats eller försök hitta en plats där du TÄNKER DIG att naturen, naturens ande, kommer att kommunicera med dig. Och bli inte alltför begränsad genom att tro att du måste ha en vacker skog eller ett storslaget berg, för då blir det bara alla möjliga sorger och bedrövelser – helt i onödan, säger jag bara. Så, jag går nu,

D. Det var ett riktigt fint budskap. Vi skriver ner det och lägger ut det.
B. Aah. Jag ska gå nu eftersom Ophelia säger att vi ska hålla oss kort. Jag är inte säker på om det här kvalificerar sig som kort, men jag sätter punkt efter det här.
D. Okej, min vän. Jag uppskattar verkligen att du kom och pratade idag. Det är alltid ett nöje att höra vad du har att säga.

Ophelia, Bob: Var inte ett får (10 maj 2020)
Det här är från en offentlig seans vi höll under den tidiga delen av nedstängningarna som infördes av Cellen. Ophelia berättar om hur andevärlden vill se samhällen som utvecklas självständigt och oberoende av varandra. De multinationella företagen har blivit alldeles för mäktiga och använder sitt finansiella inflytande för att krossa oberoende och konkurrens inom alla nivåer i samhället. Den globala nedstängningen är ett perfekt exempel, eftersom de små företagen bestämdes vara "icke-nödvändiga", men de stora företagen fick hålla öppet och gjorde extrema vinster. Många småföretag gick i konkurs, vilket gjorde att megaföretagen kunde ta ännu fler marknadsandelar. Det var ett skamlöst och oförställt maktmissbruk av Cellen och deras hantlangare i regeringar och media, och är ett skolexempel på gangstervälde.

Bob kom in efter att Ophelia var klar. Han tog med sig en korg med svampar, eller idéer, som han ville dela med sig av. Han fortsatte Ophelias diskussion om de förändringar som pågår i världen och hur människor bör ta itu med dem på ett personligt plan.

D. Det verkar som att det är stora ekonomiska problem just nu. Har du några tankar du skulle vilja dela med dig av om de ekonomiska förhållandena i USA och resten av världen de närmaste åren?

O. Det kommer att bli en finansiell nedgång, och det kommer att återspegla nivån av rädsla, nivån av i vilken utsträckning du är eller känner dig fången i din verklighet. Att inte riktigt förstå vad som sker skapar stagnation. Cellen strävar efter att människan ska förbli passiv, stillastående, och snarare fastna i frågor istället för att söka svaren. Vi förstår verkligen rädslan som kommer när det finansiella systemet kollapsar. Men det är bara en mindre del av en större omstart. En omstart som initieras av Cellen för att få ett resultat som andevärlden stoppade. Andevärlden dirigerade om riktningen, dirigerade om Cellens avsikt. Det kommer fortfarande att finnas kvar vissa effekter, som den finansiella nedgången, något som kommer att utnyttjas av dem som försöker hålla kvar människans medvetande under slöjan. Den ekonomiska kraschen kommer att vara deras förevändning för att hålla människor under kontroll. Det är inte en total kollaps, det är bara en dipp. Det är ett sätt för er att hitta nya sätt att samexistera, inte bara människor emellan, utan i samförstånd med andra arter, som en enhet på en planet. Men ja, det kommer att bli effekter.

D. Tack för det. Jag uppskattar det. Hade du några andra tankar du skulle vilja dela med dig av?

O. Jo, det har jag faktiskt, men det är någon som drar mig i armen. Han har kommit med en stor korg med glada svampar. Så han manövrerade liksom min uppmärksamhet till sin svampkorg, vilket betyder att han har flera idéer. Han kommer inte att kunna dela ut alla svampar, men några i alla fall. Så om det inte finns några frågor från någon här, ja, då kliver jag åt sidan nu.

D. Oh, vänta. Det finns två frågor. En handlar om Kina, om de är inblandade i allt detta kaos? Den andra handlar om själva Cellen, de som ligger bakom allt detta.

O. Ja. Kina är inblandat. De söker nya sätt att kontrollera flödet av varor, för att skapa ett transportimperium. Att bli ledande i rollen som – för att uttrycka det i mänskliga ord – att bli den enda existerande Walmart. Det är just nu deras mål. Det är ett långsiktigt projekt, men de har inte förmågan att styra på annat sätt än när det kommer till produktion, till transport, leverans, import och export. De vill vara det huvudsakliga navet för världens exportmarknad. De övervakas av sin storebror, det stora landet bredvid.

D. Ryssland?

O. Ja. De har inte samma styrka som sin storebror.

D. Hur kommer en ny början i slutänden att se ut, när det gäller samhällsstrukturen, efter att allt detta är över?

O. Det kommer att vara kaotiskt innan en ny struktur kan uppstå. I den turbulensen känner Cellen att den tappar greppet, liksom den stora Walmart, Kina (*känner att den tappar kontrollen*). När alla dessa centra känner att de är på fallrepet, omorganiserar sig stora grupper (*som motsätter sig Cellen*) – en sådan stor grupp är på väg att växa i USA – då kommer uppfattningen om meningen med livet att möta förändringar, men också möta nya möjligheter. De som är låsta, (*som tycker*) att förändring är något dålig, att en förändring bara kan leda till nederlag, kommer att uppleva nederlag, kommer att känna sig maktlösa. Det finns andra som söker nya vägar att utnyttja resurser, som solenergi, vindenergi och som inte är så aggressiva i sitt sätt att handla med varor – utan använder lokala producenter, istället för att bara se till priset och söka den billigaste produkten. Allt du behöver finns nära dig. Du behöver inte importera och exportera allt. Du behöver inte exportera arbetskraft. Du har allt för att bygga ditt samhälle och det är vad vi önskar att framtiden ska innebära.

D. Det är vackert sagt, Ophelia. Tack för det.

O. Oh, ingen orsak. Och ja, här står en vacker svampkorg på tur.

D. Okej, min vän. Tack.

O. Så gärna. Hej då.

B. HUH!

D. Välkommen tillbaka.

B. NAH nah nah nah (*han började sjunga ordlöst*) Aah. Jag trodde att det skulle vara som min egen session, bara jag. Oh, Ophelia drar mig i armen. (*Han tittade mot henne.*) Hon säger att jag visst visste att det inte bara var min session, att det inte bara var jag. MEN jag har med mig en korg, och i den korgen ligger en massa gott. Och jag tänkte att om jag kommer med godsaker är det mycket mer troligt att jag kommer att få mer tid.

D. Okej, vi lyssnar!

B. Jag känner att om människan kunde vara lite mer benägen att vara stolt över sig själv, att berömma sig själv lite mer, och att det inte är nått fel. För om du ständigt sätter dig själv i baksätet i bilen, alltså i en situation eller i livet, hur kan du då bestämma vart du ska? Om du på nått vis själv styr ditt liv, styr din bil, så är det mycket mer troligt att du kommer att nå dit du har tänkt dig. Om du hela tiden åker, typ, kommunalt så kan du bara stiga på och av där nån annan bestämmer det. MEN om du själv ansvarar för och styr ditt eget fordon, styr ditt eget liv, då är det mer sannolikt att du når din destination. Så en av godsakerna i min korg är gåvan av ... Uhoh. (*Han tittade åt vänster.*) Ophelia säger nånting om att alla kanske inte har en bil. Men alla kan åtminstone veta hur dom ska styra sitt eget liv. Så det är vad jag vill säga om det. Och vad jag också skulle vilja säga är att ibland är det inget fel att ge sig själv lite erkännande för sina framsteg. Där.

D. Det är mycket bra, min vän.

B. En annan godbit i min korg som jag vill ge, är att jag vill påpeka att nu när många känner att dom står vid ett vägskäl i sitt jobb, så har du förmågan att ... Det här är en tid – och nu låtsas jag att jag är en nyhetsreporter – då du kan tänka om och inse att du kanske kan lyckas bättre i en annan typ av verksamhet. (*Han talade dramatiskt och försökte härma ett nyhetsankare.*) Vad jag skulle vilja säga är att det här är en fantastisk möjlighet att hitta nått annat i din kostym som du är bra på. Du har ingen aning om ifall den kostymen, som du har tagit på dig, faktiskt är den du hade tänkt resa i. SÅ, när du känner som att mattan rycks bort under dina fötter, DÅ står du där och känner dig lite vilsen. Det här är en tid då du kan engagera dig fullt ut och bli mer medveten om det finns nått annat som du potentiellt skulle kunna utveckla. Vi kommer att se flera som blir egna företagare. För i allmänhet gillar inte människan att vara anställd. Att vara anställd är lite som att bara följa efter – lite som fåren som går omkring i en stor flock och bara säger, "Oh, nu ska alla gå åt vänster. Då måste jag också gå åt vänster." Eller "Klockan är 12:00, nu är det lunch." "Nu är klockan 15:00, i Sverige är det fika, fikapaus." "Oh, 16:30, dags att gå hem. Jag måste handla också." Du vet, allt det här skapar lite av ett gruppbeteende som inte nödvändigtvis är det som förväntas av dig när du reser TILL Jorden. Så eftersom vissa kommer att bli av med jobbet, är det också en möjlighet att skapa nått nytt, en ny sysselsättning. Vi kommer att se flera nya småföretag poppa upp – som svamparna i min korg – men du måste först komma över den där känslan av lite obehag. Och det kanske är nått som du inte är van vid. Vissa klarar sig kanske ekonomiskt och obehaget helt enkelt består i att börja göra nånting för sig själv, att inte vara det där fåret som, du vet, alltid går till vänster, och 12.00 lunch, 15:00 fika. Och för andra kan obehaget bestå i att dom måste klara sig med lite mindre. Dom kanske måste flytta. Du kanske inte kan bo kvar i den där riktigt dyra lägenheten längre. Jobbigt! Och det är det du måste övervinna. Folk måste förstå att om du känner lite obehag, så finns det ett sätt för dig att ändra riktning. Det är som att ha en sten i skon. Fortsätter du att gå, eller tar du av dig skon och tar bort stenen? Stenen är just nu ett tecken på att det är jobbigt i världen, och du måste ändra riktning och tänka om i ditt liv. Punkt.

D. Det är riktigt bra råd.

B. Ah. SÅ! Det finns många människor, skulle jag säga, som är helt nöjda med att gå runt i den där flocken av får och liksom ha en sten i skon. Men nu är tiden inne att ta bort stenen, att kanske tänka om, lära om och skapa sin destination på ett annat sätt. Dom som inte ser alternativen och möjligheterna som ligger framför dom kommer ändå bara, på något vis, att gå runt i den där flocken av får, och dom kommer bara att fortsätta störas av den där stenen i skon. Så det handlar om att välja. Allt beror på vad du väljer. Och andevärlden ser förundrat på det som, "Hmmmm. Vad är det som händer där borta? Varför väljer dom inte nått? Varför går dom bara omkring i en stor grupp och följer efter nån som kanske leder den här fårflocken åt helt fel håll?" Vill du vara ett får i flock, eller vill du kanske skapa din egen väg? Du kan fortfarande vara ett får, men du kan vara ett annat slags får, du kan vara ledaren för ditt eget lilla äventyr. Eftersom livet handlar om att förstå – och det är min tredje och sista svamp, sa Ophelia – att livet är ett äventyr. Just nu kanske människan inte känner sig särskilt benägen att hålla med om att livet skulle vara ett äventyr. MEN du vaknar åtminstone på morgonen och du KAN skapa ett äventyr om du vill. Att vara inkarnerad är ett sätt att se om själen förstår att det här ÄR ett äventyr, oavsett om det inte verkar så, om det ser dystert ut och du bara har en sten i skon. Men vilka val gör du? Fortsätter du med nånting som inte fungerar för dig? Och det här är som att köra en stor del av mänskligheten rakt in i en vägg av "bestäm dig nu, gör ett val, eller inte". En del kommer bara att bli förvirrade och dom kommer att få hjälp av ljusvarelser. Jag är ingen ljusvarelse i den meningen, även om jag tar hand om dig, och jag rullar dig när du sover, och jag är – oh, Ophelia säger att jag visst är en ljusvarelse. (*Han log och såg väldigt nöjd ut.*)

D. Jag tror verkligen att du är det.

B. Aah. Det är bara det att jag liksom inte är självlysande, jag är inte som ett ljus, eller en ficklampa. Jag var lite som en ficklampa, när jag reste mellan mina akvarier och försökte hitta min plats. (*Han menar när han letade efter en plats att placera sitt solsystem på. Se Memoarer, Del 1.*) Du sa att jag såg ut som en liten ficklampa då. Så jag kan vara – jag är nog kanske en ljusvarelse, i den meningen. Det är bara det, du vet, jag har inga vingar. Jag kanske kan få det om jag vill, eventuellt. Kanske är det nånting för nästa nivå i min utveckling. Hur som helst, jag går nu. Men jag ville säga att du ska styra din egen bil; nöj dig inte med att ha stenar i skorna; se det som en möjlighet att bli en ny entreprenör i ditt liv, att designa din kostym, att designa din livsväg framöver; och även se livet och människorna omkring dig som ett äventyr. Det var vad jag ville säga.

D. Det är riktigt bra, min vän. Innan du går hade jag en fråga som antingen du själv eller med Ophelias hjälp kan svara på. Det handlar om människor, som i Afrika, som svälter och som inte verkar ha många alternativ. Är det någon sorts karmisk väg de har valt?

B. Det är på nått vis en global karmisk väg. För karma rör sig också över cykler. Du har den individuella karman, men du har också kontinental karma. I det här fallet handlar det om att på nått vis höja sig över den karman som är relaterad till den regionen. Det är en väldigt komplex fråga som är svår att ge ett kort svar på, säger Ophelia. Det flyttar liksom runt, den här speciella avsikten, som Afrika just nu lider under. Det fanns en tid när samma läxor måste göras på andra håll, särskilt som i norra delen av USA. Där fanns en liknande kamp, en känsla av att inte klara sig. Det är mer en kontinental karma eller ett uppdrag för en hel kontinent. Vi i den andra dimensionen försöker förändra olika scenarier när det kommer till klimatet, eftersom det finns för många zoner som inte är tillräckligt fruktbara, det växer inte som det ska, och regionen där nere är en del av det. Det finns en naturlig rörelse av händelser och även när det gäller människor. Vid den här tiden finns det färre själar från dom högre nivåerna i den regionen. (*Det betyder att de flesta är helt nya själar från den femte.*)

D. Det leder mig till en annan fråga.

B. Jag var lite på väg här, men om du vill att jag ska stanna ...

D. Jag älskar att ha dig här. Det är en av veckans höjdpunkter för mig. Vi har pratat mycket om själar som kommer in från olika platser, och jag har gjort antagandet att inte alla mänskliga kroppar upptas av själar från en av de andliga dimensionerna. Vissa kanske faktiskt upptas av det Mästerliga Medvetandet?

B. Vissa upptas av den första dimensionen, och Skaparen finns i den första dimensionen, det Mästerliga Medvetandet reser för att uppleva olika saker. Så det finns faktiskt vissa kroppar som inte upptas av typ en vän från Ophelias ställe.

D. Det var en av slutsatserna jag drog, eftersom det finns ungefär 8 miljarder människor på Jorden, och jag hade antagit att inte alla är upptagna av själar.

B. Vi kommer att diskutera det eftersom det är nått som kommer. Det har alltid varit så i olika proportioner, vare sig det är femti-femti, du vet femti Mästerligt Medvetande, femti en själ. Om vi tar människokroppen så fanns det en tid (*före skapandet av människosläktet*) du och jag inte hade träffats än; jag tror att det var långt innan du och jag började våra äventyr tillsammans. Du kanske inte tyckte att det var ett sånt stort äventyr, men det gjorde jag! Vi har gjort många roliga saker tillsammans; vi har varit på alla möjliga platser. Det fanns en tid i den här flaskan (*den tidiga människan*) då den till cirka 85% fylldes av det Mästerliga Medvetandet. Varelsen var ganska upplyst, mycket i samklang med Källan. Det Mästerliga Medvetandet, som vi pratar om nu – och det kommer att diskuteras vidare. Ophelia säger att det här inte är tiden eller platsen för allt – men för tillfället upptar det Mästerliga Medvetandet bara 5 till 7, max 10 procent av flaskan. Inte bara på den kontinenten (*Afrika*), förstås, utan på många andra ställen. Det finns ett stort område i den asiatiska regionen också, där vi har det fenomenet.

D. Fantastiskt. Det var det jag trodde. Jag hade skrivit det i din bok och ville bara kontrollera att det stämmer innan vi skickar ut det i världen.

B. Vi ska fortsätta att diskutera det, och du kommer att kunna ta med det i boken, säger Ophelia. Men det är inte dags riktigt än. Men jag ville ge dig en bekräftelse på det. Ophelia säger att det var okej, hon gav mig ... (*gör tummen upp*.)

D. Bättre än att vifta med fingret.

B. Aah. Det är bara det att det Mästerliga Medvetandet och Skaparen använder alla levande livsformer på olika sätt, beroende på evolutionen och den aktuella tiden. Som jag sa, för länge länge sen, långt innan du och jag träffades, gick det Mästerliga Medvetandet in i vissa kroppar, inte nödvändigtvis mänskliga kroppar, utan former som fanns här då, med cirka 85 procent. Det finns en del som har ... du vet, det finns en här som har ett minne av en sån upplevelsen. Det finns en (*Kari*) på den amerikanska sidan, säger Ophelia, som har ett minne av att fylla upp (*det resterande över*) 85 procent och vara väldigt i harmoni med en vattenvarelse. Det var 85 procent Mästerligt Medvetande och 15 procent av den här själen som är med oss här på den amerikanska sidan, som har ett minne av att leva i en vattenmiljö. (*Kari deltog i vår seans. Hon bekräftade senare att hon har minnen av att smälta samman med valar och delfiner i ett mycket avlägset förflutet. Ophelia och Kari är båda Shea, från den sjunde dimensionen, och har hjälpt till med projektet Jorden i hundratals miljoner år.*)

D. Jag förstår, min vän. Har du några andra tankar du vill dela med dig av innan du går?

B. Det verkar inte som att jag får dela med mig så mycket mer. Hur som helst, jag går nu.

D. Tack för dina svampar.

Ari, Ophelia: Cellen och 5 år av Kaos (23 augusti 2020)
Många av sessionerna som hölls under 2020 och 2021 innehöll observationer om hur var och en bäst kunde hantera nedstängningar, isolering och jobbförluster som var den ständiga oron. Christine och jag skuffades också runt av förändringens vindar. Jag hade arbetat som chefsingenjör på ett olje- och gasbolag i Colorado och permitterades bara två veckor före den här sessionen. Christine hade suttit fast i Sverige i månader, på grund av resestriktionerna. Vi hade alltid talat om att en dag flytta till Sverige, och helt engagera oss i vårt andliga arbete. Som det visade sig förverkligades den planen och det var därför Ari sa att vi hade stora förändringar framför oss.

Ari varnar också för det syntetiska mRNA:t, som torgförs som ett vaccin. Han upprepar varningen som Bob och andra har kommit med angående biverkningarna av denna nanoteknologi, som omfattar psykiska besvär och andra sjukdomar. Ari förklarar att nyckelfigurerna i Cellen är utomjordiska väsen, och att det var de som drog igång de meningslösa nedstängningarna. De förstår inte helt och hållet den mänskliga själen, så de missbedömde hur folk skulle reagera. Även om en ansenlig del av befolkningen trodde på propagandan som olyckskorparna i media ältade 24 timmar om dygnet, var det många som förblev skeptiska. För att göra sig av med oliktänkande, förklarade covid-profitörerna och statliga fjäskare att det var falsk information och skadligt att ifrågasätta deras felaktiga påbud. De utvecklade sig vidare till att utesluta, deplattformera, förbjuda läkare och vetenskapsmän att uttala sig, återkalla läkarlegitimationer och till och med fängsla dem som ställde logiska frågor eller hade en åsikt som inte var godkänt av de tyranniska konspiratörerna. Tyvärr verkar det som att de ännu inte är färdiga med sina planer att påtvinga samhällsmedborgarna sin vilja. De kommande 5 till 10 åren kommer att bli kaotiska, eftersom Cellen håller på att förlora sitt strupgrepp över människornas sinnen. Vi har fått veta att en finansiell kollaps är möjlig, tillsammans med en blockering av handeln mellan länder, valutakontroller, upplopp, livsmedelsbrist, massinvandring, socialt sammanbrott och kaos. Ur ett mänskligt perspektiv låter detta ganska hemskt. Men andevärlden ser det pragmatiskt, eftersom det slutliga resultatet kommer att vara mer frihet för dem som är kvar och mindre stressfullt för miljön. Som en sista notering, när Ari talar om syrgasmasker, är det symboliskt för en person att hitta sin egen inre vägledning.

A. Det här är Ari.

D. Hej, Ari.

A. Hur mår du?

D. Okej.

A. Flitig som ett bi. Stora förändringar på gång. Inte bara för er två, utan vi vet att en stor del av mänskligheten just nu går igenom förändringar. Det vi ser är hur ljuset ökar, hur elden tilltar i era själar – en eld och ett behov av förändring. Det finns områden där människan känner sig begränsad, saker som människorna känner att de inte kan förändra. Men vad vissa samhällsorgan inte ser är att ni, som art, inom er, mobiliserar era krafter. Det vi ser är att ljuset breder ut sig på flera platser på Jorden. Somliga brister (*ljuset minskar*), lite. Men vet att alla söker ljuset på sitt eget sätt, i en takt som är rätt för dem. Du behöver inte bekymra dig över tempot och utvecklingen överlag i ditt samhälle. Allt utvecklas som det ska. När förändringar sker, oavsett om det handlar om årstider, övergång från vinter till vår – eller, som i det här fallet, mobiliseringen av er inre eld – så krävs det att ni går igenom vissa erfarenheter. Det som vid den här tidpunkten är nödvändigt, är att ni vaknar upp och förstår er koppling till andra, er koppling till er värd – det vill säga din planet. Det som en liten grupp försöker förhindra slår tillbaka, eftersom fler och fler samlas och förenas i den här inre elden. Detta kan inte stoppas av någon mänsklig kraft, media, eller något etablissemang som bygger på mänskliga intressen. Er ras är beskyddad. Vi (*andevärlden*) söker en förändring. Vi söker en förbättring av ert medvetande innan nya själar, en ny nivå av själsenergi, kan inkarnera. Ni står på tröskeln där vissa personlighetsaspekter, om du så vill, kommer att skrotas i utbyte mot en modernare bil, modernare människokropp, om du så vill. Så frukta inte förändringen. Se förändringen som något nytt som händer, något som du är här för att bevittna vid den här tidpunkten i din inkarnationscykel. Ni har alla varit här många gånger tidigare, och det här är en tid att glädjas. Det är en tid av förändring. Det är inget nytt fenomen, men det är något som är ett privilegium att få bevittna. Se förändringen i din miljö, se förändringen bland vänner. Ni kan inte hållas åtskilda med munskydd eller nedstängningar. Ni är sammankopplad, oavsett. De försöker separera det fysiska, men misslyckas med att ignorera (*dvs de förstår*) att själar, hjärtan, sinnen finner varandra rakt under deras näsa. Det finns inget de kan göra åt den utvecklingen. Men ni måste se bortom den mänskliga upplevelsen i det här läget. Ert sätt att tänka måste vara välkomnande, ni måste vara mottaglig för det nya, och inse att när du återvänder i en framtida inkarnation, kommer en ny era att vara på plats. Men för att det nya ska kunna ta plats måste du ibland gå genom elden. Men det är en mänsklig eld. Det är inte ett misslyckande eller trauma för själen. Vet att det inte finns något trauma, det är vad etablissemanget försöker lägga på dig, ditt mänskliga jag. Vet att de inte har någon makt över ditt inre. Och de ser hur de inre varelserna finner varandra, oberoende av social distansering, nedstängningar och munskydd.

D. Var det andevärlden som startade den här nuvarande övergångsfasen eller gjordes det av människor?

A. Inte människor. De som initierade det verkar i mänsklig form, men de hör hemma i en Cell som inte är mänskligt baserad, inte är av mänskligt ursprung. Men de misslyckades med att inse och upptäcka kraften inom er art, själens kraft. De trodde att det skulle vara lättare att lura människorna. Men du befinner dig fortfarande i den här övergången. Du befinner dig fortfarande i en fas där du måste göra ett val. Cellens plan är att du ska reagera som en människa, som en robot. Men andevärlden tänder nu elden inom dig, vilket får er alla att knyta an på en djupare nivå som Cellen inte kunde förutse. Djurvärlden tackar er just nu. Naturen återhämtar sig. Era hav återhämtar sig. På många sätt befinner sig polerna just nu också i ett skifte. Det finns besökare som övervakar Pelaren (*den centrala Mittpelaren på planeten, tillsammans med Gaffeln*). Och de är goda krafter, de är här för att upprätthålla (*Rådens*) arbete. Det handlar om underhåll, kan man säga, av (*Jordens*) Mittpelare som förbinder Syd- och Nordpolen. Och det finns faktiskt besökare som arbetar å Rådens vägnar. Men för att de ska kunna arbeta lite i skymundan, är det bra att mänskligheten har sina ögon någon annanstans.

D. Jag förstår. Ur ditt perspektiv, hur länge kommer denna övergång att pågå?

A. Den första fasen är på cirka 3 till 5 år. Det handlar om en förändring inom regeringarna, en förändring av sociala beteenden, i det sätt som människan styrs, i det sätt som vissa vill att mänskligheten ska agera, tänka, bete sig. Det kommer att vara kaotisk under en cykel om 5 år, inte nödvändigtvis på samma sätt som i år. Däremot kommer du att möta andra utmaningar. Se bortom utmaningen, se bortom dina mänskliga ögon, se dramat framför dig, som kommer att vara olika, beroende på var du befinner dig. Det kommer inte att vara samma sak där ditt fysiska är just nu (*USA*) och där den här befinner sig (*Sverige*). Men människan kommer att uppleva utmaningar som strider emot hur ni har agerat och upplevt saker fram till nu. Vissa saker kommer att ske för att du ska börja agera och gör val. Vi uppmärksammade en brist på handling och val innan den här så kallade bacillen, influensan, kom in i ert medvetande. Det är ingen influensa, det är ingen pandemi – det är ett sätt för vissa att kontrollera människan, fysiskt och psykiskt, men de var inte medvetna om själens kraft. Men den här femårscykeln kommer inte bara att handla om det som händer just nu. Det kommer att utmana er i hur ni känner inför varandra, hur ni knyter an till varandra. Om du är villig att öppna ditt hjärta inför andra, eller inte. Om du är villig att göra val eller inte. Val för din familj, val för dig själv. Den här övergången kräver val och handling. För den som nu är lamslagen upplevs det som rädsla. De som välkomnar förändringen kommer gradvis att uppleva hur bojorna bryts runt dem, släpper taget och byts ut mot frihet. Om du söker fysisk frihet, då kommer du att ha det, om du gör val som återspeglar dessa förändringar. Vi ser att det främst är era sinnen som är blockerade. Sinnet är, som du vet, lättare att lura än ditt hjärta. Det fysiska verkställer bara signalerna. Det är därför vi säger att ni springer omkring som yra höns ibland, eftersom ni inte vet vilken väg ni ska ta. Om du känner dig som ett höns kan du bara försöka att stanna upp och sedan försöka förvandla dig själv till en mer utvecklad varelse. Så, det var det. Men vi är tacksamma för det ljusarbete som ni alla gör. Några av er är här för att tända elden i sinnet. Några av er som lyssnar banar nya vägar för att knyta an till andevärlden. Det finns så många som väntar på att få bli hörda, och några av er kommer att uppleva en kontakt med varelser som är helt väsensskilda från vad en människa tidigare har upplevt. Var stolt över att du är unik. Var stolt över kopplingen och kraften som du besitter, gåvan som du fått med dig från födseln i det här livet. Du är här för att skapa nya fotspår, för att lämna spår och för att hjälpa andra som är lamslagna. Men låt inte känslan av att vara instängd, eller de som inte agerar, hindra dig. Du kan inte låta andra energier dränera dig på ditt uppdrag. Du är här för att hjälpa. Hur är det de säger när du flyger? "Sätt först själv på dig din egen mask och hjälp sedan andra." Huhuhuh huh ha! Du flyger inte så mycket nu heller? Det gillar vi. Sätt på din egen syrgasmask först. Hjälp sedan andra. Det var det.

D. Jag trodde först att du pratade om virusmasken.

A. Oh, nej, det är inget vi rekommenderar. I vissa sammanhang kan det vara bra att ha (*en mask på*), men på det stora hela är det inte bra för dig. Det hindrar inte den här bacillen som ni är så rädda för. Nu talar jag inte om er som lyssnar här; Jag talar om dem som är lamslagna. De skulle helst sätta en plastpåse över huvudet i tron att det skulle hjälpa. Däremot måste du vara medveten om vad som pågår. Använd dina inre ögon och öron, ditt inre sinne. Du har ett mänskligt sinne och du har ett själssinne – använd ditt själssinne, så kommer du att se skillnaden. När du använder ditt mänskliga sinne kanske ni springer omkring som yra höns. Men återigen, sätt på din egen syrgasmask först, ge sedan syre till andra.

D. Jag har en fråga om något som jag personligen bekymrar mig för, och jag vet att andra också gör det. Vaccinet som de ska försöka pusha på allmänheten, vad tycker du om det?

A. Inte. Nej. Det är inget vi tycker om. Det är inte utvecklat på ett sätt som är (*hälsosamt*) ... återigen, de talar bara om det fysiska, utan att ta hänsyn till hur det påverkar det mentala. Ett vaccin kan på olika sätt vara bra, rent fysiskt. Och det är vad de vill att du ska fokusera på, en fysisk nytta. Baksidan av myntet är att det skadar din hjärna, eller den mentala kapaciteten. Det finns några här som arbetar med psykisk ohälsa, och det vi vill säga är att ni ska vara uppmärksam på de effekter som vissa vacciner har. Ni ser bara den fysiska effekten, utan att inse att det kan vara skadligt för det mentala. Och den effekten kan upptäckas först långt senare. Det här är en av utmaningarna, som du står inför; det är för att se skillnaden mellan vilken mask (*eller medel*) du vill ha. Vill du ha en syrgasmask som hjälper ditt fysiska eller hela din varelse? För närvarande är det inte tillräckligt utvecklat. Eventuellt kan det hjälpa det fysiska, men inte resten av människan.

D. Okej, tack för det.

A. Var bara uppmärksam. Bara för att du kanske ser en fysisk förbättring kan det finnas andra effekter som du inte är medveten om – tysta effekter. Var uppmärksam, se med dina inre ögon, gör val, ställ frågor. Om du ställer frågor om, låt oss säga, det här vaccinet som någon försöker påtvinga dig, så kommer du att märka om den personen kan ge ett svar eller inte. Om svaren bara handlar om fysisk förbättring och om de inte kan ge dig någon försäkran om andra effekter, låt då bli, gå därifrån, återvänd inte. Där.

D. Det är en riktigt bra förklaring. Tack för det.

A. Oh, nöjet var helt på min sida. Vi får se här, vi har någon här, redo att kommunicera.

D. Det förvånar mig. (*Bob var ivrig att prata.*)

A. Överraskande, eller hur? Alltid närvarande. Han har varit mycket med dig i studieområdet, där hemma. Och vi har diskuterat hans vidare utveckling när det gäller hans skolgång. Han är faktiskt väldigt angelägen att gå vidare i det som han kallar rymdprogrammet. Jag är rätt säker på att han vid det här laget vill skapa en galax. Vi gav honom en måne, och den uppskattade han, men det finns inga gränser för hans önskemål.

D. Innan du går hade jag ännu en fråga till dig, om det är okej?

A. Absolut.

D. Vi har hört om någon sorts solaktivitet som kommer att påverka Jorden. Är det något du känner till och kan säga något om?

A. Det enda jag kan säga om det skulle vara att det är en ännu ett knep för att leda din uppmärksamhet åt ett annat håll. Det är bara som fyrverkerierna på den Fjärde juli eller nyårsafton. Lite som – Oh! kolla fyrverkerierna! Och alla stirrar i samma riktning, och ingen ser vad som händer bakom dem. Och så – Poff! Så dyker det upp ett annat fyrverkeri, som du inte var beredd på. Det är inget som påverkar ditt välbefinnande eller utveckling. Det kommer dock att vara till hjälp för dem som kan utnyttja ljuset. Det kommer att öka ditt ljus om du kan utnyttja det - det är inget att vara rädd för. Det kommer att öka de helande krafterna hos dem som har den förmågan. Så i den meningen, ja, det kommer att öka krafterna inom dig, öppna upp för gåvor som du kanske inte var medveten om, de (*gåvorna*) som sover.

D. Inget att frukta alltså.

A. Inget att frukta. Det är en övergång. Ditt system, ditt solsystem är också i en fas av utveckling och övergång. När det sker kommer vissa kosmologiska effekter att uppstå, och det är fallet vid den här tidpunkten. Det sker flera energiurladdningar samtidigt i ert system, i er galax, vid den här tiden. Det är ett intressant skådespel som andevärlden observerar, men det finns ingen anledning att vara rädd. Och återigen, människan upplever rädsla, själen ser framsteg. Själen vet att den kommer tillbaka och kommer att återvända till något helt annat. Du behöver inte vara rädd.

D. Det låter bra. Tack så mycket för det.

A. Njut av fyrverkerierna.

D. (*skrattar.*) Okej, min vän. Elahim.

A. Elahim.

För att sammanföra liknande ämnen, lägger vi till ett tal av Ophelia den 28 november 2019. Jag ställde en fråga om Cellen, och hon gav ett insiktsfullt svar om hur de använder media för att bringa samhällen på fall.

O. Det här är Ophelia.

D. Hej, Ophelia.

O. God morgon på dig.

D. God morgon på dig också!

O. Om så är fallet, så god morgon på mig! *(Hon skrattade åt hänvisningen till tid.)*

D. Morgonstund har guld i mund.

O. Så sant, alltid tillstädes. Vi får städa upp lite här, även om energin var mild den här gången. Men är det något du vill fråga?

D. Jag har tänkt på Cellen som kontrollerar världen, och jag är bekymrad över mänsklighetens öde ...

O. Du menar den nuvarande människan?

D. Ja.

O. När du säger mänskligheten, finns det ingen anledning till rädsla, eftersom du har varit här i olika cykler tidigare. Du är inte utdöd. Men den nuvarande människan och ditt medvetande behöver transformeras, och det är det som den kommande cykeln handlar om. Så när du säger att du oroar dig för mänskligheten, skulle jag säga att det inte finns något att frukta. Om du säger att du är orolig för den nuvarande människan, så ja, förändringar är på väg.

D. Styrs det av de andliga världarna?

O. Ja. Råd. Det Nionde Rådet.

D. Så det slutliga resultatet kommer till sist att bli gynnsamt?

O. Ja. Ny cykel, ny början. På många sätt tror människan att de är höjdpunkten av sin evolution. Men det har funnits samhällen före dig, som du vet, som var högt utvecklade och mer kopplade till Källan. Inte bara till deras andliga källa och deras själsliga sinne, utan också en koppling till en högre nivå av vetenskap som fanns tillgänglig för dem att leva av, att borra (*avancerad teknik för gruvdrift*), som tillät dem förstå världens möjligheter och vara i symbios med din värd. För närvarande är du inte i symbios med värden; vi bryr oss om värden. Om du var mer anknuten till din värd och till nätet ovanför såväl som nedan, skulle vi inte behöva några modifieringar (*av människan*) just nu. Vi är här för att upplysa och du gör din del, i din fysiska form, för att göra människor medvetna om vissa illusioner som är placerade på er väg. Men det kommer absolut att ske förändringar.

D. Vår rekommendation till människor att inte vara passiva, är det främst för den enskilda personens framsteg, eller handlar det om att folk ska bli socialt mer aktiva?

O. Det är att få rasen enad. Det är för att samla er för en gemensam sak, en gemensam önskan om upplysning och en gemensam önskan om fred. Den här Cellen verkar på sitt sätt självständigt, och så länge den existerar följer den sin egen utveckling, sin egen agenda och det övervakas av Råd i den andliga verkligheten. På sitt sätt färdas de inom den allmänna evolutionen och det allmänna medvetandet men de kör ett eget lopp och de kan inte smälta samman med den allmänna evolutionen, orsaken och medvetandet på det här planet. Det skapar frustration i Cellen och det gör dem destruktiva. Vi ser att det görs mer och mer ansträngningar när det gäller miljön. Du är här för att befria mänskligheten från känslan av att vara tillfångatagen, att inte vara fri. Det är en rest från en gammal förbannelse, om du så vill, att människan inte är fri. Du blir på något sätt instängd, istället för att förändra hur du uppfattar dig själv, din omgivning och andra. Om du bara förändrar dig lite kommer du BLI fri. Ingen kan fängsla dig, ingen kan slå dig i bojor, om du inte tillåter det. Mänskligheten accepterar bojorna, och du är här för att bryta dem.

D. Cellen (*bankkartellen*) finansierade revolutionerna i det ryska imperiet och det förkommunistiska Kina, och förstörde frihet och andlighet, eller hur?

O. Det utspelade sig när fler och fler började resa sig mot fångenskapen. Och samma sak sker nu, bara i en mer subtil form, eftersom man använder sig av media och sociala nätverk. Inte samma synliga aggression, men det är samma sak. De använder bara andra metoder än direkta maktövertaganden eller uppror. Men media har nu samma funktion som de uppror du nämnde – bara mer riktat och målmedvetet. Se bara på din TV, till exempel, och reklamen, hur de talar allt snabbare, som om de vore på snabbspolning. Det är för att passivisera den som lyssnar. De använder media på samma sätt – talar snabbt utan att egentligen ge någon information. Det är ett sätt att paralysera, att trubba av den som lyssnar, det mänskliga sinnet. Om du är avtrubbad är det mer sannolikt att du fängslas och slås i bojor. Cellen vet det, så de använder andra metoder idag. De använder media istället för invasionsstyrkor, som tidigare i historien. (*De använder media för att erövra länder inifrån, istället för arméer av legosoldater eller andra externa invasioner.*)

D. Ur ditt perspektiv, skulle du säga att deras handlingar är vad man kalla ondska? Skulle du någonsin använda det ordet i relation till ett beteende?

O. Jag kommer inte att använda ordet ond. Jag kommer att använda ordet "primitiv" eller "brist på omdöme". Men utifrån en mänsklig förståelse ÄR det ont. Vi använder aldrig ordet "ondska" även fast det vi ser är som ett barn som beter sig illa. Där.

D. Tack.

O. Okej, det var allt för idag.

D. Okej Ophelia, vi hörs snart.

O. Hej då.

Ari, Bob: Andlighet handlar om att Bemästra Energier (28 juni 2020)

När Christine först började göra sessioner offentligt var vi lite oroliga för om våra andliga vänner skulle kommunicera lika bra som de gör privat. Det är vi inte längre. De offentliga sessionerna är också på så vis intressanta eftersom andarna talar på ett mer personligt plan. De gör också snabba resuméer av ämnen som de har behandlat mer på djupet under våra privata sessioner. Även om en del av materialet är detsamma som de tidigare har tagit upp, formulerar de om det så att det ska passa publiken. Deras tal är vanligtvis ganska komplexa, eftersom de omfattar olika idéer, men som knyts ihop till ett tema. Titeln på det här avsnittet är hämtat från något som Ari sa i förbigående, när han beskrev hur andligheten har förändrats över tid. Jag tycker att det är en lysande och väldigt distinkt definition, eftersom själva kärnan i andligheten är hur man bemästrar sina inre känslor och tankar. Sinnet får ständigt impulser från olika centra, så hur sinnet och själen arbetar tillsammans för att bemästra dessa utifrån kommande influenser är kärnan i vad det innebär att vara inkarnerad.

- B. Deet–dah–dah–DEET! Huh huh huh. Låt mig presentera Herr Ari. Applåd (*han klappade händerna*). Jag anmälde mig som frivillig att presentera alla, inklusive mig själv, och Ari tyckte det var en bra idé. Så här bugar jag bara och drar mig tillbaka. Men deet-dah–dah–deet! Här kommer han, så jag lämnar scenen.
- D. Tack för den underbara introduktionen. (*Bob steg åt sidan när Ari intog scenen.*)
- A. Ha ha ha. Alltså, du måste bara älska den där lille killen, eller hur?
- D. Ja, det gör vi. Välkommen.
- A. Tack. Jag hälsar er alla, på alla kontinenter, i alla städer. Vi är glada att se att ni tar er tid att lyssna till vad andevärlden har att säga. Inte bara att ni deltar här och nu, utan vi vet också att ni alla vid den här tiden söker en central punkt inom er, där dörrarna kommer att öppnas för att knyta an till högre världar inom er. Ni är på många sätt föregångare till att på ett nytt sätt samexistera med andevärlden. Andligheten och kopplingen till andevärlden har gått i olika vågor genom åren. Och när jag säger år, behöver du inte bara gå tillbaka till år noll. Det handlar om en förändring i ert medvetande, men vad betyder det? På många sätt är andlighet ett lite obestämbart begrepp. Det är obestämbart på så vis att, hur kan du som människa knyta an

till det gudomliga inom dig? Ständigt på jakt efter något utanför dig, när du har allt tillgängligt, bara du blundar. När du blundar bjuder du in världarna, och det kommer att vara olika för var och en av er. Du kommer att hitta din egen väg genom din historia som människa, men också som andra varelser som har vandrat här på Jorden, långt innan människan. Så begränsa dig inte, när du undersöker hur andligheten har förändrats, genom att bara tänka tillbaka till år noll. Andlighet är ett sätt att bemästra energier. Det fanns en tid då människan sökte stöd och vägledning från planeternas positioner på himlavalvet. Det var en kunskap som på den tiden var accepterad i samhället. Men eftersom vissa individer kände sig utanför, de förstod inte universum, världarna inom och omkring dig, som alla samexisterar, så försökte de stjäla idén och sättet som människan sökte det gudomliga. För det första är det lätt att se och koppla ihop händelser med, låt oss säga månens olika positioner. Du befinner dig just nu mitt uppe i företeelser av hög energi som inkluderar månen. Du har därför möjligheten att åter ta upp en uråldrig visdom som du redan känner till. Du har den inom dig. Du behöver bara påminna dig själv om vilken energi, vilken kraft som resonerar med människokroppen, med lagren och cellerna inom dig. Ni bombarderas tyvärr med energiflöden som inte är andliga, som inte arbetar för mänsklighetens bästa. Det är därför du behöver söka ett nytt sätt att samexistera med energier. Energier är frekvenser - vissa är gynnsamma för människan, andra inte. Sättet som du kan skilja dem åt är att se hur ditt sinne reagerar. Om ditt sinne rusar, om du känner dig stressad, är du under påverkan av energier som inte är för ditt bästa. Det är svårare om man bor i städer än på landsbygden. Det är lättare att upptäcka energier som arbetar för din räkning om du inte hela tiden bombarderas med influenser från media, TV, datorer, liksom andra frekvenser som svävar omkring där ute vid den här tiden. Detta har hänt tidigare. Resultatet blev att energin kollapsade. Nu vill vi att ni ska hitta kopplingen till det energinät som är en andlig länk, om du så vill. Det finns flera nät runt er planet, som arbetar andligt för att öka människans access (*till den högre medvetenheten*). Ökningen av – låt oss börja med 5G – kommer att lösa upp andra nät som är anslutna till Jorden. Som vi har nämnt kan människan klara av 5G om det är utspritt, men du ska vara medveten om att avsikten är att öka det nätet till 6G, 8G, förmodligen inte högre än 8G under din livstid. Men du kommer aldrig att få veta, du kommer bara att känna dig alltmer stressad i ditt väsen. Du kommer att känna att ditt sinne flyr ifrån dig. Om du känner så redan nu, då påverkas du lättare av dessa influenser än andra.

D. Finns det något sätt att skydda sig från den strålningen?

A. Sök tystnaden. Vi vet att människan trivs i städer, men allt fler kommer att söka levnadsvillkor som inte finns i storstäderna. Det nya sättet att samexistera, att... (*Bob bröt plötsligt in och gjorde ljud.*)

B. Oj då, jag vet inte om han var klar?

D. Jag misstänker att han inte var riktigt färdig.

B. Nähä. Nä. Det var inte min mening. Jag går igen.

D. Du och jag kommer strax att prata.

B. Jaa. Ja, Ja. Ursäkta mig.

A. Hmm. Så var var jag?

D. Du talade om att flytta bort från städerna.

A. Ja, ja, naturligtvis. Att flytta bort från städerna kommer att göra livsvillkoren mer lämpade för människan. Det är inte meningen att ni ska packa ihop er som ni gör nu. Vissa städer, inte nödvändigtvis på den här sidan av pölen, utan på den kontinenten där du, min vän, sitter (*jag var i Denver, Colorado*), är alldeles för hopgyttrade och då är det svårt för människan att existera och höra sin inre röst. Så fler och fler kommer att söka sig till landsbygden och söka element som vatten. Vi kan rekommendera vatten, eftersom det kyler ner systemet. Bara att vara i vatten, eller vara nära vatten, hjälper din hjärna att kylas ner. Det kommer också att hjälpa själen att göra sig hörd och ledas utåt till det fysiska. Det är ett sätt att kyla ner en kropp som inte fungerar till sin fulla potential. Flera sjukdomar är kopplade till en överhettad hjärna. Nerver och celler är starkt påverkade och ett enkelt mål för strålning, liksom det du upplever genom mikrovågor samt tyst brus och 5G. Om du tror att det här är tyst brus, som det är nu, kommer du att bli ännu mer förvirrad om du tillåter att det utvecklas till, låt oss säga, 7G eller 8G. Tekniken är inte utvecklad (*för att gynna människor*); den är utvecklad för en värld som inte har samma livsformer som här. Andra verkligheter kan samexistera med 10G, om du så vill, för att ta en jämförelse. Det finns närliggande system som har 11 till 12G, men de livsformerna är inte som här. De är inte lika lättpåverkade som du. Strukturen för dessa livsformer är annorlunda än här. Det finns flera besökare från andra ställen med högre volt (*EMF*) än här. De har med sig teknik därifrån och tar inte hänsyn till effekten det har på andra livsformer Där. Vad var din fråga?

D. Det var faktiskt min fråga. Jag undrade om implementeringen av 5G på något sätt påverkades av besökarna?

A. Kommer utifrån, ja. Ja, besökare. Vissa kommer med teknik som inte är anpassad för livsformerna här.

D. De måste vara medvetna om det, eller hur?

A. Ja, ja. Annan agenda.

D. Någon, och jag tror att det var du, som sa att de hoppades bli av med människorna, eller åtminstone gallra ut dem, så att de kunde utnyttja resurserna på planeten. Är det rätt?

A. Ja, ja.

D. Så alla ser inte till vårt bästa?

A. Själar som idag inkarnerar, är här för att utnyttja Jordens resurser för att möta efterfrågan på andra ställen. Se på oljeindustrin. Du ser hur olja har skapat krig, skapat en roffarmentalitet, girighet. Det är ett sätt för vanligt folk att upptäcka att något är fel, att något utspelas som inte nödvändigtvis är av mänskligt ursprung. Det finns de som arbetar för Jordens räkning. Du är trygg, du har beskydd, men var medveten och bemöt förändringar inom dig, förändringar i din atmosfär. Se dig omkring. Den här lade till exempel märke till att det inte längre fanns några grodor i träsket bakom där hon bor. Det är också ett tecken på att något är fel. Jag skulle inte säga att hela ekosystemet är i fara, men det har förändrats. Vissa människor, som några själar som är närvarande och lyssnar här, har ögon som kan se och upptäcka vissa förändringar i Jordens miljö. Se obalanserna – använd inte dina mänskliga ögon, se inifrån – upptäck var förändringar har skett i din närmiljö. Se om livsformer är borta, se om nya har tillkommit. Att upptäcka förändringar i din närhet hjälper dig att förstå hur du ska bemöta dem. Och andevärlden står bakom dig. Det är flera här idag som har förmågan att se dessa förändringar i naturen. De ser det med sina inre ögon. De ser det från sin mittpunkt, inte med sina mänskliga ögon. En person i synnerhet, i den här gruppen, kan använda sina fötter, kan känna och höra Moder Jords vädjan, förändringar i miljön. Speciellt placerad som en mikrofon för andevärlden och högre Råd som arbetar för att hjälpa er miljö. Där.

D. Jag har en fråga. Vi verkar för närvarade leva i en väldigt oberäknelig tid. Eftersom vi inte vet vad som kommer att hända, finns det något vi kan göra för att förbereda oss inför de förändringar som kommer? Bör vi lägga upp ett förråd av mat och andra förnödenheter?

A. Oh, det är precis vad de vill att du ska göra; bunkra upp, lås in dem, ladda upp med toalettpapper i garderoben. Det är vad de vill att du ska göra. Det är ingen fara, du har allt beskydd du behöver. Se dig omkring, ta kontakt med andra, var inte rädd för andra. All denna rädsla för att ha kontakt med andra, det skapar ett avstånd och det är lättare att påverka människan om ni är utspridda, om ni har långt till andra ljus, och då menar jag andra själar. Andra ljus, ni är alla ljus. Vad de vill är att splittra er. Skilj ljusen åt, lås in dem, håll avstånd, hamstra toapapper. Där.

D. Vi kan bara hoppas att andevärlden har allt detta under kontroll.

A. Det är inget som händer just nu som inte har hänt tidigare och som du som ras inte kan höja dig över eller bemöta. Du är inte maktlös; du är kraftfull. Den övergripande avsikten är att få människan att känna sig maktlös, även om det bara handlar om att vara utan toalettpapper. Det spelar ingen roll; det är samma sak. Det är för att splittra och göra dig svagare, men du är stark och du är ett ljus som knyter an till andra ljus. Var inte rädd för andra ljus. Det var det. Det är någon är här med en anteckningsbok. Jag vet inte om han gör anteckningar om mig. Så det var allt för idag. Nu lämnar jag.

D. (*Skrattar.*) Stort tack för det du delade med dig av idag. Jag uppskattar det verkligen.

A. Så gärna. Vi ses hemma. Elahim.

D. Okej. Elahim.

B. Huhuh! Aah ah. (*Han började sedan tralla den ryska nationalsången.*) Jag tror jag skulle vilja vara med i Eurovision Song Contest. Jag tror att jag skulle vara riktigt bra. Jag längst fram förstås och så dom som gungar där bakom, i bakgrunden. Jag har fortsatt att förbereda dom andliga guiderna som nu är redo att ge sig av med vissa själar från den sjätte dimensionen. Dom kommer att ha sällskap av en guide från den andra dimensionen, nån som jag själv. Men jag ska inte följa med, jag har fullt upp med dig, för jag förbereder också ditt nästa liv, som kommer att vara 2178. Det kommer att bli en fantastisk resa som jag har planerat för dig och mig. Men så kom Gergen, min mentor, och sa, "Allt handlar inte om dig", det vill säga mig. Men i min värld handlar allting om mig och jag tycker inte att det är nått fel med det. Men nu måste jag tänka brett, jag måste tänka på andra. Och det var därför jag tog på mig det här projektet med att skapa en egen skola för andliga guider. Och dom har gjort STORA framsteg, mycket tack vare mig. Huhuh.

D. Såklart.

B. Aah. Häng bara med i svängarna, det är allt jag behöver. Gratulationerna kan komma senare, efter att dom har kommit tillbaka, efter ett förhoppningsvis riktigt lyckat uppdrag. Jag fick inte skapa nått liv för själarna från den Femte, MEN jag kände till deras resa – och Jorden borde verkligen vara överlycklig och förväntansfull över det som kommer att ske – eftersom det är flera själar från den femte dimensionen som är inriktade på miljön och dom kommer in nästan som en liten miljöarmé, kan man säga. När jag säger armé tycker jag att det har en riktigt vacker klang. Men människan har en tendens att mena att en armé är nått negativt, eftersom det antyder att det skulle bli nån sorts kollision. Och ja, så är det, det är en kollision. Men det kan också vara en fantastisk expedition för en god sak. Så när jag säger att en miljöarmé kommer in från den Femte, tycker jag att det är toppen! Dom har ett mål; dom har ett uppdrag. Och här sitter jag med alla mina andliga guider som ska vara med och hjälpa dom här individerna att uppfylla alla dessa vackra målsättningar, som jag själv inte kan ta åt mig äran för. Jag kan naturligtvis ta åt mig äran för mina guider, men inte för hela uppdraget. Men jag kan berätta att det kommer att bli som en — dom kommer som en babyboom från i år till 2022, några kan också komma tidigt 2023, enligt Astrologiska Rådet, beroende på hur planeterna är placerade. MEN 2020 till 2022 är den verkliga boomen för dom här själarna. När dom växer upp, kommer dom att vara väldigt observanta, ha ett skarpt öga och se vad som behövs i naturen. Dom kommer att bli riktigt upprörda om 5G förvandlas till 8G, jag säger bara det. Dom kommer inte att ta till våld, det här är inte den typen av armé. Och återigen, armé har en dålig klang i människors öron, men i andevärlden är det en gemytlig och positiv grupp som har ett syfte.

D. Kommer de att vara tekniker eller mer som aktivister?

B. Nää. Vissa kan vara tekniker, men dom är mer från den sjätte dimensionen. Dom jag pratar om här kommer att vara mer i samklang med naturen. Några kommer förmodligen att vara lite tekniskt kunniga, kanske förstå hur man startar om ett system i datorn, du vet, control-alt-delete, eller nått liknande. Så dom kanske har en viss teknisk kunskap. MEN huvudsyftet är att dom ska vara i samklang med naturen, det är det som är meningen. Och vad som också är nödvändigt vid den här tiden, är att dom som är föräldrar eller mor- och farföräldrar eller syskon eller annat, att dom bara är lite uppmärksamma på dom här själarna som kommer in. Att dom inte bara avfärdar nått som dom intresserar sig för när de växer upp. Många av dom kommer älska Skogsmulle och vilja gå med i scouterna eller nått liknande. Det kommer att bli en ökning på den fronten. Du vet, alla måste inte spela fotboll. Alla måste inte vara hockeyspelare. Många av dom kommer att ha ett intresse och en kunskap om hur man underhåller – du undrade om dom skulle vara tekniskt avancerade – jag skulle säga att dom kommer att vara mer som geologer och ha den typen av yrken – det kommer att vara en stor boom där. Och även vatteningenjörer, som jag ville att du skulle vara. Jag ville att du skulle bli vatteningenjör, men det var ingen som lyssnade på mig! Mina idéer försvann ut genom fönstret. Sen kom Jeshua in och gav dig ett liv (*plan*). Men nu har jag designat ett liv för dig, 2178 och det är jag riktigt stolt över. Jag gjorde det helt själv. Och till alla er som lyssnar - det är nått som alla andliga guider är väldigt stolta över, och jag med. Vi lägger stor möda på att skapa liv och hjälpa er att bli den allra bästa mänskliga versionen av er själ som ni bara kan! Och innan ni kommer till Jorden sätter ni er alla ner med en guide och går igenom olika planer. Och några av er är på väg att belysa vissa miljöfrågor och vara lite av 'a pain-in-the-butt' för samhället. För det är ju så att, om en förändring ska kunna ske måste man ibland vara lite besvärlig. Jag har inget emot att vara lite jobbig, för ju mer jag frågade, ju mer nyfiken jag var, desto mer access fick jag. Om jag inte hade frågat om vad som finns bortom bortom, skulle jag inte ha kommit till det stora Biblioteket, till exempel. Jag skulle inte ha träffat dig. Jag skulle inte ha skapat mitt solsystem. Jag skulle inte ha rest i bubblan. Det finns så många saker som jag inte skulle ha gjort om jag inte varit påstridig.

D. Det är ett bra karaktärsdrag.
B. Jaa, det är en egenskap som jag tycker är bra. Alla själar är ihärdiga, inga själar är passiva eller lata. Problemet uppstår när du (*han gör ett sugande ljud*) in i en kropp, och det kan vara en kropp som är lite utmanande för en själ. Och ju mer du utvecklas, ju mer du kommer hit, desto mer kommer du att behöva ha kroppar med personligheter som inte riktigt stämmer överens med och matchar din själ. Men ingen själ är passiv, alla själar är frågvisa, alla själar är aktiva. Problemet är när dom går

(*gör sugande ljud igen*) in i en kropp, in i en miljö med andra kroppar som också (*gör sugande ljud*), - då uppstår det problem. Och det är som att ni inte riktigt vet, "Okej, var går min själ in nånstans? (*Återigen ett sugande ljud*). Är det typ i öronen?" Jag tänker inte säga det andra, för människor tycker inte att det passar sig, MEN, "Var kommer jag in?" Du går in och ut här i mitten, titta på magen på den här, hur den går in och ut; så här går du in (*blåser upp magen*) och så lever du. Och när du är klar (*han andas ut och tömmer magen*), så lämnar du. Ny kropp, nytt liv, du gör saker, sen ut igen. In och ut, så där. Så om du vill utforska det okända, kan du mentalt föreställa dig att du lämnar din kropp, men du lämnar den inte genom en skorsten, typ, du går ut här i mitten, så här (*rör magen in och ut*). Men jag vill berätta för alla här som lyssnar, eftersom jag nu har en mikrofon, och när jag säger mikrofon menar jag som den här (*menar Christines kropp*), det här är min mikrofon, det här är min scen. Alla dina guider står bakom dig. Dom ser potentialen i dig, oavsett om du gör det du hade för avsikt eller inte. Ibland kan du som människa känna att du inte klarar av ditt uppdrag. Din själ har stor självkänsla, du behöver bara hitta portalen och vägen framåt, dit du är på väg - inte nödvändigtvis som människa, men hur du skulle utvecklas om du hade all den självkänslan och vetskapen om allt stöd som du har, att dom är här för din räkning och att dom alltid finns där för dig. Vissa människor känner sig ensamma, och speciellt när ni som nu är åtskilda, på grund av att det är nån som säger att ni ska vara skilda åt, inte kommunicera och knyta an till varandra, och så vidare. Och det skapar en sorg inom människor. Det är som att människan är sorgsen, men själen är inte nödvändigtvis ledsen, själen försöker bara göra sig hörd. Och vad vi kan se är att flera själar här på Jorden just nu försöker göra sig hörda för det fysiska. Men det fysiska är paralyserat av det som händer vid den här tiden, och det ligger en stor sorg i separationen. Men om du blundar kommer du inte bara se nån som jag, din egen hjälpare i andevärlden, utan du kommer också att känna kopplingen till andra ljus och du kommer inte längre att känna att du är isolerad. Det är vad vi lärde er två att göra, nu när ni är på var sin sida av pölen. Vi sa åt er att i sinnet knyta an till varandra ett par minuter varje kväll, europeisk tid. Det är nånting som alla kan göra för att ni inte ska känna er åtskilda. Ta bara ett par minuter, som vi lärde er båda, blunda och bara lyssna på den andra och skicka kärlek och medkänsla till den andra personen.

Om andra skulle göra samma sak med sina nära och kära, skulle ingen känna sig lika isolerad. För det är bara det fysiska som är åtskilt – själar är inte åtskilda. Och det är den stora insikten i den här situationen.

D. Vi har gjort det, och det fungerar riktigt bra.

B. Nu kan jag svara på frågor! (*Sessionen fortsatte med personliga frågor.*)

Ari, Ophelia, Bob: På rätt Väg (24 maj 2020)

Det här är ännu en offentlig seans som vi tar med, eftersom det täcker så många viktiga ämnen. Ari tar upp vikten av att ta bort sockret och "mat" som innehåller stora mängder fruktos. Om någon menar allvar med att ta hand om sin kropp och bli mer kopplad till sin själ, då är kosten av största vikt. Ophelia kommer efter Ari och diskuterar varför folk bör undvika att titta nyheterna som media skedmatar allmänheten med och som förgiftar deras sinnen. Hon säger att de som följer sin inre vägledning är på rätt väg, även om andra människor går i en annan riktning. Hon påminner oss också om att varje kväll gå till sängs med en känsla av tacksamhet för något som har hänt under dagen. Gergen var den som först rekommenderade den vanan, att uppskatta de små sakerna i livet, vilket vi publicerade i *Memoarer, Del 1*. Det är lätt att bli uppgiven, om vi inte lägger märke till de många glädjeämnena som andevärlden ger oss varje dag. Bob avslutar sessionen med råd om hur den nuvarande situationen ger människor möjligheten att förändra livets gång och att du ska fokusera på det du kan göra, istället för det du inte kan. Han berättar också att naturen är tacksam för det minskade resandet, eftersom det har bidragit till en återvitalisering för många växter och djur.

A. Det här är Ari.

D. Hej, min vän.

A. Elahim.

D. Elahim.

A. Vi är här som en familj, för att sammankoppla er värld till de högre världarna. Vi inbjuder mänskligheten att vara med och höja frekvensen, vilket kommer att gynna inte bara din cykel, utan även framtida generationer. Vid den här tiden står människan, på sätt och vis, på en tröskel. Ni måste ta bort era ögonbindlar, du måste känna dig spänd och förväntansfull inför det som komma skall, med vetskapen om att ni är föregångare för hur människan kommer att gå vidare, inkarnera på det här planet. Det är inte första gången som människan står på en tröskel, liknande den här. Du känner dig hindrad, du känner dig fångad, inte bara i din kropp, utan era själar värjer sig mot den fångenskap (*nedstängningar*) som många av er upplever. Vet bara att du är beskyddad och att inget kan ta din själ tillfånga. Ingenting kan hålla dig fången, om du inte tillåter det. Men vi uppmärksammar dem som leder den här revolutionen i en ny riktning. Du ska veta att det är en ny våg av själar som kommer att inkarnera inom de närmaste femtio till hundra åren. Ni banar på många sätt vägen, som gör det tryggt för högre vibrationer att komma in på det här planet. Om du fokuserar på din själs öga, ditt själssinne, så kommer det att vara till hjälp i det arbetet. Om du ser genom dina mänskliga ögon och reagerar med din mänskliga hjärna, kommer du att uppleva rädsla. Rädsla är bara en illusion, och du är på många sätt medveten om den illusionen. Men då och då agerar du som människa, inte som ditt sanna jag. När ni knyter an till varandra, som här (*via Zoom*), trots att ni inte är tillsammans rent fysiskt, (*är du*) i en grupp och kopplar samman energier. Här knyter vi band över havet. Men vet att du har vänner där hemma i din själsfamilj, som försöker få kontakt med dig, på samma sätt som du gör här med dina vänner. Om du inte kan kommunicera och få kontakt med dina mänskliga vänner eller familj, vet att din själsfamilj i andevärlden anstränger sig mycket i att försöka inge mod och stöd till sina vänner, som vid den här tidpunkten är inkarnerade, sådana som du själv. Avsikten är att främja ett nytt sätt att inkarnera. Nya själar kommer in, och andra banar vägen vid den här tiden. Men den fysiska kroppen, behållaren som de (*mer avancerade*) själarna kommer att uppta, är inte anpassad för den här tiden. Inte heller din atmosfär. När behållaren, den fysiska kroppen och atmosfären skiftar och förändras, kan andra frekvenser från andra andliga verkligheter smälta samman med den fysiska verkligheten. På sätt och vis städar vi upp i den fjärde verkligheten. Den Fjärde, bron mellan det fysiska och det andliga, är full av gammal karma, full av tidigare besökare som inte har fullföljt sin resa. Och på många sätt hindrar det de inkarnerade att nå framsteg. Se det som en dimma som måste lösas upp. Vid den här tiden drömmer folk mera. Det beror på att var och en ombeds av Källan att rensa bort sina gamla kvarlevor i den fjärde verkligheten. Så de som drömmer mer vid den här tiden ska veta att de hjälper till med den här uppröjningen. Det finns de som verkar utifrån icke-fysiska världar, parallella världar, för att hjälpa till i den här övergången, den här saneringen. Men vet också att det finns de som drömmer mer, och de gör en stor del av uppröjningen, så att nya själar lättare kan komma in. Förstår du?

D. Det gör jag. Jag vet att du tidigare har pratat om vågor av energi som höjer Jordens frekvenser. Kan du säga något om människors oro över vart framtiden är på väg och vad som kommer att hända under de närmaste hundra åren eller så?

A. De kommande inkarnationerna behöver ett renare fordon, en renare kropp. Själens frekvenser matchar inte de nuvarande kropparna. Kosten måste åtgärdas. Sockret måste elimineras, både det synliga och det mindre uppenbara. Socker gör att själen måste kämpa i behållaren. Jag skulle säga att socker är själens värsta fiende. Så, vad som kommer är en medvetenhet om hur du kan rena dig själv, det vill säga rena kroppen – inte med tvål, förstås. Det har att göra med en inre rengöring. Något som just nu skulle vara till hjälp är olika typer av drycker för att rensa ut systemen, äppelcidervinäger, starkare brygder för att rensa bort resterna av socker. En anledning till att så många har blivit sjuka i den här influensan är att de fysiska kropparna är så fyllda med rester av socker. Influensan skulle inte ha haft samma effekt om kropparna inte vore så fulla av socker. Socker är på många sätt fienden till ett hälsosamt fordon, oavsett om vi har influensa eller inte. Själen kan inte göra sig hörd om du har ätit en massa godis eller kakor! TÄNK PÅ och var MEDVETEN om att det kan finnas socker där du inte anar det, som till exempel i de där söta såserna som du doppar sushin i. Det är fortfarande socker, och det innebär inte att det är mat. Och ja, vi har Bob här, och han menar att det här är något som han ska prata om. Men han får vänta på sin tur. Huh huh huh.

D. Jag antar att socker är värre än kött eller vete, och sånt?

A. Om vi skulle radda upp allt, socker, kött, vete, alkohol och så vidare, då skulle människan förmodligen bara lägga sig platt och vägra. Men jag skulle säga, om du bara börjar med att ta bort sockret, så kommer det inte att dröja länge innan du kommer att uppleva en mycket lyckligare tillvaro SOM människa. Vissa behöver fortfarande känna sig som en människa, och det är okej. Men vet bara att själen är den som upplever det fysiska. Och när du känner dig ren, när du känner dig pigg och uppfriskad, som efter en god natts sömn, då gör själen faktiskt tummen upp.

D. Det är alltså lättare att knyta an andligt om du inte är förorenad?

A. Ja, ja. Vi rekommenderar att då och då göra någon form av utrensning av systemet med olika drycker. Dessutom skulle en fasta varannan, var tredje månad vara väldigt bra för kroppen. Ett tecken på att kroppen är lite förorenad är att du får vissa, kanske inte tics, utan att det spritter i fingrarna. Kroppen är rastlös, som om du, på något vis, inte längre riktigt kontrollerar den. Du kan kalla det tics, om du vill. Det kan kännas i de nedre delarna av armarna, händerna eller i ögonen. När du känner ryckningar i ögonen är det ett tecken på för mycket socker. Där. Jag lämnar nu över till nästa talare, om du inte har några frågor?

D. Det verkar inte så. Jag uppskattar allt du har sagt.

A. Vet bara att hela rasen, de nuvarande civilisationerna, står på denna tröskel, redo att ta ett kliv framåt. Men då och då känns det klivet skrämmande. Och ibland vill folk inte ensamma ta det klivet. Men när fler och fler ansluter sig, kommer det steget att vara lättare. Det är ett språng av tillit. Alla stora förändringar i medvetandet, här på Jorden, kräver en djärv samverkan. Du måste hitta elden inom dig. Du måste vara stark nog att veta att du förbereder dig för framtida civilisationer, framtida inkarnationer, såsom du själv! Tänk, vilken typ av kropp, vilken slags värld skulle jag vilja återvända till? Alla har inte sin sista uppstigning (*skrattar*) den här gången.

D. Jag har en fråga. Jag tror att alla delar en oro över regeringarnas förtryckande natur vid den här tiden, och det får oss att oroa oss för våra friheter i framtiden.

A. Okej. Jag lämnar det till Ophelia. Elahim.

D. Elahim, min vän.

O. Det här är Ophelia.

D. Hej, Ophelia.

O. Hej på dig. Och hej till alla er som lyssnar också, på båda sidor av pölen. Frågan gällde regeringarna, och där krävs det verkligen åtgärder. Om de kunde skulle de förmodligen proppa dig full med socker, som föregående talare nämnde. Det jag skulle vilja säga är, var bara lugna. När ni springer runt som yra höns kommer ingen att finna en lösning. Du måste vara centrerad i hur du tar till dig nyheterna. Var fokuserad på hur nyheterna drabbar dig. Var påverkas du? Det finns en enorm kraft bakom det som paralyserar sinnet. De regeringar som du refererar till — alla är inte likadana. Du ska också veta att det finns mullvadar placerade på höga positioner i vissa regeringar och de arbetar på uppdrag av Skaparen och andevärlden. Men de som försöker hindra mänsklighetens framsteg, hindra enigheten i din ras, de riktar in sina attacker mot sinnet eftersom sinnet lätt kan luras. Hjärtat är närmare din själ, och när du känner dig bekymrad över all information som omringar dig, fokusera bara på och känn efter om informationen resonerar i ditt hjärta, inte i ditt sinne. På något sätt måste du släppa det som kan kännas logiskt och följa känslan av vad som är rätt eller fel. Och det gäller allt i ditt liv som människa. Det här är en tid att vända skeppet, om du så vill, på flera områden i ditt liv, både som människa och globalt sett. Du kan välja om du vill följa informationen från traditionell media eller om du själv vill SKAPA och GÖRA OM den till en helt annorlunda mainstreaminformation. När du känner dig förvirrad och upprörd, vet att ditt sinne på något vis har kapats. Hjärtat kommer aldrig att känna sig erövrat; hjärtat kommer aldrig att kunna kapas. Så de som känner att de är i en labyrint, där informationen kommer från flera olika håll, och kanske känner att de inte vet åt vilket håll de ska gå, vet då att du verkligen står på den tröskeln, där enda riktningen är rakt fram. Och du kanske säger, "Hur kan jag gå över tröskeln om den är för hög?" Använd en stege, var kreativ. Där. Du har alla verktyg. Om du behöver en stege, kommer andevärlden och din själ att ge dig den. Du behöver bara bestämma dig för hur du vill gå vidare och över den här tröskeln. Vet också att alla inte kommer att ta det steget. Och för dem av er som har familjemedlemmar eller vänner som inte är redo att ta det steget med er, vet bara att ni inte kan hjälpa alla, det är inte er uppgift. Det är inte upp till dig att få alla att ta det här klivet. Men du är ansvarig för din egen väg, och ibland betyder det att människor som du bryr dig om måste lämnas kvar. Att bli lämnad kvar betyder inte nödvändigtvis att de kommer att vissna och försvinna, de har bara en annan resa än du. Men du har alla verktyg. Behöver du en stege så får du det. Om du behöver en hammare för att bryta dig igenom den här väggen – om du uppfattar den som en vägg och inte bara en tröskel – är det bara att titta i din verktygslåda så finns hammaren där. Den här (*Seth*) skulle förmodligen helst använda någon form av sprängmedel för att komma vidare, men det har inte godkänts. Låt oss bara säga att vi tillhandahåller en hammare och en stege – vi tillhandahåller inte sprängmedel, även om vissa verkligen vill det. Men det är inte alltid tillrådligt – Ja ja, vi har Bob här som pockar på. Av någon anledning är han väldigt ihärdig i sitt petande. Så om det inte finns några frågor just nu, ska jag härmed lämna över ordet.

D. Nåväl, inget har dykt upp i chatten, men jag hade en fråga, eftersom du är här. Jag samlar fortfarande in data för våra böcker. Hur vet någon om de är på rätt väg i ett förhållande eller jobb? Vilken typ av tecken ska man leta efter?

O. Var mer medveten om tecknen, när du inte är på rätt väg. Om du är på rätt väg kommer det att kännas som när du vaknar på morgonen och vaknar med ett leende på läpparna. Det är det enda tecknet du behöver leta efter. Om du vaknar och inte nödvändigtvis vill hoppa ur sängen för att möta vad det nu må vara för situation, person, händelse eller arbete, då bör du fundera över orsaken bakom det, varför det är så. Bara som så. Men också, börja din dag – och det har vi nämnt tidigare – börja dagen med att sätta standarden för dig själv, att du kommer att hitta något att vara tacksam för när du senare kryper till sängs. Och när du går och lägger dig, tacka dina upplevelser under dagen. Även om du har fastnat i trafiken, tacka det trafikstoppet för att du fick ett litet avbrott i din dag, en liten andningspaus. Se det inte som ett hinder som gjorde att du inte kom fram eller kom dit du skulle i tid. Tacka för upplevelsen du fick, att du kanske kunde samla dina tankar lite mer noggrant. Så försök alltid hitta något att vara tacksam över när du går och lägger dig. Det hjälper dig att vakna med ett leende.

D. Stort tack Ophelia.

O. Nöjet var mitt. Jag hör musik, så jag är rätt säker på att någon är här med något slags instrument. Jag känner att jag lite knuffas ut. Jag antar att han är i sin rätt att göra det. Tack för din tid. Tack.

D. Tack!

B. (*Bob dök direkt in*) AHH! Det var en lång väntan. Dom var inte bara en, jag fick vänta på två, och jag tänkte, "Tick-tack-tick-tack, när är det min tur?" Jag har förberett lite sång, jag tänkte att det kanske kunde bli allsång, men jag vet inte om alla vill sjunga med mig, men jag kan en massa sånger.

D. Du kunde sjunga på svenska.

B. Huh huh huh! Nää. Men jag kan sjunga (*han började sjunga Yellow Submarine*) Och varför jag vill sjunga lite är för att ibland – jag säger inte att Ophelia och Ari är dystra eller så – men ibland känner jag att jag sätta lite snurr på det. Få upp energin lite grann här. Så det är därför som jag sjunger, så att den här inte bara ska somna, för det är inte till nån hjälp, inte för mig! Speciellt om jag är sist.

D. Jag vet att din energi är lite högre.

B. Det är också nått som jag har tänkt på. Jag sa, "Jag kanske borde komma först och sen kan dom bara ddddrrrrrr, varva ner efteråt. Då kan jag bestämma takten. Och ibland får jag det, men inte alltid. MEN det jag skulle vilja berätta om är att flera av mina vänner på den andra dimensionen i det här läget verkligen är på hugget och FULLA AV IVER att hjälpa till här (*på Jorden*). Och dom har precis fyllt sjöar och vattendrag och samlats i stora skaror i skogarna, eftersom dom känner att dom är mer fria att röra sig omkring. Dom jobbar med era sjöar - sjöarna kommer att bli renare i år, för om nån inte kan åka till havet och du inte bara vill sitta i badkaret, så kan åtminstone en sjö i närheten vara ett jättefint ställe att semestra på. Vi har förstått att semester är nått väldigt viktigt här. Det verkar vara stora diskussioner om, "Ooh, jag kan inte flyga dit i sommar. Ooh, jag kan inte åka till min sommarstuga där borta." Alla dessa saker som du INTE kan göra, verkar vara nått som ni människor helst fokuserar på. MEN glöm inte att tänka på det du KAN göra. Jag förstår inte riktigt varför människan hellre fokuserar på det dom inte kan, istället för vad dom KAN göra. Alltså, det är förbryllande. Men jag skulle vilja säga att det är stor aktivitet i naturen och i skogen och i marken, och det kommer att göra blommorna mer redo att titta upp, och träden mår bättre. Så på nått sätt, okej, det är förmodligen bra att du inte bara har överhopat skogarna överallt, eftersom träden behövde börja sjunga igen. För när dom inte sjunger beror det på att rötterna inte är ihopkopplade, för träden har som ett nätverk mellan rötterna. På grund av en massa olika saker som ni människor sysslar med, flyger hit och dit, har båtar som går fram och tillbaka med alla dessa badankor och annat nonsens, saker som fraktas fram och tillbaka över haven – som ingen riktigt förstår varför — men det har orsakat uppståndelse och sorg bland träden, det vill säga rötterna är inte riktigt friska och sammankopplade. Vid den här tiden, eftersom naturen har fått vara ostörd på vissa ställen, har det varit till stor hjälp. Inte bara för atmosfären där uppe – för alla är bara som, "Ohh! Titta! Klar himmel. Mycket bättre!" Men glöm inte att titta ner – se att marken också har blivit bättre, mycket renare. Så det har varit till hjälp. Så vet att även om det på vissa ställen kan vara lite som "Ooh, tråkigt att bara sitta inne," men du gör din planet en tjänst. Och träden, träden börjar faktiskt sjunga igen. Dom kanske inte sjunger "Yellow Submarine", som jag gör, men dom kanske sjunger nått annat som, (*han börjar sjunga*) "Sunshine, my only sunshine. You make me happy, when skies are grey...", du vet.

D. Syrenivån kanske också stiger något.

B. Aah. Och när den går upp, så sjunger jag ännu högre. Det finns vissa låtar som jag kanske inte ska sjunga offentligt, eftersom det kanske ... du vet, "Ooh, varför sjunger han den låten? Är han politiskt aktiv på den ena eller andra sidan?" Nää, det är jag inte, det är bara så att jag faktiskt gillar just den låten. Det finns vissa avsiktslåtar som jag gillar. (*Med "avsiktslåt" menar han musik som komponerats och valts ut av de styrande för att fylla de värnpliktiga soldaterna med en känsla av heder och plikt, vilket gör dem mer villiga att gå ut och slåss i något meningslöst krig som bara tjänar till att berika bankirer och den styrande klassen.*)

D. Så vilka andra tankar kom du med idag?

B. Ah, jag har saker i min korg. Jag har gåvor och överraskningar till alla. Jag vet att det är viktigt – särskilt på den här sidan av vattenpölen (*Europa*) – att veta "Oh, hur blir det med min semester?" Så jag vill ta upp den frågan, att man kan ha semester på många olika sätt. En gåva i min korg har att göra med att försöka träffa dom som du kanske inte har kunnat (*ha kontakt med*) på ett tag – det kan vara en trevlig semester. Lägg ett pussel, skulle Ia säga. Pussel är kanske inte riktigt min grej, eftersom det tar så lång tid att skapa en bild. Jag vill bara säga att du borde fokusera mer på dom sakerna som du kan göra istället för på det du inte kan. Koka saft, var mer kreativ i köket, baka en kaka, gör nånting som är lite mer ... du behöver inte fylla bilen med barn och parasoller, eller tält och alla dessa prylar och bege dig till stranden. Du kan göra så mycket mer givande eller intressanta saker, om du bara försöker vara lite mer kreativ med din tid. Att vara kreativ med sin tid är inte nått som människor i allmänhet är kända för. Själar, å andra sidan, är väldigt kreativa i sitt själs-sinne, men när dom väl har dykt in i ett mänskligt sinne och en mänsklig kropp, verkar dom tappa bort det och ibland fungerar det inte alls. En sak i min korg har att göra med... (*nedstängningarna*). Min gåva är att kanske göra nått annat i år och inte som alltid, varje sommar på semestern packa in er i bilen med barn, parasoller, badbollar, handdukar och prylar. Dom kanske inte ens gillade den där strandturen från första början. Men det är precis som "Nu är det semester! Det här ska man göra!" Nu är det dags att tänka på sånt som du kan göra, som du faktiskt kanske skulle gilla. Och det kanske är enklare och inte så stressigt, så att du faktiskt får en bättre semester. Det som kommer att hända är att nästa år, när folk ser tillbaka på semestern dom hade – och här vänder jag mig till folket på den här sidan av pölen (*Europa igen*), eftersom jag vet att det är en stor sak här – då kommer du att se tillbaka och känna dig väldigt nöjd med sommaren 2020. Så du vet. Den tanken var en gåva i min korg!

D. Ibland är det rätt stressigt att resa.

B. Aah. Men för vissa människor är det som, "Jag har två veckors semester, jag ska göra exakt samma saker varje år." Och stressen kommer från att i år inte kunna göra samma sak som alltid. Säger bara det. Lägg inte så mycket press på dig själv om hur saker och ting SKA vara, eller vad du BORDE ha gjort när hösten kommer och du börjar jobba igen. Tänk bara på den extra tid du får för nått helt annat, som faktiskt kanske var nått som du egentligen hade velat, men du var så inställd på att "det här gör man när man har semester". Nu lägger vi semestern åt sidan, lägger undan den svampen och tar en annan svamp. Den kan egentligen handla om vad som helst, det kan vara jobbet, det kan vara människorna omkring dig, så det här är en tid då mycket kan förändras, där du kan få ALLT att hända om du bara vill. Du kan nästan se det som ett oskrivet blad. Men om du inte ser det som ett sätt att starta om ditt liv, eller ge dig själv en nystart, så blir du bara stillastående framför den där väggen.

D. Individuellt eller kollektivt?

B. Alltså, ibland kan det vara det svårt att tänka kollektivt, så om du bara börjar med att tänka på din egen person, så är det bra nog. Sen upptäcker du "Oh, det här fungerar ju bra." Och då kan du bjuda in grannen, så "nu är vi två." Sen kan fler grannar komma och så är vi tre. Så du börjar med dig själv. Vi har sett med människor att om vi lägger på för mycket eller för många olika vinklar på saker, eller om det finns för många alternativ, så händer ingenting. Då är det bättre att vi säger, "Fokusera på dig själv." Och då kanske nån säger, "Men, om jag fokuserar på mig själv, är jag då inte bara som ett stort ego?" Det här är en tid att ge dig själv en nystart, och det är inte att vara ett ego, om du faktiskt försöker återfå din styrka och göra nått annat, så att du sen kan få med din granne i din andliga grupp, eller nått liknande.

D. Det låter bra!

B. Själv har jag annars varit sysselsatt i Biblioteket och jag har precis hållit på med att sortera och lagra data. Jag håller lite koll på olika trender just nu. Och en av trenderna är det jag just pratade om, semestergrejen, som verkar vara ett stort problem på vissa ställen. Men jag har också tittat på effekterna i naturen och med rötterna som börjar sjunga igen, så det är lite vad jag har gjort. Jag kan berätta för er att Råden här på den andra dimensionen är oerhört tacksamma för att ni inte bara klampar omkring och stör vissa pågående projekt. Jag är lite av en talesman från den andra dimensionen.

D. Det är du bra som.

B. Ja. Jag försöker vara det. Så, nu ska jag kanske traska iväg. Jag vet inte. Om det finns frågor, står jag gärna till tjänst, jag är redo. Vad jag annars skulle vilja säga är att det är en tid då allt har ett rent blad; naturen, atmosfären och ända ner till den enskilda människan. Men ibland, på grund av allt tumult som drabbar det mänskliga sinnet, så är det lite paralyserat. Och när sinnet blir paralyserat, då får det den effekten att hela varelsen, personen, inte vet åt vilket håll den ska gå. Och det som då sker är att dom bara blir stillastående. När nån är helt stillastående är det svårt att göra några förändringar. Men själen är inte stillastående. Den är i rörelse. Så om du känner att du är för förlamad på det ena eller andra sättet, att du inte gör nånting, att du inte fattar några beslut, då är det en bra idé, i hur du ska få kontakt med din själ, att sitta ner och sätta fötterna i en balja med varmt vatten. Du kan också droppa i olika oljor i vattnet. Citron är bra, men du kan ta vilken doft som helst som du gillar. Sitt sen bara där med fötterna i baljan. Du ska vara barfota – inga skor i den här baljan, tack. Så, du sitter där och blundar, med handflatorna vända uppåt, och du blir på nått vis som ett träd. Dina fötter blir nätverket – och nätverkets rötter måste, som jag sa, sjunga – och det här är ett sätt att få DIG att sjunga. Se dig själv som trädet och dina fötter är rötterna. Så när du sitter så – inte i kallt vatten, det är inte till nån nytta och det blir bara trist överallt – det måste vara lite varmt och skönt. Så det är faktiskt på samma sätt som vi gör med träden, vi ökar flödet i marken. Så när vi tillsätter vatten i marken och trädens rötter fuktas, då sjunger trädet. Och det här är ett sätt för människan att sjunga. Så, bara fötter, balja, olja, händerna vända uppåt och föreställ dig bara att du är ett träd, och be om att den delen av dig som är avtrubbad, på nått sätt ska bli helad. För det du vill ha är faktiskt en själ som sjunger.

D. Är det bättre än att sätta fötterna på bar jord?

B. Om du känner dig avtrubbad i hjärnan för att du påverkas av för mycket mainstreaminformation som bara flyger omkring helt okontrollerat, då måste du verkligen starta om dig själv och få själen och människan att knyta an till varandra och sjunga. Det snabbaste och mest kraftfulla sättet är att sätta fötterna i en balja. MEN, tänk också på att du kanske inte är helt paralyserad, du kanske bara nynnar - du sjunger inte men du liksom hmm humm hmm (*han nynnade en liten låt*), då är du typ okej. Då behöver du inte nödvändigtvis sätta fötterna i en balja. Då kan du bara ta av dig skorna och gå barfota i gräset, faktiskt. Men du måste veta, "Sjunger jag? Nynnar jag? Är jag tyst?" Och använd sen bara lite olika knep.

D. Det var verkligen ett bra råd, min vän. Tack.

B. Du brukar ha skor på dig, så vi tar bort dom. Jag kanske ska gömma en av dina skor så att du blir tvingad ... om jag bara behåller högerskon, då kommer du att tvingas gå barfota. Det kan vara nått. Jag gillar att retas lite med dig, för du är min person och jag följer dig, så det tycker jag är roligt. Ahhhh. Men jag ska gå nu, säger Ophelia, "tiden är ute." Så jag kilar iväg.

D. Stort tack för att du kom och delade med dig idag. Det är alltid lika trevligt.

B. Jag känner inte för att gå. Jag tittar åt andra hållet. Ophelia är på andra sidan, så jag tittar hitåt. (*Han hade vänt sig åt höger, bort från Ophelia.*)

D. Jag har en fråga som jag inte är riktigt säker på att jag förstod.

B. Okej, vi måste ta den frågan, eller hur?

D. Jag antar det. Någon frågade hur de kunde få kontakt med den Galaktiska Federationen, och jag var inte säker på vad som menas med "galaktisk federation".

B. Om dom menar att dom vill kontakta en grupp varelser, som är på en position som typ övervakar och driver dom olika systemen, som galaxer, och har hand om den övergripande utvecklingen i dom. Alla kan inte det – alla har inte deras nummer. Det är inte som att "ringa 112", och det är nån som svarar. Men det finns dom som har den förmågan. Men du, som människa måste själv ha behörighet att komma i kontakt med den nivån. Och du kan ha olika behörigheter, och det är varken bättre eller sämre. Så du behöver inte leta efter ett Galaktiskt Råd, när du kanske har en mycket starkare koppling till ett av MINA Råd. Det är lite så, att människor har en tendens att tänka, "Ju högre upp, desto bättre." Det är inte nödvändigtvis så. Du måste hitta DIN anslutning, din telefonbok, nivån som du kommunicerar med. Om det är tänkt att du ska ha kontakt med ett Råd, vilket det nu må vara, så kommer du så småningom, när du gör framsteg som människa och utvecklas, att ha den kopplingen. MEN om nån inte är designad för att kommunicera med en viss nivå, då kommer det inte att hända. Det är inte nån bra idé att förkasta dom nivåer som man har i sin närhet. Bli inte besviken om du kan kommunicera med en skyddsängel och sen säger "Nej, jag vill hellre kommunicera med ärkeänglar", då kanske du missar hela skönheten med att ha en ängel att kommunicera med! Det är baserat på behörigheten. Som den här (*Christine*), till exempel, hon kommunicerar inte med ärkeänglar. Men om hon skulle vara besviken över att bara kommunicerade med nån som mig, till exempel, då skulle jag inte ha min bok (*Memoarer från den andra dimensionen*). Så var tacksam för den vännen i andevärlden, eller ängeln, som du har förmågan att kommunicera med, för alla har en.

D. Det var ett lysande svar, min vän. Här är en annan fråga då, eftersom du är på gång. Hur klarar någon av att känna sig splittrad mellan samhället och att vibrera på en högre frekvens?

B. Oh, oh. Det känns inte bra. Jag kommer att skicka den personen en stor kram. Men när du känner dig sliten mellan människa och själ, be då din andliga hjälpare att bara slå armarna om dig. Det är ett sätt att ... du kan känna det som att dom två sidorna av dig smälter samman, som om du har en stor varm filt. Fråga bara och vet att andevärlden kommer att svepa den där filten runt dig och att du kommer att bli hel. För det kan kännas som att vara ute i kylan, och när du ber om den där varma filten, kommer det att göra det lättare för dig att fatta dom beslut som behövs, när du känner dig sliten av att vara här som människa. Den personen vill jag linda mina små händer, mina armar runt nu. Jag vill verkligen att du ska veta att du är en vacker människa, men du är mest av allt en själ som försöker hjälpa andra människor. Och att göra det, har ibland den effekten att du känner dig splittrad mellan vem du är och vad du är här för att göra.

D. Tack.

B. Då kilar jag igen.

D. En till, min vän.

B. Ophelia, hörde du det? Det är inte jag.

D. Någon vill veta hur de kan få kontakt med sin själsfamilj.

B. Ah! Alltså, det enklaste sättet är att bara sitta och blunda. Du behöver inte ha fötterna i en balja om du inte vill, utan bara blunda och be dom att manifestera sig framför dig. Och normalt sett brukar dom ställa sig, typ, i en cirkel framför dig. Förvänta dig inte att dom ska ... alla kommer inte att ha dom mänskliga dragen, som du är van att se här. Men om du ber din själsfamilj att på nått vis ge sig till känna, så kommer några av dom faktiskt att visa sig i dina drömmar. Så en bra sak är att skapa en drömbok och bara skriva ner det du upplevde och såg. För du kanske drömde "Jag var i naturen och jag såg den här vackra ..." jag tänkte säga hjorten, men det som kom var faktiskt 'get', och vet bara att det inte betyder att din själsfamilj är getter, men dom visar sig på olika sätt. Och många gånger visar dom sig som djur. Och det betyder inte att dom ÄR djur, utan det kan få dig att förstå vilka dom är och kopplingen till dig. Nått annat som du naturligtvis kan göra, förutom att bara blunda och bjuda in dom och drömma, är att till exempel be nån att leda dig i en meditation för att få kontakt med den familjen. Precis som du och jag, vi är inte familj, vi är vänner. Men jag är fortfarande väldigt nära, så det känns som att vi är familj.

D. Jag tänker på dig som min familj.

B. Jag tänker på dig som lite av en familj också. Men tyvärr. Nu är tiden ute. Ophelia säger att tiden är ute, så jag går nu.

D. Okej. Det var fantastiskt. Jag uppskattar alltid dina tankar och din visdom.

B. Ett annat sätt att få vetskap om din själsfamilj ... några av dom är faktiskt inkarnerade med dig. Och du kommer att kunna veta om dom är en själsfamilj eller om dom bara är en familj. Det är inget fel att bara vara familj. Men om du letar efter din själsfamilj – och var inte ledsen, för ibland är dom inte med dig samtidigt – MEN ibland är dom inkarnerade med dig. Och det kan du känna i ditt bröstområde, när du antingen tänker på den personen, eller om du är fysiskt i kontakt med honom eller henne; då kommer du att känna stickningar i mitten av bröstområdet.

D. I ditt solar plexus?

B. Lite högre upp. Högre upp, du vet, mitt på bröstet. Som tio centimeter nedanför halsen. Ganska högt upp. Det skapar en känsla av – det är som en liten kramp – nästan som en elektrisk stöt. Men om du säger, "Leta efter elchocken," så kan folk tro att det skulle vara lite obehagligt. Men det är faktiskt precis som ett bzzzt. Om du känner ett sånt, bzzzt, i ditt bröstområde, då är du inne på nått. Sen följer du den tråden. Okej. Jag kommer tillbaka en annan gång.

D. Okej. Tack Bob och Ari och Ophelia, för att ni kom och delade med er för oss idag.

B. Tack. Tack från mig. Så nu går ja. Hej. Hej.

Teh, Ophelia: Lugna Sinnet (12 augusti 2020)
Många av andarna som kommunicerar är våra personliga guider, så de ger oss med jämna mellanrum specifika instruktioner eller råd, som vi normalt inte publicerar i våra böcker. Men den här sessionen kan vara av intresse för andra eftersom de gav tips på visualiseringar som kan lugna sinnet och även hur du kan lära känna dina andliga guider. Jag hade blivit permitterad bara några dagar innan och var nyfiken på hur framtiden skulle bli, så Ophelia förutspådde tidpunkten för det som skulle komma att ske. Christine och jag hade bestämt oss för att flytta till Sverige och Ophelia sa att visumet skulle godkännas om fem månader, och jag skulle flytta inom sju. Det verkade lite otroligt, eftersom det normalt tar runt ett år för ett uppehållsvisum att beviljas. Men båda hennes prognoser stämde till punkt och pricka. För en människa verkar det anmärkningsvärt att kunna se inte bara bakåt utan även framåt i tiden, men för andevärlden är det något alldagligt och inget konstigt. Men det är trevligt att få dessa små bekräftelser, eftersom det ger trovärdighet åt vad de i övrigt säger men som inte kan bevisas.

Teh som talar först är en av våra vänner hemifrån och även medlem i det Nionde Rådet. Även om han inte är en Elahim, är han tätt involverad i Elahims projekt på Jorden. Han sa att han och jag var här tillsammans i manifesterad form omkring 15 000 f.Kr. När manifesterade varelser lämnar Jordens plan finns inga kvarlämningar i form av ben eller annat som arkeologer eller biologer kan stöta på. Besökare besitter också tekniken att flytta fysiska föremål fram och tillbaka mellan Jordens plan och en parallell verklighet. Till exempel, tidigare i boken (sessionen den 7 juli 2019) sa Eli, "De gamle i Egypten fick besök av dem som ägde den kunskapen. De tillhandahöll stora diskar, placerade dem vända mot solen och varandra på ett speciellt sätt och skapade därigenom ett nät som fick kraften att flöda obegränsat, fri energi." När besökarna sedan lämnade flyttade de dessa gigantiska gyllene diskar till en parallell frekvens. Diskarna finns fortfarande på plats där de en gång stod, men är inte synkroniserade med den synliga materien. De flesta tekniska anordningar fördes antingen bort i farkoster, eller flyttades till ett parallellt plan där de förblir osynliga för oss. Av dessa skäl finns det en förbryllande brist på bevis och kvarlämningar från dessa tidigare besökare och civilisationer.

Teh. God kväll.

D. God kväll? *(Jag kände inte igen rösten.)*

Teh. Fantastiskt att besöka mänskligheten i sin nya vagga. Jag kommer från det förflutna och var tillsammans med er två i Egypten. Vi skapade ritualer för att skydda formlerna för att öppna portaler. Jag är Kasehlakalateh. *(Han sa det som en stavelse, väldigt snabbt. Jag lyssnade sedan på det i slow-motion och stavade det sedan fonetiskt.)* Vi har varit tillsammans. Du kan kalla mig Teh.

D. När var vi tillsammans? Hur länge sedan?

Teh. 15 000 f.Kr. I Egypten. Vi skapade öppningar för besökare att komma in i nätet och dela formlerna till hur man öppnar portaler, bemästrar magnetfälten för andra att komma till undsättning och skapa balans i naturen. På den tiden, på samma sätt som nu, var det en rovdrift på Jordens naturtillgångar. Girigheten tog hårt på naturen och leylinjerna och så vidare. Vi bjöd in dem från andra konstellationer att arbeta tillsammans med oss här, för att skapa balans i nätet i marken. Er civilisation är inte den första som är här och stör lugnet i nätet. Vi är här för att hjälpa mänskligheten att inte gå i samma fällor igen. Inte nödvändigt att upprepa viss karma som en gång slutade i en katastrof för dem som var närvarande. Vi ser en upprepning; vi ser girighet, att ni inte helt förstår konsekvenserna av er gruvdrift och oljeborrning och det sätt ni utnyttjar tillgångarna. Du, min vän, är här för att rapportera och observera tekniken inom det arbetsområde du valde. Mycket av det gav inte en mänsklig tillfredsställelse. *(Han menar ett jobb som inte var tillfredsställande för mig, vilket är sant.)* Det var på uppdrag av Råd som är intresserade av nätet och hur människan skulle komma att handskas med naturtillgångarna – förhålla sig, efter att man hittat olja igen, som om det var något helt nytt och fantastiskt.

D. *(Skrattar.)* Vilken dimension kommer du ursprungligen från?

Teh. Åttonde. Jag arbetar tillsammans med Isak, och nära det Nionde Rådet. Du kan kalla mig Teh.

D. Så vi är vänner där hemma?

Teh. Absolut. Vi skapar kartor tillsammans, den här och jag. Den här *(Seth)* är mer, hur kan man säga, ovillig att gå försiktigt fram.

Det är därför en storebror (till Seth) som du (Lasaray) behövde följa med. Du är inte bara här för att sprida andevärldens ord; du är också här så att vi kan övervaka skiften och förändringar. Uppdraget för dig, min vän ... du placerades i en position så att vi kunde följa verksamheten inom gas- och oljeindustrin. Branschen som helhet är på väg att försvinna. Vi är tacksamma för den data som du, på ett undermedvetet plan, har samlat in åt oss, och det har lagrats i en databank, för att vi ska kunna dra nytta av det och hur vi ska gå vidare. Vi träffades tidigare här, i Egypten. Vi var en del av ett Råd som arbetade med portaler. Vi har förmågan att öppna och stänga för besökare. Vid den här tidpunkten handlar inte portalen som vi öppnar om en fysisk aktivitet utan om en andlig upplysning. Det är samma procedur som tidigare, när vi arbetade på uppdrag av en annan kosmisk konstellation. Att vara här som medkonstruktörer när nätet behövde läkas och balanseras.

D. Reste du och jag båda hit på samma sätt, som manifesterade, eller kom vi i mer en fysisk form?

Teh. Inte mänsklig, nej.

D. Var du manifesterad?

Teh. Ja ja. Det finns lämningar från vårt besök, i form av berättelser, sagor, sagor som berättar om vår existens – jättar, myter. Vissa lämningar finns fortfarande kvar. Däremot dog vi inte här, det finns inga ben som någon kan hitta. Vi gick samma väg som vi kom. Vi förvandlade våra väsen till en dimma och lämnade. För dem som var närvarande, de som upptog en tidig prototyp av mänskligheten, upplevdes det som en dimma. Vi skapade som en vind som drog in över sanden och sedan lämnade vi.

D. Det är helt fascinerande. Hur länge var du och jag här tillsammans i jordiska år?

Teh. 3000 år.

D. Och vilken metod använde vi för att öppna och stänga portaler?

Teh. Vi kopplade ihop vissa element. För att portalerna skulle öppnas använde vi guld. För att resa använde vi kvicksilver. För att portalerna skulle stänga använde vi uran i kombination med silver. Silver–kvicksilver var grunden för resor. Guld öppnade. En förening med uran öppnade inkörsportarna för vissa frekvenser att komma in.

D. Jag tycker att det är helt fascinerande, men ändå rätt förbryllande.

Teh. Det är för att du som människa inte är utrustad för att använda de element som jag syftar på, på ett sätt där de kan vara konstruktiva. Du använder kvicksilver i vatten, skapar katastrofer, istället för att använda elementen och resurserna för den potential som de har.

D. Finns det några budskap som du skulle vilja förmedla direkt med människorna?

Teh. Var försiktig med hur du använder olika grundämnen. Du känner bara till ungefär tio procent av de möjligheter som de besitter. Du äger inte kunskapen om hur du kan transformera och kombinera olika ämnen för att nå en högre potential. Du förstår inte heller varje ämnes innersta natur, dess intention och vad de kan skapa. Var försiktig innan du blandar och mixar. Var försiktig innan du blandar DNA, för du har inte kunskapen om vad det kan resultera i. Var uppmärksam på hur det påverkar din hjärna. Din hjärna, ditt sinne, har blivit kapat. Kvicksilver är lättast att använda, för att skapa den effekt som det har på sinnet. Det har liten effekt på ditt känslomässiga jag eller din själ, men sinnet är dåligt rustat för influenser som värme, strålning, medicinering, energipåverkan, mikrovågor. Alla dessa i kombination med höga och gälla ljud – och tänk inte bara på en trumpet – var medvetna om det tysta bruset som färdas obegränsat, som gör dig överhettad och desorienterad. Du, min vän, känner lite av den energin. Det är därför du just nu känner dig lite trött. Du är som en stor satellit. För att du ska må bättre, föreställ dig att du tar på dig en hatt. Föreställ dig att du är den där masten, den där mottagaren, och just nu kan du stänga av den. Föreställ dig att du lägger jord under fötterna och lera ovanpå huvudet. Visualisera hur du täcker hela ditt huvud och ansikte med denna släta, svala lera. Täcker det och stänger sinnet från yttre påverkan. Varje gång du känner dig trött, varje gång du känner dig utmattad, varje gång du känner dig stressad, använd den här metoden med lera. Leran är en läkande komponent. Föreställ dig och visualisera det, hur det omger hela ditt huvud och ansikte. Känn kylan, känn närvaron av mineralerna som vidrör ditt huvud. Det kommer att kyla ner hjärnan; det kommer att lugna sinnet.

D. Tack för det rådet. Jag har känt mig väldigt trött.

Teh. Vi använde det förr. Det är ett bra knep för att kyla ner sinnet, för att skärma av världen, om du så vill. Du föreställer dig att du står barfota på marken. Även om du har skor på dig, även om du står på asfalt, kan du fortfarande visualisera att du står barfota på marken. Känn jorden, känn värmen underifrån och lägg sedan leran och lugnet runt ditt huvud. Se till att du känner dess beståndsdelar och balansen i hur den strålar ut och fyller (*täcker*) hela ditt ansikte. Känn hur ditt ansikte absorberar leran, och blir leran, blir svalkan; känn lugnet och du kommer att vara helt intakt.

D. Tack. Jag tror att det blir bättre när jag väl kommer över till West Virginia och sedan till Sverige.

Teh. Ja det kommer det. Tills dess, använd bara det här lilla tricket om du känner att du blir bombarderad, eller att ditt sinne blir pressat. Det är bäst om du ligger ner eller sitter. Om du står kan du bli yr. Om du lägger dig ner kan du fortfarande uppleva leran som omger ditt ansikte och jorden under dina fötter. Det gör att din varelse slappnar av; det lugnar sinnet. Den här leran är inte varm. Föreställ dig och känn hur huden absorberar svalkan, hur sinnet avstannar under denna milda omfamning från leran.

D. Det låter underbart. Det ska jag försöka.

Teh. Lycka till min vän. Det var det.

D. Det var riktigt trevligt att prata med dig idag.

Teh. Oh, alltid ett nöje. Jag återkommer om Ophelia är här. Vi är gamla vänner.

D. Bra. Det ser jag fram emot.

O. Det här är Ophelia.

D. Hej, Ophelia.

O. Hur är det med dig, min vän?

D. Jag antar att jag är okej.

O. Oh ja, det är du. Lasaray är stolt över det nya äventyret som ligger framför honom. Kroppen behöver bara uppdateras till de spännande upplevelserna som väntar. Fokusera på att, från ditt inre, känna förväntan och utvecklingen som väntar. Om du gör det kommer det mänskliga jaget i viss mån att ledsaga till detta äventyr. Tänk inte för mycket. Allt är noggrant planerat och utformat – för er båda. Den här har redan tagit steget upp på nästa platå. Din bror väntar på dig, du behöver bara släppa vissa band där du är just nu. Det är en blomstrande och spännande tid som ligger framför dig. Det är en gåva som vi, från andevärlden, vill ge dig. Avkopplingens, njutningens, fridens och lugnets gåva och att ni ska vara tillsammans som en enhet utan bindningar till sådant som kan störa er frid. Du kommer att känna att en lugnare fas inträder. De första sex till åtta månaderna från nu – förmodligen åtta – de är bara till för dig. Därefter kommer vi att fortsätta vårt arbete enligt den tidigare planen.

D. Underbart. Jag är verkligen tacksam för allt du har gjort, för att skapa detta. Stort tack för allt du gör, Ophelia.

O. Så gärna, så gärna. Och jag vill att du, innan jag går, sluter dina ögon. Och när du sitter och lyssnar på ljudet av min röst, föreställ dig en fjäril, bara en liten bit framför dig, en liten bit ovanför. Lägg märke till vingarnas rörelser och hur den kretsar kring dig. Med varje vingslag kan du känna en liten pust mot ditt ansikte. Det är förnimmelsen av andevärlden. Varje gång du vill veta om vi är närvarande är det bara att blunda och visualisera fjärilen. Se fjärilen flyga upp och ner runt ditt huvud. Och med varje vingslag kan du känna en våg i luften komma mot dig, och det är vi.

D. Så vackert. Tack för den gåvan.

O. Så gärna. Känn kärleken som vi alla har till dig. Vi ser dig alltid, du är alltid beskyddad, alltid guidad, alltid omhändertagen. Vi är aldrig långt borta. Stäng bara ögonen och visualisera fjärilen om du känner att du behöver det. Efter ett tag kommer du att börja känna som en eld inom dig. Den kommer att pulsera och rotera, och det är du. Det är energin i den du är. Fjärilen välkomnar den energin att komma fram. Du är alltid omhändertagen.

D. Tack så mycket, Ophelia.

O. Jag tar alltid hand om dig, tillsammans med alla oss andra.

D. Jag känner det. Jag glömmer det ibland, men jag känner det nu.

O. Om du glömmer, blunda och visualisera fjärilen. Det här är ett litet trick du kan använda dig av när du vill veta att vi finns där. Om du känner dig stressad eller trött använder du leran. Inom dig börjar elden brinna, elden som är du. Du kommer att bli mycket starkare fysiskt, mentalt och känslomässigt. Det är vår gåva till dig. Det är för att du ska kunna vila och bara vara och känna omsorgen, ömheten från omgivningen, både andligt och fysiskt. Du har gjort din del; du har samlat in de uppgifter som vissa Råd önskade. Nu är det dags att njuta av vilan, att njuta av det som du verkligen brinner för, förändringen som du söker. Där.

D. Jag ser fram emot det. Och tack för den fina gåvan.

O. Vi gör det så gärna. Så där. Nu välkomnar vi vår Lille Vän.

D. Jag uppskattar allt du har gjort för mig för att få oss till den här punkten, Ophelia. Så ett riktigt stort tack.

O. Vi älskar dig och vi bryr oss om dig, och vi har varit med dig på alla dina resor till Jorden, och vi kommer att fortsätta att bära dig framåt tills det är dags att åka hem, vilket inte är riktigt än. Vet bara att det är en lång övergångsperiod på cirka åtta månader som väntar. Det är inte fem veckor, det är inte två månader, det är inte ens tre månader. Du har all mänsklig tid du behöver. Om du känner dig stressad, vet att det bara är människan, och du kan använda leran och lugna sinnet, och du kan kalla på fjärilen.

D. I slutet av åtta månader, är det då jag ska flytta till Sverige permanent?

O. Säg det igen, tack.

D. Ska jag flytta till Sverige permanent, om åtta månader?

O. Tidigare, det blir innan. De åtta månaderna är bara övergångsfasen. Det är inte pappersarbetet. Vi ger dig åtta månader att vänja dig vid förändringen, så att du som människa ska känna ett lugn i de steg du lämnar bakom dig. De steg som du fram till nu har tagit, och att välja ut dina nya skor, så att säga. Du kan se det som så, att du lämnar vissa skor bakom dig, vilket betyder att du klipper banden till ditt tidigare liv. Det här är en bro till dess du hittar ditt nya jag och tar på dig de skor som du i framtiden vill ha. Du lämnar bakom dig känslor, jobb, även fysiska föremål, som inte längre tjänar dig. Och detta kommer att ta ungefär åtta månader, eftersom vi vet att människan har en tendens att bli stressad. Men det är inte åtta månader för pappersarbetet. När vi ser tidslinjen blir det cirka fem. Där.

D. Underbart. Tack, Ophelia. Nu mår jag mycket bättre.

Nionde Rådet: Förändringar och Evolution (2 september 2020)
Jag undrar ibland vad andevärlden egentligen tycker om människorna. De har aldrig gjort någon hemlighet av den allmänna bedömningen att fordonet måste genomgå en betydande uppgradering, men ibland smyger det sig in lite skämtsamhet i deras språk som en nyans av deras åsikter. I den här sessionen beskriver de till exempel hur majoriteten av befolkningen kan delas in i två läger. De i den första kategorin är rädda och underdåniga och söker alltid ett godkännande från gruppen. De är de som kallas fårfolket, fåren, som passivt gör vad de blir tillsagda. Den andra gruppen, toalettfolket, är vårdslösa och obetänksamma, känslomässigt ombytliga och aggressiva. De vilseleds lätt av

eldfängda haranger, oavsett brist på logik och moral, och blir den typ av aktivister som Lenin kallade "nyttiga idioter". Cellen är förstås medveten om dessa två grupper och manipulerar dem obevekligt genom media. Toalettfolket förleds att tro att de är offer för inbillade eller överdrivna orättvisor. Provokatörer skickas sedan ut i samhället för att organisera de upproriska aktivisterna för att dra igång kravaller mot etablissemanget. Cellen har använt den taktiken för att brutalt bringa ett flertal regeringar på fall under det senaste århundradet, inklusive det Ryska Imperiet och Republiken Kina. Ordförande Mao använde toalettfolket (det vill säga rödgardister) för att rensa Kina från de Fyra Gamla – gamla traditioner, kulturer, idéer och gammalt tänkande. Idag har Cellen döpt om de Fyra Gamla till den Kritiska Rasteorin och Wokism, medan Antifa och BLM är de nya Rödgardisterna. Samtidigt kryper fåren ihop av rädsla när samhället bryts ner av vänstermobben.

Det Nionde Rådet har observerat det som har pågått under de senaste två åren. De sa att toalettfolket bäst representeras av BLM-anarkisterna, plundrarna och cancelkulturens marxister. Fåren var de som underdånigt accepterade de hysteriska påbuden baserade på rädslan kring influensan och mRNA-injektioner. Lyckligtvis finns det en tredje grupp, en som är andligt centrerade. De reagerade inte på media eller Cellen och "rider över" det som sker och låter sig inte påverkas av dessa yttre faktorer. Du ska notera att andevärlden inte dömer fåren eller toalettfolket, utan lyfter fram vad som sker när kontakten med det andliga jaget bryts. Energier flödar in i vårt solsystem, som människor undermedvetet tar upp. Men när de inte är centrerade orsakar det förvirring, felriktade känslor och rädsla.

Det Nionde Rådet ger sedan kittlande detaljer om en stor utomjordisk bas i området som kallas Bermudatriangeln. Kolonin ligger under havsbottnen och har under lång tid varit värd för en speciell grupp utomjordiska väsen. De är här för att samla in data och ingår i de grupperna som driver de "naturliga" processerna här på Jorden. På grund av förändringarna i energin som kommer att träffa Jorden, lämnar nu dessa varelser och ersätts av en annan grupp.

NR. Det här är det Nionde Rådet. Vi observerar er båda i den här tiden av stora förändringar, som ni som människor går igenom. Vi ser hur utvecklingen på Jorden existerar sida vid sida med själens aktivitet, och det finns flera underliggande strömningar, som vid den här tiden flätas samman. Det är den fysiska verkligheten, som är synlig för er, men det är också hög aktivitet inom parallella världar inbäddade i denna verklighet. Möten sker mellan punkter som korsar och förenas med varandra i nätet. Det är därför det känns som kaos i ert medvetande. Men du låser dig bara vid bacillen (*covid-influensan*), när det faktiskt finns annat som sker precis framför din näsa. Vad människan just nu upplever är ett skifte där kosmiska nät flätas samman, smälter samman, rör sig och förändras. Det sker samtidigt med den här bacillen. På många sätt är det en gåva från andevärlden, eftersom det är lättare att samexistera, at koncentrera sig på bacillen än på den övergripande förändringen i ert närliggande frekvensband. Så det är på ett sätt en gåva till er som art, för att ni ska titta åt ett annat håll. Det pågår också annat samtidigt med denna energetiska omkonstruktion. Vi omlokaliserar, slår samman, flyttar, tar bort aktiviteter i närliggande frekvenser. Det vill säga himlakroppar såväl som solens aktiviteter.

NR. Vad vi önskar är att människan ska finna stillheten inom sig. Det kaos som människan vid denna tid upplever är en avstickare från det som energimässigt pågår inom dig. Så för dem som har hela sitt fokus på bacillen, eller upploppen som pågår, de blir på något sätt vilseledda till att bli fysiskt eller mentalt delaktiga i dessa kravaller. Upproret de känner inombords är själsenergin som reagerar på förändringarna omkring dig. Upploppen som du ser är energi som slungas ut. Det är ett frigörande av ett medvetande inombords som människan inte kan förstå. Det vi ser är två olika skeenden. Vi ser passivitet, där människan är paralyserad. Det är de som har fastnat i sin rädsla för bacillen. Och så har vi de andra som kanaliserar de förändringar som pågår omkring dem som att spola en toalett (*göra en massa oväsen*), istället för att förstå att det här energiutbrottet inte är det som fysiskt sker. Båda beteendena är en reaktion på en energiaktivitet, som – i ditt land (*USA*) - manifesteras som uppror mot polisen, och i hela världen som en reaktion på bacillen. Det är två olika reaktioner, vilka är effekten av ett pågående skifte. Det är också ett fysiskt skifte, eftersom du upplever en hetta, huvudsakligen, och den hettan påverkar dina handlingar och val. På ett sätt kanaliseras hettan främst genom dem som agerar i raseri vid den här tiden. De är inte anpassade till klimatförändringen, som är ett resultat av att kopplingarna förändras runt omkring dig. De andra är mer övergivna. De påverkas inte nödvändigtvis av förändringarna i temperaturen, men de sitter fast i karmiska bojor relaterade till att göra det du blir tillsagd att göra. Vissa människor, ska du veta, är mer bekväma med att bli tillsagda vad de ska göra. På samma sätt som en flock får, det är därför du har en hund som styr fårflocken. Fåren vill få veta vart de ska gå som grupp, och det finns ett liknande beteende hos dem som är paralyserade vid den här tiden. De har en karmisk koppling till ett förflutet där vissa handlingar ansågs vara en synd. Du ska veta att i människans minne har handlingar, som till exempel att tänka själv, ansetts syndigt. Och så har vi dem som helt enkelt blir utåtagerande när det sker förändringar och omslag i temperaturen, och de vräker ut alla sina känslor, som du spolar en toalett. Och när sedan alla dessa toaletter förenas i en gemensam hymn, det är då du ser kravallerna. Det är bara toaletter som spolas, det är bara oväsen. Du vet hur det är när du spolar på toaletten, hur det brusar ett tag. De är bara just det, toaletter som brusar ett tag.

D. Angående förändringen som pågår, är den relaterad till en ökad koppling till de parallella verkligheterna?

NR. Ja ja.

D. Du sa att värmen ökar. Om det inte är en fysisk värme måste det vara en annan vibration?

NR. Det visar sig här som en fysisk hetta. Temperaturen stiger på vissa ställen. Havstemperaturen förändras underifrån, från havsbotten. Det är en ökning av temperaturen på havsbotten, vilket gör att vattnet, strömmarna som förbinder olika havsområden, ökar i temperatur. När vattnet värms upp påverkar det ytan på ett sätt som gör att fisken och så vidare, det du äter, påverkas av en ny miljö. Den nya miljön smälter också samman med atmosfären. Så det är inte bara fisken som påverkas, utan det sker också en sammansmältning med atmosfären vilket leder till ökad aktivitet – det vill säga orkaner och så vidare. Och detta är en reaktion från atmosfären mot att temperaturen stiger på havsbotten. Vi har för närvarande en temperaturökning runt Bermudaområdet, liksom även i Japanska havet, söder om Japan. Två regioner, mycket aktiva. Den underliggande aktiviteten beror på en närvaro på dessa platser. Det finns öppningar, ut- och ingångar – speciellt runt Bermudatriangeln. Den regionen är varmare på havsbotten och där uppstår en öppning. Aktiviteten i den regionen kommer att resultera i fler orkaner. Så under den här hösten och den kommande hösten – från juli till oktober – två år, möjligen tre i rad, kommer den regionen att uppleva mer regn och fler orkaner. Katastrofer kommer att äga rum på grund av kraftiga vindar. Detta är atmosfärens svar på temperaturökningen på havsbotten. Havsbottnen öppnar sig; det finns ingångar, sedan urtiden, som öppnar upp för besökare. Men det finns också de som varit stationerade där, som nu lämnar. Den här regionen, Bermudatriangeln, har ett permanent – det är ingen en ubåt – det är ett samhälle. Det kan jämföras med en stad, låt se ... storleksmässigt ungefär som Seattle eller Portland.

D. Arealen, eller i antalet varelser som bor där?

NR. Arealen. Antalet varelser har förändrats. Det sker ett skifte. Det finns de som varit här från, huh huh, scratch (*första början*), som nu lämnar. Det pågår förändringar i den här basen. Storleksmässigt är den ungefär som Portland.

D. Är det i vattnet eller under havsbotten?

NR. Under. Men det är närmare bottenytan, om man vill kalla det så. Det sjönk, det är inte synligt, har aldrig varit det. Det var alltid under havsbottnen. Vid ett tillfälle kunde man se vissa ljus, men basen låg till övervägande del under havsbottnen. Vid ett tillfälle var det öppet och man kunde se aktivitet. Ingen människa fanns på Jorden vid den tiden.

D. Vilken var deras primära roll här tidigare?

NR. Balansarbete. Att ta hand om Gaffeln, att ta hand om – du kallar det leylinjer, vi kallar det ådror – Jordens ådror. Det pågår arbete, och den här basen har samlat in data från ådrorna som är kopplade till Gaffeln. Gaffeln kan rotera, och när den roterar förskjuts polerna. Så Gaffeln som går i nord–sydlig riktning, är inte stilla hela tiden. Den har legat stilla under en lång tid. När den väl roterar något sker förändringar och skiften på ytan – kontinenter rör sig, ryggar (*bergskedjor*) rör sig. Detta är något som kontinuerligt pågår och (*de på*) den basen läste ådrorna. Se ådrorna som vågor som kommer och går och kommunicerar med Gaffeln. Navet övervakade bara ådrorna och aktiviteten och såg till att Gaffeln kontinuerligt försågs med det som var tänkt. Allt måste förses med näring, oavsett om det handlar om en själ, när du underhåller din ljuskapsel, som din Lille Vän (*Bob*) talar om, eller om det är planetens Gaffel. Han (*Bob*) tar det väldigt lugnt på sistone, tar små tupplurar, vi ser det. Han kallar det att underhålla sin ljuskapsel. Så oavsett om det är din Lille Vän som underhåller sig själv, eller om det handlar om uppbyggnad av Gaffeln och planeten, så måste allt tas om hand.

D. Han gör som jag, vilar.

NR. Jag tror att han imiterar din inkarnation. Han tycker om det. Det du gör, gör han. Det du säger, upprepar han. Det är därför han vill att du ska bli den stora uppfinnaren igen. Han uppskattade de resorna, sa han. Du vet, han har fått uppleva en massa saker. Han kommer (*och besöker det Nionde Rådet*) och han pratar, och han har idéer. Det är en ganska gladlynt kille. Men nu tar han en tupplur. Han sa att han är på väg att resa, så han förbereder sig för ett nytt kapitel, ett nytt äventyr. Han sa, "När man ska ut och resa, måste man samla sig och ladda batterierna," det var vad han sa. Han säger att han håller på att ladda sitt batteri. Vi ser hur ni båda vilar sida vid sida.

D. Känns bra. Jag undrar, är ett polskifte på väg att ske?

NR. Ja. Det börjar röra på sig; det pågår rörelse i Pålen Den är inte stilla. Aktiviteten har förändrats i Pålen, på grund av förskjutningar i inkommande data från ådrorna. Och navet är mer öppet. Jag säger inte att det är synligt, men det är närmare ytan, bottenytan (*havsbotten*). En effekt av aktivitet och ökade förändringar i ådrorna. När det sker förändringar, förändras temperaturen på havsbotten, och det är en effekt, ett slutresultat av en total översyn av Pålen. Så om du ser att Pålen börjar röra sig något, är det designat från ådrorna, som nu pumpar in, på sitt sätt fyller Pålen, med mer vätska, mer styrka. Det är en nykonstruktion.

D. Menar du den magnetiska Pålen eller de fysiska platserna, polerna?

NR. Pelaren från Nordpolen till Sydpolen, Gaffeln.

D. Vad kommer slutresultatet av dessa förändringar att bli?

NR. Slutresultatet är den pågående utvecklingen på planeten, liksom även ditt system som helhet. Det är att gradvis förändra miljön och de arter som ska samexistera med miljön. Det har skett många gånger tidigare; du har sett det i form av istider och så vidare. Vid den här tidpunkten sker det en temperaturökning och atmosfären reagerar därefter. När dessa två olika flöden, underifrån och uppåt, inträffar och smälter samman, sker saker som släpper ut elektroner i din atmosfär. Du upplever det som om saker och ting går snabbare; det är den effekten du upplever på Jorden. De som är paralyserade blir ännu mer förvirrade. De förstår inte vad som sker och känner ett behov av att bli ledda och veta vart de ska gå, vad de ska följa. Men när teknikutvecklingen skenar – och det är också en effekt av de pågående företeelserna – tenderar den att gå överstyr och tappa kontrollen. Vet bara att det är en fas som har kommit och gått i flera cykler tidigare. Vi kommer att utveckla detta vidare. Vet bara att det händer mer bakom den fysiska verkligheten, inte bara på havsbottnen, utan kopplingarna till närliggande system blir också kortare. Det övergripande nätet i ditt kosmiska akvarium, vågrörelsen upp ur ravinen, påverkar ditt system, ditt medvetande, dina närliggande system och planeter. Det här är bara en kosmologisk evolution som ni just nu upplever. På något sätt är det enklare för dig att fokusera på bacillen än att tro på att ditt system rör sig upp ur en ravin. Vet bara att det är större förändringar på gång. Effekten av det är emellertid att människan känner sig vilsen. Vissa fungerar som toaletter. Andra blir paralyserade, blir som den där flocken får som väntar på att någon ska berätta för dem vart de ska gå och vad de ska göra. På något sätt har toalettfolket en förmåga att förändras. Men på grund av hur de reagerar på hettan, temperaturökningen, blir det som en urladdning som kanaliseras åt alla håll och kanter, som (*låter som*) när du spolar toaletten. Istället för att se kraften och styrkan som kollektivet har, agerar de i raseri. De skulle kunna använda denna (*drift till*) handling, kraften de känner inom sig, på ett produktivt sätt. De skulle kunna hjälpa och leda dem som är förlamade, men de är blinda. Så en är förlamad med vidöppna ögon och de andra är fulla av kraft och handling, men är blinda.

D. Det är ett bra sätt att uttrycka det. Hur länge kommer detta att pågå?

NR. Det hela – den Lille (*Bob*) kallar det ett rymdprogram – kommer att pågå i ett par generationer. Men det är just nu en cykel på fem till tio år som är extremt viktig för din art och för din känsla av tillhörighet. Så de kommande fem till tio åren – du är just nu mitt uppe i det, det började för ungefär tio år sedan – och det kommer att pågå i ytterligare ungefär tio år. Nåväl, vi kommer att fortsätta prata om det här.

D. Den här och jag kommer att vara i Sverige då, eller hur, under den här tiden?

NR. Ja ja. Ni kommer att vara i avskildhet. Ni kommer att söka tystnaden bort från ... det är mindre kaotiskt på den här sidan (*Sverige*), men det finns fortfarande effekter som är globala. Ni kommer i större utsträckning att söka tystnaden och kopplingen till naturen. Ni kommer att höra naturen tala med er igen. Det vi önskade var att ni skulle höra naturen, vi ville att ni skulle höra bergen sjunga för er. Men alla ljudföroreningar, höga gälla ljud och tyst brus där ni bodde (*Colorado*), gjorde att det inte var riktigt möjligt att höra bergen sjunga. Vi önskade att ni skulle känna närheten och höra hur bergen talade till er. Men du kan höra det i vinden. Lyssna på träden. Du kommer att söka tystnaden och då kommer du att höra det.

D. Det låter väldigt trevligt. Det ser jag fram emot.

NR. Där. Vi återkommer.

D. Okej, mina vänner. Stort tack för att ni delar med er idag.

NR. Vi gör det så gärna. Vi är medvetna om att ämnena ibland är förvirrande. Dessutom, med ordens begränsningar, känner vi ibland att vi inte fullt ut kan förmedla det budskap vi önskar. Därför bygger vi successivt upp din kunskapsbank. Så småningom börjar du få en större överblick; du börjar förstå designen. Tänk på hur du fick kämpa för att förstå hjulet, när vi var på *Första Vågen*. Vi bygger fortfarande gradvis upp den här tårtan, den här kunskapspyramiden; och det är ett gemensamt arbete, vi och ni tillsammans. Men vi vet att det ibland kan uppstå problem eftersom vi inte kan föra en ultimat kommunikation, då vi inte kan förmedla hela omfattningen av insikten eller informationen på telepatiskt vis.

D. Jag tycker att du gör ett fantastiskt jobb, för jag förstår mycket av det du säger. Det är bara begreppen som är svåra att förstå.

NR. Överför det bara till din mänskliga hjärna. Du lyssnar med din själs hjärna och sedan översätter du det till din mänskliga hjärna, och den mänskliga hjärnan skriver ner det på papper. Så du ser, du aktiverar två sinnen. Du aktiverar själssinnet och det mänskliga sinnet. Och det mänskliga sinnet ligger något efter, så själssinnet behöver översätta, och det sker i stor utsträckning när du drömmer. Du flyttar över en insikt från ena sidan av hjärnan, om du så vill, själshjärnan över till den mänskliga, och bearbetar det. Och det är då du förstår det och kan skriva ner det på papper. Du arbetar utifrån två källor – själens sinne och det mänskliga sinnet. Så det enda du behöver tänka på är att när du har sådana här sessioner, eller när du gör research, så aktiverar du ditt själssinne och du sätter det mänskliga sinnet på paus, lägger det i en låda. Gradvis kommer du att tänka mer och mer utifrån ditt själssinne. Det mänskliga sinnet utför bara ordern och sätter det på pränt. Men mer och mer – och det är därför du behöver tystnaden, eftersom bruset hindrar dig, hindrar ditt mänskliga sinne att helt och hållet vara som en svamp, för att du ska kunna ladda ner informationen och all data från din själs sinne till ditt mänskliga sinne. Det var olyckligt att vi inte kunde ha en mer tyst vistelse i det här bergsområdet, där du fortfarande befinner dig fysiskt. Men vet att när du är mer i tystnad kommer du att ladda ner informationen från själens sinne mycket lättare.

D. Jag förstår. Det ser jag fram emot.

NR. Där. Vi återkommer och vi kommer att diskutera förändringarna inom atmosfären mer ingående. Det har varit en gradvis uppgradering, vilket innebär att det allmänna nätet påverkas av ... vi bemöter 5G, eftersom det håller på att bli verklighet. Vi bemöter också processen med 5G, något du ser nu med den så kallade pandemin. Vi vill att trafiken i luften ska vara på ett minimum vid den här tidpunkten, för att balansera den processen. Så det du ser som pågår är, på sätt och vis men inte enbart, en reaktion från andevärlden på hur vi bemöter den ökande aktiviteten i er atmosfär. Andra saker som vi tar bort är till exempel flygningar, resande mellan nationer. På så vis bemöter vi den ökande aktiviteten i er atmosfär.

D. Hur länge kommer det att pågå?

NR. Ett tag. Om du menar aktiviteten i nätet, kommer det att pågå ett tag. Och sättet vi möter den förändringen är att vi önskar att du inte ska öka frekvensen genom att flyga. Så vi sätter ner det till ett minimum. Där. Förstår du vad jag säger?

D. Det gör jag.

NR. Så en del av de aktiviteter som pågår vid den här tidpunkten är faktiskt av godo, för mänsklighetens bästa. Minskat flygande är en. Minskad efterfrågan på energi är en annan. Vi bemöter och balanserar den ökade utbredningen av bland annat 5G.

D. Kommer ni så småningom att eliminera 5G, eller få folk att inse faran med det?

NR. Det kommer att bli uppenbart att effekten inte är bra och folk kommer att börja se sambandet och vilja flytta ut på landsbygden. Detta (*5G*) är tyvärr en utveckling som tycks ha en snöbollseffekt, och vi bemöter det, på ett sätt, genom att minska flygandet, minska transporter och förflyttningar rent allmänt. Där. Okej. (*Nätet påverkas negativt av både elektromagnetisk strålning och förbränning av kolväten.*)

D. Okej, mina vänner. Tack så mycket för att ni kom och delade med er idag.

NR. Nöjet var helt vårt. Vi kommer tillbaka när energin är mer etablerad mellan er två. Det var ett tag sedan och den här måste ändra kosten igen. Göra förändringar och byta ut, så vi ska kunna bli kvar längre.

D. Åter till grönsakerna.

NR. Åter till grönsakerna för den här. Inget vete. Där. Energin kommer då att återgå till det normala och vi kommer att kunna stanna längre. Okej, det var allt. Elahim.

D. Tack. Elahim.

Nionde Rådet: Sitt still i Båten (17 december 2020)
Under den här sessionen gör det Nionde Rådet en anspelning på båtar och vågor på havet. Båten på havet representerar att ha drivit ur kurs i en situation eller i livet, och årorna betyder hur du navigerar. Det primära budskapet har att göra med orsak och verkan. De säger att "det du äter har en effekt. Det du säger har en effekt. Hur du beter dig sänder ringar på vattnet in i en annan individs båt. Försök att lugna havet." Alla andar som talar använder ibland bilder för att förmedla en idé. Genom att måla bilder med orden hoppas de att informationen ska stanna kvar i ditt minne. Bob är förstås en mästare på att bygga berättelser kring en lärdom som blir både underhållande och minnesvärd.

Det Nionde Rådet avslöjar sedan att läkemedelsföretagen vill ha kontroll över landområden med bioaktiva, hälsofrämjande växter. Deras taktik är att själva lägga beslag på och hemlighålla originalet i naturen och tillverka en mindre effektiv och farligare kemisk version. Andevärlden har placerat dessa medicinalväxter på Jorden för att vara gratis tillgängliga för alla, och de är bestörta över hur de etablerade läkemedelskartellerna bara är intresserade av att exploatera kunskapen för sina egna personliga vinster. Det fanns en tid då naturen inte kunde patenteras, men genom mutor och korruption tilläts genetiskt modifierade organismer (GMO) 1980 av USA:s Högsta Domstol. Idag är det svårt att hitta mat eller medicin som inte är en giftig version av naturen. Om trenden inte stoppas kommer människor att matas, sprayas eller "vaccineras" med genmodifierande nanopartiklar. När deras DNA väl har förändrats genom omvänd transkription (*information överförs från RNA till DNA istället för tvärt emot. ö.a.*) kommer organismen inte att fungera på det sätt som den har designats av Skaparen. Fysiska och psykiska sjukdomar av varierande svårighetsgrad kommer att uppstå, vilket är helt i linje med Cellens avsikt.

NR. Det här är det Nionde Rådet.

D. Hej mina vänner.

NR. Hej på dig. Vi är här för att avslöja nästa steg. Inte bara för er två, utan att ni som civilisation måste bestå provet. Du måste kunna följa din inre vägledning. Vi ser dramat utspela sig, ungefär som att observera små båtar på havet. De som är oerfarna att navigera en båt skapar ett vildsint hav omkring sig. De som är trygga i sitt inre och i sin vägledning, för dem är det mer som att paddla kanot. Det är därför du, min son, vill ha en kanot. Det resonerar med dig eftersom du ser världen och ditt hav som lugnt. De små båtarna har inte varit här så länge. Vet att havet är vad du gör det till. Vi kan hälla olika saker i havet, vilket betyder händelser och situationer, och vi gör det. Vi försöker hjälpa dem som saknar insikten att navigera i sin båt. Men det finns andra händelser som påverkar det här havet. Å ena sidan intressen, men också mängden utrymme (*överbefolkning.*) (*Själviska intressen, antingen för egen del eller för profit och makt.*) Det finns de som önskar mer utrymme, och när jag säger utrymme menar jag landyta. Så det är flera saker som pågår, men de små båtarna stirrar enbart skräckslaget på havet. En del av dem vet inte ens om de kan simma. Om du kombinerar alla dessa olika händelser, då kan du förstå dramat som utspelar sig vid den här tidpunkten. Tyvärr befinner du dig i en cykel där flera små båtar är ute på det här havet – några av dem borde aldrig ha lämnat land, om du förstår vad jag menar. Det är inte fel att säga, "Sitt stilla i båten." Men det är också väldigt värdefullt att förstå om du överhuvudtaget ska ro ut på havet. Varför ge dig i kast med ett hav som du inte vet hur du ska bemästra? Varför ta dig själv och din lilla båt ut i det okända, om du inte vet hur du ska bemästra och navigera i det? Ibland är det bättre att förbereda sig på land innan du ger dig ut i ett nytt element, ger dig ut på en ny resa eller in i nya händelser. Men det nuvarande intresset ser till att alla båtar ger sig ut på havet. Vissa borde aldrig ha lämnat land. Avsikten är att tunna ut (*befolkningen i*) vissa områden, (*eftersom*) de behöver utrymme. Det finns också ett intresse i det här skådespelet som handlar om odling, ett behov av fler resurser och naturliga tillgångar.

D. Menar du att krafterna bakom scenen försöker bli av med människor?

NR. De vill ha mark. De behöver landområden. De vill undvika inblandning.

D. Innebär det färre människor?

NR. Ja. På vissa ställen, ja. Sydamerika, till exempel, har stora naturliga tillgångar. Speciellt Amazonas, rik på naturliga örter. De vill lägga vantarna på ett stort område i den regionen och bygga upp ett läkemedelsnav, och göra anspråk på vissa fynd, när det kommer till örter, växter, rötter. Vissa biologer vilseleds i sitt arbete om hur man utvinner, gräver efter rötter. Det vi ser är en skövling av träd och växter, för att nya rön inte ska bli kända, för att istället använda en kemisk komponent. De gör anspråk på landyta. De finns de som ser; ögon som förstår helheten, systemet, ekokedjan och inte bara i din yttre miljö, utan också din inre. Din inre miljö är lika med (*samma som*) träden, faunan, djurlivet och haven. Hur planeten mår återspeglas i ditt inre ekosystem. Ditt inre ekosystem påverkas i hög grad av störande signaler, antingen från intag av läkemedel, som mediciner och så vidare, men också mängden information, (*som är*) signaler som bombarderar ditt sinne. Området kring ditt hjärta, nära ditt solar plexus, skulle motsvara navet, navigeringssystemet, där all utrustning för ditt välbefinnande finns. Det medicinska inflytandet transporteras genom dina ådror, sinnet påverkas av vissa medier, men också informationen om nedstängningarna (*samhällets tyranniska lockdowns*), det vill säga separationen, inte bara från varandra, utan separationen har också att göra med länken till din inre kompass. Ekosystemet inom dig havererar, på grund av mängden olika signaler. Det vi försöker berätta och guida dig igenom, är att du ska sitta stilla i din båt. Kontrollera din båt, kontrollera ditt ekosystem innan du ger dig ut på oroligt vatten. Ekosystemet inom dig går igenom förändringar, och det är designat så. Vi är inne i en ny cykel, går in i en ny era, där vissa organ behöver vara i viloläge, behöver återhämta sig, främst från intaget av föda. Vad vi skulle vilja uppmuntra er alla (*att göra*) är att minimera intaget av kött. Försök att byta ut din mathållning till en mer naturligt baserad kost. Genom att eliminera jordbruksprodukter eller förhindra ekologisk livsmedelsproduktion, kommer den konstgjort tillverkade maten att öka. Om den naturbaserade maten blir svårare att hitta, om det ekologiska utbud minskar, blir det lilla som finns dyrare och det blir lättare för dem som är intresserade (*livsmedelsproducenterna*) att lansera ett alternativ som på ytan ser likadant ut, men som bedövar ditt ekosystem inombords. Ekologiska grönsaker och rötter tillsammans med olika frukter kommer att rensa ditt ekosystem, ditt inre ekosystem. Flödet i dina ådror är under förändring. Vissa rusar, andra går saktare. Det beror på vad du äter, hur du tar hand om ditt inre ekosystem. De, där blodet rör sig snabbare i ådrorna, har det svårare nu, fysiskt. Medan de som har en brist, det vill säga blodcirkulationen i ådrorna går saktare, de går in i depression.

Det är en psykisk effekt. Medan den snabba blodcirkulationen skapar ett fysiskt problem. I båda fallen handlar det om att ditt inre ekosystem tas över för att påverka riktningen dit mänskligheten är på väg. Dessa två scenarier styrs inte nödvändigtvis av samma aktörer. En är kontrollerad av läkemedelsföretagen som försöker fängsla och få dig avtrubbad, göra så att ekosystemet går långsammare. Medan den andra, jordbruket och livsmedelsindustrin, strävar efter att påskynda blodcirkulationen i dina ådror, Två olika agendor på gång samtidigt.

D. Hur är det med sådant som socker och andra tillsatser?

NR. Det hör hemma i den snabba agendan. Vi ser effekterna, återigen kan vi jämföra med de små båtarna, de som har ett högt blodtryck, om du så vill, de ror och ror och ror på det här havet, skapar nya vågor och nytt kaos omkring dem; de ror och ror och ror i cirklar. Helt frenetiskt, fyllda av rädsla, ror och ror och ror. De andra, som har lågt blodtryck, sitter bara där. De inser inte ens att de har några åror. Två olika scenarier mellan två intressen, två agendor.

D. När du talar om blodtryck, så talar du inte om det faktiska, fysiska, blodtrycket, eller hur?

NR. Rörelsen inom energin. Men det påverkar blodtrycket. Högt blodtryck gör att båten går i cirklar medan du bara ror och ror och ror. Den andra, den avtrubbade, med lågt tryck hittar inte årorna och sitter bara där, helt paralyserade. Två olika scenarier på samma gång. Det vi, flera Råd såväl som de andliga sfärerna på olika nivåer, försöker hjälpa er med är att förstå orsak och verkan. Det du äter har en effekt. Det du säger har en effekt. Hur du beter dig sänder ringar på vattnet in i en annan individs båt. Försök att lugna havet. De som sitter i båtarna vet eller förstår inte nödvändigtvis att de är ute på detta vilda hav. Lunga dem. Engagera dig inte i debatter eller försök att övertyga dem som bara ror och ror och ror, eftersom de inte är i stånd till att lyssna. De spanar efter land, och land finns ingenstans. De som sitter stilla, paralyserade, söker en väg, ett ljus att navigera efter, söker vägledning. Om du väntar på att någon ska komma och ro din båt i säkerhet, då uppstår problem. Du måste förstå att du har åror, nummer ett; att ro lugnt, nummer två. Varför ror du, ror och ror och ror på ett sådant sätt att du bara skapar fler vågor runt dig? Förstå att allt som sker har att göra med separationen mellan det fysiska och ditt sinne. För att kontrollera sinnena, finns två olika scenarier i aktion. Jag hoppas att du kan se bilden.

D. Hur ser du att detta löser sig under de närmaste åren? Kommer folk att göra uppror mot detta, eller kommer de att vinna och minska befolkningen?

NR. En del av båtarna kommer att sjunka, antingen på grund av att de är för förlamade eller bara skapar vågor och ingenstans kommer. Det är inget annorlunda än vad som har hänt tidigare. Det är inte ett problem, det är bara en tid där du ska förstå och ta kontroll över din båt och hur du vill resa i din båt. Men det här är också en tid att bevara lugnet, att sitta stilla och observera. Du är nu mer medveten om hur alla dessa olika båtar fungerar. Ni som varit här ett par resor, ni väntar bara. Ibland är det bättre att inte engagera sig, att låta saker och ting ha sin gång, så att säga; att uppskatta det du har. När du skriver, använd dig av frågor. Ställa en fråga. Du behöver inte ge svaret, men du väcker båtarna. Du lugnar båtarna som ror och ror och ror. Du hjälper också de båtarna, som sitter förlamade, att förstå att de har åror.

Isak, Jeshua: De fyra Pelarna (31 december 2020)

När jag förberedde mig för att återvända till USA, efter att ha varit i Sverige på ett tre månaders besöksvisum, kom Isak (Seths mentor) och Jeshua (Lasarays mentor) in för att belysa vad de kommer att fokusera på under de kommande månaderna. Mot slutet av diskussionen frågade jag om det fanns något de vill dela med sig av, och spontant höll de ett underbart anförande om de fyra känslopelarna i människors utveckling, vilka är skuld–rädsla–lycka–kärlek. Och de uppmuntrar också människor att inte dras in i den imaginära verkligheten som myndigheters och medias hantlangare outtröttligt bombarderar människors vardagsrum med. Cellen använder media för att framkalla negativa känslor hos fåren och toalettfolket. Sedan avleder de ilskan och rädslan bort från sig själva och mot dem som inte vill anpassa sig till myndigheternas grupptänkande. (Detta är ingen ny strategi. Det har varit en standardpraxis för auktoritära härskare genom historien.) Ett exempel skulle vara de grundlösa argumenten för användande av munskydd för att stoppa spridningen av ett virus som är 0,1 mikrometer (1/1000-dels mm) i diameter. Logiskt sett är det som att sitta på verandan en sommarkväll och hoppas att ditt nätstängsel ska hålla myggor borta. Jag tillbringade fyra decennier som ingenjör med att rutinmässigt konstruera allt ifrån stora gasbearbetningsanläggningar, kompressorstationer till molekylsilar och permeabla membran. Det är uppenbart för alla anständiga forskare att de allra flesta munskydd är sämre än odugliga när det gäller att stoppa viruspartiklar. Men myndigheterna behövde en metod för att konsekvent hålla rädslan vid liv hos fåren, något som ständigt påminner dem om en överallt närvarande, osynlig fara. Munskyddet är inte till för att skydda – det är en rekvisita för att gagna Cellens agenda (dvs tvångsinjektioner av nano-gifter). De som inte följde deras påbud fick skulden för virusets spridning och nedstängningarna, vilket är en fullständigt absurd koppling. Munskydden var en yttre symbol som visade att man fogade sig efter Cellens nycker. Förutom att skrämma människor sker den verkliga skadan på miljön. Miljarder munskydd skräpar nu ner naturen och ytterligare miljarder har dumpats i havet.

D. Finns det något jag bör göra?

I&J. Vila. Du har Jordiska uppgifter att ta hand om. Stressa inte, din uppgift är nu bara att vila och vänta. Gör det du tycker om. Ta promenader. Andas. Gör andningsövningar. Försök minnas din barndom. Dessutom har du möjlighet till stillhet, nu när du är i ditt barndomshem, där du växte upp. Detta kommer att ta fram och öppna upp känslor. Sitt i de känslorna, omfamna känslornas kraft. Ingen av er tycker om att engagera sig för mycket i känslor. Det är inget som er själ föredrar. Ni (*Seth och Lasaray*) är mentala varelser, och det är därför som ni ibland inte så gärna engagerar er i känslor. Den här behöver fortfarande som människa ta itu med det. Du kan ta hand om det med din själs sinne. Undersök vilka känslor du hade som pojke. Undersök och koppla det till hur det formade ditt vuxna jag. Det kommer att få dig att förstå de människor du vänder dig till. Utforska dig själv. Blunda, kom ihåg en känsla och gå in i den. Låt känslan få vingar och leda dig som på ryggen av en fågel, en örn och låt den förvandlas till en förståelse för varför du kände på ett visst sätt. Var det befogat? Fick du skulden för något? Att lägga skulden på andra är en hemsk sak att göra. Upplev och undersök den känslan av skuld. Förstå effekten av att bli skuldbelagd. Förstå hur en känsla kan växa till skuld och hur det färgar varelsen, färgar livet. Du måste förstå människorna för att du ska kunna tala till dem. Skuld är en sak. Rädsla en annan. Lycka. Rid på upplevelsen av lycka. Skuld – rädsla – lycka – kärlek. Undersök de fyra, låt dem bära dig som på ryggen av en fågel. Undersök dem och rid på känslan. Låt dem leda dig till din egen lycka. Undersök hur det påverkade ditt sinne, ditt fysiska. Var kändes den fysiska lyckan? Var kändes skulden? Se och undersök dessa fyra. Skuld, rädsla, lycka och kärlek är de fyra pelarna för människans utveckling. Undersök dem.

D. Underbart. Har du några generella råd som vi kan förmedla till allmänheten?

I&J. Jag skulle vilja säga, att kalla på ditt högre sinne, kalla på dina högre känslor. Undersök dem. Låt dem inte (*rädsla, ilska, skuld och andra lägre känslor*) ta över ditt liv som människa. Det liv du designade innan (*du inkarnerade*) kanske inte är det som du för närvarande visar upp. Vi vill att människan ska se bortom de mänskliga ögonen. Att vara lugn, att andas, att förstå de fyra pelarna, skuld – rädsla – lycka - kärlek – att du utforskar dem i ditt liv. När du väl identifierar huruvida du är förhäxad av rädsla, skuld, lycka eller kärlek, är det lättare att anpassa sig och även förändra hur man möter andra. Lägger du skuld eller rädsla på andra människor? Möt din egen Kappa. Möt din egen karma. Se igenom andras avsikter. Stäng av media, uteslut det helt om du känner att det påverkar någon eller några av dessa fyra. Det vi ser nu är att rädsla och skuld är mer framträdande i det mänskliga sinnet. Vi råder dig att vara lugn. Vi uppmanar dig att förstå att det inte finns något att frukta. Vi råder dig att inte skuldbelägga dig själv. Det är också ett problem för dem som känner lycka eller kärlek i år. De vill inte tala om det eftersom det inger en skuldkänsla om någon säger, "Jag är jätteglad. Det här har varit ett fantastiskt år. Jag känner mig som allra mest älskad i år." Ingen vill tala om det eftersom det, på något sätt, ger en skuldkänsla på grund av det faktum att du i år (*av media och myndigheter*) tvingas känna rädsla och skuld. Plädera för lycka. Plädera för de små sakerna du älskade.

D. Det var riktigt bra. Tack.

I&J. Där. Vi har någon här.

D. Vem, Ophelia? (*Sagt på skämt eftersom jag visste att det var Bob.*)

I&J. Oh, Ophelia är också här. Men påminn människan om att de inte behöver känna någon skuld. Om du är lycklig, visa din lycka. Det betyder inte att skriva lyckan på näsan hos någon som sörjer. Men dölj inte din lycka, dölj inte din kärlek. I år är det mer accepterat att vara förhäxad av rädsla. Verktygen de använder är skuld.

D. Om det finns fyra pelare, så verkar det som att två av dem, lycka och kärlek, är positiva pelare, och de andra två ...

I&J. Ja. De negativa pelarna, precis. Så är det. Resultatet kan du beskåda i fullt strålkastarljus. De som är glada ser ljuset – att se ljuset betyder att du är kärlek, att du ser kärlek och utstrålar kärlek. Mörker är inget dåligt, men här på Jorden utlöser det rädsla. Grått skulle tyda på skuld. De som initierar de negativa pelarna vill att de som ser ljuset ska skuldbeläggas. Så. Det var det. Och vi har någon här förstås.

D. Det var en underbar lärdom, så tack för att ni delar med er. Tack för tipsen om vad vi kan göra.

I&J. Så gärna, så gärna. Hej hej.

Teorierna bakom Den Heliga Designen

Allt eftersom sessionerna har hopat sig, år efter år, har ett allt större antal behandlat den långa historien om hur Jorden omsorgsfullt har tagits om hand av Skaparen, de andliga Råden och de manifesterade och fysiska varelserna som sedan urminnes tider har kommit hit. Ibland sker det som en kort kommentar i förbifarten. I andra sessioner finns det sida upp och sida ner med detaljerad information. Det är en gigantisk uppgift att organisera och utveckla den information som andevärlden ger oss om vad som har hänt under de senaste 500 miljoner åren. Olika entiteter beskriver vissa händelser utifrån sitt eget perspektiv och den utsträckning de medverkande, så genom att sammanföra några av deras kommentarer till ett kapitel hoppas vi kunna presentera en enhetlig berättelse om hur livet på den här planeten kom till. Det inkluderar samtal om parallella verkligheter, portaler och utomjordiska resenärer, som också är en del av Jordens historia. Deras information är konsekvent alltid densamma och skiljer sig aldrig på något sätt, så vi är övertygade om att det sammantaget är korrekt. Men teorin bakom den Heliga Designen är mycket större än vad som kan fångas i en bok, och vi får hela tiden ny information som kan förändra vår tolkning av det de hittills har sagt.

Det de lär oss om Jordens skapelse motbevisar direkt många av de oantastliga föreställningarna inom vetenskap, religion och filosofi. De har investerat mycket dyrbar kanaliseringstid med att beskriva hur vår verklighet har kommit till existens och hur olika dimensioner interagerar med vårt elementära Universum. Syftet, säger de, är att lägga grunden för koncept för framtida generationer att utveckla nya och mer gynnsamma sätt att omvandla och handskas med energi. Det är av den anledningen som vi ständigt måste återkomma till ämnen som endast en bråkdel av våra läsare är intresserade av.

De flesta av oss fick lära sig Henri Poincarés teorier om den allmänna och speciella relativitetsteorin i skolan, och många har kanske hört talas om Standard Model of Cosmology (*SMC*), som är en mystisk blandning av kvantfältsteorier och expansiva starka överdrifter. De som har invigts i SMC's broderskap får lära sig att Universum har expanderat från ingenting till sin nuvarande storlek och fortfarande växer med nästan ljusets hastighet. Andevärlden gör emellertid övertygande uttalanden om att allt inte är som det ser ut och ogiltigförklarar kosmologins kärnbegrepp. Så vi börjar det här kapitlet med en diskussion om den matematiska metafysiken som dominerar den nuvarande akademisk synen på Universums uppkomst. Alla moderna teorier har uppstått ur en felaktig föreställning om rödförskjutning, vilket har gett upphov till uppfattningen att "rumtiden" expanderar, även under tiden du läser dessa rader. Rödförskjutning betyder att ljusfotonerna har förlorat energi på sina resor genom rymden. Allteftersom det synliga ljuset förlorar energi, ser det mindre blått ut och övergår till rött. Av flera anledningar beslutade forskare att det inte berodde på energiförlust, utan snarare på att rymden kontinuerligt expanderade, vilket skulle förlänga ljusvågorna som att dra ut en spiralfjäder. Den fiktiva föreställningen att ljusvågorna sträcks ut är den grund på vilken den moderna kosmologin vilar. Att rymden sträcks ut ter sig som en osannolik förklaring till fenomenet, när det finns flera andra möjliga, mindre ologiska, orsaker till att ljuset dämpas.

Big Bang, eller teorin om Från-Ingenting-till-Någonting

Från Aristoteles, och fram till början av 1900-talet, antog de stora vetenskapsmännen att rymden var fylld av eter, Universums byggsten, ett ämne eller medel som inte går att upptäcka och som är bärare av elektromagnetisk energi. Man trodde också att Universum var i princip statiskt (oföränderligt) och hade funnits i evig tid. Poincarés ekvationer av den allmänna och speciella relativiteten innehöll en kosmologisk konstant (CC) i fältekvationerna. Poincaré och andra vetenskapsmän vid 1900-talets början antog att Universum var statiskt, så CC var nödvändig för att stabilisera ekvationen som en motverkande kraft till gravitationen. Det antogs vara en egenskap hos vakuumfältet i rymden. Alexander Friedmann, en rysk matematiker, föreslog 1922 att CC skulle kunna elimineras om Universum expanderade. Några år senare, 1927, beräknade den belgiske matematikern Monsignor Georges Lemaître att Universum kom till genom en explosion från en enda punkt, nu allmänt känt som Big Bang-Teorin. 1929 publicerade sedan astronomen Edwin Hubble empiriska data som visade att ljuset från de flesta galaxer var rödförskjutet. Han gjorde några antaganden och med hjälp av en praktisk formel, kom han till slutsatsen att varje kvadratcentimeter av rymden kontinuerligt expanderade i alla riktningar, att rymden i sig växte. Och så föddes den intellektuella modeflugan av ett expanderande Universum och blev den moderna kosmologins religion.

Det finns dock förklaringar till dämpningen av ljuset. Våra andliga vänner har förklarat att varken ljusets hastighet eller gravitationskonstanten (G) är konstanta. Bara det skulle förklara ljusets beteende. Men det finns andra förklaringar som kan vara mer tillfredsställande för den vetenskapligt lagda läsaren. Små stoftpartiklar i det intergalaktiska mediet, eller den gradvisa förlusten av energi när elektromagnetiska vågor vrider sig genom på varandra följande gravitationsfält (eller variabel densitet) på sin väg mot Jorden. Vi har också problemet som infann sig när rum och tid matematiskt slogs ihop till en enda funktion, "rumtid". Rymden existerar och ljus passerar genom ett element som vissa kvantfysiker hänvisar till som "time-invariant superfluid quantum space". Här vill jag påminna läsaren om att min kunskap i dessa ämnen är begränsad, så ingen ska förvänta sig att jag ska utveckla den universella rymdens variabla täthet, för det kan jag inte. Däremot kan jag säga att om ljusets hastighet varierar, så finns det inte en chans att rymden skulle expandera.

Alla som har observerat en solnedgång när det är disigt eller finns annat stoft i luften har kunnat se hur solljuset rödförskjuts, vilket orsakas av en process som kallas Rayleigh-spridning. Det blå ljuset med högre energi sprids mer än gult och rött, som har en lägre energi, så solen får en mjukare orange färg. Men ljus som passerar genom moln av större partiklar kommer att göra bilden suddig för en observatör på Jorden. Eftersom även avlägsna galaxer var tydligt synliga, förkastade Hubble tanken att rymdens vakuum innehöll några partiklar eller materia och gick vidare till Dopplereffekten. Dopplereffekten är (som många vet) en funktion av relativ hastighet, och förklaras vanligtvis med hjälp av ljudvågor. En tågvissla har till exempel ett högre tonläge när den närmar sig och en lägre ton när den rör sig bort, detta på grund av ljudvågornas kompression eller expansion. Dopplereffekten antas påverka elektromagnetiska vågor, såsom ljus, på ett liknande sätt. Märkligt nog spelar det ingen roll i vilken riktning teleskopen pekar, alla galaxer i Universum verkar rödförskjutna. Om rödförskjutningen orsakas av rörelse, så skulle nästan alla galaxer röra sig bort från Jorden. Ju längre bort, desto större rödförskjutning. Hubble använde en formel som utvecklades av Richard Tolman på 1930-talet för att uppskatta galaxernas skenbara hastighet. Denna förenklade ekvation är baserad på det ideala förhållandet mellan ett objekts avstånd, storlek och ljusstyrka. För att få ekvationen att matcha data, antog Hubble att Universum inte var statiskt, utan expanderade med otroliga hastigheter.

Problemet med denna formel är att den inte tar hänsyn till den kvantelektrodynamiska effekt som stoftpartiklar har på ljusstyrkan hos avlägsna föremål. Ändå är det nu känt att sub-mikron silikatpartiklar och vattenmolekyler finns i det intergalaktiska mediet. När ljus interagerar med dessa små partiklar sprids det inte, men det förlorar energi, vilket orsakar rödförskjutningar och andra fenomen som observeras av astronomer. Ju mer stoft mellan Jorden och en avlägsen galax, desto större blir den uppenbara rödförskjutningen. Men kosmologer fördubblar sina perceptuella fel genom att hävda att rumtiden expanderar snabbare ju längre bort en galax är från Jorden. Stoftet är naturligtvis inte jämnt fördelat, så galaxer på samma fysiska avstånd från Jorden kan ha beräknade avstånd som är väldigt olika. När det uppstår motstridiga data, skyller kosmologer på fiktiva begrepp som "mörk energi" och "mörk materia" som praktiska syndabockar för deras programmeringsproblem.

En andra möjlig förklaring till rödförskjutning kan bero på gravitationen, något som astrofysiker inte förstår. Våra vänner säger att gravitationen är en grundläggande kraft. Detta avvisas kategoriskt av kosmologer. Enligt rumtidens lärjungar existerar inte gravitationen. Du kanske tror att månen rör sig kring Jorden, hållen av en attraktionskraft mellan dem. Den matematiska intelligentian säger att månen faktiskt färdas i en rak linje, men rumtiden i sig är krökt. Därför verkar månen gå i en cirkel, eftersom den ständigt faller i ett geodetiskt dike som skapats av Jordens massa. Dessa forskare menar också att ljuset böjer sig eftersom det färdas genom krökt rumtid. Men om gravitationen är en kraft, som våra andliga vänner säger att den är, så interagerar den med de elektromagnetiska vågorna av ljus och kommer att böja den, precis som "böjd rumtid" förutsäger. Ljuset kan förlora energi när det interagerar med gravitationsfälten i avlägsna galaxer. Därför, istället för expanderande rumtid, kan det mesta av rödförskjutningen bero på gravitationsmotstånd och energiförlust. Det är också värt att nämna att rumtiden inte är en enskild enhet, som framkastats av Hermann Minkowski. Rymden finns och tiden finns, åtminstone på det begränsade sätt vi kan tolka dem. Vi har fått veta att rymden kan vikas och andliga varelser kan röra sig bakåt på tidslinjen. Senare i boken nämner Elahimrådet stjärntid, men dessa lärdomar kommer att presenteras i en framtida *Våg*-bok.

Tyvärr blev idéerna från Hubble och Lemaître stadfästa under det senaste århundradet och har fått kosmologifysiker att vidmakthålla myter om Big Bang, tidsexpansion (enligt definition), svarta hål, krökning av rumtiden, mörk materia, mörk energi och många andra exotiska sagor. Dessa övertygelser har uppmuntrat dem att oblygt deklarera att Universum uppstod för 13,787 miljarder Jordiska år sedan. Kosmologer har, genom sina förutfattade meningar, fastnat i dessa tolkningar av data, på samma sätt som människor har gjort i evig tid. Framtida vetenskapsmän kommer att granska standardmodellen för kosmologi med inriktning på dess uppenbara brister, eftersom den kringgår både logik och andlighet.

Det Nionde Rådet sätter Universums ålder på en skala relaterad till en andes livscykel. De säger att det kan ta flera triljoner (Jordiska) år för en nyskapad själ att uppstiga tillbaka till Skaparen. Under den tiden kommer hjulet inte att ha roterat en grad. Men hjulet har gått i en full cirkel ett okänt antal gånger, så ur Rådets perspektiv är vårt akvarium ofattbart gammalt och stadd i ständig förändring. Solsystem och galaxer skapas under miljarder (Jordiska) år. De rör sig genom rymden och kolliderar ibland med andra system. Och så småningom dör stjärnorna och briserar eller kollapsar. Förändring är en grundläggande princip inom alla dimensioner. En av våra andliga vänner har sagt att de olika kosmiska akvarierna växte fram ur de andliga dimensionerna, som löv som spirade från en trädgren. Så det fanns en början till Universum, men det var för oräkneliga triljoner år sedan.

Teorin bakom Den Heliga Designen är ett sätt att förstå hur Skaparen och de olika Råden använder energi för att skapa galaxer, parallella plan, portaler och liv på Jorden.

Seth: Det stora Hjulet och Zodiaken (16 december 2018)

Christines högre jag, Seth, kom in med Ari för att diskutera energiernas mönster i zodiakens olika tecken. De tidigaste (erkända) mänskliga byggprojekten, som Göbekli Tepe i Turkiet, Machu Picchu i Peru, Newgrange-monumentet i Irland och de flesta andra gamla stenstrukturer, verkar alla ha ett astronomiskt syfte. Vi vet att de tidigaste mesopotamiska kulturerna i Sumer och Egypten ärvde zodiaken och 365-dagarskalendern från Vinca-kulturen i Donaudalen, som hade ärvt det från tidigare kulturer i Kaukasus, som i sin tur sannolikt hade ärvt kunskapen från en följd av människor som hade överlevt efter kollapsen av den mycket avancerade civilisationen som fanns före 22 000 f.Kr. Om nu kunskapen hölls levande under så många generationer, måste den ha ansetts vara värdefull. Medan de moderna, rationella sinnena avvisar astrologin och de idéer som förknippas med den, stödjer andevärlden fullt ut att förhållandet mellan energiernas mönster på himlen, kopplade till tid och plats, återspeglar det som sker på Jorden. De beskriver till och med hur inkommande själar schemalägger sin födelse för att överensstämma med vissa energimönster som relaterar till Jordens position på himlen inom det större nätet. Det betyder inte att moderna astrologiska tolkningar nödvändigtvis alltid är korrekta eller meningsfulla i andlig bemärkelse, eftersom mycket av det bygger på mänskliga förhållningssätt. Men det kosmiska energinätet påverkar verkligen de mänskliga energifälten, från födseln och framåt genom livet.

S. Det är jag (*Seth*) och Ari.

D. Hej.

S. Vi ska börja titta på mina kartor, de som låter oss veta vilka verkligheter som är i harmoni och vilka av dem som kommer in, som skapar lite huvudbry. Men också att förstå vem som kommunicerar och varifrån kommunikationen kommer. Ari och jag har satt upp en plan. Han har den sista touchen såklart. Vi börjar med de verkligheter i Hjulets akvarier som är i harmoni med det här (*vårt Universum*), de lite enklare aspekterna. De kan beräknas olika, beroende på avstånd, geometriska former, liksom olika förutsättningar. Det kommer att vara lätt för mig att förstå förutsättningarna här, liksom att förstå kopplingen till astrologin - det är samma. Litet hjul, stort hjul. Första kopplingen så kan du skapa portaler till högre kunskap. Några av stjärnsystemen och stjärntecknen på himlen är faktiskt kopior av ... HAHA!! Det här såg du inte komma, va? Konstellationerna i zodiaken är miniatyrmodeller av det stora Hjulet, så när du förstår stjärnbilden ... Vattumannen till exempel hör hemma i det elfte akvariet. Så du kan lära dig om förhållandena (*i de kosmiska akvarierna*) baserat på det lilla hjulet (*zodiaken*) för att förstå hur du kan tolka en verklighet. Som det elfte akvariet, en verklighet bestående enbart av energi.

Det är kopplat till stjärnbilden Vattumannen - luft. Såg inte det här komma, eller hur? Inte den här heller. MIG SJÄLV, alltså! HA HA!

D. Jag trodde att astrologi till största delen var påhittade idéer.

S. Nej, det är en spegel av det stora Hjulet, det är som en lekplats, det lilla hjulet är en spegel av det stora. Den här, jag som Christine, ska börja undersöka lite mer om stjärntecknens kvaliteter, nu när ni är intresserade av att förstå de kosmiska akvarierna. Haha. Där har du det!

D. Reser du till några av dessa andra akvarier?

S. Ja, jag tycker bäst om fem, åtta och nio. Åtta, nio och gränsen däremellan, det är dit jag helst reser. Mycket mer i min smak, och din också. Det är där våra vänner finns. (*Tallocks, på Vlac*)

D. Är det ungefär som där Siah är?

S. Siah *(som finns på planeten Etena)* är i det fjärde, på gränsen till det här akvariet. (*Nummerangivelser som Seth använder är akvarier, inte dimensioner. Etena är i det fjärde akvariet, nära det femte, vårt Universum.*) Gränsen mellan det femte och fjärde *(akvariet)* rör sig lite fram och tillbaka. Alla gränser har en tendens att röra sig, men inte på samma sätt hela tiden. Till exempel, mellan åtta och nio, där är gränsen något låst för närvarande, så det är lättare att röra sig mellan dem. När de rör sig fram och tillbaka skapas lite det ena och det andra, och då kanske du trodde att det skulle vara lättare att gå mellan, men det är det inte. Det är som att hoppa på ett tåg i farten. Du kan inte bara hoppa på det. I den här rörelsen mellan akvarier, är det en blandning av båda sammankopplade, och det är ett fram och tillbaka, ge och ta. Vissa byter faktiskt positioner. (*Solsystem eller galaxer kan flytta in i det intilliggande akvariet.*) När du är nära gränsen – i det här fallet mellan fjärde och femte – så finns det verkligheter som Råden arbetar med att permanent flytta över i det femte, eftersom de (*verkligheterna i den fjärde*) bär mer ljus, mer upplysning. Etena är en av dem. När de här vågrörelserna mellan akvarierna uppträder, sker det interaktioner och utväxlingar. När det är stagnation eller en stillhet mellan dem, fungerar de lite som ett gemensamt. Om jag ger dig en bild, min bror, så ser åtta och nio nästan ut som ett just nu. Medan fjärde och femte på något vis försöker att bli ett. Åtta och nio hade den här dansen tidigare, och skapade ... även om de är separata i sin uppbyggnad och förhållandena inom sig ... åtta och nio har lärt sig sina läxor och fungerar nu som grannar, vilket gör det lättare för båda att röra sig emellan. Vid den här tidpunkten, på grund av densiteten och de händelser som har ägt rum i det femte, vill Skaparen skicka lite upplysning, en gnista från den fjärde till den här femte verkligheten. Siah (*Etena*) är en av de världar som flyttar in. Den här systerplaneten kommer med information som är till hjälp för den levande planeten i det här babysystemet (*vårt solsystem*). Men förstå att när du tittar på de här olika akvarierna i Hjulet, återspeglar de faktiskt var sitt stjärntecken. Det femte = Lejonet - eld.

D. Så vår verklighet är förknippad med Lejonets energi?

S. Ja. Stjärntecknet Lejonet - eld. De fjärde akvariet - vatten, känslor. Det är samma sak som i zodiaken. VARFÖR TROR DU ATT DE SATTE MIG ATT PLUGGA DET?

D. Är de placerade i samma ordning?

S. Det är så enkelt. De är i samma ordning, och de representerar också de olika elementen. Aspekterna, känner vi också till eftersom vi skapar de större kartorna. Jag och Ari reser och försöker att interagera med olika verkligheter, (*på*) motorvägarna. Det är som att skapa ett vägnät, bygga upp en infrastruktur som människan inte kan använda! Huh huh huh. Den Lille vill vara med. Han är nyfiken på kartorna.

D. Ah, det tror jag säkert att han är.

S. Men vet bara att det fjärde och femte för tillfället dansar med varandra. Vi försöker blanda in kvaliteten vattnen för att underlätta det. Den här kommer att förstå, om du berättar det för henne.

D. Vilket stjärntecken resonerar det fjärde med?

S. Kräftan.

D. Så du har Lejonet och sedan Kräftan, så de är i samma ordning?

S. Ja. Inte ett så stort mysterium. Det är gjort för att människan ska vakna, och inse att när du väl börjar förstå det stora Hjulet, så vet du att det finns en liten babymodell som speglar den kunskapen, men bara på en väldigt primitiv nivå, förstås. Men den forntida människan började känna igen och förstå himlakropparna, stjärnbilderna, zodiaken och rörelsen mellan stjärnor och planeter över horisonten. Månarna är väldigt viktiga att förstå. När månen rör sig i olika faser, över stjärntecknen, genom zodiaken i det här fallet, visar det urtavlan på en liten klocka för att kunna förstå den stora klockan. Om du tänker på att den stora klockan, det stora Hjulet, är timmar, så är den lilla här som sekunder. Månfaserna indikerar bara olika tidpunkter, händelser, där andra akvarier på något sätt kan ge sig till känna. Vissa kommer att ingripa fysiskt. Andra, bara genom sin medvetenhet. Speciellt när månen är full i ett tecken, utstrålar den inte bara det stjärntecknets kvalitet, det betyder också att det akvarium som är relaterat till det stjärntecknet har förmågan att energimässigt överföra sin närvaro. Människan kan tona in sig på det akvariet. Även om de tror att de tonar in på ett stjärntecken, så är det faktiskt akvariet i det stora Hjulet, som speglar det specifika tecknet, som ger sig tillkänna. Det finns en linje där de som är initierade kan knyta an till andra akvarier. Det var därför de gamla civilisationerna var så måna om att följa de olika månfaserna, eftersom de visste att när månen var full, och när den riktades på vissa sätt genom öppningarna i dessa megalitstrukturer, så kunde de lättare kanalisera (*energin från*) det akvariet. De förstod det, eftersom det fanns de som kom i manifesterad form vid den tiden. Nu kanske det inte sker, men du kan fortfarande knyta an till dem som har sin hemvist i det specifika akvariet. Alla själar gör inte det, men den här (*Christine*) kan. Huh huh.

D. Det var väldigt skarpsinnigt.

S. Det brukar vi vara! Huh he he.

D. Vad hände när dessa forntida människor knöt an till dessa olika energier?

S. Möten ägde rum.

D. Så de kunde kommunicera?

S. Direkt med det akvariet, ja. Så låt säga att det var fullmåne i Vattumannen, då kunde de som vistas i det elfte akvariet ge sig till känna. Ser du bilden?

D. Ja. Det gör jag.

S. Där har du det. Dags att gå.

D. Tack för att du tittade förbi.

S. Kartorna, mina kartor, jag (*det mänskliga jaget*) kommer att kolla in dem och meditera för att få access och sedan rita av det åt dig, skapa ett pussel och göra informationen om det lilla hjulet tillgängligt, så att jag kan förstå det stora Hjulet. Jag (*det mänskliga jaget*) kan bli förvirrad och irriterad över det faktum att jag inte helt kan lösa det härifrån. Men när jag väl får snurr på den här kunskapen, kommer den att visa kvaliteterna i de olika akvarierna. Stora Hjulet, lilla hjulet.

D. Ska det här att vara en del av Tredje Vågen?

S. Ja, ja. Under tiden, res och se dig omkring. Det var det hela. Okej.

D. Tack, Seth, för att du dök upp.

S. Bara i rummet bredvid, vet du! ha!

D. Tack.

S. Elahim.

Bob: De Parallella Verkligheterna är som Lager på en Tårta (17 oktober 2019)

Bob har varit en guide mycket längre än de flesta av hans jämlikar och har en enorm kunskapsbank när det gäller att resa till Jorden. Han är också skojfrisk och entusiastisk, så han blir ofta inbjuden att hålla föreläsningar för unga elever på den Femte, Sjätte eller Andra. Eftersom Zachariah är en vän och en mentor till Bob, kommer han ibland till den femte dimensionen och lyssnar på Zachariahs lektioner i en av hans stora föreläsningssalar. Zachariah är en mästerlig lärare som hjälper till att utbilda några av de tekniskt avancerade själarna som är på väg mot Jorden. I den här sessionen berättar Bob hur han tyst parkerade sig själv längst bak i Zachariahs klass, men uppmärksammades av en elev som kände honom. Zachariah lät eleverna ställa frågor till Bob, som ger en fantastisk redogörelse om forntida utomjordiska existenser som reste till Jorden i en gyllene farkost från en parallell verklighet. Begreppet parallella verkligheter har indirekt kommit upp tidigare, men han gör det väldigt lätt att föreställa sig. Han säger att det är som lager i en tårta ovanför vissa regioner. De separata skikten är inte synliga eftersom frekvensbanden ligger utanför intervallet för vad vårt mänskliga öga kan upptäcka.

Av andra samtal har vi fått veta att portalerna mellan Jorden och de parallella verkligheterna ligger ovanför vissa områden, där det nära ytan finns stora koncentrationer av metaller, särskilt koppar. Genom att lägga ihop vad de har sagt är det möjligt att det skapar roterande virvlar eftersom ferromagnetiskt material som järn har en tendens att kanalisera och koncentrera Jordens magnetfältslinjer. Koppar i sig är inte magnetisk. Det magnetiska fältet får emellertid elektroner på kopparytan att omstrukturera sig och börja rotera. De snurrar i ett cirkulärt mönster vinkelrätt mot det elektromagnetiska fältet och skapar virvelströmmar. Även om det bara är gissningar från min sida, kan hundratals miljoner ton kopparmalm vara det som skapar virvlar eller portaler till de parallella planen.

Det kanske bara är en slump, men de flesta områden, där de har sagt att portaler finns, verkar vara vid gränsområden mellan tektoniska plattor där det finns koncentrationer av järn, koppar och nickel i magman. Bob identifierar flera regioner där dessa parallella verkligheter finns. Ett stort område finns i centrala Ryssland, troligen längs Uralbergen, en bergskedja som löper i nord–sydlig riktning från Kazakstan upp till Norra Ishavet. Det är ett av de rikaste områdena i världen på mineraler, med stora fyndigheter av järn, koppar, nickel och silver. Uralbergen sträcker sig rakt över där den kazakstanska plattan rörde sig in under den forntida Laurussia-kontinenten och smälte samman Europa och Asien för cirka 240 miljoner år sedan. En annan zon med parallella verkligheter travade på varandra är i sydöstra Medelhavet. Det är den delen av Medelhavet där de Afrikanska, Arabiska och Egeiska plattorna alla kolliderar. Ett tredje område är runt de Stora Sjöarna ovanför den Centralkontinentala Sprickan (Midcontinent Rift), en gammal tektonisk plattgräns i mitten av den Nordamerikanska plattan. Seismiska undersökningar pekar på att det kan finnas en stelnad mantelplym under västra Lake Superior och nordvästra Wisconsin som sträcker sig till djup under 200 kilometer. Detta område hade en mycket kraftfull portal och användes som en forntida landningsplats för en mängd utomjordiska besökare.

I första stycket här nedan säger Bob att han är nyfiken. Vad han menar är att han vill veta vad de nya själarna på väg mot Jorden kommer att arbeta med. Han hoppas få en känsla av Skaparens avsikter och vad som är näst på listan att ställas till rätta. Om han kan få en känsla av vad de inkarnerande själarna kommer att arbeta med, kan han utbilda och handleda sina elever i dessa ämnen. Men främst tror jag att han är nyfiken, eftersom han har ett nyfiket sinne.

D. Vilka elever undervisar du nu?

B. Dom tre små Elahims och dom andra tre. Jag är huvudsakligen med dom nu. Emellertid, har jag blivit inbjuden att vara gästföreläsare för själarna från den Femte. Jag är visserligen mer eller mindre permanent med dom små Elahims från den Sjätte, men jag skulle säga att jag känner ett behov av att hjälpa dom (*eleverna från den Femte*), fast jag är också nyfiken.

D. Vad lär du dem?

B. Jag lär dom hur ... och Ophelia håller koll på det, så det är därför som jag inte har blivit inbjuden (*till Zachariahs lektioner på den Femte*) på ett tag – eftersom några här från den Femte, dom kommer att syssla med utgrävningar och kommer att bli geologer eller biologer och jobba med att förstå olika saker i naturen och hitta saker. Ophelia säger att dom inte nödvändigtvis är utbildade för att hitta saker, så här dom första gångerna. Och jag sa, "Ja, men jag kanske stoppar nånting i fickan på dom." Och då sa hon, "Du får inte påverka kostymerna." Men jag ska dit och jag sa till Ophelia att jag ska sitta alldeles tyst och bara lyssna på en av Zachariahs lektioner. Men sen, när jag satt där längst bak och inte störde, då blev jag upptäckt.

D. Sade Zachariah, "Se. Vem har vi här?"

B. Zachariah gjorde det inte, det var nån längst fram som gjorde det. Dom sa, "Oh, titta, Bob är här!" Och sen vände sig alla om och DÅ sa Zachariah, "Alltså, Bob, varför kommer du inte upp och delar scenen med mig här?" Och då blev det så. Och då var det nån som sa ... eftersom dom har fått följa med på expeditioner med dig, och det ville dom prata om. Dom ville veta lite om vilka regioner som skulle vara mest fördelaktiga att resa till, om dom ville göra vissa saker. Och det finns en liten grupp här, bland dom Femte, som kommer att syssla med utgrävningar ...

D. Menar du som upptäcktsresande?

B. Aah, typ. Dom kommer att vara utgrävare (*arkeologer*) och gräva i Egypten. Dom kommer att vara födda i Egypten och kommer att jobba på museer där, och dom kommer att skydda vissa reliker och fynd. Och Ophelia sa, "Det är allt dom ska göra." Och Zachariah sa samma sak, "Det är allt dom ska göra." Men jag sa, "Men tänk om dom snubblar över nått, när dom är där, som en skatt eller nått, får dom inte öppna den då?" Och då blev dom (*eleverna*) som, "Vad då för en skatt?" Och jag sa, "Hela regionen är full av skatter. Så om du hittar en, vad ska du då göra med den?"

D. Vilken typ av skatt?

B. Det finns guld (*artefakter*). Det finns som ett gyllene klot under ökensanden. Det är ett enormt klot.

D. Hur många meter i diameter? (*Han var tyst länge, så jag formulerade om det.*) Hur stort är det jämfört med dig?

B. Oh, om jag skulle gå in i det här guldklotet, skulle det rymmas femti stycken av mig där inne.

D. Vad använde de det till?

B. Det var en grej som användes för att resa. Det kraschade en gång och sjönk. Nu syns det inte. Så jag väntar på att nån ska gräva där och hitta det. Det ligger långt ner.

D. Vem reste i det där klotet? Besökare?

B. Aah. Dom var små som jag, men dom var i (*fast*) form. Dom pratade som ett popcornspråk – det lät som popcorn, så här. (*Han imiterade sedan det han hade hört, och det var en massa snabba smackningar och smattrande.*) Och då sa jag, "Jag kan inte popcornspråket, vad är det här?" Och du sa, "Vi ska inte prata om det här, Bob. Men det var en olycka och det kunde inte lyfta igen, så vi gömde det."

D. För hur länge sedan hände det?

B. Det var förut, det var som två mäktiga civilisationer för länge sen. Du var där i en annan form (*manifesterad*) och du var involverad i det, och ansvarade för (*sol*) diskarna. Dom här diskarna gjorde att den här saken kunde komma in, för man kunde dra till sig klot, och några kom in så här. Jag vet inte varför dom kom, men det hade att göra med kunskapen om guld. På nått sätt hade dom en guldskimrande hudfärg. Jag menar, det var som gulaktigt, eller sandfärgat, men dom glänste. Så jag sa, "Oh, är det här det nya modet? Är det kanske vad som är tänkt för den nya människorasen? En hud som är lite mer glänsande och gnistrande. Jag känner dom inte. Jag vet inte var dom kommer ifrån." Och du sa, "Dom finns inte här längre. Dom hänger omkring uppe bland molnen". Och jag sa: "Vilka moln?" Och du sa, "Det är en parallell verklighet. Det finns parallella verkligheter som ser ut som moln – men det är inga moln. Men dom smälter in som moln." Du säger, "Många av dessa parallella verkligheter är på nått vis förklädda som moln."

D. Är alla dessa parallella verkligheter en del av vårt kosmiska akvarium?

B. Aah, det är fortfarande samma ... du visade mig. Men det finns några från det fjärde också. Jag ser vänner från det fjärde akvariet som också var här i en parallell tillvaro. Dom var inte inkarnerade, men dom var här. Det är typ så här; om du står på höger ben ser du det som finns omkring dig. Som nu, du ser bergen i Colorado, du ser din bil och sånt. Om du bara byter fot och lutar dig mot vänster ben, skulle du se, som Setalay och andra verkligheter som bara kommer hit på besök, som liksom svävar ovanför dig. Det är som att du flyttar dig emellan – jag säger inte att hon är här nu – men klotet, det reste igenom. Det fanns där (*i den parallella verkligheten*), men det bjöds in hit genom en portal – för du måste alltid ha en inbjudan – så det bjöds in i en portal för att sen flytta över till en tätare verklighet – som här – och sen hade det ingen möjlighet att återvända. Det störtade och alla dessa små figurer strömmade ut. Jag vet inte vad du gjorde med dom små varelserna, men själva klotet sjönk.

D. Fanns det vatten där vid den tiden?

B. Nä, det sjönk ner i ett roterande hål. Om du tänker på kvicksand, men att det roterar; Det blev bara uppslukat. "Men dom små varelserna var inte kvar därinne, så det var inte så att vi dödade nån", sa du.

D. Finns det många parallella verkligheter?

B. Du säger att det normalt är fem. Och dom rör på sig, så det är inte som att det alltid är fem permanenta parallella verkligheter. Det är som en tårta. Men varje kontinent, varje land, har inte samma stora tårta. Vissa länder har bara två lager i sin tårta och vissa har fem. Och där det finns en tårta med fem lager, där det finns flera verkligheter, det är där som det är nära till dom här energizonerna. Så, vi har en tårta med fem lager uppe i Ryssland, i mitten av Ryssland och UPPÅT, vid isen och snön och vid havet där uppe och sen finns det en mindre, så hela den regionen, från norr till söder, har en stor närvaro; där uppifrån havet och ner längs bergen. (*Uralbergen.*) Eftersom dom rör sig är det svårt att se exakt vilka länder dom hör hemma i, för dom roterar liksom, men det är där i mitten (*i Ryssland*). Och så finns det i den sydöstra delen av Medelhavet, ner till norra Afrika. Runt Egypten pågår en viss rotation. Men om du går längre ner (*större delen av Afrika*) så finns det bara mindre *(en tårta med två lager)*.

D. Jag kan föreställa mig vad du säger.

B. Det finns en STOR sån – som att du tittar på en tromb ovanifrån eller som ett stort vädersystem som kommer in – det är en riktigt stor som kretsar över den Sydamerikanska regionen.

D. Så alla de här olika verkligheterna, är de närmare den fjärde dimensionen, eller är det ett annat vibrationsfält inom vårt akvarium?

B. Det är som ett annat vibrationsfält. Det är inte den fjärde dimensionen, även om dom också lämnar genom den Fjärde. Vissa som mediterar eller är vana vid utanför-kroppen-upplevelser, dom kan nå dessa verkligheter – och dom kanske tror att det är den fjärde dimensionen – men det är faktiskt en parallell tillvaro, här. Du kan märka det genom att det har samma vibration som en fysisk verklighet och varelserna som du möter är mer villiga att dela avancerad kunskap. Ibland när du går in i den fjärde verkligheten (*dimensionen*), är det bara – jag skulle inte säga skräp – men det är mycket, som har lämnats kvar där, som du måste navigera runt. Det är inte lika avancerat. Det kan tyckas ur en mänsklig synvinkel att dom alla är samma, men du märker det genom att dom som finns i tårtan, dom parallella universumen, dom ger dig en mer direkt information och kunskap. Dom som du kommunicerar med, kommer du normalt hitta i ... dom kommer att sjunka ner i tårtan (*tredje dimensionens vibrationsfält*), inte ner i den fjärde verkligheten. Från en mänsklig synvinkel kan dom se likadana ut, men det är inte den fjärde verkligheten. Låt oss säga så här, du kommer inte hitta mormor eller Jesus i tårtan. Det finns inga trädgårdar i tårtan. Det du hittar där är avancerad information och kunskap från besökare (*utomjordiska väsen.*)

D. Jag är lite nyfiken, och du kanske inte vet, men i en parallell verklighet, skulle de se Jorden på samma sätt som vi ser den?

B. Dom ser bättre än du. För besökarna är i rörelse och den som bestämmer den här rörligheten och var du kan hitta en tårta med fem lager eller två lager eller inga tårtor alls– jag vet inte vem som bestämmer det, och du berättar inte – men dom är mer medvetna om dig än du är om dom.

D. Jag var bara nyfiken på om de skulle se samma universum som vi gör, eller om det är helt annorlunda?

B. Nä, dom ser inte samma sak som du. Liksom det där klotet, det föll igenom (*från en parallell verklighet till vår verklighet*). När det föll igenom såg dom samma som du. Jag vet inte om det var avsiktligt eller inte, men så länge som dom inte engagerar sig fullt ut så ser dom det som på distans. Det är som att se det i olika lager, säger du. Som att allt har ett större djup och hur saker och ting rör sig. Du säger att om dom tittar på Jordens verklighet, där människorna finns, så upplever dom inte nån tid. Dom skulle uppleva rörelser annorlunda; det skulle se ut som att du spolar framåt i en film. Och dom kan manipulera och lura tiden - dom är inte bundna av den, säger du. Så dom ser det mer på djupet, nästan som 5- eller 6D-seende.

D. Verkligen fascinerande!

B. Aah. Så, vi har det här folket (*nya själar*) som ska komma in och dom kommer att jobba i det där egyptiska museet, och jag sa till Zachariah, "Du vet, det där klotet ...?" Och han sa, "Schh! Dom kommer inte att vara där för att hitta det." Och jag viskade, "När kommer det ske? När ska de gräva upp klotet?" Och han sa, "Vi ska inte prata om det eftersom det inte finns med i planen." Och jag sa, "Det kanske finns andra skatter som dom kan hitta?"

D. Jag är säker på att det finns det. De där stora diskarna måste också ha tagit vägen någonstans? (*I oktober 2017 beskrev Ari användningen av gigantiska diskar gjorda av guld som var 10 till 20 meter i diameter. Sessionen presenterades i 'Andra Vågen', under rubriken Förlorade Minnen från Forntida Civilisationer.*)

B. Aah, dom där stora diskarna. Jag vet inte om dom också sjönk, men några togs bort. Dom fördes bort. Men många gånger när saker bara har försvunnit, har dom faktiskt – precis som klotet, som gick åt det här hållet, MOT Jorden – så har många saker faktiskt flyttats åt andra hållet. (*Tekniska anordningar som användes av utomjordiska eller manifesterade besökare i forntiden har flyttats in i en parallell verklighet. De kan fortfarande befinna sig på samma plats, men har inte längre den vibration vi förknippar med materia.*)

D. Så de blir bara osynliga för oss?

B. Osynliga, men dom finns. Du säger att diskarna finns, men dom är inte synliga.

D. Det låter vettigt att det bara rör sig in i ett annat vibrationsfält.

B. Aah. Du visar mig en bild av Egypten med människor i åttitalskläder, men jag ser också diskarna. Dom är bleka, men jag kan se dom. Och du säger, "Dom är i ett annat vibrationsfält. Vi har bara flyttat dom."

D. Var det så de stora stenblocken flyttades?

B. De förflyttades mellan vibrationsverkligheter, säger du, parallella verkligheter. Men det är också på det viset som du kan ta nånting och göra det större genom att använda - i det här fallet diskar - det är en stråle och den ser starkare ut än solljus. När jag tittar på strålen så kommer den inte från solen. (*Han nickade upp och ner, vilket skulle indikera att strålen kom in till Jorden någonstans ovanifrån, kanske från en rymdfarkost.*) Den har en guldaktig färg och den är större i diameter än disken. Det är en stråle som går till disken. Och skivan kan vara vänd så här (*han kupar sin vänstra hand så att handflatan var vänd åt höger*), men när strålen kommer, så rör den sig åt det hållet (*han vred handen så den var kupad uppåt mot himlen*) och sedan placerar du in nånting i skivan och strålen omger det och då går det så här (*han skakade försiktigt handen från sida till sida*). Och sen tar strålen objektet och flyttar det, på nått sätt. Så strålen flyttar objektet och placerar det, och sen när strålen försvinner så växer det (*det transporterade föremålet*) och bara stelnar där. (*Bob beskriver hur föremål placerades mellan strålen och skivan. Sedan förändrades* stenens elementära vibration; en del av den flyttade till en parallell vibration. Baserat på andra samtal är det som finns kvar, en ljusboll som bara är en bråkdel av storleken och med mycket liten vikt, som sedan flyttas till en önskad plats. När ljusstrålen sedan tas bort, växer objektet, expanderar och stelnar tillbaka till vår vibrationsverklighet.)

D. Det stämmer överens med vad Tallocks sa.

B. Aah, du visade mig det här, och när du visade mig den här filmen kunde vi inte hitta mig. Så jag undrade var jag var? Och du sa, "Det här var när jag inte var där i mänsklig gestalt."

D. Så vad pratade du med de små från den Femte mer om?

B. Jag fick inte prata så mycket, för när jag frågade Zachariah om dom kunde hitta klotet och dom parallella verkligheterna, sa han, "Tack, Bob," mitt i min mening! Zachariah var som (*Bob började klappa händerna*) och sen började alla applådera och jag förstod att nu var det slut. Men han skrattade och skakade bara på huvudet.

D. Jag antar att han inte ville dela för mycket information med dem. (*Resten av Bobs anförande publicerades i Memoarer, Del 2.*)

Zachariah: Geometriska Mönster och Portaler (20 oktober 2019)
På ett väldigt tidigt stadium uppmärksammade Zachariah oss på det faktum att de första Vågorna kommer att vara lättare att förstå och mer läsvänliga. Allt eftersom undervisningen fortskrider i de senare Vågorna kommer en del av ämnena att bli mer tekniskt och mindre gripbara. Personligen tycker jag om mentala utmaningar, men jag vet också att dessa ämnen inte är lätta att ta till sig. Zachariah är känd som en enastående lärare överallt i de andliga dimensionerna, och han är en av portvakterna som optimerar lanseringen av teknisk kunskap till människor på Jorden. I nästa anförande introducerar han en handfull komplexa idéer om geometri, språk, parallella verkligheter och utomjordiska besökare som använder dessa vibrationsfält för resor i tid och rum. Det finns inte mycket jag kan tillägga för att klargöra innebörden av det, även om jag har gjort stora ansträngningar för att fylla i några av luckorna med information från material som vi ännu inte har publicerat.

Elahim, Shea och andra besökare på planeten lärde de mänskliga varelserna att på olika praktiska sätt kommunicera med hjälp av symboler. Det tidigaste kända skrifterna är från den europeiska Vinca-kulturen (även känd som Donaudalens civilisation) som levde på Balkan före 7 000 f.Kr. Vinca var ättlingar till de ursprungliga kaukasierna, en albinoras placerad av ickejordiska besökare i centrala Ryssland omkring 35 000 f.Kr. Vincas DNA-haplogrupp (släktträd) var övervägande R1A, besläktad med minoerna, armenierna och sumererna cirka 5000 f.Kr. Vincaskriften fanns flera tusen år före den sumeriska kilskriften. Vinca förde också vidare 365-dagarskalendern, zodiaken och hjulet till andra kulturer och var de första att bearbeta metaller under senare tider. (Tidigare civilisationer hade mycket mer avancerade teknologier, men de gick förlorade i samband med att besökarna lämnade.) Även om sumererna använde ett sexagesimalt talsystem (en bas på 60), är jag säker på att de antog det från Vinca-kulturen, eftersom det kan användas i himmelsk matematik. Artefakter från Donau-Vinca-eran har utarbetade ritningar av himlens planisfärer, som har en anmärkningsvärd likhet med artefakterna som dyker upp tusentals år senare i de tidigaste sumeriska, egyptiska och grekiska kulturerna. Forntida astronomer kunde använda enbart ett rep eller en pinne av valfri längd och enkelt skapa en cirkel. Sedan använda samma mätinstrument och dela cirkeln i sex liksidiga trianglar. Varje triangulär kil skulle bilda en exakt 60-graders vinkel mot cirkelns mitt. När man följer stjärnornas rörelser fyller ett stjärntecken 30 grader av himlen vinkelrätt mot Jordens rotationsaxel (linjen som pekar mot den stationära Polstjärnan). Mittpunkten skulle vara 15 grader från båda kanterna. Vi använder fortfarande detta gamla Vinca-system, eftersom en timme är 15 grader av Jordens rotation och en minut är 0,25 grader. De som betraktade himlen och använde fasta stenformationer som referens, kunde lätt mäta tid och byggde detaljerade kalendrar och astrolabier för navigering. De flesta megalitplatserna användes i ett astronomiskt syfte. Jag uppmärksammar Vinca eftersom de var den mest avancerade förhistoriska civilisationen, och de lämnade också efter sig en mängd skulpturer med utomjordiskt utseende. Allt detta ger tilltro till Zachariahs uttalanden om besökare som undervisade människorna.

Naturen och universum innehåller oändliga exempel på struktur och rörelse som uppvisar geometriska mönster och symmetri. Matematisk precision är grundläggande för skapandet av den minsta atomen till den största galaxen. Vissa mönster kan användas för att manipulera eller kontrollera energi. Denna typ av kunskap överförs genom symboler. Zachariah talar om att symbologi är ett universellt kosmiskt språk. Om du tänker på de rapporterade märkningar på UFO:n, eller de invecklade mönstren och detaljerna i vissa sädescirklar, kan det vara exempel på det språket. Utöver att studera dessa fysiska manifestationer rekommenderar våra vänner i andevärlden också att de som mediterar visualiserar sig sittande inuti en roterande Merkaba – och antyder att geometriska tankeformationer kan påverka Jordens inre energifält. Huvuddelen av Zachariahs kommentarer är ganska utmanande att ta till sig. Han avslöjar att cirkulära objekt kan färdas in i parallella verkligheter och röra sig utanför vår rum-tid. Fyrkantiga och pyramidala mönster används för att förankra portaler och stabilisera Jordens nät. Och att ett klockformat föremål kan röra sig genom tiden, men inte erövra rummet. Jag hoppas att de en dag kommer att klargöra fysiken bakom dessa observationer.

Z. Det här är Zachariah.

D. Oh, hej Zachariah. Trevligt att höra dig igen.

Z. Hur står det till min vän?

D. Jag har det bra, tack.

Z. Jag är här för att hjälpa dig att väcka minnet av hur du använde och tolkade nycklarna till de geometriska figurerna. Pyramiden har formen av en triangel. Den används för resor och mottagande. Du lärde dig språket för de geometriska mönstren och hur de är portaler till öppningar och kunskaper på det vetenskapliga området. Pyramidformen är välkänd för sin förmåga att överföra och ta emot. Den har förmågan att öppna upp för inkommande resor, inte nödvändigtvis avgående. Den cylindriska formen är ett verktyg för rotation genom tunnlar, som skapas som ett resultat av att till exempel pyramider aktiveras. Det är anledningen till att flera har sett cylindriska eller cigarrformade föremål. Det är helt riktigt, eftersom det är en manifestation av en transportutrustning som har förmågan att lättare rotera (*och penetrera*) genom fysiska lager. Kuben, med sina fyra hörn, representerar inte bara de fyra elementen utan även fyra riktningar. Det är ett sätt att navigera. Där kuben är på plats skapar den en karta. (*Den exakta orienteringen till de megalitiska strukturernas huvudriktningar är en karta.*) Den skapar fundamentet för pyramiderna för att senare välkomna resenärer. När du lär dig att förstå att alla geometriska mönster— vi har nämnt den sexuddiga stjärnan, som är ett sätt att kombinera mönster på ett sätt som matematiken inte klarar av. I just denna tidsålder tror människan att språket utanför Jorden består av siffror. Det är faktiskt mönster och former, som den sexuddiga stjärnan. Och när du kom ner i antikens Grekland,

HELIG DESIGN

tillsammans med mig och andra vänner, gjorde vi beräkningar och vi lärde oss att förstå och använda olika former som språk. Det vill säga det vetenskapliga språket. Cirkeln indikerar en fullbordan. Den binder samman verkligheterna och upplevelserna. Cirkeln är symbolen för stjärntid, rum-tid, där tid och rum smälter samman till ett. Det är symbolen för cirkeln, eftersom den inte har något slut och heller ingen början. Den låter olika verkligheter fullbordas. Cirkeln, sfären, tillsammans med cylindern, är de som gör det möjligt att korsa verkligheter.

D. När du säger korsa verkligheter, är det mellan ... (*Han svarade innan jag hann avsluta min fråga.*)

Z. Vibrationsfält. Mellan verkligheter, parallella verkligheter. En kub eller en triangel har inte den förmågan. De placeras på den ena eller andra sidan, för att de andra (*formationerna*) ska kunna resa. (*Han menar att pyramiderna och/eller kuberna finns i änden av en portal, men de runda formationerna är de som kan röra sig genom de parallella lagren och sedan ut på ljusvägarna som är förbindelselänkarna. Precis som klotet Bob nämnde.*)

D. Så cylindern eller sfären är de som reser, med hjälp av de andra formationerna?

Z. Ja, ja. Det är därför den Lille fick en sfär (*hans bubbla för resor i rymden, som det berättades om i 'Memoarer, Del 1'*), som senare blev hans andra hud, så att säga, eller hans andra vibrationsfält, eftersom han faktiskt inte använder en hud, i den meningen, när han reser. Cylindern färdas emellertid längre; den är långsammare, den roterar långsammare runt sin axel. Cirkeln och sfären, roterar snabbt, som en cell. Den tränger igenom. När du väl lärt dig att de geometriska mönstren är vetenskapens språk, fysikens språk hur du navigerar inom Hjulet, kommer du i gamla skrifter finna ansatser till försök att förstå de olika symbolerna– inte siffrorna – symbolerna. När du kom hit tidigare, för att försöka implementera det kosmiska språket, gavs det en lite mjukare symbolik, eftersom invånarna inte var vetenskapligt utrustade i sitt mentala. Du fick hjälp av dem från den Sjunde, Shea, som tillsammans med dig skapade ett symbolspråk.

D. Jag har en fråga om det här. Människor kommer väl aldrig att kunna göra interdimensionella resor eller resor in i parallella universum, eller hur?

Z. Du menar de nuvarande?

D. Ja.

Z. Nej.

D. Kommer framtida människor att kunna det?

Z. Tidigare gjordes det. Det beror på var gränsen mellan vibrationerna går. Vid den här tiden kan du välkomna besökare från andra sidan gränsen. Men du själv, som en människa, kommer inte att kunna korsa gränsen åt andra hållet, på grund av det faktum att du har en slöja över din förmåga att lösa och bemästra höga frekvenser, och för att du inte ska INVADERA. Så länge som du har den mentaliteten, att invadera, kommer du inte att kunna resa över gränsen. De som är öppna och inbjudande har förmågan att resa över gränser inom ditt akvarium och mellan akvarier. Det är därför, till exempel de från Etena, de skulle kunna komma hit, men du kommer inte att kunna resa dit.

D. Finns det några gamla språk som är baserade på de symboliska mönstren?

Z. Ja. Det armeniska, sumeriska, egyptiska.

D. Armeniska var det ursprungliga, eller hur? Det var före det sumeriska?

Z. JA, ja. En grupp av – en blandning av flera dimensioner – reste dit. Flera från Åttonde. Det armeniska språket är starkt kopplat till de högre språken inom Hjulet. Sättet de skriver, liksom även sumererna och egyptierna, de arbetar med symbolik, inte siffror. Det finns de som kommunicerar med siffror, men det är bara allmänt prat, det löser inga nycklarna i Hjulet. Du måste förstå begränsningarna i din hjärna, för att inte misströsta över det faktum att du för närvarande inte kan lösa allt vi lär dig, allt vi talar om. Vi tillhandahåller små bitar i taget så att du börjar ifrågasätta vetenskapen. Dina böcker framöver kommer huvudsakligen att handla om att ifrågasätta var vetenskapen står, och lyfta fram uråldriga sätt att kommunicera – bara peta på dem, provocera dem lite. De står och stampar i sina sinnen. Någon måste peta på dem och det är det du gör.

D. Jag har inte ens en bra fråga att ställa.

Z. Det behöver du inte tänka på, eftersom du just nu inte har det i din dator. Jag kommer att ge dig ett minne, eftersom du arbetade med detta tidigare. Ifrågasätt eller lyft fram möjligheterna med symbolik och former; om de roterar, om de smälter samman till nya former, öppnas nya möjligheter. De är programmerade som DNA för att aktivera visst medvetande och nycklar för teleportering, som sfären och cylindern. Du känner också till klockan. Klockan lurar tiden på något sätt, men den går inte till andra sidan av ett vibrationsfält som sfären eller cylindern. Den är låst i den här verkligheten men den hade förmågan att resa in i den Fjärde och flytta över till en annan plats. Den använde sig av ljudet. Vet att alla former, när du kombinerar dem med ljus och ljud, så utmanar de den kända materian som finns i den verkligheten. Klockan var en ansats till att försöka färdas över vibrationsbandet. Den nådde den Fjärde och kunde röra sig längs korridorerna i den Fjärde (*dimensionen*). Emellertid, vibrationsfälten i de olika parallella universumen kan titta in i den Fjärde, och även uppfattas, men de finns inte där på plats, så att säga. De är inte bundna eller fångade i den Fjärde, på samma sätt som de är i den Tredje.

D. Så de som är i de parallella universumen kan röra sig fritt?

Z. Ja. De ser den fjärde dimensionen som du skulle se ett stort fält, bara något att korsa. Det är inte deras karma; de parallella universumen har ingen Karmisk Kappa som här. De finns i en annan cylinder, i en annan cirkel. Det betyder att de har sitt eget rum och tid. Klockan försöker komma åt en annan tid med hjälp av rummet, utan att förstå att nyckeln är att slå samman dem till en sfär. Klockan blev aldrig en sfär, den hade bara förmågan att behärska tiden på något sätt – aldrig rummet.

D. Så de skulle kunna flytta in i en annan tidsperiod på Jorden?

Z. Ja.

D. Genom att behärska rummet, menar du att de skulle kunna flytta över till en annan del av det synliga universum?

Z. Du har för närvarande inte förmågan att behärska rummet. Men du har idéer om hur du kan behärska tid. Det betyder att du kan resa, fram och tillbaka i ditt sinne - du blir klockan. Du behöver inte ha en fysisk klocka. Du kan aktivera klockan i din Mittpunkt, vilket innebär att du har möjlighet att besöka olika tidsperioder. Men du kan inte korsa rummet, fysiskt. Hur som helst, jag kom bara för att kort säga hej. Vi har någon här som vill visa dig en teckning. Han vandrar ofta omkring på den Femte, i mina hörsalar, och han har bett om lov att få vara värd för en workshop. Jag bad honom beskriva vad den här workshopen skulle handla om, eftersom jag vet att han kan vara lite finurlig. Så jag sa, "Den här workshopen, Bob, den måste vara på en väldigt elementär nivå. De kommer inte att arbeta med den högre vetenskapen, som de sex från den Sjätte. Deras (*de från den Femte*) uppgift kommer att vara att bistå och förbättra miljön och den biologiska kedjan. Så du kan inte ha en workshop för att förstå den högre vetenskapen eller teleportering, som de andra ska komma in och arbeta med i en senare cykel." Men den här workshopen, som han ville hålla hos mig, hade att göra med kreativ konst, sa han. Så han har klätt ut sig, som jag kan se, i ett målarförkläde och en liten hatt. Hatten är svart – den är lite stor, men passar bra. Både den, förklädet och hela han är full med färgfläckar.

D. Nerfläckad målare.

Z. Han är verkligen en nerfläckad målare. Han ville skildra en slags kreativ kraft och hur den skulle se ut. (*Bob kom in efter Zachariah och höll ett föredrag om att 'Färglägga Sinnet', som finns med i 'Memoarer, Del 2'.*)

D. Jag hade en snabb fråga innan du går. Det finns ett antagande inom vetenskapen att fysiska objekt förvränger rum-tiden. Det är en av premisserna för den vetenskapliga förståelsen av universum. Är det sant eller inte?

Z. Förtydliga.

D. De säger att rummet är som ett ark, och om ett föremål som en planet placeras i det, får det arket att böja sig runt det, vilket skulle vara en förvrängning av rum-tiden.

Z. Om det skulle omsluta det, bli en cirkel, så skulle det vara rum-tid, stjärntid, som vi pratade om vad gäller sfären. Men så länge som objektet bara ligger i ett ark, är det bara halvvägs där – det behärska inte tid och rum, det kommer inte att bli rum-tid. Men om vi säger att arket är mer som tid, är det något som du kan manipulera. Men du kan inte manipulera rummet. Så det här arket med objektet, det kan enbart indikera att du är bollen i arket, eller planeten i arket. Själva arket är tid. Tiden är rörlig och tiden kan böjas. Vid den här tiden har du förmågan att inom ditt väsen befinna dig på arket och behärska tiden på något sätt. Men det måste fullbordas till en sfär, som är symbolen för fulländandet av tid och rum. Om arket skulle smälta samman fullständigt, vilket är möjligt i andra kosmiska akvarier och andra vibrationsverkligheter även i ditt akvarium, tillåter det att arket, som du kallar det, omsluter objektet. Då löses helt enkelt objektet upp i tid och rum och blir till en sfär. Det är så helt genomförda resor går till. Där har du det. Fundera på det med dina sju procent! Huh huh huh!

D. (*skrattar med honom.*) Du kanske kan låna mig lite?

Z. Oh, det skulle du bra gärna vilja.

D. Det skulle jag.

Z. Du har din Lille Vän som viskar i ditt öra hela tiden. Han viskar i ditt öra när du sover. Han viskar i ditt öra när du arbetar och till och med när sitter i den där grejen på hjul – bilen – viskar han och han pratar hela tiden, för du sa åt honom att göra det. Du sa åt honom att fortsätta upprepa saker i dina öron, så att det kanske skulle fastna, och det är vad han gör. Där. Tills nästa gång säger jag farväl.

D. Okej, min vän. Farväl.

Nionde Rådet, Ophelia: Drömma i färg (12 januari 2020)
När Råden talar är deras respektingivande iakttagelseförmåga och milda vägledning ständiga påminnelser om att de representerar ett finger på skapelsens hand. Deras ord är en återspegling av den perfektion, avsikt och visdom hos Skaparen, som vet vilka svårigheter själar möter när de inkarnerar. I den här sessionen ger de mycket specifika råd om hur vi kan bli mer andliga genom aktiviteter som bön och avgiftning av kroppen. De talar också om hur Jorden och dess invånare starkt påverkas av energi som flödar från de andliga verkligheterna ut i vårt kosmiska akvarium. Energin kommer i tusentals år långa cykler. Det Nionde Rådet beskriver hur mänskligheten har befunnit sig i en dalgång under de senaste antal tusen åren efter att filter placerats i människan som dämpade själen. Utmaningen för inkarnationer sedan omkring 7000 f.Kr. har varit att bemästra de mentala, känslomässiga och fysiska skikten. Mycket av det nuvarande karmaprogrammet är baserat på svårigheterna att hantera en kropp när det finns filter som skärmar av själens inflytande.

Vad jag kan förstå, måste alla själar, någon gång under sin utveckling, resa in i åtminstone ett av de kosmiska akvarierna och lära sig om form. Det Nionde Rådet sa att vissa saknar natur och skönhet, men är annars väldigt harmoniska. Själar som reser dit har en annan typ av separation från renheten i de andliga världarna. Här på Jorden, som är en växthusplanet, finns det så många djur, fiskar, blommor, växter och landskap som är förtrollande vackra. De är en återspegling och koppling till andevärldens storslagenhet. Men människorna är på själsnivå avskilda från sig själva, vilket gör det mycket svårt att upprätthålla ett tillstånd av medkänsla och harmoni med sina medmänniskor och naturen som omger dem. Jag tycker att det är ett mycket tänkvärt koncept, och det antyder att den Karmiska Kappan är uppbyggd kring utmaningar som relaterar till detta. Mot slutet håller både Nionde Rådet och Ophelia utmärkta anföranden om leylinjer, magnetfält och Gaffeln, något som tyder på att människor har förmågan att hela dessa energikanaler genom bön.

NR. Elahim. Det här är det Nionde Rådet.

D. Hej mina vänner.

NR. Vi kommer återigen till denna heliga cirkel som du inbjuder oss att delta i. Vet att det finns flera tysta Råd vid denna tidpunkt som närmar sig och kommer att leverera sin kunskap när tiden är mogen. Det finns Råd som du helt enkelt kan kalla Skapande Råd. De kommunicerar direkt med hela kosmiska akvarier, himlakroppar, galaxer; (*de*) övervakar rörelser. Det är de som initierar rörelse genom hela Hjulet, likaså rörelse inom ett akvarium. Dessa entiteter har aldrig tagit form, form på det sätt som du uppfattar form. De Skapande Råden rapporterar direkt till Källan. Men de ser fram emot att, i din framtid, avslöja allt om kommunikation, rörelse och evolutionens mångfacetterade skeenden. Vi fokuserar dock mycket på detta akvarium. Det beror på att det finns flera energier som är på väg in, gränser som upplöses till det fjärde akvariet. Till och med den fjärde dimensionen var vid ett tillfälle tunnare, vilket innebar att den femte andliga verkligheten mycket lättare smälte samman med dem i form i den Tredje. Vid denna tidpunkt – återigen detta går i cykler – vid denna tidpunkt är den Fjärde, den mentala sfären, ganska bred. Den är också fylld av tidigare händelser i din verklighet. Inte bara Jorden utan i din galax som helhet. På något sätt kanske du tror att ett helt kosmiskt akvarium har samma bro genom den Fjärde in i den femte verkligheten. Hur kan jag förklara det? På samma sätt som det vi diskuterade när det gällde den fundamentala skivan (*Skaparens skiva*) och skivan som svävar däröver (*som är*) i rörelse - den fjärde verkligheten fungerar på ett liknande sätt. Den fjärde verklighetens bredd, avståndet symboliserar den fundamentala skivan, bredden är vid just denna tid konstant; inte konstant under hela cykeln, hela evolutionen. Men den är statiskt. Du, som upptar formen i detta akvarium, när du övergår från form till ande, färdas du på olika sätt genom denna statiska fjärde verklighet. De som finns i din granngalax, Andromeda, de färdas också genom den statiska fjärde verkligheten, som alla gör – upplevelsen är emellertid annorlunda. Det är som den svävande skivan, baserat på varifrån du reser. Så, eftersom bron är statiskt, kommer den fjärde verkligheten, övergången från form i akvariet till den andliga verkligheten, att vara varierande. Du (*Jorden*) är långt ut (*mot periferin*); du är i dalgången och det krävs lite större ansträngning att övergå från form till andlig form. De som är närmare centrum (*navet på Hjulet*) har fortfarande samma statiska fjärde verklighet, men de blir inte den fjärde verkligheten, som du själv. Det är skillnaden, övergången varierar om du blir den fjärde verkligheten (*eller inte*). Du kan röra dig snabbare om dina läxor och utvecklingar är annorlunda. Inte alla i akvariet utvecklas under samma tid, på samma sätt, och det är skillnaden i hur övergången sker. Så den punkten där du befinner dig ... Jorden är i en dalgång och känner sig något frånkopplad, till och med bortkopplad från den Fjärde. På många sätt är du här för att upplysa människorna om att den Fjärde existerar. När den Fjärde blir känd är det lättare för mänskligheten att vilja nå de högre nivåerna. Den Fjärde är där deras drömmar finns - nonchalera inte dina drömmar. De är portaler för att förstå övergångarna mellan ande och form. De som utforskar sina drömmar har lättare att omfamna en andlig verklighet. Men så kommer frågan om mardrömmar - vad är dessa? Det är samma illusion. Det är på många sätt manifesterat i ditt medvetande som ett minne. Det kanske inte ens är ditt eget minne. De som är vidöppna i sin – vad kallade du det – skorsten, kan när de drömmer möta andras rädslor, inte sina egna. Men det manifesteras i deras drömmar. De som är vidöppna, och inte helt jordade, de har en tendens till att inte bara bjuda in ljus när de drömmer; de kan stöta på kvarlämningar – sådant som blivit kvar av andras rädslor i den Fjärde – och det kan då bli DERAS mardröm, vilket inte ger någon mening. På många sätt är det det som är meningen med att jorda sig själv. Vi rekommenderar, när du går till sängs, att du skickar ut en bön om att bara få färdas på din egen väg, till dina egna drömmar, till dina egna minnen. Sänd ut en intention att du är jordad när din själ reser. Om det fysiska inte är i balans blir själen lättar vilsen när den färdas i drömmar.

D. Jag antar att mat och alkohol kan påverka det fysiska?

NR. Ja. Om du äter för sent innan du går och lägger dig, har det en inverkan på det fysiska, och det skapar obalanser som själen, på väg in i sömnen, känner sig avskild från. Det färgas och det färgar drömmarna. Vi rekommenderar att du inte äter för sent innan du går till sängs. Helst att du inte äter senare än tre timmar före du somnar. Alkohol, naturligtvis, och andra ämnen, färgar det fysiska och det färgar dina drömmar. Drömmar som kan bli en illusion som inte är verklig. Det är det fysiska som ropar efter ett renande, vilket färgar själen när den färdas om natten. Men var också medveten om att de som inte är helt jordade och för öppna för högre energier – de som kallar sig empater – dessa människor är ibland öppna för andra influenser, även när de sover. Det betyder att deras drömmar kan färgas av vad de möter i den fjärde verkligheten. Rester, rädslor, karma och existenser som inte helt har övergått till ljuset och fortfarande väntar på den slutliga uppstigningen, inte helt och hållet där (*tillbaka i andevärlden*). De (*de kvardröjande andarna*) lägger märke till alla själar som färdas i sina drömmar, men om du är i balans som människa och kopplad till Källan, till din själ, så påverkas du helt enkelt inte av dem.

D. Det är riktigt bra råd.

NR. Vi rekommenderar att du innan du går och lägger dig skickar ut en bön om att inte låta din själ påverkas (*av yttre energier i den Fjärde*) eftersom den kommer att lämna det fysiska.

D. Ska böner ske högt eller tyst inom oss?

NR. Det spelar ingen roll. En bön är fortfarande en bön, verbalt, mentalt, känslomässigt eller från din mittpunkt. De som sänder ut sin bön från sin mittpunkt, går inte särskilt sannolikt vilse i sina drömmar. De är redan medvetna om allt mish–mash de kan stöta på när själen lämnar. Men bara be en bön om att dina drömmar ska vara trygga, be om färger, föreställ dig regnbågar, föreställ dig alla möjliga spektra av färger. Inget ont kan färdas på färger. Om dina tankar dras till grått, mörkt, negativitet, byt då ut dessa tankar och låt din favoritfärg ta över, visualisera. Fantasin är en portal, det är ett sätt för dig att bli mer rätt inställd. Så (*på grund av*) den plats där ditt system, galaxen, just nu befinner sig, måste förändringen komma från dem som upptar formen. Ibland görs förändring från andliga verkligheter. Vid denna tidpunkt övervakar (*de*) förändringarna som förhoppningsvis kommer att ske inifrån dem som är i form. Vet bara att den fjärde verkligheten på något sätt är statisk för varje kosmiskt akvarium. Men hur de i form når de andliga verkligheterna varierar.

D. Om man tänker på själarna som kommer till Jorden, verkar det som att detta är en ganska krävande destination. Andra själar har tydligen lättare upplevelser på andra platser. Finns det en anledning till att vissa själar skickas till Jorden?

NR. Inte som ett straff, utan som en avskärmning. Om du bara färdas till destinationer som speglar den andliga verkligheten, så sker inget växande, i form. Ni måste alla färdas till destinationer där formen skapar en barriär till din själ. Det kan vara så att du färdas till en planet eller en verklighet som saknar växtlighet, som inte har hav och kontinenter med en brist på växtlighet – det är en separation från skönheten som själen inom sig alltid är en del av och söker. Och här reser du till en destination som inte är visuellt torftig, den blomstrar - du har djurliv, du har dina hav, växtlighet och så vidare. Här handlar det om medvetenheten – gapet till själens skönhet. Så själar kan färdas till destinationer som kommer att påverka deras skolning och deras kunskapserfarenheter. Vissa kommer att känna sig dränerade av miljön på en planet. Här känner sig själar dränerade av bristen på empati och gemenskap. Lärdomen i allt, när en själ färdas och tar en form, är att hitta och återansluta till skönheten inom sig. Här är det svårt, då ni på många sätt skapar ett främlingskap mellan varandra istället för ett band. Ser du bilden?

D. Det gör jag. Det är verkligen en lysande beskrivning.

NR. Varje gång en själ lämnar andevärlden och tar en form, är läxan att hitta och minnas och söka skönheten som den är skapad av och alltid är. De som färdas till destinationer som saknar livsformer, saknar liv ... det finns flera själar som har minnen av att resa till uttorkade verkligheter, bara sten, bara sand, utan att uppleva någon koppling till skönhet. Lärdomen när du reser till den typen av platser är att hitta anledningen till varför du är där. Kanske rymmer den ogästvänliga miljön en portal eller en förståelse för själen att kanalisera skönhet.

D. Det är verkligen en vacker undervisning. Vi kommer att träffa en grupp i morgon och tala om kraftplatser och energi. Finns det något du kan säga om det?

NR. Kraftplatser, punkter av intresse, vissa håller ditt gravitationsfält i sin position. Pyramider byggdes för att först och främst hålla nätet i sin position, vilket gör det statiskt och möjligt för liv att äga rum. Om ditt energinät, gravitationsfältet, inte är statiskt, om det blir rörligt, kan livsformer inte existera på det sätt som du ser dem nu. Forntida besökare, forntida civilisationer, visste hur man underhåller och stabiliserar nätet, och förstod att gravitationspunkterna är olika. Det betyder inte bättre eller sämre, det betyder bara att de är en del av ett större nät som korsar din planet, och det måste underhållas på olika sätt. De som befolkar ett område, där gravitations- och magnetfältet är mer blottat, upplever psykiska störningar. Det finns en anledning till att många just nu upplever psykisk ohälsa. Det beror på att ingen har kunskapen om hur man underhåller nätet. Ursprungsbefolkningarna kände till hur man genom ritualer kunde stänga, underhålla, öppna portaler för att hela nätet skulle vara i balans. Pyramider byggdes för att upprätta stabiliserande zoner. (*Pyramider byggdes över områden där nätet behövde stabiliseras.*) Men du behöver inte bygga en pyramid för att hedra nätet eller underhålla dina portaler. Du kan göra det helt enkelt genom att du upptäcker hur energin känns i ditt väsen. Om du stöter på en plats som får dig att plötsligt känna en förändring i din personlighet, i ditt välbefinnande – oavsett på vilket sätt – hedra den platsen. Stanna upp och se, tona in på den regionen där du har dina fötter och du kommer att förstå att du som människa har förmågan att, på samma sätt som en pyramid, läka och stabilisera en plats.

D. Fick de tidiga invånarna veta hur det skulle göras av resenärer?

NR. Ja ja ja. Resenärer, ja, inte mänskliga.

D. Är nätet runt Jorden relaterat till magnetfältet, eller är det något oberoende?

NR. Det är en vän till magnetfältet. Det är en vän till Jorden. Men det placerades här av dem som konstruerar kommunikationscentraler. (*Gaffeln är det centrala kommunikationsnätverket på Jorden.*) Jorden, i sin allra yngsta form, fick ett magnetfält, vilket alla verkligheter får. Förändringar i underhållet inträffade dock över tiden och det var konstruerat av besökarna. De kom från närliggande system, inte från andra akvarier. Men vid den tidpunkten, när Jorden föddes, när ditt system föddes – om vi ger dig bilden av ditt akvarium från ett till tio – så är ditt system just nu beläget runt sju. (*Jag tror att det Nionde Rådet använder nummer för att representera utvecklingsstadierna. 0 skulle då vara när materia uppstår från den första dimensionen, och 10 skulle vara en återgång till viloläge. Hela universum har en cykel och alla system följer den rytmen, men enskilda planeter och stjärnor har sin egen, kortare 1 till 10 livslängd.*) När ditt (*sol?*) system föddes, var det (*universumet?*) beläget runt två eller tre. På den tiden fick den (*Jorden*) ett magnetfält. När den fortsatte sin utveckling och började nå nivå fem – för att göra det enkelt, för att ge dig en bild – började det uppstå liv. Vid den tiden, när livsformer, förflyttningar av kontinenter, började komma in i din verklighet, gjordes justeringar i ditt magnetfält. Gravitationsfältet var fortfarande konstant, fortfarande beroende av akvariet som helhet. När den (*Jorden*) utvecklas sker underhåll av ditt magnetfält – inte nödvändigtvis gravitationsfältet, som är konstant. Men när vi säger konstant, vet att det finns ett sätt, som de Skapande Råden kan justera gravitationen inom varje himlakropp. Så på något sätt har din fråga två svar. Källan till gravitationen inom din planet, inom ditt system, i ditt akvarium, förblir normalt konstant. När förändringar sker– evolution eller skiften – sker justeringarna från högre Råd, vilket påverkar ursprunget till gravitationen. De som påverkar och justerar magnetfältet är besökare, normalt experter från närliggande system i ditt eget akvarium. De (*formerna*) i det tredje akvariet har vid den här tidpunkten gått igenom hela sin cykel; det sover. Det betyder att alla gravitationsfält, alla magnetiska fält, är avstängda, sovande. Så en människa har förmågan att använda sin fysiska kropp på samma sätt som en pyramid. Om de stöter på en punkt som de upplever kanske är i behov av läkning, i behov av balans – du kan till och med stöta på en punkt som kommer att utlösa en känsla av rädsla inom dig – hjälp den platsen. Du fungerar på samma sätt som en pyramid. Placera dina fötter stabilt på den platsen, blunda och se vad platsen säger dig. Ur det perspektivet har du förmågan som själ i mänsklig form att knyta an till och stabilisera den platsen. Men många människor, när de stöter på en känsla som utlöser, låt oss säga, rädsla, så flyr de. Vissa portaler kan heller inte stabiliseras enbart av en person. Det kan behövas en hel grupp. De amerikanska indianerna reste över din nation och letade efter platser som var i behov av stabilisering och använde ritualer för att stabilisera landet. På många sätt reste de för att finna föda, för att hitta nya platser att bosätta sig på, men de blev vägledda. Shamanen eller hövdingen ledde dem till platser där Jorden kallade dem. Jorden längtade efter balans för olika regioner.

D. Om en individ vill försöka göra det, ska de då be en bön? Är det den metoden de ska använda?

NR. Jaja. På alla sätt du finner passande. Portaler är öppningar för besökarna som kommer, konstruerar och underhåller dina magnetfält. Portaler är inte statiska, de rör sig. Leylinjer är vägar och ådror på din planet som leder dig till platser där du kan söka information, inte bara från din värd utan du kan också komma i direkt kontakt med tidigare civilisationer. Det är som en nostalgitripp, om du så vill. Du har förmågan att komma i direkt kontakt och känna Jorden, känna hur Jorden pulserar, genom leylinjerna. Det är som att komma i kontakt med din värds hjärtslag. Som en gåva, när du hedrar din värd, kommer värden att ge dig information av olika slag. Det är lätt att träffa på upplysning när du väl färdas längs leylinjerna. Där.

D. Wow. Det var ett lysande tal. Tack!

NR. Vi kommer att fortsätta den här diskussionen.

D. Okej mina vänner, tack så mycket för att ni kom och berättade idag.

NR. Nöjet är helt och hållet vårt. Elahim.

D. Elahim. (*De lämnade och Ophelia kom in för att rensa energin åt Bob.*)

O. Så, låt se vad vi kan göra med energin, eftersom den här är lite statisk i det fysiska, och jag vet att någon som är lite mer flexibel kommer att känna sig mindre välkommen. Haha.

D. Hej, Ophelia. Så trevligt att höra dig igen. Vi känner alltid att du får mindre tid när det gäller att prata.

O. Oh, jag får sagt det jag vill säga, bara genom andra kanaler – även genom det Nionde Rådet, till och med genom andra talare. (*Som Bob.*) Vi kommunicerar alla (*som ett sinne*) om ett aktuellt ämne och vi vill alla leverera en berättelse som kommer att utvecklas lite i taget alltefter som vi går framåt. Det är för att göra det enkelt för dig att förstå ämnen som många gånger är svåra att förstå från en mänsklig synvinkel. Det är därför vi blandar våra lärdomar och gradvis ger dig fler nycklar att tänka på. Jag vet att ni kommer att diskutera portaler, heliga platser och leylinjer. Leylinjerna är den direkta kontakten till den sjunde och den åttonde dimensionen. De som förstår nätet förstår elementen och förändringarna i naturen och låter sig lättare ledas till leylinjer. När man träffar på leylinjer kan det upplevas som en plötslig sorg. Sorgen indikerar din värds sinnestillstånd vid den tidpunkten. Men sorgen är också att du känner av separationen från din värd och från din Källa. Så sorg, såväl som skratt, är kanaler för dig att komma i kontakt med din värd såväl som din själ. Sorgen vid den här tidpunkten känns i leylinjerna, som är Jordens cirkulationssystem. Leylinjerna är venerna i din värd, och på specifika platser, när du kommer i kontakt med en leylinje i den regionen kan du känna sorg, och det har att göra med vad som händer i marken. Du kan också känna en direkt separation från Källan, och det kan utlösa en känsla av sorg. Så sorgerna kan vara annorlunda. Det kan också vara en glädjefylld sorg, om du så vill, eftersom det ger dig en möjlighet att knyta an till Källan om du snubblar över den känslan.

D. Livsformerna på Jorden, som växter och djur, är de beroende av dessa leylinjer?

O. Ja, absolut. Absolut. På samma sätt som Gaffeln, faktiskt. Gaffeln är den som kommunicerar till leylinjerna, i första hand. Gaffeln kan också på något sätt – om än inte nödvändigtvis ofta – men den har förmågan att vara en stabilisator för magnetfältet och de punkter som nämndes, vilka kan vara i obalans. Besökare som kom hit för att upprätthålla magnetfältet hade stor förståelse för hur du kan ansluta till Gaffeln. Men Gaffeln finns i första hand till för livsformer, leylinjer och värden i sig. Det finns energipunkter som håller större eller mindre gravitation. Även om gravitationen i sig är statisk, manifesterar den sig olika på olika ställen. De som färdas hit för att underhålla nätet – vilket är deras främsta agenda i det här läget – de som besöker är här för att upprätthålla magnetfältet och för att se till att människor inte förorsakar störningar i detta magnetfält. Om magnetfältet skulle kollapsa skulle det ske enorma förändringar i Jordens utseende. Gaffeln skulle ändra läge. Detta är vad som hände tidigare när polerna flyttade sig. Därför är det ett extremt viktigt uppdrag som besökarna har att se till att du inte på ett negativt sätt påverkar magnetfältet. Så, det var det. Vi kommer att fortsätta den här diskussionen.

D. Tack för det. Jag uppskattar verkligen informationen, Ophelia.

O. Så gärna, så gärna. Där.

Nionde Rådet, Ophelia: Livet i en Dalgång (18 januari 2020)
Den här sessionen är inte så lätt att kategorisera eftersom det Nionde Rådet diskuterar så många olika ämnen. Huvudfokus ligger på energiflödet som kommer in i vårt solsystem och hur det påverkar Jorden och människorna här. De pratar också om portaler och varför utomjordiska existenser kommer hit för att samla biologiska prover. UFO-berättelser om bortföranden och medicinska experiment tolkas gärna negativt av människor, som antar att deras avsikter är fientliga. Men det Nionde Rådet berättar för oss att dessa intelligenta besökare har kommit hit i hundratals miljoner år och arbetar på uppdrag av olika Råd som vill säkerställa att Jorden fortsätter vara en livskraftig värd. Det de just nu undersöker är den mentala kedjereaktion som tvingar vissa människor att agera utan vare sig logiskt tänkande eller självkontroll.

Det Nionde Rådet förklarar också att psykiska obalanser och det irrationella raseri som genomsyrar samhället delvis beror på den effekt som socker har på hjärnan. När jag frågade dem om sockret tillsattes medvetet sa de att det var "från dig själv till dig själv." Det fick mig att skratta, men poängen de gjorde var att det är vi som själva är ansvariga för vad vi stoppar i oss. Om vi är för lata eller dåligt informerade om vad vi stoppar i våra kroppar kan vi inte bara skylla våra val på de stora matkartellerna. Men det är ett faktum att myndigheterna uppskattar vad socker, majssirap med hög fruktoshalt och liknande tillsatser gör med den mänskliga hjärnan. Det bidrar till att uppmärksamhetsförmågan minskar och gör människor impulsiva och lätta att kontrollera.

Ophelia höll sedan ett underbart anförande om processen att bli mer andlig. Många människor är nu i ett passivt tillstånd, eller är mentalt överaktiva utan att vara analytiska. Hon säger att när den mänskliga personligheten har väckts kommer det fortfarande att finnas en längtan efter en koppling till själen. Världslig framgång, materiella ägodelar, social status och till och med vänner kommer inte att fylla det tomrummet. Det finns inget som kan ersätta den frid som kommer från att känna sitt sanna jag. Ophelia säger också, "Vet bara att ju mer du förstår din väg, ju mer du undersöker dina sanna känslor och tankar, desto mindre sannolikt blir det att du agerar som en människa. Du kommer att agera som den själ du är, avbildad i en mänsklig kropp." Jag tror att det är en mycket viktig idé och, för mig, stämmer det väl överens med den buddhistiska läran om icke-anknytning. När medvetenheten om själen ökar, tvingar den fram en omvärdering av vad som är värdefullt och positivt i livet. Men andlig framgång och utveckling strider tyvärr ofta mot samhällets normer.

NR. Det här är det Nionde Rådet.

D. Välkommen tillbaka, mina vänner.

NR. Vi får se hur detta går. Halsen (*Christines*) är bekymmersam för oss vid denna tid, så vi får se. Informationen till hands (*som de vill ge*) innefattar kunskap om hur du kan öppna och stänga, inte bara ditt eget inre nät, utan som ett kollektiv öppna Jordens nät. Detta nät förfogar över flera funktioner och medvetenheter. Öppningar av nätet kommer och går, och det är beroende av välbefinnandet i din Gaffel och kommunikationen mellan Gaffeln, magnetfältet, jordnätet, liksom som det övre nätet. Alla måste stämma överens för att en öppning ska kunna ske. Tidigare civilisationer har bevittnat mer praktfulla öppningar. Det var som ett gigantiskt hål som alla olika väsen på det här planet kunde bevittna. Vid denna tidpunkt är hålen flera, men mindre, fönster för yttre påverkan (*utomjordiska besökare*) att komma ner till ditt plan, främst för att samla in data om miljöns välbefinnande och djurlivet, såsom dig själv. Tro inte att du står över det övriga djurlivets välbefinnande och livsformer i allmänhet. De samlar prover från olika arter; rapporterar till Råd som inte bara finns i de andliga verkligheterna utan även på baser i närheten. Vissa lagras och förvaras, analyseras och undersöks av fysiska existenser på baser, som du själv. (*Jag tror att de menar sådana som liknar människor.*) Det finns några i din närmaste granngalax som också — hur kan jag säga detta utan att få dig att känna dig övervakad? Det finns flera galaxer som omger denna. Du är, som har nämnts, i en dalgång, i en ravin, redo att klättra upp om du har lärt dina läxor och agerar därefter. Vid denna tidpunkt omges du, din galax och ditt område, av ett flertal existenser, baser. Det kan för vissa upplevas som att du är övervakad. På något sätt är det så. Men det är för ditt välbefinnande, för arternas framtid och för ditt systems framtid, som helhet. De som har en högre intelligens (*utomjordingar*) övervakar speciellt de mentala kedjereaktionerna inom din varelse, inom din art. Du ska veta att när en art i ett system befinner sig i en dalgång, i en ravin, tenderar det känslomässiga att klara sig bättre än det mentala. Det känslomässiga har en tendens att helt enkelt gå in i en lugn sömn. Men det mentala stormar iväg och försöker överleva. Men de som är emotionellt stressade är faktiskt mer samstämda med den mentala stressen, eftersom det emotionella tenderar att ta ett steg tillbaka och vänta på nästa fas. De som känner en emotionell stress som människor, är faktiskt påverkade av den mentala stressen. Detta är viktigt för att mänskligheten ska förstå skillnaden i hur de uppfattar sin verklighet. När du upplever stress, känner andningen öka, så är det effekten av obalanser främst i ditt medvetande, dina mentala rötter. Vid denna tidpunkt är vi här för att ge tröst och lugn, för att anpassa det mentala till en högre kapacitet. Som det är nu, håller den mentala kapaciteten i din art på att torka ut. Det är som en bil som kör på ångorna, den behöver rätt bränsle. Det finns de som försöker ge dig bränsle på ett annat sätt, vilket betyder att ditt medvetande leds vilse. Det emotionella centret i ditt väsen försöker på många sätt lugna det mentala. Det blir en konflikt, en strid inom dig. Men istället för att fokusera på att läka och lösa dina inre strider, skapar du strider med andra. Förstå att för att läka en nation eller en grupp, måste du först läka och möta obalanserna inom dig själv. Du blir mindre benägen att starta upplopp eller skapa disharmoni för andra om du förstår och känner balansen och harmonin inom dig själv. Det du äter – särskilt socker - skapar en spiral och ett avstånd mellan de olika centra inom dig. Det tillsätts i enorma volymer i dina spannmål, i den vanliga maten där socker tidigare inte fanns. När du tillsätter socker i allt blir stressen och stridigheten inom dig mer uppenbar. På många sätt behöver mänskligheten en detox. En detox har ägt rum tidigare, en detox av din art har tidigare resulterat i en undergång, en apokalyps.

D. Hur länge sedan var det?

NR. Det har skett flera gånger tidigare. En för cirka 500 000 år sedan. Den civilisationen, den gruppen, var inte så beroende av socker, utan då handlade det om sättet som de utvann planetens naturtillgångar, vilket gjorde planeten och de själva fientligt inställda till varandra. Socker har samma effekt, det skapar fientlighet. När vi ser civilisationer rusa mot denna yttersta gräns av fientlighet, stress, så är det verkligen en väckarklocka för alla.

D. Tillsätts sockret medvetet?

NR. Ja. Från dig själv till dig själv. De som har makten önskar och understödjer det eftersom, ska du veta, det är mindre sannolikt att ett lugnt sinne bara accepterar och följer det som föreläggs dem. Ett upptrissa sinne, en stressad varelse, har större benägenhet att fatta snabba beslut utan att tänka efter eller undersöka. Vi har tidigare talat om att människosläktet är passivt, vilket av det vi säger idag skulle kunna tyda på en ökad medvetenhet, en art som är mer benägen att fatta beslut som är mer gynnsamma för dem själva och deras samhällen. Men det är en förlamad passivitet, den är diffus — det är skillnaden. Om du skulle vara distinkt och i stillhet, är det inte att vara passiv. Det vi nu ser är ett stort antal som är överaktiva i sitt inre, och de som bara är passiva. Ingen av dem ägnar någon tid åt eftertanke. Engagerar sig inte i det skådespel de gick med på att delta i när de kom hit. De kom hit – ni alla – ni är alla här för att spela en avgörande roll i utvecklingen och förändringen av ert system som helhet. Inte nödvändigtvis bara arten, utan för att hjälpa ditt system att komma upp ur dalgången och nå toppen igen. Där. Vi ska göra det kort idag.

D. Jag hade ett par frågor, om det är okej?

NR. Sätt igång.

D. Jag är nyfiken på hur Jordens allmänna fält hindrar besökare från att komma in om det inte finns öppna portaler. Kan du förklara processen?

NR. Är din fråga om det finns sätt att stänga nätet för besökare, och hur?

D. Mekanismen hur förflyttningar görs möjliga.

NR. Tidigare fanns det en stor öppning, två faktiskt. En som låg strax ovanför den här nationen (*USA*). Den var lika stor som ditt land och det norr om dig (*Kanada*) tillsammans. I dagens läge finns det mindre fönster, och fältet eller fönstren - är som en våg. De rör sig, de är inte permanenta, även om vissa är mer aktiva än andra. Men de är inte bara på ett och samma ställe. Dessa öppningar förflyttar sig. Fältet roterar, en cirkulär rotation, österut. Rörelser skapar olika möjligheter för nätet att öppna upp. Förmågan att öppna upp beror på den grundläggande kraften, det vill säga händelserna under nätet, på jordplanet. På många sätt finns det större och enklare ingångar och möjligheter att komma in över haven än över land. Vatten skapar portaler av sig självt på grund av sitt element. Det reagerar annorlunda på elektroner, på elektriska störningar, än landytor. Det finns fler förbindelsepunkter över haven än över land, vid denna tidpunkt. Det finns baser på din havsbotten. Det finns inga baser på land. Tidigare, när den stora portalen fanns, fanns det flera baser etablerade i bergstrakterna.

D. Jag funderade på om en portal är nödvändig för att ansluta till det övre nätet? Är den någon slags vibrationstunnel?

NR. Ja, ja, precis. Det är genom dem som anknytningspunkterna existerar eller inte. Låt oss bara säga att besökare måste navigera och förbereda sin nedstigning, beräkna var öppningar och matchningspunkter uppstår, nu mer än tidigare.

D. Vad händer om de kör av vägen? Är de blockerade från att komma ner?

NR. De kan inte komma ner om anslutningspunkterna inte överensstämmer. Men vid den här tiden använder de dina hav, eftersom elementet vatten är mycket mottagligt för de elektriska influenserna, som skapar öppningar i de befintliga magnetiska fälten. Vi denna tid är det mer öppet i haven.

D. Tack. Jag undrade också, när vi tittar ut i Universum och ser alla dessa ljuspunkter som vi antar är galaxer, är de verkliga?

NR. (*Det fick honom att plötsligt brista ut i skratt.*) HA HA HUH HUH! Nej det är de inte. Vissa är konstgjorda. Vissa är skapade som, huh huh, hur ska jag säga? Vissa är faktiskt mer som graffiti. Konstnärliga andeväsen.

D. Är Universum så stort som vi uppfattar det som?

NR. Talar du om ditt akvarium?

D. Ja, vårt akvarium?

NR. Ditt akvarium är förmodligen så som du uppfattar det. Men vad människan inte förstår är att det finns flera kosmiska akvarier som är knutna till och samexisterar med varandra. Om de visste det, skulle Universum ta en helt annan form som de inte kan få grepp om.

D. Vi kan väl inte uppfatta andra akvarier?

NR. Hur menar du?

D. Om vi tittar ut i Universum ...

NR. Nej det kan du inte. Om du, låt oss säga, skulle stå öga mot öga med barriären till det fjärde (*akvariet*), som på sätt och vis håller på att lösas upp och kommer närmare ditt akvarium, kommer du bara att uppfatta den som en stor dimma. Du kommer inte att kunna passera igenom eller se bortom.

D. Om vi kunde se in i fjärde akvariet, skulle vi då se liknande strukturer som vi ser här, eller skulle det vara osynligt för oss?

NR. Som människa skulle du helt enkelt se ... skillnaden mellan de två, är att här finns mer graffiti, fler objekt, fler stjärnsystem. Om du, som människa, låt oss säga, kunde använda din lilla farkost och färdas till gränsen, och kika in i det fjärde (*akvariet*), skulle det mest se tomt ut. Men du skulle fortfarande se stjärnor, stjärnsystem. Du skulle överväldigas av energin av medkänsla. Du skulle höra sången, melodin och du skulle uppleva hur den resonera harmoniskt i ditt väsen. Om denna person i sin lilla farkost skulle kunna se in i denna nya verklighet, skulle han eller hon ha en större förståelse och önskan att hjälpa sina medmänniskor. På sätt och vis skulle det vara bra om din lilla rymdfarkost kunde ta dig dit, eftersom din medvetenhet skulle öka och du helt enkelt skulle upplösas och bli den andliga varelse som du i grunden är. De fysiska utmaningar människan upplever på Jorden...du skulle bli – oh, det finns inget ord för det. Men du skulle inte kunna upprätthålla stridigheterna och fortsätta på samma väg om du någonsin bara tittade in och kände närvaron av det fjärde. Men visuellt skulle den här personen i sin fiktiva lilla rymdfarkost se det som lite mer öde. Om denna lilla farkost, som befinner sig vid gränsen, skulle titta åt vänster in i det femte och åt höger in i det fjärde, skulle det se väldigt fullpackat ut i det femte och mindre bebott i det fjärde. Men den som är i närvaro av dessa två mycket olika energiflöden, skulle ha svårt att lämna det stället och återgå till okunnighet.

D. Wow. Tack för det.

NR. Det skulle vara som en nära-döden-upplevelse. Du möter en ljusvarelse eller en älskad familjemedlem och återvänder sedan till det fysiska. Den personen är förändrad för livet. Om du skulle resa till det sjätte akvariet skulle du inte kunna se någonting. Du skulle förblindas av ljuset. Det skulle se ut som en stor sol, eftersom det sjätte för tillfället är en enda stor galax, en stor sol. Om du tänker dig att det sjätte för tillfället till cirka 55 procent upptas av en stor sol, då kan du få en bild. Den här gillar att vara där. Arbetar med att utveckla rörelser. Arbetar med energi från solen och skapar grunder för framtida livsformer. Ni arbetar alla med detta projekt. Din Lille Vän (*Bob*) ville följa med. Detta är vad ni Elahims arbetar med här hemma, skapar en början på nya världar.

D. Låter som ett bra jobb! Tack för den beskrivningen. Det var till stor hjälp.

NR. Elahim. Vi kommer tillbaka.

D. Elahim, mina vänner.

O. Det här är Ophelia.

D. Hej, Ophelia.

O. Energierna är lite svårare att rensa idag, så någon kanske kommer att få en separat session. Vid den här tiden ser vi stressen inom din ras, och vi ser ett sökande efter medkänsla. Men vissa vet inte var de kan hitta den harmonin och medkänslan. Det är vår avsikt, att du ska utföra anslutningen till det högre medvetandet. Andra kommer att lugna och läka det känslomässiga. Du är här för att koppla samman satelliter – inte de på himlen – utan människor som skapar nya satelliter, och få dem att gå ut i världen och fungera på samma sätt som du. Det här är en tid då många behöver en hand att hålla i. Hmm. Oh, låt oss se vad vi kan göra med energin. Så det vi kommer att göra – och Bob vet om detta – är att vi kommer att sätta upp en separat session för torsdag. Energierna vid den här tidpunkten (*i Christine*) behöver vila. Så vi ska göra det kort idag. Men när du väl börjar hitta dessa kopplingspunkter inom dig är det mer sannolikt att du är i balans – och här talar jag inte om dig, jag talar om mänskligheten som helhet. När du knyter an till och läker ditt inre, har nivån av förståelse och medkänsla, som du utstrålar bara genom att bli helad, en större inverkan på din omgivning än du tror. Det har inget att göra med att hela tiden stå och predika högt. Att fysiskt hålla någons hand, när du själv är helad och i balans, gör att du blir ett batteri av medkänsla. Du är ett själens batteri, och du behöver inte nödvändigtvis kommunicera. Vet bara att ju mer du förstår din väg, ju mer du undersöker dina sanna känslor och tankar, desto mindre sannolikt blir det att du agerar som en människa. Du kommer att agera som den själ du är, avbildad i en mänsklig kropp. Din personlighet bestämdes när du kom, för att du ska kunna kanalisera din själ fullt ut.

D. Menar du mig eller alla?

O. Alla. Om du förnekar din mänskliga personlighet är det svårare att acceptera och hitta din andliga personlighet. På många sätt stämmer de överens. Bara ett fåtal tar på sig en helt annan mask än sin själ. Men eftersom fler och fler känner att de är utestängda som människor, att de inte blir hörda, inte räknas med, är det svårare för dem att visa sin andliga personlighet, syftet med varför de kom hit. Om du ser en annan människa nedtonad, som inte riktigt blomstrar, då kan du hjälpa dem att först blomma ut som människa. Livscoacher och affirmationer stärker på många sätt den mänskliga personligheten. Från den punkten finns det en bro som ger en enkel access till att helt och hållet låta din själ blomma ut, också genom de mänskliga dragen som du väljer. Ni två är inte nödvändigtvis här för att väcka mänskliga personligheter. De som arbetar med hur man höjer sin röst och står upp för den man är som människa, gör ett stort arbete för dem som senare vill väcka sin själ. Som till exempel han du kallar "Killen med tänderna" (*en motivationsföreläsare*), han gör ett fantastiskt jobb med att rikta strålkastaren på folk och få dem att känna sig stärkta som människor. Så småningom, när de under en tid har befunnit sig i den här kraftfulla känslan, kommer de att känna att något fortfarande saknas. Det är då de är redo att ta emot och kanalisera sitt inre. När båda överensstämmer finns det inga gränser för vad du kan åstadkomma. Men det är svårt att väcka din själ först, före ditt mänskliga jag. Ser du skillnaden?

D. Det gör jag. Så menar du att människan är passiv och i grunden likgiltig inför livet? Är det det du menar med någon som inte strävar efter att vara människa?

O. Ja, precis. De som inte engagerar sig i livet, varken i sitt eget liv eller andras. De kanske behöver den där lilla kicken från någon som "Han med Tänderna". När de väl har upplevt hur det är att ha och känna den känslan av styrka, som människa, kommer de efter ett tag att möta och känna en tomhet igen. Den tomheten är ravinen eller gapet till deras inre, till själen. Och det är då den sanna upplysningen kan komma till stånd. Det är svårare att väcka själen om personligheten och människan är passiv och inte känner sig kompetent eller upplever sin styrka. Så det vi önskar att du ska vara medveten om är att du ibland möter människor som är mer betjänta av att du försöker stärka deras mänskliga personlighet. Se skillnaden i människorna du möter, var de befinner sig, och rikta sedan ditt strålkastarljus - antingen för att stärka människan eller fylla gapet till själen.

D. Vilken typ av råd kan man ge någon för att stärka dem som människa?

O. Att stärka en människa handlar om att få dem att känna sig kompetenta, att känna att de kan något, kan visa upp en färdighet av något slag. Det ger en känsla av grupptillhörighet. Att du inte är ensam.

D. En yttre hobby?

O. En yttre hobby, ja precis. Det är att känna att de små sakerna, man kan visa upp som människa, är viktiga. Det är som i skolan, de som är duktiga i matematik anses inte stå lika högt upp i hierarkin som någon som är bra i idrott. Om man kunde balansera och förstå att båda är lika viktiga. Båda symboliserar på många sätt den yttre hobbyn, den mänskliga personligheten. Om man kunde få människor att inse att oavsett vad de är duktig på, så är det värdefullt. Det är något som stärker människan. Man kan vara extremt intelligent som människa, som fysiker, matematiker, eller en stor uppfinnare, och ändå känna att man inte hör hemma eller har någon betydelse som människa. Det är en obalans i vad som anses vara en tillgång hos en människa.

D. De gamla grekerna hade förmodligen en bättre filosofi då?

O. De balanserade de olika förmågorna. De förstod att det var som att packa en verktygslåda, och att alla verktyg behövdes för att bygga templet. Där. Så vi måste tyvärr meddela att någon kommer att behöva vänta till torsdag, men att denne någon kommer att ha en session helt för sig själv.

D. Tack för att du kom idag och delade med dig. Det var verkligen tankeväckande.

O. Där. Vi ses om ett par dagar. Hejdå.

Tallock, Ophelia: Besökare från Parallella Verkligheter (9 februari 2020)

Den här sessionen började med att Tallocks, som har sin hemvist på Vlac, varnade för kvicksilver som dumpas i havet och atmosfären av Kina och Indien. När jag granskade påståendet fann jag att det är helt korrekt. Med hänsynslöst åsidosättande av miljön bryter och släpper Kina ut enorma mängder kvicksilver, vilket förorenar både land och hav. Japan släpper också ut enorma mängder radioaktivitet i havet från deras skadade kärnkraftkraftverk. De andliga dimensionerna ingriper och rensar föroreningarna, men det är ett mycket långsiktigt projekt. Om vi misslyckas med att ändra kurs kan människor göra planeten obeboelig i miljontals år. De varnar också för de skadliga effekter som aluminium har på hjärnan. Alzheimerpatienter har till exempel ofta mycket höga koncentrationer av aluminium i hjärnan. Detta stöds av en studie publicerad i *Journal of Alzheimers Disease (JAD)* den 13 januari 2020 (Matt, et al.) angående koncentrationen av aluminium i hjärnvävnaden hos medelålders personer som avled med AD. Det finns tiotals miljoner människor med denna form av demens, så vi upprepar den varningen. Läs etiketterna på livsmedel och kroppsprodukter och var försiktig med mjukost och bakverk som innehåller natriumaluminiumfosfat (E541) och natriumaluminiumsulfat (E521). Deodoranter innehåller höga halter av aluminiumsalter, såsom aluminiumklorhydrat, som är kopplat till både bröstcancer och AD. Aluminiumsulfat används för att rena det kommunala vattnet, så det förekommer förmodligen i de flesta städer. Använd filtrering med aktivt kol för att ta bort toxiner. Tallocks nämner också att potatis har höga halter av aluminium, ett faktum som jag inte var medveten om.

Tallocks berättade om något som hände mig för ett tiotal år sedan, när jag som ung ingenjör arbetade på en oljeplattform i Mexikanska Golfen. Plattformen låg cirka 160 kilometer sydost om Galveston Island, Texas, ganska nära kanten av kontinentalsockeln. Vattendjupet ut till kanten av hyllan är cirka 200 meter, men sedan övergår havsbottnen till kontinentalsluttningen och störtar ner till ett djup av flera tusen meter. En dag, när jag stod lutad över räcket och tittade ner i vattnet, såg jag ett enormt, silverglänsande, nästan självlysande föremål glida utmed plattformens ben. Det var ingen vind och havsytan var helt slät, så det jag såg var inte något som förvanskades av krusningar på vattenytan. Jag var övertygad om att det var någon slags farkost. Men det var för nära plattformen för att vara en militär ubåt. Dessutom är ubåtar normalt svartmålade och reflekterar inte ljus, vilket detta objekt gjorde. Det var inte heller ett fiskstim, eftersom det var absolut likformigt till utseendet och olikt allt jag någonsin sett. Den rörde sig långsamt längs plattformens ben och verkade vara cylindrisk till formen. Baserat på hastigheten som den synliga överdelen passerade, gissade jag att dess totala längd var minst 70 meter. Tallocks var uppenbarligen medvetna om att jag hade sett ett USO och de kommenterade det. De sa att det var en farkost som tillhörde existenser som är stationerade på baser djupt ner på havsbottnen. De är vanligtvis osynliga eftersom de verkar i dimensioner som det mänskliga ögat inte kan upptäcka. Militären kan dock fånga upp dem på radar eller olika optiska instrument. Sedan höll de ett fascinerande tal om hur man i forntiden använde ljud och ljus för att dematerialisera föremål, flytta och sedan återmaterialisera dem, in i och ut ur dessa parallella dimensioner. De förklarade det som en process att förvandla och upplösa materia i dess beståndsdelar. Större delen av föremålet flyttades sedan till ett parallellt fält. Det som återstod var en liten kärna med ytterst liten vikt som lätt kunde transporteras till en ny destination. När kärnan väl var på plats återfördes de elementen som hade avlägsnats tillbaka till vår tredje dimension. Ophelia kom in efter att de lämnade och förklarade mer om dematerialiseringens mysterier.

T. Det här är Tallocks.

D. Ah. Hej mina vänner.

T. Vi är här för att kortfattat ge insikter om förändringarna i energifältet omkring dig. Grunden för den molekylära konstruktionen fungerar dåligt på grund av den höga halten av kvicksilver i dina hav. Utsläppen från fabriker i Asien orsakar ett flertal sjukdomar, huvudsakligen beroende på kvicksilver. Det drabbar inte bara i varelserna i dina hav, utan det sjunker ner till havsbotten och skapar katastrofer som är svåra att städa upp efter. Detta har hänt tidigare och vi kunde bevittna hur den städningen gick till. Den gången tog det flera generationer, utrustade med kunskap och teknik om hur man städar upp miljön efter utsläpp som inte var avsett att hända. Vi ser återigen hur dina hav och din miljö nonchaleras. Vi önskar att du berättar om det långsiktiga projektet att underhålla och städa (haven). Inställningen till hela din havsfaunas betydelse genomgick på den tiden en omprövning. Vissa arter finns fortfarande kvar i havsdjupet och bär i sitt medvetande, i sitt DNA, minnet av tidigare katastrofer när det gäller inte bara kvicksilver utan även radioaktiva utsläpp. Oljetillgångarna i haven skapar också obalanser. Vlac bedrev forskning för att vara till hjälp. Vi kom aldrig till Jorden i mänsklig form, men vi blev skickade som experter på hur man underhåller och städar upp miljön i haven. Det finns fortfarande de av oss som är närvarande och observerar från baser i havet. Nav långt ner i havsdjupet varifrån vi övervakar aktiviteten. Vi får information från dem som vistas i havet, vissa som du refererar till som "femtio-femtio"- hälften Mästerligt Medvetande och hälften själ från den Åttonde. Den Åttonde inkarnerar inte i mänsklig form, men som vattendäggdjur, vattenväsen, kan de komma. Vissa människor kan ibland ha ett minne av sådana resor, men de är övervägande från den Sjunde. De som helt och hållet har sin hemvist på den åttonde andliga dimensionen har vid den här tiden smält samman med vattenvarelser och försökt läsa aktiviteten i havet – de intresserar sig mycket för Japan. Det finns stora mängder delfiner i området runt Japan, och människan är delaktig i katastrofala interaktioner med delfiner. Detta är en stor sorg, eftersom några av dessa delfiner inte bara är dina vänner, utan vissa har medvetenheten från en själ från den Åttonde, som observerar aktiviteten, främst obalansen på grund av kvicksilvret som inte borde finnas i havet. Kommunikationen under vattnet är annorlunda än på land. Den sker direkt till Källan. Vi från Vlac har också ett enklare sätt att kommunicera direkt med dem i baserna på havsbotten. Det finns faktiskt där en närvaro från Vlac. Du fick syn på ett av våra ytfordon en gång. Du såg.

D. Vilket liv?

T. Detta liv. Du såg en liten grupp komma upp ur havet där du arbetade. En farkost som kom underifrån. En ovanlig iakttagelse. Farkosten är normalt osynlig för ubåtar och så vidare. Däremot kan de upptäcka närvaron på radar, men ser det aldrig fysiskt. Vi skyddas, i den meningen, av en sköld som gör oss osynliga för det mänskliga ögat. Det mänskliga ögat är inte utrustat för att se mer än 3D. Om en existens är, låt oss säga, sexdimensionell, har 3D-ögat ingen möjlighet att se det. Det är därför det mänskliga ögat har svårt att se besökare. Bara om besökarna omvandlar sin sexdimensionella vibration – av manifestationen, vill säga – till nära en tredimensionell anblick. Då blir besökare synliga. I så fall vill vi bli sedda. Om du inte ser, är besökaren kvar i sin sexdimensionella visuella manifestation. Det innebär att människans 3D-öga inte har någon förmåga att se besökaren eller objektet. Med det sagt är det också tydligt att det finns en högre närvaro av besökare omkring dig. De vibrerar bara i en dimensionell manifestation som 3D-ögonen inte är kapabla att fånga.

D. Är det vad vi skulle kalla en parallell verklighet?

T. Ja. Vi vibrerar i det parallella bandet, som är sexdimensionellt istället för det tredimensionella som är känt för Jorden och för människan. Det finns vissa instrument som kan upptäcka detta parallella universum, denna parallella existens. Ni människor tror att ni är de enda här. Det finns flera parallella existenser närvarande. Vissa helt närvarande, andra befinner sig en bit där ute och observerar. Vlac är ett centrum för forskning när det gäller att förstå hur du kombinerar mineraler, grundämnen och hur de interagerar i materia och element, som vatten. Vi var här med dig och din farbror en gång och etablerade en bas på Nordpolen. Sändarna, fortfarande kvar i isen, är våra ögon.

D. Finns det några andra besökare kvar här som arbetar med er?

T. Ja. Några finns kvar. Vissa rapporterar bara forskningsmaterial, främst intresserade av utvecklingen i hav och sjöar, eftersom kvicksilver har en benägenhet att finnas kvar längre. Det är svårare att rengöra när kvicksilver blandas i vatten än, låt säga, jord. Jord kommer att påverka grödor, såsom potatis och så vidare. Generellt sett bör du vara medveten om att potatis vid denna tidpunkt, om den inte odlas ekologiskt, kan hålla en högre nivå av kvicksilver och aluminium, främst aluminium, och det är olyckligt. Du bombarderas med aluminium och kvicksilver och det påverkar din hjärna. Dina vänner från Vlac är starkt involverade i att undersöka effekterna på hjärnan. De från Åttonde och Sjunde övervakar och undersöker effekterna på ditt känslomässiga välbefinnande. Vi, liksom Elahim, observerar förändringar, föroreningar i hjärnan. Aluminium finns i stora mängder i din atmosfär och det påverkar dig genom regn. Ett sätt att upptäcka om du är påverkad av aluminium är att din sömn blir kraftigt störd. Du har också ett annat andningsmönster, och vi övervakar andningsrytmen, eftersom den har en direkt effekt på hjärnan. Om andningen inom din art – eller till och med djur, och även träd – om andningen förändras och blir orytmisk, skapar det en obalanserad länk till din mittpunkt. Det visar på hur utvecklat ditt medvetande är. Medvetande i sin materialistiska form, inte andligt medvetande. Men även ett träd har en hjärna, även en sten har en hjärna; det betyder att det som påverkas är den manifesterade hjärnan. Den andliga hjärnan, antingen från själen eller det Mästerliga Medvetandet, har svårare att reparera skadorna på den manifesterade hjärnan. Ser du bilden?

D. Det gör jag. Så för en människa skulle den fysiska hjärnan vara den manifesterade hjärnan?

T. Ja. Det är den manifesterade hjärnan. Och allt som upptar form och liv här har en manifesterad hjärna och en andlig hjärna. Den andliga hjärnan har sitt ursprung antingen i själen från Femte till Sjunde (*dimensionen*), eller representeras av det Mästerliga Medvetandet.

D. Det förstår jag. Kan du säga om den här eller jag har problem med antingen kvicksilver eller aluminium?

T. Det är mer utpräglat här (*Colorado*) än när du är på havsnivån. Men det påverkar er båda olika. Den här blir rastlös. Du blir trött. Men du påverkas och vi ser en framtida flytt. Vi ser att ni kommer att må bättre både fysiskt och mentalt, kanske till och med känslomässigt – som människor alltså – i en miljö med färre bilar, med mindre bullerstörningar. Bullerstörningarna öppnar upp för påverkan av aluminiumoxid. Om du befinner dig i en tyst miljö och förekomsten av kvicksilver eller aluminiumoxid är lika stor (*som i en bullrig miljö*), påverkas du inte lika mycket. Du har en naturlig sköld när du är i närvaro av din andliga ton, vilken inte är ett mänskligt ljud. När du befinner dig i en miljö med högt buller öppnar du upp för dessa effekter uppifrån, eller från vattnet, eller det du äter. De som bor i städer är klart mer mottagliga än de som bor på landsbygden. Med det sagt, innebär det att du så småningom kommer att söka ett mer avskilt boende, allt eftersom du kommer att förstå kedjereaktionen av hur du finner dig i eller hur du skyddar dig beroende på din omgivning. Människan nakengörs när hon bombarderas med tyst brus, eller motorljud. Så du kan se effekten av 5G. 5G är tyst och du kommer att få höra att det inte påverkar dig. Men det tysta bruset kommer att öppna upp dig, ungefär som om en Harley Davidson precis körde förbi bredvid dig. Det är samma sak; det har en högre påverkan på din vibration, och det attackerar dig för att det fysiska ska öppna upp, för att det fysiska ska nakengöras, så att andra influenser ska ta över ditt väsen.

D. När du säger sexdimensionell, kan du säga något om vad de andra dimensionerna kan vara, på ett sätt som jag skulle förstå?

T. Du måste förtydliga. Menar du själar från den sjätte dimensionen eller de som befinner sig i en parallell verklighet på en annan vibrationsfrekvens?

D. Ja, den parallella verkligheten.

T. Okej. Ja. Din fråga var -?

D. De andra dimensionerna, är det som tid och sedan några andra områden, som vi inte kan förstå?

T. Vissa är verkligen inte något som människor skulle förstå. Andra bemästrar tiden. De färdas i slingor som indikerar tid, men de är sammanbundna som en sammanhållen upplevelse. Vibrationerna i de parallella universumens verkligheter är inte bundna av tiden, de bemästrar tiden, löper i slingorna medurs genom tiden. Om du vill bemästra rummet, rör sig spiralen moturs. När du väl lärt dig att bemästra din egen vibration – och den forntida människan kunde det – de lärde de sig rotera sitt inre både medurs och moturs. De fick lära sig av besökarna hur man bemästrar både rummet och tiden, och det var så tidsresor gick till. Du måste bemästra dem båda. Det är en urgammal teknik som forntida civilisationer fick lära sig. Det fysiska var bara den sammanhållande länken i upplevelsen. För att ett fysiskt objekt helt skulle dematerialiseras och senare återmaterialiseras, var båda dessa komponenter nödvändiga för att vidmakthålla rotationen – medurs och moturs – för att ett objekt skulle dematerialiseras och senare återmaterialiseras någon annanstans. Det är ett sätt att bemästra de fysiska lagarna, barriärerna som upprätthåller tyngdkraften, de magnetiska beståndsdelarna. Du är bunden av gravitationen. Hur bemästrar du gravitationen? Det är på det viset du gör det. Men det här (*förklaringen*) är så att en människa ska förstå. Om du vill använda samma (*metod*) för att flytta ett objekt, dematerialiserar du det först genom att använda ljud. Ljuset kommer ... låt se, för att inte göra det alltför komplicerat. Genom att kombinera ljud och ljus skapas (*förutsättningen för*) upplösning av materia och rörelse. För att fysiska barriärer ska övervinnas, som låt säga, från detta universum till ett annat, till en parallell verklighet, tillkommer en yttre kraft. Gravitationsfältet bjuder in nya processer när upplösningspunkten är nådd, stillpunkten ... Oh, vilka ord kan vi använda här? Du löser upp ett föremål med ljud, ljus assisterar. Sedan tar ljuset ett steg tillbaka och ljudet möjliggör en förflyttning. När förflyttningen är fullbordad, väcks formen åter till liv av ljuset. Så, kan du se bilden?

D. Ja.

T. Ljud och ljus kombinerat, får föremål att lösas upp. Ljuset tar ett steg åt sidan; ljudet understödjer och bemästrar gravitationen. Båda har förmågan att tränga igenom fysiska barriärer som dina gravitations- och magnetfält. Men de måste användas på ett sätt som inte längre är känt för mänskligheten. Det var inte bara en person som gjorde detta, om det var ett stort föremål.

D. Om vi till exempel tar de stora stenblocken som flyttades i Mesopotamien; när de löstes upp – de består av kvarts och andra mineralstrukturer – fick det några av dessa mineraler att hoppa ut ur vår verklighet och in i en annan dimension?

T. Ja.

D. Och minska densiteten?

T. Ja. Tätheten reducerades genom att dela upp komponenterna i objektet och flytta dem in i (*han gjorde en paus medan han letade efter ord*) ett separat utrymme i närheten av objektet, som såg ut nästan som ditt solsystem. Så låt säga att vi har det här objektet och det smälte samman till att bli solen. Planeterna, för att ge dig en bild, skulle vara alla komponenterna i objektet. Sen flyttas helt enkelt solen, och när solen hade flyttats smälte alla komponenter återigen samman och blev det ursprungliga objektet.

D. Behölls det ursprungliga mönstret?

T. Ja, om det var tänkt så. Ibland flyttades objekt för att skapa pyramider. Om du ser hur objektet omformades med hjälp av ljud och ljus. För att det sedan skulle kunna förflyttas separerades all materia som var hoptryckt i föremålet och de blev – för att ge dig en bild – som planeterna i ett solsystem. Det enda som flyttades var solen. Solen kunde vara stor som en fotboll eller liten som en ärta, och väl på plats programmerades den om. På samma sätt som det omformades innan flytten, kunde man forma tillbaka objekten så att de skulle smälta samman och bli samma objekt som det var från början. Så det enda som flyttades till önskad position var den lilla ärtan - det var inte så svårt att flytta en ärta.

D. Gjordes detta av människor eller fick de hjälp?

T. De fick hjälp. Människor flyttade ärtan eller fotbollen, men det var inte de som gjorde förberedelserna inför flytten eller väckte objekten till liv när de väl var på en ny plats. Det var slavar som flyttade fotbollen, flyttade ärtan.

D. Hade det som flyttades en mycket hög temperatur? Eller var det något de fysiskt kunde röra vid?

T. De kunde inte röra.

D. Hur flyttades det?

T. Om du tänker dig en stenformation med en fördjupning i mitten, som ett handfat, så placerades det i det här handfatet, och de använde sig av (*träd*)stammar och rullade detta föremål uppåt. Det var inte så tungt. Men de fick hjälp. Människan flyttade bara föremålet. Vi lämnar det här nu. Ja, du har börjat se bilden.

D. Det är helt fascinerande, och ett av de ämnen som jag länge har undrat över.

T. Vet bara att det som flyttades inte var större än en fotboll. Men när det flyttades transporterades det i en form av sten. Stenar med hål i har hittats, men ingen förstår vilken funktion dessa hål hade. De användes när de transporterade de preparerade objekten.

D. Hur stora var dessa stenar med hål i som användes för att bära upp de små solarna?

T. Inte så stora.

D. Så en enda person kunde bära den?

T. Nej. Den måste rullas på de där trädstammarna. Där. Vi lämnar dig nu.

D. Stort tack. Det var otroligt fängslande.

T. Ingen orsak. Nöjet var vårt. Vi kommer tillbaka och talar mer, antingen från det Nionde Rådet eller direkt från vårt forskningslabb på Vlac.

O. Det här är Ophelia.

D. Hej, Ophelia.

O. Vi får göra lite rensning här. Det du har lärt dig idag av dina vänner på Vlac är hur man flyttar föremål och hur man löser upp och omformar föremål för att de ska passa. Det är samma procedur som användes när dessa stenmurar byggdes som ser ut som att de har smält samman. (*I Cusco, Peru, till exempel, finns vissa megalitmurar byggda av stenar som ser ut som pösiga marshmallows, som om de var mjuka när de placerades.*) De värmdes upp av solen, stora diskar smälte föremålet. Ljud skapade den nya formen som skulle transporteras eller flyttas till en annan plats. Väl på plats – och om människor hjälpte till ... ja, då använde de olika anordningar för att flytta föremålet. Besökare, som dina vänner Tallocks, skulle helt enkelt bara använda sinnet för att flytta föremålet, utan att överhuvudtaget fysiskt vidröra det. Men om vi tar pyramiderna, ja, människan hjälpte till och använde olika anordningar för att ett föremål skulle kunna transporteras till nya platser. Men de löstes upp i mindre materia och de kunde inte röra vid dem. Vi har gett bilden till den här. De liknar de som du döps i, i kyrkan. (*Transportstenarna såg ut som dopfuntar.*) Och på många sätt är de en kvarleva av det. Det har att göra med födelse, födelse av föremål, födelse av materia. Kyrkor använde samma struktur som en indikation för födelse, att ge liv till människor. Den här modellen är i sin kärna avsedd att utstråla födelse, antingen av föremål eller i kyrkan, en ande.

D. Om man jämför processen att Jorden i begynnelsen skapades från ett mönster, är det samma sak som när objekt dematerialiseras och återmaterialiseras genom att flytta in i ljud och ljus?

O. Ja. Det är helt enkelt omvandlat till tidigare stadier av sin existens. Och det är nyckeln till hur man flyttar föremål i en verklighet som Jorden. När du försöker bemästra verkligheter som inte nödvändigtvis är fysiska måste du, på liknande sätt, lösa upp materian för att förändringar och omflyttningar ska ske. Så på många sätt återställer du föremålet till dess ursprungliga avsikt. Du skickar tillbaka det till den ursprungliga ritningen. Men hur gör du det när du inte förstår fysiken bakom ritningen? Människan har i dagens läge ingen kunskap om den bakomliggande blueprinten, ritningen. Om du inte känner till kartan, färgkartan och blueprinten, har du ingen möjlighet eller förmåga, att upplösa den tillbaka till sin ursprungliga ritning, eftersom du inte utgår från det faktum att det FINNS en blueprint. Den handlar inte bara om DNA. Den är de andliga komponenterna blandade med DNA:t. DNA:t upprätthåller bara det andliga syftet i sin form. Om du enbart försöker skapa, återskapa eller förstå DNA-kartan utan den andliga komponenten, kommer du aldrig att ha förmågan att flytta ett föremål, eller att till fullo förstå fysikens lagar och de förmågor som du har framför dig.

D. Så en kolatom, till exempel, skulle du anse att den har ett färgmönster som vi skulle likställa med kolets DNA?

O. Ja, ja. Om du bara förstår den fysiska verklighetens DNA-mönster och inte helt förstår blandningen med det andliga DNA:t, då har du ingen möjlighet att sönderdela det. De som förstod hur man löser upp föremål, de förstod och sönderdelade föremålets fysiska karta, det vill säga de förstod ritningen och DNA:t kontra det andliga DNA:t. Det andliga DNA:t är ljus, och du måste förstå ljusets komponent och de olika sätten att använda ljus och att det ljuset inte är konstant. Om det är din uppfattning att ljus är konstant, så förstår du inte hur du ska dela upp eller använda den andliga ritningen. Ljus är den andliga blueprinten, ljud assisterar bara objektet, den materialiserade blueprinten, DNA:t. Dessa två i kombination gör det möjligt – eller i det här fallet omöjligt – att hantera denna gåta. Så. Vi får se här om någon vill komma in kort, eller om han vill vänta till sin separata session. Kanske båda, vi får se. Jag tror att det vi kommer att göra är att ge vår vän en separat session på torsdag igen, och han kommer att se till att den bara är för honom.

D. Betyder det att han inte kommer att prata idag?

O. Vi får se. Vi låter honom bara kort komma in, eftersom vi ska spara energi i den här. Men en separat session har beviljats.

D. Tack så mycket för att du kom in, Ophelia.

O. Så gärna. Så gärna. Förstå bara att ljus korrelerar med den andliga ritningen. Ljud upprätthåller din fysiska ritning, ditt DNA. Om du inte förstår hur du ska hantera eller bearbeta dem, och att använda de olika nivåerna av ljud och ljus, då har du ingen möjlighet eller förmåga att flytta föremål.

D. När du talar om ljus, menar du inte fotoner eller det som kommer från solen?

O. Ljus som strålar genom alla verkligheter från Skaparen. Där.

D. Tack Ophelia. (*Bob kom sedan in och höll ett utmärkt anförande, som publicerades i Memoarer, Del 2.*)

Nionde Rådet: Solstormar från Närliggande System (18 april 2020)

Det här avsnittet är en liten del av en session den 18 april 2020. Det Nionde Rådet tar upp förändringen i energin som flödar in i vårt solsystem som beror på påverkan utifrån. I våra tidigare böcker har andarna beskrivit hur allt hänger ihop genom ett nätverk. Varje levande väsen har en mittpunkt, som existerar som en gemensam del av helheten och når hela vägen upp till Skaparen. Ett träd, till exempel, kommunicerar med rutnätet genom sina energetiska rötter. Det är ett nätverk av medvetenhet (energi) som täcker planeten, på samma sätt som venerna i ett löv. Leylinjerna är en stor del av detta nät. Nätet i sin tur ansluter till Gaffeln vid olika noder. Gaffeln är en förlängning av planetens kärna och en del av den första dimensionen. Planetens mittpunkt förmedlar information till solen via solsystemets nät. Solens mittpunkt utbyter information med angränsande solsystem, och så vidare, tills informationen når galaxens mittpunkt. (Ett område som astrofysiker kallar Sagittarius A.) Mittpunkten i vår galax är både en portal och en nod inom nätet som ansluter till akvariets mittpunkt. Själva akvariet har en mittpunkt som upprätthåller intentionen för hela systemet, och överför information fram och tillbaka med de andliga dimensionerna. Så i vårt exempel kan ett väsen i någon av de andliga dimensionerna iaktta och kommunicera med trädet via nätet (först till Gaffeln och vidare till Jordens rutnät). Den andliga data som flödar inom detta osynliga nät styr vad som sker i den första, andra, tredje och fjärde dimensionen. Om Råden vill öka energiutkasten från solen skickas dessa instruktioner omedelbart via nätet. (Ljusets hastighet är en variabel egenskap hos den tredje dimensionen, inte den första.) Vi påminner läsaren om att solen också avger energi som vi inte kan mäta, men som påverkar allt på en andlig nivå.

Inom vårt solsystem växer och avtar energin i cykler om tiotusentals år. Jorden har varit i en dalgång sedan den senaste stora civilisationen upphörde för cirka 25 000 år sedan. Det långsiktiga målet från andevärlden är att lyfta alla verkligheter som befinner sig "rännstenen" till en högre nivå.

NR. Det som står på agendan idag är att avslöja energiflödet i ditt akvarium kontra andra akvarier. Vi ser vissa framsteg, mycket har att göra med närvaron av din granne, det fjärde akvariet. Flödet som löper genom din galax är upplyst vid denna tidpunkt. Det finns fler solar i närliggande system som lyser starkare och skapar solstormar, för att systemet som helhet ska utvecklas som en enhet. Ditt solsystem i galaxen, i Vintergatan, är i behov av hjälp. Det finns närliggande solsystem som skapar ett flöde, inte bara från deras sol, utan det hjälper också medvetandet att stiga i din galax som helhet. Galaxen färdas på ett kontrollerat sätt, innesluten i vågorna, på väg mot toppen – den lämnar dalgången, om du så vill. För att ditt system ska kunna stiga upp måste hela gruppen stiga med dig. Karman relaterad till systemet, där Jorden är belägen, har på något sätt också dragit era grannsystem, in i ett mörker. Vi möter denna förändring i Jordens atmosfär genom att öka antalet solar i närliggande system. Det betyder att du är omgiven av ökade utbrott, inte bara av värme – vilket är ett begränsat ord, det handlar inte om värme.

D. Elektromagnetiska urladdningar?

NR. Ja. Nätet runt ditt system påverkas positivt av den ökande aktiviteten hos solarna i dina grannsystem. Detta har hänt förr, men problemet nu ligger i hur människan beter sig med sin energihantering, eftersom det påverkar insatserna utifrån. Vi strävar inte efter att överhetta ditt system, med det du i stor utsträckning ser som global uppvärmning, det är faktiskt en effekt av insatserna utifrån. Allt är inte orsakat av människan. Men det är nödvändigt att människan förhåller sig lugn; människan behöver kliva åt sidan och låta processen ha sin gång. En process som du inte kan beräkna eftersom du inte riktigt förstår varför temperaturerna stiger. Människan påverkar en liten del och ökar man strålningen, satellitaktiviteten så är insatserna utifrån inte lika tydliga, inte så omedelbara som det är tänkt. Du vägleds i detta av din granne, det fjärde akvariet, som befinner sig mer i ljuset än det femte akvariet. Det sjätte akvariet är inte inblandat, det har sin egen resa, sin egen utveckling. Du strävar efter att förbättra din evolution, att resa dig ur det som uppfattas som mörker. Detta mörker har kommit och gått i flera cykler före dig, och det kommer att fortsätta tills hela akvariet tillsammans reser sig och når en topp där det uppnår fullkomlighet. Efter att denna fulländning har uppnåtts är resultatet normalt ett viloläge - som du ser i det tredje akvariet. Men du måste höja alla system tillsammans, och det är inte människans sak att göra. Du behöver bara följa agendan så gott du kan genom att inte störa, orsaka en ökning av energin i energiuttagen (*elektromagnetiska föroreningar*), och att inte gräva ut naturtillgångarna på det viset som du gör. Olja, gas, naturresurserna måste vara intakta för att atmosfären som helhet, nätet, ska vara intakt. Det är de resurser Jorden har för att klara av de stora förändringar som systemet går igenom. Framstegen är här, men Jorden behöver sina naturtillgångar. Vi ser hur användningen olja och andra tillgångar, till och med energi minskar eftersom människan nu, efter den här lilla bacillen, håller sig lite mer på hemmaplan, och det är till stor hjälp. Vi tackar er, för att ni lämnar vissa element och resurser, energier ifred.

D. Du talar om att solsystemet stiger och sedan så småningom går in i viloläge. Det måste finnas miljontals andra existenser i hela universum.

NR. Vi försöker göra dalgångarna mindre djupa. För att ge dig en bild - när det är för stora skillnader i evolution inom ett kosmiskt akvarium, skulle avståndet mellan vågens högsta och lägsta punkt vara, låt säga, 10 kilometer. Det vi nu försöker göra med det här tillvägagångssättet är att lyfta alla verkligheter till en mer gemensam nivå för att det allmänna syftet med utvecklingen i akvariet ska uppnås – vi försöker minska djupet i dalgångarna till cirka tre till fem kilometer. Så när vi lyfter dalgångarna kommer fler och fler att vara i samma frekvensband. Ser du bilden?

D. Det gör jag. Skulle Jorden anses vara en av dem som är längst ner i djupet?

NR. Ja. Så låt oss säga att dalgången, från topp till botten, är 10 kilometer. Ert system har, under den senaste cykeln – som i mänskliga år skulle vara omkring 25 till 50 000 år – befunnit sig runt nivå åtta. Det vi strävar efter är att flytta dalgången där du just nu befinner dig, upp till nivå fem, fem kilometer (*i exemplet*). Så vi halverar djupet, vilket skulle betyda att det är mycket lättare för systemet att ta sig upp till toppen. För att ett system ska bli fulländat kan det bara finnas en viss variation mellan den högsta och lägsta punkten, låt säga 500 meter. Naturligtvis är detta egentligen inte ett mått i meter och kilometer, utan det är bara för att ge dig en bild. Alla måste ligga på ungefär samma frekvens, där det bara är en liten variation mellan topparna och dalarna. När det sker, och det kan vara så att någon dal är 500 meter, en annan är 200 meter, den tredje är 700 meter, men tillsammans har de rest sig och rör sig i en utveckling och ett syfte som de är designade för. När det inträffar går alla system samman och har samma frekvens. Det spelar ingen roll om arten på varje verklighet har samma medvetenhet. Jag vet att människan anser sig vara kronan på verket på din planet och att ditt medvetande är det högsta. Det är inget vi har någon åsikt om, vi bryr oss inte om vad du anser, så länge du tar hand om din värd och naturtillgångarna. Vi tittar på det allmänna medvetandet mellan olika system, men de enskilda individer som har sin hemvist i olika system kan vara på olika nivåer i sin utveckling. Så det betyder inte att varje enskild varelse i varje galax måste ha nått samma nivå, men att de inte är särskilt långt ifrån varandra. Ditt grannsystem, galaxen Andromeda, är mycket mer medvetet om att upprätthålla en balans. När det kommer till element, resurser, energi, har de bemästrat girighetens läxor. När vi försöker jämna ut eller nå en gemensam utvecklingsnivå, och här talar vi inte bara om galaxer och solsystem utan varelsernas individuella utveckling, det vi strävar efter är att öka medvetenheten när det gäller girighet kontra resurser.

D. Det är fantastiskt. Jag förstår det.

NR. Då så. Bra.

D. Finns det många andra platser dit själar går som har samma problem som människor, där de inte förstår deras syfte och uppdrag?

NR. Ja. Det finns en annan verklighet som ligger längre efter, men det är inte lika många som färdas dit. Det finns emellertid flera som har sin primära destination på vissa verkligheter i galaxen Andromeda, som nu har flyttat sitt fokus genom att inkarnera här. Du ser flera av dem inkarnera i regeringspositioner, främst avdelningar som fokuserar på miljön eller på naturresurser och energi. Det finns också de som är utrustade med kunskap om hur man avläser förändringarna inom din värd, läser av kurvorna (*seismologi*), läser av förändringar i kärnan och det som sker på havsbotten. Allt detta sammantaget skapar ett framsteg, eller en brist på framsteg om det inte hanteras på rätt sätt. Så det finns flera som nu inkarnerar som vetenskapsmän eller lärare inom det området. Du själv skickades för att övervaka aktiviteten i oljeindustrin. Du skapar inte nödvändigtvis förändringarna, men vi övervakar aktiviteten genom dig. Vi kan läsa avsikten genom att helt enkelt observera det som sker, som en mikrofon satt att läsa av branschens avsikter. Och det är extremt viktigt att vissa platser lämnas ifred. Om vi kunde – och jag är rätt säker på att din Lille Vän skulle önska att du gjorde det – skulle vi åtgärda problemet. Du nämnde en gång, att han inte riktigt kunde förstå varför du inte tog över hela verksamheten och skakade om den, varför du var så passiv på din arbetsplats. Du sa inte till honom att ditt uppdrag bara var att fysiskt befinna dig där, så att vi kunde läsa av aktiviteten som utgick från verksamheten som helhet. På många sätt placeras du bara – inte bara detta liv utan även andra liv – för att vi ska kunna läsa av det vi behöver eller vill förbättra, eller helt enkelt för att se om förbättringen har skett. Men din Lille Vän förstod tydligen inte varför du inte använde din fulla kraft, som han vet att du besitter, och bara fixar problemet. Han sa att han visste att du var kapabel att lösa problemet. Han kom till dig med anteckningar, sa du, om vissa platser som han ville att du skulle fixa. Intressant.

D. Han är full av entusiasm och goda idéer.

NR. Ja. Så vi lämnar nu. Där.

D. Tack.

Elahimrådet, Ophelia: Närliggande Verkligheter (21 juni 2020)
Elahimrådet utvecklar här de två närliggande himlasystemen (troligen galaxer) vars energiinfluenser kan kännas av i vårt solsystem och vår galax. Ur en mänsklig synvinkel är perspektivet enormt, eftersom de närliggande systemen ligger utanför Vintergatan. Men från Rådets synvinkel är de andra systemen våra grannar. De flesta har hört talas om Andromeda och tror att det är den galax som ligger närmast vår, men den är 2 miljoner ljusår bort. Dvärggalaxen Canis Major är bara 25 000 ljusår bort från vårt solsystem, vilket placerar den närmare oss än Vintergatans galaktiska centrum. För att ge lite perspektiv, beräknas dvärggalaxen Canis Major innehålla minst en miljard stjärnor och Vintergatan cirka 400 miljarder. Ett annat närliggande system är dvärggalaxen Sagittarius, som ligger cirka 70 000 ljusår från oss. Båda dessa närliggande galaxer smälter samman med Vintergatan. Elahimrådet specificerar inte källan till de elektromagnetiska vågorna som påverkar oss, men de säger att det är en synlig verklighet. Det är inte bara energi som kommer hit, utan existenser från dessa närliggande system besöker också för att höja vår vibration. Även om vi kallar utomjordingar för "besökare", är det vi som är nykomlingarna på planeten. De färdas hit och vistas i baser på havsbotten.

Ett annat betydelsefullt uttalande de har gjort är att "ibland ser människan svarta hål. Det är inte kollapsade stjärnor, det är portaler, som mötesplatser, där olika verkligheter smälter samman." Svarta hål existerar inte, åtminstone på det sätt som vetenskapen föreställer sig. Våra andliga vänner definierar dem konsekvent antingen som portaler eller centrala mittpunkter för medvetenhet som upprätthåller himlasystemets avsikt. Den stora bilden av det de berättar för oss i den här sessionen är att det finns många nivåer av intelligenser, vissa i form, de flesta inte, som hjälper Jorden och dess invånare att stiga till en mer avancerad nivå av andlig kunskap, vilket i slutändan, är vår själsmedvetenhet.

ER. Det här är Elahimrådet.

D. Hej hej.

ER. Vi är här och hälsar er, våra familjemedlemmar i ett annat akvarium. Huh huh. En annan verklighet än du är van att verka i. Vi är här som en familj och ger insikter, tillhandahåller lösningar på hur du ska fungera och upprätthålla energiflödet i hela ditt system. När vi säger system, handlar det inte om solsystemet, eller ens floderna (*leylinjerna tror jag de syftar på*) på din planet, det handlar om det övergripande nätet i akvariet. Det är ett nät som förbinder de olika punkterna, där gravitationspunkter och energifrekvenser utbyter kunskap om på vilken nivå agerandet i varje verklighet ligger. Ni båda verkar på uppdrag av Elahim att upprätthålla detta nät. Din lillebror (*Seth*) reser oftare på nätet, besöker andra verkligheter och ser till att anslutningspunkterna är intakta. Du, liksom Eli, designar nya kartor, nya vägar för olika verkligheter att mötas och blandas. På något sätt är du och Eli mer designers, mer stilla, ni är de som förbereder. Medan din lillebror verkställer designen, arbetar mer aktivt. Det handlar om att överlappa verkligheter, parallella verkligheter inom olika kosmiska akvarier. Vissa akvarier överlappar till och med varandra. Detta har varit känt som gränserna mellan akvarier, där lite av varje smälter samman och blir till en ny tillvaro. Det är inte svart eller vitt. Det finns mötespunkter, underhåll sker – det övervakas av Elahimrådet. Du och Eli gör nya konstruktioner. Ser till att vissa portaler, mötespunkter, finns för att ett optimalt utbyte av energi mellan verkligheter ska ske. När vi i det här fallet diskuterar ömsesidigt flöde i ett akvarium är det viktigt att de parallella verkligheterna samexisterar med varandra. Det är här som det är nödvändigt med underhåll. Det finns vissa kopplingspunkter som – se det som magneter, vissa är komplementära, andra gör motstånd, stöter bort, för att portaler och parallella existenser inte bara ska kunna samexistera utan också ha ett ömsesidigt utbyte av erfarenheter. Dessa punkter (*portaler*) måste underhållas, ibland flyttas, ibland helt raderas. Designen kommer från dig och Eli. Din lillebror är ute på fältet, om du så vill. Det gillar han. Gillar att vara mobil; alltid i rörelse.

ER. Jordens verklighet är vid den här tidpunkten inklämd – och jag säger inklämd, var uppmärksam på den här informationen – det finns två olika verkligheter på var sida om er jordiska verklighet, frekvensbandet där Jorden och Vintergatan existerar. De andra två närmar sig, vilket gör upplevelsen något kaotisk i mitten där Jorden och Vintergatan existerar. Det är för att du känner av andra frekvenser, känner av andra verkligheter, högre kunskap och karma som inte nödvändigtvis är din egen. Du slits mellan att förstå om det är dina känslor eller någon annans. Vissa tonar in på dessa två verkligheter, som vid den här tidpunkten är närmare kopplade till din, på var sida om dig. Det är därför hela upplevelsen på Jorden verkar vara i en brytningspunkt. Det är ingen brytningspunkt, du tonar helt enkelt in och känner av de närliggande verkligheterna som närmar sig din. En del upplevelser, en del rädslor, hör inte hemma i ditt medvetande. Det kan vara något annat som du känner av. Några av dessa frågor blir uppenbara när dessa mötespunkter sammanfaller, portalerna är mer öppna, vilket innebär att du kan känna och höra, känna de två på var sida om dig. För närvarande är nätet, som omsluter hela upplevelsen i akvariet, inte intakt. Portalerna är öppna och man känner av andra frekvenser som inte nödvändigtvis hör hemma här. Jag säger inte att de är dåliga eller bra, de är bara olika. Eftersom du som människa inte kan tolka dessa signaler, tenderar du att göra dem till mänskliga, göra dem till dina egna, och så är inte fallet. Du bör lyssna och känna signalerna som kommer, eftersom de är av en högre ordning, en högre kunskap än den mänsklig kunskapen. Men de som sänder vill också interagera med människor. Detta specifika scenario har ägt rum tidigare och det kommer att fortsätta, eftersom portaler är mobila och vid ett eller annat tillfälle kommer de att mötas. Det som flera människor upplever är öppningarna till en annan verklighet, och de kan inte tyda signalerna. Det blir kaotiskt i det mänskliga sinnet, eftersom sinnet inte är särskilt väl utrustat. Det är därför vi strävar efter och önskar kyla ner systemet, kyla ner er planet lite. När de elektromagnetiska impulserna är för frekventa, för intensiva, blir sinnet utspritt, ängsligt, dysfunktionellt, och det är vad vi ser just nu.

D. Är det i första hand från solen, solaktivitet?

ER. Nej nej. Solen leder enbart signalerna, den är bara en ledare. Människor, med ett begränsat sinne, tror att solen, soleruptioner, är den enda källan till förändring. Solen överför bara den yttre påverkan i ditt nät som kanaliseras genom solen. Solen i sig är inte problemet. Solen fungerar bara som en ledare från Källan. Portalerna till andra verkligheter är inte solar, de är fönster, tomrum, stillhet. Människor talar om svarta hål. Det är inga kollapsade stjärnor, det är portaler, mötesplatser där olika verkligheter smälter samman. Du kan se det som en varmkorv. Korven i mitten är den mänskliga närvaron i Vintergatan. På var sida har du närliggande verkligheter - samma akvarium - fysisk form som är mer utvecklad. Annorlunda sinnen. De kommunicerar på ett sätt som ett mänskligt sinne inte kan tyda.

Somliga hör det som signaler i huvudet, men de kan inte tyda vad det är. Om du känner till symptomen på tinnitus, det är som ett öra som är kopplat till att avläsa signaler, yttre signaler, som planterats i varelsen, i människan.

D. Jag hör toner hela tiden. Ibland är det som en hel symfoni.

ER. Ja, du hör närliggande verkligheter. Ditt sinne läser det som en ringande känsla, men om du blundar och låter det ta form kan ett meddelande komma. Det är en kontakt; det är ett sätt att kommunicera med närliggande verkligheter. Ett parallellt universum, parallell existens, är just nu nära. Andra rör sig också närmare och gör dig, människan, till korven i varmkorven.

D. (*Skrattar.*) Finns dessa andra verkligheter också i vårt akvarium? Är de synliga verkligheter?

ER. Ja. Ja. Det femte akvariet, bara olika nivåer, olika steg i deras utveckling. De närmar sig. Förr var de mer åtskilda. I den här upplevelsen ansluter du dig till fler verkligheter som smälter samman med din. Det du hör och känner, som skapar kaos, beror på att du också får signaler utanför ditt eget system. Alla hör inte dessa signaler, men de som har problem med tinnitus eller ringningar i örat har en tendens att vara mer kopplade till närliggande verkligheter. En av dessa parallella existenser tillhör - den är en bro till din verklighet i systemet Andromeda. Det är någonstans femtio-femtio om du så vill. (*Han menar att materien vibrerar i en frekvens halvvägs mellan vår verklighet och en parallell frekvens.*) Du kan se det härifrån med instrument som är utrustade för att se avlägsna föremål. Men vet att även det systemet också smälter samman med en annan verklighet, ett annat universum, en annan frekvens av kunskap. De som inkarnerar i frekvensen vid sidan av din, har ofta ett högre utrustat sinne. De försöker, som regndroppar, påverka ditt sinne, försöker höja frekvensen. Vissa människor blir rädda när det sker. Det är inte en andlig interaktion; det är en fysisk verklighet, en manifesterad värld vid sidan av din. Tekniken de äger är långt framskriden, den används för arbete på djupet, inne i din värld, en slags djuphavsborrning, om du så vill. Sträcker sig långt in i kärnan. Det finns baser från dessa verkligheter under isen på Nordpolen och Sydpolen. Nordpolen måste vara intakt. Sydpolen lockar till sig de mänskliga ögonen och ser till att polen i norr lämnas ifred. Den är på sätt och vis i viloläge. Lådorna runt Gaffeln, Nordpolen, håller på att väckas. De är i drift igen. Besökare, tekniker, kommer allt oftare. Men eftersom

HD Teorier   305

de inte är fysiskt manifesterade för dina ögon, kan de röra sig obemärkt.

D. Vad är deras syfte här? Är de här för att gynna Jorden, eller har de andra agendor?

ER. Ja. Ja, gynna. De känner att Jorden inte tas om hand. Gaffeln tappar fart. Den måste vara i en viss vibration, ha en viss hastighet, en viss rotation, för att hela systemet ska stiga. Verkligheten där du befinner dig, liksom hela galaxen, är beroende av att varje Gaffel, varje Mittpunkt, roterar och vibrerar i maximal hastighet, för att systemet ska kunna stiga upp, flytta sig uppåt ur dalgången. Om spelarna – alltså planeter och sådant – inte fungerar optimalt, kan inte systemet i sig utvecklas. Det är vår önskan att systemet ska stiga upp ur dalgången. För att det ska kunna stiga upp ur mörkret i dalen till en högre punkt där förändringar väntar, måste kärnorna i himlakroppar som Solen och Jorden, justeras. Det är då teknikerna från närliggande verkligheter smälter samman med din och nu hanterar de lådorna mer aktivt.

D. Jag har en fråga då om parallella verkligheter. Finns där också form?

ER. Ja visst. Här, i det femte akvariet, finns form mer eller mindre i alla frekvensband. Så, visst. Däremot inte nödvändigtvis inkarnationer. Det är många av dem du skulle kalla femtio-femtio. Hälften Mästerligt Medvetande, hälften tekniska själar. Dessa två verkligheter som jag tänker på har många själar från den Åttonde, till och med den Tionde är närvarande, men de är femtio–femtio. Du frågade vid ett tillfälle om varje manifesterad varelse har en själ. Ja, men inte i samma koncentration som en inkarnation. Om du tar femtio–femtio, till exempel, tänker du kanske femtio procent själ och femtio procent Mästerligt Medvetande. Visst, men den femtioprocentiga delen där själen skulle smälta samman med det Mästerliga Medvetandet kan ha en mindre del än femtio procent av sin själskapacitet som smälter samman med en mänsklig form. Så även om vi säger femtio–femtio, kan själsdelen vara mindre koncentrerad. Se det som en lemonad. Här (*på Jorden*) är femtio procent av lemonaden, det vill säga själen, ganska koncentrerad, ganska stark, ganska full. Femtio procent i din närliggande verklighet är inte samma sak. Den kan motsvara bara tio procent av samma dos. Så i det fallet skulle lemonaden, de femtio procenten, som innebär en själ som smälter samman med det Mästerliga Medvetandet, då kunna tyda på att det är en upplevelse mer på distans. Det är inte en inkarnation, utan den smälter samman med den delen av objektet som är öppen för själsenergin. Så uppdelningen är då; ena hälften Mästerligt Medvetande och andra hälften den del som är öppen för själen att gå ner i. Själen skickar till det utrymmet, endast en liten del av sin kunskap, av sitt medvetande, och bara utforskar på distans.

D. Det verkar logiskt. I ett sådant fall, vem har i första hand kontrollen, det Mästerliga Medvetandet eller den inkommande själen?

ER. Det Mästerliga Medvetandet.

D. Så själen är mer eller mindre en observatör?

ER. Själen är den delen som får objektet att röra sig, som gör att det upplever något. Det Mästerliga Medvetandet samlar in data. Så det Mästerliga Medvetandet skulle motsvara hjärnan, medan själen skulle vara kroppen. Den emotionella och andliga aspekten är vardera hälften av dessa två. Det liknar tidigare resor hit, då flera andliga verkligheter smälte samman med en mänsklig gestalt. Alla delade upplevelsen, alla samlade in data, men inte alla hanterade det fysiska. Så, när, låt oss säga, tolv dimensioner flyttades in i en mänsklig upplevelse (*se Första Vågen och samtalet om Jesus*), var det bara tre eller fyra av dess tolv som gjorde den fysiska resan. De andra samlade bara in data, utan att uppleva själva resan på ett mänskligt sätt, om du så vill.

D. Okej. Tack för det. Jag tror jag förstår.

ER. Här lämnar vi detta innan vi skapar förvirring. Vet bara att när flera nivåer av medvetande deltar i en resa så gör olika parter (*deltagare*) olika resor i det objektet. Den mänskliga formen är ett objekt, det är ett sätt att se huruvida en själ kan kanalisera avsikten den hade innan den kom. Själen får hjälp av delar av det Mästerliga Medvetandet som fungerar som ledstjärnor i cellerna, men det gör inte jobbet för själen. Det visar sig bara då och då som en fotoblixt för att väcka själen, för att styra själen till den rätta vägen som den hade för avsikt att ta. Så det är som att ha krockkuddar, eller små ljus, som styr själen när den tar ett steg utanför den planerade vägen. Det är så det Mästerliga Medvetandet existerar i en mänsklig form - men det är en tyst observatör, bara nyfiken på om en själ kan fullfölja avsikten den hade. (*Det Mästerliga Medvetandet är nyfiken på hur själarna hanterar fordonet.*)

D. Det är en riktigt bra förklaring. Tack.

ER. Ingen orsak. Så, vi kommer att återvända. Elahim.

D. Underbart. Elahim.

O. Hmm. Det här är Ophelia.

D. Oh, hej Ophelia.

O. Hej på dig, min vän. Låt oss se om vi kan städa upp lite här. Någon har tagit med sig lappar. En hel lista.

D. Är det något du skulle vilja dela med dig av medan du städar?

O. Jag skulle vilja säga något om projektet (*Helig Design-böckerna*) som vi alla deltar i. Du kanske känner att du, ur en mänsklig synvinkel, står och stampar men detta är en vilopaus innan vi leder upp projektet till nästa nivå. Vi vill att du just nu tar en paus och reflekterar över resan och vägen som ni båda har vandrat fram till nu, både personligen och i ert arbete tillsammans. Vi vill att du ska se de steg du har tagit, några i taget, hur de har lett dig framåt, och att du också ska reflektera över vissa saker som du kanske ville rätta till eller ha gjort annorlunda. Försök att hitta en samlingspunkt, en gemensam grund, (*för*) hur du kan kanalisera ditt arbete på bästa sätt. Vid den här tiden befinner du dig på en avsats och du kanske känner som att du står stilla, bara väntar – och det är vad vi vill att du ska göra. Under resten av det här året ska du bara ta den vilopausen inför nästa nivå, nästa uppstigning, för att du inom ditt sinne ska ha ett fokuserat och öppet öga. Att se varifrån du kommer, din väg fram till nu, är ett sätt för dig att söka din väg framåt. Vi vill att du just nu tar en paus och reflekterar över din resa.

D. Hmm. Jag tänker ibland att jag önskar att jag hade haft den kunskap jag har nu, när jag skrev *Första Vågen*.

O. Du kommer att säga detsamma när du skriver Sjunde Vågen, "Jag önskar att jag hade haft samma kunskap när jag skrev Tredje Vågen." Du kommer aldrig att vara nöjd, i den bemärkelsen, som människa. Men vet och var tacksam för dina framsteg när vi vidgar ditt sinne. Vi utökar din kunskapsbank. Det är en gåva från dig själv till ditt mänskliga jag. Vi öppnar bara dessa olika fönster åt dig.

D. Finns det något jag kan göra för att underlätta den öppningen?

O. Det enda sättet du kan hjälpa dig själv med den öppningen är genom att försöka sitta i din egen kraft. Försök att få kontakt med Lasaray, hitta din kraft och din styrka, hitta din röst inom dig. Det här är en tid för er båda att börja kommunicera direkt från dem ni är. Inte nödvändigtvis det mänskliga jaget, även om det mänskliga jaget kommer att vara mikrofonen. Du kommer mer och mer att kommunicera direkt inifrån, men du måste veta vem som finns inom dig för att du ska kunna uttala orden inifrån.

Bob: Gaffeln kontrollerar Planeten (4 februari 2020)
Bob ger en lysande beskrivning av hur Jorden övervakas och kontrolleras av Skaparen och Råden som verkar å Skaparens vägnar. Mellanhanden mellan de andliga dimensionerna och den fysiska manifestationen är det som andarna kallar Gaffeln, som i stämgaffel. De olika livsformerna kommunicerar med Gaffeln och alla geologiska och atmosfäriska processer kontrolleras av Gaffeln. Bob ger en nästan perfekt förklaring till Gaffelns funktion. Han säger, "Gaffeln är stabilisatorn och den som orkestrerar planetens hela upplevelse." Och senare, "Den samexisterar med och är en förlängning av den första dimensionen. Den första dimensionen är motsvarigheten till Skaparen, som är den stora centrala Mittpålen. Så på många sätt är Gaffeln lite som den lilla Skaparen, på samma sätt som Skaparen är den centrala Mittpålen i det stor Hjulet. Den har samma design och samma funktion." Om vi gör jämförelsen med ett träd, då skulle Gaffeln vara trädets rötter och stam. Jordens rutnät, som breder ut sig och täcker hela Jordklotet i ett kommunikationsnätverk, skulle vara grenverket och löven och även inkludera leylinjerna. Det är genom Jordens rutnät som livsformer kommunicerar med Gaffeln. Eftersom Jorden betraktas som ett barn till Solen, förorsakar disharmonin på vår planet förändringar i solens aktivitet och dess elektromagnetiska urladdningar. När solen arbetar för att återställa balansen kommer vi människor ödmjukt måsta inse vår sårbarhet, när vi ser hur naturen utövar sin kontroll över den egensinniga och oberäkneliga art som vi har blivit.

Lådorna som de nämner är faktiskt inget inhemskt på planeten. De installerades av besökare i ett avlägset förflutet för att hjälpa de andliga dimensionerna att övervaka och göra fysiska förändringar i landmassorna och atmosfären. Bob beskrev detta i detalj i *Memoarer, Del 2* under avsnittet *Helandets Tolfte Dimension*. Han pratade också om det han kallar prick-liven. Lasaray visade Bob en karta över Jorden, där platsen för varje inkarnation eller manifesterad resa var markerade med prickar i olika färger. De blå prickarna betydde manifesterade resor där Bob inte var med som guide. Så han är naturligtvis väldigt nyfiken på vad Lasaray gjorde på Jorden utan honom.

B. *(Bob kom in och sjöng en glad melodi.)* Jag har tagit sånglektioner – jag är med i en kör! Huh huh huh. *(Han fortsatte att sjunga utan ord och ändrade melodin flera gånger.)* Så jag har gått med i en kör. Det är Ias kör, och Ia började sjunga som - *(han sjöng en långsam, dyster låt, nästan som en psalm)* - och alla började sjunga med. Och då tänkte jag,

"Vi kanske skulle rocka till det lite!" Så jag gick som—*(han ökade sedan tempot rejält)*—och då blev jag utkörd! Men jag fick komma tillbaka lite senare.

D. Vem sjöng kören för? Var det för de små?

B. Det var för att ... du ska veta att sång, rent generellt, faktiskt betraktas som en meditativ aktivitet för att nå ens högre sinne eller själssinne, eller för att upprätthålla ljuskapseln. Det är som meditation, bara på ett annat sätt, när du vill nå ditt högre medvetande eller den djupare nivån av vila. Så det var inte som för dom riktigt små. Alla var med men det var inte helt nya småstjärnor. Dom var lite äldre, dom var typ som nio-tioåringar. Men ingen av dom verkade känna sig redo att ge sig av nån annanstans, som jag gjorde när Gergen tog med mig till den femte dimensionen för att titta på Biblioteket. Det var magnifikt! Jag försöker fortfarande hitta en ny sån överraskning, som nästan ger en – inte direkt en chock, men på nått vis ÄR det ändå en chock, fast på ett positivt vis, lite som att åka berg-och dalbana. Sånt gillar jag, och det vet Gergen.

D. När fick du senast en sådan överraskning, som en berg-och dalbana?

B. Jag skulle säga att jag har haft flera berg-och dalbanor. En av dom var när jag fick min bubbla. Det var verkligen en berg-och dalbana! För det var helt fascinerande att jag, tillsammans med alla er andra, skulle få placera ut mitt solsystem. Min sista berg-och-dalbana, det var inte nått fysiskt. För du ska veta att en berg-och-dalbana också kan betyda att du inte rör dig en millimeter, utan att den är inuti dig. Och på sistone, skulle jag säga, har det varit många av dom där inre berg-och dalbanorna, där jag har känt som att jag sitter i en liten kärra eller båt som lyfter in mig på nya territorier, nya nivåer av medvetande och kunskap, som jag inte kände till och där jag tidigare aldrig hade seglat med min lilla båt. Så på sätt och vis kan du se det som en berg- och dalbana, men det är också som att jag och min lilla båt seglar över detta stora hav av möjligheter. Det behöver inte vara en berg-och-dalbana, som att min båt går upp och ner eller går under. Det är inte det jag söker här, det måste vara helt tryggt.

På många sätt skulle jag säga att min mer fysiska berg-och-dalbana har varit lite på paus. Men jag har varit i min lilla segelbåt och en vind av spänning och kunskap har fört mig över detta stora hav av hög medvetenhet. Och jag har bara låtit vinden försiktigt leda och styra min lilla segelbåt framåt. Det som har varit extremt intressant för mig – för mitt väsen och för mina egna böcker, som jag också skriver – är det jag har fått veta om dom blå prickarna.

D. Tycker du det är intressant?

B. Jaa! Du sa, "Vi kommer att fylla dina segel och blåsa din båt norrut. Du bör kanske sätta på dig lite varmare kläder för det kommer att bli lite kyligt, men det kommer att vara fullt drag och äventyr." Huhuh. Så vi har pratat om dom blå prickarna.

D. Jag undrade när vi skulle prata om polerna.

B. Det var min fråga också, "När ska vi det?"

D. (*Skrattar.*) Har jag inte berättat det ännu?

B. Jo lite pö om pö. Men jag frågade samma sak, "När ska vi prata om dom blå prickarna?" Så, bollen tillbaka till dig! Huhuh! Det intressanta är att tidigare, sa du, låg tyngdpunkten för besökarnas aktivitet och interaktioner på det här planet faktiskt i norr. Det var installerat monitorer runt Pålen, mittpunkten, och det var för att övervaka verksamheten i Gaffeln. Gaffeln är stabilisatorn och den som orkestrerar planetens hela upplevelse. Och monitorerna ska följa och läsa av melodin i Gaffeln. På den tiden började det ... det var olika väderfenomen, sa du, det fanns inga människor här på den tiden. Och dom som hade till uppgift att forska och observera dom här olika förändringar inom Gaffeln, dom rapporterade att planeten behövde tippa lite, så att den fick en lite större yta mot solen. På den tiden, innan den tippade, var det faktiskt väldigt kallt på fler ställen än det var tänkt att det skulle vara snö och is. Så den tippades lite så att en större yta på planeten skulle vara i direkt solljus. Du sa till mig, "De handlar inte bara om att tippa fram och tillbaka. Det är en sammantagen operation på alla områden. Var gång vi fick den att luta lite inträffade förändringar. En gång blev det ett varmare klimat. Senare lutades den åt andra hållet och det blev ett kallare klimat. Det här är väldigt omfattande förändringar", sa du, "som kommer efter indikationer att det finns ett behov av att antingen starta om miljön eller att få kontinenter att röra sig."

D. Så, Jorden roterar på en axel, var det axeln som försköts eller var det kontinenterna som rörde sig?

B. I det här fallet lutades axeln lite och det startade en allmän förflyttning av kontinenterna. Vattnet blev också mer utsatt för solljus, vilket var orsaken till rörelse, eller uppdelning, av kontinenterna.

D. Så det här var långt tillbaka i tiden?

B. Aah. Vi ser mig inte här. Jag frågade, "Var fanns jag?" Och du log sa, "Förmodligen var du fortfarande i ett ägg och nån sjöng för dig!" Huhuh huh

D. Var jag inblandad i detta?

B. Aah, och Ari. Ari och Eli kom. Men inte jag. Du gjorde lite grann, men det var flera av dina farbröder och andra äldre. Du sa att du var här som elev för att lära dig förstå magnetfältet och hur axeln förskjuts och lutar och även hur man separerar kontinenter genom att utsätta vattenmassan för mer värme, vilket gör att vattnet – inte direkt kokar– men det skapar en effekt ner till havsnivån och därunder, och det är så kontinenterna börjar röra sig.

D. Jag vet att det en gång fanns en enda kontinent, men vad fanns det innan dess?

B. Först var det bara vatten och sen kom saker upp. Och när det kom upp, sa du, började saker och ting hända. Men människan vet inte hur det var. Människan tror att först kom land, och sen kom regnet, och sen delades kontinenterna. Men du sa att det inte är riktigt sant. Du sa att det fanns en tid då det övervägande fanns vatten och land liksom dök upp underifrån, och det berodde på hur du lutade och hur du flyttade axeln. Allt är orkestrerat från Gaffeln, från mittpunkten.

D. Fick du någon information om Jordens orientering? Var rotationen annorlunda?

B. Vid ett tillfälle var det nästan rakt, det fanns ingen lutning. Lutningen startade när landmassan var på plats. Och det blev också ett mer regelbundet mönster i rotationer och cykler när däggdjur och andra varelser kom.

D. Du nämnde en gång något om att besökare placerade lådor runt planeten?

B. Precis. Och det är det som du visade mig här. Det fanns lådor runt den centrala Pålen som övervakade Gaffeln. För närvarande är dom tysta observatörer; dom orsakar ingen lutning för tillfället, men dom är placerade i isen.

D. Fick några av dessa lådor verkligen saker att förflytta sig?

B. Aah, det verkar som det. Lådan är densamma, men den kan göra olika saker. För tillfället övervakar den bara. Vi är mittemellan förändringar, så vi är i den mellanfasen. Men lådorna är ... dom ser ut som bilbatterier. Det finns flera, och dom både övervakar och aktiverar saker. Dom är på nått sätt anslutna både till Gaffeln, och till magnetfältet inuti och nätet på Jorden. Jag kan inte se som en knapp, om det är det du tänker, att nån trycker på en knapp och saker börjar förändras. Den justeras och styrs på distans.

D. Jag har alltid varit nyfiken på de geologiska förändringarna. En gång var en stor del av planeten täckt av frodiga skogar, och sedan blev det istider.

B. Och glöm inte heller att det vid en tidpunkt bara fanns vatten.

D. När dessa förändringar inträffade, vad var det som orsakade det? Var det kometer, rörde sig landmassor eller vad?

B. Det var flera olika saker. Ibland var det dom här lådor som startade en fortsättning på tidigare förändringar och rörelser och förflyttningar av landmassa. Det var mer tyst - inte som en stor smäll, i den meningen att nånting bara flög in och kraschade. Det är lite som att ge elektriska stötar, som zzzttt, och det började skicka ut signaler till nätet, som sen gjorde att rörelsen kom igång. Du ska veta att mycket av det handlar om att dela kontinenter, att dela upp dom, och vatten är den starkaste kraften i flera verkligheter. Genom att använda kraften i vattnet har du förmågan att flytta kontinenter, att dela upp kontinenter, och se till att det allmänna flödet i atmosfären – som är beroende av haven – och den allmänna temperaturen är på dom nivåer som dom ska vara, och i balans. Och om dom inte är det, kommer vattnet att peka på att det behöver ske förändringar, och Gaffeln hör det. Lådorna övervakar bara aktiviteterna i Gaffeln. Du visade mig det här. Och du visade mig att du undersökte det här med några av dina farbröder. För tillfället ser det tyst ut. När du visar mig den här platsen, just nu, ser jag fortfarande lådorna – och det är inte som att dom är placerade direkt på toppen av planeten, dom är centrerade runt Gaffeln, eftersom det är Gaffeln som är nyckeln. Gaffeln är den som läser av skiftningarna, främst från havet. Och havet kommunicerar med atmosfären och den övergripande temperaturen, och ser till att det är på en nivå som är fördelaktig för livsformerna. Och ibland, för att livsformer ska uppstå, måste planeten kylas ner. Och Ophelia sa, "Det här är sorgligt och det här är skrämmande, men det är också en del av en större plan. Det är då som en istid eller nått liknande kommer in." Men ibland kan det också bero på att det har funnits tillfällen då temperaturen generellt är lite för hög, och då läser Gaffeln det. Och det som då sker är att värden, planeten, får hjälp att kylas ner. Jag säger inte att det kommer att bli en istid, men det måste planas ut lite eftersom vi går in i en lite varmare fas. Jag har varit med genom alla dessa faser, så jag är inte direkt chockad eller förvånad. Men jag vet att det skapar förvirring bland dom som är här. Och dessutom skapar det också förvirring i miljön, som träd och så vidare. Så vi försöker kommunicera och lugna och se till att slutresultatet blir bra. Nu har du lite högre temperatur igen, och folk säger "Oohh! Har aldrig hänt förr." Men det har det.

D. Jag minns att du sa att när du först började komma till Jorden som lärling, låg den här kontinenten mycket närmare Europa.

B. Aah, ah. Jag föredrar nog att vara här (*i Europa*). Jag har inte varit så mycket i det som nu är Asien, och jag har inte varit så mycket i Australien. Jag var en gång i norra Indien, när min blomma var där, men det var bara helt kort. Men om jag själv får välja – vilket jag försöker göra när du kommer hit – så pekar jag på kartan vart jag tycker att vi ska resa. Jag gillar de gröna öarna, Irland och Skottland. Jag gillar att vara där. Och vi har faktiskt haft flera liv när du var inuit på Grönland – det som nu är Grönland. Det var nog också för att du ville vara i närheten av dina projekt, för det var, vid ett tillfälle, på nått vis kopplat till Kanada och det var inte så långt med din kanot. Sen tog båtar över och gick fram och tillbaka. Du gillar att vara där. Du är inte så förtjust i kyla, men du föredrar stillheten som kommer med kylan. Det gör det lite förvirrande för dig som människa. För värme för med sig sånt som du inte uppskattar så mycket. Och i kylan finner du ensamhet och klarhet i sinnet, men då tenderar kroppen att vara för kall och då kan du inte nå dina bibliotek lika lätt. (*De har sagt att det är lättare för mig att få kontakt med min själ när jag är varm.*)

D. Jag undrar om du kan förklara lite om Gaffelns egenskaper. Är det som ett elektromagnetiskt fält? Eller har den en vibration liknande den Fjärde?

B. Den samexisterar med och är en förlängning av den första dimensionen. Den första dimensionen är motsvarigheten till Skaparen, som är den stora centrala Mittpålen. Så på många sätt är Gaffeln lite som den lilla Skaparen, på samma sätt som Skaparen är den centrala Mittpålen i det stor Hjulet. Den har samma design och samma funktion. Så på många sätt är den en förlängning av Skaparen. Den upptas av det Mästerliga Medvetandet som en direkt länk. Du vet, samma länk som när djur direkt kan kommunicera och veta när dom ska bege sig bort från en fara, till exempel en jordbävning och så. Det är för att dom är i direkt kontakt med det Mästerliga Medvetandet, och det är det Mästerliga Medvetandet som är närvaron i Gaffeln.

D. Okej. Är det på något sätt en produkt av kärnan?

B. Aah. Det är en förlängning av kärnan. Om du skulle dela upp jordklotet, så är det inte som att du hittar en Påle där inne, eller en Gaffel. Men den fungerar på samma sätt som en stämgaffel. Det är en tillvaro bestående av energi, men den upprätthålls av mineraler och materia som finns inom varje himlakropp, och som bestäms av den allmänna kärnan, alltså den första dimensionen. Så det är som att den första dimensionen breder ut sig och bara är ... när du tänker på den första dimensionen, tänker du att den är som en punkt i mitten, vilket är ungefär där gravitationen finns. Men om du skulle förlänga den tanken och bara se att den första dimensionen faktiskt sträcker ut sig och blir den här stämgaffeln. Och det är den generella sensorn för all aktivitet som pågår här. Det är ungefär som den stora Mittpålen i Skapelsen Hjul; det är en miniatyr (*version*) och den direkta förlängningen av den. Och det finns i alla himlaväsen, säger du.

D. Till och med som de enskilda cellerna i din kropp—?

B. Dom har samma, det är samma. Och precis som Solen har en stämgaffel i sig själv - och jag kan bara säga att din sol inte alls är nöjd. Den är inte nöjd med det som pågår hos sina barn. Planeterna anses vara Solens barn. Det skapar oordning och förvirring inom gruppen, och det är din sol medveten om. Olika aktiviteter från Solen är en indikation (*på den medvetenheten*). Men Gaffeln är inte bara till för att övervaka och verka för Jordens räkning. Den är en direkt anslutning och kommunikationscentral för alla gafflar i hela solsystemet och i galaxen. Så solen är inte nöjd med Jorden och ert beteende här. Och det som Solen inte är nöjd med har att göra med föroreningar och missbruk av naturtillgångar, eftersom det påverkar atmosfären, och det märker Solen. Så kommunikationen mellan planeterna är Gaffel till Gaffel, så att säga. Men Solen fungerar på olika sätt, för att människan ska reagera på att det sker förändringar. Solen är den starka kraften som med sina urladdningar påverkar hela atmosfären, vilket gör dig mer sårbar. Och det är för att den vill att du ska bli medveten om den allmänna effekten av produktionen från olika fabriker, och plast, och så vidare. Du ska veta att Solen inte bara är en lysande boll. På många sätt är den en utkikspost för Råden. Dom högre Råden, jag har inte träffat dom men dom verkar direkt genom Solen.

D. Jag har läst teorier om att Solen och andra stjärnor i första hand är elektriska till sin natur.

B. Alla är inte verkliga. Vissa skapas för att stabilisera ett grannskap, till exempel i galaxen. Alla har inte samma funktion som din sol, med levande livsformer omkring. Alla solsystem är inte planerade att ha samma utveckling som här. Men alla har ett syfte! Och det enda syftet kan vara att stabilisera grannskapet, och det är ett syfte i sig. Här är det fler syften inblandade. Inte bara i ditt grannskap, som i din galax, utan ett annat syfte är också själar som kommer hit och intar ett tredje fordon och, från den utgångspunkten, försöker göra dom förändringar som Råden önskar.

D. Det är väldigt spännande.

B. Aah. Så jag ser här vad du gjorde på Nordpolen, och det var helt fascinerande för mig.

D. Är det all information du fick om det? För du pratade om Sydpolen också.

B. Aah. Om det är stängt däruppe i norr ... och du säger, "Det är inte meningen att dom ska titta där. Det är därför det verkar stängt, och människan känner inget behov och intresse för att gå och leta där. Men i söder är det mer öppet och där händer det mer. Och på många sätt är det för att avleda uppmärksamheten från Nordpolen."

D. Vilken slags aktiviteter är det på Sydpolen?

B. Det kommer och går (*genom portaler till parallella verkligheter*). Det finns som öppningar där besökare kommer och går. (*Aktiviteten*) där nere handlar också om det allmänna intresset för oljefyndigheter. Oh, du vill inte prata för mycket om det. Men jag kan se att det finns stor aktivitet från existenser utifrån som ser till att skydda resurser, som olja.

D. Hur länge sedan är det som Sydpolen var isfritt?

B. AH! Jag fanns med när det inte var nån is där nere.

D. Din tidsram här är ungefär 60 miljoner år, eller hur?

B. Det är vad du säger. Jag vet inte om jag är ett år eller 60 miljoner år, men jag fanns här och jag har sett att det har varit grönska där i söder. Jag har inte sett nån grönska i norr. Nordpolen är lite mer mystisk och den är tänkt att lämnas ifred.

D. Det finns mycket vatten där uppe, och landet ...

B. Det är fruset och täckt av is. Och det är utformat på det viset, säger du, för att inte dra till sig uppmärksamhet. Så, jag ville berätta om din väska (*en väska kopplad till Elahim*), och jag ville berätta att du har varit här i hemlighet (*i manifesterad form*), och att du övervakade den här Gaffeln som är förlängningen av det Mästerliga Medvetandet och är Skaparens ögon och öron.

D. Det är otroligt komplext när man tänker på den storslagna designen, den heliga designen av allting. Det verkar som att enskilda träd och växter kan kommunicera med Gaffeln?

B. Precis. De kommunicerar med Gaffeln, och djur gör det också. Och blommor, till exempel, dom kan stänga av sin ljuskapsel, som vi säger, innan det blir torka. Och hur vet dom det? Det beror på att dom läser av aktiviteten mellan sina rötter och Gaffeln, och den ger dom signaler och information om att den här specifika regionen kommer att upphöra att existera. Och sen kan växter – som också är livsformer – bara dra sig tillbaka. Så ibland kan man se att miljön och växt- och djurlivet har försvunnit innan förändringen skedde. Och hur är det möjligt? Du skulle tänka, "Här händer det nått," och DÅ skulle levande väsen säga, "Oh, låt oss flytta, eller låt oss upphöra att existera." Men ibland kan man se att det som faktiskt sker i växt- och djurlivet, det sker INNAN den faktiska händelsen, till exempel torkan eller en istid, och dom flyttar tidigare. Du ska bara veta att den allmänna önskan är att norr ska lämnas ifred. Och du (*Lasaray*) säger att det är okej att säga det, för dom kan ändå inte hitta det. Det skulle vara alldeles för besvärligt.

D. Kan de inte hitta lådorna?

B. Det kan dom inte, det är alldeles för besvärligt. Och dom är inte bara på ett ställe. Dom är strategiskt utplacerade som en cirkel, men inte bara SOM en cirkel. Så det skulle inte hjälpa om nån säger, "Oh, här är mitten, här sätter jag min flagga och dyker." Det inte så det är, säger du. Det är alldeles för djupt ner och för långt emellan. Det är för utspritt för att människan ska hitta det. Men det är starkt kopplat till andevärlden och besökarna. Och det här övervakas också av dom som kommer och går där nere i söder. Dom knyter an till Gaffeln därifrån. Men dom lockar också bort nyfikna ögon från Nordpolen. Så dom flyger in och ut lite som, "Hallå! Kolla på oss! Här är vi! Här är vi! Huh-huh-huh." Och alla är som, "Titta, nånting händer där nere."

D. Det är sant, du hör inte så mycket talas om att folk ser rymdfarkoster där uppe i norr.

B. Nää, nää. Och det är så det är, dom vill avleda uppmärksamheten. Så det var vad jag ville berätta för dig. Jag ska gå nu, men jag ville säga det här. Jag ville berätta om vad du gjorde i ett av liven med en blå prick. Och TYDLIGEN, verkar det som, kom du tillbaka i ett blå-pricks-liv när du och jag faktiskt hade träffats och vi jobbade ihop! Men du sa att då var det främst för underhåll, för att titta till lådorna. Det var inte för att utföra nånting. Och jag sa, "Varför kunde inte jag också ha fått komma med då?" Och du sa, "Det var inte ett jordiskt uppdrag, i den meningen." Så jag ska gå nu, men jag ville berätta det här.

D. Tror du att de flesta planeter som har liv också har lådor som övervakar?

B. Du säger att inte alla har lådor, men varje system har det. Och då frågar jag, "Menar du varje solsystem eller varje galax?" Och du sa, "Varje solsystem, som är ett solsystem med evolution, har lådor i åtminstone en av deltagarna. Normalt är det Solen." Du sa att du hade lådor i stabilisatorn en gång innan du kom till Jorden. Du sa att det var intressantare att observera stabiliteten så att systemet inte wobblade. Så på den tiden fanns det lådor aktiverade i Uranus.

D. Jag antar att Solen kan läsa alla Gafflar, så om du kan läsa Solen kan du läsa Gafflarna på alla planeter?

B. Precis. Och Solen är den direkta länken till dom högre Råden, såvida den inte är konstgjord. Alltså, inte konstgjord som människoskapad. Huhuh, du är inte kapabel att skapa en sol! Huhuhuhuh.

D. Någon kallade alla de oäkta solarna för "graffiti".

B. Aah. Det är som lite kludd, som nån precis har klottrat där. Allt har ett syfte, säger du. Men syftet kan vara allt från en pytteliten procent, hela vägen upp till hundra procent. Så Jordens syfte är till exempel cirka 85 procent. Sen frågade jag, "Vad skulle ett syfte på 100 procent vara?" Då skrattade du och petade mig i magen och sa "DU!" Hu he he he he! Och det var slutet på den diskussionen. Men du kunde se vart mina frågor var på väg, och jag har inte glömt bort det, bara för att du petade på mig. Men jag är ett hundraprocentigt syfte – det gillar jag! Det får mig att känna mig värdefull. Så okej, nu går jag igen.

Bob: Lådorna vid Polerna (13 februari 2020)

Bob uppvisar återigen kunskap om geologiska och arkeologiska ämnen som Christine vet väldigt lite om. Han beskriver en tid för cirka 240 miljoner år sedan när besökarna kom i en stor skivformad farkost och installerade lådor i ett stort ringformat mönster runt Nordpolen. Han säger att landdjuren på den tiden såg ut som små dinosaurier, vilket är helt korrekt för det tidiga Trias. För omkring 252 Miljoner år sedan, vid gränsen mellan Perm och Trias, skedde en massutrotning av många vattenlevande och landlevande varelser, en händelse som andarna kallar en omstart. Livet återhämtade sig ganska snabbt, eftersom mönstren för nya arter omgående introducerades av den andra dimensionen och också fördes hit av besökare. Han nämner att besökare tog med sig en mycket stor valliknande varelse, och fossila fynd bekräftar att ett sådant djur och funnits här. Besökare arbetar normalt i samverkan med de andliga Råden, men det fanns tillfällen då all verksamhet inte var godkänt av Råden. En tredje iakttagelse som han gjorde och som går att verifiera var angående landmassorna på de högre breddgraderna. Hans beskrivning matchar de geologiska tolkningarna av var delar av Pangea, den sista superkontinenten, låg vid den tiden. Det är troligt att lådorna då och då flyttas av besökare när kontinenterna skiftar, för att hålla dem centrerade runt axeln.

Bob berättar också om hur DNA manipuleras för att skapa förändringar. Han försökte finna en bild som skulle få oss att förstå vad han menade. Han stannade vid "pärlplatta", vilket bara är till hjälp om du talar svenska. Sedan skrattade han för han vet att jag inte gör det. Så han jämför det med vad Ia gör med DNA när hon skapar mönster för att alstra vissa melodier, eftersom ljus och ljud är grunden för all form. När han kom in fortsatte han precis där han slutade i föregående session.

B. Så, som jag sa, Gaffeln är i behov av uppmärksamhet. Och mottagarna där uppe på Nordpolen, som du visade mig i ett av dom där blå-pricks-liven, dom håller på att vakna till liv, några av dom. Och du kanske tänker, "Oh, oh! Vem är det som väcker dom?" Men det är en gemensam aktion kan man säga. Ibland, säger du, är det yttre påverkan, men ibland är det Gaffeln som drar igång det eller skickar vågor av aktivitet in i batteriet eller mottagarna, och den yttre påverkan bara observerar. I det här fallet har det berättats – du till mig och nån annan kanske till dig – för när jag frågade, "Vem har berättat det för dig?" då pekade du och sa, "Titta där borta." Så vi ska kanske inte prata om hela kedjan. Men du sa att det fanns tecken från Gaffeln som tydde på en obalans. Den måste vara centrerad och den måste vara ihopkopplad, Pol till Pol ihop, på ett sätt, säger du, som speglar den stora Pålen (*den centrala Mittpelaren*). Om ett föremål, som Jorden, inte fungerar som det ska – och jag frågade, "Vad händer om några av akvarierna inte fungerar som dom ska?" Och du sa, "Oh, det är en helt annan agenda." Sen undrade jag, "Kan du också luta eller ändra lutningen av den Stora Pålen?" Och du sa, "Det kanske är nått du skulle prata med Ari om." Och jag sa, "Boka in mig bara! Min kalender är helt tom. Jag accepterar med glädje en inbjudan!" Huhuhuh! Och du sa," Vi kanske ska börja med att förstå Stämgaffeln och stabilisatorn inuti Jorden? På den nivån", säger du, "som att Uranus är en stabilisator inuti solsystemet, Mittpålen i Jorden, själspartikeln i fordonet och den Stora Pålen i Hjulet, alla dom anses vara en Mittpåle och en stabilisator, på nått vis."

D. Ända ner till de allra minsta detaljerna?

B. Ända ner till minsta DNA. Så jag gick – i egen hög person – till Ia (*som är expert på DNA*), för jag var aldrig riktigt förtjust i att arbeta med DNA. Jag menar, jag tog DNA-kurser för att jag var tvungen, för att jag skulle kunna skapa kaffebönan, skapa min Individ, och så vidare. Och Gergen sa, för att jag skulle ha dom rätta kvalifikationerna som lärare. (*Han frustade till och skrattade.*) Så jag var tvungen! Men när jag går och tittar på vad Ia gör, så är det lite som dom där sakerna som barn leker med, du vet, det är som en platta med piggar på och sen sätter dom saker i olika färger på den och så skapar det ett mönster? Hon jobbar på samma sätt när hon löser och analyserar och dechiffrerar olika DNA-mönster. Det är samma som det som barn har – det är som en platta med piggar och så trycker du liksom fast pärlor i olika färger på piggarna och så det blir nånting.

D. Hur testar hon det hon skapar?

B. Alltså, hon gör små modeller, och läser av det. Det måste skapa en melodi. När hon skapar det här – vad skulle du kalla det?

D. Jag vet inte, välj du.

B. Vad skulle du kalla den här lilla modellen som du skapar olika mönster på? Okej, jag ska kalla det med ett svenskt ord, för det finns (*i Christines ordförråd*). Så när hon använder den här pärlplattan, då ... heheheh (*han visste att jag inte hade någon aning om vad det betydde*). Om vi inte har andra alternativ (*för ord*), får vi ta det som finns ... när hon använder som den här pärlplattan, och gör ett mönster av alla dessa färger, då är det tyst. Men det måste också bli en melodi och för att hon ska veta om hon har lagt det här pusslet rätt, skapar hon mer än ett mönster. För hon säger att hon måste också se om det fungerar och HUR det fungerar och då måste melodin vara rätt, och då måste hon ha fler mönster att jämföra med. Nu när det här är fyllt med olika DNA och färgmönster, lägger hon till en komponent, som indikerar en justering. Det är ett sätt att tillföra energi till ... alltså du ger inte melodin till den, utan du väcker melodin i den till liv. Hon säger att allt inte är ett färdigt och användbart föremål, och att det är därför som jag inte gillar att jobba med det. Hon säger att om hon gör hundra stycken av dom här, så kommer hon kanske bara kunna använda tjugo; åttio skulle bara betraktas som små steg i en riktning för att bli nått användbart.

D. Bara skisser.

B. Precis. Huh huh. Hon sa till mig, "Jag vet att du inte gillar det här med skisser nått vidare," och jag sa, "Nää, jag kommer hellre in senare i projektet." Nu tappade jag bort var jag var (*han glömde vad han pratade om*), MEN vad jag tänkte säga är ... ööhh...det här är vad som händer när jag kommer in på ett sidospår.

D. Du pratade om Gaffeln.

B. Ah, ja precis, Gaffeln — men hur kom Ia in med sin pärlplatta? Oh, nu minns jag hur vi kom fram till det; du frågade om det var allt och jag sa "Ja, ända ner till det minsta DNA:t" och då såg jag Ias lilla projekt och pärlplattan. Så vad jag då skulle vilja säga, är att du kan ändra rotationen och lutningen i ett objekt. Bara för att det inte är en planet eller ett helt Hjul, men allt har en axel och ett sätt att vara positionerat, och det kan ändras. I det här läget har Gaffeln skickat ut en slags nödsignal till dom här mottagarna på Nordpolen, så några av dom har börjat blinka. VILKET BETYDER att dom som har till uppgift att läsa av dom här apparaterna uppe på Nordpolen har blivit underrättade. Och dom apparaterna har legat där länge. Det finns också dom (*lådor*) som är placerade i Joels berg (*Himalaya*). Vi har inte glömt bort dom – och inte han heller – men dom är intakta för tillfället. Dom har inte börjat blinka och dom kommunicerar inte nödvändigtvis på samma sätt. Allt kommunicerar med Stämgaffeln, men lådorna läser av olika signaler för olika ämnen och olika agendor. Dom på Polerna är starkt kopplade till att förstå lutningen av det här objektet, det vill säga Jorden. Det (*signalerna*) har i första hand att göra med att temperaturen i haven behöver förändras.

Dom behöver kylas ner lite, eftersom dom är förorenade och vissa däggdjur har svårt att andas och mår inte särskilt bra. Så dom signalerar det till olika inblandade för att Stämgaffeln ska höra det. Allt är en kedjereaktion här. Men vad som behövs och önskas är att temperaturen generellt ska sänkas i haven, för då påverkas du inte lika mycket eller blir lika utsatt för föroreningar som aluminium, plast och kvicksilver. Så det är ett sätt att stabilisera elementet vattnet genom att kyla ner det. När det värms upp sprider det (*föroreningarna*) sig mer. Så vad dom vill - och det är också därför som det är flera från vattenvärlden som kommer in - och dom är programmerade att på nått sätt inte bara läsa av havet utan också att kunna fungera i ett kallare klimat. Dom kommer också att arbeta på uppdrag av Råden för att kyla ner haven. Några av regionerna som vi tittar på är uppe runt Alaska. Nu kanske nån tänker: "Alltså, är det inte kallt nog där uppe? Det är ju redan is och snö där." Men dom vill kyla ner det ännu lite mer. Vi vill att temperaturen ska sjunka, säger du, med minst 2 grader.

D. 2 grader C?

B. Ja. Det är ett mått som finns i den härs kunskapsbank. Du kan inte lägga in nått annat, för det skulle bli extremt förvirrande (*Christine kämpar med Fahrenheit*). Tänk bara på ordet pärlplatta. Pärlplatta fanns inte på engelska. Så om hon inte har ett ord på engelska är det ganska svårt att hitta det här (*i hennes mentala databas*). Så, du säger också att du skulle vilja sänka temperaturen runt Nordsjön, och då skulle somliga säga, "Men, det är väl tillräckligt kallt där." Jo, men det är en ledare för temperaturen att färdas längre söderut. Så, i det här fallet, för att temperaturen gradvis ska sjunka i haven världen över, börjar du längst upp. Du säger, "Om vi kan sänka det 2,3 grader där uppe, kommer det att få en enorm effekt och hjälpa inte bara livsformerna i havet, utan Polerna och atmosfären i sin helhet."

D. Kommer det att orsaka torka eller små istider, eller något liknande?

B. Det vi pratar om här ... jag ser ingen torka. Men det är verkligen oroande ifall det är en lutning på gång. Och du ska veta, att Ophelia och alla säger att det här inte är första gången. Men människan är som, "Oohh! Oohh! Det är första gången som klimatet förändras!" Jag har säkert varit med om tusen av dom. Och såna som Ole – vem vet hur många han har varit med om. Vi kanske skulle ta in Ole och se vad han säger om detta. Och Ole har sin mentor, du vet, som också har varit på Jorden. Så vem vet hur många växlingar och förändringar i atmosfären och cykler av olika slags människoarter som han har upplevt! Jag frågade dig, för när jag började få veta om dina blå-pricks-liv, mitt bland mina liv- och jag kan inte riktigt förlika mig med varför det ägde rum. (*Han är inte glad över att jag kom i manifesterad form utan honom.*) Sen säger jag, "När du bara kom i blå-pricks-liv, vad gjorde du då? Vi kan prata om dom andra liven sen, när du var bland människorna, efter att dom hade kommit." Och du sa att när du var typ en tonåring, var du med Ari och dom andra, som var besökare, och du grejade med lådorna där upp. (*Lådorna runt Nordpolen.*) På den tiden skedde en aktivering (*besökare aktiverade lådorna*). Du visade mig en bild (*av en farkost som liknade en stor disk*), och jag såg en likadan när jag var på Etena, när vi gjorde den där ritualen med elementen. Det såg ut som en stor disk som kom in och iakttog det vi gjorde. Men disken på Etena såg ut som ett stort öga. Dom som du var med (*besökarna*), dom hade på sig nått som såg ut som en gummidräkt. Dom var på nått vis ... dom jobbade ihop med den här disken som var precis ovanför. Och den övervakade lådornas position. Varken du eller Ari var klädd i gummi, ingen av er hade en gummidräkt. Du såg ut som du gör härhemma.

D. Så de i gummidräkterna—

B. Dom kommunicerade med den här stora disken ovanför.

D. Var de i gummidräkterna livsformer från Jorden, eller besökare?

B. Besökare. Det fanns inga ...

D. Det här var innan de nuvarande kontinenterna bildades, eller hur?

B. Ja, precis. Det såg annorlunda ut. Kontinenten där upp var som Grönland, Kanada, Nordpolen och Ryssland ihop, sammankopplade. Livsformerna som jag kan se – du sveper lite med kameran och vi går söderut – jag ser som fyrbenta djur; dom ser ut som ett slags bältdjur. Men det fanns också typ dinosaurier, små dinosaurier, och det här var ungefär samma tid. Det fanns olika livsformer, men inte dom riktigt stora dinosaurierna. Dom här var mindre, dom såg ut som dinosaurierna, men det var inte dom där jättestora.

D. Det fanns säkert olika varelser i havet också?

B. Aah. Dom var större! Dom var RIKTIGT stora. Jag kan se nått som ser ut som en val. Den var intelligent. Den levde inte i flock, inte som späckhuggare eller delfiner. Den levde för sig själv. Den var cirka 20 meter lång. Det var som en val och den var väldigt intelligent. Den var på nått sätt placerad där. Det är inte så att jag ser flera av dom.

D. Så den togs hit av besökare?

B. Precis. Den ser ut som en stor ubåt. Men jag kan se ögonen. Det är som att titta in i nån som är synnerligen intelligent. Den är formad som en stor cigarr och färgen är lite brunaktig, gråbrunspräcklig och den har stora ögon.

D. Har du någon aning om den ungefärliga tidsramen här?

B. Alltså, du visade mig en siffra, när den där stora valen fanns här, och det var för ungefär 240 miljoner år sen, säger du. Och det var då som lådorna kom. Och nu ser jag att några av dom håller på att aktiveras.

D. Jag minns att det har pratats en del om lådorna som fick kontinenterna att dela sig. Det fanns en stor kontinent och sedan bröts den upp?

B. Du kanske var där flera gånger. Det jag ser, när det här stora däggdjuret fanns i havet, det var för 240 miljoner år sen, säger du. Och jag kan se dig på Nordpolen med gummifolket. Du visar mig som bilder, som ögonblicksbilder av olika saker. Men jag kan se här på tidslinjen att det här inte är den första blåa pricken, så du var här tidigare också. Du sa att du var här tidigare också, innan du satte ut lådor.

D. Så punkten som roterade, Jordens axel, kan du se vart den pekade vid den tiden?

B. Den pekade mot stjärnan, jag vet inte om det är den gången, men jag kan se här att Polen vid ett tillfälle pekade mot en av dom stora stjärnorna här i närheten. Allt pekar på nått sätt mot eller är i direkt kontakt med en motsvarighet. Du säger att det kan vara en sol, det kan vara ett annat system, det kan till och med vara den närliggande galaxen. Det här är det generella nätet.

D. Spelar det någon roll vart den pekar? Jordens axel pekar nu mot Polstjärnan i Ursa Minor, Lilla Karlavagnen, så delar den information, eller spelar det någon roll vilken stjärna den pekar på?

B. Ja, den pekar mot Polstjärnan. Den delar inte information. Men på nått sätt är det ett förhållande mellan föremål för att dom ska fungera på ett sätt, som jag skulle anta att dom här gummipersonerna hade tänkt sig. Dom är typ underhållsfolket, dom man ringer in om man behöver göra underhåll. Så när jag såg det här stora däggdjuret i havet, det var då jag såg dom här gummipersonerna. Men du såg inte ung ut, du såg inte ut som en tonåring. Du såg ut som du gör nu, så du måste ha varit vuxen. Du var där – jag vet inte om Ari var där, han kanske också var där – men du såg ut som en vuxen. Första gången du kom med lådorna var du tonåring, säger du. Så jag tittar lite på det här. Jag har lektioner också, och det är inte så krävande, inte så komplicerat. Så, hursomhelst, jag ville komma in och berätta om Gaffeln och den allmänna avsikten att sänka temperaturen i havet.

D. Det är verkligen bra att veta. Kommer det att uppnås genom att minska Solens effekt?

B. Aah, precis. Det är en gemensam insats. Mottagarna, dom initierar och styr avsikten och dom läser av meddelandena inifrån och ut. Men hela operationen, för att få det att hända, styrs inte av dom i gummidräkter; inte ens av Ari skulle jag anta. Effekten kommer i det här fallet från Solen. Du säger att om det var en annan agenda, till exempel som tidigare med Uranus, eftersom Uranus är stabilisatorn; då modifierade dom den allmänna gravitationen i Uranus för att ändra stabiliseringsfrekvensen i familjen (*solsystemet*.)

D. Jag tycker att dessa ämnen är extremt tankeväckande. Jag lägger mycket tid på att forska.

B. Jaa, hemma forskar du också. Du är rätt smart och jag är glad över att ha dig som min handledare.

D. (*Skrattar.*) Och jag är glad över att ha dig som min följeslagare.

Tallock, Ophelia: 450 Miljoner År Sedan (15 december 2019)
Under den här sessionen ger Evan, från Vlac, mer detaljer om det arbete som hans grupp och Elahim har gjort på Jorden genom eonerna. Vad jag finner fascinerande är korrelationen mellan händelser i den geologiska historiken och de andliga Rådens aktiviteter på Jorden. Evan berättar om hur Råden och intelligenser från olika dimensioner experimenterade med atmosfären och Gaffeln och försökte stabilisera miljön. Samtidigt testade de konstruktioner av nya livsformer och samlade in data om hur väl de fungerade. Mycket forskning utfördes tidigare än 450 miljoner år sedan (Ma). Kärnan och atmosfären var instabila, så representanter från den sjätte dimensionen kom i manifesterad form och i farkoster. Och med tillämpning av kristallin laser borrade de 30 km djupt ner i marken för att installera mottagare och sändare i Jordskorpan. Råden kunde sedan kontrollera de tektoniska plattornas och atmosfärens rörelser genom att övervaka och

påverka Gaffeln. Allt detta gjordes för att skapa de naturliga processerna och den evolution som Skaparen avsåg för den här planeten.

Datumet 450 Ma har kommit upp flera gånger, så våra andliga vänner ser den perioden som en viktig markör på evolutionens väg. Geologer klassar det som Ordoviciumperioden (485 till 444 Ma). Under Ordovicium ägde tre betydande händelser rum. En var upplösningen av superkontinenten på södra halvklotet, snabb utbredning av havsbottnen och bildandet av alla moderna tektoniska plattor. Den andra är känd som GOBE, förkortningen för Great Ordovician Biodiversification Event. Olika typer av marint liv hade under den perioden sin största utbredning i hela Jordens historia. Det var också under GOBE som växter introducerades på land (terrestrialisering). Denna explosion av biologisk mångfald sammanföll med en dynamisk period när kontinenter flyttades, berg höjdes och en massiv vulkanisk aktivitet inträffade. Och sedan avslutades Ordovicium med två stora utrotningar: en inträffade 447 Ma och den andra 443 Ma. Efter dessa två händelser eliminerades 60 procent av alla marina ryggradslösa djur i världen. Geologer och paleontologer står handfallna när det gäller orsaken till de ordoviciska förintelserna. Evan förklarar Kambrium och Ordovicium som en tid av omfattande tester av olika modeller av nya livsformer i haven under varierande förhållanden. Efter att ha utvärderat resultaten, åstadkom Skaparen och Råden en omstart som eliminerade många av de exotiska skapelserna. Landlevande växter förblev i stort sett opåverkade under just denna omstart.

Besökarna etablerade baser på flera platser på planeten. En av de största fanns i området där de Stora Sjöarna nu ligger. Ophelia (och andra) har berättat att portaler finns i områden med höga koncentrationer av koppar, guld eller kvicksilver. Området kring de Stora Sjöarna är en del av den Centralkontinentala Sprickans System, där den nordamerikanska kontinenten drogs isär och stora mängder lava avsattes. Inom denna spricka bildades ett område som nu är Övre Sjön (Lake Superior Basin) där de magmatiska basaltklipporna innehåller stora mängder koppar tillsammans med lite guld och silver. Jag kan försäkra läsaren att Christine inte har någon som helst kunskap om detta, så informationen kommer uppenbarligen inte från hennes undermedvetna. Koncentrationen av koppar är avgörande för skapandet av portaler, eftersom det får energifältet att rotera motsols. Denna virvel gjorde det möjligt för främmande farkoster att komma in i och lämna Jordens energifält. Råden beslutade att stänga portalen genom att utvinna koppar och minska dess effekt. Elahim (i manifesterad form) och Tallocks (i fysiska rymdfarkoster) kom för cirka 300 000 år sedan och avlägsnade stora mängder av metallen. Mot slutet av gruvdriften kolliderade två farkoster och orsakade en massiv explosion och en radioaktiv krater som sjönk ner i Jordskorpan. De Stora Sjöarna bildades för att täcka området, men Jorden är fortfarande i behov av läkning från den händelsen.

Ev. Jag heter Evan. Din lärare på Vlac. Hmm, det här känns annorlunda. (*Hans röst var djup och raspig, och han kämpade för att tala.*) Lungorna mycket små. Behöver mer utrymme. Hmm. Alltså han (*Seth*) sa, "Jag kommer att vara liten; du får nöja dig med det som är." Nåväl, vi reste hit i ett avlägset förflutet, tillsammans. Samlade mineraler, analyserade förutsättningarna för liv.

D. Vem reste du med?

Ev. Dig. Du och jag. Seth reste inte; Han övervakade operationen från Vlac. Vi samlade in prover, mineraler. Det var nödvändigt att göra justeringar i planetens kärna och vi analyserade effekterna på ytan. Ytan avslöjar tillståndet inuti. Vi analyserade naturtillgångar; olja, gas, som är en koppling och nyckel till kärnan. När du plundrar dina resurser, tar mer än du får, skapar det störningar i kärnan. Du har haft flera liv där du övervakar Gaffeln, som du kallar den här, där du förstod att mineraler, naturtillgångar, bara ger en liten nyckel till hur Gaffeln fungerar. Det finns en stor zon, energetisk zon, runt Alaska som är starkt kopplad till Gaffeln. Det är därför vi önskar att den zonen ska lämnas ifred. Vi vill inte upprepa en nedstängning, som vi gjorde i mitten av den här kontinenten. Det skedde en nedstängning på grund av att ni missbrukade era tillgångar, stora fyndigheter av kvicksilver, koppar och guld. Den här kom, observerade det som skedde. Regionen, nu känd som de Stora Sjöarna, stängdes ner. Kopplingen till Polen förändrades; flera centra, anslutande linjer, nätet och underhållet av Gaffeln flyttades. Det huvudsakliga navet, där vi observerar Gaffeln, finns nu i regionen Alaska. Det flyttades (*cirka 300 000 f.Kr.*), eftersom det ansågs vara en plats där människan kunde lämna Jorden ifred. Det var inte tänkt att det skulle vara öppet. (*Oljeborrning har skadat kopplingen till Gaffeln.*) Det är ett sår på din planet, liknande det som en gång fanns under de Stora Sjöarna. Vi vill inte upprepa att center stängs ner, eftersom det inte är optimalt. Det är en reaktion från Gaffeln för att kunna fortsätta sjunga. Tonen i varje kärna, i varje himlakropp, färdas i nätet, det kosmiska nätet förbinder solsystem, galaxer, till och med akvarier. Även om bara en sjunger falskt, så påverkar det hela nätet. Dina grannar tycker att sången (*från Jorden*) är ostämd och det påverkar deras atmosfär. Det är därför många, grannar och nivåer, är intresserade av att väcka ditt medvetande.

D. Kan du berätta mer om när du och jag färdades hit?

Ev. Ja. Vi färdades i manifesterad form efter icke-manifesterad form. Vi reste hit ... du skulle nog se det som fjärrsyn (*remote viewing*), innan vi till fullo deltog. Vi färdades som vinden de första gångerna och såg till att de atmosfäriska förändringarna var på plats. De etablerades av vänner från den Åttonde, och vi reste med dem på distans i vinden, inte i form. När vi kom i form etablerade vi centra och skapade dessa nav, strategiskt, för att underhålla Gaffeln. Allt hänger ihop, och vi skapade nav. Vi var flera och skapade en central civilisation som lämnades kvar, experter på drift och underhåll av dessa nav. Du övervakade operationen i navet nära de Stora Sjöarna. Ett annat nav ligger i centrala Ryssland; det där borta var större. Det uppstod störningar. Arbetare som hade tagits in för att sköta navet i regionen kring de Stora Sjöarna förstod inte fullt ut, eller hedrade inte, det arbete som de vara satta att utföra. Medvetandet var högre i centrala Ryssland. Det är ingen slump att den regionen (*Ryssland*) nu är mer avstängd från allas ögon på din planet. Vi försöker behålla kvarlevorna. Men du färdades med mig och andra och skapade positioner för dessa nav. Gick djupt in i Jordens kärna, borrade, etablerade mottagare djupt nere i denna avgrund, borrade hål ner till omkring trettio kilometers djup. Borrade med kristallin laser, med hjälp av ljus, sträckte sig djupt ner, etablerade mottagare, som skulle fungera som stabilisatorer för Gaffeln, djupt under det du nu upplever som djupt! Huh huh huh. Men dessa mottagare finns. Några i berg, några under havsbottnen; vissa aktiva, andra inte.

D. Vilken tidsram talar vi om här, i förhållande till när livsformer uppträdde?

Ev. Före livsformer, före de stora djuren, cirka 450 miljoner år sedan.

D. Eftersom den Sjätte var involverad i att skapa solsystemet, var allt detta en del av att aktivera det?

Ev. Ja. Det var för att skapa stabilitet, inte bara på den här planeten, men den är också placerad i nätet och den måste fungera i det nätet. Ändringar gjordes för att skapa en ny melodi, om du så vill, i Gaffeln. Underhållsverksamheten skapade nya förutsättningar här, men också i den övergripande driften i nätet.

D. Eftersom plattorna som bär kontinenterna alltid rör sig, fanns de då på andra platser än där de är nu?

Ev. Ja, mer hopträngt. Men när Gaffeln förändrade melodin, tippade planeten, det skedde en rörelse och skapade...oh, vilket ord, vilket ord kan jag använda?! Det du är medveten om, (*mänskliga idéer om hur*) hur kontinenterna rör sig, stämmer inte riktigt. De har rört sig snabbt eller långsamt beroende på dessa mottagare. Hmm, du skulle förmodligen kalla det en magnetisk manick. Men det handlar om att omdirigera rörelse, omdirigera melodin i Gaffeln. Planeten tippade, vattnet förflyttades, kontinenter sjönk. De synliga (*kontinenterna*) de du är medveten om som är i rörelse, de är bara de senaste. De andra sjönk. Så det har varit förändringar inte bara på ytan, utan också uppifrån och ner. Det du känner till om landmassa och kontinenter i rörelse, är bara det senaste. De andra dessförinnan - några av dem har sjunkit. Där fanns ingen civilisation, förändringarna gjordes bara för att upprätthålla en optimal miljö för att livsformer skulle kunna växa fram. Så, av de kontinenter du ser vid den här tidpunkten, fattas cirka 25 procent som nu finns på havsbotten. Så, om vi har 100 procent landmassa, vad som är kvar är 75. Förstår du?

D. Det gör jag.

Ev. Så det här mötet är avgörande för att du ska börja gräva i Jordens historia. Finna din plats i evolutionen. Finna din väg genom evolutionen och se bortom mänskligheten (*för att se*) Jordens evolution. Det är önskemålet från Råden som upprätthåller och lyssnar på alla himlakroppars Gafflar. NI, båda två, är inte här för att bara upplysa arten, ert projekt är en begäran från er värd. Gräv djupare. Människan är bara en liten del, men en viktig sådan, eftersom du måste nå dem, och få dem att inse deras minimala betydelse för helheten. Gräv djupare, min son.

D. Om människorna inte vore närvarande på Jorden, skulle Gafflarna då vara i samklang?

Ev. Det som vore optimalt ur den synvinkeln skulle vara att låta planeten återvitaliseras, låta planeten höra sången, låta miljön – dina träd, dina hav – återigen höra sin värd och sången, för att åter ansluta till dessa inre centra, placerade här i ett avlägset förflutet av väsen, såsom du själv. Men dessa är bara som ett stöd. Du kan se mottagarna, de här prylarna, som ett bandage när någon skadas; det är bara som ett hjälpmedel. Det är som att din planet har blivit sjuk och vi är läkarna som hjälper cirkulationen – om vi jämför med en människa – hjälper blodcirkulationen att återigen flöda genom alla dess organ. De här prylarna hjälper bara till att styra detta inre flöde, som kan liknas vid blodcirkulationen i en människa. Du kanske undrar varför det ändrades och varför de här sakerna behövdes? Det berodde på modifieringar där atmosfären och kärnan inte fungerade optimalt. Det var för att se till att landmassorna, kontinenterna, skulle vara i optimala positioner, det var för att förändra livsformerna i havet, som var de första här. De som är i havet är de ursprungliga medlemmarna, medborgarna, här. Du är en senare version, och du känner inte ens till de i havet. Det handlar om förändringar och modifieringar. Där kom vi visst in lite på ett sidospår. Intressant att vara i en människa. Har aldrig varit det och tänker aldrig göra det. (*Han vill aldrig inkarnera på Jorden.*) Du kommer hit för att hjälpa människan att förstå, för att upplysa sinnet, men du är också här som en direkt begäran från din värd, från det Nionde Rådet och från Råden på Vlac. Du är här, för att återigen sprida kunskap om hur Gaffeln än en gång kan sjunga i harmoni. Det finns en anledning till att du drogs till ditt yrke. Använd dina kunskaper för att förändra branschen (*oljeindustrin.*) Använd dina färdigheter i petroleumteknik för att förstå din värd. Det är den nya linjen i ditt yrke som kommer längre fram, kombinerat med ditt skrivande. Vi lämnar dig för nu, men vet att du alltid har en plats hos dina vänner. Vi hjälper dig, guidar dig, i hur du tar dig till en nästa, högre nivå.

D. Wow. Tack. Jag uppskattar din hjälp och ditt stöd.

Ev. Förstå flödet. Se vartåt det lutar, se var resurserna är små och var de är stora. Undersök varför resurserna är få på en plats. Förstå cyklerna. Du kommer att få vägledning. Använd dina ingenjörskunskaper. Var skulle du, om du kunde, placera en annan av de här prylarna? Var och hur skulle det kunna förbättra det allmänna flödet av resurserna? Vi kommer att guida dig.

D. Okej min vän. Tack för all information och tack för att du kom och hälsade på.

Ev. Ingen orsak. Jag kliver ur den här nu. Det här var annorlunda. Vi ses härhemma.

D. Tack så mycket. Adjö min vän.

O. Det här är Ophelia. Här behövs helt klart en rensning.

D. Hej, Ophelia.

O. God morgon på dig. Så du har träffat ännu en vän. Han kommer att komma i flera sessioner framöver, och han kommer att hjälpa ditt mänskliga jag att väcka gamla kunskaper. Undersök nätet. Leylinjerna är en av nycklarna. Använd dina inre ögon för att undersöka platser på Jorden, inte bara kraftplatser, utan där det är större eller mindre koncentration av naturtillgångar. Vet att de under tidens gång har flyttat sig. Allt handlar om att upprätthålla det allmänna flödet inom din värd.

D. När han talade om de Stora Sjöarna var resurserna där då främst koppar och kvicksilver?

O. Koppar, ja.

D. Som har en liknande funktion som kolväten för att Gaffeln ska fungera optimalt?

O. Ja. Men det handlade också om att vara ett stort nav för att ta emot energier. Så det hade inte bara att göra med att underhålla Gaffeln, det var ett energinav. Se det nästan som en flygplats, som farkoster och besökare kunde navigera till och landa på. Så det var mäktigt på det viset. Se det som att det inte bara fungerade som ett medel att underhålla det inre, utan också som ett sort nav, en storslagen flygplats, för besökare att färdas hit.

D. Eftersom koppar är en ledare av elektricitet, påverkar det hur Jordens nät ansluter till det övre nätet?

O. Ja, ja. Kopplar samman nät, vilket gör det möjligt för farkoster att landa och även lyfta. Så se det som – den enda liknelsen jag kan ge dig – se det som den största flygplatsen du kan föreställa dig. Så det handlade om förflyttning, men det hade också en funktion därunder — gruvdrift. Men främst var det för att upprätthålla stabiliteten i den regionen, för att besökarna skulle kunna komma och gå. Så det fungerade på flera olika nivåer.

D. Under vilken tidsperiod skedde det mesta av gruvdriften som orsakade störningen?

O. Det var då den här också kom, för runt 300 000 år sedan. Det stängdes av. Okej, du ska få komma in. Ja ja ja. (*Hon talade med Bob, som måste ha blivit otålig i väntan på sin tur.*) Vi städar bara upp lite grann. Men det är viktigt att du börjar undersöka, och du kan börja med att undersöka den stora sjön och leta i historien. Sök efter nycklar när det kommer till mineraler. Men vet också att du inte kan finna allt i det nuvarande Google. Du måste finna svaren inom dig, och kanske dyker det bara upp som en tanke, som en fråga inom dig. Följ den tråden och den kommer att leda dig vidare. Så var bara medveten om idéer och tankar som kommer in i ditt sinne, in i ditt väsen, och vi kommer att hjälpa dig vidare i din utveckling, när du fortsätter att undersöka Jordens historia. Detta kommer att ge dig stor glädje, men också stor sorg, eftersom du kommer att minnas arbeten som har gjorts, och du kommer att minnas vilken avsikt ni alla hade, vi ALLA hade, och hur annorlunda det blev. Så, i kombination med upplysning, hand i hand, kan också sorg dyka upp. Använd båda som en motor för att fortsätta lämna spår i medvetandet vid den här tidpunkten. Sorg är inte tänkt att förlama. Men det är vad som händer i det mänskliga medvetandet, sorgen förlamar. Använd sorgen som en motor, som en eld. Båda kommer att leda dig till stor upplysning.

D. Det är en stor visdom.

O. Där. Så okej. Ja, vi väntar på en annan besökare. En besökare som inte reser i en farkost, trots att han har sin jordnötskostym, som faktiskt kan betraktas som en slags farkost. Okej, så jag stiger åt sidan nu, eftersom det alltid finns någon som är redo. Så jag lämnar dig, eftersom energin nu har stabiliserats.

D. Okej. Tack, Ophelia. Vi hörs snart igen.

O. Det gör vi.

Jeshua, Bob: Explosionen kring de Stora Sjöarna (30 oktober 2016)

Mycket tidigt i vårt kanaliseringsarbete höll Jeshua ett anförande som hittills inte har publicerats. Han och Bob gav båda en mycket övertygande beskrivning av vad som hände för 300 000 år sedan i området kring de Stora Sjöarna i Nordamerika. Intressant nog sa Jeshua att vid den tiden fanns inte sjöarna där. Christine skulle så klart inte ha någon kunskap om det. Men enligt de geologer som har studerat de glaciala perioderna i regionen så stämmer det. De Stora Sjöarna är ganska nya, eftersom området var täckt av tusentals meter tjock is fram till 12 000 f.Kr. När man granskar tidslinjen som Jeshua ger, motsvarar den exakt gamla klimatuppteckningar. Stora istäcken avancerar och drar sig tillbaka över det norra halvklotet med viss regelbundenhet. Under de senaste 500 000 åren har glaciärer täckt större delen av Kanada och sträckt sig ner till den centrala delen av USA minst tre gånger. Sedan värms Jorden upp och isen smälter. Mellan 300 000 till 425 000 f.Kr. var området runt de Stora Sjöarna isfritt, så gruvdrift skulle ha varit möjlig. Iskärnor indikerar att den globala temperaturen sjönk runt 300 000 f.Kr., vilket förde in Jorden i den Illinois Glaciala Perioden. Råden säger att de beslutat att täcka området i is för att innesluta strålning.

Eftersom vi hoppar långt tillbaka i kronologin av våra sessioner, kommer du att se att Jeshua faktiskt presenterar sig själv för första gången. Han beskriver också syftet med detta projekt.

J. För att du ska förstå varför vi skriver denna specifika skrift, måste ni båda förstå hur ni förberedde er innan ni kom in i den fysiska kroppen. Detta följs med intresse av era elever på andra sidan, på er hemmabas, som vi kallar den specifika världen. För att förstå varför ni har valt just det här uppdraget finns det vissa saker från era tidigare besök som kommer att vara fördelaktiga för er (*att komma ihåg*), när ni möter individer på det här planet, själar som inte har vandrat här lika länge som ni har gjort. Ni kommer också att möta själar som fanns med under samma period som den här specifika händelsen ägde rum, och individuell healing med specifika själar kommer att vara nödvändig, såväl som kollektiv (*healing*). Det jag syftar på ägde rum i en tid innan de kända skrifterna skapades. Det var en tid då ett flertal olika intelligenser befolkade den här planeten. Kontinenterna såg inte ut som nu. Traumat som ligger begravt i planeten, djupt, djupt nere i marken, är relaterat till explosioner som ägde rum mellan vissa individer, grupper, om du så vill. Dessa grupper hade ett slags fritt spelrum innan en högre ordning ingrep. Detta är lagrat i minnet hos denna planet. Det är därför som ibland, när nyare själar kommer in, kan de känna av det tidigare traumat och de kan inte frigöra sig från det som inträffat i ett långt avlägset förflutet. På något sätt upprepar de det som då hände. Vi ser detta just nu i Mellanöstern. Den specifika regionen skadades på grund av en explosion. Det skapade en krater av intensiva giftvågor som fortfarande är lagrade i just den delen av planeten. Det är därför vissa själar inte vill inkarnera i den regionen, även om de kunde. Den här boken, den här handboken om hur du färdas och interagerar med himlakroppar, såväl som inkarnerade individer, är viktig för att läka planeten från det förflutna.

D. Vem talar jag med?

J. Jag besöker bara som en mentor som förberedde dig för att komma in i det här uppdraget. Den kunskap du förvärvade innan du kom in kommer att skapa grunden på flera områden för vågor av framtida inkarnationer. Du är här för att göra gott. Du är här för att utbilda. Jag önskar jag kunde överföra en bild från det förflutna, som har skapat förbistring i den karmiska vågskålen för denna planet. Detta ägde rum före kända civilisationer, men det fanns civilisationer här. Inte nödvändigtvis mänskliga i ... människor fanns på sitt sätt, men deras hjärnor var mindre. Detta utvecklades med tiden. Den mer änglalika verkligheten (*vad de senare identifierade som de andliga dimensionerna*), ingrep för att skapa dessa varelser, mänskligheten, att i större utsträckning äga sitt eget öde.

D. När inträffade detta i Jordiska år?

J. Den (*explosionen*) ägde rum omkring 300 000 f.Kr. i det som nu ligger mitt i USA, på gränsen till Kanada. Det var här slaget utspelade sig och skapade en krater som sänkte landskapet i den specifika regionen; ovanifrån såg det ut som en kollaps.

D. Så, detta var i USA, eller det som idag är USA?

J. Ja. Vid just den här tidpunkten fanns det inga sjöar i den regionen. Sjöarna har placerats för att täcka över denna röra.

D. Jag tyckte du nämnde ett område i Mellanöstern?

J. Ja. Det är ett annat område. Du var inte inblandad i det.

D. Men jag var involverad i det som skedde i Nordamerika?

J. Det var ni båda. Ni var inte direkt delaktiga, men ni var medvetna.

D. I vilken form var vi här vid den tiden?

J. Större.

D. En större fysisk kropp?

J. Ja, men ni hade förmågan att upplösas, om ni ville det. Men, ja, ni visade er fysiskt. (*I efterföljande sessioner förklarade de hur vi färdades i en manifesterad form.*)

D. Och vilken roll hade vi vid den tiden?

J. Gruvdrift. Det fanns två grupper, den tredje kom in för att medla mellan de två om en specifik region där gruvdrift planerades.

D. Vad bröt vi?

J. Det fanns guld och koppar, men behovet var även uran. Likväl var det uran som orsakade det som senare skapade kratern.

D. Vad gjorde vi med detta guld och koppar?

J. Det var tänkt att användas som bränsle. Det var också avsett för tekniska blandningar (*av metaller*) för farkoster. Det användes också, på sitt sätt, för varelser som en slags batterivätska. (*Vissa varelser liknade robotar och var skapade av besökare.*) Detta är svårt för en människa att förstå. Det ni behöver förstå är att ni är här för att skapa något bra av något som hänt i det förflutna. Det lagrade minnet av just den här händelsen kan upplevas av människor i det området. Yngre själar förstår inte var deras ilska kommer ifrån. Det vi nämnde i Mellanöstern det ägde rum senare. Det är därför människor är mindre aggressiva på den här sidan (*av planeten*). Det finns en grupp som kom för att läka markerna. De infödda i det här landet (*USA*) visste att deras förfäder var en del av den tidigare människoarten med en mindre hjärna. Ändå hade de (*med den mindre hjärnan*) förmågan att förstå mindre incidenter. De var inte lika utrustade för att kommunicera, men de kunde lägga saker på minnet. Detta minne finns lagrat hos de infödda här i landet, även om de aldrig talade om det. Det är därför de också känner ett behov av att skydda vissa områden från invasion. (*Jeshua antyder att vissa indianer härstammar från en tidigare människoart, cirka 300 000 f.Kr.*)

D. Invasion varifrån?

J. De känner fortfarande ett behov av att läka markerna, eftersom nya människor kom och de förstår inte att det pågår en läkningsprocess. Så de kommer och fortsätter att skapa cellminnen som de infödda vill läka och frigöra. Om vi kunde, skulle vi vilja stänga av denna region ett tag. (*Jeshua klev åt sidan och Bob tog omedelbart över diskussionen.*)

B. Ja, jag gjorde anteckningar om planeten. Jag kollade vattnet, som är som planetens blod, som blodet i människan. Jag kollade vattnet och den här vätskan såg ut som kvicksilver. Ett tag såg vanligt vatten ut som kvicksilver i den här regionen.

D. Vad var det som hände?

B. Det var två som kolliderade över den. Dom var lastade med det här giftet, uran, och två (*farkoster*) kolliderade. Och då blev det en krater. Högre väsen, högre skolor, såg till att dom sjönk in i planeten. Men du vet, det som går in, det blir kvar. Det ser ut som en krater uppifrån, men det blev faktiskt begravt där. Det här är nått som finns i Biblioteket. Det här är en dold sida av historien som vi, såklart, inte nödvändigtvis vill att ska upprepas. Mycket av den här kunskapen förs nu vidare till dom högre nivåerna med tanke på dom nuvarande situationerna på andra ställen på planeten. Dom vill inte ha ännu en krater, där två kolliderar. Och dom två som kolliderar (*nu*) det är människor, men dom är precis lika kapabla att skapa samma förödelse.

D. Är det människorna som potentiellt kommer att orsaka ännu en krater, eller är det andra varelser?

B. Det är människorna, eftersom några av dom faktiskt minns. Du är här för att skapa en balans i gruppen som potentiellt skulle kunna orsaka det här. Du valde att arbeta med olja, eftersom du kände ett behov av att läka Moder Jord, och venerna i planeten. Du ville hålla ett öga på vad den här branschen gjorde. Inga bra människor! Du var där för att iaktta dom. Du gillade inte riktigt att vara i den miljön, men du ville själv se och höra. Mycket av det du rapporterade ägde rum när du sov. Du rapporterade vad folk gjorde. Särskilt uppmärksammade du dom som var ansvariga. Inte nödvändigtvis dom på golvet, som du kallade det, utan dom ansvariga. Girighet. Girighet får människor att göra dumma saker. (*Bobs observation är intressant, för jag arbetade flera år i Michigans olje- och gasfält, inte långt från sjöarna. Jag reste till Michigans norra spets på långa uppdrag som borrnings- och driftsingenjör. När jag var där kände jag ett obehag i det området, men förstod aldrig varför.*)

D. Så, på vilket sätt ska vi kunna hjälpa? Vad är vårt uppdrag för att komma hit?

B. Du är här för att, genom det skrivna ordet, skapa fred, en sida du alltid väljer. Människan kan vid den här tidpunkten ... dom är inte slavar, deras hjärna är större, så dom kan faktiskt göra skillnad. Om fler vaknar upp till sitt syfte och till ljuset, kommer det inte att finnas några slavar. I det förflutna kunde människan bara stå vid sidan och observera.

D. För att de var slavar till en annan ras?

B. Umm. Deras hjärnor var också mindre.

D. Vad gjorde vi när vi var här på den tiden? (*Bob följde mig inte till Jorden när jag manifesterade en form. Så han får förmodligen tankebubblor från Lasaray eller Jeshua när vi pratar.*)

B. Ni flög nån slags farkost. Ni var inblandade i nån slags teknik. Ni jobbade ... Alltså ni borrade inte ... oh. Jag var egentligen aldrig där inne, men ni jobbade inuti nånting som såg ut som ett ägg. Men jag var inte med där i ägget. Men jag vet, för jag läste i din dagbok, att du kom för att gräva lite efter mineraler, lite gruvdrift. Men ni var bara här för att ni hade era direktiv på hur mycket ni fick ta. Det som hände var att det blev en konflikt inom gruppen, och ägget stannade kvar. Och det var där konflikten startade, eftersom en annan grupp också kom in. Det blev en konflikt mellan äggen och äggen kolliderade. (*Elahim höll på att ta bort metaller för att stänga portalen ovanför området. Vissa besökare kom och ville fortsätta brytningen. Sedan inträffade olyckan och Råden ingrep direkt. Farkosterna var cylinderformade som Bob kallar ägg. De var stora rymdskepp och måste ha haft en betydande mängd radioaktivt material ombord.)*

D. Vad hände när äggen kolliderade?

B. Dom sjönk ner i kratern, och det är där dom förvaras. Och sen kom vatten, mycket senare, för att täcka över det. Ett tag kunde du se kratern. Det var många möten mellan flera olika väsen efter det, men jag var inte inblandad. Gick inte på dom mötena. Men jag vet var dom ägde rum. Det var i en slags kupol (*byggnad*) nära Biblioteket (*på den Femte*). Det var diskussioner om detaljerna. Vissa ville lägga ner hela projektet, men det var inte nödvändigt. För Skaparen är faktiskt närvarande, vilket betyder att vi ska lära oss av våra misstag och göra gott. Mötena handlade om hur man kan åtgärda det här problemet för kommande generationer.

D. Kommer de att ingripa om människor är på väg att skapa fler kärnexplosioner?

B. Kanske, för det är vad som hände med äggen. Dom kraschade inte för att dom inte visste hur dom skulle manövrera sina ägg! Det var ett ingripande. Oh, det var en smäll, och sen ett ljus. En intervention. Så, ja, det finns möjligheter att ingripa, såklart. (*Det låter nästan som att han säger att andevärlden orsakade kraschen för att få slut på oenigheten.*)

D. Jag var inte i en av farkosterna, eller hur?

B. Jo, du var där inne. Ni var båda där inne. Men det finns inget att vara ledsen över, eftersom ni inte gjorde nått som ni inte skulle. Dom som gjorde det är inte här. Konflikten handlade om nånting mellan dom två äggen. Som jag kunde se, var det ägget som ni båda var i på väg att lämna. Det andra ägget ville stanna kvar och fortsätta, och häri ligger konflikten. Dom var nästan samma grupp som ni (*också från den Sjätte*), men en grupp ville fortsätta och bryta mot reglerna som hade satts upp innan dom kom, och erat ägg ville lämna som planerat. Det här är vad ni behöver förstå, att ni är bekant med en lite mörkare del av historien på den här planeten. Ni gjorde inget fel, för ni fick komma och ta, och det var meningen att ni skulle åka därifrån med erat ägg. Men det andra ägget stannade kvar, och då stannade ni kvar för att prata med dom och övertyga dom om att det inte var det som uppdraget handlade om. Dom lyssnade inte, och av nån anledning hände nånting och dom krockade. Det var en konflikt inom din egen grupp. Dom är inte här längre. Dom får inte komma in i den här världen igen. Ni gör nästan som volontärarbete för eran grupp. Men ni är dom enda som får komma hit, eftersom ni inte bröt mot reglerna. Men det fanns en historia av en konflikt inom den här gruppen, och den gick inte obemärkt förbi, låt oss bara säga det. Så för att förstå din väg framåt är det ibland viktigt att veta varför, och det kommer också att ge dig drivkraften att göra gott, och att också förstå människor som, i er omgivning, agerar på ett dåligt sätt. För det är inte så lätt hela tiden. Det är nått ni båda är bekanta med.

D. Ja, det är bra att veta. Tack för att du delar med dig av det.

B. Vi har kollat på det andra ägget. Dom kom från ett annat ställe. Dom drar fram som gräshoppor, mellan olika planeter. Dom kan faktiskt flytta omkring rätt mycket, om dom vill. Just den här civilisationen kom och hade varit på en annan plats i närheten tidigare (*förmodligen Mars*). Dom i det andra ägget är lite annorlunda, dom ser lite annorlunda ut, jag är inte säker på om ni är släkt. Men jag kanske inte är riktigt kvalificerad att göra antaganden om släktträdet. Det är som att ha, det finns alltid nån i familjen som du inte gillar, typ en slags farbror. Det här är ungefär samma sak. Oh, Ophelia ger mig information här, som hon vill att jag ska ge vidare till dig. Vänta en sekund. Ni hörde hemma i samma släktträd. Men som i alla familjer kan det uppstå konflikter inom grupper. Det här var som två farbröder som inte kom riktigt överens, dom var bröder och skildes åt och placerades på två olika ställen. Så, ni hör ihop med den ena, och den andra gruppen gick nån annanstans, och båda kom tyvärr samtidigt hit ner i sina ägg, och det var dumt. Det är som en misslyckad familjeåterförening. Ah, får se här ... vänta, vänta. Ja, Ophelia sa att dom var som svarta fåren, den andra gruppen. Oh, ohhh, det har blivit åtgärdat, sa hon. Dom är i nån form av karantän efter den händelsen. Visserligen finns inte tid, men 300 000 år låter som ett väldigt långt straff! Men det finns egentligen ingen tid. Dom finns nån annanstans.

Elahimrådet: Mänsklighetens Evolution (13 januari 2019)
Det här är ännu en utmärkt session, där Elahimrådet ger en bred översikt över Jordens historia i relation till själars utveckling och deras inblandning i evolutionen. Elahim och andra grupper har vårdat livet på Jorden i minst 400 miljoner år. En liten andel av Elahim har med jämna mellanrum inkarnerat här under de senaste 300 000 åren, och ofta utfört forskning för de olika Råden på den Åttonde, Nionde och Tionde. Ett av de stora hindren för att uppnå andlig harmoni är människans girighet. Girighet och rädsla är

polariteten till den renaste formen av kärlek, vilken är medkänsla. Historieböcker är, om inte annat, berättelser om girighet och erövring. Elahimrådet rekommenderar att mänskligheten aldrig ska få tillgång till avancerad teknologi förrän hjärtat och sinnet är i linje med Mittpunkten.

ER. Elahim. Vänner hemifrån, Elahimrådet är här tillsammans med din farbror Ari, och vi vill uttrycka vår största tacksamhet för det arbete ni utför för vår räkning i en fysisk kropp. Vi vet vilka svårigheter det innebar en gång i tiden, att förvandla ert sätt att resa genom att utnyttja en tredje verklighet och ett fordon som ni själva inte valde, utan ett som fanns tillgängligt. Det skapade stora spänningar inom ert energiväsen, då ni båda var tvungna att anpassa er till en ny miljö. Men samma sak sker överallt när miljöer förändras, atmosfäriska förändringar sker, förhållanden givna av de högre Råden; vi måste alla anpassa oss. Men när det hände här var det färre från vår familj som var villiga att komma. Tog ett steg tillbaka. Endast ett fåtal tog på sig att lära sig bemästra en inkarnation, men vi känner en oerhörd tacksamhet mot dem som gör det. Det vill säga er två, i det här fallet.

D. Och hur många Elahims handlar det om?

ER. Vi brukar totalt vara någonstans mellan tre och fem procent samtidigt närvarande på denna plats. Emellertid något utspridda. Ni träffas normalt inte. Att ni båda möttes är något unikt. Ni färdas normalt ensamma och för er själva. Det är inte nödvändigtvis tänkt att ni ska träffa och knyta an till andra Elahim. Vi har några som verkar inom vetenskapliga organ, utveckling av energi – det är ett av våra expertområden. Du, har nästan en fot där inne. En bror, lokaliserad i Kanada, arbetar med att successivt utveckla energihantering. Studerar och kommer så småningom att publicera resultaten av sitt arbete och sina studier. Men han arbetar ensam. Så normalt träffas ni inte, och det är just därför vi håller er så högt för att ni vill komma, eftersom ni normalt tar på er ett liv utan era själskamrater. Den här (*Seth*) får sällskap av andra – ville inte komma utan vänner – så han beviljades ett stort resesällskap! HUH HUH. Ja, så var det, Ari tog sig an den uppgiften för att hjälpa till.

D. När du säger tre till fem procent, menar du Elahims eller befolkningen som helhet på Jorden?

ER. Elahims. För tillfället är ni hundrafem. Två har precis lämnat. Två kom precis tillbaka hem och rapporterade. Ni övervakar alla de olika aktiviteterna på denna plats. Du tar på dig att studera gruppbeteenden och sinnets kraft, för att försöka tolka och låsa upp nycklar i hjärnan. Detta för att potentiellt kunna öka ljuset i den. Den här (*Seth*) gillar att rumla omkring och ha lite roligt, men tar progressiva uppdrag där människor förändrar sina handlingar enbart genom hans närvaro. Genom en kombination av styrka och skratt, får det andra att bli nyfikna på honom och på deras egen resa. Det han återrapporterar handlar inte nödvändigtvis om beteenden, som du gör, utan om mänskliga reaktioner, hur de reagerar på olika läror, olika sätt att gå tillväga. Han tar på sig olika karaktärer för att se vad som fungerar och vad som inte fungerar. Föredrar dock den starkare manliga personligheten som han en gång hade. Huh. Faktiskt en stor ledare, emellanåt, dock inte alltid. Men har potential och förmåga att få andra att följa hans ledning. Och det kräver stort ansvar – vad leder du dem till? Så medan du undersöker gruppbeteenden mer i det tysta, gör den här det på ett mer aktivt sätt.

D. Är Elahim på något sätt behjälplig i människans evolution på Jorden?

ER. Baserat på vad du rapporterar tillbaka, ja. Om vi tar hjärnan, på grund av några av dina rapporter, har uppgraderingar skett. Men vissa (*delar*) togs bort från dina undersökningar. Det betyder att fönstren inuti hjärnan inte var utrustade för mer ljus – det vill säga mer kunskap – hos den specifika arten. Så vi är visserligen involverade, men vi är inte ensamma. Vi rapporterar till Råden om det som sker. Så, ja visst, vi är involverade i evolutionen.

D. Intressant.

ER. Inte i hela spektrat. Vi tenderar att fokusera på visdom, vetenskapliga nycklar, kvantfysik, fysik i allmänhet, kosmisk ingenjörskonst och länkar mellan världar som en gång var tillgängliga för denna art här. När du var här runt 30 000 f.Kr., enligt den här kalendern, var det en lång cykel där en kombination av vetenskap och fysik blomstrade. Vissa tog det emellertid till en nivå som inte var tänkt. Råden ingrep. Men innan dess var sannerligen utsikterna stora, och storheten låg i ödmjukheten inför fynden. Men om känslan av ödmjukhet saknas, när du snubblar över en ny kunskap, om girigheten dominerar, kommer den kunskapen att tas bort. Det kommer att vara som att vakna upp ur en dröm som du trodde att du förstod, eller du trodde att du fick en idé, men när du vaknar är den borta. Om en idé skickas till en människa, en vetenskaplig idé, en betydelsefull nyckel för mänskligheten, övervakar vi noggrant hur den kommer att tas om hand. Men om mottagaren inte tar budskapet med ödmjukhet, respekt och ansvar, kommer det omedelbart att blekna bort, helt enkelt raderas ut. Din uppgift är att se om hjärnan överhuvudtaget är utrustad för att ta emot vissa nycklar som Råden vidarebefordrar. Du studerar olika arter inom din art, övervakar olika beteenden, mäns, kvinnors, även platser dit vissa nycklar kan gå. Där det är varmt är det ogynnsamt. De i de kallare klimaten har en tendens att vara mer ödmjuka, att vara mer i frid med sin omgivning. Du skulle kanske tro att individen i ett kallt klimat skulle vara kallare och inte bry sig, men att kyla ner något ger också perspektiv och lugn. Värme får dig bara att ränna omkring. Borde vara motsatsen, skulle man kunna tro; att man skulle springa omkring för att hålla värmen, och tvärtom lägga sig raklång för att bevara den lilla svalka du har. Din art reagerar dock inte på det viset. Människan reagerar annorlunda på elementen.

D. Kan du ge någon kunskap som människor kan hantera, utan att ytterligare förstöra planeten eller varandra?

ER. Tillsammans med dina andra vänner tillför vi gradvis, på olika ställen, olika former av kunskap för att få mänskligheten att vara mera stilla, så att de ska finna den där svalkan och friden inombords. Värme tenderar att röra upp känslor. Om dina känslor är överaktiva påverkar det hjärnan. Vid just den här tidpunkten finns det en enormt stor närvaro från den Sjunde, som försöker kyla ner känslorna, så att vi kan öka ljuset i hjärnan. Det är därför det finns en så omfattande andel själar som arbetar med ljus och healing. Allt är för att kyla ner känslor, göra dem mer avslappnade, mottagliga och i resonans med sin själ, för att inte låta sig luras av behoven och illusionerna i denna miljö. Ingen uppgradering i hjärnan kommer att ske förrän vi får ett tecken från den Sjunde, att känslorna kommit mer i balans; det är därför det är ett enormt stort fokus på hjärtat. Hjärtat resonerar för människor med känslor, och de sanna känslorna kommer från din mittpunkt. Ibland, även om dina känslor kommer från ditt hjärta, kan det vara missledande, då dessa känslor kan vara påverkade av något utifrån. Ditt hjärta är mer mottagligt för yttre påverkan än din mittpunkt. Så på något sätt kan hjärtat färgas, bli smutsigt, där mittpunkten aldrig kan. Så, mittpunkten försöker utstråla de sanna känslorna, så att hjärtat inte ska bli färgat. Om du ser hjärtat som rent rosa, så börjar det för tillfället, på grund av vissa saker omkring dig, att bli grått eller fläckigt - det är så jag kan ge dig en bild. Ditt hjärta blir färgat. Hjärnan står i beredskap för att se när hjärtat åter är rent rosa. Det är därför det finns en närvaro av så oerhört många, inte bara från den Sjunde, utan också från den Andra. Den Andra ger också helande och kan ändra färger enbart genom sin närvaro, bara genom att vara den de verkligen är. När du börjar tro på magi, se naturen som ett levande väsen, är det verkligen en återspegling av hjärtat. Och de som har grå fläckar på sitt hjärta kommer plötsligt att uppleva hur allt vitaliseras och blir rosa. Det kan också bero på orättvisor som en själ kan ta på sig, eller känna här; det (orättvisor) ger också de där grå fläckarna på hjärtat. Så småningom, när alla hjärtan har blivit rosa, vilket betyder att balansen är återställd inom dina känslomässiga lager, kommer vi att öka ljuset i hjärnan. Tills dess förblir hjärnan som den är, tilldelas inget mer. (*Högre kunskap kommer inte att ges om inte hjärtat är i balans, då hjärnan annars inte kommer att hantera denna kunskap på rätt sätt.*)

D. Jag skulle tro att du någon gång måste minska befolkningen i vissa grupper.

ER. Vi förändrar de inkommande själarna. Vi ändrar hur de färdas. Flera kommer att komma in, i resonans med sina känslomässiga lager, eftersom det är det första steget för att förändra din art som helhet. Det fysiska, ska du veta, är bara en behållare, gör varken det ena eller det andra. Även om vissa tar liv för att rapportera fysiska händelser hänger allt ihop, även om det högsta fokus nu ligger på den känslomässiga aspekten inom er. För om du inte är i balans i ditt hjärta, agerar du girig och du kommer aldrig att få tillgång till mer kunskap. Vid ett tillfälle, när hjärtat var rent och rosa, och din hjärna lyste som solen, fanns det en balans mellan varelserna och naturen. Din planet sjöng. Vi kunde höra sången genom alla kosmiska akvarier, vi kunde höra planetens glädje, stolt över sina invånare. Låten tystnade, och vi hör inte längre detta vackra väsen som vi skapade.

D. När var detta? Var det under den andra civilisationen? Och vad fick sången att förändras?

ER. Ja. Missbruk av energi. Girighet. Girighet över energi. Man roffade åt sig energi. Energi ska inte ägas; den tillhör din värd. Sången tystnade. Planeten, var inte längre så stolt. Vi vill hjälpa vår vän, planeten. Elahim-familjen månar om planeternas och solsystemens välbefinnande, det är det vi främst bryr oss om. Och när vi hittar källan till sorgen, då färdas vi, som i det här fallet, vi inkarnerar för att försöka hjälpa. Men först och främst tar vi hand om planeten och våra vänner; stjärnorna, solsystemen och galaxerna. Vi lyssnar och följer deras melodi.

D. Är det därför vi arbetar så nära tillsammans med den Andra?

ER. Ja ja. Den Andra kände sig missförstådd. De är de som står din planet närmast, de första som känner sorgen. Och de rapporterade, de skickade SOS-signaler till Råden att sången på den här planeten började mattas av. Vi kunde alla höra att Stämgaffeln inuti inte skickade ut rätt vibration. En frisk planet, en frisk stjärna och system, alla har en mittpelare, en mittlinje – i det här fallet en Stämgaffel – och vi kan höra om vissa system sjunger falskt i den stora symfonin, där alla akvarier deltar. En möjlighet att öka ljuset, att få andra himlaväsen i det här akvariet att bli gladare, är att öka ljuset från den fjärde verkligheten, det fjärde akvariet. De sjunger. De vet inget annat. Men återigen, de behövde inte gå igenom samma upplevelser som här. Det fanns inte inlagt i deras atmosfär.

D. På något sätt måste det vara Skaparens ansvar, eftersom människorna var ett projekt?

ER. Ja, ett projekt. Är det fortfarande.

D. Det gick snett.

ER. Gjorde det på sätt och vis. Men det här är inte första gången och inte heller andra. Det har hänt förr. Civilisationer har funnits här, liknande som nu, för cirka 2 miljoner år sedan.

D. Upptogs dessa också av själar, eller det Mästerliga Medvetandet?

ER. Det Mästerliga Medvetandet. Men när blandningen kom in, 50/50 eller 30/70, det var då förändringarna ägde rum. Så länge det bara var Mästerligt Medvetande, då var hjärtat rosa, hjärnan lyste. Förändringarna inträffade när det Mästerliga Medvetandet lät ett annat väsen följa med på resan.

D. När inträffade det, tidsramen.

ER. Det började, jag kan egentligen inte säga att det började, det var bara några som gjorde det, men runt 300 000 f.Kr. Det skedde större förändringar och fler kom in, men det var inte utgångspunkten. Några hade försökt innan dess, några från den Sjunde och Åttonde. Det var de Sjunde och Åttonde som började. Senare anslöt den Sjätte. Det Mästerliga Medvetandet tog ett steg tillbaka, Sjätte och Sjunde stannade kvar. Den Femte kom in senare, tidigast omkring 15 till 20 000 f.Kr. På ett ungefär.

D. Det stämmer överens med vad vi tidigare har sagt, vilket är bra.

ER. Men det fanns experiment som ägde rum för cirka 2 miljoner år sedan, men det var inte så många som deltog. Först var det bara Mästerligt Medvetande, men det skapade inga utmaningar och val. Skaparen bestämde sig för att låta en följeslagare komma med på färden och började med den Åttonde och sedan med någon från den Sjunde. Men inga var här för att samla karma, utan för att förstå och rapportera hur karma kunde se ut. Karma placerades först senare. Den kom omkring 300 000 f.Kr. Det var då det hela etablerades; val, handlingar, reaktioner, karma, de Karmiska Kappan, och hur denna verklighet kunde upplevas och även återspegla ens själ för att färga Kappan.

D. En sak som du har sagt, som jag förstår det, är att det Mästerliga Medvetandet är en aspekt av Skaparen, liksom Moderenergin.

ER. Det är en förälder. Det är en liten gnista från Skaparen. Om du tänker att Skaparen är passiv, så verkställer det Mästerliga Medvetandet Skaparens avsikt. De är båda lika, men den ena förblir passiv, medan det Mästerliga Medvetandet går ut och utforskar. Det Mästerliga Medvetandet är en förlängning av Skaparen.

D. Okej, det var så jag förstod det.

ER. Om du tänker dig att de kvinnliga och manliga principerna är sammansmälta i den här föräldraenergin, som är Skaparen, och om den verklighet som Skaparen vill utforska behöver mer kvinnlig princip, som den här (*Jorden*) då kommer det att skicka ett Mästerligt Medvetande som är starkt färgat av den principen. Så vid den här tidpunkten bär det Mästerliga Medvetande, som är närvarande, en högre andel från Moderenergin. Förstår du?

D. Ja, det gör jag. Och det återspeglas i allt där det Mästerliga Medvetandet är närvarande?

ER. Ja ja. Och liksom även, det vi tidigare talade om, att öka den rosa färgen i hjärtat. Så, du kan uppleva det Mästerliga Medvetandet i vinden omkring dig, som omger och beskyddar dig. Det är de änglaväsen som vissa människor känner sig dragna till. De tonar in på det änglalika riket, den delen av det Mästerliga Medvetandet, som vid den här tidpunkten representeras av en Moderenergi. Förr kom det Mästerliga Medvetandet mer som en Fadersenergi, om det var det som behövdes. Så de som då tonade in på energin av det Mästerliga Medvetandet, de talade om de olika gudarna. Förstår du lite av bilden?

D. Det gör jag. Tack.

ER. Mycket bra. Ophelia är här och försöker ... okej, det finns tydligen någon annan på standby. (*Elahimrådet märkte att Bob väntade på sin tur att tala.*)

D. Punktligt vid trettio minuter in. Tack så mycket för att du är med oss idag.

ER. Nöjet är helt på vår sida.

D. Är du representanten, den som talar för Rådet?

ER. Jag talar för Rådet, jag är en representant för Rådet. Vi är alla Elahim.

D. Okej. Tack.

ER. Elahim.

D. Elahim.

Ari: Människans Design och Modifiering (3 februari 2019)
Det här samtalet med Ari täcker många fundamentala ämnen. Sessionen började med ett lite skojigt samtal med Bob, som ville att Ari skulle ge vidare några av hans anteckningar till Råden, som han antog kommunicerade med Skaparen. Ari gör sedan en spännande analys av människokroppen, själen och personligheten. Bob har gett oss mycket information om garderoben (ett annat uttryck för människokroppen eller kostymen), vilket publicerades i *Memoarer, Del 2*. Varje kropp har genetiskt bestämda egenskaper som är ärftliga och framträdande. Men det finns många justeringar som kan implanteras (av skräddarna) i den Karmiska Kappan. Dessa specifika egenskaper kodas sedan in i delar av arvsmassan när själen går in i fostret. Dessa instruktioner transporteras av blodet och påverkar hjärtat och hjärnan, vilket skapar personlighetsdragen. Biologer hävdar att det mesta av det mänskliga genomet är icke-kodande DNA, helt enkelt för att de inte förstår dess syfte. Baserat på vad våra andliga vänner säger, är det möjligt att en betydande del används för funktioner relaterade till själen, som vetenskapen inte har någon förmåga att upptäcka. Zachariah håller ett detaljerat anförande om DNA, i ett tidigare avsnitt i den här boken (se 30 april 2019). Ari talar också om en aspekt av själen som, om den aktiveras, åsidosätter de många jordiska känslorna och gör att en person fullt ut anpassas till sin själ.

Ari fortsätter sedan med en beskrivning av de invånare som en gång bodde här på Jorden, men som flyttade till en annan planet i Vintergatan när atmosfären blev obeoelig. Baserat på hans beskrivning, bör tidsperioden ha inträffat före det forntida Triasutdöendet, som enligt geologer inträffade för 201 miljoner år sedan (Ma). Ari sa att det bara finns ett fåtal rester av dem som var här, men dessa artefakter finns begravda djupt nere i de Australiska och afrikanska lerschiffren. Han sa också att Australien inte var en ö 200 Ma. Jag blir alltid lika överraskad och förvånad över den djupa kunskap som andarna förmedlar om ämnen som Christine inte vet det ringaste om. Geologer tror generellt att Australien då var en del av superkontinenten känd som Pangea. Runt 200 Ma började den Atlantiska Centralryggen att bildas, och det fanns många aktiva vulkaner som pumpade ut koldioxid i atmosfären. Det finns bevis för att syrenivån sjönk brant när haven försurades. Det fanns ett stort antal dinosaurier före 200 Ma, och de flesta var små växtätare. Bland de större dinosaurierna fanns väldigt få köttätare. De flesta köttätarna var storleksmässigt som större hundar, även om det fanns ett fåtal bestar i en krokodils storlek. Invånarna (utomjordingar) ägde stor teknisk kunskap, så de packade ihop och begav sig till mer avlägsna solsystem. De kommer tillbaka för att se till Jorden, och även om vi kallar dem utomjordingar var de faktiskt här först.

A. Elahim. Det här är Ari.

D. Hej, onkel. Det var ett tag sedan.

A. Ja, det var ett tag sedan. Eli är också här. Vi tog ett gemensamt beslut, vem som skulle komma först. Vi ser alltid efter familjen. Huh.

D. Jag är så glad att du kunde komma idag.

A. Ja, det har gått ett tag sedan vi talades vid, eftersom vi ville hålla oss lite i bakgrunden så att andra ska få stå på scenen. (*Vi arbetade vid den här tiden på Memoarer, Del 1, och de lät Bob att tala mer, så att han kunde slutföra sitt arbete.*)

D. Ja. Många anteckningar.

A. Massor av lappar i den lilla påsen. Du vet att han stannade till tillsammans med dig en gång? Huh huh. Han ville se om jag kunde leverera några av hans anteckningar till Skaparrådet, som han kallade det. Jag sa, "Vi har inget Skaparråd. Alla Råd är likvärdiga, likadant som det Råd du tillhör, Lille Vän, de är alla samma." Sedan sa jag, "Du kan ju inte ge dina anteckningar till Skaparen genom dina äldste, eller hur?" Och han grymtade lite och var inte helt säker. Men han menade att vi var närmare Pelaren och kanske bara kunde titta förbi, som han sa. Intressant synvinkel.

D. Vad sa du till honom?

A. Jag tog mig faktiskt lite tid och satta mig ner med den Lille för att se vad problemet var. Hans bekymmer släppte inte vad gäller det här solsystemet och utvecklingen på Jorden, och han hade några anteckningar som indikerade "justeringar", som han kallade det. Han ville inte kalla det en omstart längre. (*Ophelia har berättat för Bob att en omstart inte fanns i planerna, eftersom Skaparen önskade att förändringar nu skulle komma inifrån det mänskliga medvetandet.*) Men helt tydligt, när man tittade på punkterna under "justeringar", så antydde det helt klart en omstart. Den sista punkten på listan med (*Bobs*) lösningar var faktiskt att helt bygga om själva planeten och starta med en art, som han faktiskt hade stött på, sa han, på en plats där ett stort lurvigt djur bodde.

D. (*Skrattar.*) Siahs plats, på Etena. (*Se "Memoarer, Del 2" för hela historien om Siah och Etena.*)

A. Siahs plats, precis. Den gillade han; han sa faktiskt att nummer tio på den här listan över förändringar som han hade, nummer tio var att byta ut civilisationen och planeten och miljön till den platsen där det här stora lurviga djuret bodde, som vi vet är ditt husdjur, Siah. Så minsann, han vandrar runt i korridorerna och pratar med alla som uppskattar hans uppenbarelse, vilket många faktiskt gör, så han traskar omkring. Han hade en liten skolutflykt med dig upp till den Nionde.

D. Hur ser han ut för dig?

A. Han är som en liten bubbla. Han ser ut som en ... energin är väldigt rytmisk och snabb, och han rör sig kvickt, studsar lite som en gummiboll, ur mitt perspektiv. Hans plattform på toppen, hjärnan eller den mentala verkligheten, som i själen bara är som en liten disk, som ett chip ... (*Ari avslutade aldrig det han skulle berätta om Bob. Han övergick till att tala om själars mentala aspekter.*) I alla dessa centra i människans olika organ finns där lite som ett chip, så de existerar i ett själsväsen men är inte ett organ. De kan bytas ut på olika sätt; de kan uppgraderas. Här (*på Jorden*) är det svårt att uppgradera ett hjärta eller en hjärna om du inte verkligen arbetar för det. De gamle kunde på andlig väg ta bort delar och bitar i organ. Det som vissa healers försöker spegla i andlig kirurgi är en kopia av det. Det var väl spritt och vanligt när du var här i den här skarven mellan manifestation och blandning. På den tiden fick människor hjälp av dem som kom från ovan, främmande livsformer som utövade denna operation (*andlig kirurgi*) för att återskapa en själslig enhet, när det var möjligt att ta bort bitar i ett organ. Visst, du kan nog göra en hjärttransplantation, men det betyder inte att du kommer att bli mer andlig eller mer empatisk för det, eller hur?

D. Nej.

A. Nej, precis. Förr var det så. En operation var menad att läka och uppgradera helheten, inte bara ditt organ. Du kunde uppsöka en läkare för att få hjälp att bli mer empatisk. Här måste du lyssna inåt, en läkare kan inte ge dig större framsteg i själsmedvetande.

D. Jag vet att du har din egen agenda för idag, men eftersom du nämnde det, undrade jag om det, förutom känslorna och den mentala kapaciteten, finns andra aspekter av en själ som inkarnerar?

A. Det finns en del som är, det är inte en nödvändigtvis en känsla, men det är ett centrum. Det är inte ett organ, det skulle mer kunna ses som ... använd ordet chakra, så att folk kan relatera till det. Det är inte ett organ, men det kan aktiveras för att jorda dig själv. Ursprungsbefolkningarna är rätt hemma i den här zonen, och när du väl äger den fulla upplysningen och kunskapen från detta centrum, vilket är det enda ord jag kan ge dig, blir du ett med världen. Du blir ett med allt omkring dig, inget skiljer er åt. Du har ingen möjlighet att ens tänka orättvisor eller negativa tankar. Du har ingen relation till rädsla längre. Så på något sätt skulle detta centrum, som vi kan kalla jordning, vara själens sätt att få de andra (*centra*) att lyssna. När du väl är centrerad och trygg på den platsen, försvinner rädslor och illusioner. Till och med känslor försvinner, för att du helt enkelt ÄR kärlek och empati. Du tänker inte att du ger kärlek, du tänker inte "jag är empatisk", du känner dig ibland inte ens mänsklig. Det är i det läget som vissa känner som att de har ett främmande väsen inom sig. Detta väsen är du själv, förvandlad till ditt själsmedvetande, och därefter finns inte längre någon polaritet. Detta hjälper dig att övervinna de illusioner som kan snurra omkring i hjärtat och skorstenen, för själen är inte lika lättlurad. Om du är jordad, om du är stabil och centrerad, kan ingenting få dig att vackla. Det kan däremot ett hjärta och ett sinne i en människa.

D. Jag kan relatera till en del av det. Jag har inte så många känslor, men jag bekymrar mig fortfarande och har en oro inför framtiden.

A. Men du är i den där stabila zonen, så du känner inte nödvändigtvis igen dig i all uppståndelse i hjärnan och hjärtat. Det existerar inte i ditt väsen, eftersom du är grundad i ditt själsmedvetande, innesluten i en fysisk erfarenhet. Det är svårt att ge en fullständig bild, men när du väl helt har knutit an till det centret, så kommer du på något vis att framstå väldigt främmande för andra. Du kanske till och med kommer att verka sakna känslor eller medkänsla. På själsnivå är det vem vi är, vi alla. Vi utstrålar medkänsla, men det är inte på samma sätt som en människa uppfattar medkänsla.

D. Hur är det med individuella personligheter?

B. (*Bob kom plötsligt in och knuffade ut Ari.*) Ursäkta mig!

D. (*Skrattar.*) Det är rätt fräckt att knuffa ut Ari!

B. Öh? Gjorde jag det? *(tittar till höger om honom.)* Gjo...gjo... gjorde jag? (*Han imiterade sedan en trumpet och aviserade sin sorti.*) De-deet-deet-deet-deet dah, jag tar ett glatt steg åt sidan! Jag sätter mig där borta.

D. Roligt att höra av dig. Vi pratar om en stund, det är jag säker på.

A. (*Ari kom tillbaka in*) Där var han. Såg du? Såg du hur han kom förbi, den där lilla gummibollen? Såg du, han bara studsar omkring?

D. Han bara studsade in och du studsade ut.

A. Alltså, jag hade inte förväntat mig att vi skulle dela mikrofonen. Intressant.

D. Han har alltid velat köra en duett.

A. Vi får se. Ophelia är också här förstås, nu med händerna på hans axlar.

D. Min fråga var om det finns en aspekt av själen som representerar en personlighet?

A. Ja. Nu kommer du in på området för det mänskliga fordonets design, där personligheten etableras. Ja, på ett sätt avspeglas personligheten i hjärtat och hjärnan. Det är emellertid en genetisk kod som rör sig i blodet, i venerna och nerverna, men den speglar hjärtat och sinnet. Så när en person tänker på sin personlighet, så relaterar de till hjärtat och sinnet. Men nerverna är ett elektriskt nät, och det är etablerat som koder som färdas i blodet.

D. Är det relaterat till den specifika själen?

A. Nej. Kroppen är bara ett fordon du väljer. De som arbetar med design – låt se om vi ska tala om det här. Okej, det här kommer ändå att tas upp. Ophelia sa, "Vi kan beröra ämnet." Skräddarna som designar de fysiska fordonen, de designar dem helt tomma. Det är som att skapa en garderob, som till exempel designerna på Vogue, som skapar olika kreationer och så vidare, som

Channel, huh huh, för att ge dig en bild. De (skräddarna) designar klädlinjer, och själen går in i den, och mer eller mindre blir denna flotta modeskapelse. Förstår du? Klädseln, fordonet, är något separat. Själen utnyttjar den bara, baserat på sin expertis i kombination med uppdraget. Om vi till exempel tar er två, skulle någon annan lätt ha kunnat ta sig in i bådas era fordon, men slutresultatet skulle kanske inte bli detsamma. Så kroppen speglar inte själen på det viset, och själen har begränsad kapacitet att göra justeringar i det fysiska som finns till hands. Det fysiska är den där kreationen, aftonklänningen som den här klädde sig i, eller din smoking, sir. (Han skrattade lite när han sa aftonklänning, eftersom Seth är en manlig energi.) Men själen får helt enkelt ett fordon som har koder, vilka matchar personligheten man vill uttrycka. Stjärnornas konstellationer är också placerade som koder i det här flödet, blodet, venerna. Det skapar personligheten; det skapar förutsättningar för själen att fungera. En mycket avancerad själ kan komma in och välja en kropp där koderna i blodet speglar en personlighet som kommer att sakna medkänsla. Själens uppdrag i det fallet är att försöka utstråla sin medkänsla genom ett fordon som saknar dessa koder.

D. Som John 32.

A. Som John 32. Förstår du?

D. Ophelia sa förra veckan att innan en själ ens börjar inkarnera, finns det mönster i den fjärde verkligheten som den väljer från inför varje liv.

A. Det är där modet finns.

D. Vem designar kropparna?

A. HUH HUH! Det skulle du allt bra gärna vilja veta, eller hur? Huh Huh!

D. Ja, vilken dimension är mest ansvarig?

A. Åttonde, på grund av elementen och DNA:t. Tionde och Elfte. Elva, Råden på den Elfte skapar de fordon som är tillgängliga, oavsett om de manifesteras fysiskt, i energiform eller emotionellt i de olika kosmiska akvarierna. De får rapporter från den Åttonde, några från Tionde men främst från Åttonde. Men den Elfte är designerna för alla universum, när det kommer till ... det finns inga ord, men det handlar om den övergripande utrustningen i varelsen. Vi kommer att vidareutveckla det här ämnet, säger Ophelia, men vi har nu berört det lite grann, sa hon.

D. Tack för det.

A. Du är nyfiken, säger hon. Vill gärna ligga ett steg före.

D. Precis som min Lille Vän.

A. Ha ha.

D. Vad hade du tänkt tala om idag, eftersom jag avbröt dig?

A. Rotationen inom Hjulet och hur det finns tecken i varje akvarium på en närvaro av de övriga. Den här (*Seth*), och även du (*Lasaray*), känner er väldigt mycket hemma i det åttonde akvariet. Åttonde och de existenser och vänner vi har i det åttonde akvariet har hemmabaser i flera andra akvarier. Men i det här relaterar de till Orions bälte och Sirius. Det är en plattform för att ansluta till den åttonde akvariet. De bor inte där, men de kan utnyttja den regionen i ditt system, i ditt akvarium (*fem*) och läsa av energiskiften i det femte (*akvariet*). De kosmiska akvarierna rör sig inte snabbt. Det femte har varit på den här positionen i triljoner år, om det hade funnits år. Så det är inte som ett pariserhjul som rör sig snabbt. Men vid den här tidpunkten utstrålar vi medkänsla och ljus från din granne, gränsen till det fjärde. Det vi gör är att vi tar bort gränserna. På samma sätt som de åttonde och nionde är något sammanslagna som en enhet, men de är fortfarande separata. Man kan säga att de är varandra, mer eller mindre. Här försöker vi, vi är i början av att ta bort gränsen till det fjärde, vilket gör att ljuset och egenskaperna som finns i det fjärde kommer igenom, som ett stjärnfall.

D. Jorden är tveklöst inte den enda bebodda planeten? Görs den här justeringen i hela akvariet, eller riktar den sig mot Jorden?

A. Både och. Det är inriktat på hela akvariet, eftersom det är i behov av läkning på grund av många händelser som inträffar inom system här runt Jorden. På grund av det faktum att det finns hål i ditt akvarium – energinätet, inte atmosfären – men atmosfären gjorde att olika zoner öppnade sig för mycket, och vi måste ge healing till dessa zoner. Det här är det första steget man gör, innan man sätter ett helt akvarium i viloläge - som det tredje är vid det här laget. Det finns inget liv i det avseendet, i det tredje. (*Det tredje akvariet befinner sig i viloläge, liknande ett drömtillstånd. Mönster finns fortfarande, men materia har lösts upp och kommer att dyka upp igen efter att balansen har återställts.*) Vi skickar nu healing till nätet, och den healingen kommer från det fjärde (*akvariet*), inte från det sjätte. Det sjätte — det finns en bred barriär mot det sjätte, det vill inte ha något att göra med det femte! Ha ha. Men det är en fas där läkning sker, och alla akvarier går igenom den här rotationen då och då. Så vi öppnar gränserna, gör att mer ljus sprids, läker vissa hål, energizoner, galaxer, som inte mår bra.

D. Jag gissar att människans inverkan på det borde vara mycket liten?

A. Ja, men er effekt är på atmosfären, som gränsar till och kommunicerar med nätet som helhet. Så det är som en liten finne du vill bli av med.

D. (Skrattar) Du kanske borde läsa Bobs anteckning igen.

A. Hans anteckning var verkligen underhållande. Ah-ha. Men hur som helst, vet bara att det just nu finns en närvaro från flera andra akvarier, och de ansluter till flera andra galaxer, såväl som stjärnor, som en plattform varifrån de kan iaktta och arbeta. Din granngalax, till exempel, Andromeda, är en utsiktsplats för det åttonde akvariet och det elfte. Det elfte är här för att upplysa medvetandet i – det enda ord jag kan hitta och ge dig är – gruppen. Och gruppen är din art, men det är också ditt solsystem, och det är också hela akvariet, det är allt inom det. Att vara i harmoni med din art är nyckeln till att förstå och vara i harmoni med atmosfären och helheten. Om du inte är i harmoni och i balans med dem som ser likadana ut som du, hur kan du då vara i harmoni med något som du inte förstår och ser? Där.

D. Det är väldigt tänkvärt. Jag antar att Andromeda, vibrationsmässigt, måste vara på en lite högre nivå än vår galax.

A. Vilken?

D. Den vi befinner oss i, Vintergatan.

A. Vilken menar du skulle ha en högre vibration?

D. Andromeda.

A. Ja. Ja så är det. En kommunikationscentral.

D. Finns det många planeter i vår galax som är befolkade av själar som kommer ner?

A. Talar du om Vintergatan?

D. Ja.

A. Några få. I andra änden. Mycket mer avancerade, men de påverkas. De påverkas i sin verklighet av händelserna på detta plan. De var här före dig. Civilisationer som fanns här, flyttade till andra platser i din galax. De vakar över dig och färdas hit, det här är utomjordiska besökare men detta var deras hem innan ni kom, hominiderna. När planeten fick ett utbrott flyttade de, invånarna kunde inte andas. Ett stort moln omgav det här planet. Alla levande livsformer, stora som små, antingen förtvinade eller flyttade. Det här var före, eller runt, dinosauriernas tid. Människan ser bara fossil av dinosaurier och djur. De andra lämnade inga fossila spår, de bara gick. Men de levde här i harmoni med dessa stora, milda varelser. Vissa, i och för sig, inte så milda! Men faktiskt, de bara lämnade. Om de hade utplånats på samma sätt, skulle du ha hittat fossiler av främmande livsformer som såg ut som människor. Men de lämnade, så det är därför du bara hittar, jag skulle inte säga bara, för det finns faktiskt några mindre områden i Afrika och Australien, där rester av dessa besökare finns djupt nere i lerlagren. Australien var inte en ö på den tiden. Dessa fossiler har ännu inte hittats. Du har bara hittat det som finns i de övre lagren, ben från djurlivet som dinosaurier och stora fåglar. Men rester av dem som inte klarade övergången finns fortfarande kvar, men de har inte hittats. De flesta flyttade helt enkelt till andra ställen i din galax.

D. De måste ha varit tekniskt mycket avancerade?

A. Ja. Ja, det var de. De reste hit i farkoster. Reste annorlunda. Där. Okej, vi har pratat för mycket, säger Ophelia.

D. Det här var fascinerande. Tack för informationen.

A. Ingen orsak. Det var allt för idag.

D. Jag uppskattar att du kommer, min vän.

A. Elahim.

D. Elahim.

Tallock: Dinosaurieprojekten (6 april 2019)
Som en påminnelse är Tallocks en grupp väsen som är lärare på Vlac, en planet i det åttonde akvariet. Vlac är ett forskningscentrum för elementen, medan Etena, i det fjärde akvariet, är ett lärdomscentrum för livsformer. Tallocks är från den sjätte dimensionen och vänner till Elahims men de uppehåller sig för det mesta ute i akvarierna i en manifesterad form och återvänder bara då och då hem till de andliga dimensionerna för vila. Tallocks kom till Jorden i ett mycket tidigt stadie av dess utveckling och har fortsatt att ha uppsikt över planeten under eoner av förändringar.

Det är alltid fascinerande när andarna ger detaljerade upplysningar om urgammal förgången tid på den här planeten. Medan det centrala budskapet från Tallocks handlar om vår brist på koppling till själen, gav de också kittlande information om uråldriga livsformer. De nämner en grupp som kallas Observatörerna, vilka var här för att studera förhållanden på planeten, kanske redan under den kambriska perioden för 500 miljoner år sedan. De besatt själsenergi från den Nionde och Tionde, och erhöll kroppar baserade på däggdjurs design, troligen för att samla in data för Råden som övervakade utvecklingen av livsformer. Däggdjur introducerades så småningom runt 200 Ma. Vad människor känner till om dinosaurier är helt baserat på paleontologiska fynd och tolkningar. Men Tallocks ger oss en magnifik överblick över den mesozoiska eran. De växtätande reptilerna designades av Råden och Skaparen, men några av de senare köttätande dinosaurierna skapades genetiskt av besökare här på planeten. Hur trovärdig dessa historielektioner än är, är det viktigt att inte förbise den andliga vägledning som våra vänner från det åttonde akvariet delar med oss.

Tallocks nämner att det tredje akvariet mötte ett öde. Det förekom oegentligheter i det akvariet vilket föranledde Skaparen och Råden att försätta det i viloläge.

T. Jag är Tallock, en vän.

D. Hej igen.

T. Du har färdats långa sträckor för att integrera system, kunskaper och kopplingar mellan akvarier. Även det som för närvarande är avstängt – jag vet att du använder klockan som en måttstock – klockan 3. Vi önskar inte att detta akvarium ska gå samma öde till mötes. Det fanns för många egon i det tredje. Det är svårigheten med en fysisk manifestation. Det är, i den meningen, lättare i de verkligheter som saknar form. Flera Råd är verksamma och försöker lösa problemet med den tredje komponenten – det fysiska. Projektet flyttades från det tredje akvariet; det var så Jorden blev det projekt den är. Den gavs större rikedom. Med rikedom menar jag dina resurser. Miljön i havet var en gåva till arten, som skulle komma, för att balansera och minnas den osedda inre skönheten. Det existerade inte på samma sätt i det tredje akvariet. Råden trodde att om en art var omgiven av skönhet och resurser, skulle de bättre ta hand om sitt fordon – att skönheten skulle indikera (*vara en återspegling av*) den del som är kopplingen till ditt hem (*i andliga dimensioner*), trädgårdarna. Projektet började med flera lite större varelser, bara för att se hur detta plan skulle hantera en förestående fysisk form. De flesta dinosaurierna följde den primitiva lilla punkten i deras hjärna. Vissa var emellertid upptagna av en själ. Det finns de, några få, som minns att de var ett stort djur – det finns minnen kvar från det besöket när någon blandade samman, själ kontra Skapare, i detta stora däggdjur.

D. Var det något som var godkänt? Var det meningen att det skulle ske?

T. Det var ett projekt. Allt på det här planet är ett projekt. Projektet med dinosaurierna var att se hur en stor kroppsbyggnad skulle bete sig i grupp.

D. Jag har sagt i våra tidigare böcker att dinosaurierna var ett projekt från utomjordiska besökare. Var det korrekt?

T. JA, ja, ja. Du har inte vilselett någon. Det var ett projekt. Du deltog, den här också. Den här såg dem som ett husdjur. Ville ha de mindre, de som såg ut som en liten noshörning.

D. Som Siah.

T. Siah skulle inte ha klarat sig särskilt länge bland dessa jättar. Det var för att, i en större skala, se vad som skulle ske om en mycket storvuxen art utan hjärna skulle ströva omkring här. Men några av dessa stora varelser hade en gnista från den Sjunde och Åttonde. Det kom helt klart in projekt från besökare också, som etablerade sin egen art. Det var så vår första konflikt ägde rum. De som skapades av besökarna hade ingen själ, de fungerade enbart utifrån den punkten i hjärnan som var kopplad till överlevnad. Dessa besökare var helt inställda på överlevnad och ville se om de kunde överleva här i den formen. De som strövade omkring här med en gnista från den Sjunde och Åttonde blev förbryllade över intrånget. Det var svårt att se vem som var vem.

D. Dinosaurierna som var upptagna av besökarna, hade de Mästerligt Medvetande i sig?

T. Nej. De var fjärrstyrda genom en punkt i hjärnan. Köttätarna skapades av besökarna. De andra, de fridfulla, bar själsgnistor från den Sjunde och Åttonde. Det uppstod en konflikt i rasen, de såg likadana ut men var annorlunda inuti. Det var det första projektet du kände till. Det fanns dock en annan art här tidigare, inte placerad av besökare. Däggdjur, det finns kvarlevor som ännu inte har hittats.

D. Hur såg de ut?

T. Människoliknande. Mindre, rundare i kroppen.

D. Detta måste ha varit för många miljoner år sedan?

T. Ja. De kom ner som iakttagare och undersökte förhållandena.

D. Var kom de ifrån?

T. De som upptog den varelsen kom från den Nionde, Åttonde, till och med Tionde var nere vid den tiden och undersökte förutsättningarna för det som skulle komma.

D. Var de fysiska?

T. Fysiska, ja, absolut. Små. Inte så mycket hår. Liten, vit, nästan lite blåaktig i huden.

D. Var kropparna upptagna av Mästerligt Medvetande, tillsammans med själen?

T. Främst Tionde och Nionde. Åttonde undersökte elementen.

D. Det måste ha varit en mycket lugn tid då?

T. Det var det verkligen. De var inte särskilt många här. De levde i samhällen. De var, om jag får ge dig en bild som du kan relatera till, om du tänker dig en hobbit utan hår. Mindre, rundare, blekvit hud, nästan blå. Stora ögon, stora öron. De reagerade starkare än djur med alla sina sinnen. De var här för att utforska. Tionde var inblandad. Huh, det var projektet.

D. Någon gång efter det, introducerades de stora däggdjuren?

T. När de gick därifrån, lämnade de bara. Det var inget traumatiskt som hände. De försvann helt enkelt bara. Arten togs bort, det kom aldrig nya. Sedan var det ett enormt gap, eftersom omgivningen började ta form. Kontinenter etablerades. Atmosfär och så vidare. Polerna flyttades något för att skapa vissa väderfenomen och atmosfäriska förhållanden. Denna lilla varelse var ett bidrag från den Åttonde. Det var ett jättelikt gap i er utveckling innan dinosaurierna kom. Detta var bara i början. Vattenvarelser kom först, fridfullt varelser. Men även här uppstod gradvis interaktioner. Vatten har en lugnande effekt på individen. Det är därför du ser så mycket katastrofer på land, eftersom du är starkt påverkad av strålning, energivågor som påverkar dina tankar. Haven är inte immuna. Allt detta som sker på ytan, faller efterhand ner som regn i haven, och även den mest fridfulla varelsen i havet kan känna sig plågad. Det är därför du ibland kan se valar som navigerar fel och kommer upp på land. De är stressade, varelserna blir förvirrade, de förstår inte signalerna. De (*signalerna*) är inte tillräckligt starka och rena nog, som de är vana vid. De var här långt före ER. Gör inte anspråk på att den här platsen enbart tillhör er (*människan*). Du vill inte hamna i viloläge, som det tredje akvariet. Du har all den hjälp som behövs, det enda du behöver är att omfamna skönheten. Media och andra händelser driver mänskligheten att omfamna mörker och rädsla. De utlöser den där delen i hjärnan som handlar om överlevnad. När du verkar utifrån din inre källa, kommer dina handlingar att vara en strävan efter skönheten. Skönhet är inte rädsla. Skönhet är en gåva från Skaparen när du föds. Rädsla är konstgjord, ungefär som de besökare som kom hit i det stora djuret. Samma sak sker nu inom en art som borde följa ljuset.

D. Jag antar att det just nu skulle vara läge att överväga att ta bort vissa människor?

T. Vi tar bort medvetandet. Det kommer in själar med annorlunda vibration, saknar vissa (*lång suck*) beteenden. Men om de är omgivna av rädsla och en illusion av mörker, kommer även dessa högt vibrerande själar att få kämpa. De kommer i rena, som ni alla gör. Alla själar är rena men vissa har en svårare sammansmältning med det fysiska fordonet, likt dinosaurien. Vissa själar kom in med en högre vibration, en högre vibrerande melodi, och kunde lättare höra sången från Skaparen inom sig. Det är som en symfoni. Lyssna på melodin du har inom dig. Alla själar förbinds genom denna symfoni och genom platsen där du befinner dig. Andevärlden, liksom andra akvarier kan höra den melodin. Det är så vi, Tallock, kan lyssna och tona in på ett akvarium för att se var de är (*på en andlig nivå*). Den här melodin ska vara en vacker symfoni. Nu har du lagt till instrument som du inte behärskar. Det är ett förfärligt ljud i detta akvarium för tillfället.

D. Kommer allt detta från människorna på Jorden, eller finns det andra – det måste finnas tusentals andra verkligheter som orsakar problem?

T. Det finns flera faktorer, människorna är en. Men glöm inte att insidan är själen, den brottas bara med fordonet som du upptar. Atmosfären är din flytväst. Om du skadar din flytväst kommer du att sjunka som en sten. All denna teknik vi ser som släpps ut från fabriker, bilar etc – Vetenskapen och tekniken måste förbättras. Om de bemästras på rätt sätt är det bra. Om inte, om du inte helt och hållet förstår det, skadar du din flytväst.

D. Jag misstänker att den här senaste vansinnigheten som är aktuell nu, nästa våg av mikrovågsstrålning, 5G, kommer att bli väldigt destruktiv?

T. Ja. Ja. Det är som att sticka hål på din flytväst.

D. De kommer att sätta upp cirka 20 000 satelliter som kommer att stråla högenergimikrovågor genom atmosfären.

T. Vi håller det under uppsikt. Det finns besökare som interagerar och gör justeringar så att vissa saker försämras för dig. Det kommer att kollapsa om det inte hanteras på rätt sätt. Det är så du potentiellt kan vakna och förstå att du inte kan flyta omkring i detta hav, ditt Universum, utan din flytväst – alltså din atmosfär. Som en kedjereaktion av det skadar du till och med nätet. Och det är då vi hör att melodin förändras. Vi tonar in på nätet, nätet som förbinder alla akvarier. De Nionde och Tionde Råden arbetar och ser till att nätet är intakt. Om inte kommer det (*akvariet*) att försättas i viloläge. Vi ökar ljuset genom inkommande själar – välkomna dem. Vissa beteenden måste elimineras för att ljuset ska kunna omfamnas fullt ut. Men den förändringen ska komma från er (*de inkarnerade*), den kommer inte från oss den här gången. Tallock är här som nätets väktare. Det är en av de uppgifter vi har. Och det är vad du gör – du lappar ihop nätet.

D. Så Elahim och Tallock arbetar tillsammans?

T. Ja, ja. Vi jobbar tillsammans. Du har en arbetsbas här, vi arbetar bara på nätet, lappar, lyssnar på skiften i melodin. Se det som ett nät som förbinder alla akvarier, och om det sker ett avbrott, som att en spindel går omkring där, så hör vi det och vi anpassar oss. Det var det.

D. Om det bara är människorna som orsakar alla problem, skulle jag tro att problemet omgående skulle tas om hand?

T. Det görs genom att förändra de inkommande själarna. På ett sätt är de mer kopplade till Källan, till sin egen sång och symfoni. De hör sitt uppdrag tydligare än de människor som är här idag. Å andra sidan kommer de att få kämpa med den kropp som är tillgänglig nu. De kommer, precis som du, att ha allergier, problem med huden och kosten – lite överkänsliga mot detta fordon. De är medvetna, och de tar på sig ett stort uppdrag å andevärldens vägnar. Tallocks är inte andevärlden. Vi är en bas dit du färdas.

D. Var är det, i förhållande till Jorden?

T. HUH HUH HUH!! Inte precis nästgårds! Annat akvarium, åttonde. Men vi har en plattform i det här akvariet där vi möts. Alla gör det, det är inget unikt för oss. Alla som reser mellan akvarier har en slags utkiksstation, och vi har vår i galaxen Andromeda, samt en av stjärnorna i Orions bälte. Huh huh. Men vi bosätter oss inte där.

D. När Elahim kom som Anunnaki, fick människorna veta det då? Är det därför de dras till Sirius och Orions bälte?

T. Ja, de förstod att det fanns en stark koppling till andra verkligheter genom Anunnaki. De förstod och ville vara i nära kontakt med den visdomen, men talade inte samma språk och förstod därför inte. Anunnaki kommunicerade med symboler – det vill säga det universella språket – symboler, så att det kan förstås oavsett vart du går. Om du kunde färdas till andra platser, skulle du hitta samma symboler som de rester som fanns i Sumerien. Shea kommunicerar med andra symboler. Det är som graffiti! Huh, ungefär som, "Vi var här."

D. Möts du och jag på Siahs planet?

T. Ja. Där i föreläsningssalarna, biblioteken, ja, vi träffas där.

D. Zachariah sa att han hade arkiverat information från Huvudbiblioteket på den Femte till Siahs plats?

T. Flyttar information, ja.

D. Vad är syftet med det?

T. Helt enkelt för att ha kopior. Naturligtvis finns det alltid kopior i andevärlden, men alla har inte tillgång till det biblioteket; Biblioteket som du tänker på, på den Femte, är också en kopia. De större biblioteken finns bara från den Tionde och uppåt, men de flyttas ut till olika ställen. Som till biblioteket där du kallar Siahs plats, den planeten eller den världen, som vi kallar Etena.

D. Etena? *(Det här var första gången vi hörde talas om Etena.)*

T. Etena. De är starkt kopplade till den grekiska eran. Studera grekiska filosofer och du kommer att förstå Etena. Där. Jag känner att tiden är ute. Vi återkommer.

D. Jag är verkligen tacksam för att du kom idag. Jag hoppades att få höra mer från dig. Tack för att du kom och delar med dig.

T. Närhelst du vill. Välkommen hem när du sover. Det finns projekt på gång som kräver din uppmärksamhet. Nätet, du och den här, ni arbetar båda inifrån för att upplysa denna art att fixa nätet från det här planet. Vi jobbar utifrån. Vi tar oss an samma problem, bara från olika ställen. Upplys varelsen, få dem att ta hand om sig själva först. Om du bryr dig om dig själv och älskar dig själv är det svårt att behandla någon annan eller din värd illa. Omge dig med kärlek, hör din sång, omfamna din unika natur av vem du är, och du kommer att övervinna rädslan och du kommer att övervinna illusionen av rädsla. Det är lärdomen från Tallocks – och andra akvarier. Kan inte helt och hållet ta åt oss äran för det, förstås. (*Han skrattade lite när han sa det.*) Det var det.

D. Det var väldigt fint sagt, så tack för det.

T. Sträva efter fred, och allt kommer att bli dig givet. Där.

D. Tack, min vän.

Elahimrådet, Zachariah, Ophelia: Skadlig Teknik (14 april 2019)
Elahimrådet nämner, i nästa session, en tidigare civilisation på Mars som använde kärnenergi och kolbränning. Jag blev inte förvånad över kommentaren beträffande kärnenergi, eftersom vi har fått höra om det tidigare. Men deras påstående att kol brändes störde mig lite, eftersom det vanligtvis antas att det inte finns några organiska föreningar på Mars. Men NASA:s Mars-rover, Curiosity, har nyligen registrerat utbrott av metangas. Marsexpeditionerna har också bekräftat en närvaro av tiofener, som är aromatiska femledade ringar som innehåller fyra kolatomer och en svavelatom. Tiofener finns i bitumen, kol och råolja. Och, än mer förvånansvärt, ett team lett av kinesiska forskare publicerade en artikel i *Meteoritics and Planetary Science* i november 2014, efter att ha fastställt att en meteorit från Mars innehåller kol. Kolet på Mars är ett organiskt kerogent kol, som liknar kol på Jorden, med kväve, fosfor och svavel. Så, finns det kol på Mars? Bevisen pekar verkligen i den riktningen. Om inte annat så bevisar det att Elahimrådet vet så mycket mer än vad varken Christine eller jag gör om de flesta ämnen. I tidigare sessioner fick vi höra att Anunnaki var bosatta på Mars och experimenterade med olika element innan de introducerade dem på Jorden. Det fanns också andra boende på den röda planeten, som idkade gruvdrift där. Rymdsonden ExoMars Trace Gas Orbiter har kartlagt betydande mängder ytvatten på Mars. Våra vänner säger att den hade en fullt fungerande atmosfär, om än annorlunda än den som omger Jorden. Kärnkatastrofen på Mars, som ödelade den skyddande atmosfären och gjorde planeten obeboelig, var ett resultat av besökarnas (inte Elahims) tekniska misstag. Elahimrådet lyfter ett varande finger att vi inte ska upprepa det förflutnas misstag.

ER. Vi, Elahimrådet, försöker höja energierna här (*på Jorden*). Din planet hostar. Det är svårare att komma hit och gå samman med den biten av rent syre som finns (*här*). Alla levande varelser, planeter, behöver ett fungerande skyddande lager, en atmosfär. Atmosfären finns egentligen högre upp. Problemet ligger närmare dig (*vibrationsmässigt*), men det påverkar de andra energilagren i din atmosfär som gradvis, allt eftersom, når nätet. Vi upplever den här hostan, som en sjuk vän i det stora Hjulet. Alla försöker ge hostmedicin (*sagt med ett litet skratt*) på olika sätt, så att det här stället ska andas fritt igen. En av lärdomarna i det här akvariet är att andas syre. Den (*processen*) är inte nödvändig överallt annars. Lärdomen gäller syrets betydelse för en levande varelse – inte bara djur och dig själv – utan hela din omgivning. När jag säger omgivning, tänker du dig ett träd; för oss handlar det om ett akvarium. Lite annorlunda. Vi ser hur dina träd hostar, att de saknar tillräckligt med näring. Vi ser stjärnor, planeter och galaxer som hostar. Miljön i hela det här akvariet är starkt påverkad av de val ni gör på energiområdena. Var inte dåraktig, ni behärskar inte all teknik ännu. Lär av tidigare misstag. Jag ska berätta en historia. Du har gjort det här uppdraget tidigare, när en planet hostade. Berättelsen relaterar till den här planeten, men en liknande händelse ägde rum i din familj på den röda planeten. Inte bara ett nukleärt experimenterande som gick överstyr på den röda planeten – vettlösa professorer kunde man kalla det – utan även missbruket av kol fick planeten att kvävas. Det finns ett minne (*av*) när en art är alltför snabb i vändningarna och försöker ligga ett steg före sin utveckling, ett steg före sina vetenskapliga kunskaper – ränner runt som myror, det var så vi såg det – (*de fick*) specifika kunskaper, teknologier och rusade tanklöst iväg med dem, istället för att fokusera på och analysera gåvan de fick. Ni får teknik för att ni ska kommunicera, samarbeta med varandra. Men en liknande (*skadlig*) process kan inträffa när du inte behärskar hela spektrumet av din teknik. Strålarna som du försöker återskapa den här gången, påverkar i hög grad hela nätet och dina omgivande galaxer ser på med rädsla.

D. Vilka strålar talar du om?

ER. Magnetstrålar, de elektromagnetiska.

D. Som mikrovågor?

ER. Jaja. Får det att koka. Omgivningen överhettas och hostar, kokar och hostar. Ni har vänner i närheten som observerar detta, frekventa besökare som försöker få er att komma till besinning, innan ni lanserar något som ni inte helt behärskar. Vänner i en närliggande galax, Andromeda – full av liv, full av liv; det visste du inte, eller hur?

D. Nej.

ER. Huh. Full av liv, full av liv. Mycket längre framskriden, Betydligt mera utvecklad. Balanserar den här galaxen. Den här galaxen befinner sig i sin linda och lär sig först att andas. Tro inte att det bara är människor som andas. Alla behöver någon form av bränsle. Här behöver du vatten och syre. Andra platser behöver andra element för att överleva. Vissa livnär sig till och med på kvicksilver. Här skulle det betraktas som en katastrof. Men återigen, du har gjort det här tidigare. Du tar återigen på dig ett uppdrag för att upplysa arten. Några Elahim upplyser vetenskapen. Du upplyser hjärnan, själspartikeln, försöker få människor – jag skulle säga själar INOM människan – att komma till liv, att väcka dem. Många själar antingen sover i den här kokongen, fordonet som de har valt, eller så känner de ångest. Det utstrålas på olika sätt på ytan (*av människan*). Men vissa själar sover och du försöker väcka dem. Från den här nivån kan vi, liksom Ophelia, se vilken själ som sover, och vilken själ som ivrigt försöker göra sig hörd för fordonet. Ni är här, ni två, för att tända kraften, ljuset inuti, för att väcka dem. Upp och hoppa! Vakna till liv! Gör det du ska göra! Era böcker är tänkta att spridas över den här planeten för att människor ska känna sig frestade att veta mera om sin själ, undra vem den inre varelsen egentligen är, och försöka förstå varför de har placerats i den miljön som de är. Kanske har de också förmågan att skapa förändringen. Kanske finner de drivkraften (*att göra det*) i era böcker. Speciellt den du just nu arbetar med (*Memoarer, Del 1*), är tänkt att skapa skratt och värme, väcka människor på ett humoristiskt sätt. Men här och där kommer de att hitta de godbitar som de letar efter. *Andra Vågen* och övriga kommande Vågor, kan för vissa vara lite komplicerade. Men ALLA vill ha en andlig vän. Alla vill ha en koppling till något högre än det de ser när de tittar ut genom fönstret. Det är en storslagen design och du är själv en del av den. En gång i tiden tog fabriker över detta plan (*på Jorden*) en stor sanering ägde rum. Din vän (*Bob*) var inte med dig; du hade ingen mänsklig form vid den tiden. Du ingrep som en Elahim, Anunnaki, försökte få den dåvarande arten – vilken såg ut ungefär som den nuvarande, men du hade inte den formen – du försökte lugna ner myrorna. Du försökte visa och lära hur man utvinner mineraler på ett naturligt och för din värd, gynnsamt sätt. Du insåg faran. Atmosfären var helt igentäppt. Alla hostade, emellertid inte du, du var skyddad (*i en manifesterad form*). Djurlivet dog. En stor dimma, stora föroreningar täckte planeten, alla hostade, ingen kunde andas.

En stor omstart ägde rum, inte bara en fysisk, vilket betyder planeten och arten, utan en omstart i medvetandet skedde också. Detta är bortglömt i många själsminnen, eftersom det inte längre tjänar ett syfte att veta det. Det var en era av rädsla, en era där tekniken spann utom kontroll. Produktionen var onaturlig, konstgjord produktion av mat, plastmat – det är vad vi ser början av igen. Vi är här för att stoppa den utvecklingen, så att du inte upprepar det minnet. Karma, Karmisk Kappa. Även planeter bär den Kappan. Det som skedde den gången är raderat från det allmänna minnet. Men det är viktigt att du förstår vad det är du arbetar för. Ni jobbar för att den här produktionen inte återigen ska spinna helt utom all kontroll och vara omöjlig att stoppa. Det jag här berättar handlar om när det skedde, när en total omstart behövde göras. Vi fick städa atmosfären. Vi tog bort alla arter, började om på nytt. En fullständig omstart skedde. Detta var före dinosaurierna och är nu bortglömt. Vi startade på nytt från dina minnen om dinosaurierna. Det fanns cykler innan dess. Men det är borttaget i den Karmiska Kappan för detta plan, och i dess medvetande. Det var den värsta kyla som någonsin förekommit på det här planet. Det är viktigt att du förstår att du var här vid den tiden, ingrep som Anunnaki och försökte förstå hur utvecklingen kunde spinna så helt utom kontroll. De gjorde mat på konstgjord väg – de förstod inte. Jorden var torr, ingenting växte. Det var så dessa Celler började utvecklas och skapade plastmat som inte innehöll någon näring. Syre, det var ett krig om syret. Vattnet förändrades till en konstgjord vätska. Utan vatten torkade haven ut. Förstår du? Du har inget minne av detta. Det finns ingenstans i dina historieböcker att detta har existerat. Men det är därför du är här, när vi nu åter ser ett frö av samma idéer börja ta form. Ni befinner er alldeles i början av den utvecklingen, men vi är här för att tidigt sätta stopp för det. Tidigare försökte vi se vad som skulle ske om arten fick utvecklas av sig själv, utan inblandning– det gick inte så bra. Den Lille (*Bob*) har hört historier om det, men det finns inget om det i HANS historieböcker i HANS valv. Ole minns, Ole var där och försökte skydda underifrån. Ole minns detta. (*Ole är Gergens mentor och Gergen är Bobs mentor, så Ole har funnits länge och skulle symboliskt vara Bobs farfar.*)

D. Det verkar som om saker av andlig natur inte har något inflytande över dem som är ansvariga för denna teknik.

ER. På den tiden var den andliga energin begränsad. Det var förmodligen inte mer än 5 till 10 procent. Det är annorlunda nu.

Ljusen ökar, och vi kan se att åtminstone 35 procent (*av människorna*), vid den här tidpunkten, verkar utifrån en inre medvetenhet. Vi försöker öka den mängden, generation för generation. Förstå bara anledningen till att du arbetar med det här. Du gör din del med dina böcker. Andra placeras i vetenskapliga organisationer för att avleda teknik så att den inte utvecklas på ett sätt, där den potentiellt kan leda till katastrof. Känn bara till den här historien, vad det är du försöker förhindra. Och vet att den här tiden är i sin linda, den är inte i närheten av hur den här tidigare historien slutade. Tidigare minnen måste komma fram så att du förstår varför du blev skickad. Det kommer, på ett sätt, att få dig att känna en sorg, eftersom du också ser dem som inte reagerar på detta ökande ljus och lärdomar. Å andra sidan kommer det att ge dig elden, motorn, kraften att fortsätta.

Senare, efter att ha gett instruktioner om vad de ville att vi skulle lyfta fram, lämnade Elahimrådet Christines energifält och Ophelia klev in för att rensa energierna, så att Bob inte skulle behöva kämpa för att få upp dem till sin vibration. Hennes kommentar om att Zachariah talar om pilar är en hänvisning till en kunskap han förmedlade som finns i *Första Vågen*. Vi tar med en del av det här eftersom det är en så viktig lärdom. Hans anförande finns i sin helhet i *Första Vågen* under avsnittet med titeln "Kratrar eller Gupp". Zachariahs tal är från den 11 maj 2016, som ett svar på min fråga om han hade några kommentarer som han ville lägga till i vår första bok.

Z. Du kanske ska klargöra något om tankens kraft. Tankens kraft, min vän, är något mystisk eftersom den färdas som en vind. Det är svårt att förstå vilken effekt din tankar har på den manifesterade verkligheten.

D. Ja, det är det.

Z. Detta är något av en illusion, om du så vill, eftersom du redan HAR skapat något med dina tankar. Men människan ser det inte som en manifestation, eftersom det färdas i en bubbla. Manifestationen kan äga rum flera år senare, och ursprunget kan vara glömt. Vet att när du sänder ut din tankebubbla, så förlorar du makten över den. Det betyder inte nödvändigtvis att den kommer att manifesteras dagen efter, men beroende på olika cykler kommer den att manifesteras i enlighet med sin avsikt. De kommer alla att manifesteras, var säker på att ALLA KOMMER ATT MANIFESTERAS. Människan vet bara inte när. Du sänder ut dem – nästan likt regndroppar. När de kommer att träffa marken är okänt, men när de gör det skapas nya händelser. Låt mig beskriva det som en bild för dig. Se regndroppen landa på marken. Hur den manifesteras är beroende av cykler och händelser som äger rum före manifestationen. Det är därför som ingen kan veta när manifestationen kommer att äga rum. Det finns flera parametrar som är i spel. Bara för att en tanke sändes ut en måndag, betyder det inte att den kommer att manifesteras på tisdagen.

D. Så, manifesteras alla tankar?

Z. Det gör de. MEN de kan manifestera sig olika beroende på hur du opererar (*agerar*) mellan när tanken skapades och själva manifestationen. Låt oss säga att du skapade något av en ilsketanke i tonåren, utan att veta vad du gjorde, inte reflektera över dina handlingar, men bubblan skickas fortfarande iväg. Om du senare lär dig vissa lektioner (*läxor*), låt oss säga i tjugoårsåldern, så när det manifesterar sig i fyrtioårsåldern, låt oss säga, har det tappat sin kraft något. Det är därför kraften i dina tankar, i kombination med dina handlingar däremellan när tanken ägde rum, skapar manifestationen. Om du inte har lärt dig något av den där ilskan du skickade iväg, då när den regndroppen landar så gör den det med en bom. Ändå, om val du har gjort efter att tanken ägt rum speglar en andlig upplysning, låt oss säga, manifestationen kommer fortfarande att äga rum, men kommer inte att skapa en krater. (*Ett utdrag från slutet av den 11 maj 2016.*)

Även om deras läror har blivit mer komplexa, hänvisar de oss ständigt tillbaka till grunderna för andlig utveckling. Att kontrollera vilka slags energibubblor vi sänder ut i det omgivande nätet är en nyckel till de flesta andra steg på utvecklingsstegen. Det är ett enkelt koncept, men svårt att bemästra eftersom det är en slinga av självförvållad feedback. En viktig del av det de lär oss, är att vi kan förändra våra framtida upplevelser (relaterade till tidigare handlingar) genom att lära oss och växa som andliga varelser, och därigenom omvandla potentiella kratrar till små gupp längs vår väg. Vi fortsätter nu med Ophelias uppföljning av Elahimrådets diskussion.

O. (*Lång paus medan Ophelia arbetade med energierna.*) Det här är Ophelia. Till och med jag får kämpa lite med övergången av energierna, vilket är precis som det ska. Ni har fått möta ert Råd, och det är viktigt för er båda att känna till er historia. Att veta hur handlingar har en effekt, eftersom det skapar ringar på vattnet. Vilka ringar vill du vara orsak till? Det är frågan ni alla borde ställa er själva. Allt du gör skapar ringar i detta nät. Jag talar här inte om det högre nätet i atmosfären som förbinder akvarier, jag talar om det enklare nätet, det som är lättare för din art att förstå. Nätet som kopplar samman alla livsformer och din värd. Allt det du gör, allt det tänker och skapar, är en del av denna storslagna design, och det ger ringar på vattnet till dina grannar, djur, omgivningar, länder, dina hav. Om du börjar arbeta utifrån den vetskapen, att allt du sänder ut just den här dagen bör vara något bra, bör ha en välmenande struktur när du sänder den där lilla bubblan ut i nätet. Zachariah talade om pilar, kratrar och gupp – det är samma sak. Vilken bubbla vill du sända ut? Vilket fotavtryck vill du lämna efter dig? Hur vill du bli ihågkommen? Vill du bli ihågkommen som någon som skapat ett avtryck av harmoni och kärlek? Eller vill du vara någon känd i historien som antingen inte deltog alls, eller skapade rädsla hos dina följeslagare på det här planet? När jag säger rädsla, tänk då inte bara att jag menar rädsla inom din egen art. Planeten själv kan också känna rädsla, och den kämpar. De som är passiva, som inte höjer sin röst, som inte omfamnar sin potential och sitt ljus, är också en del av att underlåta att bistå detta nät. De som är passiva har en själ inom sig som ivrigt försöker väcka ytan. Ibland slumrar själen i en aktiv kropp, ett aktivt fordon. Ibland är det tvärtom, att ytan sover och själen inombords ivrigt försöker göra kroppen levande. Du färdas i en dubbel upplevelse, en själslig upplevelse såväl som en mänsklig. Det vi önskar är att de ska kopplas samman, förenas som ett, som en enhet. Om du tänker på att du har två olika personligheter – och märk väl, någon har fått dig att tro, placerat i ditt medvetande, att det är lika med schizofreni, men det är det inte. Vissa lider verkligen av den sjukdomen, men att omfamna två olika sidor av dig själv, din själs jag och det mänskliga jaget, är inte schizofreni. Och om du omfamnar dessa två sidor av dig, tro mig, din själ kommer att ta överhanden. Det finns de som motsätter sig att omfamna en annan del av sig själva, som potentiellt kan vara aktiv och försöka få inkarnationen att röra sig, eller försöker styra fordonet i en annan riktning. Låt oss säga att du är en girig advokat, insidan kanske försöker göra sig hörd till ytan, försöker få dig att hjälpa dem som behöver juridisk rådgivning, och vara empatisk mot dem som behöver hjälp. Dessa kan också vara en positiv förebild och väcka andra, inte bara se det som en möjlig inkomst. Men om de arbetar utifrån att mer klientfall likställs med mer hjälpande, fast den underliggande faktorn är att få makt inom sin krets eller skaffa sig ekonomiska fördelar, då agerar de inte enligt sin potential. Själen kommer, förhoppningsvis och potentiellt, att leda detta fordon i en annan riktning. För att göra det tydligt, den (*själen*) kan lätt leda (*människan*) till någon som inte har möjlighet att betala för denna juridiska rådgivning, men advokaten hjälper den personen ändå. Det kommer att öka ljuset. Kan du se vad jag försöker säga dig?

D. Det gör jag absolut.

O. Bra. Där. Det blev bara några korta ord, förstås, för någon väntar ivrigt här. Men det är viktigt att ni förstå er historia som berättades här, och vi kommer att se hur det i lagom takt kan lyftas fram till kommande skrifter. Vi vill inte skapa rädsla. Men vi vill också se till att människor blir medvetna om potentiella resultat av sina beteenden. Så, vad jag skulle säga med det, är att det med säkerhet kommer att avslöjas i kommande skrifter. Där. (*Bob kom sedan in och pratade om hur han lär upp sina elever, vilket publicerades i Memoarer, Del 1.*)

Zachariah: Anunnakis Handväska (5 juni 2020)

Andarna använde ofta anekdoter och liknelser för att förklara abstrakta idéer. Zachariah säger att nivåerna i det inre medvetandet kommer att utökas, på samma sätt som att fördubbla takhöjden i ett rum. Innebörden är att människan kommer att få en större kapacitet att komma i kontakt med själen. Som nämnts i tidigare sessioner, åstadkoms detta av energiflöden från solen och himlakroppar utanför vårt solsystem.

Han berättar också om när han och Lasaray delade liv tillsammans i det som nu är Grekland. Zachariah är inte så förtjust i att inkarnera och beskriver hur han föredrar att ta över en vuxen kropp som en "walk-in". Han gör en kommentar om att temperaturen i Tyskland och Polen var väldigt låg vid 7000 f.Kr. Som vanligt när jag kollade historiska redogörelser var det helt korrekt. Han säger att han studerade hur man kunde manipulera vädret och värma upp delar av Europa som var för kalla. Kanske var avsikten att göra området mer beboeligt, så att människorna som vi känner till som Vinca kunde flytta in.

Som titeln antyder berättar han sedan om de små behållarna med handtag som finns avbildade på de äldsta illustrationerna karvade i sten från megalitisk tid. Bilder på den här "handväskan" kan hittas i Göbekli Tepe och det närliggande Karahan Tepe, i vad som nu är södra Turkiet, med anor från omkring 10 000 f.Kr. Dessa mystiska handväskor dyker också upp på avbildningar i sten av den forntida mesoamerikanska guden Quetzalcoatl i Sydamerika. Men mestadels avbildas de i händerna på långa, kraftfulla halvmänniskor i Mesopotamien. På en majoritet av bilderna, där handväskan är avbildad, har denna människoliknande varelse också fått vingar. Det är möjligt att våra förfäder ville visa att det fanns ett samband mellan det okända innehållet i handväskan och förmågan att flyga. Baserat på Zachariahs förklaring representerar handväskan hemlig kunskap om vad som krävs för att framkalla antigravitation, portaler och andra fenomen. Man ska komma ihåg att Anunnaki slutade komma i manifesterad form omkring 13 000 f.Kr. De nyare avbildningarna borde vara baserade på muntliga traditioner eller äldre statyer, teckningar eller sten ristningar ännu längre tillbaka i den forntida historien.

Z. Det här är Zachariah.

D. Ah, hej, Zachariah.

Z. Hej på dig.

D. Det var ett tag sedan.

Z. I mänsklig form, kanske. Inte på det hela taget. Vi har alltid nära kontakt. Var medveten om att det inte alltid är meningen att Elahims ska träffas så här (*på Jorden*). Det är dags att ta bort taket. Vissa kallar det en slöja. En slöja indikerar dock något mycket tunt. Jag skulle säga att vi måste ta bort taket och bygga ett hus med en takhöjd på fyra meter istället för två. Vi höjer och tar bort vissa ... se det som en hög byggnad. Se det som en byggnad med tjugo våningar. Varje våningsplan upptar en upplevelse på Jorden. (*Jag förstod detta som att det betydde en slags kunskap utifrån erfarenhet.*) För närvarande försöker vi ta bort våningsplan. Så, byggnaden i sig har samma höjd men bara tio våningar. Meningen är att vidga medvetandet till att vara mer tillgängligt för den mänskliga upplevelsen. Du är instängd i en fysisk behållare när du färdas in i kroppen, men på grund av vissa händelser genom loppet av historien har kroppen blivit mer tät, tyngre än det ursprungligen var tänkt. Detta kan motverkas genom att öka ljusvågorna till det här området, det vill säga planeten. Det sker när vi ökar strålningen från Solen, det du kallar solstormar. Det tar bort vissa gränser så att de fysiska erfarenheterna kan upplevas mer allmänt. I det här läget uppstår problem, när en högre ordning ihop med fysisk aktivitet, försöker ge individen, i behov av växande, ett större utrymme. Problemet ligger i att det finns ett motstånd från det fysiska, och motståndet är lika med rädsla; rädslan att inte hitta i sitt eget hem. Du kan se det som att du bor i ett hus med, låt oss säga, tre rum. En dag när du vaknar upptäcker du plötsligt att du har tio rum. Du har mer utrymme. Undersöker du då de här extra rummen som plötsligt finns där framför dig? Eller ser du dig själv fortfarande bo i en villa med tre rum? Det vi då ibland upptäcker, är att människan får mer utrymme, ges större möjligheter att förstå sin väg, men saknar nyfikenheten att börja gå in i och undersöka de nya obekanta rummen.

D. Jag förstår. Finns det några andra råd du skulle vilja ge oss?

Z. Försök att vara närmare vatten. Vatten är rörelse och på grund av den aktuella situationen är mänskligheten som helhet, inklusive er två, mer stela än normalt. Du kan bara sitta eller lyssna på vattnet, lyssna på regnet. Sitt i regnet. Sitt med fötterna i en flod eller en sjö, eller för den här, till och med i havet. Det är bara en kort tid innan ni två är tillsammans igen, men att vara nära vatten får sinnet att inte vara i en känsla av fångenskap, eftersom vatten är gratis, och själar är fria. Fysiskt är den här tiden ett fängelse för många. Om du inte kan hitta vatten eller lyssna på vågor, lyssna då på regnet, lyssna på musik som ger, och uppfyller, dig med samma melodi som floden. Det är samma känsla, samma helande sker inom dig. (*Musik ger samma helande.*) Alltfler borde bara lyssna och vara nära vatten. Vatten tar dig bortom känslan av fångenskap och rädsla. Och de som inte har vatten i närheten, lyssna på det. Lyssna på musik med ljud av antingen regn eller vågor. Regndroppar helar. De är kända som änglarikets tårar. Men de helar dig. Människan fäller upp ett paraply istället för att välkomna regnet. Regnet är där för att rena dig, för att få dig att stanna upp, för att få dig att bli fullt ut kopplad till Källan. Det finns inget mer kraftfullt sätt, för dig som själ i en människokropp att få access till det gudomliga, än att stå i regnet.

D. Det är sant. Jag kan verkligen njuta av regn.

Z. Göm dig inte för regnet, omfamna det. Känn hur det rensar, renar dig. Även om du blir blöt blir du renad, och det är regnets gåva. Regnet är viktigare för själen än solen. Solen tänder kraften och elden i själen. Men när själen är olycklig, känner sorg, känner sig fången i en situation, söker själen sig till regnet.

D. Tack för det.

Z. Så gärna, så gärna. Där. Du vet att vi faktiskt hade den här diskussionen när vi var i Mythene (*skrivet som det lät*) mycket långt tillbaka i tiden, nu känt som Thessaloniki, i Grekland. Vi bosatte oss där - du kan undersöka Thessaloniki, på det grekiska fastlandet. Vi etablerade ett solcenter, men det var också för att övervaka aktiviteten när det gällde regn. Det finns de som bara söker sig till solen, men utan regn vissnar en värld. Detta centrum i området kring Thessaloniki, detta laboratorium där vi befann oss, forskade om de olika aspekterna av elementen. Regn. Sol. Vind. Till och med sandstormar. Kopplingen och alla elementens kombinerade komponenter och hur de värnade om de levande varelserna i det området. Det fanns de som enbart studerade Solen – och Månen, förstås. Det är något av en färdighet inom din ras, inom Elahim, att följa och studera Solen. Men regnet är en viktig aspekt av livet. Utan regn, utan vatten kan inget existera. Så för dem som ständigt söker sig till solen anses det vara något av en besvikelse – tänk bara på hur människor upplever en regnig semester. Vissa traktar alltid efter de soliga stränderna, och det är inget fel med det, men om du ligger där för länge kommer du att förgås av värmen. Du behöver också regnet.

D. När var du och jag i Grekland? Vad sa du att orten hette?

Z. Vi kallade centret Mythene. Det var stationerat i området som nu kallas Thessaloniki, på fastlandet. Vi var där första gången 7000 f.Kr. Skrifterna, eller den forskning vi gjorde, finns fortfarande kvar i det området. Det finns berg eller höjder där material från vår forskning är begravda. Det var en kombination av olika läror. Om förhållandena mellan mängden regn och solljus, och hur man kan vända sig till vindarna för att få väderfenomen att förändras och bestämma var de skulle äga rum. Det var ett storslaget skådespel på himlen, kan jag säga dig. Med utgångspunkt från Solens strålar visste vi hur vi, med olika ljud, kunde be vinden om hjälp för att få Solen att hamna i skugga och få det att regna. Och vi kunde växla fram och tillbaka genom olika melodier, toner, höga och låga oktaver. Så det här var ett sätt att, på ett positivt sätt, manipulera väderväxlingarna. I den meningen var det en väderstation, eftersom den var designad för forskning om hur man förflyttar väderfenomen på olika platser globalt.

D. Fascinerande!

Z. Det handlade om att vi därifrån ville sända en viss grad av värme norrut, in över Germanien och det som nu är Polen. Vid den här tiden var det väldigt kallt i de nordliga länderna, och vi använde dessa olika färdigheter för att få till stånd förändringar i vindriktningarna. Vi åstadkom växlingar av sol och regn för att möjliggöra odling i vissa länder. Det var en rent allmän forskning om hur man kan ge solsken där det behövs, och regn där det behövs.

D. Var vi inkarnerade mänsklig form?

Z. Mmm. Men vi kom inte som barn. Vi använde en färdig kropp. En annan vän kom först in, fick kroppen att växa och gjorde sinnet utrustat för att hantera vissa lärdomar. Efter en tid, runt 23 års ålder i det fysiska, lämnade den själen och gjorde plats för oss att komma. Så om du tänker att det var en inkarnation, visst, men inte från första början.

D. Okej. Jag var bara nyfiken. Jag vet att du inte är så förtjust i att gå igenom hela processen.

Z. Ingen av oss är det. Men den här (*Seth*) vill vara med hela vägen från början. Men återigen, han uppskattar också barndomen. Det är därför han normalt får en fin barndom. Han får, inte alltid men många gånger, bra föräldrar. Tycker om att vara liten och leka. Men Seth föredrar också att komma in, som vi gjorde tidigare, i en redan befintlig kropp och bara fortsätta därifrån. Men för att hela resan ska bli lika trevlig för alla, väljs normalt bra föräldrar till den här. Barndomen är därför ett kärt minne när han reser hit (*till Jorden*). Tycker om att ha roligt och uppskattar barnets frihet. Gillar inte nödvändigtvis alla måsten som kommer med att vara vuxen. Men inser också de oändliga möjligheterna som kommer med en förmåga att, även som vuxen, ha sitt barnasinne kvar. Och det är en av de lärdomar som den här ger under varje inkarnation. Att låta det barnsliga och lekfulla lysa igenom, att se de oändliga möjligheter som ett barn har, men att utstråla det i en vuxen kropp. Många vuxna minns ibland barndomen, men är på något sätt övertygade om att de måste agera på ett vuxet sätt. Den här gör det annorlunda. Kan vara väldigt barnslig i mänsklig, vuxen gestalt, och det är för att visa att när du omfamnar och låter den där känslan av äventyrslystnad inom dig lysa igenom, då blir den vuxne också lyckligare och mer tillfreds. Den vuxne blir mer nöjd med livet.

D. Ah. Det är riktigt bra råd. Tack för det, min vän.

Z. Ingen orsak, ingen orsak.

D. Innan du går, hade jag en snabb fråga. På de gamla inristningarna i sten av Anunnaki avbildas de med något som ser ut som en liten låda, eller något med ett handtag. Har du någon aning om vad det är eller vad det representerar?

Z. Det representerar kunskapen om hur man behärskar gravitationen, uran, kvicksilver, guld. Hur man bemästrar öppningarna, portalerna. Du håller i nyckeln till hur man manipulerar inkörsportarna till portaler. Den här lilla lådan som de håller i illustrerar läran om det. Den är stängd för ögon som inte är utrustade för att hantera den massiva densiteten av, särskilt kombinationen av kvicksilver, guld och uran. Dessa tre – i olika nivåer, olika styrkor – när de blandas förändrar de gravitationsfältet. Den här lådan illustrerar att du håller läran om vissa element i handen. Det är en låda som, när den en gång har öppnats, sprids den ut i världen och vissa portaler öppnas.

D. Wow. Tack.

Z. Det finns fyra element i den lådan. Alla fyra har, på olika sätt, att göra med att behärska tiden, behärska rummet, öppna portaler, lösa upp gravitationsfältet så att inkörsportar till portaler kan uppstå. De fyra grundämnena är uran, kvicksilver, guld och koppar. Men det är inte den slags koppar som du känner till. (*Koppar förändrades som grundämne innan 10 000 f.Kr. Det ändrades för att göra det icke-reaktivt. Kanske var det en för oss okänd isotop eller var annorlunda i oxiderat tillstånd, men det var tidigare stabilt i förångad form.*) Men koppar leder de andra elementen och skapar likt en laserstråle. Koppar är - jag säger koppar, men den koppar som finns nu saknar en del av komponenterna - men här handlar det om den ursprungliga formen av koppar. Den leder strålen, den öppnar portalerna, den får gravitationsfältet att lösas upp. Den är budbäraren, om du så vill, från kvicksilver och guld. Uran används för att – det skapar hål, som ett dike, för att rotationen inom magnetfältet ska stabiliseras. Det har alltså en annan funktion. Men kombinationen av guld och kvicksilver leds av denna kopparstråle, och den riktas på olika sätt för att lösa upp gravitationsfältet. Men kunskapen om hur man kombinerar de fyra elementen för att lösa upp gravitationsfältet och för att koppla samman olika portaler (*mellan parallella verkligheter*), allt har att göra med att stabilisera grunden för Jordens magnetfält. Det är utformat för att kunna öppnas och stängas. Uranet skapar – det är som att det smältes till små silverkulor, hårda som sten, och ni hade kunskapen om hur, och i vilka regioner, man skulle gräva ner dem för att leylinjerna, nätet i marken, antingen skulle accelerera eller stanna av. De andra elementen är designade för att kombineras och sammankopplas i denna laserstråle som leds av kopparn. Det var därför som gruvdrift av koppar vid ett tillfälle ägde rum på olika platser. Det var för att öppna vissa portaler, för att göra justeringar i gravitationsfältet.

D. Det är verkligen fascinerande.

Z. Ingen stor sak. Inget speciellt. Du kan fortfarande försöka förstå skillnaderna och hur dessa olika element fungerar. Använd din fantasi (*föreställningsförmåga*). Se de möjligheter som öppnar sig för dig när du förstår, försök att koppla ihop olika element till en ny enhet. Detta är gåvan från Elahim, förståelsen för hur man kan förändra förhållandena. För att göra det måste du ha en doktorsexamen i elementkonstruktion, konstruktion av gravitationsnycklarna. (*Han skrattade när han nämnde doktorsexamen i elementkonstruktion, eftersom människor helt saknar ens den mest grundläggande förståelsen av ämnet.*) Där.

D. Underbar förklaring. Jag tackar dig för det.

Z. Oh Ingen orsak. Nöjet är vårt. Vi ses hemma.

D. Okej, min vän. Farväl.

Ophelia: Böja Tiden (11 maj 2019)
Ett inslag i livet i den tredje dimensionen är linjär tid. Men det vi uppfattar är inte hela verkligheten av vad som finns eller kan kännas till. Det har funnits shamaner som kunde lämna sina kroppar och höja sina vibrationer in i den fjärde dimensionen, till en nivå ovanför tidslinjen. Deras själssinne kunde sedan röra sig omkring i den Fjärde och få insikter om andra människor och platser. Processen låter som en kontrollerad nära-döden-upplevelse. De genomförde sina utforskningar genom kraftfulla ritualer och använde sig av en dimma av vissa ämnen som värmdes upp av solenergi. Solljuset koncentrerades med hjälp av gigantiska paraboldiskar gjorda av guld och riktades mot kopparplattor. Kvicksilverånga i sin nuvarande form är ett nervgift, men det, tillsammans med förångat guld (som inte längre finns), användes för att framkalla resor i transtillstånd.

Kvicksilver är en lite udda metall som man har funnit i flytande form i grottor under den äldsta delen av Teotihuacan-pyramiden, och även i egyptiska och kinesiska gravar. Vårt andliga team har beskrivit hur kvicksilver användes i olika kombinationer med koppar, guld eller uran för att skapa ett kraftfullt bränsle, och även för att generera antigravitationsfält och portaler till parallella plan. Som nämnts i våra tidigare böcker är atmosfären på Jorden idag annorlunda än den var före 11 000 f.Kr. Som ett resultat därav har många grundämnen inte längre samma egenskaper som de hade tidigare. Guld har inte samma fasbeteende som det tidigare hade när kombinationen av förångat kvicksilver och guld användes som bränsle. På grund av att dessa ämnen missbrukades förändrades guldet för att förhindra en liknande katastrof.

Vad Ophelia härnäst beskriver är en tid för cirka 150 miljoner år sedan, då Anunnaki och andra manifesterade varelser var bosatta på Mars. Christine är totalt okunnig om geologiska tidsperioder, men Ophelia identifierade exakt början av Krita, däggdjurens och dinosauriernas tidsålder. I början av Krita låg kontinenterna fortfarande ganska nära varandra efter att superkontinenten Pangea hade brutits upp. När jag studerade paleontologi på universitetet var den vedertagna teorin att dinosaurierna var kallblodiga reptiler och att de första kända däggdjuren dök upp under Jura och var ganska små. Ophelia säger emellertid att de stora dinosaurierna under Krita (som följer på Jura) var däggdjur. Eftersom jag ännu inte har upptäckt ett enda fel i något de säger, gjorde jag lite forskning och hittade en hel del studier som bekräftar hennes påstående, förutsatt att hon menade endotermiskt. En Yale-studie, ledd av Robin Dawson, av fossiliserade äggskal från dinosaurier på olika breddgrader publicerades i tidskriften *Science Advances* (feb 2020). Med hjälp av en process känd som Klumpad Isotop Paleotherometri, drog hon slutsatsen att alla större grupper av dinosaurier hade högre kroppstemperaturer än omgivningen. En annan studie, ledd av Johan Lindgren vid Lunds universitet, fokuserade på fossiler av mjukvävnad från de marina Ichthyosaurierna. De drog också slutsatsen att "reptilen" faktiskt var varmblodig och hade ett lager av späck, som en säl eller en val. Så som vanligt har Ophelia rätt.

O. Hmm. Det här är Ophelia. God morgon på dig.

D. Hej, Ophelia. Jag kände igen ditt "hmm".

O. Det gör du nog. Ni kommer hädanefter att behöva gå tillväga på lite annorlunda sätt. Ni måste vara lite mer centrerade i er utveckling, båda två. Den här (*Christine*) kommer uppleva resan familjär, men du kommer att behöva assistera resan som en reseledare. Du kommer att få tillgång till information från Tallocks, såväl som andra civilisationer som du kan passera (*stöta på*) under vägen. Du kommer att få information om verkligheter som återspeglar denna (*Jorden*) i deras medvetande, och deras inställning till vetenskap. De (*Tallocks*) har upplevt för- och nackdelar när det kommer till energiresurser, såväl som hur man hanterar sina resurser. Vid ett tillfälle hade de, tillsammans med er, en bas här i närheten, på Mars. Vid den tiden experimenterade de, och ni, med olika mineraler för att se om det var möjligt att använda samma frekvenser och mineraler, grundämnen här på Jorden. Jorden var vid den tidpunkten i sin linda. De ville inte göra några experiment på det som skulle bli den här vackra blomstrande planeten. Experimenten ägde istället rum i närheten, på Mars, som hade en liknande atmosfär. Atmosfäriska förhållanden är nyckeln till om ett element, ett grundämne, blir farligt eller blir en resurs för dig. Vi kan justera atmosfären och se till att vad vetenskapen än sysslar med, kommer de antingen att lyckas eller inte. Det är inte som att placera in ett nytt moln, men vi kan övervaka aktiviteterna och se till att..., låt säga, du vill skapa ett energiflöde som ska nå upp till en höjd av en kilometer. Vi kan justera atmosfären så att det bara når hundra meter. Det är ett sätt att ge dig en bild.

D. Resulterade detta i katastrofer på Mars?

O. Det skedde ett utbrott som resultat av att vissa ämnen blandades. Kvicksilver är ett ämne som används inom flera olika områden; det är nyckelelementet för resor och tid. De försökte på något sätt manipulera resor och tid. Kvicksilver, i det dåvarande atmosfäriska tillståndet, ledde till ett utbrott (*explosion*). Blandningen av kvicksilver och guld är två komponenter som är grunden för portaler och resor. Forntida civilisationer, även här, kände till hur man böjer tiden med hjälp av dessa båda. Att böja tiden innebär att du kan ha tillgång till både dåtid och nutid, eftersom de är kopplade till varandra.

D. Hur är det med framtiden?

O. Ja. Framtid kan också kopplas till nutid, som en båge. Jag kommer i nuläget inte helt avslöja hur det gick till. Vet bara att tiden kan böjas, och du kan få tillgång till både ditt förflutna, din nutid och din framtid genom att använda olika grundämnen, kombinerat med värme från solpaneler – kopparpaneler och diskar i guld. Mottagare för själsenergin kopplade samman dessa båda element. Det uppstod en gas eller en dimma. I den dimman, tillsammans med ljud och rytmisk sång, stod tiden stilla. Utifrån den punkten av stillhet hade du förmågan att välkomna eller dra till dig antingen framtiden eller det förflutna till platsen där du centrerad befann dig. Även den nuvarande arten har ett minne bevarat inom sig från dem som fanns här när detta ägde rum. Att vara centrerad i nuet tillåter dig att välkomna in en annan tid. Så länge de var centrerade, i närvaro av grundämnena guld och kvicksilver i kombination med värmen och rytmisk sång, tilläts vissa individer att utforska detta. När de välkomnade, låt oss säga, framtiden, såg de möjligheterna till vad som skulle kunna inträffa – ingenting var hugget i sten. Inte ens det förflutna är hugget i sten. Du har fortfarande, om du erhåller den här kopplingen, förmågan att utnyttja den fjärde verkligheten ovan dig. Utifrån den punkten kan du göra justeringar. I dagens läge kan människan inte göra dessa justeringar. De kan observera, men de kan inte aktivt ta bort eller förändra det förflutna eller framtiden, eftersom vi har förändrat förhållandena i er atmosfär, vilket gör det omöjligt för er att nå den nivån av vetenskap. Det finns tyvärr ett minne från en tid då detta missbrukades. På Mars gjordes experiment med villkoren för värme, kvicksilver och guld, för att det skulle bli ett projekt med den art som var eller skulle bli placerad på Jorden. Så experimentet ägde rum på Mars, för att senare implementeras på Jorden. Detta berodde på att Jorden befann sig i sin linda och atmosfären behövde lämnas ifred.

D. Var detta experiment relaterat till människor?

O. De var människor, men i tidigare cykler än de vi har talat om.

D. Så detta var i ett mycket avlägset förflutet?

O. Oh ja. I Jordens tidslinje inträffade detta för 150 miljoner år sedan, det första experimentet. Fortfarande väldigt aktuellt, även om man kanske inte skulle tro det. Detta var innan de stora däggdjuren kom. De stora däggdjuren kom in, dinosaurierna, för att få till stånd en förändring. Före dinosaurierna var det en vetenskaplig era, sedan blev det en paus. Dessa cykler har kommit och gått åtskilliga gånger. Jag säger inte att detta är något som kommer inträffa inom din livstid här, jag ger dig en minnesvärd historielektion. Du var här i det första projektet. Den här (*Seth*) har ett minne från Mars i sitt väsen. Ni båda arbetar på liknande sätt, han på distans, du på plats.

D. Så de varelserna som fanns på Mars, manifesterades de där?

O. Ja. Ja. Tallocks, de är väldig lika dem du väljer att kalla Anunnaki. De har samma särdrag; de bär på samma kunskap. När du färdades hit kom du som Anunnaki. Samma familj.

D. Så det här var innan Bob och jag träffades?

O. Ja. Ja. Han har inget minne av detta. Så. Det var det hela. Jag vill utstråla en känsla av lugn till er båda, eftersom ni är på väg in i ett nytt område, ett nytt sätt att arbeta för att ni ska få tillgång till information. Ni kommer att möta, träffa på väsen och upplevelser som kan vara svåra för en människa att förstå. I den meningen kan ni också känna er mer ensamma i ert uppdrag, men ni är här tillsammans för att ni ska få access till detta fullt ut. Om bara en av er ensam hade varit här hade vi inte låtit det här komma fram, för ni behöver vara ett stöd för varandra. Ur mänsklig synvinkel kan det ibland kännas omtumlande och ni skulle kanske ifrågasätta äktheten i budskapen. Det är därför ni är här tillsammans.

Elahimrådet: Mänsklighetens Evolution, del II (20 juli 2019)
Det här är en fascinerande sammanställning av hur de olika raserna av de mänskliga däggdjuren har modifierats av både andliga Råd och utomjordiska besökare under de senaste 50 000 åren. Den politiskt korrekta versionen av den mänskliga evolutionen är på många viktiga punkter en fullständig fantasiprodukt. De fossila fynden visar att flertalet kända raser (arter) har utvecklats oberoende av varandra under de senaste miljoner åren – eller har modifierats genetiskt vid olika tidpunkter – från separata grenar av Homo erectus i Afrika, Europa och Asien. Det har funnits många modeller av hominider placerade på Jorden under otaliga miljoner år. Elahimrådet säger, "Du är utformad, skapad för att verka på uppdrag av andra avsikter." Människor var en gång i tiden bara ännu ett djur som det Mästerliga Medvetandet kunde använda sig av. Under de senaste 400 000 åren har själar alltmer självständigt fått styra fordonet. Men även nu är det cirka 0,5 procent av det Mästerliga Medvetandets medvetenhet som förenar sig med själen, som en observatör, när människor inkarnerar. Varje gång Skaparen eller Råden förändrar människans syfte, förändras de fysiska och energetiska komponenterna. Allt detta görs genom en manipulering av DNA:t i laboratorier på den andra dimensionen, eller direkt av utomjordiska besökare som arbetar på uppdrag av Råden.

Den senaste människan har mycket gemensamt med de tidigare modellerna, men är annorlunda på flera sätt. Andarna har sagt att en ny, genetiskt modifierad, människa var placerad i det som nu är centrala Ryssland omkring 35 000 f.Kr. De såg ut som kraftfulla vikingar, med hög panna, bred käke och en hjärna på 1500 till 1800 cc (kubikcentimeter). Arkeologiska fynd som stöder deras påstående har påträffats i Kostyonki (också benämnd Kostenki), Ryssland, där ben av en helt modern människa från 35 000 f.Kr. har upptäckts. DNA:t av ett manligt skelett från plats Kostenki nummer 14 analyserades och det visade sig att hans genuppsättning var nära besläktad med moderna skandinaver, med ljus hud och blont eller rödaktigt hår, vilket framgår av MCR1-genen. Dessa genetiskt modifierade människor blev grundstammen för de stammar som spred sig söderut och västerut in i Europa. Men de förblev isolerade i tusentals år där de hade placerats, innan de migrerade västerut. Elahimrådet berättar för oss att deras hjärnstorlek, som var större än andra hominiders, reducerades före 7000 f.Kr. Samtidigt placerades ett tjockt filter mellan själen och kroppens andra centra. Resultatet blev att utvecklingen av den andliga kopplingen med de mentala förmågorna hos människan gick kraftigt tillbaka. Samtidigt förbjöds alla Elahim, Shea och andra grupper att komma till Jorden i manifesterade former. Sedan dess måste själar inkarnera för att delta i mänskliga frågor. Elahimrådet säger att det mänskliga fordonet ändrades så att "intellektet förlamades". Hjärnstorleken har minskat med minst 20 procent på det kallare, norra halvklotet, där de kaukasiska och asiatiska hominiderna skapades. Hjärnstorleken har en direkt korrelation med IQ, och den moderna hjärnan är i genomsnitt cirka 1350 cc. Större hjärnor överhettas lättare, så det har förekommit variationer som korrelerar med olika latituder när det gäller utformningen av hjärnans storlek.

ER. Det här är Elahimrådet. Vi vill berätta att vi följer dina framsteg. Även om vi kanske inte alltid kommunicerar, är vi nära kopplade till informationen som avslöjas till alla olika verkligheter och nivåer. Du och den här, Seth, är vana vid att färdas till destinationer där intellektet är mer avancerat. Det är problematiskt här, även om ni kommer för att upplysa och väcka intellektet, som är mycket nära kopplat till Elahim. Det är en kamp när det fysiska organet hos det dominerande däggdjuret inte är tillräckligt utrustat. Att låta själens medvetande sammanflätas i ett fordon som är mindre avancerat ger stora utmaningar, och det vet vi. Men du är här för att på något sätt återskapa historien. Du är här för att lyfta fram uråldriga metoder; att belysa vad sann styrka och kraft verkligen är; att kringgå det ytliga. Detta fordon, människan, är mycket ytligt och lätt att lura, trollbinds lätt av materiell rikedom och framsteg som är illusioner. Andra verkligheter är mer i linje med vad framsteg och medkänsla faktiskt handlar om. När du färdas i en verklighet som är så trollbunden av saker som saknar mening, är det svårt att väcka intellektet. Det är ibland lättare för Shea att ta itu med det känslomässiga. Det känslomässiga är mer rent, mer i kontakt med själsenergins önskan och visdom. Intellektet måste tränas upp som en muskel – lite annorlunda. Hjärta och sinne, som du kallar det. Hjärtat påverkas inte lika lätt, trollbinds inte lika lätt av illusioner. På grund av att en slags säkring, ledning om du så vill, kopplades bort i hjärnan, förändrade det hur intellektet fungerar. Tidigare fanns det en större balans och jämvikt mellan hjärna och hjärta hos detta däggdjur. På grund av de då rådande omständigheterna önskade Skaparen att intellektet skulle vara förlamat, handikappat, för att se om det skulle ha förmågan att ta tillbaka sin styrka. Jag önskar att jag kunde ge dig en bild. Det känslomässiga är mer intakt, så som det har varit under eoner, och i de olika former som däggdjuret har uppträtt i. Det har skett förändringar i hjärnan och de mentala världarna inom dig; frånkopplade, för att högre Råd och Skaparen ska kunna se om en hjärna har samma förmåga som hjärtat att återta sin kärna, sin visdom, sin koppling (till själen). För att se balansen mellan ljus och ljud, om du så vill. Ljuset skulle här betraktas som det känslomässiga; ljuset finns alltid närvarande, alltid brinnande. Ljud färgar ljuset, och det är därför experimentet på det här planet har att göra med hjärnan. Hjärnan förtrollas av illusioner. Om ett fordon, det vill säga en människa, är alltför logiskt inriktad, alltför benägen att tänka sig fram till en lösning, luras det också lättare. Om du navigerar från ditt emotionella sinnestillstånd, då har hjärnan förmågan att följa efter. (*Hjärnan kan ledas av känslorna, det är därför det är viktigt att bemästra de mänskliga känslorna och följa känslorna som utgår från själen.*)

D. Var det en bortkoppling från själen?

ER. Det var en omstart. Ibland betyder omstart att få den (*hjärnan*) att gå upp en nivå. Den här omstarten, som gjordes runt 50 000 f.Kr., handlade om en frånkoppling. Tidigare fanns det flera som hade förmågan att stiga upp i den fjärde verkligheten (*dimensionen*), att vara lika starka i sin mentala kapacitet som i sitt känsloväsen. På grund av olika omständigheter skedde en frånkoppling. Det var en förändring i ditt DNA. Innan dess hade du mer ljus i dina DNA-strängar. Nu tonades de ner, det var förändringen.

D. Det fanns många olika människoliknande arter på den tiden. Det fanns neandertalare, denisova, cro-magnon, asiater och afrikaner. Gjordes frånkopplingen samtidigt hos alla dessa arter?

ER. Nej. Inte i Asien. Norra Asien behöll fortfarande samma hjärna. Mycket av förändringarna ägde rum i södra Europa, Mellanöstern, norra Afrika. De andra platserna var mindre befolkade; ingen anledning att störa friden i den flocken. Förändringen hade att göra med händelser i området nu känt som Israel. Det är en vagga för gott och ont – det är en central punkt, en strömvirvel, turbulens. Så som vi ser den regionen, särskilt Israel, är det en konstant virvlande, roterande spiral. Vi följer utvecklingen i den regionen. Det finns en Cell som underblåser denna spiral. Det fanns de som visste hur man blockerar sikten för influenser utifrån och försökte verka i det fördolda. Det var vad som hände på den tiden och det skapade en våg över den regionen och spred sig hela vägen till Spanien.

D. Du sa för 50 000 år sedan. Jag vill minnas att Ophelia sa att det var ungefär 5000 till 8000 f.Kr.

ER. Det har skett flertalet förändringar. Den jag talar om här ligger längre tillbaka i tiden. Det har skett flera förändringar genom tiderna. Efter detta blev det tyst i den regionen en tid. Nästan som en istid, men utan is eller snö, men den gick in i ett dvalliknande tillstånd. Regionen vaknade igen omkring 25 000 f.Kr. fram till 15 000 f.Kr. - blomstrade igen. Det är som att tona upp och ner, upp och ner. Den permanenta slöjan, när fönstret stängdes, var runt 5000 till 7000 f.Kr., det var då fönstret helt stängdes och vi arbetar inte längre på det viset. För att ge dig en bild, då var det mer en konstant (*upprepad cykel av*) dvala och upplysning som inträffade. Vi (*Elahim*) ingrep på mer nära håll. Efter att fönstret stängdes skedde ingripandet genom inkarnation. Den senast kända insatsen, innan flera nivåer drogs tillbaka, var runt år noll. Men redan före 50 000 f.Kr. förekom cykler där du var här. Det fanns högt utvecklade arter som strövade omkring; vissa infödda, andra inte. Det hände så långt tillbaka som för 2 miljoner år sedan. Fönster har öppnats och stängts flera gånger tidigare. I den här cykeln stängdes det för cirka 5 till 7000 år sedan.

D. Och det var för alla människoarter?

ER. Människor, ja. Det finns inte längre besökare på samma sätt. Besökarna övervakar bara, de går inte omkring bland er på samma sätt. Det finns de som intar ett mänskligt fordon och försöker uppleva den här verkligheten, men de går inte omkring på det viset som de normalt föredrar (*manifesterad*). Nu finns de bland er, men de ser ut som ni. Dessa är inte Elahim. Du kom antingen som du föredrar (*manifesterad*) eller inkarnerad, inget däremellan. Vid den här tidpunkten är fönstret stängt för manifestation i den meningen. Du kan se vissa besökare som kommer, men de är mer tillbakadragna. De försöker att inte störa arten, människan, men ni observeras fortfarande, eftersom ni skapar disharmoni i omgivningen. Ingen verklighet har förmågan att alltid övervinna. Det är därför flera besökare och Råd intresserar sig för denna verklighet. Vi är bekymrade över haven.

Om havet dör, dör landet; atmosfären är beroende av havet. Om (*livet i*) haven försvinner kommer vattnet, atmosfären att bli lidande, vilket leder till katastrof på land. Vatten och hav är som blodet i en människa – måste vara intakta, måste vårdas. Kontinenterna är som ytan av en människa. Om det inre, blodet och organen sviktar och slutar fungera, kommer ytan att tvina bort. Du måste ta hand om ditt hem. Även om det finns de som förstår att de bara är här på besök ser de flesta, som skapar disharmoni, detta som sitt enda hem. Det är förbryllande för Råden, att du inte tar bättre hand om ditt hus, så att säga.

D. Ari och Eli har nämnt förändringar som kommer att ske på Jorden. Det finns så många havsnära kärnkraftverk. Om Japan skulle gå under, skulle kärnavfallet därifrån i stort sett döda allt liv i havet, eller hur?

ER. Ja. Ja. Ansträngningar görs i den regionen. Själar som kommer in till den regionen, främst från den Sjätte och Sjunde, kommer för att rensa upp i vetenskapen och föra in mer miljömedvetenhet.

D. Finns det något sätt att stabilisera uran när det har omvandlats till radioaktivt material?

ER. Ja. Det har gjorts förr, det är nu isolerat. Något är fortfarande instängt i berg. Om du visste hur man söker, skulle du hitta det. Det är fruset, nerkylt, isolerat. Men om det skulle hittas, om det dyker upp igen, försvinner det aldrig. För att återvinnas, om det är din fråga, måste det sönderdelas. Du har inte den kunskapen längre. Det är också något som du har gjort här, tidigare. Laboratorier som, likt kirurgi, sönderdelade kemikalier, vilket gjorde att de inte längre fungerar. De blandades mer och plockades isär. Det fanns stora laboratorier runt det område som nu är Michigan. Där fanns kunskapen att återskapa ämnen, metaller, mineraler, plocka isär dem för att, som du säger, inte längre vara radioaktiva; som att tona ner uranet, kyla ner det, sönderdela det.

D. Kommer den tekniken att återinföras?

ER. Om intellektet har förbättrats. I nuläget, om den vetenskapen vore känd, ser vi faran i att utvecklingen skulle gå i fel riktning, sämre substanser skulle skapas. Men du kan rensa ett radioaktivt område om du vet vad som är orsak till skadan och vad som är rent. På det viset kan du sönderdela och rensa. Det har gjorts förr, runt Lake Michigan. Det finns rester på sjöbotten

— kvicksilver som användes tillsammans med andra grundämnen.

D. Var det guld?

ER. Kvicksilver och guld har förmågan att, tillsammans, förbättra bränsle och möjliggöra resor. De farkoster som kom och lämnade drevs med guld. Kvicksilver öppnade portaler. Kombinationen möjliggjorde resor. Du kan färdas från en plats till en annan på ett ögonblick.

D. Förvrängde det på något sätt det vi uppfattar som tid och rum?

ER. Ja. Det var inte ... det var stjärntid, inte tid OCH rum, inte separerat. Stjärntid är en kombination av båda. Här är tiden ett och rummet är ett annat. Vetenskapen har inte förmågan att kombinera. Tidigare civilisationer, inte människor, verkade för att förstå hur man kan kringgå och använda mineraler på olika sätt för att öppna och stänga portaler. Hur man kan färdas - människan fick bara lära sig att i sin varelse färdas till den fjärde verkligheten, men de förundrades över besökarna som skapade portaler för att helt och hållet lämna och komma tillbaka igen. Portaler som strålade farkosten in och ut från baser som fanns, aktivitet på hög nivå. Detta var ännu längre tillbaka. Det fanns de som såg ut som människor, ljusa i huden. Vetenskapen i dag fastslår människans evolution med början cirka 300 000 till 500 000 år tillbaka i tiden, men förstår inte att det fanns ett flertal cykler långt dessförinnan med sådana som såg ut som människor, men var annorlunda inuti och som bara fungerade som en prototyp. Vissa var intelligenta, andra saknade själ.

D. Var de skapade?

ER. Ja. Ja. De hade inte möjlighet att koppla upp sig till den Fjärde. Det Mästerliga Medvetandet blandades med några. Det var ett flertal mindre projekt inom ett större som ägde rum. Det fanns gott om besökare.

D. Bob nämnde en vit, nästan albinolik ras som placerades i den asiatiska eller ryska regionen för cirka 30 till 50 000 år sedan?

ER. Ja, de var ungefär samma. De här runt Lake Michigan, de hominiderna var väldigt, väldigt bleka. (*Dessa måste ha skapats mycket tidigare, kanske runt 300 000 f.Kr., när det var gruvverksamhet i det området.*) Albinoliknande. Huden var mycket slät, inget hår — en prototyp, assisterade besökare. Inte särskilt intelligent, men vänlig – fungerade nästan som ett djur. När de inre organen, hjärnan, började utvecklas, började det Mästerliga Medvetandet och själars inkarnationer långsamt utvecklas, för att från insidan se hur en hjärna fungerade. Du gjorde det, gör det fortfarande. Du har förmågan att övervaka hjärnans aktivitet från insidan. Många själar tog det uppdraget, att uppgradera och underhålla organ innan en allmän våg av inkarnationer ägde rum. Du är konstruerad, skapad för att verka på uppdrag av andra avsikter. Du har fri vilja, men du följer också ett allmänt syfte, och vid den här tidpunkten är avsikten att ta hand om din värd, att se bortom illusioner. Hjärnan fallerar igen, behöver uppgraderas för nya själar som kommer in med ett högre medvetande. För att det ska kunna ske, tar vissa själar, som du själv, på sig liv för att direkt övervaka hjärnans aktivitet, vad som är tillgängligt just nu och rapporterar till Råden så att de vet vilka själar de ska skicka. Där.

D. Det här är helt fascinerande.

ER. Elahims kommer och går. Du var här mycket för runt 300 000 år sedan. Du var här tidigare än den här (Seth), men ni var båda verksamma som ingenjörer, analyserade mineraler, skapade portaler, rensade radioaktivitet, tillsammans med själar från den Åttonde. Det förekom experiment som inte borde ha ägt rum, och själar från den Åttonde kom in tillsammans med besökare och hjälpte till att röja upp.

D. Och när var det här?

ER. Omkring 300 000 f.Kr. Men du var här tidigare. Det fanns baser tidigare.

D. Finns det några kvarlämningar från dessa forntida civilisationer som fortfarande kan upptäckas?

ER. Flera på havsbotten, Lake Michigan, Bermuda, på botten. (*Baser finns på eller under sjö- eller havsbottnen.*) Det är därför det finns ett intresse av att förstå det som sker runt Bermudaområdet – det finns baser där under, inte synliga för ett mänskligt öga eller en ubåt. Aktivitet i det fördolda, men som kan kännas som en närvaro av energi. Men även om du dyker ner kommer du inte att hitta en bas, den är inte synlig. (*Jag arbetade i Michigan i cirka 15 år och hörde ofta historier om UFO:s som flög upp från eller ner i Lake Michigan.*)

D. Är den fortfarande i drift?

ER. Oh, ja.

D. Och det finns en i Michigan också?

ER. Ja. Ja. Ännu en finns kring det japanska havet. Baser strategiskt placerade för aktivitet.

D. Är dessa manifesterade eller i någon form av fysisk form?

ER. Inte fysisk form; du inte kan se dem. Du kan känna närvaron om du använder läsare (*radar?*), då kan du att läsa av aktiviteten, men inte se vad det är. (*De har flera gånger talat om detta och antytt att antingen handlar det om något fördold inom den synliga ljusfrekvensen, eller så befinner sig farkosterna i en parallell verklighet men fortfarande med förmåga att skapa energisignaturer som kan registreras vid vissa vibrationer.*)

D. Säkringen som du nämnde tidigare, i hjärnan, är det något man just nu försöker reparera?

ER. Ja, ja, precis. Det är därför du är här. Du försöker återansluta intellektet. Det känslomässiga är mer intakt som sagt. (*Det emotionella centrumet har en närmare koppling till själen om människan har kontroll över sig själv.*) Det sker stora ansträngningar från själar som kommer in från den Femte och den Sjunde och tar sig an det emotionella. Det är lättare att få någon som är kopplad till sina känslor att följa själens föresatser. Men om hjärnan följer illusionerna från media och dylikt, som riktar in sig på och försöker påverka det mentala, då finns ett behov av själar som inkarnerar för att uppgradera intellektet och det mentala. Så, det var allt för idag. Mer kommer.

D. Stort tack för det.

ER. Vi ses hemma. Elahim.

D. Okej, mina vänner. Elahim

Zeonia, Jeshua: Jordens Dröm (29 september 2019)

Detta är en anmärkningsvärd redogörelse för Jordens och Mars historia. Berättelsen gavs av en av medlemmarna i en grupp själar från den sjätte dimensionen. Han valde namnet Evan i en senare session. Han sa att de är verksamma från en planet som han kallar Zeonia (bara för att ge oss ett namn), och som förmodligen finns i vårt Universum. De kan också ha ett hem på någon planet i det elfte kosmiska akvariet. De är följeslagare till Elahim, men tillbringar nästan all sin tid i manifesterad form, och färdas inom vårt Universum, det femte akvariet och andra akvarier, och arbetar på uppdrag av de andliga Råden. Medan science fiction-författare skulle benämna dem som utomjordingar, är det uppenbart att de, tillsammans med Elahim och Shea, är vårdare av Jorden och var här eoner före människorna. Faktum är att Evan och hans grupp från Zeonia var här med Elahim innan de stora landdjuren introducerades. De hjälpte senare till att skapa redskapet för att hålla en själ, som andarna ofta kallar flaskan. Så ur det perspektivet, vilka är egentligen besökare eller utomjordingar här, de eller vi?

Den åttonde dimensionen är hem för de grupper som arbetar med element och atmosfärer på olika planeter. Atmosfären, har vi fått veta, är energetiskt kopplad till landmassornas rörelse. Zeonia ger en upplyftande berättelse om hur Jorden ömt togs om hand av de olika grupperna som bidrog med sina färdigheter för att lyfta fram Skaparens avsikter. Den åttonde, den andra och den sjunde dimensionen arbetade för att skapa ett hållbart ekosystem och atmosfär under flera miljarder Jordiska år. Zeonians och Elahims kom hit i manifesterad form från Mars under den paleozoiska eran, för cirka 450 miljoner år sedan, när primärt liv etablerades i haven och på land. Den ursprungliga planen för Jorden var att använda resurserna här och tillverka energi och bränsle för resor. Kolonier etablerades för brytning av metaller. Kolväten, olja och gas introducerades i stora mängder för att stabilisera Gaffeln och fungera som planetens livsnerv. Någonstans längs linjen, för miljoner år sedan, avslöjade Skaparen och Råden ett nytt syfte för planeten, vilket inkluderade en kropp för att omsluta en själ. Det fanns grupper och besökare som hade andra idéer om hur man skulle gå tillväga och det uppstod motsättningar. Så småningom förändrades atmosfären och de grupperna var inte längre välkomna. Zeonians var bland dem som skapade människan och är fortfarande här och övervakar hur den utvecklas. De är bland annat bekymrade över GMO, eftersom det skadar det noggrant konstruerade DNA:t hos människor och djur vid intag.

Ze. Hälsningar från Zeonia. Vi är här med dina vänner. Jeshua, Isak, Seth, dina vänner. Vi är här för att ge stöd och upplysning till er art. Vi har besökt ert plan, och gör det fortfarande. Vi har haft många möten med er art, värnat DNA, värnat utvecklingen. Vi är vårdare och står i kontakt med Elahimrådet. Vi färdas på annorlunda sätt än ni. Vi är nyfikna på hur det är att inkarnera men har aldrig gjort det. Vi färdas annorlunda, vi observerar. Tidigare stationerade på den röda planeten. Kom med kunskap, teknik, gruvdrift, sätt att enklare förflytta, förändra objekt. Vi ser att ni kämpar med förändring i alla aspekter av er verklighet. Det var inte alltid så. Slöjan som placerades över detta plan kom in som ett stort moln. Vid den tiden ägde förändringar rum i er evolution – det var en ny början. Förut (*före nedtecknad historia*) existerade civilisationer här. Några reste (*i farkoster*). Vissa, som vi såg, blandade sig med fordonet som var placerat på detta plan, flaskan. Vissa gick in i den här flaskan och försökte på distans dra igång en ny typ av evolution. Den evolution som du läser om är inte den ursprungliga. Det var annorlunda förr, utplånat i era böcker, men kan hittas av dem som söker – till exempel geologer, marinbiologer. Kvarlevor finns på havsbotten, i berg och djupt inne i Jordens medvetande, aldrig borttagna. Vi var här på den tiden; Inga stora däggdjur fanns.

D. Var detta före dinosaurierna?

Ze. Före dinosaurier. Ja. Besökte, lärde av varandra. Det var ett centralt kunskapscentrum. Några bröt mineraler. Andra använde (*Jorden*) som växthus. Förändringen skedde när medvetandet togs in som ett steg i att utveckla en ny art som skulle att omsluta en ande.

D. Vad vill du jag ska kalla dig?

Ze. Det finns inga bokstäver som helt motsvarar mänskligt språk eller ditt sätt att tala, men du kan kalla mig destinationen (*han ljudade bokstäverna S–C–R*). Jag ska ge orden till den här.

D. Kan du berätta för mig om din civilisation, då på den röda planeten?

Ze. Ja, den här var där. Du besökte också kort. På samma sätt som på det här planet, kom i originalform. Du kom som du är, Elahim, inte de flesta av er ... det är svårt med ord här. Låt se. Ni var inte i majoritet, men du hade speciella tekniska kunskaper, när det gällde upplösning av föremål, förflyttning, gruvdrift, förståelse av elementens lagar. Du var på något sätt ansvarig för en stor, betydelsefull station på Mars. Arbetarna såg annorlunda ut. Vissa, (*såg ut*) som vi. Vissa annorlunda – kommer aldrig att kommunicera (*med oss*). Vi var verksamma på planeten för att skapa nya element – bränsle. För att ge dig ett ord som du kan relatera till - det var som att skapa en stor bensinstation.

D. Och det var på Mars?

Ze. Jaja. Det gick inte att leva där, på samma sätt som här. Den koloniserades för att förstå och utveckla element och energi. Resurser för att vara till hjälp för systemet här. En del av den kunskapen tog vi hit. Men planen var annorlunda för den här platsen. Det är inte menat att alla resurser på den här platsen ska utgrävas. Planen var att skapa ett medvetande i ett tredje fordon. När dessa två avsikter kolliderade uppstod konflikter mellan idéer. Vissa ville fortsätta det projektet som hade startats på Mars, men det var inte det som var meningen. När vi kom ändrade vi vår intention och arbetade sedan med att konstruera den här flaskan. Det var ett projekt. Skapa energiflöde, men inte genom olika element. Människokroppen konstruerades steg-för-steg. Briljanta hjärnor arbetade tillsammans. Vi ville stanna, (*så vi*) ändrade vår intention och arbetade med den här flaskan. Den har hållits under uppsikt sedan dess. Vi hämtar DNA, då och då, för att se till att den underhålls eller uppgraderas. Detta projekt pågår delvis på ditt plan, i havet, i avskilda områden. Det finns regioner som är ett nav. Ett är i havet i området kring Bahamas. Ett annat i sjön däruppe i norr. (*En av de stora sjöarna.*) Vi iakttar för att se hur DNA-modifieringarna fortskrider. Men vi är också oroade över hur fordonet infiltreras. Vi ser hur det skadas, inte av oss, utan genom intag av bränsle, maten, den omgivande atmosfären, manipulering av det ursprungliga DNA:t. Vi oroar oss över det sätt som denna flaska utvecklas. Vi tittar också på växt- och djurlivet för att bevara dess DNA. Ser till att energin flödar korrekt i era celler. Vi ville vara kvar (*på Jorden*), så vi ändrade vår intention. Den blev VÅR utveckling, våra framsteg. På Mars arbetade vi enbart med energi. Här blev du (*människorna*) vårt projekt.

D. Vilken dimension kommer du ifrån?

Ze. När vi sover, gör vi det på den Sjätte.

D. Men ni är inte Elahim?

Ze. Nej. Nej. Vi sover på den Sjätte. Men vi, huh, vet att ni är förtjusta i ordet "tid" här. Så den senaste tiden har vi sovit på den Sjätte, i närheten av det femte akvariet. Men vi föredrar att ha vår vila på den sjätte dimensionen nära det elfte akvariet. (*Eftersom dimensionerna beskrivs som placerade i en ring runt navet i Hjulet, antyder Zeonian att det finns skillnader i energiflödet eller förhållandena i de andliga dimensionerna, beroende på dess placering runt Hjulet.*) Men projektet, vi uppskattar utmaningen med form. (*De menar att behålla sin egen form i något av akvarierna.*) När vi reser hem sover vi. Du säger "återvända till andevärlden". Vi säger "sova". Vi är inte aktiva på samma sätt. Vi laddar upp på den Sjätte, men vi färdas främst i vår form. Du återgår oftare till din vila (*andliga hemmabas*). Det gör inte vi. För att ge dig en bild, om vi har tusen år, är du hemma kanske 800 år och färdas 200. Vi är hemma i fem år. Ser du vad jag försöker visa dig?

D. Det gör jag.

Ze. Och när vi är hemma sover vi, vi laddar om. När vi gör det, är det andra, som du själv, som hämtar informationen från våra resor. Vi är designade på annat sätt. Vi återvänder till ett laboratorium den Sjätte, sover i en kokong och då utvinns information. Vi sover, vi laddar om, minns inget. Du tar den insamlade informationen, data - normalt från det elfte akvariet. Den här tycker om det elfte. Nionde, elfte, åttonde; åtta, nio, elva; åtta, nio, elva; färdas snabbt, rör sig snabbt; snabbt, snabbt, snabbt. Har det svårt att vara instängd i den här flaskan. Projektet förändrades för er båda, när ni startade inkarnationscyklerna. Ni inväntade att flaskorna fungerade. Efter dinosaurierna, efter molnen, efter att andar kom in mer frekvent, (då) kom vi kamouflerade. Vi gömmer oss bakom moln, gömmer oss i skyn bakom molnen. Vi finns bakom molnen.

D. Färdas ni i vad vi skulle uppfatta som materiella föremål, eller är ni manifesterad?

Ze. Jaja. Bakom ett moln. Kommer in som ett moln, och när det är säkert manifesterar det sig som ett klot. Och där är vi.

D. Är det något som vi kan se med våra ögon?

Ze. Jaja. Vi föredrar att göra det nattetid, men vi kommer som ett moln. Ibland känner vi att det kanske inte är säkert eller rätt - du ska också veta att det styrs av när och var klotet ska manifesteras. Vissa är som cigarrformade, men kommer ändå först in som ett moln in i din atmosfär och ditt medvetande. Från det molnet förändras det. Den här bevittnade en gång hur processen ser ut. Det ser ut som att snabbspola molnens rörelse, och sedan dyker det (*klotet*) upp. Vi har fått lov att presentera oss efter hand. Vi tar hand om er. Vi ser till att ni är trygga. Vi följer era framsteg. Vi är intresserade av inkarnationsprocessen och att du också kommer ihåg en del av ditt hem. Och när du är hemma pratar du också gärna om dig själv i den här flaskan. Du kan sitta och prata om olika personligheter som du har porträtterat - det är som en saga för oss. Det är fascinerande. Ni båda besöker oss ibland i klotet (*utomjordisk farkost*) när ni sover, och gläder oss med berättelser om era olika mänskliga personligheter och hur det upplevs att vara människa. Fascinerande. Vi är annorlunda.

D. Kan du ge mig en kort historia om Jorden, hur det var då, ur ditt perspektiv?

Ze. Först var den bara som en liten dröm. Den skapades med kärlek, ett syfte (*för*) växande, expansion – sådant som skulle betraktas som unikt. Allt samlat i ett objekt. Hur kan det bemästras? Hur kan rikedom fördelas? Hur kan kärlek övervinna rädsla? Alla dessa olika upplevelser, element, händelser, skapade på ett ställe för att bli en förebild åt andra. Det har gått lite si och så med att vara en förebild. (*Inte så bra.*) Det började lite lugnt och stilla, ingen känd art (*besökare*) fick komma in i den här atmosfären. Den lämnades ensam i sin vagga för att bli alla de intentioner som hade lagts på henne. Vi kallar den här planeten "hon", ett kvinnoväsen, eftersom huvudsyftet symboliserar omfamning. I din värld är omfamna lika med moder. Efter en tid kom besökare och etablerade nya projekt, som växter, celler, molekyler, saker som skulle utvecklas och växa. Atmosfärsgrupper (*från den Åttonde*) kom, korrigerade landmassa och rörelse. Atmosfären tog lång tid i hennes utveckling för att bli perfekt. Åttonde, vännerna från den Åttonde, var här länge och omslöt detta projekt endast med justeringar av din atmosfär och förutsättningar för liv. Vid den här tiden (*under den prekambriska eran*) förekom vissa aktiviteter på Mars. Du arbetade med energi. Vissa var menade att komma hit, men fick inte lov, så länge som processen att skapa atmosfären pågick. Kom när det var dags. Runt den tiden etablerades olja som blodet, planetens blodådror. Några av er hjälpte vid den tidpunkten till med att skapa villkoren för energi i planetens ådror. Idén och projektet etablerades först utanför, innan det infördes här. Mars var en plats, även Jupiter – gas. (*Han säger att man experimenterade med olja på Mars. Och naturgas på Jupiter.*)

D. Så oljan introducerades på den här planeten?

Ze. Ja, efter att atmosfären var på plats. Ingenjörer som du kom och etablerade flödet av olja. Energiresurser tillsammans med gas från Jupiter, ett kombinerat projekt av bägge manifesterades som ett frö för att utvecklas här. Detta fanns inte till en början. Det här var er planets födelse. En del implementerades här av individer som du själv, projekt hämtades från andra verkligheter, andra planeter och flyttades hit som en gåva till henne, som en gåva för evolutionen. Vem kunde veta hur evolutionen skulle se ut vid den tidpunkten? Vi visste det inte. Vi trodde att vi skulle arbeta med olja och energiresurser. Men syftet ändrades efter att det var etablerat, och vi blev ombedda att ta hand om den här flaskan som skulle bli en del av evolutionen.

D. Är detta det enda stället där flaskan hyser en själ som är inlåst från födseln till döden?

Ze. Nej nej. Det finns vissa andra platser dit själar färdas, men kommer inte in på samma sätt som här - det är annorlunda. Så på något sätt, ja. Här kommer du in från födseln och du blir kvar tills flaskan kollapsar. På andra ställen smälter du samman med en flaska, men du kan komma in i en flaska som inte är ett barn. Så du kan gå in i, bli en del av en flaska på andra platser, men den dör inte, den samlar inte på sig läxor och karma på samma sätt – annorlunda. Så i den meningen, att komma in från födseln och stanna kvar i flaskan tills den somnar, det är annorlunda, det är unikt.

D. Tack för det.

Ze. Jag vill tacka dig för den här gången. Jag har Jeshua här på min högra sida, Isak på min vänstra, som ser till att kommunikationen känns bekväm för den här, även om hon känner oss. Jag ger dig namnet Zeonia ... det är det närmaste vi kan komma med ett ord just nu.

D. Finns det några ytterligare budskap du vill ge oss?

Ze. Vi vill förmedla att ni ska vara vänliga och hjälpsamma mot andra flaskor. Att inte proklamera suveränitet över en region, att inte göra anspråk på territorium. Att inte hävda att du är herre över energi. Vi är bekymrade över hur man plundrar energiresurser. Vi vill att ni ska vara varsamma med atmosfären, eftersom den förändrar flödet inom dig, (*och sedan*) måste DNA-modifieringarna justeras. Du kommer inte att kunna vistas på detta plan om du modifierar din atmosfär och dina energitillgångar. Din art kommer inte kunna anpassa sig. Det har hänt tidigare. Torka kom. Brist på vatten, brist på energi—torka. Ni kan inte anpassa er till det. Ni är på väg mot ett öde ni inte vill ha, om ni inte är varsamma med hur ni förhåller er och samexisterar med varandra och er värd. Atmosfären förändras, och miljön reagerar. Du ser förändringarna i vädret. Det är din värd som hostar. Det är din värd som säger, "SLUTA! Låt mig vara." Du måste hedra andra livsformer och din värd. Ditt syre är också en livsform. Ta inte syret för givet. Det var ett misstag (*gjort*) på Mars. Ja. Där. Vi återkommer.

D. Stort tack för den informationen. Det var ett nöje att träffa dig.

Ze. Zeonia. Vi återkommer. Tack.

J. Det här är Jeshua.

D. Hej, Jeshua.

J. Som du ser har vi bjudit in några av era vänner som gästföreläsare. Det kommer alltid att vara sådana ni känner, på själsnivå, som besöker – aldrig främlingar. Se till att hon är medveten om det. Jag själv, Ophelia och Isak kommer alltid att finnas där som beskydd. Vi kommer att skapa en cirkel och se till att endast vänner från tidigare möten kommer igenom. Den här är väl bekant med dessa varelser, som du just träffat. Så du kommer att få flera besök av sådana som kommer (*till Jorden*) annorlunda än du gör.

D. Uppträder dessa resenärer för oss i en speciell form?

J. Ja. De är inte de Små Grå. Storleksmässigt är de ungefär som en normalstor människa. Inget hår på kroppen, smalare. Stora ögon, liten näsa, vänliga. De är... låt se om jag kan ge dig en bild. Deras huvudform är lite mer triangulär. Hjässan lite bredare, platt. Inget hår. Mycket små öron. Stora ögon, inte bara svarta som du ser i tecknade serier. Liten näsa. Smal hals. Gråvit hud. Visar sig som manliga.

D. Finns de på den tredje dimensionens frekvens? Går de in och ut ur den?

J. Rör sig in och ut.

D. Var är deras hemvist när de inte är på den Tredje?

J. Menar du på din planet?

D. Förändras de när de lämnar den tredje dimensionen och går in i den Fjärde?

J. De är alltid samma. De dematerialiseras aldrig till energi, om det är din fråga, såvida de inte reser hem och sover. De är vad de är. Flyttar runt genom akvarierna. Men har varit här under en lång cykel. När de inte är här, finns de i något närliggande stjärnsystem. Men inte i energi (*energiform*). De är vad de är.

D. Så de färdas i farkoster?

J. Ja.

D. Hur kommer dessa farkoster hit från den platsen de befinner sig?

J. Följer ljusets energi. Ljus och ljud kombinerat. När de vrider sig, roterar, skapar de öppningar; de skapar passager där det är lätt att manipulera gravitationen. De har förmågan att rida på denna spiral av ljud och ljus när de samverkar med, ansluter sig till och vrider sig genom barriärer. Det är så förflyttningar inom och mellan olika akvarier fungerar. Ni (*människor*), med era små rymdraketer, rider inte på någonting. Ni kan inte bemästra gravitationen, eftersom ni inte har formeln och kunskapen att förena ljus och ljud. Det är inte något som bara finns där, bara som en befintlig motorväg. Varje enhet, varje farkost, kopplar samman dessa båda, vilket skapar en spiral som är unik för just den farkosten, och det skapar öppningar till olika destinationer.

D. Så när de rör sig genom det vi uppfattar som rymden, färdas de inte med ljusets hastighet?

J. De smälter samman ... hur kan jag ge dig en bild? Om du har tillåtelse att färdas hit i ditt klot så smälter du samman färdvägen med destinationen innan avfärd. Du ansluter, DU skapar din EGEN motorväg. När du gör det, smälter du samman ljus och ljud, det får farkosten att vrida sig och rotera och det skapar denna motorväg, denna passage, till Jorden. Om det specifika klotet bara är beviljad möjligheten att komma hit, kan de inte använda samma ekvation, samma formel, för att färdas någon annanstans. Den här (Seth) vet hur man skapar kartor, skapar grunderna för var vägar finns tillgängliga, och vem som kan färdas på dem. Varje varelse som färdas i en farkost skapar sin egen väg dit den har tillåtelse att komma.

D. Det var som när Bob och jag åkte till Etena?

J. Ja. Ungefär på samma sätt. Hans jordnötskostym tar honom till Etena, men den tar honom inte till Vlac. Ser du vad jag försöker säga? Jag har sänt bilden till den här, hon kan förklara. Där! Så nu lämnar vi.

D. Tack så mycket för det. Det är fascinerande.

J. Ja, du vet redan det här, såklart. Ingenting nytt. För behållaren kan det vara en nyhet. Men i andra behållare, i andra liv, har du förstått ekvationen mellan ljus och ljud och hur det skapar passager, öppningar och förflyttningar av föremål. Men det är inget som människans lilla rymdfärja har fått information om. Ni har inte förmågan att slå samman dessa två element för att skapa den här passagen. Den kunskapen har inte getts till människan.

D. Så människor kommer aldrig att kunna göra det?

J. Inte nu. Inte nuvarande versionen. Vi ser inte att det ligger i evolutionen vid den här tiden, att ni kommer att kunna bemästra hur man slår samman de två grundförutsättningarna för att kunna öppna och färdas på ett sätt som bemästrar tid och rum, på det viset du känner till det.

D. Han varnade för det mänskliga beteendet på Jorden. Finns det inget du kan göra från din position för att lösa problemen?

J. Vi signalerar faran genom alla dessa olika väderfenomen, vilket gör att du inser att du är sårbar. Det är det första steget för dig att vakna upp och förstå att du, som art, är begränsad. Du är inte överlägsen din planet. Vid den här tiden är det vad vi gör. Så, här lämnar jag scenen.

D. Tack så mycket för all den informationen och för att du följde med vår vän.

J. Vi vill att förändringen ska komma från er art innan annan hjälp beviljas. Vi vill att ni ska väckas av det ni upplever omkring er. Ibland leder rädsla till räddning och insikt. Detta är en balansering från andevärlden, eftersom rädsla är en illusion. Men det är också nödvändigt att du vaknar upp, så ibland, genom att skapa en känsla och en illusion av rädsla, kan det få arten att ta steg i den riktning vi önskar att utvecklingen ska ske. Förstår du?

D. Det gör jag. Det är mycket bra råd.

J. Ni är alltid trygga, men vi måste få er att vakna upp. Så vid den här tiden skapar vi illusioner av rädsla, på flera olika sätt, för att ni ska tröttna och vilja ha en förändring. Att ni ska samlas, söka varandras sällskap, söka varandras kunskap och råd för att tillsammans höja er kunskapsbank, att ni inte ska förbli passiva—att ni ska förena er. Okej, det skulle vara allt för idag.

D. Okej, min vän. Tack.

J. Nöjet är alltid på vår sida. Elahim.

D. Elahim.

Tallock: Att Öppna och Stänga Portaler (28 november 2019)
Även om det har gått flera år sedan de höll det här anförandet, har bilden som andarna ger av hur portaler skapas fastnat i mig. De sa, "Tänk dig först Jordens eget gravitationsfält. Se det som ett stort ark och att du står i mitten av det arket. Ta sedan tag i kanterna och dra dem till dig, vilket på vissa ställen skapar en moturs roterande rörelse. Skapa *(svep)* det runt dig, så att det omger ditt väsen, och från den punkten startar du rörelsen och roterar moturs." När portaler väl är etablerade kan du röra dig mellan Jordens plan och parallella verkligheter. Om du någon gång har stått vid en bäck i bergen, där vatten forsar runt ett stenblock, kan du ha lagt märke till en virvel på den sidan av stenblocket som ligger nedströms. Jag tänker mig att portalerna uppstår på liknande sätt. Det finns ledande metaller i jordskorpan som orsakar störningar i det normala energiflödet mellan Polerna. På dessa platser, förutsatt att någon förstår den nödvändiga fysiken bakom det, kan portaler öppnas av varelser på Jorden. Andra portaler uppstår naturligt, men är inte stabila. Det var först efter att åter ha lyssnat på talet, medan jag kontrollerade att jag hade skrivit ner allt rätt, som jag insåg vad Tallock hade berättat om kopparbrytningen längs den

Centralkontinentala sprickan. Närvaron av koppar skapade en stor, naturlig portal som utnyttjades av ovälkomna besökare. Elahimrådet beslutade att stänga portalen genom gruvbrytning där kopparn avlägsnades.

T. Det här är Tallock.

D. Hej mina vänner.

T. Vi hälsar dig. Vi är här för att hjälpa dig, för att bistå dig, när du åter öppnar dina inre böcker. Ni färdades båda hit och öppnade upp dolda lärdomar som lämnats kvar här; delar av detta långt tillbaka i forntiden. Som bevarare av kunskap, delar vi med oss och släpper lite i taget. Vi är kopplade till Elahimrådet. Dina tidigare besök här, i icke-mänsklig form, var för att rekognosera, skapa zoner för resor – portaler. Stora energirikedomar, ansamlingar av mineraler, som roterar moturs. Där vibrationsfältet roterar moturs i ett allmänt fält som roterar medurs, det är där zonerna (*öppningarna*) finns. Strategiskt ditplacerade av dig själv och andra, sådana som vi, som arbetar för att skapa aktiva inkörsportar till detta plan. På den tiden kom du inte i mänsklig form. Det fanns inget djurliv i det avseendet. Det var under skapandet av det grundläggande fältet, där energier roterar moturs. Det allmänna magnetfältet på detta plan roterar medurs. När du etablerar punkter som avviker från det sedvanliga skapandet, uppstår nya skapelser, nya möjligheter. Du etablerade det mönstret runt, främst, den ryska regionen. Andra punkter fanns på andra ställen, även i haven. När det uppstår en störning i zonerna på havsbotten, det är då jordbävningar sker. De härrör normalt från störningar i dessa punkter som etablerades innan olika livsformer kom till detta plan. Förstår du?

D. Det måste ha varit, i jordiska år, för mycket länge sedan?

T. Till en början fanns inget organiskt liv. Vissa, vissa började utvecklas i haven. Inte som djur, men det fanns några mindre livsformer i haven. Det var i början av projektet. Ni kom hit annorlunda. Inga som påvisade en närvaro. (*Inga livsformer på land som kunde upptäcka dem.*) Ni kom hit annorlunda.

D. Var det i en manifesterad form?

T. Ja. Men inte alla. De som utförde det (*var i*) manifesterad form och övervakades av verkligheter i icke-form (*Råd*). Men de som du och vi var manifesterade.

D. Var dessa zoner av mot-rotation etablerade inom själva Jorden?

T. Menar du, om evolutionen i sig skapades vid denna tidpunkt, är det din fråga?

D. Jag är nyfiken på gravitationspunkterna där rotationen moturs etablerades.

T. Du arbetade med - tänk dig först Jordens eget gravitationsfält. Se det som ett stort ark och att du står i mitten av det arket. Ta sedan tag i kanterna och dra dem till dig, vilket på vissa ställen skapar en moturs roterande rörelse. Skapa (*svep*) det runt dig, så att det omger ditt väsen, och från den punkten startar du rörelsen och roterar moturs. Det här är den enda bilden jag kan ge dig. Själva arket är fortfarande intakt, men vissa punkter i arket manipulerades på detta sätt för att bland annat möjliggöra resor. Det var även ett sätt att övervaka aktiviteter inom planetens kärna. Se det som titthål för andevärlden, liksom varelser som Tallocks, för att övervaka aktiviteten och välbefinnandet i ditt nät och i planetens kärna. Några av dessa punkter (*portaler*) är just nu sovande. Om, låt oss säga, Jorden innehöll tusen zoner när de skapades, så är det vid den här tidpunkten bara femtio till sjuttiofem som är aktiva, men flera av dessa är – jag skulle inte säga kraftfulla – men de är mer distinkta och de upprätthåller nivån för möjlig existens på detta plan. De kommunicerar med nätet och atmosfären.

D. Jag undrade bara om de upprätthölls av någon slags magnetisk anomali i själva Jorden?

T. Ja, ja. Den anomali som du refererar till hade att göra med nivån av järn och även koppar inom det jordiska fältet. Koppar grävdes upp i det här landet (*USA*) vid ett tillfälle för att underhålla – det fanns ett stort nav här som var rikt på koppar. Det fanns varelser, icke-andliga besökare, som verkade för att balansera olika element och mineraler. Koppar grävdes en gång upp, på grund av att den zonen inte fungerade som den skulle. Koppar är ett grundämne som leder andra grundämnen in i portalen, medan kvicksilver har förmågan att bemästra tiden. Den ena arbetar med att bemästra tiden i dessa portaler, medan den andra öppnar och stänger dem. Koppar har förmågan att öppna och stänga dessa zoner. När zonen stängdes grävdes kopparn upp. När vi vill att en portal eller att zon ska aktiveras lägger vi till koppar. Den leder aktivitet, eller så stänger det FÖR aktivitet.

D. Det är fascinerande.

T. Kvicksilver är ett grundämne som används för resor. Att bemästra vågor av verkligheter – i det här fallet tiden. De som hade förmågan att resa i tiden använde olika mängder kvicksilver i kombination med värme. Det är ett sätt för resor att äga rum. Hmm. Låt oss lämna det nu. Koppar däremot öppnar och stänger för möjligheter att resa. Det som hände i det här landet var att det blev alltför mycket aktivitet på gränsen mellan det här landet och nästa. (*USA och Kanada, runt de Stora Sjöarna.*) Inte gynnsamt för den totala balansen i miljön i en region som var på väg att blomstra, för livsformer som hade etablerats för att utvecklas. Besökare kom in och avbröt programmet. Beslutet att stänga den zonen togs av bland annat Elahimrådet. Gruvdrift på koppar ägde rum. Den här var närvarande; övervakade, stängde hålet. Nu täcks hålet av vatten.

D. Är det i norra delen av USA?

T. Ja, ja. På gränsen till nästa. Ekosystemet som höll på att ta form stördes av besökare som utnyttjade denna öppna portal för att komma in till det här planet. Vet att en öppen portal även kan utnyttjas av dem som saknar den högre förståelsen. På den tiden var det som att ha sitt hem vidöppet.

D. Bara en snabb fråga om kvicksilver. Det är giftigt för människor, men användes det av de fysiska resenärerna på något sätt i ångform?

T. Ja, som bränsle. Om människan visste hur man använder en kombination av de olika grundämnena – koppar, kvicksilver, till och med guld; olika komponenter som tillsammans ger nya kartor, nya strukturer, nya möjligheter – då skulle människan kunna färdas. Ni behärskar bara några få nivåer inom de olika grundämnena. Om ett grundämne kan uppträda i, låt säga, tio olika variationer och former, behärskar du nu tre. Tidigare behärskade du fler. Efter att (*Jord*) nätet var på plats arbetade vi på olika zoner och skapade alla tio, eller alla möjliga (*varianter*) av varje grundämne, som användes. När arbetet var gjort kom nya väsen, besökare. (*Då gjorde vi*) ändringar i accessen, resurserna och grundämnena. Baserat på det mänskliga medvetandet och dess historia, profithungern vi sett genom historien och oviljan att dela med sig av naturtillgångarna, har begränsningar placerats på människans medvetande och nivån av kunskap ni får tillgång till. Eftersom ni inte bemästrar er egen historia och era egna skuggor, kommer mer inte att beviljas. Vet bara att koppar är en grundförutsättning för att komma och gå i dessa zoner. Områden som är rika på koppar, har mer aktivitet. Leta upp områden där det finns koppar och kvarts, hög koncentration av dessa två, så finns det större möjligheter att få syn på besökare. De livnär sig av det, de behöver det för att kunna stiga ner, men också stiga upp – komma in och gå. Där. Det var dagens undervisning. Börja med att försöka minnas, undersök koppar, undersök på vilka sätt och hur koppar kan användas och vad den tidigare har använts till. Undersök din historia. Koppar, kvarts, guld, kvicksilver, hur de användes. Kvarts var lite senare, men koppar, guld, kvicksilver, alla starka, även om de till viss del har urlakats. Men det finns egentligen ingen anledning att misströsta för det. Det skulle ha varit en katastrof om ni hade haft access till alla (*nivåer av grundämnena*) vid den här tiden, med tanke på medvetandet i ditt samhälle.

D. Förhoppningsvis kommer det att förbättras någon gång.

T. När du arbetar på Vlac arbetar du i labbet där vi experimenterar med dess grundämnen. Se det som ett laboratorium–ett bibliotek för grundämnen. Etena är ett bibliotek för livsformer. Vi har biblioteket med grundämnen, mineraler, och det är här ni båda arbetar. Detta är också det du har jobbat med i olika tidigare liv här, på ett måttfullt sätt förstås.

D. Tack så mycket för det. Det ligger bortom min nuvarande förmåga att förstå.

T. Öppna dina ögon, dina inre ögon. Forska kring koppar. Forska kring kvicksilver och guld. Upptäck vad forntida civilisationer använde dem till, och öppna dina ögon ännu mer för vad möjligheterna kunde ha varit, om nivån hade legat på, låt säga, åtta på den tiogradiga skalan – föreställ dig bara. (*De säger alltså att grundämnen har betydligt större potential än vad som för närvarande är tillåtet på Jorden.*) Under den egyptiska eran var många av dem på nivå fem, sex, vissa behärskade till och med sju. Forska och du kommer att upptäcka, och använd sedan din fantasi för vilka möjligheter som kunde finnas om människan, eller någon annan, hade tillgång till hela skalan. Använd din längtan efter kunskap, kombinerat med fantasi, eftersom när du är i en mänsklig kropp är din hjärna inte utrustad för det. Men fantasin kommer att leda dig till din inre hjärna, din själshjärna - det är därför den här (*Christine*) fungerar så bra! Har enormt stor fantasi, får lätt åtkomst till sin själshjärna. Bli inte den mänskliga hjärnan, det kommer att sätta begränsningar för dig. Använd den mänskliga hjärnan för forskning. Använd sedan fantasin – möjligheterna till vad som skulle kunna bli – och det kommer att leda dig till din själshjärna.

D. Wow, det är ett bra råd.

T. Det var allt. Okej.
D. Stort tack för den undervisningen. Jag är väldigt tacksam.
T. Vi ses i labbet.
D. Okej, mina vänner. Farväl.
T. Farväl.

Nionde Rådet, Ophelia: Zodiakens Lilla Hjul (Dec 27, 2019)
Det var först när jag började granska sessionerna som skulle ingå i den här *Tredje Vågen* som jag lade märke till att det Nionde Rådet hade hållit en serie föreläsningar om Skapelsens Hjul. För att *Tredje Vågen* inte skulle bli alltför mastig kommer den andra hälften att publiceras i Fjärde Vågen. Hjulet har tre huvuddelar, de andliga dimensionerna, de 12 kosmiska akvarierna och Skaparen. (Det existerar såklart inget som inte är en förlängning av Skaparen, men vår uppfattning utgår från en position av separation.) Den inre delen av Hjulet, de andliga verkligheterna och akvarierna längst ut, där materia och form finns, har beskrivits alltmer detaljerat genom åren. Även om det inte är uppenbart för oss, upprepas de mönster som definierar det stora Hjulet i mindre och mindre skala ända ner på atomnivå. Det Nionde Rådet berättar hur de olika akvariernas egenskaper återspeglas av hjulet i skyn, zodiakens stjärntecken. Christine är en utmärkt astrolog på grund av sina mediala förmågor. Hon kan se och tolka förändringen i energin som varje planet utstrålar, när den rör sig över himlavalvet. Med min tekniska syn på kosmos kan jag bara gissa att den transiterande planeten förstärker eller förändrar energin som riktas mot Jorden från stjärnorna och galaxerna i bakgrunden. Och av vilken anledning det än må vara, speglar himlavalvets skiljelinjer egenskaperna hos de 12 kosmiska akvarierna och påverkar livet på Jorden.

NR. Det här är det Nionde Rådet. Vi är här med Zachariah. Först vill vi tacka dig för att du sammankopplar akvarier, verkligheter, världar till en gemensam nämnare som mänskligheten återigen kan börja förstå. Tidigare civilisationer knöt lättare an till de högre världarna och stjärnorna, insåg att de var portaler till en högre kunskap, men utan att förstå VILKEN kunskap. Men när de förstod hur de skulle läsa himlavalvet, varje stjärnkonstellation, varje fenomen, inte bara månens faser – när de lärde sig den storslagna rotationen av avbildningarna i skyn, förstod de och kunde läsa sin framtid. Det stora Hjulet och det lilla hjulet avspeglar varandra. Det stora Hjulet är (*upprätthåller de olika energierna av*) akvarierna, och korrelerar med det lilla hjulet, som människan känner till som zodiaken. De är samma. Stjärntecknen är ett minne från dem som förstod det stora Hjulet. Det finns på något sätt en korrelation mellan stjärntecknen och de respektive akvarierna. De speglar på sitt sätt varandra, vilket gjorde det lättare för människan att förstå de större händelserna som ägde rum omkring dem. Du arbetade tillsammans med Zachariah för att utveckla de astronomiska relationerna till medvetandet här; den här likaså. När du väl börjar förstå det lilla hjulet har du lättar att följa och förstå de olika akvarierna och det stora Hjulet – din disk. Till exempel, det fjärde akvariet korrelerar med det moderliga stjärntecknet Kräftan. Det är ett vattenakvarium, en vattenvärld. Fokusera inte för mycket på konstellationernas namn, fokusera på elementen. Den här, som arbetar med astrologi, tittar sällan på stjärntecknen. Läser bara elementens flöde och om det elementet flyter lätt, fast, pulserande eller långsamt - hur elementet vatten flödar ger den här en förståelse för omgivningen. Du kan resa mellan akvarier när du förstår hur du bemästrar elementens vibrationer. Men för människan i allmänhet är stjärntecknen ett sätt att förstå energiflödet. Vet bara att ni, som Elahims, aldrig använder dessa termer. Ni talar bara i termer av vibration, indelningen inom ett specifikt element. Det femte akvariet är eld. Inom astrologin resonerar det med Lejonets tecken, det är en fast energi. Den fasta energin gör att den saknar förmågan till flexibilitet och förändring. Det är därför vi lägger ner stora ansträngningar just nu i det här akvariet, inte bara på grund av karmiska händelser, utan elementet och modaliteten som omger dig är inte komplementära med förändring. När själar inkarnerar väljer de från en pool av olika modaliteter inom elementen. Elementet är starkare tidigt in i det specifika tecknet. Det urvattnas, det vissnar och blir svagare efter hand. Det betyder att själen kan resa till Jorden, i samråd med de astronomiska-astrologiska Råden som initierar resor för själar, inte bara (*samråda med*) de som designar Kapporna, det fysiska. Du har hört berättas om dem som skapar dräkterna och de inre vibrationerna där en själ, på en mängd olika sätt, ansluter sig vid sin resa och försöker arbeta på karmiska rester samt lära andra att bli upplysta och välkomna sina karmiska kvarlevor. Ibland kan en resa hit - även med en Kappa som ännu inte har vikts ihop – helt enkelt vara för att hjälpa någon annan att kännas vid sin Kappa. Du behöver inte ha en hopvikt Kappa för att arbeta på uppdrag för andra. Så du kan komma ner i liv som på många sätt saknar mening, bara som en behaglig resa, även med en fortfarande befintlig Kappa. Du arbetar inte med din egen karmiska skuld eller mönster som du vill ta itu med eller ändra, utan du kan komma nästan som en semester, helt enkelt för att hjälpa någon annan. Det är något som en själ kan beviljas, om den har omkring fem liv bakom sig där den har gjort stora ansträngningar och stora framsteg; då kan en själ, även med en Kappa, beviljas att komma ner och bara hjälpa en annan Kappa. Det är ett sätt att vara närvarande i den jordiska vibrationen men inte nödvändigtvis behöva engagera sig fullt ut. På ett sätt kan en själ se tillbaka på tidigare besök och dokumentera genom att bara vara närvarande i Jordens vibration. Det betyder att de på något sätt dokumenterar och arbetar på sina egna mönster, men från en tyst betraktare inombords. Men det är viktigt, och det är lättare att göra det, när du befinner dig i en fysisk behållare. Så, när en själ har haft, låt säga fem fruktbara liv i sin ryggsäck, kan den komma ner enbart för att observera resultaten av sina ansträngningar, vilket inte är samma sak som att, i direkt kontakt, ta itu med dem. När de gör det hjälper de vanligtvis också någon annan. Så själen delar upp sin resa, den adresserar inte sina mönster, den observerar dem som en tyst betraktare. Jag önskar att jag kunde berätta mer.

D. Finns det något sätt som en själ kan veta om de lever ett sådant liv?

NR. Vissa liv där det finns få motsättningar, men själen är ändå väl medveten om känslor, tankar, beteenden, men känner sig inte hemmahörande i den nu aktuella tiden. Då kan det absolut vara ett tecken på att du kan vara här som en observatör av ditt mönster, dina spår, de som du efterlämnat dig. Du är bara inte i direkt kontakt med händelser som du normalt skulle ta itu med (*i ett liv*.) Så när en själ kommer ner i dessa liv finns det få motsättningar. Däremot kan de ha inre motsättningar. De yttre, de som skapar karmiska händelser för att en själ ska växa, är dock obefintliga. Men själen känner inom sig, människan känner inom sig, ett behov av växande. Den kan känna sig, låt oss säga, lite uttråkad. Tristess är inte detsamma som att vara passiv – det är absolut inte det sambandet jag talar om här. När du känner kraften och viljan inom dig men du kan inte se händelser som speglar några framsteg, kan det indikera att du är här enbart för att observera ett spår, ett mönster inom dig.

D. Om man kom ner för att bistå någon annan, skulle man förmodligen vara starkt delaktig i en annan persons liv?

NR. Precis. Normalt är de syskon. Det är vanligtvis förhållandet. Hur som helst, du har de som skapar dräkterna, men du har också Rådet som verkar i det fördolda och visar när det är bäst lämpat för den här dräkten att gå ner – vid vilken tidpunkt, i vilket element – för att utlösa olika händelser.

D. Så, en specifik själ skulle behöva födas i en viss stjärnkonfiguration?

NR. En viss tid, ja – år, månad och även tid på dygnet – aktiverar olika element och elementen samverkar och aktiverar de inre lagren, de emotionella och mentala egenskaperna i resan. Så, på många sätt, när själen föds, beroende på frekvensen, så aktiveras dräkten av den höga eller låga nivån av ett visst element. Så om vi ser att dräkten består av, låt oss säga, en trettio procent mental och sjuttio procent emotionell resa, så ser Kappan nästan likadan ut oavsett vilken själ som tar på sig den. Det finns olika faktorer som spelar in för att skapa människans totala upplevelse. Och energiflödet från ditt lilla hjul, konstellationerna när själen föds, är en viktig faktor som färgar Kappan. Förstår du?

D. Det gör jag. Är det ögonblicket som kroppen frigörs från modern som sätter mönstret?

NR. Kan du upprepa.

D. Jag antar att det är i det ögonblick som barnet separeras från navelsträngen som mönstret sätts?

NR. Ja, ja. Så själva mönstret är lite som en hud, dräkten där själen kommer in. Men den är på något sätt inaktiv, Kappan är inaktiv, fram till födseln. Vid tidpunkten för födseln färgas Kappan av elementen och de olika modaliteterna av högt eller lågt energiflöde – som återspeglar det lilla hjulet, zodiakens hjul – och sedan kan resan börja.

D. Helt fascinerande!

NR. Där. En stor del av det Nionde Rådet deltar när vi kommunicerar med Råden som orkestrerar energiflödet i ert system runt den här planeten och framkallar händelser, inte bara på individuell nivå utan också globalt. Där. Det var budskapet från det Nionde Rådet.

D. Det är helt fantastiskt. På vilken dimension finns de andra Råden?

NR. De hör hemma på Tionde och Elfte. De är mästare på energiflöde, har aldrig varit i en kropp. Ari och den här besöker. På ett vis är Åttonde också inblandad. De högre nivåerna, det är inte bara en nivå, det är flera som bidrar med delar av sin kunskap för att samexistera och växa som ett Astronomiråd, om du så vill. Förstår att all skapelse är beroende av vibrationer och det breda spannet, de olika vibrationsbanden inom ett specifikt element.

D. Jag har en fråga som i viss mån relaterar till detta. Om det femte akvariet är i behov av mycket hjälp, betyder det att andra världar, andra planeter, kämpar på samma sätt?

NR. Ja, men annorlunda. Om vi tittar på det femte akvariet, så finns det också nivåer från den Centrala Mittpelaren och utåt. Du (*Jorden*) är rätt långt ut. Om, till exempel, den första nivån närmast Mittpelaren i akvariet skulle vara ett och, låt säga, nivå tjugo är slutet – där det för tillfället inte finns något organiskt liv, endast materia – så är Jorden på nivån sjutton. Så den har större behov av hjälp, den känner densiteten i utkanten av det femte akvariet tydligare än, låt säga, systerplaneter som också finns i det här akvariet men befinner sig på frekvensband fyra. Även fast de befinner sig i det här akvariet är de ett högt utvecklat system, grupp av system, civilisationer. Så de är i samma akvarium men inte i samma upplevelse.

D. Jag förstår.

NR. Så för att ge dig en bild, om du ser det inifrån (*närmare Mittpelaren*), är det ljusare och klarare, och ju längre ut du kommer desto mörkare blir det; det innebär att det är mer påverkat av densiteten. Det är större avstånd mellan galaxerna här, det är mer tom rymd eftersom du är isolerad. Du är i – jag skulle inte kalla det karantän – men du är isolerad i din erfarenhet, för att inte ha fullt inflytande på eller spegla de andra i ditt akvarium. Närmare Mittpelaren, närmare början av akvariet, är det trängre, det är mer ljus. Från ditt perspektiv skulle du förmodligen se det som att de borde kollidera med varandra. Men det är ljusare, mer trängsel. När du rör dig utåt ligger planetsystemen längre ifrån varandra, mer isolerade. Det speglar också medvetandet inom varelsen, människan, och du känner dig avskild. Det är själens sätt att på något sätt reagera på en vibration, en signal i akvariet, så att den ska veta att den färdas till en plats som är lite mer avskild. Det fanns mer upplysning på den här planeten, när du började komma hit i en kropp för ungefär 5 miljoner år sedan. Du reste hit för att på olika sätt rekognoscera. Fysisk kropp men manifesterad form. Systemet var ungefär på nivå elva (*av de tjugo*). Nu har det rört sig utåt, vilket betyder att det känner sig separerat från Källan.

De som är närmare Mittpelaren har en starkare anknytning. De är manifesterade själar (*på planeten*) men de har ingen känsla av separation från Källan.

D. Jag förstår vad du menar.

NR. Bra. Vi kommer att fortsätta diskussionen, förmodligen i nästkommande session, eftersom vi har fått besked om att det finns någon här med en anteckningsbok som ska diskuteras. (*De kände av Bobs närvaro.*)

D. Stort tack för den här fantastiska informationen.

NR. Ingen orsak, och vi kommer att återkomma och fortsätta diskussionen om elementen, eftersom det är avgörande att du förstår din plats i det lilla hjulet, såväl som din planet och placeringen i det stora Hjulet. Det är därför den här förstår det lilla hjulet. Där.

D. Jag ser fram emot det.

NR. Vi återkommer.

D. Okej, mina vänner. Farväl.

O. Det här är Ophelia, jag ska bara städa upp lite. Får se. Det behövs bara en lite snabb upprensning eftersom tidigare talare inte fullt ut påverkade kroppen, men lämnade ändå kvar lite visdom. Och vi vill inte att nästa talare (*Bob*) ska bli överväldigad eller förvirrad av alltför mycket kunskap som ligger kvar i luften. Hmm. Så jag rensar bort information om det behövs, så att det inte finns kvar någon doft – om du förstår vad jag menar. Vi byter ut doften till, hmm, kanelbullar! (*Hon skrattade lite försiktigt.*)

D. Hej, Ophelia. Hade du några tankar du skulle vilja tillägga om det de talade om?

O. Det är viktigt för människan att förstå och relatera till sin plats i det stora dramat, i det magnifika skådespelet som är Jorden. Och ett sätt att göra det är att lära sig förstå zodiaken. Den är på många sätt accepterad i mänsklighetens medvetande eftersom den har praktiserats på flera nivåer, flera kontinenter, under långa tidsperioder. Det är ett sätt att identifiera vem du är. Om du gör det öppnas portalen för att börja identifiera dig själv som en själ. Det lilla hjulet, zodiakens hjul, visar bara på ditt mänskliga jag. När du väl börjar inse och omfamna vem du är som människa – med hjälp av och du förstår det lilla hjulet – då är det verkligen en inkörsport till att börja förstå din själ. Själen har sitt eget hjul – den följer det stora Hjulet – men liknar det lilla. Så när du börjar känna igen dig själv enligt de mönster som baseras på en välkänd lära (*astrologi*), kommer det att öppna porten för att också bjuda in och låta själen ge sig till känna och visa sig, kanske i ett annat energiflöde än det mänskliga flödet. Så, på många sätt, öppnar det porten till en högre förståelse, som så småningom kommer att leda dig till ditt högre jag, så att du förstår att du är två individer, två entiteter på ett uppdrag här. (*Både människa och själ.*) Det är en resa som kommer att expandera när du börjar undersöka vem du är. Och det är ett litet steg för att börja förstå den storslagna energin, det majestätiska jaget inom dig. Så det är därför vi alltid har puffat på den här varje gång hon kände att hon inte längre ville arbeta med zodiaken. Vi ger henne ständigt en överraskning, då det är viktigt att hon fortsätter med det och förstår och läser av människor utifrån det. Det är något som den här gör, läser av människor utifrån, inte stjärntecken, utan elementet de utstrålar. Inte bara om de är luft, vatten och så vidare, utan var i hela bandet, i den skalan, själen vibrerar. Den här har förmågan att, om han så önskar, likt en kameleont anpassa sig till den specifika vibrationen. (*Ophelia använder 'han' eller 'hon', beroende på om hon menar Seth eller inkarnationen, Christine.*)

D. Hur många element finns det?

O. Det finns fyra större här, men det finns ett femte som är mer relaterad till själsenergin. De energier som människan känner till i detta lilla hjul är jord, vatten, eld, luft, men det femte elementet är själen; det är annorlunda. Det binder samman alla dessa element till ett, och det är syftet med ritualen som du observerade. Och när du kombinerar alla dessa element till ett, då har du verkligen möjligheten att få access till det Ögat. Det är själens öga, själens element. Där. (*Ritualen som nämns var något Bob och Lasaray upplevde på Etena, vilket finns beskrivet i 'Memoarer Del 2'.*)

D. Stort tack för det!

O. Så gärna.

Nionde Rådet, Ophelia: Jordens Sår (1 januari 2020)

Det Nionde Rådet inledde denna session och gjorde flera uttalanden som kräver några kommentarer. De säger, "Så allt på den här skivan handlar om att förstå hur man smälter samman med antingen en fysisk form eller en elementär form som vatten, som luft (mentala världar.) Det är ett sätt för själar att utvecklas utanför de andliga verkligheterna." Från de allra tidigaste samtalen har andarna sagt att varje akvarium har sin egen typ av form. Själar tilldelas eller väljer att gå (om tillåtet) till platser där de kan utveckla sin kunskap.

Ett akvarium, en galax, planet eller livsform är emellertid inte statisk. Jorden, till exempel, var en gång hem för människoarter som var väldigt olika oss. De var, som vi nu lärt oss, mycket mer i linje med sin själ, så de lärdomar som var tillgängliga för dessa kroppar var inte desamma som vi för närvarande är föremål för. Råden kommer att tvinga fram förändringar i vårt solsystem genom att sända energi från närliggande system till vårt. De kommande vågorna av förändring kommer att tvinga människor att omvärdera hur de interagerar med varandra och med Jorden.

Ophelia kommer in efter det Nionde Rådet för att tala om såren på Jorden från tidigare fadäser. Jeshua nämnde såret på Jorden i Nordamerika redan i ett av hans första tal från den 30 oktober 2016. Han sa, "Jag önskar jag kunde överföra en bild från det förflutna, en som har skapat kaos i den karmiska vågskålen för denna planet. Detta ägde rum före kända civilisationer, men det fanns civilisationer här. Inte nödvändigtvis mänskliga i ... människor fanns på sitt sätt, men deras hjärnor var mindre. Detta utvecklades med tiden. Den mer änglalika verkligheten (vad de senare identifierade som de andliga dimensionerna), ingrep för att skapa dessa varelser, mänskligheten, att i större utsträckning äga sitt eget öde. Sedan frågade jag honom, "När inträffade detta i Jordiska år?" Till vilket Jeshua svarade: omkring 300 000 f.Kr. i det som nu ligger mitt i USA, på gränsen till Kanada. Det var här slaget utspelade sig och skapade en krater som sänkte landskapet i den specifika regionen; ovanifrån såg det ut som en kollaps."

NR. Det här är det Nionde Rådet.

D. Välkommen tillbaka, mina vänner.

NR. Tack. Vi är än en gång här för att ge dig ledtrådar om hur Hjulet kan kopplas till det lilla hjulet, som du kan uppfatta här, tillsammans med förståelsen av hur de olika akvarierna skiljer sig åt– hur de är separerade men hur de samexisterar till en och samma nivå av förståelse. Varje disk runt Skaparen, den Centrala Mittpelaren, har en mängd olika verkligheter, om du så vill. Även om du inte färdas mellan de olika diskarna, kan du ändå ha en kännedom om dem (*diskarna*) som roterar runt Skaparens Pelare. Den här disken som innehåller tolv kosmiska akvarier, är alla på ett eller annat sätt relaterade till manifesterade upplevelser. Bara för att det inte är en form, såsom ett djur, en växt eller människa, anses det fortfarande vara form. Så allt på den här skivan handlar om att förstå hur man smälter samman med antingen en fysisk form eller en elementär form som vatten, som luft (*mentala världar.*) Det är ett sätt för själar att utvecklas utanför de andliga verkligheterna. På den här disken, kan vi se att andevärlden upptar cirka 60 till 75 procent innan den tangerar något akvarium. Tänk också på att vissa akvarier är närmare Pelaren. 75 procent handlar om var det femte akvariet före ... låt mig förtydliga, har lite problem med orden här. Från Mittpelaren till det femte akvariet upptar de andliga dimensionerna cirka 75 procent (*av diskens radie*). Andra akvarier, som till exempel det fjärde, där upptar de andliga dimensionerna 45 procent innan de smälter samman med det fjärde akvariet. Det är därför människorna, som finns i det femte akvariet, på något sätt upplever sig separerade från Källan. Mer avlägset när du färdas in i form. Alla akvarier är emellertid lika nära Källan; det är bara när du är i form som du upplever att du är närmare eller mer separerad från Skaparen. När varje akvarium roterar, roterar Hjulet, (*vilket resulterar i*) aktivitet, förändringar, växande. Vet också att viloläge anses vara en fas av växande, till exempel det tredje akvariet. Det tredje akvariet befinner sig för närvarande i viloläge. Gick från positionen klockan två, bara för att göra det begripligt för dig. När ett system inom ett akvarium, såväl som ett akvarium i sin helhet, har förstått (*sina läxor*) och utvecklats, går det in i en fas av viloläge. Först har vi faserna av viloläge kontra toppar av växande. Ljus rör sig från den inre nivån i akvariet och utåt som vågor - det är den första nivån av växande. I viloläge rör sig ljusvågen inåt (*i akvariet*) men akvariet i sig övergår till en annan insiktsnivå. Vågorna följer Hjulets rotation. Ser du bilden?

D. Vågor rör sig alltså från Mittpelaren och utåt?

NR. Ständigt, i alla akvarier. Det finns rörelser som, till exempel, berg och dalar och vågrörelser som går inåt och utåt. Vid den här tidpunkten befinner sig ditt solsystem, din galax, längre ut. Andra galaxer, grannar, är närmare. Så rörelsen startar från mitten, början av akvariet närmast andevärlden, och går utåt. När du har nått slutet, låt säga, (*yttre*) väggen i akvariet, kan rörelsen antingen gå bakåt igen mot Källan eller så roterar hela akvariet och går in i viloläge, som till exempel det tredje akvariet. Det vi ser vid denna tidpunkt är att när er galax når den avgörande punkten där den ser ut att kollapsa i mörker, så är det här som ert galaxsystem kommer att vända och röra sig inåt igen (*upprepa läxor*), innan vi flyttar hela akvariet. Det är på grund av att det finns en karmisk skuld på detta plan inom den här galaxen. Det har funnits andra projekt, liknande Jorden, som kollapsat under det karmiska trycket. Karma finns på ett sätt i ALLA verkligheter, den utspelar sig bara olika beroende på vilken form själen upptar. Här har det varit en fortgående resa för att rensa tidigare handlingar som har negativ inverkan på energiflödet till dina grannar. Detta galaxsystem, som vi kallar det, fungerar på sitt sätt som en ö i akvariet. Det är avskilt på grund av de händelser som har ägt rum, inte bara på Jorden utan på liknande projekt inom er galax. Era granngalaxer påverkas av er resa, men de är inte helt färgade, eftersom vi har inneslutit den här galaxen i ert akvarium. Jag skulle inte säga satt i karantän, men du agerar ensam på grund av kvarvarande handlingar som måste förstås.

D. Vilken tidsram skulle det handla om beträffande de kvarvarande handlingarna? Är det nyare historia eller mycket långt tillbaka?

NR. Mycket avlägsen. Det fanns tilldragelser på den här planeten som ägde rum för cirka tio miljoner år sedan. Du ska också veta att på grund av de gränser som omgärdar din galax och denna verklighet, känner du dig låst av tiden. Utanför, även i detta akvarium, fungerar tiden annorlunda. Ett år är inte 365 dagar. På din närmaste granne är det 525, så tiden skiljer sig. Här är ni inte bara omgärdade av handlingar som behöver förstås i sin helhet, innan hela detta system kan utvecklas till ett högre medvetande, ett högre ljus. För närvarande är ni i en dalgång och de lärdomar ni tar till er vid denna tidpunkt avgör när och hur ni stiger upp i ljuset. Ni kommer alla så småningom att stiga upp i det ljuset, men såvida insikt inte har ägt rum, handlingar inte rensats, förståtts, släppts och helats, då kommer övergången till ljuset att bli annorlunda.

D. För tio miljoner år sedan, var det andra själar än de som för närvarande inkarnerar?

NR. Det finns några här som har ett minne av den existensen här. Fästet var södra Europa, norra Afrika, såväl som Nordamerika - i mitten, centrala Mellanvästern och något norrut. På den tiden fanns, förutom i dessa två regioner, även områden med liknande civilisationer runt Jemen. Syrien, Iran, Irak, mot gränsen till Palestina och utmed kusterna. Civilisationer med mycket avancerad teknik. Karman ligger i att det i den sydamerikanska regionen fanns naturorienterande grupper som oroades över teknikens utveckling och (*hur andra grupper*) grävde ut mineraler som guld för att använda det som bränsle. Grupperna i Sydamerika var mer måna om att bevara naturen, att bevara naturtillgångarna. De bönföll dessa båda grupper, särskilt den i

Nordamerika, att gå försiktigt fram när det gällde utvecklingen, att kommunicera med planeten, att förstå gränserna för alltför stora tekniska framsteg och kostnaden som följde hand-i-hand med den gruvdriften och utvecklingen av att ta mera från Jorden; olja - gas - tillsammans utgjorde ett tredje kraftfullare bränsle. Uran också i kombination (*med guld*) ... det var som en grupp galna professorer som bara siktade högre och högre. Jorden skickade ut ett SOS, en signal med bön om hjälp, och de i Sydamerika bönföll dessa grupper att pausa, att inte utveckla detta vidare. De lyssnade inte. Slutresultatet på den här kontinenten där du är (*Nordamerika*) blev en explosion. Det skapade ett massivt sår i Jorden, ett öppet sår som var omöjligt att läka. Kombinationen av uran, guld och mängden ansträngningar som dessa grupper gjorde för att använda det för resor, för att använda det för makt. Det fick ett abrupt slut. Civilisationen här kollapsade först, skapade ett stort sår. Den andra katastrofen inträffade senare i regionen där Jemen och Syrien nu ligger. Det skapade ett kaos, ett annat sår –rasande, roterande energier bildade en spiral. Det är ett sår baserat på samma handlingar, det kanaliserades bara annorlunda. Här blev det ett öppet sår. Där bildades en spiral och den tog med sig allt, och det finns fortfarande ett minne i den regionen. Det är därför de mentala och emotionella aspekterna inom ditt väsen skälver av rädsla, och lätt råkar utom kontroll i den regionen – det är effekten av tidigare handlingar.

D. Var det en mänsklig civilisation, eller företrädesvis besökare?

NR. Inte människor. Såg inte mänskliga ut. De har armar, ben, huvud, som människor. Längre, smalare, högre intelligens. Reste hit i farkoster, inga inkarnerade själar. De som var i den sydamerikanska regionen, Shea, inkarnerade. De som har ett minne av detta minns regionen i Sydamerika. De andra var inte inkarnerade.

D. Jag minns att någon sa, i en tidigare session, att den här var här för miljoner år sedan och att det var en explosion?

NR. Du var här (*i manifesterad form*) för 5 miljoner år sedan. Den här senare. Dessa handlingar har upprepats, och nu upprepar människan dem igen. Första gången var ännu längre tillbaka än 10 miljoner år. Det har utvecklats över tid. Förstå att den här planeten är rik på naturtillgångar och projektet är att dessa naturtillgångar ska finnas och att de ska användas klokt. Men andra väsen har sett det som ett stort köpcenter där det bara är att ta för sig och det har även smittat av sig på inkarnationerna.

Istället för att samexistera med, inte bara varandra, utan med din värd, beter människan sig som om domedagen är nära och att du måste lagra upp med mat. Resurserna är inte obegränsade. Karman och förståelsen ligger i att hitta en balans mellan vad du tar och vad du behöver. Du behöver inte allt du tar. Men det finns en känsla av överlevnad, en ständig kamp för överlevnad, och den smittar av sig i alla era samhällen på olika sätt. Denna rädsla för dina grannar, denna rädsla för att bli utraderad, att bli utplånad, ja, det finns ett minne eftersom civilisationer har kommit och gått. Men vad vi önskar att du beaktar, när du når slutet av denna våg utåt i ditt akvarium, när du än en gång går in i ljuset - hur skulle du läka det såret? Ett sår som du kanske inte helt förstår eller kommer ihåg, men ett sår som är lika synligt idag som tidigare.

D. Om det karmiska mönstret etablerades runt Jorden för länge sedan, kompenserar själarna som är här nu på något sätt för det som gjordes av andra själar?

NR. Hmm. Kompenserar, kanske det, men de tar på sig roller för att återuppleva händelserna. Alla är inte personligen knutna till detta sår, eftersom de inte var inkarnerade. Däremot tar de sig an mönstret, besökarnas beteende. Och andra tar på sig det mönstret som vid den tidpunkten fanns i Sydamerika. Så, på sitt sätt, det här dramat som utspelar sig på Jorden, är uppdelat mellan dem som tar på sig tidigare beteenden, som tidigare agerade som de galna professorerna, och sedan några som på olika sätt tar på sig ett beteende av upplysning. Så ni återupprepar spelet, dramat, men har inte, på själsnivå, ackumulerat denna karma. Men ni agerar på uppdrag av Skaparens olika Råd. Ni kör en repris på det här skådespelet och gör om vissa misstag, vissa beteenden. Ni båda har tillsammans med andra valt att anta upplysningens beteende, att upplysa människan på olika sätt. Så du kan se att spelet bara startat om.

D. Skulle en själs hela historia av inkarnation här då representera den ena eller den andra av dessa roller?

NR. På många sätt, ja. Men en själ som tar på sig beteenden från, låt oss säga, den mindre framåtsträvande sidan, strävar efter att gå över till upplysningens sida. Och det är en del av själens växande i detta storslagna drama. Du måste vara försiktig med hur du framställer detta, men handlingarna sker på många sätt oberoende av vilja. Det är som en teaterpjäs designad av Skaparen för att se om volymen inkarnerande själar skulle öka ljuset, skulle förändra spelets utveckling. Så det som sker – och det är inte bara just nu, det har pågått de senaste 25 000 åren eller så – det var då som en ny en ny pjäs sattes upp. (*Det mänskliga fordonet ändrades och några av lärdomarna förändrades.*) På många sätt agerar du oberoende av vilja, eller bortsett från den fria viljan. Det här budskapet kan bli lite knepigt för dig att föra fram, eftersom grunden för upplysning baserar sig på den fria viljan. Och en själ har absolut sin fria vilja, men på något sätt är dramat, spelet, iscensatt och du följer utvecklingen, handlingarna från en tidigare pjäs. Det är en balansgång för dig hur du levererar budskapet, eftersom ingen vill känna att de styrs utifrån, från en extern källa – att den fria viljan inte existerar – och det motsäger något av det som sagts; att du har fram till den sista dagen av ditt liv att ändra flödet för att förändra dina framtida inkarnationer. Så det här är något som vi kommer att fortsätta att analysera, diskutera och avslöja, eftersom en ny pjäs har satts upp. Det är andra aktörer eftersom ni (*alla själar*) kommer i nya inkarnationer. Så du har fri vilja, men du följer också pjäsens mästerliga design.

D. Det verkar väldigt logiskt.

NR. Det är vad vi ville ha sagt i dag. Vi kommer att fortsätta att diskutera detta, eftersom vi har gett dig ett frö av din verklighet, att en del är iscensatt, så designat, och designen speglar händelser från en sedan länge förfluten tid.

D. När det gäller individuella själar, sa du tidigare att vi gick in i en låg period, som en dalgång?

NR. Ja, du är i den dalgången, du är i den fasen att du ska nyskapa dig själv. Pjäsen, spelet, har nått punkten för kollaps eller förvandling. Och det är därför det är av så stort intresse nu, för du kan gå åt båda hållen. Den fria viljan – tillbaka till det – är för närvarande HUR ni löser detta nuvarande utvecklingstillstånd på er planet. Själva spelet är iscensatt enligt design, där du har mindre fri vilja att ändra själva designen. Men när du vid den här tidpunkten inkarnerar har du möjligheten att välja. De som kom innan, som inte var inkarnerade, de såg inga val, såg bara sina egna intressen. Det du nu ser är de som är fångar i dramat, som agerar efter eget intresse. De som förstår att det finns val och att det finns en fri vilja vid sidan av, eller mitt i, inblandat i detta spel, de har möjligheten att välja och har också möjligheten att ändra utvecklingen, förändra övergången till nästa fas, vilket är ljuset. Men du bör också veta att ljus ... från ett andligt perspektiv är ljus och mörker inte lika med bra eller dåligt, de är bara olika frekvenser. Du, som Elahim, resonerar med mörker.

Du känner dig bekväm med att vila under en klar natthimmel. Själar från andra dimensioner känner sig kanske deprimerade eller låga i nattens mörker. Du är tvärtom, du laddar i mörker, du laddar under stjärnorna på en klar natthimmel. Men förstå att ljus också kan betraktas... öhmm... vilket ord kan vi använda? Låt oss bara ge dig en bild istället. Om hela din verklighet går över till ljuset, och ljuset betyder balans mellan dina arter, förståelse för helande energi, förståelse för att vara ett med varandra, att vara ett med din värd; i det fallet indikerar ljuset ett ökat sinnestillstånd till Källan. Men om du inte utvecklas i den riktningen och du når ljuset, kommer det ljuset att vara som att stå i en öken, i ett vidöppet landskap av sand under en klarblå himmel och brännande sol. Så du ser, även ljuset kan beröra dig på olika sätt. Där.

D. Det förstår jag.

NR. Vet bara att även ljus har två sidor: En som indikerar upplysning, en som visar det motsatta.

D. Som separation?

NR. Precis. Du har fått bilden, och vi återkommer.

D. Stort tack för det.

NR. Nöjet är vårt. Elahim.

D. Elahim, mina vänner.

O. Så. Det här är Ophelia.

D. Hej, min vän.

O. Så du har nu fått mer information från ditt Råd, och det är ett sätt för dig att förstå att hela din verklighet går igenom en fas, där ni gör ett återbesök och en betraktelse av tidigare handlingar. Men det går ännu längre tillbaka i tiden än vad människan kan förstå. Och allt är inte heller skapat av människan. Men ni tar som människor på er de roller som en gång ägde rum mellan icke-mänskliga varelser. Vad vi önskar oss är att de tidigare handlingarna ska rensas, helas, bli förstådda och att ni släpper taget om dem. Du gör det just nu som en inkarnation i mänsklig form, men spelet är fortfarande detsamma.

D. Jag förstår.

O. Själar som kommer in vid det här laget – och det är därför som vissa säger att läxorna är mycket svårare här – ja, eftersom du kommer in i ett redan förutbestämt schackparti.

D. Du läser mina tankar, eftersom jag tänkte just på att den nuvarande tiden är svår för vissa själar.

O. Ja. Och det är så designat eftersom din planet sände ut en begäran till högre Råd som kommunicerar med system – solsystem, planeter, stjärnor – inte bara själar kommunicerar med Råd. Vi skulle bli enormt glada om något av dessa Råd skulle komma och kommunicera. Vi siktar på att dessa Råd vid något tillfälle ska ge sig tillkänna – de som inte ägnar sin tid åt själar, de som bara kommunicerar med himlakroppar, system, galaxer. Det finns också Råd som har ansvaret för och har ett helt akvarium under sin omsorg. Så varje akvarium rapporterar också till ett Råd.

D. Vilken dimension skulle dessa högre Råd vistas på?

O. De finns närmast Källan, Tolfte och Elfte. Trettonde, vilket betyder Källan. De som inte kommunicerar. Det är inte uppstigna andliga guider, det är en grupp skapad av Källan, som fungerar som den första förlängningen av Källan, som normalt ser efter akvarier, galaxer och får dem att rapportera. I det här fallet hörde Rådet som övervakar din galax, din planet och ditt system en kallelse från Jorden att den var skadad. Det var som ett stort, öppet sår, och planeten sände ut sin begäran om hjälp och från den punkten skedde förändringar i hur du får tillträde till detta plan. Det fanns tillfällen då regionen här, där det stora såret finns, låg i vinterdvala under lång tid. Inte många fanns här då, på grund av att landet behövde helas. (*De har identifierat två separata explosioner i Nordamerika relaterade till besökare. Den större incidenten inträffade för 10 miljoner år sedan. Den andra var runt de Stora Sjöarna för cirka 300 000 år sedan.*)

D. Så på något sätt, när vi på den Sjätte arbetar med att skapa solsystem och sådant, skulle det då ske under direkt ledning av de högre Råden?

O. Ni fungerar och rapporterar till Råd som på något sätt kringgår er och kommunicerar direkt med galaxer, planeter och himlakroppar, och därifrån får ni, om du så vill, era manualer om hur materia, energiflöden och så vidare återställs. Det som hände här i regionen Nordamerika efter skadan, var att landet var i behov av läkning. Det var ett enormt sår, det tog upp ungefär 30 procent av ditt nuvarande land.

D. Vilken typ av sår var det?

O. Det berodde på en explosion genom att olika grundämnen blandades. Uran, laboratoriet exploderade, det skapade inte bara ett sår på ytan, utan det blev ett enormt sår som gick ända in i kärnan av din planet.

HELIG DESIGN

D. Är det något som våra vetenskapsmän misstolkar som asteroidnedslag och liknande?

O. Just det här specifika såret skapades av besökare som var helt vettlösa med mineraler, grundämnen och naturtillgångar. Men ja, vissa ställen på din planet är inte rester från asteroidnedslag. Det finns stora sår både här och i regionen runt Irak, Jemen, Syrien, Palestina – olika sår. Det såret går i spiral, roterar. Jag kan uttrycka det så här - här (*i Nordamerika*) är såret en enorm sorg, det är ett djupt intryck av sorg i evolutionen på den här planeten. I den andra regionen skapar det såret en ilska.

D. Jag minns att du nämnde det en gång tidigare, att folk uppfattar den känslan.

O. Ja. Det är Jordens vrede över att ha blivit överexploaterad vid ett tillfälle. Här var det en enorm sorg, och vi alla kände såret. Det tog upp trettio procent av USA:s landmassa.

D. I mitten?

O. I mitten, ja. Regionen blödde, skadades svårt. När de infödda kom hit senare i er utveckling, kände de sorgen, de kände sorgen i marken. De arbetade intensivt för att hela landet. De blev vårdare av landet. När andra kom och försökte ockupera landet, försökte de göra motstånd. Det var inte så att de absolut ville ha kvar sitt tält där, så att säga. De var mycket rörliga om det behövdes, men de var inte färdiga med att hela landet. Det var vad de kämpade för, de kämpade för att vara kvar, eftersom deras arbete med att hela detta sår inte var slutfört. De kände fortfarande smärtan, sorgen, kallelsen från detta sår, kallelsen från Jorden att bli helad.

D. Talar du om när européerna kom hit?

O. Ja. Det är inte så att de infödda själva inte var rörliga, de kunde lätt ha flyttat till ett annat ställe, de kunde lätt ha flyttat till en plats, låt säga, med bättre odlingsmöjligheter. Men de stannade för att de kände sig manade, och det var en kallelse för dem att hela landet. De kämpade för sin plats, inte för att odla en grönsak eller för att inte ha besväret med att flytta sitt tält. De stannade och slogs för att såret bönföll dem om det.

D. Jag har ofta undrat om det var meningen att jag skulle ägna dessa år åt att studera indiansk andlighet?

O. Ja, för du var tvungen att känna såret. På många sätt, när du har känt dig låg i energi, är det det såret som gör sig påmint, eftersom du kommunicerar direkt till din planet. När du finns i en kropp här på Jorden har du förmågan att direkt kommunicera och höra kallelsen från Jorden. Du har varit här som indian, infödd, du har genomfört ritualer och ceremonier för att det såret ska helas. Du bad om att få komma hit (*till USA*) igen så att du kunde vara i direkt kontakt med källan till det arbete som du försöker föra fram. På många sätt, det du har känt som sorg i ditt liv, depression, ensamhet, beror på att du går direkt på det såret.

D. Som i West Virginia. Där kände jag det.

O. Ja, och när du var i Michigan. Så på många sätt är det inte ett mänskligt tillstånd, det är ett Jordligt tillstånd. Så vi återkommer till det.

D. Det finns stor logik i det. Tack.

O. Ingen orsak. Så gärna. Vi talas vid snart igen.

Nionde Rådet, Ophelia: De övre och undre Diskarna (5 januari 2020)

Det Nionde Rådet beskriver planeter och galaxer som närmare eller längre från Mittpelaren eller de andliga dimensionerna. De säger också högre eller lägre, vilket vi instinktivt visualiserar som guppande upp och ner på en tänkt x-axel. Problemet är naturligtvis att de använder våra ord och uttryck för att beskriva andra dimensioner än de fyra vi känner till – längd, bredd, höjd och tid. (Som en sidonotering skulle varje parallell verklighet ha en liknande uppsättning av fyra dimensioner, plus flera andra. När utomjordiska varelser vill resa, använder de en frekvensdimension som är okänd för människan och förflyttar sina farkoster till en parallell verklighet. Måttenheterna i parallellplanet är inte desamma, annars skulle det vara omöjligt att resa mellan galaxer.) Det Nionde Rådet använder ord som lätt inpå, nära, långt bort, högre, lägre, etc. I detta sammanhang identifierar de var verkligheten befinner sig i en andlig vibration, inte dess placering i ett koordinatsystem.

I den här sessionen ger de en detaljerad förklaring av de övre och nedre diskarna på Hjulet, som vi kort nämnde i den *Andra Vågen*. Liksom allt som existerar, består Hjulet i sig av polariteter. Baserat på deras beskrivning finns det två diskar i mycket nära anslutning till varandra, och de är utformade som spegelbilder. I bägge diskarna är den yttre delen av Hjulet uppdelad som pajbitar i 12 behållare eller bubblor (d.v.s. akvarier). Den nedre är stationär och är manifesterad från Skaparen, så den kallas Skapardisken. Var och en av de 12 behållare innehåller olika typer av syften, som projiceras uppåt in i de olika akvarierna ovanför den. Hjulet där alla andar, universum och form finns har benämnts som energidisken, dimdisken eller den solida disken. Den roterar medurs ovanför Skapardisken. När ett akvarium rör sig ovanför de olika behållarna på Skapardisken, möter det unika upplevelser och energiflöden. Skapardisken får olika mönster att framträda och samlar sedan in minnena efter att erfarenheter har gjorts. Bob karakteriserade en gång denna disk som Skaparens hand. Så inom den solida disken flödar energi utåt från Mittpelaren genom de andliga dimensionerna och in i akvarierna, och intentioner rör sig också uppåt från Skapardisken. Kombinationerna av dessa kreativa krafter ger upphov till vårt Universum som vi ser, där vi befinner oss och upplever händelser.

NR. Detta är det Nionde Rådet, som fortsätter vår diskussion. Vi är här för att förmedla förståelsen för flödet, fritt flöde, fri energi, den fria kraften från Källan, som dirigeras till de olika akvarierna. De översta akvarierna på denna disk, det vill säga elva, tolv och ett, fungerar som en generator för Hjulet i sin helhet. Starkare anknutna till Källan, faktiskt som generatorer för hela disken. Akvariet vid klockan 12 är fullbordan av dem alla. Där finns ingen fysisk form, så som du upplever det här, men den uppbär förståelsen och upplevelsen av alla akvarier genom hela disken. Det elfte akvariet indikerar en övergång till fullbordan och det första en övergång till en början. Du har träffat vänner från det andra akvariet – en liten mycket idog grupp. (*De hänvisar till Taffles, som presenterades i Memoarer, Del 2.*) De är ljusbärare som förbinder energierna som strålar ut från det första akvariet, som initierar en startpunkt, om du så vill, genom hela Hjulet. De understödjer energiflödet, kanaliserar energin framåt i Hjulet. De är mycket effektiva energiarbetare. När vi utvecklade akvarierna var önskemålet från flera Råd att energi skulle upplevas på olika sätt. Det fjärde akvariet, till exempel, betraktas som ett helande nav. Genom sin förståelse för ljuset kanaliserar de helande energi genom Hjulet. Du ska veta att varje akvarium har ett uppdrag, om du så vill, att kanalisera sina erfarenheter till närliggande akvarier. Det (*varje akvarium*) bär på ett unikt mönster – som det fjärde, (*med sin*) helande energi. Vid den här tiden, i det femte akvariet, håller gränsen mellan det fjärde och femte på att upplösas på grund av en önskan från högre Råd att utstråla den helande energin in i ert akvarium, in i er verklighet. Det finns vissa galaxer som redan fungerar på samma sätt, som om de vore belägna i det fjärde akvariet, upplysta ... hur kan jag förklara det? Ju närmare Mittpelaren en verklighet befinner sig, desto mer fungerar den som en andlig verklighet. Ju längre ut den färdas, försvinner den i labyrinten av alla upplevelser som finns i akvariet. Det är för att se om en verklighet kan navigera ifrån sitt inre, (*när den är*) separerad från ljuset, från Källans ljus – hur en verklighet upplever övergångar till separation. Det är lärdomen i det femte akvariet. Alla färdas inte inifrån och ut, men det är det som är upplevelsen här. Om du ser alla akvarier och den generella rörelsen i dem, så varierar det. Här rör den sig inifrån och utåt i vågformer, som vi har nämnt. Andra akvarier roterar bara medurs eller moturs. Det är en rotationscirkel i den meningen, vilket betyder att energin upptar och är tillgänglig på olika sätt. I ett akvarium där rotationen går medurs eller moturs, är det helt enkelt i symbios med energin som finns tillgängliga i akvariet. De som har en vågform, som i det femte akvariet, där upplevs höjder och dalar av medvetande– ökande och minskande – på grund av denna vågrörelse. När man är på en topp tenderar man att glömma hur man kom dit, och lärdomen är att du måste glida ner i dalgången ännu en gång för att skörda kunskapen du hade tillgång till när du var där uppe. När du är i dalgången är du blind, du känner dig blind, på samma sätt som din verklighet just nu är. För att ge dig en bild, (*spiral*)galaxen närmast dig, Andromeda, befinner sig på toppen och observerar sin vän, dig, Vintergatan, i botten av dalgången; du är aldrig skild från dina grannar som försiktigt försöker guida dig. Men du är i dalgången och känner dig isolerad, känner dig förblindad. Och det du ska lära dig är att du måste stiga in i ditt ljus, stiga upp i ditt medvetande, använda den vilja du besitter för att önska och sträva efter ljuset. Varje gång ett system befinner sig i dalgången, observeras det inte bara av andevärlden och olika Råd, närliggande system (*med*) olika lärdomar i sin ägo hjälper till genom att tillhandahålla information – likt regndroppar – som undsättning till fartyget i sjönöd. På många sätt kan detta system, din galax, betraktas som ett skepp på havet utan segel.

D. Jag har en fråga. Det finns en miljard galaxer eller mer — går de alla upp och ner oberoende av varandra?

NR. I detta akvarium, ja.

D. Och energin i andra akvarier —

NR. Roterar. Och där finns ingen vågform. Upplevelsen är annorlunda. De existerar enbart i rotation; de existerar i den energikraft som är tillgänglig för dem. Det finns skillnader i upplevelse, om flödet i akvariet roterar medurs eller moturs. Disken själv, med de olika akvarierna, roterar medurs. Energiflödet i ett akvarium kan återspegla den stora disken genom att rotera medurs och bli en avbild, en kopia, av den stora disken. Det tolfte akvariet, till exempel, som innehåller samtliga upplevelser, är den som, liksom disken, roterar medurs. Det är en miniatyr av den stora disken, som uppbär allt, upplevelser, materia, oavsett om det är energi eller form, håller dem alla i rotation, och är den som är motorn för disken. Det tolfte akvariet är inte en plats dit själar reser. Det är - hur kan man säga? Du kan se det som ett museum eller en depå för Skaparen för att samla alla händelser på eller genom disken. Alla akvarier kombinerade, alla lärdomar lagrade på den platsen klockan 12. Det är där alla upplevelser smälter samman, upplöses eller startar. Vissa (*upplevelser*) initierar nya händelser. (*Det är*) ett laboratorium med ansamlingar av händelser över hela disken, där Skaparen antingen löser upp, avslutar en cykel eller initierar en ny. Dina små vänner som du har träffat i det andra akvariet (*Taffles*) arbetar med form, energi som manifesterar sig som form. De är mycket effektiva.

D. Jag har en fråga om akvariet klockan 12. När Hjulet roterar, förändras det på något sätt? Hamnar ett annat akvarium på klockan 12 eller förblir det tolfte alltid på klockan 12 när Hjulet roterar runt?

NR. På många sätt finns det två diskar, en nedre och en övre. Den nedre är den manifesterade disken. Den är konstant. Energidisken strax ovanför, som återspeglar akvarierna, är den där förflyttningar sker. Så disken är tudelad, en beständig, stationär, och en som rör sig. Den rörliga disken skickar rörelsen gradvis hela vägen runt - en rörelse medurs. Vi har sänt bilden till den här. Du har fått bilden av de andliga verkligheternas placeringar närmare den Centrala Mittpelaren och akvarierna längre ut, likt en klocka på den här disken. Men det finns också nivåer på själva disken. En stationär och en som reser genom upplevelser. Den stationära disken är där allt som har fullbordats finns lagrat. Det som du tillhör (*femte akvariet*), det andra (*akvariet med Taffles*) och Etena (*fjärde akvariet*), och så vidare, dessa hör hemma i den rörliga disken. Du reser hela vägen.

D. Jag hänger faktiskt med där. Och när det till slut når den tolfte platsen, skulle då informationen som har samlats in i det akvariet—?

NR. Om du ser disken i rörelse när den, som du säger, skulle ha slutfört cirkeln och gått tillbaka till klockan 12, så sjunker den på sitt sätt in och smälter samman med den stationära disken och helt enkelt BLIR en förståelse; så att en ny nivå av kunskap kan tillhandahållas i en kommande rörelse, kommande cykel. Det finns inget sätt att mäta denna rörelse i tid.

D. Det måste vara enormt, i vad vi skulle betrakta som år?

NR. Ja. Som jag sa, det finns inga möjligheter att mäta det i år. Inte ens en triljon triljoner triljoner triljoner skulle räcka. Om du tänker på själar, hur de föds och så småningom stiger upp, kommer det att ta ungefär minst en triljon (*på varandra följande*) själar (*själars livstider*), från att de föds till uppstigning, vilket betyder att de...oh, det finns ingen måttenhet ... hur kan jag förklara? De själar som är aktiva vid den här tidpunkten ... vi återkommer, det finns inget sätt att mäta.

D. Om vi går tillbaka till det femte akvariet, så föreställer jag mig ett hav med böljande vågor. Skulle varje galax vara som att den rider på flödet av dessa andliga vågor, upp och ner?

NR. Ja. Ibland finns det flera galaxer på vågtoppen eller i dalgången. Vid den här tiden är du ensam i din dalgång. Andromeda iakttar och försöker rikta sin hjälp till dig. Vägleder dig att stiga uppåt, så att du ska förstå att ditt skepp inte är hjälplöst bara för att du känner att ditt segel är trasigt. Så på många sätt kan du se din verklighet gunga som ett hjälplöst drivande skepp i sjönöd, och det är för närvarande den mentala nivån av medvetande. Och det är en lärdom i sig, att sträva efter kraften när man känner sig maktlös, att inte bli passiv, att inte sluta existera, som ett enklare sätt att ta sig därifrån. Det vi ser, på många sätt, är själar som lämnar tidigt istället för att slåss. De vill kunna se igen, vill ta bort ögonbindeln, tänker att det enklaste sättet är att välja en utgång. (*De menar själar som återvänder hem för tidigt genom självdestruktiva beteenden.*) Men ju fler som lämnar, ju fler som förblir passiva – vilket också betraktas som en utgång, desto mer kraft ger det till fartyget att okontrollerat flyta omkring på havet. Från andevärlden ser vi inte nödvändigtvis någon skillnad mellan ett fysiskt utträde och själens utträde, ett känslomässigt, mentalt utträde – vilket är detsamma som att vara passiv. Det betraktas som detsamma när du överger ditt skepp, du överger dina vänner istället för att försöka hitta ett sätt och medel att styra detta fartyg. Tillsammans har ni förmågan att styra vilket fartyg som helst utan segel. Men i takt med att fler och fler blir förlamade och på olika sätt checkar ut, känner sig de som är kvar övergivna.

D. Det låter väldigt vettigt.

NR. Så låt mig bara återgå till disken och det vi pratar om – tid. Det finns ingen själ i aktiv tjänst till hands som har fullbordat resan. (*Hjulets fulla rotation.*) Det ligger bortom en operativ själs cykel. För att ge dig en uppfattning kan själens livscykel, låt oss säga, vara en triljon år innan uppstigning. Det betyder inte en triljon inkarnationer, det betyder innan själspartikeln smälter samman med Källan. Om en själ har en triljon år i aktiv tjänst, kommer det att ta den själen tusen triljoner gånger (*en andes livslängd*) att slutföra en cirkel. Där. Vi lämnar det nu men vi kommer att fortsätta diskutera den stationära disken kontra rörelsen som drivs av Källan.

D. Det här är helt fascinerande. Jag förstår mycket av det du säger, så tack för det.

NR. Bra. När rotationen rör sig i det övre Hjulet, är Dimhjulet, om du så vill, för det är så det ser ut, eftersom det har fullbordat förståelsen av sin position, dockar det helt enkelt eller förlorar (*släpper*) sina upplevelser ner till den stationära disken, vilken är den som kommer att avgöra hur och om rörelsen går vidare. För närvarande, på grund av det som sker i det fjärde kontra det femte akvariet, håller gränsen dem emellan på att lösas upp. Detta indikerar att det finns en rörelse där den fjärde verkligheten, det fjärde akvariet, gradvis kommer att smälta samman med det femte. Det betyder att det kommer att understödja och hela den femte verkligheten. I ditt undermedvetna, och i själsmedvetandet hos ett fåtal, är du medveten om denna rörelse och detta bistånd som kommer från det fjärde akvariet. Det är de, och du är en av dem, som är här för att undsätta de passiva varelserna på det här skeppet, eftersom ni vet att hjälpen finns i närheten. De som arbetar på olika sätt för att upplysa och undsätta det här skeppet är medvetna om hjälpen, ljuset som kommer in från det fjärde akvariet. De är inte nödvändigtvis medvetna om att det kallas det fjärde akvariet, men de arbetar på uppdrag av ljuset som de intuitivt känner inkommande. Där.

D. När ett akvarium går i viloläge, som det tredje, är det energidelen, dimdelen, som går i viloläge?

NR. Ja, ja. Den stationära disken är inte i viloläge. Den lagrar erfarenheterna från den specifika platsen, det tredje akvariet, i dimdisken, där all aktivitet och alla händelser äger rum. De äger inte rum i den stationära disken. Den stationära disken hjälper händelser att uppstå, att bli verklighet; den understödjer energiflödet för att händelser och företeelser ska äga rum. Det här är en hel vetenskap - det är inte en mänsklig vetenskap. Du måste tänka och förstå utifrån din själspartikel. Din själspartikel kan liknas vid den Centrala Mittpelaren i den här disken, du måste ha – och du, min vän, har den förmågan att bli hela den bilden. Du kan känna den Centrala Mittpelare som en Stämgaffel genom dig uppifrån och ner. Om du sträcker armarna rakt ut åt sidan och blundar och visualiserar den här bilden har du förmågan att helt och hållet förstå bilden i sin helhet, eftersom du kommer att BLI den bilden. Detta är ett sätt för dig att bättre förstå. Du behöver inte meditera över det, utan bara stå upp, blunda, visualisera den här bilden och känn Skaparpelaren genom dig från topp till tå. Blunda och känn hur dina händer ansluter sig till det nionde och tredje akvariet; när du gör det kommer du gradvis att erhålla kunskapen om hela Hjulet, lärdomen och nycklarna till hela Hjulet.

D. Wow, det ska jag försöka.

NR. Där. Vi kommer att lämna nu. Vi kommer att fortsätta.

D. Stort tack för den här informationen. Det var helt fantastiskt.

NR. Alls ingen orsak. Elahim.

D. Elahim, mina vänner.

O. Det här är Ophelia. Hej min vän.

D. Hej, Ophelia. Hur är det med dig?

O. Det är bara bra. Jag skapar en bro. Så, som du ser, tillhandahåller vi gradvis ytterligare information till sådant du redan känner till. I det här fallet kommer kunskapen om Hjulet att fortsätta växa. Det kommer, så att säga, att ge mer krydda till måltiden. Det är ett sätt för dig att förstå att det inte endast är en nivå eller endimensionell, eller ens en tredimensionell upplevelse, eller bild, som vi ger dig. För att förstå helheten måste du själv bli en tiodimensionell individ. Du måste se bortom den tredimensionella individen som du är van vid. Du måste bli den tiodimensionella varelse som du är designad för att vara. När du gör övningen som du fick av det Nionde Rådet, kommer du gradvis att lösa upp 3D-verkligheten. Inte den tredimensionella synen, utan ditt fysiska jag kommer att bli lättare. Du kommer att känna och bli mer av en själsresenär, det vill säga du kommer att uppta och färdas genom de olika dimensionella verkligheter som är tillgängliga för dig i en mänsklig form. Detta är ett sätt för dig att ansluta till Källan och till den storslagna designen av Hjulet och diskarna. Gradvis kommer du att få en glimt av alla diskar. Den här har berättat för dig att det finns tre diskar, den här fick en bild av den övre, den rörliga och den stationära disken. Den nedre är ett annat mysterium som ska lösas. Så den här hade redan fått en förhandstitt på denna enastående design i sin helhet.

D. För den stationära disken på något sätt över strukturer på den ovanför?

O. Ja, ja. Den ovanför upplever. Den stationära initierar. Så, det är ungefär som - låt oss säga att den stationära disken skulle vara själen och den rörliga kommer att vara inkarnationen.

D. (*Skrattar.*) Jag förstår.

O. Det var det. Rensningen är klar.

D. Som du vet har vi en offentlig seans den här veckan. Finns det något som du skulle vilja ta upp?

O. Ja. Vi vill förmedla att detta är början på ett helande. När fler och fler når ljuset, känner ljuset, utan att nödvändigtvis veta varifrån det kommer, kommer vissa att tona in på det fjärde akvariet, som vi har nämnt. Andra kommer bara att växa i sin egen själsenergi, själspartikel, och bli ljuset. Det här är en tid, en ny cykel, där det behövs ett läkande. Så du går in i en fas där du behöver hela dig själv, såväl som olika andra områden – inte bara miljön och alla inom den – utan också att hela dina trosföreställningar. Hela och släppa taget. På många sätt handlar healing om befrielse. Bob kommer att diskutera hur man helas genom skratt. Vi kommer att diskutera olika sätt hur du gradvis kan hela dig själv, samt destinationen och omgivningen där du befinner dig.

D. Underbart, jag ser fram emot det anförandet.

O. Det gör vi också. Så där.

D. Tack, Ophelia.

Ophelia: Passerkort till Kosmos (22 mars 2021)

Det är alltid lite av en utmaning att välja den session som passar bäst att avsluta våra böcker. Vi vill att det ska vara upplyftande och stimulerande, inte dystert. Zachariah och Bob fick avsluta den *Första Vågen*. Ia hade sista ordet i den *Andra Vågen*, och Bob var sista talare i både *Del 1* och *Del 2* av *Memoarerna från den Andra Dimensionen*. För den *Tredje Vågen* bestämde jag mig för att Ophelia förtjänar att få sina ord att klinga sist. Hon är närvarande vid varje session som kontrollen, den dolda handen som styr informationsflödet och övervakar Christines energi. Hon utvärderar också vad som sägs och – eftersom hon hör vad jag tänker – även hur jag tolkar de olika begreppen. Om hon känner att jag inte riktigt förstår, sänder hon tankebubblor till den som talar eller kommer själv in och lägger till sina egna förtydligande kommentarer. Hon brukar komma in för att rensa bort all återstående energi från Christines kropp innan Bob dyker upp. Jag försöker alltid dra ut hennes närvaro genom att be om hennes synpunkter om något av det som har sagts. När hon smälter samman med Christine fylls rummet av hennes änglalika energi och det är otroligt mjukt och behagligt. Ophelia fördömer aldrig, kritiserar aldrig eller talar illa om människor eller våra handlingar. Hon är väldigt saklig när det gäller ämnen som kan orsaka oro hos vissa, så som det framgår av den här sessionen. Men Jorden är bara ett tillfälligt hem och andevärlden hymlar inte om vad framtiden har att erbjuda. Konsten för oss som är inkarnerade är att lita på att var och en av oss vägleds till vårt eget öde. När vi inser det, då är det lättare för oss att bli ett uttryck för vår själ.

Under en av våra tidigaste sessioner vägledde Ophelia oss att skriva den första boken. Så här sa hon om *Första Vågen*, men det gäller alla Vågor som de tillhandahåller. Hon sa, "Den första Vågen handlar om att göra människor medvetna om att de har ett val - det är huvudbudskapet i den första Vågen. Det är också tänkt att olika individer (*Bob, framför allt*) ska göra den lättillgänglig och underhållande. Men hur underhållande det än må vara, är kärnan (*i undervisningen*) upplysning. Upplysning för alla, att befrias från sina bojor, att du gör dina egna fotspår och inte följer dem som kan leda dig på avvägar."

I den här sessionen avbröt Ophelia en talare som hade svårt att anpassa sin energi för att matcha den mänskliga vibrationen. Det var en utomjordisk varelse som har deltagit i Jordens utveckling och nu förbereder sig för att fysiskt komma hit. Ophelia beskriver deras verksamhet och verksamhetsbas. Hon ger sedan en utmärkt sammanfattning av de viktigaste målen för människorna och Jorden under de kommande åren.

O. Hmm. Okej. Det här är Ophelia. Vi behövde bryta kommunikationen för nu. Det var ett test bara för att se om energierna kunde smälta samman – huvudsakligen från deras sida – för att se om de kunde anpassa sig till en mänsklig energiform, i den meningen. Så de kommer att fortsätta tala vid ett senare tillfälle.

D. De gjorde det ganska bra, tycker jag.

O. Ja, det gjorde de.

D. Finns det något i det avseendet som behöver förbättras?

O. En förbättring är naturligtvis att bli renare. Och där ser vi en förbättring. Så lite i taget är det till hjälp att få den fysiska kroppen att bli mindre tung. Att dricka mer vatten, särskilt innan en session, gör att energierna lättare flödar och lämnar. Lättare kommer in och lämnar. Så vi ser nu att kommunikationen kommer att förändras, och vi bjuder in varelser som hör hemma i akvarier som är knutna till projekt som pågår på just den här specifika platsen, Jorden. Vi försöker förstås att organisera upp hela uppsättningen av talare, eftersom det är flera här som vill få sin röst hörd.

D. Är de involverade i Jorden på något sätt, eller observerar de bara?

O. De interagerar inte helt och hållet med Jorden, i den meningen. De observerar mer framstegen och evolutionens rörelse, som de inväntar för att vissa saker ska kunna uppgraderas innan de helt kan komma in och städa upp. De är på sitt sätt renhållare när det kommer till atmosfäriska förändringar inom nätet, nätet i de olika galaxerna. Vintergatan är som sagt i behov av uppmärksamhet. Akvariet och närliggande galaxer wobblar, det vill säga nätet är inte optimalt för portaler som möjliggör resor där mellan. Så i det här fallet behöver vi, som alltid, undersöka förståelsen för hur man hanterar energier och grundämnen. Och materian här på Jorden lämpar sig inte för att blanda vitt och brett. Avsikten är naturligtvis att skapa en mer lämplig atmosfär inom hela galaxen, inom galaxfamiljerna. Flera existenser har för närvarande sina baser i närheten i Andromeda och försöker observera, men interagerar inte fullt ut. Vi är naturligtvis intresserade av att se hur förändringen sker inom din art, vilket nödvändigtvis inte relaterar till atmosfären och nätet. Men det orsakar störningar i det inre nätet som finns på detta plan, när en art inte är mentalt eller känslomässigt anpassad. I det här fallet, ser vi en kollaps av den mentala kopplingen inom din art. Den är i behov av en förändring, och på något vis måste vi ... för att något ska kunna uppgraderas måste vi – jag vill inte använda ordet likvidera – men vi måste rensa bort. Vi måste göra justeringar där det finns mentala problem inom din art, människosläktet, där det mentala inte fungerar optimalt. Avsikten är förstås att skapa en mer harmonisk och fredlig art. Den mentala uppgraderingen, filtren inom era handlingar, val, är under förändring. När förändringar sker, tas på många sätt alla filter bor – och det är vad som pågår just nu. Vi öppnar upp alla fönster i er mentala kapacitet. Det betyder att tidigare rädslor, karmiska rädslor, inte alla relaterade till din nuvarande livstid, är vidöppna och bombarderar ditt medvetna jag. För att vi fullt ut ska förstå var filtren bör placeras, var uppgraderingarna i hjärnan behöver göras och var den mentala kapaciteten behöver förändras, öppnar vi upp alla luckor, om du kan se bilden. När vi öppnar luckorna är det som att öppna en dammlucka – vattnet forsar. Minnen, rädsla för sin överlevnad, en känsla av att vara i livsfara upplevs av värden, det vill säga människan. I det här fallet är slutresultatet att förstå hur du förhåller dig till rädsla, hur du manövrerar ditt sinne när det utmanas. För att vi ska förstå de justeringar som kommer, måste vi i första hand se hur du reagerar på rädsla och kaos. Det är orsaken, från en andlig nivå, till vad som pågår. Vi beklagar om det skapar alltför mycket ångest hos vissa. Det är därför vi ber dem som genomskådar denna illusion att vägleda sina grannar in i ljuset; att vägleda dem till att kringgå rädslan genom att fokusera på lyckan, på naturen, på att klappa ett djur eller något som är mjukt. När du klappar ett djur kringgår du känslan av rädsla, eftersom djuret är sänt till dig för att tända den fridfulla aspekten, som är din själ. Om du inte har ett husdjur i närheten kan du bara sätta dig ute i naturen och välja något där – det kan vara bara något litet, som en kotte. Den är samma gåva till dig som människa. Håll den bara i händerna, knyt an till den kotten eller en bit mossa om du föredrar det. Vet bara att den är en gåva från Skaparen att kringgå en känsla av rädsla. Helt enkelt, vi öppnar dessa luckor inom er mentala kapacitet för att vi ska förstå vad som behöver förändras. Där.

D. Hur länge kommer denna process att pågå?

O. Ungefär 5 till 7 eller 8 år.

D. Kommer Jordens befolkning att minska avsevärt?

O. Minskas, ja.

D. Kommer vi att vara trygga?

O. Ja!

D. Kommer det fortfarande att finnas folk som kan läsa våra böcker?

O. (*Skrattar*) Hah hah hah. Om inte den här gruppen, så en annan. Oroa dig inte för det. Okej, behövde bara komma in och lite grann få dig att förstå vad som är på gång, och även för att få dig att förstå att vi har besökare här från andra akvarier, främst från det åttonde, som är här för att kommunicera. Det är vänner från din hemmabas, men de upptar form huvudsakligen i det åttonde akvariet.

D. Åker vi dit när vi är hemma?

O. Ja, ja.

D. Så vi är bekanta med dem?

O. Ja, ja. Vlac.

D. Är det en förvaringsplats för kunskap på samma sätt som Etena?

O. Ja. Men allt inom Hjulet förvaras inte där, det är mer som en fabrik. Det åttonde akvariet fungerar som en fabrik, medan det fjärde vidmakthåller ljus, bevarar designen från alla andra akvarier. Det är ett Bibliotek, om du så vill, för alla akvarier, där alla kan deponera sina skatter, sina gåvor, sin visdom. Det företräds och hedras av dem som upptar form i det fjärde akvariet. Medan det åttonde akvariet är de som verkställer – det är som en fabrik, för att ge dig en bild.

D. Det måste vara de som fyller på hyllorna i butiken. (*Jag skämtade om lagret på Etena dit olika varelser kommer för att få kopior av livsformer och ta med sig tillbaka till sin hemplanet. Bob tycker om att gå till butiken, som han kallar det, för att se sig omkring och träffa konstiga kunder från olika galaxer. Några av dessa berättelser finns i 'Memoarer, Del 2'.*)

O. (*Skrattar*) I butiken! Oh, jag fick höra det av Setalay. Och Bob var väldigt exalterad över butiken. Vi (*hon och Bob*) träffas förstås – i allmänhet rätt ofta – för att gå igenom olika ämnen. Och om det finns ämnen som han inte riktigt förstår försöker vi prata om dem också. Jag har fått hans allmänt övergripande resplan. Han kom och gav den till Zachariah och mig. Efter att pratat med dig har han nu skapat en allmänt övergripande resplan, ett passerkort, säger han. Hans passerkort är fyllt med platser han har hört talas om och som han vill undersöka närmare. Det är ett sant passerkort, och han frågade Zachariah och mig själv, liksom Ari, som också kom förbi, om vi kunde bevilja honom tillträde. Det här är ett kort som alla andar får, när det gäller vart de får färdas. Du ska veta att det också finns ett passerkort när du inkarnerar. Alla resenärer, oavsett om det handlar om form, energi eller inom den andliga verkligheten, alla har ett passerkort. Detta passerkort, om du tänker på vissa aspekter som att resa till Jorden för att inkarnera, då finns det vissa själar där den aspekten i deras kort har förnekats på grund av tidigare händelser här. Om vi ser på det kortet, som visar om någon har tillåtelse att inkarnera, så finns det ibland själar som nekas att åter gå in i en kropp eller resa till vissa akvarier. Undervisning, transformation och uppgradering inom din själspartikel äger rum inom den andliga sfären på olika platser. Vissa själar behöver programmeras om – och jag vet att det här, från en mänsklig synvinkel, låter som att du –

D. Skickas tillbaka till fabriken? (*Zachariah använde det uttrycket för att beskriva hur själar som inte utvecklas enligt Skaparens avsikt kan repareras eller energimässigt omkonfigureras.*)

O. Skickas tillbaka till fabriken. Ja på sätt och vis stämmer det, ja. Så om själar, beroende på deras gärningar, om de låg bakom en mängd handlingar, i en riktning som inte är själsligt färgad – om du orsakade det där kaoset – kan det vara en anledning till att ditt passerkort ändras så att du för tillfället inte tillåts inkarnera. Så det finns vissa regler, andliga lagar, om du så vill, som avgör om du får resa eller inte.

D. Så människor som orsakar mycket kaos på Jorden kan under en tid få sitt kort indraget?

O. Ja, just den aspekten av kortet, att inkarnera på Jorden. De kanske har de andra aspekterna öppna. Det kortet kan vara helt öppet för resor till ett annat akvarium, i en form av ett annat väsen. Men om du har upplevt eller orsakat vissa saker, så kan en själ också be om att det alternativet ska tas bort, för att tillsammans med sina själsvänner och sin guide kunna få större insikt om vissa aspekter av sina gärningar på just den platsen. Avsikten är naturligtvis inte att straffa. Avsikten är att växa, och även, många gånger, att visa andra själar vad som kan hända när du blir alltför fast förankrad i formen på den destinationen. I det här fallet talar vi om Jorden. Bob har själv designat sitt kort. Han har naturligtvis ett passerkort som alla andra, men han har lagt till Etena, den sjätte dimensionen och så vidare.

D. Jag trodde att du var den som frågade honom om han ville lära sig om form?

O. Ja, tillsammans med Gergen förstås. Men hans kort var redan förprogrammerat. Vi väckte bara upp de olika aspekterna på hans passerkort som är relaterade till hans resa totalt. Så en själ är inte alltid fullt medveten om alla aspekter av sitt passerkort. Det här kortet är inget som du fysiskt håller i din hand, det är placerat i din själspartikel, i din kärna, det vill säga ditt själscenter. Där finns det kortet. Och en själ kan naturligtvis programmeras om. Du kommer att få höra mer om detta, om vad som betraktas som en mindre andlig handling. Men det är inte ett straff, det är en evolutionskedja. Det pågår en evolution även inom själar. Så det är inte bara den mänskliga designen som förändras, uppgraderas och utvecklas, även själsmedvetandet och de som kommer, som Bob sa, "från fabriken", uppgraderas och förändras och modifieras över tiden.

D. Jag hade en fråga som jag ville få verifierad innan nästa bok kommer ut. Finns det kroppar som ingen själ har gjort anspråk på, och är dessa kroppar då helt upptagna av det Mästerliga Medvetandet? I grund och botten, om det finns människor som inte har en själ från någon av de andliga dimensionerna?

O. Du menar vid den här tiden?

D. Ja.

O. Det finns inget Mästerligt Medvetande som fungerar på samma sätt som det gör i djur, om det var din fråga?

D. Ja.

O. Det finns emellertid — hur kan jag ge dig en bild? Det är en punkt, en gnista från flera Råd, som är verksam i en människa – i vissa människor. Så i den meningen, ser den individen ut som, kan nästan upplevas som en robot. Men det är inte samma som ett djur. Ett djur uppfylls helt av det Mästerliga Medvetandet. I det här fallet, i den mänskliga formen, finns det också en gnista från det Mästerliga Medvetandet. Det Mästerliga Medvetandet är alltid närvarande. Men vissa Råd, vissa kunskapsnivåer, upptar tillsammans den formen. Så på ett sätt är de fjärrstyrda, men det Mästerliga Medvetandet är alltid närvarande.

D. Jag var bara nyfiken. Eftersom det finns så många människor nu på Jorden, funderade jag på om det kanske inte fanns tillräckligt många tillgängliga själar?

O. HUH! (*Ophelia svarade med ett oväntat skratt, road av den naiva frågan, antar jag.*) Oh, det är snarare en kö som väntar på att få komma, det finns fler själar som vill komma än det finns kroppar tillgängliga. Så, det sker utbyten (*av själar*). Återigen, se på passerkortet. Vissa passerkort dras in, byts ut med nya själar, nya beteenden, nya nivåer av koppling (*till själen*). Vi siktar på att rasen ska bli mer fredlig. Passerkorten kommer därför att modifieras. Vissa, inte bara på grund av egna privata gärningar. Men generellt kommer en viss rotation, om du så vill, av själsmedvetande att kopplas till vart du färdas, vilket innebär att vissa passerkort kommer att dras in, även om de kanske inte har orsakat några problem. Det är helt enkelt en förändring, ett skifte som sker. Men det måste ske en modifiering av designen av den mänskliga formen. Så det pågår en rotation på flera nivåer.

D. Sista gången Bob talade nämnde han hjälmen. Är den något som är relaterat till förändringarna? (*Hjälmen var en analogi för energifiltren och gränserna som sätts på det mänskliga sinnet. Bobs anförande har ännu inte publicerats.*)

O. Ja, ja. Det är en del av det. Men för att vi ska förstå hjälmen, som i det här fallet också kan relateras till filtren, måste vi förstå vilken slags energimässig hjälm som passar. I det här fallet öppnar vi upp fönstren, luckorna, så att olika händelser kan upplevas. Vissa av dessa är inte dina egna. Vissa utlöses av erfarenheter från tidigare liv. Andra är relaterade till grannar och deras erfarenheter. Så du bombarderas med händelser, känslor och upplevelser som kanske inte rör din egen livsväg. Det kan ha att göra med något annat. Allt för att du ska navigera genom denna dimma och denna labyrint, där vi försöker få en uppfattning om vart sinnet är på väg. För att vi ska kunna uppgradera och byta ut hjälmen måste vi förstå hur du reagerar på vissa influenser. Detta är inget nytt. Där.

D. Wow. Det var ett underbart föredrag. Tack för all information.

O. Så gärna, så gärna. (*Hon tittar åt vänster, mot Bob.*) Vi får se hur det blir med det här passerkortet. Han har det i sina händer här. Okej okej. Vem skulle kunna neka honom tillträde, kan man undra. Nåväl, hej då.

D. Okej, Ophelia. Hej då.

Fjärde Vågen. Läsaren har förmodligen lagt märke till att, bortsett från det senaste anförandet av Ophelia, så är alla sessioner före 2021. Den *Fjärde Vågen*, är nu 2024 publicerad på sitt originalspråk, engelska, och fortsätter där dessa samtal slutade. Flera nya talare har gett sig till känna. En tillhör en grupp utomjordiska existenser som bad om att bli kallade Besökare från Forna Tider. De var en del av de tidigaste besökarna på Jorden och Mars, och kom hit för hundratals miljoner år sedan. De har flera gånger berättat om sin verksamhet på båda planeterna. En annan ny talare är en representant från De Äldstes Krets, ett Råd på den femte dimensionen som övervakar all aktivitet på Jorden. Han bad att få kallas Willaby och är en underbart charmig individ. Vi har lärt oss mycket av honom om hur själar förbereds innan de inkarnerar, hur nedteckningar av de olika liven lagras och hur allt koordineras med andra dimensioner. Ophelia, Bob, det Nionde Rådet och många andra har fortsatt att låta sin visdom strömma in i vår verklighet, så vi ser fram emot att dela deras budskap med dig. Tills dess, som Bob ofta säger när han motvilligt lämnar, "oh, okej. Jag ska gå nu. Hej då."

Erkännanden

Kari Beckstrand deltog i en presentation om *Första Vågen* som vi höll i Colorado 2018. Därefter blev hon en flitig deltagare i våra studiegrupper och offentliga seanser. Under de mellanliggande åren har Ophelia, Setalay och andra andar identifierat henne som en yngre medlem av deras Shea-familj. Därför är det ingen överraskning att Kari, som är från den sjunde dimensionen, blev en legitimerad professionell rådgivare som arbetar med barn och familjer. Hon har också utmärkta språkkunskaper, kanske tack vare att hennes mamma är engelsklärare. Vi är glada över att ha henne i laget, och kanske är det en del av hennes själsuppdrag att hjälpa oss att presentera andevärldens ord. Hennes bidrag till läsbarheten är något ni alla borde känna tacksamhet för, precis som Christine och jag gör. Tack Kari!

Susanne Kromm har hjälpt till att redigera varje bok vi har gett ut. Det är också hon som gör huvuddelen av översättningarna till svenska. Susanne studerade till lärare och talar flytande svenska, tyska och engelska. Så när hon översätter från engelska till svenska översätter hon ibland till tyska först, för att hitta bättre matchningar med svenska ord. Av den anledningen är de svenska översättningarna otroligt träffsäkra versioner av det engelska originalet, något som inte är särskilt vanligt. Susanne har lyssnat på många av sessionerna och kan göra korrigeringar utifrån sin förståelse av innebörden. Och slutligen ger hon en vänlig vägledning när tonen i mina kommentarer ibland vandrar bort från det andliga syftet med vårt arbete. Susanne har också en underbar trädgård där många andra dimensionens andar är välkomna och närvarande. Tack Susanne för allt du gör!

Om Författarna

Christine Kromm Henrie är en andlig kanal, ett certifierat Tidigare Liv- och Livet mellan Liven Regressionsterapeut, Medium och Karmisk Astrolog. Hon föddes och bodde i Stockholm fram till 2014, då hon flyttade till USA och gifte sig med David Henrie, som hon nu delar sitt arbete med.

Hon hade ett intensivt andligt uppvaknande 2009, under en Tidigare Liv Regression, vilket blev startpunkten för hennes arbete med de högre världarna. Hon började få budskap och visioner från sina andliga guider om sin själs uppgift att utveckla de färdigheter som behövdes för att de skulle kunna tala genom henne. Hon tog till sig deras råd och studerade olika former av mediumskap, medial utveckling och astrologi i Sverige och England under de kommande fem åren. Denna intensiva träning gjorde det möjligt för henne att fullända länken och förmågan att bibehålla detta förändrade tillstånd under längre perioder. Efter att ha flyttat till USA fortsatte hennes formella utbildning inom regressions- och hypnoterapi och hon blev en licensierad Regressionsterapeut. Christine har tre kontor i Stockholm, Sverige, där hon erbjuder privata regressioner och progressioner och hjälper människor att minnas lärdomar från tidigare liv och minnen från deras andliga hem. Regressioner liksom astrologiska konsultationer är även tillgängliga online. Hon håller kurser i astrologi, transkanalisering och utbildar nya regressionsterapeuter.

En nära-döden-upplevelse vid elva års ålder och en transcendental uppenbarelse i hans tidiga tjugoårsålder ledde **David Henrie** till livslång forskning av andens natur. Hans studier fokuserade på NDU, reinkarnation, spiritualism och de teologiska trosuppfattningarna inom buddhismen och andra förkristna religioner. Efter en lång karriär som petroleumingenjör och verkställande chef i USA bor han nu i Sverige med sin fru, där hans tid ägnas åt skrivande och forskning. David leder transsessionerna och samtalar med andarna som Christine kanaliserar. Han renskriver de inspelade dialogerna och samlar deras lärdomar i de olika böckerna.

Christine och David föreläser om det kanaliserade materialet och regressionsarbetet och hjälper människor att minnas sin själs uppdrag och syfte.

All publicering sker genom Access Soul Knowledge, ett svenskt företag.
För ytterligare information, besök: www.AccesSoulKnowledge.com.

www.ingramcontent.com/pod-product-compliance
Lightning Source LLC
Chambersburg PA
CBHW030509080526
44586CB00011B/118